港口起重机

主　编　董达善
副主编　梅　潇
主　审　畅启仁

上海交通大学出版社
SHANGHAI JIAO TONG UNIVERSITY PRESS

内容提要

    本书的编写以《起重机设计规范》GB/T 3811－2008 为基础,介绍了港口起重机的工作级别、载荷组合以及零部件设计计算原则,并结合起升机构、运行机构、变幅机构和回转机构的特点详细介绍了各机构的载荷计算、电动机选型以及钢丝绳、滑轮、卷筒等通用零部件的设计选用方法。同时,对生产率及支承力计算等内容也进行了补充。本书最后一章对典型的港口起重机进行了简要的介绍,旨在开拓读者的视野,了解港口起重机的发展现状及前景。

    本书可作为机械设计制造及其自动化专业中起重机械及物流机械方向的大学生教材,也可作为业内人士提供设计参考。

图书在版编目(CIP)数据

港口起重机 / 董达善主编. —上海：上海交通大
学出版社，2014
ISBN 978－7－313－11788－5

Ⅰ. ①港⋯　Ⅱ. ①董⋯　Ⅲ. ①港口起重机　Ⅳ.
①U653.921

中国版本图书馆 CIP 数据核字(2014)第 161572 号

港口起重机

主　　编：董达善
出版发行：上海交通大学出版社　　　　　　　　　　地　　址：上海市番禺路 951 号
邮政编码：200030　　　　　　　　　　　　　　　　电　　话：021－64071208
出 版 人：韩建民
印　　制：上海颛辉印刷厂　　　　　　　　　　　　经　　销：全国新华书店
开　　本：787 mm×1092 mm　1/16　　　　　　　　印　　张：25.25
字　　数：619 千字
版　　次：2014 年 8 月第 1 版　　　　　　　　　　　印　　次：2014 年 8 月第 1 次印刷
书　　号：ISBN 978－7－313－11788－5/U
定　　价：46.00 元

前　　言

港口起重机是进行港口装卸作业的重要设备,在航运事业的快速发展下应运而生。相比其他起重机械而言,港口起重机种类较多,具有工作速度快,装卸效率高,起、制动频繁等特点。本书的编写旨在培养该领域具有扎实专业知识和专业技能的高素质人才。

本书以上海海事大学内部印刷教材《港口起重机》(畅启仁、萧乾信编)为基础,根据编者对本学科多年的教学与科研经验制定编写大纲,参照《起重机设计规范》GB/T 3811—2008 的有关内容编写而成。全书内容共分为 10 章,分别介绍了港口起重机的工作级别、载荷组合以及零部件设计计算原则,并结合起升机构、运行机构、变幅机构和回转机构的特点详细介绍了各机构的载荷计算、电动机选型以及钢丝绳、滑轮、卷筒等通用零部件的设计选用方法,对生产率及支承力计算等内容进行补充。另外,还对典型的港口起重机进行了简要的介绍。

在本书的编写过程中,重点对新《起重机设计规范》中的修改内容进行了更新,并加强了机理性的说明。在重要的计算章节给出了工程算例,指导读者将书中的理论知识运用于实际项目中,从而加深理解;为了便于检验学习成果,还在每个章节最后增加了习题部分。本书图文并茂,增添了许多新产品及新型结构的介绍,力求在书中反映出近年来港口起重机的重要科研成果和新的设计理念。

本书主要由上海海事大学董达善、梅潇编写,并对全书进行修改、整理、统稿和定稿;参编者有郑苏(第 9 章)、周银龙(第 8 章)、刘海洋(第 4 章)、滕媛媛(第 5 章)、乔榛(第 7 章及各章例题)。

本书由上海海事大学畅启仁教授担任主审,对全稿进行了认真的审阅,对章节的设置、内容的调整提出了很多宝贵的意见。在本书的编写过程中,上海海事大学的汪梅荃副教授也审阅了书稿,对提高本书质量起到了很大的作用。

与本书有关内容的研究工作和本书的出版,得到了上海市"085 工程"、上海市重点学科建设项目——港口机械电子工程(编号:T0601)、上海市第三期本科教育高地建设项目——机械设计制造及其自动化(港口机械)和交通部科技项目(编号:2007329810050)等的资助。

在此,对以上支持本书编写的单位和个人表示衷心的感谢!

限于水平,或有遗漏与谬误,希望在教学试验中接触到本书的读者多多提出宝贵意见与建议,使其日臻完善。

董达善

2014 年 7 月于上海

目　　录

第1章 绪 论

1.1 港口起重机发展概况

港口是全球交通运输的重要组成部分,是现代物流系统的重要节点,在国际贸易中发挥着不可替代的作用。

半个多世纪的世界和平为全球经济的发展提供了健康的环境,为了追求经济的持续增长,各国都在大力发展国际贸易,国际贸易量的85%以上是通过海运和港口承担的,港口吞吐量不断增大,一个又一个的现代化大港不断出现。

港口的发展使港口的机械化、自动化水平不断提高,对港口的装卸工艺和装卸速度的要求也越来越高,港口起重机作为港口装卸的主角已日益凸显其重要性。

港口起重机的发展历史久远。13世纪中后期,在乌得勒支(荷兰)、安特卫普(比利时)、汉堡(德国)等码头上就出现了用于装卸货物的起重机,这是有文字记载以来最早的港口起重机。图1-1(http://en. wikipedia. org/wiki/File:Trier Germany Alter Krahnen. jpg)是位于德国特里尔摩泽尔河畔的起重机遗址,该起重机建于1413年,当时主要用于装卸码头货物;图1-2(http://en. wikipedia. org/wiki/File:MastCraneCopenhagen. jpg)是位于丹麦哥本哈根港口的起重机遗址,该起重机建于1742年,主要用于安装帆船上的桅杆。早期的这些起重机大多都是人力驱动的,也有少数通过牲畜或是借助水力进行驱动,这些方式提供的动力有限,这个时期起重机的起重能力低、起升速度慢。

图1-1 德国特里尔的起重机遗址(1413年)

图1-2 丹麦哥本哈根的起重机遗址(1742年)

1781年,瓦特在前人研究的基础上发明了可普遍使用的蒸汽机,使工业技术迅猛发展,引发了产业革命,蒸汽机作为当时一种先进的技术很快被应用到了起重机上,取代了人力驱动,大幅度地提升了起重机的工作性能。图1-3(http://en. wikipedia. org/wiki/File:Fairbairn steam crane side view. jpg)是英国布里斯托尔工业展览馆保存完好的蒸汽驱动港口起重机,该起重机制造于 1850 年,1973 年停役被收藏保护。

图 1-3　英国布里斯托尔保存的蒸汽
驱动起重机(1850 年)

图 1-4　现代电力驱动起重机

1892 年,在德国汉堡出现的世界上第一台电动机驱动的港口起重机,可以说标志着现代化起重机时代的开始。由于电动机具有功率大,起动、调速、过载能力好等特点,在现代起重机上得到了广泛的应用。图 1-4(http://en. wikipedia. org/wiki/File:Dillingen Kran. jpg)为典型的电力驱动起重机。

为了有利于组织生产,出口竞争以及国际的技术交流,在设计、制造、科学研究的基础上,美、英、德、日本、欧洲搬运技术协会(FEM)和国际标准组织(ISO)自 20 世纪 60 年代以来陆续修订了有关的标准和规范。一些国际知名的起重机制造工厂完善了自己的厂标,并且采用计算机辅助最佳方案设计,设计出满足不同工作条件的多种起重机产品。

我国港口机械基本上是在新中国成立以后,从无到有逐步发展起来的。港口门座起重机是港口装卸作业的主要起重设备。在旧中国,我国不能制造门座起重机,20 世纪 50 年代初,湛江港从匈牙利进口 8 台起重量为 5 t 的门座起重机。1958 年,上海港机厂试制成功第一台 5 t 门座起重机,经过不断的改进和发展,形成了 MQ 型港口门座起重机系列,不仅满足了港口发展的需要,而且还出口到国外。1975 年我国制定并颁布了港口门座起重机基本参数系列。还先后设计研制成功了起重量为 16 t 的带斗门座起重机,适合于船厂和安装用起重量 20~200 t,幅度达 45 m 或更大的门座起重机,起重量达 500~900 t 的浮式起重机,装卸能力为 1 500 t/h 的桥式抓斗卸船机等。

集装箱运输具有高效、安全、价廉、货损小等优点,我国集装箱运输开始于 20 世纪 70 年代,虽然起步较晚,但发展的速度很快。1979 年 9 月,国内第一台起重量 40 t 岸边集装箱安装在天津港 21 号泊位,从而拉开了我国自主研制开发集装箱港口装卸设备以及全面推进我国集装箱装卸设备现代化的序幕。目前,我国已由大型集装箱起重机进口国变为世界最大的出口国。以上海振华重工为代表的中国产品已进入世界 58 个国家和地区,占据世界集装箱机械市场 73.68% 的份额。世界上最大、最快、最先进的集装箱起重机都在中国研发制造。

在科技突飞猛进的 21 世纪,港口起重机的技术发展已进入成熟阶段。随着船舶大型化、电控设备与控制系统的发展,港口起重机正朝着轻型化、大型化、高速化以及程序控制和遥控的方向迈进,技术革新层出不穷:

(1) 开发高主参数(高速、大起重量)的装卸设备。资料表明,岸边集装箱起重机(后简称岸桥)起升速度已增加到 90/200 m/min(满载/空载);小车运行速度已达 240 m/min,几年前专家预见的 300~350 m/min 的速度也已出现;轨上起升高度在 27~36 m 之间,甚至达到 40 m 或更高;外伸距由 32 m 逐渐增大到了 70 m;吊具下的额定起重量逐步从 30.5 t 增大到 61,65,80 t,最大可达 120 t(三吊具模式下)。

(2) 采用先进的装卸作业工艺。如双起升双小车岸桥,通过增加起重量实现效率提升。第一主小车只在前方作业,与升降平台对接完成装卸作业,这样可降低小车速度,从而减小主小车的电机功率。

(3) 采用自动化码头集成控制系统,如水平运输采用自动化引导小车(AGV)的自动化码头、水平运输采用跨运车的自动化/半自动化码头、水平运输采用立体装卸系统的自动化码头、水平运输采用集卡的半自动化码头等。

(4) 适应世界港口"节能、自动、智能"的发展趋势,在低能耗、高效率、低排放、高安全性等方面进行技术攻关。如改进吊具系统,减轻其 60% 以上的自重,与同类岸桥相比节能达 10% 以上。锂电池集装箱门式起重机(后简称场桥),可将起升下降环节产生的所有电能聚能并回馈至锂电池组,实现能源的循环利用。在相同工况下,可比传统柴油机组省油 50% 以上。美、英、德、日本等国已经制造出铝合金材料的桥式起重机,与一般结构钢制成的桥架相比,具有冷脆性温度低、抗锈蚀、自重轻(同吨位、同跨度、同工作类型时,桥架自重可减轻 29.4%~61.4%)等优点,但也有费用昂贵、变载荷下截面应力集中敏感、型材杆件容易失稳等缺点。

(5) 新的设计理念和设计方法不断涌现。优化设计、绿色设计、计算机辅助工程技术(CAE)、产品生命周期管理技术(PLM)、虚拟制造技术(VM)等都贯穿于新的起重机设计上。尤其是数字化样机开发设计平台的研制,将新开发产品的设计结果在虚拟环境中组装,同时对整个产品的各零部件进行可行性分析、动力学分析,再把完善的图纸投入生产。不仅使产品制造过程中的设计等质量问题得到了有效的控制,而且对产品的性能提升起了很大作用。

(6) 对主要部件进行了更新性的研究。例如在运行机构中采用电动机、制动器、减速器结合为一体的"三合一"部件;研制成功体积小、重量轻、制动平稳的盘式电磁制动器和镍铬钼合金钢材料的高寿命车轮;为防止高速运行小车的碰撞问题,除使用缓冲器外,还利用红外线反射器以及超声波和励磁线作用的新式缓冲器,有的起重机甚至配备了实时监控系统,在起重机遇到障碍时,及时发出信号,由电子计算机处理后使起重机停车,以保证安全。

(7) 在制造工艺上,普遍采用数控火焰切割及埋弧自动或半自动焊接,按照国际焊接协会(IIW)的标准,通过 X 射线、γ 射线或超声波检查焊缝质量,确保结构的安全寿命;应用数控机床加工齿轮等精密零件,并以超声波装置消除加工应力。

1.2　起重机的分类

1.2.1　起重机的分类

起重机是一种循环、间歇运动的机械,用来升降物品或兼作物品的水平移动,以满足物品的装卸、转载和安装等作业要求。

按主要用途,起重机可分为通用起重机、建筑起重机、冶金起重机、铁路起重机、港口起重机、造船起重机、甲板起重机等。按构造特征,起重机可分为桥架型起重机和臂架型起重机、旋转式起重机和非旋转式起重机、固定式起重机和运行式起重机。运行式起重机又分轨道式(在固定的轨道上运行)和无轨式(无固定轨道,由轮胎或履带支承运行)。

港口起重机是根据港口装卸作业特点和要求设计的,具有工作速度快、装卸效率高、起制动频繁等特点。在港口起重机械领域,较常用的分类方式如图1-5所示。其中岸边集装箱起重机、集装箱门式起重机、桥式抓斗卸船机属于桥架型起重机,门座起重机和浮式起重机属于臂架型起重机。

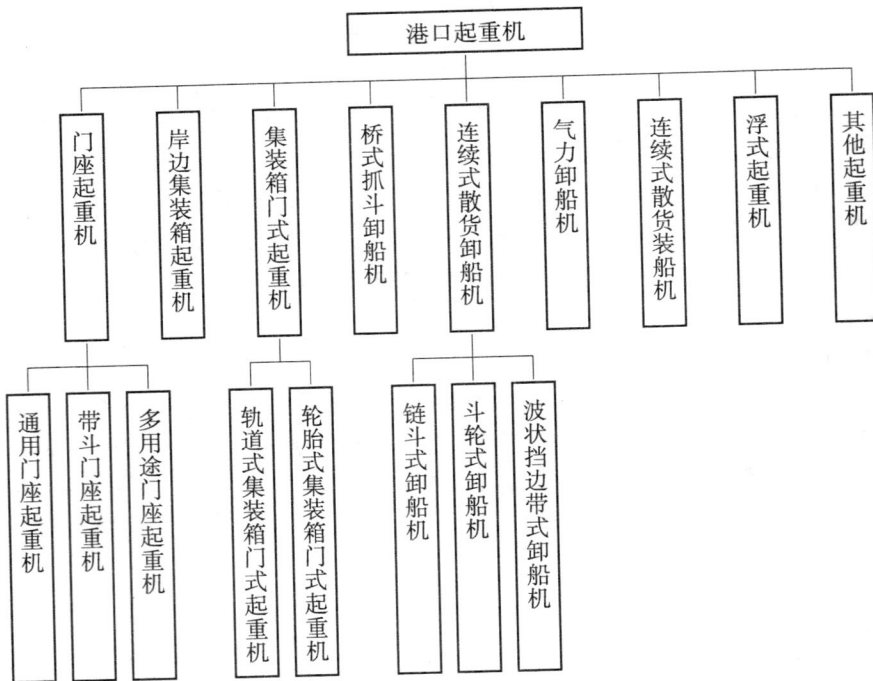

图 1-5　港口起重机的分类

1.2.2　几种典型的港口起重机

1) 门座起重机

门座起重机(后简称门机,如图1-6所示)出现于19世纪末,盛行于20世纪60年代,它是一种适用于装卸件货和散货的通用港口起重机。早期的门机,起重量多为3 t或5 t;现在门机的起重量多为 10～40 t。20 世纪 60 年代初期,在西欧的伦敦港和汉堡港,曾经出现过门机如林的壮观场面。但是随着海运量的迅速增长、件杂货运输的集装箱化、散货运输船舶的大型化发展,门机的工作能力已不再能够适应码头装卸作业的要求,动摇了它在港口起重机中的主角地位。60 年代末,作为大型、高效、专用装卸设备代表的岸边集装箱起重机和桥式抓斗卸船机应运而生,由它们取代门机成为码头前沿装卸设备发展的必然趋势。但是并不能据此断言,门机即将从港口销声匿迹。就内河航运和沿海的中、小型非专业化码头而言,现有的门机在相当长的一段时期内,还肩负着重要的装卸任务。

图 1-6 门座起重机

图 1-7 典型的双箱梁岸边集装箱起重机

2) 岸边集装箱起重机

在码头前沿作业的岸边集装箱起重机(后简称岸桥,见图 1-7)是装卸集装箱的专用设备。自从 1960 年美国制造出第一台岸桥以来,岸桥的发展随着国际贸易及全球物流的繁荣已趋向成熟。

随着集装箱运输业的发展,为降低运输费用,集装箱船舶尺寸越来越大,目前装箱量已达到 8 000～16 000 TEU(集装箱),18 000 TEU 以上装载量的船舶也即将投入运营。同时,有些集装箱码头为了便于船方各种船务作业以及港口维护人员作业,加宽海侧轨道至护舷之间的尺寸。岸桥的主要技术参数也相应发生了变化。目前,岸桥的前伸距已达到 70 m,后伸距达到 25 m,轨距一般取 26～35 m,起升高度已达到 35～45 m,即通常所说的超巴拿马机型。各集装箱港口用户在不断追求加大前/后伸距、轨距和起升高度的同时,要求这种超巴拿马机型的生产率不能降低甚至还要提高。为适应这一要求,各主要技术参数,特别是速度参数都相应加以提高。满载/空载起升速度达到 90/200 m/min,小车运行速度达到 240～300 m/min,额定起重量达到 65～80 t。如今,在大型集装箱机械领域,我国占有世界 80% 以上的市场份额。

3) 桥式抓斗卸船机

随着大型散货专用船舶的发展,美国德拉沃(Dravo)公司在 20 世纪 60 年代初首先制造出桥式抓斗卸船机(见图 1-8)。其起重量一般有 35,50,70 t 几种,最大达 85 t。用于装卸铁矿石时,平均通过能力为 1 300,18 00,2 300,2 500 t/h 等。由于强调工作效率,所以桥式抓斗卸船机抓斗起升与闭合机构以及小车运行机构的工作速度很高(抓斗起升与闭合机构工作速

图 1-8　抓斗卸船机

度为 120～160 m/min,小车运行速度为 200～300 m/min)。很高的工作效率带来了一系列亟须解决的问题,例如钢结构与机构传动系统的振动、驱动装置的调速、控制系统的工作准确性、工作场所的环境保护以及司机高度紧张操作造成的疲劳等。为此,一般在桥式抓斗卸船机上采用大型直流驱动及相应的调速系统和自动或半自动控制方式。此外,抓斗本身的抓取能力对整机的装卸效率也有着不可忽视的影响。目前,用于抓取铁矿石的抓斗主要为耙集式抓斗和剪式抓斗,前者的抓取能力系数(抓取比)约为 1.0,后者可达 1.5 以上。

4) 轮胎式起重机

　　港口轮胎式起重机主要指轮胎式集装箱门式起重机(见图 1-9)和集装箱跨运车(见图 1-10),如按结构构造分类,属于桥架型起重机。由于其高度的机动性,可采用直线行走自动控制装置实现行走轨迹自动控制,易于实现堆场作业自动化,因而是港口堆场上常见的一种起重机类型。

图 1-9　轮胎式集装箱门式起重机

图 1-10　集装箱跨运车

　　轮胎式集装箱龙门起重机(以下简称轮胎吊,RTG)是集装箱货物进行堆码作业的专用机械。装有集装箱吊具的行走小车沿主梁轨道行走,进行集装箱装卸和堆码作业。轮胎式行走机构可使起重机在货场上行走,并可作 90°直角转向,从一个货场转移到另一货场,作业灵活。
　　集装箱跨运车是集装箱装卸设备中的主力机型,通常承担由码头前沿到堆场的水平运输以及堆场的集装箱堆码工作。由于集装箱跨运车具有机动灵活、效率高、稳定性好、轮压低等特点,得到普遍的应用。集装箱跨运车作业对提高码头前沿设备的装卸效率十分有利。集装箱跨运车从 20 世纪 60 年代问世以来,经过几十年的发展,已经与轮胎式集装箱门式起重机一样,成为集装箱码头和堆场的关键设备。

1.3　起重机的组成及其作用

1.3.1　起重机的基本构成

起重机由驱动装置、工作机构、取物装置、操纵控制系统和金属结构组成。通过对控制系统的操纵,驱动装置输入动力能量并转变为机械能,将作用力和运动速度传递给取物装置,取物装置把被搬运物品与起重机联系起来,通过工作机构单独或组合运动,完成物品搬运任务。可移动的金属结构将各组成部分连接成一个整体,并承载起重机的自重和起升载荷。

1) 驱动装置

驱动装置是用来驱动工作机构的动力设备,多采用电力驱动方式。可以远距离移动的轮胎起重机则依赖其自身配置的柴油发电机组提供电源工作。但随着国际原油市场动荡及燃油价格的不断上扬,轮胎吊(RTG)的运行成本不断攀升,给各码头公司带来沉重的负担。同时,其排放废气黑烟、柴油机的巨大噪声也与环保要求有一定差距。因此,国内外一些集装箱码头及起重机厂家已经就 RTG 的节能、环保问题进行了大量的研究和尝试,采用油改电方式,在保留原有柴油发电机组的情况下增加一套市电供电装置,当 RTG 在堆场起吊货物时采用市电供电方式,当 RTG 转场时采用原有柴油机供电方式。

2) 工作机构

起升机构、运行机构、变幅机构和回转机构,被称为起重机的四大机构。起重机通过某一机构的单独运动或多机构的组合运动,达到搬运物料的目的。起升机构是用来进行物品升降的机构,是起重机最主要、最基本的机构。可以这样说,如果没有起升机构,也就不能称其为起重机。运行机构是用来实现水平搬运物品的机构,有大车运行机构和小车运行机构两类。大车运行机构通常仅用来调整起重机的工作位置。回转机构可使臂架绕着起重机的垂直轴线作回转运动,使起重机可以在环形空间内运移物品。变幅机构是通过改变臂架的长度和仰角来改变作业幅度的机构。变幅机构和回转机构是臂架起重机特有的工作机构。

3) 取物装置

根据被吊物品不同的种类、形态、体积大小,采用不同种类的取物装置,有吊钩、抓斗(粮食、矿石、化肥等散料抓取)、电磁吸盘(吊运导磁性物料)、起重吊梁(吊运长形物品)、集装箱吊具(专为集装箱设计的吊具)等。防止吊物坠落,保证作业人员的安全和物品不受损伤,是对取物装置的基本安全要求。

4) 操纵系统

控制操纵系统包括各种操纵器、显示器及相关元件和线路,是起重机人机安全要求集中体现的界面。通过电气、液压系统,起重机司机可以控制起重机的运动,保证起重作业任务的顺利进行,防止事故发生。

5) 金属结构

金属结构是起重机的重要组成部分。它是整台起重机的骨架,将起重机各部分组合成一个有机的整体,并形成一定的作业空间,承受作用在起重机上的各种载荷和自重。金属结构的垮塌破坏,会给起重机带来极其严重甚至灾难性的后果。起重机与其他一般机器的显著区别是:起重机具有庞大、可移动的金属结构,且多机构组合工作。

1.3.2　港口起重机的主要工作机构

1）起升机构

起升机构用来起升和下降重物。主要由驱动电动机、电动机联轴器、制动器、减速器、卷筒联轴器、钢丝绳卷绕系统等组成,如图1-11所示。

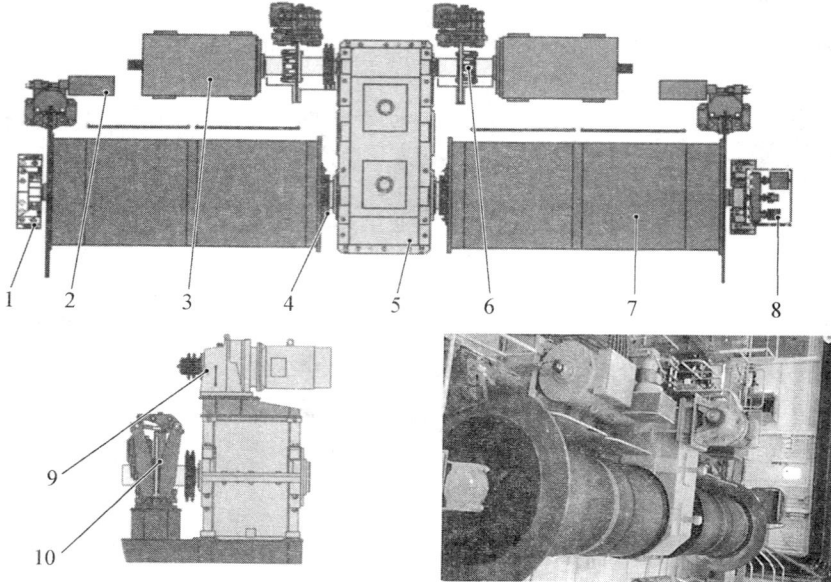

图1-11　起升机构
1—轴承座;2—低速制动器;3—电动机;4—低速联轴器;5—减速器;
6—高速联轴器;7—卷筒;8—限位装置;9—应急机构;10—高速制动器

2）大车运行机构

大车运行机构由设在门框下的4组行走台车组成。为使每个行走轮受力均匀,装有多个车轮的行走台车通过中间平衡梁、大平衡梁再与门框下横梁铰接。

每组大车行走台车(见图1-12)由一套或多套驱动装置驱动。电动机经减速器直接驱动

图1-12　大车运行机构

或开式齿轮传动驱动车轮,从而实现起重机沿轨道行驶。大车运行机构主要由驱动电动机、电动机联轴器、制动器、减速器、联轴器、车轮、导向轮以及安全装置(夹轨器、缓冲器)等部件组成。

3) 小车运行机构

小车运行机构承担着重物横向运动的工作,主要有自行式和钢丝绳牵引式两种类型,如图 1 - 13 所示。

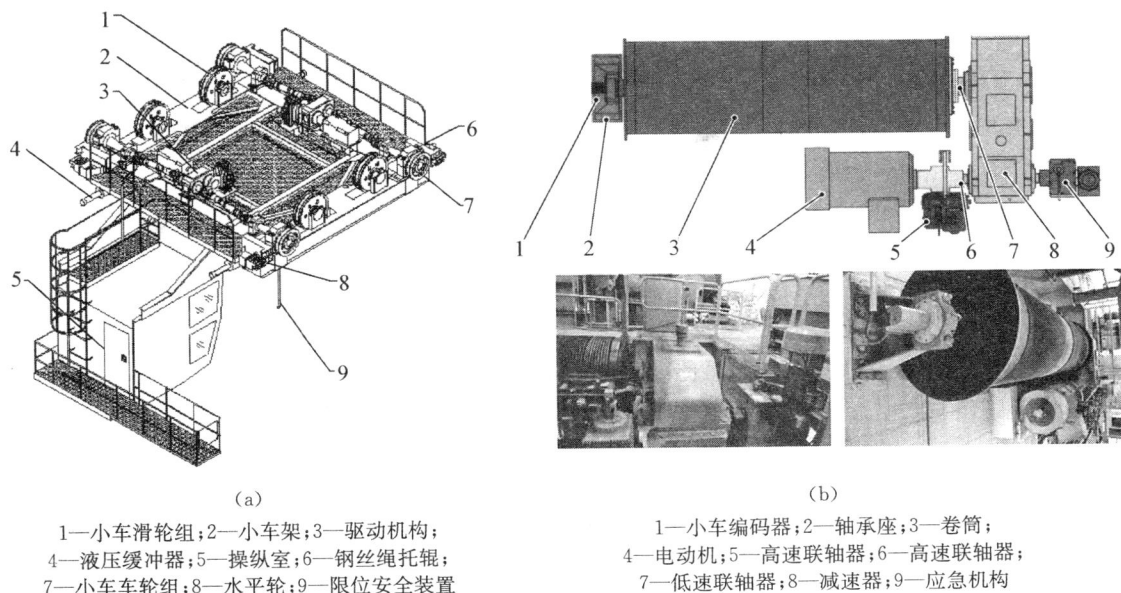

(a)

1—小车滑轮组;2—小车架;3—驱动机构;
4—液压缓冲器;5—操纵室;6—钢丝绳托辊
7—小车车轮组;8—水平轮;9—限位安全装置

(b)

1—小车编码器;2—轴承座;3—卷筒;
4—电动机;5—高速联轴器;6—高速联轴器;
7—低速联轴器;8—减速器;9—应急机构

图 1 - 13　小车运行机构
(a) 自行式小车构造;(b) 牵引式小车驱动机构

自行式运行小车(见图 1 - 13(a))的驱动机构直接布置在小车架上。一般采用交流变频电机驱动,经减速器减速后,直接传到车轮轴上来驱动车轮转动,从而实现小车的横移运动。自行式运行小车包括驱动机构、车轮组、滑轮组、小车架、司机室、缓冲器、水平轮、锚定装置、顶升和防坠装置、安全限位装置,有的还包括小车分离装置等组成。驱动机构则包括电机、联轴器、制动器、减速器、万向节传动轴等。

钢丝绳牵引式运行小车(见图 1 - 13(b))包括驱动机构、钢丝绳缠绕系统、小车车轮组、小车起升滑轮组、小车架、司机室、缓冲器、水平轮、顶升和防坠装置、安全限位装置,有的还包括小车防摇分离装置。驱动机构放置在机器房中,由电动机、联轴器、制动器、卷筒、安全保护限位装置等组成。

4) 回转机构

回转机构是由回转支承装置(见图 1 - 14)和回转驱动装置(见图 1 - 15)两部件组成。回转驱动装置由驱动电动机、联轴器、制动器、减速器、开式齿轮等组成。

5) 变幅机构

变幅机构能够使起重机的臂架系统摆动,以改变工作幅度。对于平衡式臂架变幅系统而言,在变幅过程中,除了臂架系统的自重获得平衡外,还可以使重物沿着水平的轨迹运动。变

图 1-14　回转支承

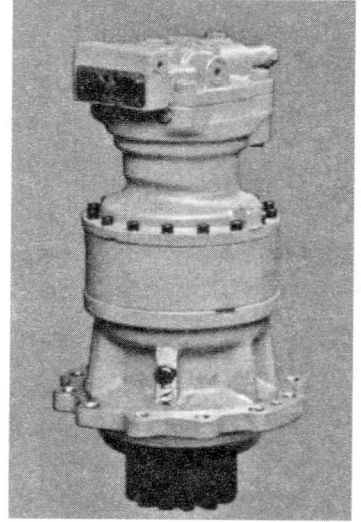

图 1-15　回转驱动装置

幅机构主要由以下部件组成：驱动电动机、联轴器、制动器、螺杆运动副或齿条运动副（有时也使用液压缸或绳索系统），如图 1-16 所示。

(a)

(b)

图 1-16　变幅机构
(a) 齿条驱动；(b) 钢丝绳驱动

6) 俯仰机构

俯仰机构是桥式抓斗卸船机或岸边集装箱起重机特有的机构，使外伸臂仰起或放下。当做俯、伸运动时，外伸臂不承移动载荷。在构造上，俯仰机构与起升机构类似，如图 1-17 所示。

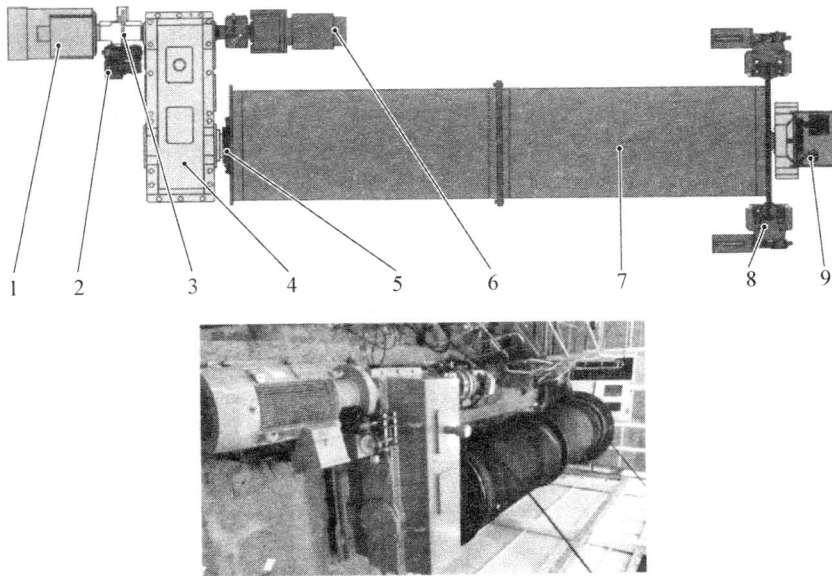

图 1-17　俯仰机构

1—电动机;2—高速制动器;3—高速联轴器;4—减速器;5—低速联轴器;
6—应急机构;7—卷筒;8—低速制动器;9—轴承座及限位装置

1.4　港口起重机基本参数

港口起重机的基本参数是表征起重机机械性能特征的主要指标,也是设计和选择起重机的技术依据。

1) 起重量

起重机在正常工作条件下允许吊钩吊起重物的最大质量称为起重量,用 Q 表示,单位为吨(t)。起重机采用抓斗、电磁吸盘、集装箱吊具或其他经常拆卸的吊具作业时,它们的质量应包括在起重量之内。对于不经常拆卸的吊具,如集装箱起重机的专用吊具和吊钩等不包括在起重量内。

某些臂架型起重机随工作条件(如幅度、臂架长度、有无支腿等)不同,起重量是不同的。对于幅度不同或幅度相同、臂长不同使其起重量不同的起重机,起重力矩采用一组曲线表示。习惯上用 Q-R 曲线表示。

在规定工作条件下用来设计起重机的标称起重量称为额定起重量,用 Q_n 表示。大多数港口起重机的额定起重量与起重量是等同的;工作性变幅的臂架型起重机的额定起重量指全幅度范围内允许吊起重物的最大质量;有些起重机(如浮式起重机、轮胎起重机)将全幅度分成几个幅度范围,各对应一个额定起重量,并且规定其在最小幅度时的起重量为它的最大起重量,用 Q_{max} 表示。

对于吊载能力较大的起重机,除主钩外,还装设有副钩。副钩的起重量一般为主钩的 $1/5\sim1/3$。当一台起重机允许两个吊钩同时作业时,则该机的起重量是指两个吊钩协同工作时吊起重物的最大质量。

起重机吊起的重物或物料的净质量称为有效起重量,用 Q_p 表示,同一起重机采用的吊具不同,有效起重量也不同。

起重量应根据起吊重物的类型、单件重物的质量(件货)或生产率(散货)、机械化作业的衔接、两台起重机协同工作的可能性经综合分析后加以确定。选定起重量时,还应符合起重量系列的有关标准,如表1-1所示。

表1-1　起重机械最大起重量系列(GB/T 783—87)(单位：t)

0.1	0.125	0.16	0.2	0.25	0.32	0.4	0.5	0.63	0.8
1	1.25	1.6	2	2.5	3.2	4	5	6.3	8
10	12.5	16	20	25	32	40	50	63	80
100	125	160	200	250	320	400	500	630	800
1 000									

注：最大起重量大于1 000 t时,可按R20优先数系选用。

2) 总起升高度

起升高度是指从起重机支承(停放)平面或运行轨道顶面向上至吊具最高工作位置(采用吊钩时算到它的吊钩环中心,采用抓斗或其他吊具时算到它们的最低点)之间的垂直距离,用 h_1 表示,单位为米(m)。浮式起重机的起升高度指最大幅度下满载起升时从水平面至吊具最高工作位置之间的垂直距离。

下降深度是指从起重机支承(停放)平面或运行轨道顶面向下至吊具最低工作位置之间的垂直距离,用 h_2 表示,单位为米。浮式起重机的下降深度指空载状态下从水平面至吊具最低工作位置之间的垂直距离。

通常情况下,起升高度又称为轨上起升高度,下降深度又称为轨下起升高度。两者之和称为总起升高度,用 H 表示,即 $H = h_1 + h_2$。总起升高度是卷筒设计的主要设计依据之一。

总起升高度应根据重物所需的最大提升高度、吊具高度和悬挂钢丝绳最小安全长度来确定。对港口起重机和浮式起重机,应考虑船倾、潮位、船舶空载和满载对起升高度的影响。下降深度应根据吊具在最低潮位、船舶满载时能取到舱底物品来确定。

3) 幅度

回转起重机的幅度是指回转起重机水平停放条件下,空载吊具铅垂中心线至回转中心线之间的水平距离,用 R 表示,单位为米;非回转起重机的幅度是空载吊具铅垂中心线至臂架下铰点之间的水平距离;非回转浮式起重机的幅度为空载吊具铅垂中心线至船首(或船尾)护木外侧间的水平距离。起重机的名义幅度是指它的最大幅度。

港口起重机的最大幅度 R_{max} 根据轨道布置、作业船最大宽度、是否要求外挡过驳作业等条件来确定。最小幅度 R_{min} 由起重机构造和安全要求确定,应力求减小。轮胎起重机幅度按要求的作业范围确定。

4) 外伸距

外伸距指桥架型起重机悬臂侧轨道中心线至悬臂端吊具铅垂中心线之间的最大水平距离,用 l 表示,单位为米。岸边集装箱起重机和桥式抓斗卸船机水侧(海侧)的外伸距称前伸距,用 l_1 表示;陆侧的外伸距称后伸距,用 l_2 表示。

前伸距根据岸边轨道布置、船宽、是否要进行过驳作业等条件来确定;后伸距则取决于作业要求和现场条件。

臂架型回转起重机在水平停放条件下空载吊具铅垂中心线至起重机倾覆线之间的水平距离称为距倾覆边线伸距。

5) 跨度和轨距

桥架型起重机运行轨道中心线之间的水平距离称为跨度,用 L 表示,单位为米。桥式起重机的跨度取决于堆场或厂房跨度。门式起重机和装卸桥的跨度根据作业要求确定。

臂架型起重机运行轨道中心线之间的水平距离称为轨距,用 S 表示,单位为米。港口门座起重机的标准轨距由门架跨越铁道线的数目而定,有 6,10.5,16 m 3 种。选取轨距时应考虑起重机的最大轮压及稳定性的控制要求。桥架型起重机小车运行轨道中心线之间的水平距离称为小车轨距,由小车的结构布置而定。

岸边集装箱起重机和桥式抓斗卸船机中大车运行轨道中心线之间的水平距离,习惯上也称为轨距。

轮胎起重机中左右两侧轮胎踏面中心线之间的水平距离称为轮距。当驱动桥两侧采用双胎时,轮距则为两侧双胎中心线之间的水平距离。

6) 基距(轴距)

基距指同一轨道上起重机或小车两支承点中心线之间的水平距离,用 B 表示,单位为米。当起重机的运行装置配有平衡梁时,基距则为门架与一级平衡梁连接铰轴之间的水平距离。起重机的基距根据构造布置、轮压和稳定性要求来确定。小车的基距则取决于小车的结构布置。

轮胎起重机的基距为前后两组支承轮胎中心线间的水平距离,也称为轴距。轴距由转弯半径、轴荷分配和车架结构尺寸等要求来确定。

7) 尾部半径

起重机尾部半径指回转起重机中回转部分尾部的最大回转半径,用 r 表示,单位为米。

码头起重机的尾部半径通常由用户单位提出,或者根据起重机轨距、岸边轨道布置、船舶上层建筑、多机联合作业等情况来确定。其值受到机房平面尺寸、活对重和对重杠杆尺寸等制约。

8) 工作速度

(1) 起升(下降)速度。

起升(下降)速度指起重机吊起额定起重量时吊具匀速上升(下降)的速度,用 v_q 表示,单位为米/分(m/min)。

(2) 回转速度。

回转速度指起重机位于水平面上,回转部分的回转角速度,常用 n_h 表示,单位为转/分(r/min)。

(3) 运行速度。

起重机(大车)运行速度指起重机吊有额定起重量,在水平路面(或水平轨面)上匀速运行时的速度,用 v_y 表示,单位为米/分。当运行机构仅用于调整起重机作业位置时,起重机(大车)运行速度系指起重机不带载、在水平路面(或水平轨面)上匀速运行时的速度。小车运行速度指带有额定起重量的小车在水平轨面上匀速运行时的速度,用 v_{yt} 表示,单位为米/分。

无轨运行起重机在平坦路面上稳定行驶时的速度称起重机行驶速度,用 v_0 表示,单位为公里/时(km/h)。起重机吊有额定起重量时平稳行走的速度称吊重行驶速度。

(4) 变幅速度。

变幅速度指臂架型起重机位于水平面上、吊有额定起重量变幅时,吊重水平移动(不计起制动)的平均速度,用 v_{btop} 表示,单位为米/分。

某些无轨运行起重机不采用变幅速度而采用变幅时间作参数,它是指起重机吊有相应于最大幅度的起重量(对工作性变幅)或不带载(对非工作性变幅)、由最大幅度运动到最小幅度(不计起制动时间)所需的时间,用 t 表示,单位为秒(s)。岸边集装箱起重机和桥式抓斗卸船机前桥架(又称前大梁)俯仰全过程所耗费的时间(不计起制动时间)称为俯仰时间。

起重机工作速度根据起重量、工作行程、货种、作业效率、机构工作性质和使用要求来确定。回转速度还要受到臂架端部最大圆周速度的限制。

9) 最大轮压

最大轮压指起重机(或小车)的一个车轮传递到轨道或地面上的最大垂直载荷,用 P_L 表示,单位为千牛(kN)。最大轮压值是设计计算支承基础和运行机构的重要依据。在现有轨道基础上设计一台新的起重机时,必须把最大轮压控制在现有轨道基础承载能力的允许范围之内。

10) 生产率

生产率指起重机在规定装卸条件下每小时装卸货物的总质量,用 A_n 表示,单位为吨/时(t/h)或每小时装卸的标准集装箱箱数(TEU/h)。起重机生产率与有效起重量、工作行程、工作速度、机构的协同工作程度和物料类别有关,它是起重机的综合技术指标。实际生产率还取决于生产条件和操作者的熟练程度。

起重机在典型工况下达到的生产率称为理论生产率,又称额定生产率。

1.5　港口起重机的设计原则

1.5.1　港口起重机设计的一般原则

港口起重机与其他机械一样,它的设计都必须遵守:① 适用性原则;② 经济合理性原则;③ 优化设计原则;④ 有效性设计原则;⑤ 安全性原则;⑥ 人机工程学原则;⑦ 法律和规范原则。通常这些原则均体现在买卖双方的合同及其技术附件中。合同是一个受法律保护的基础文件,是在一定价格范围内买卖双方供需要求意见一致的反映,也是对双方的法律约束。作为卖方的设计人员一定要在合同正式签署前注意以下内容:

1) 合同中有关设计的主要内容

(1) 工作环境。包括环境气温、风力状况、环境湿度、地震烈度、雪载、地基条件、轨道条件(包括轮压限制)、供电条件、泊位水深、水位变化等。

(2) 作业条件。明确作业对象,即物料品种(包括散装物料、件包装货物、箱装货物)。对散装物料要拟定堆积密度和粒度。在作业条件中最为重要的是船型尺度,满载、空载吃水条件和岸壁条件。

（3）机型和主要参数。根据与买方商定所选的机型,针对工作环境、作业条件等综合情况确定起重机的各参数,如起重量、幅度、起升高度、尾部半径和各机构速度等。

（4）标准和工作级别。在确定机型和各种参数后,根据选定的设计规范和标准确定各设计级别,包括整机级别、金属结构工作级别、机构工作级别。通常在合同签订前,买卖双方要进行充分的协商。

（5）主要金属结构件和机构要求。包括确定主要金属结构件形式、所用材料、连接形式;确定机器房、电气房以及司机室、扶梯通道等;规定对各种机构传动和对齿轮齿面的要求以及对各种减速器的箱壳、轴承、润滑油的要求;规定和限制机器房、司机房内布置及噪声、冷暖温度;有时还有对登机电梯的规定。

（6）电气要求。在港口起重机中,电气传动和控制方案是构成港口起重机的关键部分,是港口起重机的心脏和大脑,也是构成港口起重机价格的主要成分之一。要求过高的电气控制方式会导致价格大幅度地增长,致使在既定价格范围内无法实现合同;反之,过低的电控方式又会造成合同规定的技术性能和指标无法达到。

（7）各种安全要求。包括各种限位、紧停、制动器报警、超载保护、防风、防撞、防滑装置,运行警示要求和航空灯、照明布置、照度要求、防尘要求、维修供电要求等。

（8）涂装要求。港口起重机工作在沿海或内河,受潮气和盐雾的影响较大,因此对港口起重机的防腐、防锈油漆均有一定的要求(底漆、中间漆和面漆,各层漆的干膜厚度、总层数、面漆色彩等)。

（9）发运与安装。一般要规定发运件的最大尺度、最大重量以及运输方式,现场安装起重能力以及安装调试周期等。这些是设计人员在设计大型结构件、各机构传动件及其组合连接方式时要认真考虑、仔细分析研究的重要问题。

2）港口起重机的特点

港口起重机虽属起重机范畴,但由于它用于港口,所以又具有某些独特性。

（1）环境特点:港口起重机基本上是在露天作业,因此它受到港口自然环境的直接影响。这些影响因素主要有风、雨、雪、盐雾、地震、潮汐、水位差、气温、湿度等。其中风又分为工作状态风和非工作状态风。某些地区的港口有时会发生突发性飓风,这种风的危害性很大。

（2）作业特点:港口起重机的作业对象主要是靠岸船舶。船舶的运行受到航行周期、涨落潮、泊位水深的限制。港口起重机必须在船舶停靠码头的规定时间内尽快完成对船舶的装卸作业。因此要求起重机能全天 24 h 连续不断地作业。所以港口起重机是一种频繁作业的起重机,每小时作业 50～70 次,连续作业时间通常为 3～5 天。

（3）场地限制:码头安排装卸任务时,往往是一个舱口配一台起重机,有时甚至一个舱口配备两台起重机,因此机间距离很小,为了防止港口回转式起重机尾尾相碰,通常对起重机的尾部半径均有较严格的限制。对尾部半径的限制会带来起重机臂架平衡系统、机器房布置等方面的困难,这是总体设计者需要协调的综合技术问题。对集装箱起重机也需要限制其总宽尺寸,一般为 26～27 m,这是考虑到两排 40 ft (1 ft = 0.304 8 m) 集装箱在船上占用约 27 m 宽度的事实。

（4）维修要求:港口起重机作业频繁、场地狭小,除要求它有很高的可靠性外,维修还应方便简捷。尤其是对易损件应优先考虑其更换的便捷性,如钢丝绳、起重臂端部滑轮、吊具、电气元件、制动器刹车片、制动轮以及各种减速器的油封、轴承等。在考虑此类零件的更换时,一方面要考虑构造上易于拆装,另一方面要有足以供维修人员作业的空间。对某些不易在机上就地更换的零件,要考虑成组更换的可能性。

(5)操作条件:港口起重机因其作业的频繁性,不仅司机动作频繁,而且还有对舱、对箱、对□、对车等准确操作的要求。在作业中各机构均在不停地起、制动,不断地加、减速,因而司机在操作时手脚需要不停地动作,精神需要高度集中。改善操作条件、提供良好的视野在港口起重机设计中必须给予充分重视。

(6)色调与环境:港口起重机是一种较大的以金属构件为主体的机器设备,在它所处的环境中,有着显著夺目的地位。因此它的色调也成了设计中要注意的问题。大多数情况下它的色调是由用户来确定的。用户对色调的选择有3种可能性:一是要求突出港口起重机的地位,因此要求色彩鲜艳;二是要求与周围环境协调,不突出港口起重机的地位;三是要体现企业的特征,强化企业的形象。

3)成本控制

在产品合同中,一切条款均是在指定价格范围内制定的。它包括了产品制造成本、运输、安装、调试、备件、服务、保险和税金等费用。作为港口起重机设计人员要控制的是制造和安装调试成本,其取决于技术方案、用料选择、配套和安装运输技术条件等因素。在设计技术方案的选择上,无论整机还是各组成部件,均应遵循下述原则:

(1)选用成熟、经过实践考验的技术方案。这是保证港口起重机制造顺利、安装运输调试方便的首要条件。设计工作不同于研究开发,它是成熟技术的集合,设计中大量的工作是选择和组合。

(2)尽量提高标准化、通用化程度。众所周知,产品的批量生产是稳定质量、控制设计成本的有效措施。因为只有形成批量生产,才能有专用加工设备和生产线,从而得到成本低、质量好的产品,这是单件生产无法比拟的。因此,衡量港口起重机的标准化和通用化程度,也是衡量其质量和价格水平的标志之一。

(3)合理选用材料。港口起重机是一种重型机械,通常自重均较大。其中金属结构重量一般要占整机重量的 $60\%\sim80\%$,因而在港口起重机的成本中金属结构件的材料费用占了很大的比例。设计中若对材料精打细算,则可以有效地控制成本。港口起重机所用的材料,主要是普通碳素钢、优质碳素钢和普通合金钢。这些材料供应渠道宽,价格便宜,加工、热处理方便。近年来由于对传动齿轮寿命的要求提高,为了不过分增加传动件的外形尺寸,在齿轮和轴的用料上有明显偏高的趋势,尽管这是由技术性能要求决定的,但设计者必须明确,选用高级合金钢不仅材料价格高,而且工艺制造成本也将大幅度升高。

(4)为降低运输安装费用创造条件。港口起重机的运输、安装费用通常也是构成合同价格的主要因素。尤其是大型结构件的运输安装,要动用大型起重机械,耗资巨大。对重大件必须按制造、安装现场条件,做好分割、分段和工地连接的设计。

(5)尽量缩短在用户码头的调试试车时间。有些港口起重机采用了较复杂的控制系统,而这些系统的功能必须在用户码头才能进行调试。由于这项工作耗资巨大,缩短时间就是节约费用。

1.5.2 港口起重机设计采用的有关规范和标准

通常,在港口起重机的设计合同中均有关于规范和标准的规定。这是买卖双方通过商讨确定下来的。就规范和标准而言,除关系人身安全和国家特殊规定以外,它们并不具有法律效力。但在买卖双方的合同中确定下来后,因为合同本身受到合同法的保护,因此合同中指定的规范和标准也就成为双方必须遵守的法规,同样受到法律的保护。

如今从事港口起重机设计的人员都必须对"ISO9001 质量体系——设计开发、生产、安装和服务的质量保证模式"中关于设计的质量保证模式有充分的了解。在 ISO900 的 4.4 节中规定了对设计进行控制的有关问题,包括策划设计和开发活动,规定组织上和技术上的接口,识别设计输入和设计输出,评审、验证和确认设计,控制设计更改。在 ISO900 的 4.5 节中对文件和资料控制作了相应的规定。港口起重机设计人员对此应能全面掌握和正确地运用。在国际市场中,是否贯彻执行这个国际标准已成为考核一个单位是否具备承担产品设计能力的标志,也是能否进入所承担的产品市场的考核条件。

一名港口起重机设计人员需要掌握的相关技术规范和标准颇多,其中包括设计、制造、检验等各个方面,也涉及机构、金属结构、电气、液压等诸多专业。在这些规范和标准中,安全、环保规范尤为重要,且各国的要求各不相同,有些甚至拥有地区性的规范和标准。如美国各州都有自己的法规,在设计中要注意区分。这些规范和标准主要包括走道、栏杆、梯子、平台以及登机电梯之类涉及人身安全的和有关粉尘、有害气体、噪声、洒漏等与环境污染相关的装置。下面是常见的一些规范和标准。

1) 中国的规范和标准

GB/T 3811　起重机设计规范

GB/T 6067　起重机安全规程

GB 50017　钢结构设计规范

GB/T 5905　起重机试验规范和程序

GB/T 5972　起重机械用钢丝绳检验和报废实用规范

JT 5022　港口起重机轨道安装技术条件

JT 5013　港口起重机风载荷规范

JT 5017　港口门座起重机技术条件

JT 5018　岸边集装箱起重机技术条件

GBJ 55　工业及民用通用设备电力装置设计规范

JB/ZZ 5　焊接设计规范

2) 国际上常见的设计标准和规范

FEM(Federation Europeene De La Manutention)起重机械设计规范

ISO 4301　起重机和起重机械

BS 2573.1　起重机设计规范　第一部分:分级、应力计算和结构设计准则

BS 2573.2　起重机许用应力和设计准则　第二部分:机构

BS 2452　高架起重机或港口臂架起重机

DIN 15018.1　起重机钢结构计算原则

DIN 15018.2　起重机钢结构构造原则

DIN 15018.1　起重机——移动式起重机钢结构计算的基本原则

DIN 4114.1　钢结构:稳定性(屈曲、倾覆、膨胀),计算方法和法规

AISE No. 6　电动桥式冶金起重机规范

JISB 8821 起重机钢结构部分计算标准

AWSD 1.1 钢结构焊接规范

本 章 习 题

【简答题】

1. 简述起重机的工作特点和类型。

2. 起重机主要由哪些部分组成？各部分的作用是什么？

3. 起重机常用的工作机构有哪些？工作机构的作用是什么？

4. 港口起重机的基本参数有哪些？各表示什么含义？

5. 与工程或建筑起重机相比，港口起重机具有哪些特点？

第 2 章　港口起重机的工作级别与载荷组合

2.1　工作级别

1）工作级别的划分

起重机通过起升和移动所吊运的物品完成搬运作业，为适应起重机不同的使用情况和工作要求，在设计和选用起重机及其零部件时，应对起重机及其组成部分进行工作级别的划分，包括：① 起重机整机的分级；② 机构的分级；③ 结构件和机械零件的分级。

2）分级的基础

使用等级：用起重机的总工作循环数、机构总使用小时数、结构件和机械零件总应力循环数等来表示。

载荷状态：用起重机的起升载荷谱、机构的载荷谱、结构件和机械零件的应力谱等来表示。

2.2　起重机整机的分级

1）确定分级的因素

确定起重机整机分级应考虑两个因素：起重机的使用等级和起重机的起升载荷状态。

（1）起重机的使用等级。

起重机的设计预期寿命，是指设计预设的该起重机从开始使用起到最终报废时止能完成的总工作循环数。起重机的一个工作循环是指从起吊一个物品起，到开始起吊下一个物品时止，包括起重机运行及正常的停歇在内的一个完整的过程。

起重机总的工作循环数与它的设计预期寿命期限的长短及起重机使用的频繁情况有关。起重机的使用等级是将起重机可能完成的总工作循环数划分成 10 个级别，用 U_0，U_1，U_2，…，U_9 表示，如表 2-1 所示。

表 2-1　起重机的使用等级

使 用 等 级	起重机工作循环数 C_T	起重机使用频繁情况
U_0	$C_T \leqslant 1.60 \times 10^4$	
U_1	$1.60 \times 10^4 < C_T \leqslant 3.20 \times 10^4$	很少使用
U_2	$3.20 \times 10^4 < C_T \leqslant 6.30 \times 10^4$	
U_3	$6.30 \times 10^4 < C_T \leqslant 1.25 \times 10^5$	

（续表）

使 用 等 级	起重机工作循环数 C_T	起重机使用频繁情况
U_4	$1.25 \times 10^5 < C_T \leqslant 2.50 \times 10^5$	不频繁使用
U_5	$2.50 \times 10^5 < C_T \leqslant 5.00 \times 10^5$	中等频繁使用
U_6	$5.00 \times 10^5 < C_T \leqslant 1.00 \times 10^6$	较频繁使用
U_7	$1.00 \times 10^6 < C_T \leqslant 2.00 \times 10^6$	频繁使用
U_8	$2.00 \times 10^6 < C_T \leqslant 4.00 \times 10^6$	特别频繁使用
U_9	$C_T > 4.00 \times 10^6$	

（2）起重机的起升载荷状态级别。

起重机的起升载荷是指起重机在实际的起吊作业中每一次吊运的物品质量（有效起重量）与吊具及属具质量的总和（即起升质量）的重力；起重机的额定起升载荷是指起重机起吊额定起重量时能够吊起的物品最大质量与吊具及属具质量的总和（即总起升质量）的重力。

起重机的起升载荷状态级别是指在该起重机的设计预期寿命期限内，它的各个有代表性的起升载荷值的大小及各相对应的起吊次数与起重机的额定起升载荷值的大小及总的起吊次数的比值情况。

在表2-2中，列出了起重机起升载荷谱系数 K_P 的4个范围值，它们各代表了起重机一个相对应的载荷状态级别。

表2-2　起重机的载荷状态及载荷谱系数

载 荷 状 态	起重机的载荷谱系数 K_P	说　明
Q1	$K_P \leqslant 0.125$	很少起吊额定载荷，经常吊运较轻载荷
Q2	$0.125 < K_P \leqslant 0.250$	较少起吊额定载荷，经常吊运中等载荷
Q3	$0.250 < K_P \leqslant 0.500$	有时起吊额定载荷，较多吊运较重载荷
Q4	$0.500 < K_P \leqslant 1.000$	经常吊运额定载荷

如果已知起重机各个起升载荷值的大小及相对应的起吊次数的资料，则可以用式（2-1）算出该起重机的载荷谱系数：

$$K_P = \sum \left[\frac{C_i}{C_T} \left(\frac{P_{Qi}}{P_{Qmax}} \right)^m \right] \tag{2-1}$$

式中：P_{Qi}——能表征起重机在预期寿命期内工作任务的各个有代表性的起升载荷，$P_{Qi} = P_{Q1}, P_{Q2}, P_{Q3}, \cdots, P_{Qn}$；

P_{Qmax}——起重机的额定起升载荷；

C_i——与起重机各个有代表性的起升载荷相对应的工作循环数，$C_i = C_1, C_2, C_3, \cdots, C_n$；

C_T——起重机总工作循环数，$C_T = \sum_{i=1}^n C_i = C_1 + C_2 + C_3 + \cdots + C_n$；

m——幂指数，为便于级别的划分，约定取 $m = 3$。

展开后,式(2-1)变为

$$K_P = \frac{C_1}{C_T}\left(\frac{P_{Q1}}{P_{Qmax}}\right)^3 + \frac{C_2}{C_T}\left(\frac{P_{Q2}}{P_{Qmax}}\right)^3 + \frac{C_3}{C_T}\left(\frac{P_{Q3}}{P_{Qmax}}\right)^3 + \cdots + \frac{C_n}{C_T}\left(\frac{P_{Qn}}{P_{Qmax}}\right)^3 \qquad (2-2)$$

由式(2-2)算得起重机载荷谱系数的值后,即可按表 2-2 确定该起重机相应的载荷状态级别。

如果不能获得起重机设计预期寿命期内起吊的各个有代表性的起升载荷值的大小及相应的起吊次数资料,就无法通过上述计算得到它的载荷谱系数及确定它的载荷状态级别,可以由制造商和用户协商选出适合于该起重机的载荷状态级别及确定相应的载荷谱系数。

2) 起重机整机的工作级别

根据起重机的 10 个使用等级和 4 个载荷状态级别,起重机整机的工作级别划分为 A1～A8 共 8 个级别,如表 2-3 所示。

表 2-3　起重机整机的工作级别

载荷状态级别	起重机的使用等级									
	U_0	U_1	U_2	U_3	U_4	U_5	U_6	U_7	U_8	U_9
Q1	A1	A1	A1	A2	A3	A4	A5	A6	A7	A8
Q2	A1	A1	A2	A3	A4	A5	A6	A7	A8	A8
Q3	A1	A2	A3	A4	A5	A6	A7	A8	A8	A8
Q4	A2	A3	A4	A5	A6	A7	A8	A8	A8	A8

各典型起重机整机工作级别举例如表 2-4 所示。

表 2-4　典型起重机整机的工作级别举例

序号	起重机类型	用途特点	使用等级	载荷状态	工作级别
1	岸边集装箱起重机	集装箱吊具	U_6～U_8	Q2～Q3	A6～A8
2	门座式起重机(件杂货)	吊钩	U_5～U_6	Q3	A6～A7
3	门座式起重机(散货)	抓斗	U_6	Q3～Q4	A7～A8
4	集装箱门式起重机	集装箱吊具	U_5～U_6	Q2～Q3	A6～A7
5	散货装船机	皮带、连续	U_6	Q3～Q4	A7～A8
6	散货卸船机	抓斗	U_7～U_8	Q4	A8
7	港口装卸用浮式起重机(件杂货)	吊钩	U_4～U_5	Q3	A5～A6
8	港口装卸用浮式起重机(散货)	抓斗	U_4～U_5	Q4	A6～A7
9	特大起重量(>100 t)浮式起重机	吊钩	U_2～U_3	Q2	A2～A3
10	堆场装卸用桥式类起重机	吊钩	U_4～U_5	Q3	A5～A6
11	造船用门座起重机	吊钩	U_4	Q2	A4
12	造船用门式起重机	吊钩	U_4	Q2～Q3	A4

2.3　机构的分级

1) 确定分级的因素

确定各机构的分级应考虑两个因素：机构的使用等级和机构的载荷状态。

(1) 机构的使用等级。

机构的设计预期寿命，是指设计预设的该机构从开始使用起到预期更换或最终报废为止的总运转时间，它只是该机构实际运转小时数累计之和，而不包括工作中此机构的停歇时间。机构的使用等级是将该机构的总运转时间分成 10 个等级，以 T_0，T_1，T_2，…，T_9 表示，如表 2-5 所示。

表 2-5　机构使用等级

使 用 等 级	总使用时间 t_T/h	机构运转频繁情况
T_0	$t_T \leqslant 200$	
T_1	$200 < t_T \leqslant 400$	很少使用
T_2	$400 < t_T \leqslant 800$	
T_3	$800 < t_T \leqslant 1\,600$	
T_4	$1\,600 < t_T \leqslant 3\,200$	不频繁使用
T_5	$3\,200 < t_T \leqslant 6\,300$	中等频繁使用
T_6	$6\,300 < t_T \leqslant 12\,500$	较频繁使用
T_7	$12\,500 < t_T \leqslant 25\,000$	
T_8	$25\,000 < t_T \leqslant 50\,000$	频繁使用
T_9	$t_T > 50\,000$	

(2) 机构的载荷状态。

机构的载荷状态级别表明了机构所受载荷的轻重情况。表 2-6 列出了机构载荷谱系数 K_m 的 4 个范围值，它们各代表了机构一个相对应的载荷状态级别。

表 2-6　机构的载荷状态级别及载荷谱系数

载荷状态级别	载荷谱系数 K_m	说　明
L1	$K_m \leqslant 0.125$	机构很少承受最大载荷，一般承受轻小载荷
L2	$0.125 < K_m \leqslant 0.250$	机构较少承受最大载荷，一般承受中等载荷
L3	$0.250 < K_m \leqslant 0.500$	机构有时承受最大载荷，一般承受较大载荷
L4	$0.500 < K_m \leqslant 1.000$	机构经常承受最大载荷

机构载荷谱系数 K_m 可由下式计算得到

$$K_m = \sum \left[\frac{t_i}{t_T} \left(\frac{P_i}{P_{max}} \right)^m \right] \tag{2-3}$$

式中：t_i——与机构承受各个大小不同等级载荷的相应持续时间，$t_i = t_1, t_2, t_3, \cdots, t_n$;

t_T——机构承受所有大小不同等级载荷的时间总和，$t_T = \sum\limits_{i=1}^{n} t_i = t_1 + t_2 + t_3 + \cdots + t_n$;

P_i——能表征机构在服务期内工作特征的各个大小不同等级的载荷，$P_i = P_1, P_2, P_3, \cdots, P_n$;

P_{max}——机构承受的最大载荷；

m——幂指数，同式(2-1)。

展开后，式(2-3)变为

$$K_m = \frac{t_1}{t_T}\left(\frac{P_1}{P_{max}}\right)^3 + \frac{t_2}{t_T}\left(\frac{P_2}{P_{max}}\right)^3 + \frac{t_3}{t_T}\left(\frac{P_3}{P_{max}}\right)^3 + \cdots + \frac{t_n}{t_T}\left(\frac{P_n}{P_{max}}\right)^3 \tag{2-4}$$

由式(2-4)算得机构载荷谱系数的值后，即可按表 2-6 确定该机构相应的载荷状态级别。

2) 机构的工作级别

机构工作级别的划分，是将各单个机构分别作为一个整体进行的关于其载荷大小程度及运转频繁情况总的评价，它并不表示该机构中所有的零部件都有相同的受载及运转情况。根据机构的 10 个使用等级和 4 个载荷状态级别，机构单独作为一个整体进行分级的工作级别划分为 M1~M8 共 8 级，如表 2-7 所示。

表 2-7　机构的工作级别

载荷状态级别	机构的使用等级									
	T_0	T_1	T_2	T_3	T_4	T_5	T_6	T_7	T_8	T_9
L1	M1	M1	M1	M2	M3	M4	M5	M6	M7	M8
L2	M1	M1	M2	M3	M4	M5	M6	M7	M8	M8
L3	M1	M2	M3	M4	M5	M6	M7	M8	M8	M8
L4	M2	M3	M4	M5	M6	M7	M8	M8	M8	M8

各类起重机的机构分级举例如表 2-8 所示。

表 2-8　典型起重机各机构作为整体分级举例

序号	起重机类型	整机工作级别	机构使用等级					机构载荷状态					机构工作级别				
			H	S	L	D	T	H	S	L	D	T	H	S	L	D	T
1	岸边集装箱起重机	A6	T_5	—	T_5	T_5	T_5	L3	—	L2	L3	L3	M6	—	M5	M6	M6
		A7	T_6	—	T_5	T_6	T_5	L3	—	L2	L3	L3	M7	—	M5	M7	M6
		A8	T_7	—	T_5	T_7	T_5	L3	—	L2	L3	L3	M8	—	M5	M8	M6
2	门座式起重机(件杂货)	A6	T_5	T_4	T_4	—	T_3	L3	L3	L2	—	L2	M6	M5	M4	—	M3
		A7	T_6	T_5	T_4	—	T_3	L3	L3	L3	—	L3	M7	M6	M5	—	M4
3	门座式起重机(散货)	A7	T_5	T_5	T_5	—	T_3	L4	L3	L3	—	L3	M7	M6	M6	—	M4
		A8	T_6	T_6	T_6	—	T_3	L4	L3	L3	—	L3	M8	M7	M7	—	M4

（续表）

序号	起重机类型	整机工作级别	机构使用等级					机构载荷状态					机构工作级别				
			H	S	L	D	T	H	S	L	D	T	H	S	L	D	T
4	集装箱门式起重机	A6	T_5	—	—	T_5	T_5	L3	—	—	L3	L3	M6	—	—	M6	M6
		A7	T_6	—	—	T_6	T_5	L3	—	—	L3	L3	M7	—	—	M7	M6
5*	散货装船机	A7	T_6	T_5	T_5	—	T_3	L3	L3	L3	—	L3	M7	M6	M6	—	M4
		A8	T_7	T_6	T_6	—	T_3	L3	L3	L3	—	L3	M8	M7	M7	—	M4
6	散货卸船机	A8	T_7	—	T_5	T_6	T_4	L3	—	L2	L3	L3	M8	—	M5	M7	M5
7	港口装卸用浮式起重机（件杂货）	A5	T_4	T_4	T_4	—	—	L3	L3	L3	—	—	M5	M5	M5	—	—
		A6	T_5	T_4	T_4	—	—	L3	L3	L3	—	—	M6	M5	M5	—	—
8	港口装卸用浮式起重机（散货）	A6	T_4	T_4	T_4	—	—	L4	L3	L3	—	—	M6	M5	M5	—	—
		A7	T_5	T_5	T_5	—	—	L4	L3	L3	—	—	M7	M6	M6	—	—
9	特大起重量（>100 t）浮式起重机	A2	T_3	T_2	T_2	—	—	L1	L2	L2	—	—	M2	M2	M2	—	—
		A3	T_3	T_2	T_2	—	—	L2	L2	L2	—	—	M3	M2	M2	—	—
10	堆场装卸用桥式类起重机	A5	T_5	—	—	T_5	T_5	L2	—	—	L2	L2	M5	—	—	M5	M5
		A6	T_5	—	—	T_5	T_5	L3	—	—	L3	L3	M6	—	—	M6	M6
11	造船用门座起重机	A4	T_5	T_4	T_4	—	T_5	L2	L2	L2	—	L2	M5	M4	M4	—	M5
12	造船用门式起重机	A4	T_5	—	—	T_4	T_5	L2	—	—	L2	L2	M5	—	—	M4	M6

注：H—起升机构；S—回转机构；L—动臂俯仰变幅机构；D—小车运行机构；T—大车运行机构

2.4　结构件和机械零件的分级

1）确定分级的因素

确定结构件和机械零件的分级应考虑两个因素：结构件和机械零件的使用等级和应力状态。

（1）结构件和机械零件的使用等级。

结构件和机械零件的一个应力循环是指应力从通过 σ_m 时起至该应力同方向再次通过 σ_m 时为止的一个连续过程。图 2-1 为包含 5 个应力循环的时间应力变化历程。

结构件和机械零件的总使用时间，是指设计预设的、从开始使用起到该结构件报废或该机械零件更换为止的期间内发生的总的应力循环次数。

结构件的总应力循环数同起重机的总工作循环数之间存在着一定的比例关系，某些构件在一个起重循环内可能经受几个应力循环，这取决于起重机的类别和该结构件在该起重机结构中的具体位置。对不同的结构件，这一比值可能互不相同，但当这一比值已知时，该结构件

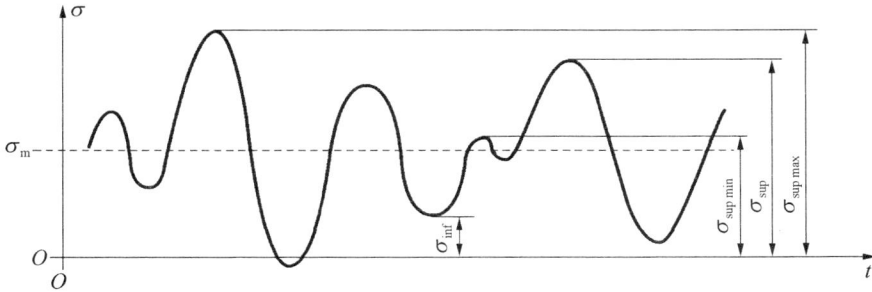

图 2-1　随时间变化的 5 个应力循环

$\sigma_{\sup}$—峰值应力；$\sigma_{\sup\max}$—最大峰值应力；$\sigma_{\sup\min}$—最小峰值应力；$\sigma_{\inf}$—谷值应力；

σ_{m}—总使用时间内所有峰值应力和谷值应力的算术平均值

的总使用时间(即它的总应力循环数)便可以从起重机使用等级的总工作循环数中导出。

机械零件的总应力循环数,则应从该零件或该零件所归属机构的设计预定的总使用时间中导出,推导时要考虑到影响其应力循环的该零件的转速和其他相关情况。

结构件和机械零件的使用等级,都是将其总应力循环次数分成 11 个等级,分别以代号 B_0,B_1,…,B_{10} 表示,如表 2-9 所示。

表 2-9　结构件或机械零件的使用等级

使　用　等　级	结构件或机械零件的总应力循环数 n_T
B_0	$n_T \leqslant 1.6 \times 10^4$
B_1	$1.6 \times 10^4 < n_T \leqslant 3.2 \times 10^4$
B_2	$3.2 \times 10^4 < n_T \leqslant 6.3 \times 10^4$
B_3	$6.3 \times 10^4 < n_T \leqslant 1.25 \times 10^5$
B_4	$1.25 \times 10^5 < n_T \leqslant 2.5 \times 10^5$
B_5	$2.5 \times 10^5 < n_T \leqslant 5.0 \times 10^5$
B_6	$5.0 \times 10^5 < n_T \leqslant 1.0 \times 10^6$
B_7	$1.0 \times 10^6 < n_T \leqslant 2.0 \times 10^6$
B_8	$2.0 \times 10^6 < n_T \leqslant 4.0 \times 10^6$
B_9	$4.0 \times 10^6 < n_T \leqslant 8.0 \times 10^6$
B_{10}	$n_T > 8.0 \times 10^6$

(2)结构件或机械零件的应力状态级别。

结构件或机械零件的应力状态级别,表明了该结构件或机械零件在总使用期内发生应力的大小及相应的应力循环情况,表 2-10 列出了应力状态的 4 个级别及相应的应力谱系数范围值。每一个结构件或机械零件的应力谱系数 K_S 可以用下式计算得到

$$K_S = \sum \left[\frac{n_i}{n_T} \left(\frac{\sigma_i}{\sigma_{\max}} \right)^C \right] \qquad (2-5)$$

式中：n_i——与结构件或机械零件发生的不同应力相应的应力循环数，$n_i = n_1, n_2, n_3, \cdots, n_n$；

n_T——结构件或机械零件总的应力循环数，$n_T = \sum\limits_{i=1}^{n} n_i = n_1 + n_2 + n_3 + \cdots + n_n$；

σ_i——该结构件或机械零件在工作时间内发生的不同应力，$\sigma_i = \sigma_1, \sigma_2, \sigma_3, \cdots, \sigma_n$，并设定：$\sigma_1 > \sigma_2 > \sigma_3 > \cdots > \sigma_n$，对机械零件，每一个循环 n_i 期间内认为发生的应力基本上相等，为 σ_i，而各个循环之间的应力则可以是不同的；

σ_{max}——为应力 $\sigma_1, \sigma_2, \sigma_3, \cdots, \sigma_n$ 中的最大应力；

C——幂指数，与有关材料的性能，结构件或机械零件的种类、形状和尺寸，表面粗糙度以及腐蚀程度等有关，由实验得出，见式(4-44)、式(4-45)。

表 2-10　结构件和机械零件的应力状态级别及应力谱系数

应力状态级别	应力谱系数 K_S
S1	$0.000 < K_S \leqslant 0.125$
S2	$0.125 < K_S \leqslant 0.250$
S3	$0.250 < K_S \leqslant 0.500$
S4	$0.500 < K_S \leqslant 1.000$

注：1. 某些结构件或机械零件(如已受弹簧加载的零部件)所受的载荷同以后实际的工作载荷基本无关。在大多数情况下，它们的 $K_S = 1$，应力状态级别属于 S4 级。

2. 对于结构件，确定应力谱系数所用的应力是该结构件在工作期间内发生的各个不同的峰值应力，即图 2-1 中的 $\sigma_{sup\,min}$，σ_{sup}，$\sigma_{sup\,max}$ 等。

3. 对于机械零件，计算应力谱系数时所采用的应力就是在零件计算截面上出现的总应力。

展开后，式(2-5)变为

$$K_S = \frac{n_1}{n_T}\left(\frac{\sigma_1}{\sigma_{max}}\right)^C + \frac{n_2}{n_T}\left(\frac{\sigma_2}{\sigma_{max}}\right)^C + \frac{n_3}{n_T}\left(\frac{\sigma_3}{\sigma_{max}}\right)^C + \cdots + \frac{n_n}{n_T}\left(\frac{\sigma_n}{\sigma_{max}}\right)^C \qquad (2-6)$$

对于机械零件，当式(2-5)、式(2-6)的 n_T 中某单项应力 σ_i 首次出现 $n_i \geqslant 2 \times 10^6$ 项时，即取 $n_i = 2 \times 10^6$ 为有效值，并将此 n_i 值作为末项 n_n 的值，后续项不再计入。

由式(2-6)算得应力谱系数的值后，可按表 2-10 确定该结构件和机械零件相应的应力状态级别。

2）结构件或机械零件的工作级别划分

根据结构件或机械零件的使用等级和应力状态级别，结构件或机械零件工作级别划分为 E1~E8 共 8 个级别，如表 2-11 所示。

表 2-11　结构件或机械零件的工作级别

应力状态级别	使用等级										
	B_0	B_1	B_2	B_3	B_4	B_5	B_6	B_7	B_8	B_9	B_{10}
S1	E1	E1	E1	E1	E2	E3	E4	E5	E6	E7	E8
S2	E1	E1	E1	E2	E3	E4	E5	E6	E7	E8	E8
S3	E1	E1	E2	E3	E4	E5	E6	E7	E8	E8	E8
S4	E1	E2	E3	E4	E5	E6	E7	E8	E8	E8	E8

2.5　计算载荷及载荷系数

在工作状态和非工作状态下,作用在起重机上的载荷多种多样、变化不定。《起重机设计规范》(GB/T 3811)将这些载荷分为 4 类:常规载荷、偶然载荷、特殊载荷及其他载荷。

(1) 常规载荷是指在起重机正常工作时经常发生的载荷,包括自重载荷 P_G、起升载荷 P_Q、由驱动机构或制动器的作用使起重机加(减)速运动而产生的惯性载荷以及这些载荷的动载效应,还包括因起重机结构的位移或变形引起的载荷。在防屈服、防弹性失稳及在必要时进行的防疲劳失效等验算中,应考虑这类载荷。

(2) 偶然载荷是指在起重机正常工作时不经常发生而只是偶然出现的载荷,包括工作状态风载荷 P_{WII}、起重机偏斜运行引起的水平侧向载荷 P_S 以及根据实际情况决定是否考虑的坡道载荷、冰雪载荷、温度载荷等。在防疲劳失效的计算中通常不考虑这些载荷。

(3) 特殊载荷是起重机在非正常工作时或不工作时的特殊情况下可能受到的最大载荷,或在工作状态下偶然受到的最不利载荷,包括非工作状态风载荷 P_{WIII}、起重机试验载荷、碰撞载荷、倾翻水平载荷、意外停机载荷、挂舱载荷以及机构传动突然失效或起重机基础受到外部激励引起的载荷等。在防疲劳失效的计算中也不考虑这些载荷。

(4) 其他载荷是指在某些特定情况下发生的载荷,包括工艺性载荷(起重机在工作过程中为完成生产工艺需要进行的动作而产生的载荷)、作用在起重机的平台或通道上的载荷等。很难判断这些载荷是否是重要的或关键的载荷。因为也有相当多的事故发生在这些情况下,所以对它也应予以特别注意。

2.5.1　常规载荷

1) 自重载荷 P_G

自重载荷是指起重机本身的结构、机械设备、电气设备以及在起重机工作时始终积结在它的某个部件上的物料(如附设在起重机上的漏斗料仓、连续输送机及在它上面的物料)等质量的重力。

起重机的自身重量通常大于额定起重量,两者的比值对通用电动桥式起重机约为 $1\sim6$,对门座起重机约为 $8\sim25$,对门式起重机约为 $2\sim20$,对装卸桥约为 $30\sim60$。起重量越小,比值越大。由自重载荷及其相应的惯性载荷和动载效应所造成的结构内应力在总内应力中所占的比重是相当可观的,因此自重载荷的正确确定对确保设计质量和产品安全具有重要意义。但在初步设计时,自重载荷的确切值是不知道的,因此只能根据设计经验预先估计一个值,通常采用以下几种估计方法:

(1) 参考技术参数相近的同类起重机的重量数据。这是既方便又比较可靠的方法。

(2) 利用手册、样本、参考书和文献中所给出的同类起重机的重量统计图表。

(3) 利用估算重量的经验公式。这些经验公式多半是根据同类起重机的重量统计数据回归得到的。

(4) 采用逐步逼近的估算法。通常的做法是在方案设计阶段先采用比较粗糙但又能反映主要矛盾的力学模型,并进行初步的内力分析和截面估算。然后根据初定的截面考虑一定的构造系数估算自重,并进行初步扩大设计。初步扩大设计后对自重载荷进行复核和调整,然后进行施工设计。施工设计后按照施工图再次对自重进行复核。这时所得的理论计算自重与制造结果的实际自重的差值一般不大于10%，成批生产时一般不大于5%。如果复核结果证明以前的估算自重误差较大，则必须对施工设计进行必要的复算和修改。一般经过施工设计前的二次估算，所估定的自重载荷即可达到工程允许的精度。

上述的第4种方法一般与前3种方法中某一种联合使用。

随着 CAD/CAM/CAE/CAT 的普及，应用现代结构优化设计方法，可以更快捷地获得合理的设计结果。

起重机不工作时，自重载荷是静态的。而当起重机工作时，由于结构的振动，自重载荷有动载效应。根据分析，自重载荷的垂向动载效应主要发生在以下两种工况所激发的振动过程中，其一是起升质量离地起升或下降制动时所激发的振动过程；其二是起重机或起重机的部分装置行经不平的路面或轨道接头时所激发的振动过程。

实腹式梁构件的自重一般作为沿全长的均布载荷处理，如图 2-10(a)所示；格构式桁架的自重作为分布在各节点上的节点载荷处理，如图 2-10(b)所示；机械和电器设备的自重作为作用在其安装部位处的集中载荷处理。机电设备一旦确定了型号规格，其重量就可从产品目录中查到。

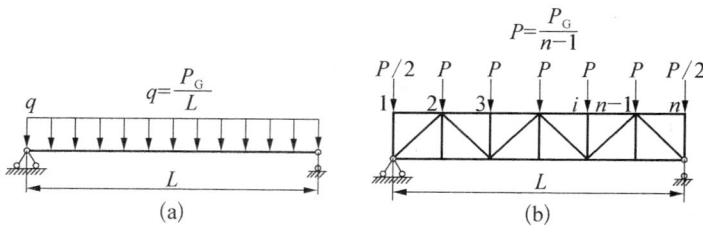

图 2-2　自重的常用处理方式

（a）实腹式受弯构件——梁；（b）格构式受弯构件——桁架

2）额定起升载荷 P_Q

起重机在正常工作条件下允许吊钩吊起重物的最大质量称为起重量。起重机采用抓斗、电磁吸盘、集装箱吊具或其他经常拆卸的吊具作业时，它们的质量应包括在起重量之内。对于不经常拆卸的吊具，如集装箱起重机的专用吊具和吊钩等不包括在起重量内。

额定起升载荷是指额定起重量、取物装置（不经常拆卸的吊具、吊钩）和起重钢丝绳悬垂段质量（起升高度小于50 m 时的起升钢丝绳的质量不计）产生的重力。

3）起升冲击系数 ϕ_1 及动力效应

当物品离地起升时、或将悬吊在空中的部分物品突然卸除时、或悬吊在空中的物品下降制动时，起重机本身（主要是对金属结构）的自重因出现振动而产生脉冲式增大或减小的动力响应。起重机自身质量受到起升冲击而出现的动力响应，用起升冲击系数 ϕ_1 乘以起重机自身的自重载荷 P_G 来考虑，为反映此振动引起载荷增大和减小的变化范围的上下限，通常取

$$\phi_1 = 1 \pm \alpha \qquad\qquad (2-7)$$

式中：α——起升冲击影响系数，$0 \leqslant \alpha \leqslant 0.1$。

对所计算的构件，起不利作用的自重载荷取 $\phi_1 = 1.0 \sim 1.1$；反之，取 $\phi_1 = 0.9 \sim 1.0$（见图 2-3）。

4）起升动载系数 ϕ_2 及动力效应

当物品无约束地起升离地时,物品的惯性力会使起升载荷出现动载增长的作用。此起升动力效应可用一个大于 1 的起升载荷动载系数 ϕ_2 乘以额定起升载荷 P_Q 来考虑。ϕ_2 的值与起升状态级别及起升驱动系统的控制情况有关。

由于起升机构驱动控制形式的不同,物品起升离地时的操作方式会有较大的差异,由此表现出的起升操作的平稳程度和物品起升离地的动力特性也会有很大的不同。将起升状态划分为 $HC_1 \sim HC_4$ 4 个级别:起升离地平稳的为 HC_1,起升离地有轻微冲击的为 HC_2,起升离地

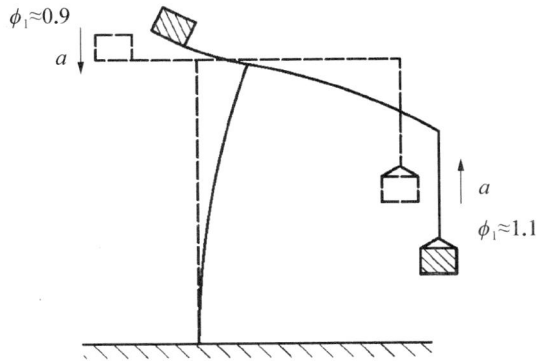

图 2-3　系数 ϕ_1（a 为物品的加速度）

有中度冲击的为 HC_3,起升离地有较大冲击的为 HC_4。与各个级别相对应的系数 β_2 和 $\phi_{2\min}$ 值列于表 2-12 中,说明如图 2-4 所示。

表 2-12　β_2 和 ϕ_2 值

起升状态级别	β_2	$\phi_{2\min}$
HC_1	0.17	1.05
HC_2	0.34	1.10
HC_3	0.51	1.15
HC_4	0.68	1.20

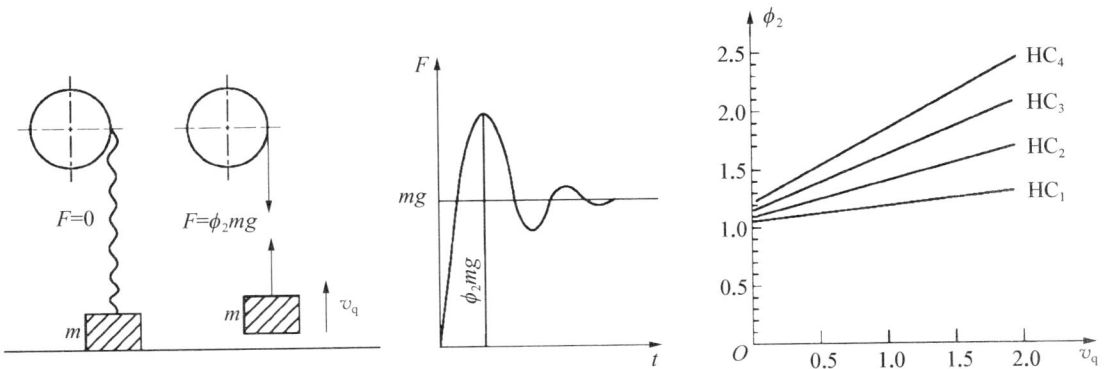

图 2-4　系数 ϕ_2

起升动载系数 ϕ_2 与起升速度 v_q 和起升状态级别有关,其值可以由试验或分析确定,也可以按下式确定:

$$\phi_2 = \phi_{2\min} + \beta_2 v_q \tag{2-8}$$

式中:$\phi_{2\min}$——与起升状态级别相对应的起升动载系数的最小值;

　　　β_2——按起升状态级别设定的系数;

　　　v_q——稳定起升速度,与起升机构驱动控制形式及操作方法有关,如表 2-13 所示,其

最高值 v_{qmax} 发生在电动机或发电机空载起动(相当于此时吊具、物品及完全松弛的钢丝绳均放置于地面),且吊具及物品被起升离地时其起升速度已达到稳定起升的最大值。

表 2-13　确定 ϕ_2 用的稳定起升速度 v_q 值

载 荷 组 合	起升驱动形式及其工作方式				
	H1	H2	H3	H4	H5
无风工作 A1、有风工作 B1	v_{qmax}	v_{qmin}	v_{qmin}	$0.5v_{qmax}$	$v_q = 0$
特殊工作 C1	—	v_{qmax}	—	v_{qmax}	$0.5v_{qmax}$

注:H1——起升驱动机构只能作常速运转,不能低速运转;
　　H2——起重机司机可选用起升驱动机构作稳定低速运转;
　　H3——起升驱动机构的控制系统能保证物品起升离地前都作稳定低速运转;
　　H4——起重机司机可以操作实现无级变速控制;
　　H5——在起升绳预紧后,不依赖于起重机司机的操作,起升驱动机构就能按预定的要求进行加速控制;
　　v_{qmax}——稳定的最高起升速度;
　　v_{qmin}——稳定的低速起升速度。

由式(2-8)计算得出,其最大值 ϕ_{2max} 对港口臂架起重机等起升速度很高的不超过 2.2,对其他起重机不超过 2.0。

典型起重机的起升状态级别举例如表 2-14 所示。

表 2-14　典型起重机的起升状态级别举例

序　号	起 重 机 类 型	起升状态级别
1	岸边集装箱起重机	HC_2、HC_3
2	门座式起重机(件杂货)	HC_2、HC_3
3	门座式起重机(散货)	HC_3、HC_4
4	集装箱门式起重机	HC_2、HC_3
5	散货装船机	HC_2
6	散货卸船机	HC_3、HC_4
7	港口装卸用浮式起重机(件杂货)	HC_2
8	港口装卸用浮式起重机(散货)	HC_3、HC_4
9	特大起重量(>100 t)浮式起重机	HC_2
10	堆场装卸用桥式类起重机	HC_3
11	造船用门座起重机	HC_2、HC_3
12	造船用门式起重机	HC_2、HC_3

5)突然卸载冲击系数 ϕ_3 及动力效应

有的起重机正常工作时会在空中从总起升质量 m 中突然卸除部分起升质量 Δm(例如使用抓斗或起重电磁吸盘进行空中卸载),这将对起重机结构产生减载振动作用。减小后的起升动载荷用突然卸载冲击系数 ϕ_3 乘以额定起升载荷 P_Q 来计算(见图 2-5)。

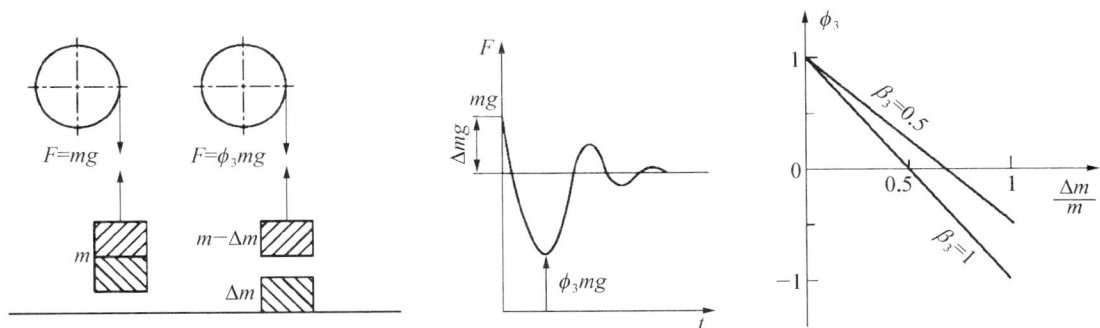

图 2-5　系数 ϕ_3

空中突然卸载冲击系数 ϕ_3 值为

$$\phi_3 = 1 - \frac{\Delta m}{m}(1 + \beta_3) \tag{2-9}$$

式中：Δm——突然卸除的那部分起升质量；

　　　m——总起升质量；

　　　β_3——系数，对用抓斗或类似的慢速卸载装置的起重机，$\beta_3 = 0.5$；对用电磁盘或类似的快速卸载装置的起重机，$\beta_3 = 1.0$。

6）运行冲击系数 ϕ_4 及动力效应

起重机或起重机的部分装置在不平的道路或轨道上运行时所发生的垂直冲击动力效应即运行冲击载荷，用运行冲击系数 ϕ_4 乘以自重载荷 P_G 与额定起升载荷 P_Q 来考虑。

（1）无轨运行的起重机。

在这种情况下，ϕ_4 取决于起重机的构造形式（质量分布）、起重机的弹性和（或）悬挂方式、运行速度 v_y（对于小车运行机构 $v_y = v_{yt}$）以及运行路面的种类和状况。此冲击效应可根据经验、试验或采用适当的起重机和运行路面的模型分析得到。一般可采用以下数据计算：

（a）对轮胎起重机和汽车起重机。

当 $v_y \leqslant 0.4\,\text{m/s}$ 时，$\phi_4 = 1.1$。

当 $v_y > 0.4\,\text{m/s}$ 时，$\phi_4 = 1.3$。

（b）对履带式流动式起重机。

当 $v_y \leqslant 0.4\,\text{m/s}$ 时，$\phi_4 = 1.0$。

当 $v_y > 0.4\,\text{m/s}$ 时，$\phi_4 = 1.1$。

（2）有轨运行的起重机。

起重机带载或空载运行于具有一定弹性、接头处有间隙或高低错位的钢质轨道上时，发生的垂直冲击动力效应取决于起重机的构造形式（质量分布、起重机的弹性及起重机悬挂或支承方式）、运行速度 v_y 和车轮直径及轨道接头的状况等，应根据经验、试验或选用适当的起重机和轨道的模型进行估算。ϕ_4 可按以下规定选取：

（a）对于轨道接头状态良好，如轨道用焊接连接并对接头打磨光滑的高速起重机，取 $\phi_4 = 1$。

（b）对于虽未采用焊接连接，但其轨道接头质量符合 GB/T 10183 的起重机，可取 $\phi_4 = 1$。

(c) 对轨道接头状况一般,起重机通过接头时会发生垂直冲击效应的,ϕ_4 可由下式确定:

$$\phi_4 = 1.1 + 0.058v_y\sqrt{h} \qquad (2-10)$$

式中:v_y——运行速度,m/s;

h——轨道接头处两轨面的高度差,mm。

7) 惯性载荷 P_A 及其动载效应

(1) 驱动机构(包括起升驱动机构)加(减)速引起的载荷。

由驱动机构加速或减速、起重机意外停机或传动机构突然失效等原因在起重机中引起的载荷,可以用刚体动力模型对各部件分别进行计算。计算中要考虑起重机驱动机构的几何特征、驱动的动力特征和机构的质量分布,还要考虑在作此变速运动时出现的机构内部摩擦损失。在计算时,一般是将总起升质量视为固定在臂架端部,或直接悬置在小车的下方。

为了反映实际出现的弹性效应,将机构驱动加(减)速的动载系数 ϕ_5 乘以引起加(减)速的驱动力(或力矩)变化值 $\Delta F = ma$(或 $\Delta M = J\varepsilon$),并与加(减)速运动以前的力(F 或 M)代数相加,该增大的力既作用在承受驱动力的部件上成为动载荷,也作用在起重机和起升质量上成为它们的惯性力。ϕ_5 数值的选取决定于驱动力或制动力的变化率、质量分布和系统的弹性,如表 2-15 所示。通常,ϕ_5 的较低值适用于驱动力或制动力较平稳变化的系统,ϕ_5 的较高值适用于驱动力或制动力较突然变化的系统。

表 2-15 ϕ_5 的取值范围

序 号	工 况	ϕ_5
1	计算回转离心力时	1.0
2	传动系统无间隙,采用无级变速的控制系统,加速力或制动力呈连续平稳的变化	1.2
3	传动系统存在微小的间隙,采用其他一般的控制系统,加速力或制动力呈连续的但非平稳的变化	1.5
4	传动系统有明显的间隙,加速力或制动力呈突然的非连贯性变化	2.0
5	传动系统有很大的间隙或存在明显的反向冲击,用质量弹簧模型不能进行准确的估算时	3.0

如有依据,ϕ_5 可以采用其他值。

(2) 起重机或小车在水平面内进行纵向或横向运动起(制)动时的水平惯性力。

起重机或小车在水平面内进行纵向或横向运动起(制)动时,起重机或小车自身质量和总起升质量的水平惯性力按该质量与运行加速度乘积的 ϕ_5 倍计算:

$$P_A = \phi_5 ma \qquad (2-11)$$

式中:m——起重机或小车自身质量和总起升质量;

ϕ_5——动载系数,此时取 $\phi_5 = 1.5$;

a——运行机构起、制动时的平均加速度。

对于自行式运行机构,运行惯性载荷的最大值不大于主动轮与轨道之间的黏着力,即:

$$P_A \leqslant fP_L \qquad (2-12)$$

式中：P_L——运行机构主动轮的总静态轮压；

　　　f——车轮与轨道之间的静摩擦系数。室外 $f = 0.12$；室内 $f = 0.15$，轨面覆以砂砾时 f 可达 0.25。

这些惯性力都作用在各相应质量上，挠性悬挂的总起升质量视为与起重机刚性连接。对于用高加速度高速运行的起重机，常要求所有的车轮都为驱动轮，该水平力惯性力应不低于驱动轮或制动轮轮压的 $1/30$，也不大于它的 $1/4$。

加（减）速度值可以根据加（减）速时间和所要达到的速度值来推算得到。如果用户未规定或未给出速度和加速度值，则可根据表 $2-16$ 中所列的 3 种工作状况来选择与所要达到的速度相应的加速时间和加速度的参考值。

表 2-16　加速时间和加速度值

要达到的速度/(m/s)	低速和中速长距离运行		正常使用中速和高速运行		高加速度、高速运行	
	加速时间/s	加速度/(m/s²)	加速时间/s	加速度/(m/s²)	加速时间/s	加速度/(m/s²)
4.00			8.00	0.50	6.00	0.67
3.15			7.10	0.44	5.40	0.58
2.50			6.30	0.39	4.80	0.52
2.00	9.10	0.220	5.60	0.35	4.20	0.47
1.60	8.30	0.190	5.00	0.32	3.10	0.43
1.00	6.60	0.150	4.00	0.25	3.00	0.33
0.63	5.20	0.120	3.20	0.19		
0.40	4.10	0.098	2.50	0.16		
0.25	3.20	0.078				
0.16	2.50	0.064				

（3）起重机的回转离心力和回转变幅运动起（制）动时的水平惯性力。

起重机回转运动时各部（构）件的离心力，用这些部（构）件质量大小、其质心处的回转半径和回转速度来计算，把悬挂的总起升质量视为与起重机臂架端部刚性固接。通常，这些离心力对结构起减载作用，可忽略不计。

起重机回转与变幅起（制）动时的水平惯性力，按其各部（构）件质量与该质心的加速度乘积的 ϕ_5 倍计算（对机构计算和抗倾覆稳定性计算取 $\phi_5 = 1$），并把总起升质量视为与起重机臂端刚性固接，其加（减）速度值取决于该质量在起重机上的位置。对一般的臂架式起重机，根据其速度和回转半径的不同，臂架端部的切向和径向加速度值均可在 $0.1\sim0.6$ m/s² 之间选取，加（减）速时间在 $5\sim10$ s 之间选取。物品所受风力单独计算，按最不利方向叠加。

当起重机回转机构以角速度 ω 和平均角加速度 ε 作回转运动时，起重机回转部分的各个质量和起升质量将产生水平法向惯性载荷（也称离心力）P_{An} 和水平切向惯性载荷 P_{At}，它们的值分别为

$$P_{An} = mr\omega^2 \approx 0.01mrn^2, \qquad (2-13)$$

$$P_{At} = mr\varepsilon = mr\frac{\omega}{t} \approx 0.1mr\frac{n}{t}, \qquad (2-14)$$

式中：m——所讨论的集中回转部分的质量，如起升质量、机电设备质量和结构的分块质量等，kg；

r——各部(构)件质心至回转轴的距离,m;

n——回转机构的额定转速,r/min;

t——回转机构的起、制动时间,s。

所有法向惯性载荷的合力称为法向惯性载荷的主矢,其模等于回转部分的总质量与其质心 c 的法向加速度的积。同理,切向惯性载荷主矢的模等于回转部分的总质量与质心 c 的切向加速度的积。即

$$\Sigma P_{An} = \Sigma mr\omega^2 = Mr_c\omega^2$$

$$\Sigma P_{At} = \Sigma mr\varepsilon = Mr_c\varepsilon$$

式中:M——回转部分总质量,$M = \Sigma m$;

r_c——总质量的质心至回转轴的距离,$r_c = \Sigma mr/M$。

但必须指出主矢的作用点并不在质心 c 处,因而切向惯性载荷对回转轴的合力矩(也称主矩)不等于切向惯性载荷的主矢与质心半径 r_c 的积。

$$\Sigma P_{At}r = \Sigma mr^2\varepsilon = J\varepsilon \neq Mr_c^2\varepsilon$$

式中:J——起重机回转部分的转动惯量,$J = \Sigma mr^2$。

下面讨论各种质量惯性载荷的工程处理方法。

对于机电设备、总起升质量和分配到各节点上的桁架质量可作为集中质量来处理,其惯性载荷分别用式(2-13)和式(2-14)进行计算。机电设备的质量惯性载荷为作用在其安装部位上的集中载荷;总起升质量的惯性载荷为作用在其悬挂点上的集中载荷;桁架结构的质量惯性载荷为作用在各节点上的节点载荷(见图2-6)。

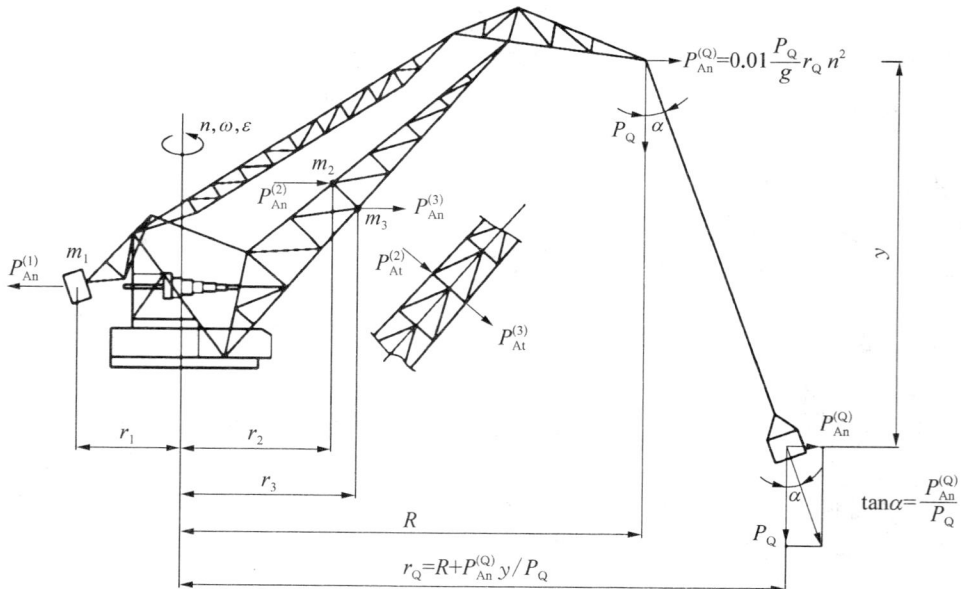

图2-6　集中质量回转运动惯性载荷

对于挠性悬挂的总起升质量,当确定其质心至回转轴的距离 r 时,还应考虑总起升质量在法向惯性载荷作用下沿径向往外偏摆的影响(见图2-6),即 $r_Q = R + P_{An}y/P_Q$。于是由式

(2-13)得

$$P_{An} \approx 0.01 \frac{P_Q}{g} r n^2 \approx \frac{P_Q n^2}{900}\left(R - \frac{P_{An}}{P_Q} y\right)$$

即

$$P_{An} \approx \frac{P_Q n^2 R}{900 - n^2 y} \qquad (2-15)$$

由式(2-14)得总起升质量的切向惯性载荷为

$$P_{At} \approx 0.1 \frac{P_Q}{g} r \frac{n}{t} \approx \frac{P_Q n}{90t}\left(R - \frac{P_{An}}{P_Q} y\right) \approx \frac{P_Q n}{90t}\left(R + \frac{n^2 R y}{900 - n^2 y}\right) \qquad (2-16)$$

式中：R——回转起重机的工作幅度；

y——起升滑轮组悬挂长度，由起升质量的质心算至悬挂点导向滑轮的中心；

P_Q——额定起升载荷。

实腹式结构件(如转台梁和实腹式臂架等)的质量可视为均布质量，由此引起的惯性载荷为线性分布载荷。以臂架(见图 2-7)为例，其分布惯性载荷为

$$p_{An} = mr\omega^2 = m(a + s\cos\theta)\omega^2 \qquad (2-17)$$

$$p_{At} = mr\varepsilon = m(a + s\cos\theta)\frac{\omega}{t} \qquad (2-18)$$

式中：m——实腹式结构件的分布质量，kg/m。

其他符号如图 2-7 所示。

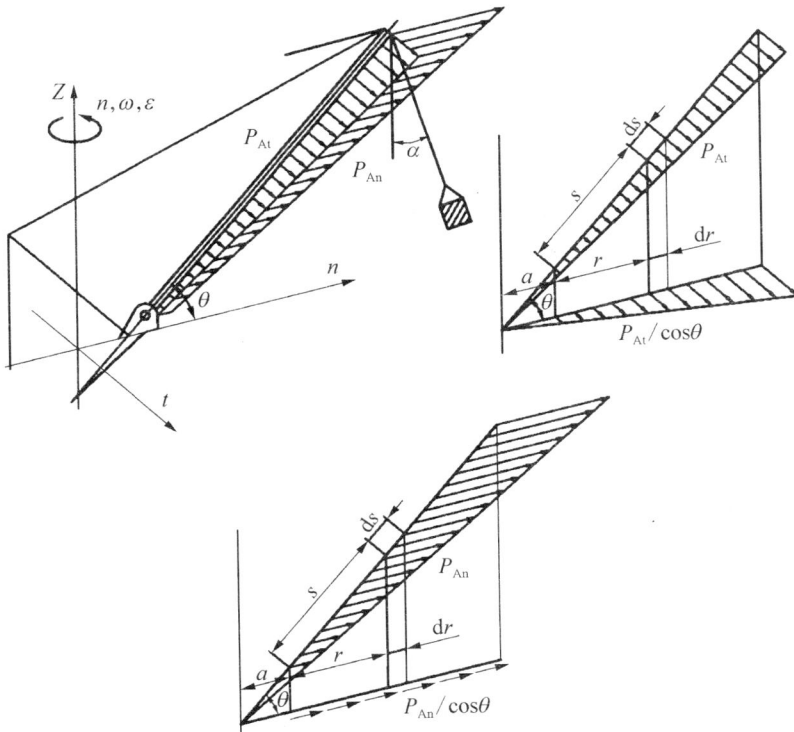

图 2-7　分布质量回转运动惯性载荷

格构式臂架有时也按分布质量计算其分布惯性载荷,然后用截面法确定弦杆和腹杆的内力。

对于有摩擦环节(例如极限力矩联轴器)的回转机构,刚体运动的最大惯性主矩受打滑条件的限制,即

$$\Sigma P_{At} r = \varepsilon J \leqslant M_A$$

式中:M_A——换算至起重机回转轴上的极限摩擦力矩。

(4) 起升质量的偏摆载荷和偏摆角。

臂架起重机回转和变幅机构起、制动时的总起升质量产生的综合水平力(包括风力、变幅和回转起、制动时产生的惯性力和回转运动的离心力)也可以用起重钢丝绳相对于铅垂线的偏摆角引起的水平分力来计算:

$$P_A = P_Q \tan\alpha \tag{2-19}$$

式中:α——起重钢丝绳相对于铅垂线的偏摆角。对不同类别的计算选用不同的 α 值。

用起重钢丝绳最大偏摆角 α_{II}(其值见表 2-17)计算结构、机构强度和起重机整机抗倾覆稳定性,用起重钢丝绳正常偏摆角 α_I 计算电动机功率(此时取 $\alpha_I = (0.25 \sim 0.3)\alpha_{II}$)和机械零件的疲劳及磨损($\alpha_I = (0.3 \sim 0.4)\alpha_{II}$)。

表 2-17 α_{II} 的推荐值

起重机类型及回转速度	装卸用门座起重机		安装用门座起重机		轮胎和汽车起重机
	$n \geqslant 2$ r/min	$n < 2$ r/min	$n \geqslant 0.33$ r/min	$n < 0.33$ r/min	
臂架变幅平面内	12°	10°	4°	2°	3°~6°
垂直于臂架变幅平面内	14°	12°			

2.5.2 偶然载荷

1) 偏斜运行时的水平侧向载荷 P_S

起重机偏斜运行时的水平侧向载荷是指装有车轮的起重机或小车在作稳定状态的纵向运行或横向移动时,发生在它的导向装置(例如导向滚轮或车轮的轮缘)上,由于导向的反作用引起的一种偶然出现的载荷。水平侧向载荷 P_S 可按下式近似计算:

$$P_S = \frac{1}{2}\lambda\Sigma P \tag{2-20}$$

式中:λ——水平侧向载荷系数,与跨度 S 和基距 B(或有效轴距 a)的比值有关,按图 2-8 确定;

ΣP——起重机承受侧向载荷一侧的端梁上与有效轴距有关的相应车轮经常出现的最大轮压之和(与小车位置有关,见图 2-9(a),(b))。此处 ΣP 不是"最不利轮压"、"极限轮压",而是指运行状态下不考虑各种动力系数的最大轮压。

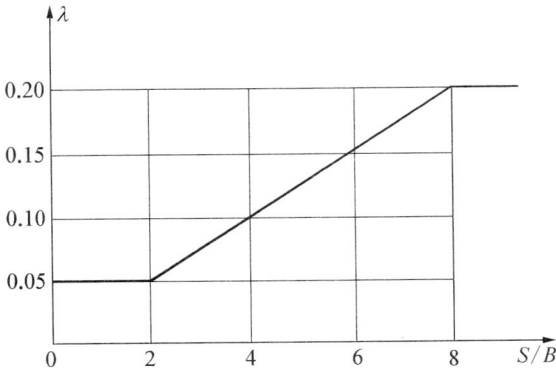

图 2-8　水平侧向载荷系数

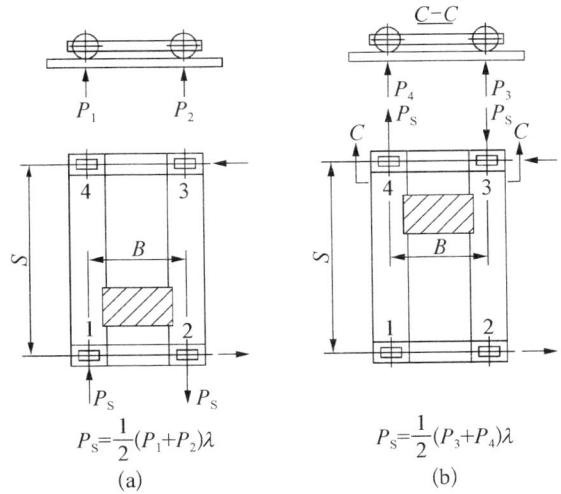

$$P_S=\frac{1}{2}(P_1+P_2)\lambda$$
(a)

$$P_S=\frac{1}{2}(P_3+P_4)\lambda$$
(b)

图 2-9　桥式起重机水平侧向载荷的计算模型

在多车轮的起重机中,用有效轴距 a 代替起重机的基距 B 进行水平侧向力的计算更为合理,有效轴距 a 按下述原则确定:

(1) 一侧端梁上装有 2 个或 4 个车轮时,有效轴距取端梁两端最外边车轮轴的间距(见图 2-10(a),(b))。

(2) 一侧端梁上的车轮不超过 8 个时,有效轴距取两端最外边两个车轮中心线的间距(见图 2-10(c),(d))。

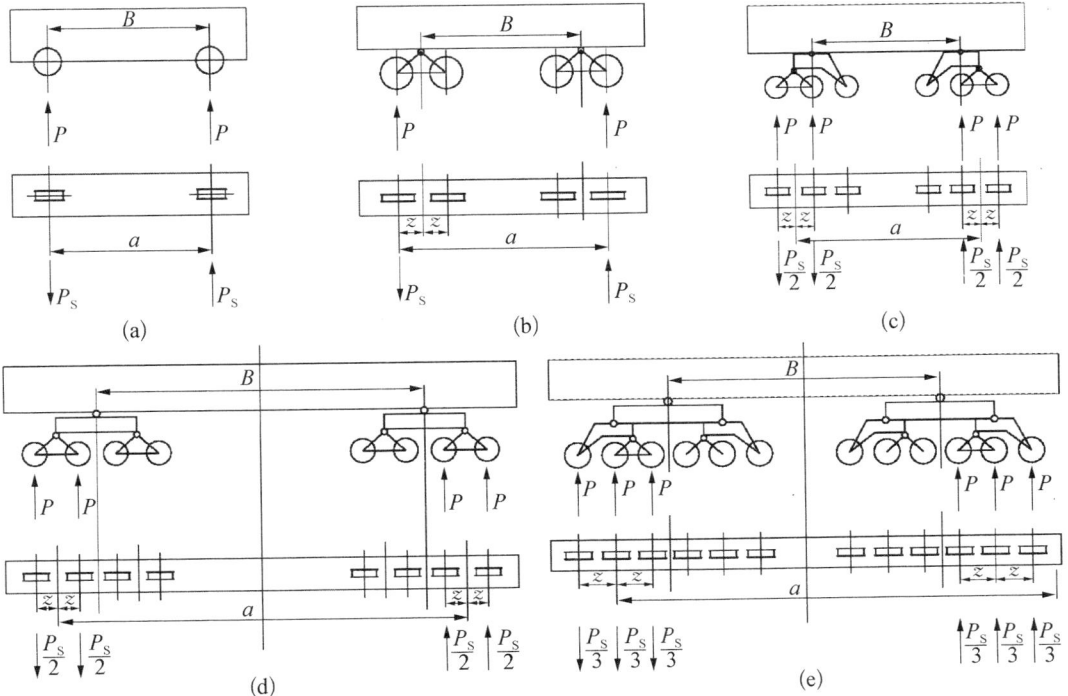

图 2-10　有效轴距的确定

（3）一侧端梁上的车轮超过 8 个时,有效轴距取端梁两端最外边 3 个车轮中心线的间距（见图 2-10(e)）。

（4）端梁和用球铰连接的多车轮台车时,有效轴距为两铰链点的间距（水平侧向载荷按一侧全部车轮最大轮压之和计算）。

（5）端梁装有水平导向轮时,有效轴距取端梁两端最外边两个导向轮轴的间距（此时,水平侧向载荷参考 ISO8686-1：1989 附录 F 的方法计算）。

2）坡道载荷 P_p

起重机的坡道载荷是指位于斜坡（道、轨）上的起重机自重载荷及其额定起升载荷沿斜坡（道、轨）面的分力。坡道载荷可能是运行的阻力（上坡）,也可能是运行的动力（下坡）。在运行机构、回转机构的计算以及整机抗倾覆稳定性计算时,需要考虑坡道载荷。

起重机的坡道载荷按下列规定计算：

（1）流动式起重机：需要时,按路面或地面的实际情况考虑。

（2）轨道式起重机：当轨道坡度不超过 0.5% 时不考虑坡道载荷,否则按实际出现的实际坡度计算坡道载荷。

3）风载荷 P_W

对露天工作的起重机应考虑风载荷 P_W 的作用。认为风载荷是一种任意方向作用的水平力,计算时假定风载荷是沿起重机最不利的水平方向作用的静力载荷,计算风压按不同类型起重机及其工作地区选取。

起重机的风载荷分为工作状态风载荷和非工作状态风载荷两类。工作状态风载荷 P_{WII} 是起重机在工作时应能承受的最大风力。工作状态风压沿起重机全高取为定值,不考虑高度变化。为限制工作风速不超过极限值而采用风速测量装置时,通常将它安装在起重机的最高处。

（1）风载荷计算公式。

$$P_W = CK_h pA \tag{2-21}$$

式中：p——计算风压,N/m^2；

C——风力系数；

A——起重机构件或起吊货物垂直于风向的有效迎风面积,m^2；

K_h——风压高度变化系数。

（2）计算风压 p。

工作状态风压分为 p_I 和 p_{II}。p_I 是起重机工作状态正常的计算风压,用于选择电动机功率的阻力计算及发热验算；p_{II} 是起重机工作状态最大计算风压,用于计算机构零部件和金属结构强度、结构的刚性及稳定性,验算驱动装置的过载能力以及起重机整机的抗倾覆稳定性、防风抗滑安全性等。

计算风压是风的速度能转换为压力能的结果,与阵风风速有关。

$$p = 0.625 v_s^2 \tag{2-22}$$

计算风压为空旷地区离地 10 m 高度处的阵风风速 v_s,即 3 s 时距的平均瞬时风速。工作状态的阵风风速,其值取为 10 min 时距平均风速的 1.5 倍。非工作状态的阵风风速,其值取为 10 min 时距平均风速的 1.4 倍。起重机的计算风速和计算风压如表 2-18 所示。

表 2-18　起重机计算风速和计算风压

地　区	工　作　状　态			非 工 作 状 态	
	计算风压/(N/m²)		计算风速/(m/s) $v_{sⅡ}$	计算风压/(N/m²) $p_Ⅲ$	计算风速/(m/s) $v_{sⅢ}$
	$p_Ⅰ$	$p_Ⅱ$			
内　陆	0.6$p_Ⅱ$	150	15.5	500～600	28.3～31.0
沿　海		250	20.0	600～1 000	31.0～40.0
台湾省及南海诸岛		250	20.0	1 500	49.0
在 8 级风中应继续工作的起重机		500	28.3		

注：1. 沿海地区系指离海岸线 100 km 以内的陆地或海岛地区。
　　2. 特殊用途的起重机的工作状态计算风压允许作特殊规定。流动式起重机(即汽车起重机,轮胎起重机和履带起重机)的工作状态计算风压,当起重机臂长小于 50 m 时取为 125 N/m²;当臂长等于或大于 50 m 时按使用要求决定。
　　3. 非工作状态计算风压的取值,内陆的华北、华中和华南地区宜取小值,西北、西南、东北和长江下游等地区宜取大值;沿海以上海为界,上海可取 800 N/m²,上海以北取小值,以南取大值。在特定情况下,按用户要求,可根据当地气象资料提供的离地 10 m 高处 50 年一遇 10 min 时距年平均最大风速换算得到作为计算风速的 3 s 时距的平均瞬时风速(但不大于 50 m/s)和计算风压 $p_Ⅲ$;若用户还要求此计算风速超过 50 m/s 时,则可作为非标准产品进行特殊设计。
　　4. 在海上航行的起重机,可取 $p_Ⅲ$＝1 800 N/m²,但不再考虑风压高度变化,即取 K_h＝1。
　　5. 沿海地区、台湾省及南海诸岛港口大型起重机抗风防滑系统,锚定装置的设计,所用的计算风速 v_s 不应小于 55 m/s。

　　4 级风以上计算风压 p、3 s 时距平均瞬时风速 v_s、10 min 时距平均风速 v_p 与风力等级的对应关系如表 2-19 所示。

表 2-19　p，v_s，v_p 与风级的对应关系表

p/(N/m²)	v_s/(m/s)	v_p/(m/s)	风　级
43	8.3	5.5	4
50	8.9	6.0	4
80	11.3	7.5	5
100	12.7	8.4	5
125	14.1	9.4	5
150	15.5	10.3	5
250	20.0	13.3	6
350	23.7	15.8	7
500	28.3	18.9	8
600	31.0	22.1	9
800	35.8	25.6	10
1 000	40.0	28.6	11
1 100	42.0	30.0	11
1 200	43.8	31.3	11
1 300	45.6	32.6	12
1 500	49.0	35.0	12
1 800	53.7	38.4	13
1 890	55.0	39.3	13

（3）风压高度变化系数 K_h。

起重机工作状态计算风压不考虑高度变化，即取 $K_h = 1$。除浮式起重机外，起重机的非工作状态的计算风压均需考虑高度变化系数 K_h，K_h 由表 2-20 查取。

表 2-20　风压高度变化系数 K_h

离地(海)面高度 h/m	≤10	10~20	20~30	30~40	40~50	50~60	60~70	70~80	80~90	90~100	100~110	110~120	120~130	130~140	140~150
陆上 $\left(\dfrac{h}{10}\right)^{0.3}$	1.00	1.13	1.32	1.46	1.57	1.67	1.75	1.83	1.90	1.96	2.02	2.08	2.13	2.18	2.23
海上及海岛 $\left(\dfrac{h}{10}\right)^{0.2}$	1.00	1.08	1.20	1.28	1.35	1.40	1.45	1.49	1.53	1.56	1.60	1.63	1.65	1.68	1.70

注：计算非工作状态风载荷时，可沿高度划分成 10 m 高的等风压段，以各段中点高度的系数 K_h（即表列数字）乘以计算风压；也可以取结构顶部的计算风压作为起重机全高的定值风压。

（4）有效迎风面积 A。

垂向风作用下起重机结构和货物的有效迎风面积 A 为迎风物体在垂直于风向平面上的实体投影面积。

（a）垂向风作用下格构式构件的有效迎风面积。

垂向风作用下格构式构件的有效迎风面积等于构件迎风面积的外形轮廓面积 A_0 乘以构件迎风面充实率 φ，即

$$A = A_0\varphi \tag{2-23}$$

$$\varphi = \frac{A}{A_0} = \sum_{1}^{n}\frac{l_i \times b_i}{L \times B} = \frac{\sum_{1}^{n}l_i \times b_i}{L \times B}，如图 2-11 所示。$$

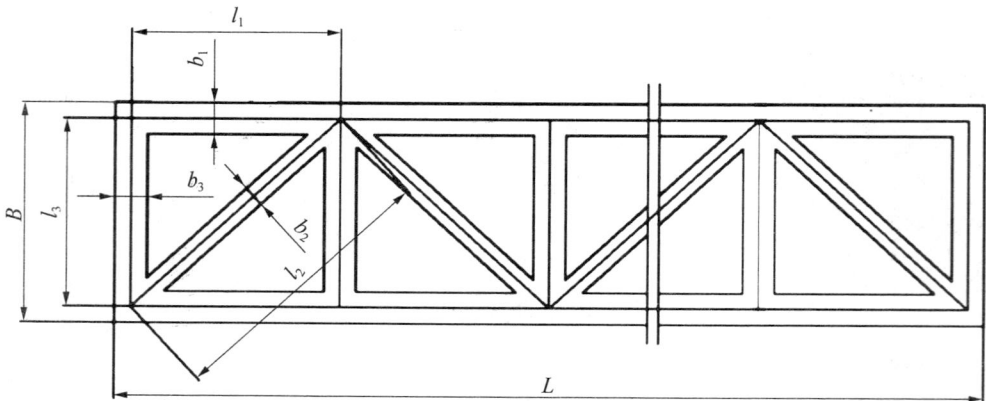

图 2-11　迎风面积充实率计算示意

（b）货物的有效迎风面积。

$$A = 1.2A_Q \tag{2-24}$$

式中：A_Q——吊运物品的最大迎风面积，m^2。

如果起重机只是吊运某些特定尺寸和形状的物品，则应根据该物品相应的尺寸和外形确定其迎风面积。当该面积不明确时，可按表 2-21 估算迎风面积。

表 2 - 21 货物有效迎风面积的估算值

吊运物品质量/t	1	2	3	5 6.3	8	10	12.5	15 16	20	25	30 32	40
迎风面积估算值/m²	1	2	3	5	6	7	8	10	12	15	18	22
吊运物品质量/t	50	63	75 80	100	125	150 160	200	250	280	300 320	400	
迎风面积估算值/m²	25	28	30	35	40	45	55	65	70	75	80	

(c) 角度风作用下的有效迎风面积。

当风向与物体迎风表面的法线呈某一角度时,构件的有效迎风面积为

$$A = A_\theta \cos^2\theta \qquad (2-25)$$

式中：θ——构件迎风表面的法线与风向的夹角($\theta < 90°$)；

A_θ——物体迎风面的外形轮廓面积,m^2。

(5) 风力系数 C。

(a) 单根构件、单片平面桁架结构的风力系数。

表 2 - 22 给出了单根构件、单片平面桁架结构和机器房的风力系数 C 值。单根构件的风力系数 C 值随构件的空气动力长细比(l/b 或 l/D)而变化。对于大箱形截面构件,还要随构件截面尺寸比 b/d 而变化。构件截面尺寸和定义空气动力长细比的符号如图 2 - 12 所示。

表 2 - 22 风力系数 C 值

类型	说明			空气动力长细比 l/b 或 l/D					
				≤5	10	20	30	40	≥50
单 根 构 件	轧制型钢、矩形型材、空心型材、钢板			1.30	1.35	1.60	1.65	1.70	1.90
	圆形型钢构件	$Dv_s < 6 \ m^2/s$		0.75	0.80	0.90	0.95	1.00	1.10
		$Dv_s \geqslant 6 \ m^2/s$		0.60	0.65	0.70	0.70	0.75	0.80
	箱型截面构件,大于 350 mm 的正方形和 250 mm×450 mm 的矩形		b/d						
			≥2	1.55	1.75	1.95	2.10	2.20	
			1	1.40	1.55	1.75	1.85	1.90	
			0.5	1.00	1.20	1.30	1.35	1.40	
			0.25	0.80	0.90	0.90	1.00	1.00	
单片平面桁架	直边型钢			1.70					
	圆形型钢	$Dv_s < 6 \ m^2/s$		1.20					
		$Dv_s \geqslant 6 \ m^2/s$		0.80					
机器房等	地面上或实体基础上的矩形外壳结构			1.10					
	空中悬置的机器房或平衡重等			1.20					

注：1. 单片平面桁架式结构上的风载荷可按单根构件的风力系数逐根计算后相加,也可按整片方式选用直边型钢或圆形型钢桁架结构的风力系数进行计算；当桁架结构由直边型钢和圆形型钢混合制成时,宜根据每根构件的空气动力长细比和不同气流状态($Dv_s < 6 \ m^2/s$ 或 $Dv_s \geqslant 6 \ m^2/s$),采用逐根计算后相加的方法。

2. 除了本表提供的数据之外,由风洞试验或者实物模型试验获得的风力系数值,也可以使用。

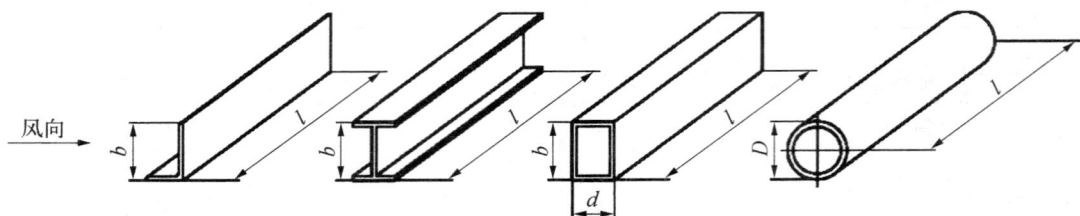

图 2-12　定义空气动力长细比的符号

注：在格构式结构中，单根杆件的长度 l_i 取为相邻节点的中心间距。

　　单根梯形截面构件（梁）（空气动力长细比 $l/b = 10 \sim 15$，截面高宽比 $b/d \approx 1$）在侧向风力作用下风力系数为 $1.5 \sim 1.6$。

　　（b）多片结构或构件的风力系数。

　　当两片结构或构件平行布置相互遮挡时，迎风面的结构或构件的风力系数仍按表 2-22 确定；被遮挡的后片结构或构件的风力系数应乘以表 2-23 给出的挡风折减系数 η。η 值随图 2-13 和图 2-14 所定义的充实率和间隔比而变。间隔比 $= \dfrac{两个相对面之间的距离}{构件迎风面的宽度} = a/b$ 或 a/B。

表 2-23　挡风折减系数 η

间隔比 a/b	结构迎风面充实率 φ					
	0.1	0.2	0.3	0.4	0.5	$\geqslant 0.6$
0.5	0.75	0.40	0.32	0.21	0.15	0.10
1.0	0.92	0.75	0.59	0.43	0.25	0.10
2.0	0.95	0.80	0.63	0.50	0.33	0.20
4.0	1.00	0.88	0.76	0.66	0.55	0.45
5.0	1.00	0.95	0.88	0.81	0.75	0.68
6.0	1.00	1.00	1.00	1.00	1.00	1.00

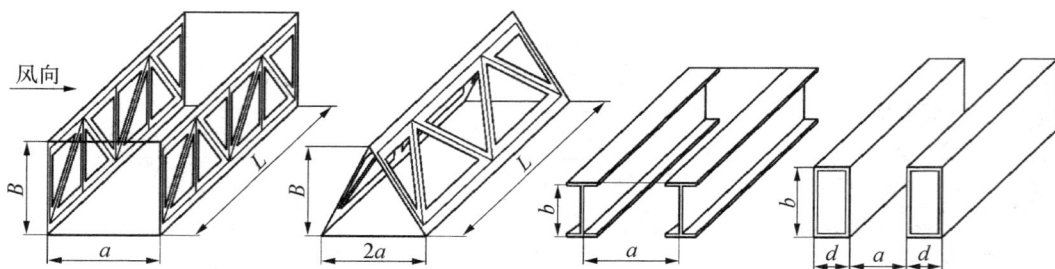

图 2-13　间隔比的定义

注：对"a"，取外露面几何形状中的最小可能值。

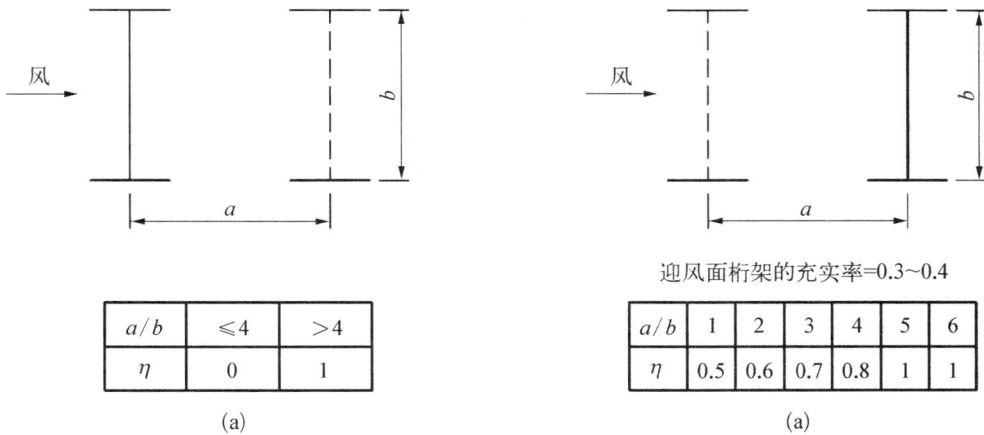

图 2-14　工字形截面梁和桁架的混合结构的挡风折减系数

对于工字形截面和桁架的混合结构件的挡风折减系数 η，由图 2-14 查取。

管材制成的三角形截面空间桁架（下弦杆可用矩形管材或组合封闭杆件）的侧向风力系数，第一片为 1.3，第二片为 1.3η。

对于 n 片形式相同且彼此等间隔布置的等高结构，应考虑多片结构的重叠挡风折减作用，结构的风载荷计算如下：

第一片：$P_{W1} = CK_h pA$

第二片：$P_{W2} = \eta CK_h pA$

第三片：$P_{W3} = \eta^2 CK_h pA$

……

第 n 片：$P_{Wn} = \eta^{n-1} CK_h pA$

因此，总风载荷是：

$$P_W = (1 + \eta + \eta^2 + \cdots + \eta^{n-1})CK_h pA \qquad (2-26)$$

4）冰雪载荷 P_{SI}

对于某些地方，应考虑雪和冰载荷。也应考虑由于冰、雪积结引起受风面积的增大。

5）由于温度变化引起的载荷 P_T

一般情况不考虑温度载荷；但在某些地区，如果起重机在安装时与使用时温度差异很大，或者跨度较大的超静定结构（如跨度达 30 m 以上的双刚性支腿的门式起重机），则应当考虑因温度变化引起结构件膨胀或收缩受到约束所产生的载荷，本项载荷的计算可根据用户提供的有关资料进行。

2.5.3　特殊载荷

1）非工作状态风载荷 $P_{WⅢ}$

非工作状态风载荷是起重机在不工作时能承受的最大风力。将此风载荷与起重机相应的自重载荷进行组合，用于验算非工作状态下起重机零部件及金属结构的强度、起重机整机抗倾覆稳定性，并进行起重机的抗风防滑装置、锚定装置等的设计技术。

详见 2.5.2 节中"3）风载荷"部分。

2）碰撞载荷 P_c

起重机的碰撞载荷是指同一运行轨道上两相邻起重机之间碰撞或起重机与轨道端部缓冲止挡件碰撞时产生的载荷,起重机应设置减速缓冲装置以减小碰撞载荷。碰撞载荷按缓冲器所吸收的动能计算。

（1）作用在缓冲器的固定连接部件或止挡件上的缓冲碰撞载荷。

对于桥式、门式、臂架起重机,以额定运行速度计算缓冲器的连接与固定部件上和止挡件上的缓冲碰撞力。

（2）作用在起重机金属结构上的缓冲碰撞载荷。

（A）当水平速度不高于 0.7 m/s 时,则不必考虑此缓冲碰撞载荷。

（B）当水平速度高于 0.7 m/s 时,则应考虑缓冲碰撞载荷:

（a）对装有终点行程限位开关及能可靠起减速作用的控制系统的起重机,按减速后的实际碰撞速度(但不小于 50% 的额定运行速度)来计算各运动部分的动能,由此算出缓冲器吸收的动能,从而算出起重机金属结构上的缓冲碰撞载荷。

（b）对未装可靠的自动减速限位开关的起重机,碰撞时的计算速度:大车(起重机)取 85% 的额定运行速度,小车取额定运行速度,以此来计算缓冲器所吸收的动能,并按该动能来计算起重机金属结构上的缓冲碰撞力。

（c）在计算缓冲碰撞力时,对于物品被刚性吊挂或装有刚性导架以限制悬吊的物品水平移动的起重机,要将物品质量的动能考虑在内;对于悬吊的物品能自由摆动的起重机,则不考虑物品质量动能的影响。

（d）缓冲碰撞力在起重机上的分布,取决于起重机(对装有刚性导架限制悬吊物品摆动的起重机,还包括物品)的质量分布情况。计算时要考虑小车处在最不利位置,计算中不考虑起升冲击系数 ϕ_1、起升动载系数 ϕ_2 和运行冲击系数 ϕ_4。

（3）缓冲器碰撞弹性效应系数 ϕ_7。

用 ϕ_7 与缓冲碰撞力相乘,来考虑用刚体模型分析所不能估算的弹性效应。ϕ_7 的取值与缓冲器的特性有关:① 对于具有线性特性的缓冲器(如弹簧缓冲器),ϕ_7 的值取为 1.25;② 对于具有矩形特性的缓冲器(如液压缓冲器),ϕ_7 的值取为 1.6;③ 对其他特性的缓冲器(如橡胶、聚氨酯缓冲器等),ϕ_7 的值要通过试验或计算确定,如图 2-15 所示。

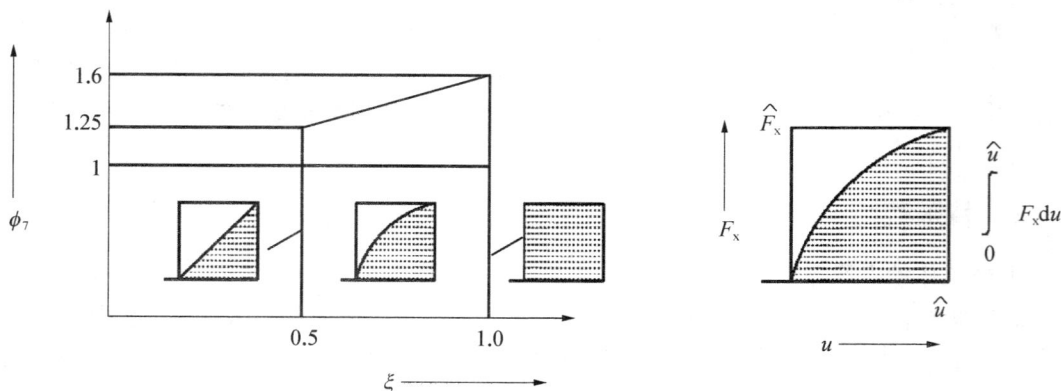

图 2-15　系数 ϕ_7 的取值

图中，ξ 为相对缓冲能量。

$$\xi = \frac{1}{\hat{F}_x \hat{u}} \int_0^{\hat{u}} F_x \, \mathrm{d}u \qquad (2-27)$$

式中：ξ——相对缓冲能量。具有线性特性的缓冲器，$\xi = 0.5$；具有矩形特性的缓冲器，
　　　　$\xi = 1.0$；

　　$\hat{F}_x$——最大缓冲碰撞载荷；

　　$\hat{u}$——最大缓冲行程；

　　F_x——缓冲碰撞载荷；

　　u——缓冲行程。

ϕ_7 的中间值估算如下：

若　　$0 \leqslant \xi \leqslant 0.5$，　　　　$\phi_7 = 1.25$；

若　　$0.5 < \xi \leqslant 1.0$，　　　　$\phi_7 = 1.25 + 0.7(\xi - 0.5)$。

3）试验载荷 P_t

起重机投入使用前，必须进行超载静载试验及超载动态试验。试验场地应坚实、平整，试验时风速应不大于 $8.3 \, \mathrm{m/s}$。

（1）静态试验载荷。

静态试验载荷应作用于起重机最不利位置，且应平稳无冲击地加载。除订货合同有更高数值之外，所有起重机的静态试验载荷为

$$P_{ts} = 1.25 P_Q$$

（2）动态试验载荷。

动态试验载荷应作用于起重机最不利位置，且应考虑试验时起重机需完成的各种运动和组合运动。动态试验载荷取为

$$P_{td} = 1.1 P_Q$$

在验算时动态试验载荷应乘以由下式给出的试验载荷起升动载系数 ϕ_6。

$$\phi_6 = 0.5(1 + \phi_2) \qquad (2-28)$$

（3）特殊情况。

有特殊要求的起重机，其试验载荷可以取与上述不同而更高的值，应在订货合同或有关的产品标准中规定。

如静载试验和动载试验载荷的数值高于上述的规定，则应按实际试验载荷值验算起重机的承载能力。

4）意外停车引起的载荷 P_{ES}

考虑意外停机瞬间的最不利驱动状态（即意外停机时的突然制动力或加速力与最不利的载荷组合）引起的水平惯性载荷 P_{ES}，按"惯性载荷 P_A 及其动载效应"的计算方法估算意外停机引起的载荷，系数 ϕ_5 取值按表 2 - 15 选择。但这一载荷受到打滑条件的制约，对有轨运行起重机取：

$$P_{ES} = f' \sum P_Z \qquad (2-29)$$

式中：f'——轮轨动摩擦系数（室外工作的起重机取 0.12，室内工作的取 0.15）；

　　　ΣP_Z——制动轮总轮压。

5）机构或部件失效引起的载荷 P_b

在各种特殊情况下都可用紧急制动作为对起重机有效的保护措施，因此机构或部件突然失效时的载荷都可按出现的最不利的状况而采取紧急制动时的载荷来考虑。

当为了安全原因采用两套（双联）机构时，若任一机构的任何部位出现失效，就应认为该机构发生了失效。

对上述两种情况，均应按"惯性载荷 P_A 及其动载效应"的计算方法估算此时所引起的载荷，并考虑力的传递过程中所产生的冲击效应。

6）起重机基础的外部激励载荷

起重机基础受到外部激励引起的载荷是指由于地震或其他震波（如波浪）迫使起重机基础发生振动而对起重机引起的载荷。

（1）地震载荷 P_E。

只有在地震构成重大危险时（如对核电站起重机或在其他特殊场合工作的很重要的起重机），才考虑由地震作为基础外部激励引起的载荷。地震载荷 P_E 通常按水平方向作用考虑：

$$P_E = k_E P_G \tag{2-30}$$

式中：k_E——地震载荷系数，与地震力度有关，$k_E = 0.025 \sim 0.2$；

　　　P_G——起重机自重载荷，N。

验算地震载荷工况时，起重机上悬吊着物品、静止不动，不考虑风载荷。地震载荷沿地震引起的水平加速度的反方向作用。对沿轨道方向作用的地震载荷，通常考虑起重机受到驱动车轮与轨道间的黏着力或制动转矩的约束。对无轨运行起重机，不必考虑地震载荷的作用。

在强烈地震中，港口码头设施也会遭受破坏，与房屋建筑一样，其破坏程度主要由其自身的抗震能力所决定。

（2）波浪载荷 P_{wa}。

浮式起重机和整机船运的起重机都要承受船体的摇摆载荷，船体有 3 种摇摆形式：① 横摇。船体绕其纵轴线摇摆，以横倾角 θ_t 的周期变化表示；② 纵摇。船体绕其通过质心的横轴前后摇摆，以纵倾角 θ_l 的周期变化表示；③ 上下起伏摇摆。船体质心沿半径 $r_v = h/2$（h 为浪高）圆形轨迹作周期运动。

以上 3 种摇摆引起的载荷合称为波浪载荷。详见《CCS 船舶与海上设施起重设备规范（2007 版）》。

7）挂舱载荷 P_{SN}

挂舱载荷是起重机集装箱吊具或吊钩以最大起升速度起升的过程中突然被船舱内的栅格卡住，或者偶然的由于角件未脱出导致集装箱吊具同时起吊两个锁紧的集装箱而突然作用在起升钢丝绳上的一种特殊载荷。

现代起重机应配备能有效地吸收能量的挂舱保护装置，该装置应能吸收挂舱时的能量。其目的是当吊具以全速起升、突然遭受挂舱时，能防止对起重机任何部分造成损坏。此装置必须在其他超载保护装置和过电流保护装置动作之前率先瞬间动作，且可在挂舱事故排除后能自动复位，而不需要维修人员去调节或复位挂舱保护设备的任何装置。

2.5.4　其他载荷

1）由安装、拆卸和运输引起的载荷 P_{ASS}

应该考虑在安装、拆卸过程的各个阶段中作用在起重机上的各项载荷,其中包括由 8.3 m/s 的风速或规定的更大风速引起的风载荷。对于一个构件或部件都应进行在这项重要载荷作用下的承载能力验算。

在某些情况下,还需要考虑在运输过程中对起重机结构产生的载荷。这些载荷与起重机及其结构的运输方式、运输过程中装卸的吊点位置和吊运方式、在运输工具上的放置状态和支承点位置、运输工具的类型、道路与路面状况及运输中发生的振动冲击等状况有关。

2）工艺性载荷

起重机在工作过程中为完成生产工艺需要进行的动作而产生的载荷称为工艺性载荷,由起重机用户或买方提出。一般将它作为偶然载荷或特殊载荷进行考虑。

3）走台、平台和其他通道上的载荷

这些载荷都是局部载荷,只作用在起重机结构的这些局部部位及直接支承它们的构件上。这些载荷的大小与结构的用途和载荷的作用位置有关,如在走台、平台、通道等处应考虑下述载荷:

(1) 在堆放物料处: 3 000 N/m²;

(2) 在只作为走台或通道处: 1 500 N/m²;

(3) 在栏杆上作用的水平力: 不小于 300 N。

2.6　载荷情况与载荷组合

2.6.1　起重机机械设计

1）机械设计的载荷

起重机机械所受的载荷可分为两类:① 由电动机驱动转矩或制动器制动力矩所确定的载荷。机构传动系统中的零件(传动零件)承受这类载荷,用 P_M 表示。② 与电动机及制动器的作用无关、作用在机构零件上但不能与驱动轴上的转矩相平衡的反作用力性质的载荷。承受的零件主要是支承作用的零件(支承零件),如取物装置、行走支承装置、回转支承装置和防风抗滑装置中的零件。支承零件所受的载荷由静力学平衡条件确定,用 P_R 表示。

(1) P_M 型载荷。

属于这类载荷的有:① 由起升质量垂直位移引起的载荷 P_{MQ};② 由起重机其他部分的质心垂直位移引起的载荷 P_{MG};③ 与机构加(减)速有关的起(制)动惯性载荷 P_{MA};④ 与机构传动效率中未考虑的摩擦力相对应的载荷 P_{MF};⑤ 工作风压作用在起重机结构或机械设备(或大表面积的起升物品)上的风载荷 P_{MW}。

(2) P_R 型载荷。

属于这类载荷的有:① 由起升质量引起的载荷 P_{RQ};② 由起重机零部件质量引起的载荷 P_{RG};③ 由起重机或它的某些部分做不稳定运动时的加(减)速度引起的惯性载荷 P_{RA};④ 由最大非工作风压或锚定装置设计用的极限风压引起的风载荷 P_{RW}。

2）机构设计的载荷情况与载荷组合

机械设计计算要考虑以下 3 种载荷情况：

情况Ⅰ：无风正常工作情况；

情况Ⅱ：有风正常工作情况；

情况Ⅲ：特殊载荷作用情况。

对每种载荷情况应确定一个最大载荷，作为计算的依据。对于不在室外工作、不暴露于风中的起重机，情况Ⅰ和情况Ⅱ是完全相同的。

确定各项载荷之后，组合时再乘一个增大系数 γ'_m 来考虑由于计算方法不完善和无法预料的偶然因素会导致实际出现的应力超出计算应力的某种可能性。系数 γ'_m 取决于机构的工作级别，如表 2-24 所示。

表 2-24　载荷增大系数 γ'_m 的数值

机构工作级别	M1	M2	M3	M4	M5	M6	M7	M8
γ'_m	1.00	1.04	1.08	1.12	1.16	1.20	1.25	1.30

（1）载荷情况Ⅰ（无风正常工作情况）的载荷组合。

（A）P_M 型载荷。

P_M 型的最大载荷 $P_{M\max I}$，用载荷 P_{MQ}，P_{MG}，P_{MA}，P_{MF} 按式（2-31）进行组合确定：

$$P_{M\max I} = (\bar{P}_{MQ} + \bar{P}_{MG} + \bar{P}_{MA} + \bar{P}_{MF})\gamma'_m \tag{2-31}$$

式中：$P_{M\max I}$——在载荷情况Ⅰ（无风正常工作）中出现的 P_M 型的最大组合载荷，N；

　　　$\bar{P}_{MQ}$——由起升质量位移引起的载荷，N；

　　　$\bar{P}_{MG}$——由起重机其他的运动部分的质心垂直位移引起的载荷，N；

　　　$\bar{P}_{MA}$——与机构加（减）速有关的起（制）动惯性载荷，N；

　　　$\bar{P}_{MF}$——与机构传动效率中未考虑的摩擦力相对应的载荷，N；

　　　γ'_m——增大系数。

必须指出，式内所需考虑的不是每一项最大值的组合，而是在起重机实际工作中可能发生的最不利的载荷组合时所出现的综合最大载荷，即式（2-31）中各项载荷上加横线的含义，以下同。

（B）P_R 型载荷。

P_R 型的最大载荷 $P_{R\max I}$，用载荷 P_{RQ}，P_{RG}，P_{RA} 按式（2-32）进行组合确定：

$$P_{R\max I} = (\bar{P}_{RQ} + \bar{P}_{RG} + \bar{P}_{RA})\gamma'_m \tag{2-32}$$

式中：$P_{R\max I}$——在载荷情况Ⅰ（无风正常工作）中出现的 P_R 型的最大组合载荷，N；

　　　$\bar{P}_{RQ}$——由起升质量引起的载荷，N；

　　　$\bar{P}_{RG}$——由起重机零部件质量引起的载荷，N；

　　　$\bar{P}_{RA}$——由起重机或它的某些部分做不稳定运动时的加（减）速度引起的惯性载荷，N。

（2）载荷情况Ⅱ（有风正常工作情况）的载荷组合。

（A）P_M 型载荷。

P_M 型的最大载荷 $P_{M\max II}$，用载荷 P_{MQ}，P_{MG}，P_{MF} 并分别按下面式（2-33）和式（2-34）计算的两个组合计算结果中较大者来确定。

（a）考虑对应于计算风压为 p_I 时的风载荷 P_{MWI} 和载荷 P_{MA} 作用的载荷组合，按下式确定。

$$P_{M\,max\,II} = (\bar{P}_{MQ} + \bar{P}_{MG} + \bar{P}_{MA} + \bar{P}_{MF} + \bar{P}_{MWI})\gamma'_m \qquad (2-33)$$

式中：$P_{M\,max\,II}$——在载荷情况 II（有风正常工作）中出现的 P_M 型的最大组合载荷，N；

　　P_{MWI}——作用在起重机或大表面积的起升物品上的工作状态风载荷，N。

（b）考虑对应于计算风压为 p_{II} 时的风载荷 P_{MWII} 作用的载荷组合，按下式确定。

$$P_{M\,max\,II} = (\bar{P}_{MQ} + \bar{P}_{MG} + \bar{P}_{MF} + \bar{P}_{MWII})\gamma'_m \qquad (2-34)$$

式中：P_{MWII}——作用在起重机或大表面积的起升物品上的工作状态风载荷，N。

（B）P_R 型载荷。

P_R 型的最大载荷 $P_{R\,max\,II}$，用载荷 P_{RQ}，P_{RG}，P_{RA} 和对应于计算风压为 p_{II} 的风载荷 P_{RWII} 作用的载荷组合，按下式确定。

$$P_{M\,max\,II} = (\bar{P}_{RQ} + \bar{P}_{RG} + \bar{P}_{RA} + \bar{P}_{RWII})\gamma'_m \qquad (2-35)$$

式中：$P_{R\,max\,II}$——在载荷情况 II（有风正常工作）中出现的 P_R 型的最大组合载荷，N。

（3）载荷情况 III（特殊载荷作用情况）的载荷组合。

（A）P_M 型载荷。

P_M 型载荷的最大值 $P_{M\,max\,III}$ 是在具体操作条件下电动机实际能传递给机构的最大载荷。$P_{M\,max\,III}$ 值的计算在本节"P_M 型载荷的说明和应用"中给出。

（B）P_R 型载荷。

由于起重机或小车与缓冲器或固定障碍物相碰撞所引起的机构受到的载荷通常都远小于结构受到的自重载荷与非工作状态最大风载荷，因此，P_R 型载荷的最大组合载荷 $P_{R\,max\,III}$ 可取为载荷情况 C2"起重机在非工作条件下（无起升载荷），有非工作状态风载荷及其他气候影响产生的载荷"给出的载荷（自重载荷 P_{RG} 和最大风载荷 P_{RWIII}），即

$$P_{R\,max\,III} = \bar{P}_{RG} + \bar{P}_{RWIII\,max} \qquad (2-36)$$

式中：$P_{R\,max\,III}$——在载荷情况 III（特殊载荷情况）中出现的 P_R 型的最大组合载荷，N；

　　$P_{RWIII\,max}$——非工作风压引起的相应最大风载荷，N。

当采用附加的锚定装置或者牵索来保证在极限风压下起重机整机抗倾覆稳定性时，应考虑这些装置或牵索对相应机构的影响。

（4）对上述有关计算 P_M 型载荷的说明和应用。

起重机的各机构的功能有：① 使运动质心作纯垂直位移（如起升运动）；② 使运动质心作水平位移的所谓纯水平位移（如横向运行，纵向运行，回转或平衡式变幅运动）；③ 使运动质心作垂直和水平相组合的位移（如非平衡式变幅运动）。

（A）起升运动。

$P_{M\,max}$ 的计算公式可简化为

载荷情况 I 和 II：
$$P_{M\,max\,I,\,II} = (\bar{P}_{MQ} + \bar{P}_{MF})\gamma'_m \qquad (2-37)$$

此处，由起升加速产生的载荷 P_{MA} 忽略不计，因为它同 P_{MQ} 相比是微不足道的。

载荷情况 III：
$$P_{M\,max\,III} = 1.6(\bar{P}_{MQ} + \bar{P}_{MF}) \qquad (2-38)$$

式中：$P_{M\,max\,III}$——在载荷情况Ⅲ（特殊载荷情况）中出现的 P_M 型的最大组合载荷，N。

考虑到 $P_{M\,max\,III}$ 是在具体操作条件下电动机实际能传递给机构的最大载荷，可以认为能传递到起升机构上的最大载荷，实际上限制在 $P_{M\,max\,I}$ 载荷的 1.6 倍。

（B）水平运动。

$P_{M\,max}$ 的计算公式可简化为

载荷情况Ⅰ：
$$P_{M\,max\,I} = (\bar{P}_{MF} + \bar{P}_{MA})\gamma'_m \tag{2-39}$$

载荷情况Ⅱ，取式（2-40）和式（2-41）中的较大者：
$$P_{M\,max\,II} = (\bar{P}_{MF} + \bar{P}_{MA} + \bar{P}_{WM\,I})\gamma'_m \tag{2-40}$$

或
$$P_{M\,max\,II} = (\bar{P}_{MF} + \bar{P}_{WM\,II})\gamma'_m \tag{2-41}$$

载荷情况Ⅲ，$P_{M\,max\,III}$ 取对应于电动机（或制动器）最大扭矩的载荷。但如果作业条件限制了实际传递的扭矩，例如由于车轮在轨道上打滑，或者由于使用了适当的限制器（如液压联轴器、力矩限制器等），这时就应取实际可能传递的扭矩。

（C）复合运动。

对载荷情况Ⅰ和Ⅱ：

载荷 $P_{M\,max\,I}$ 和 $P_{M\,max\,II}$ 可按式（2-31）和式（2-33）给出的通用公式来确定。

对载荷情况Ⅲ：

当用于质心升高运动的功率，同克服加速或风力影响所需的功率相比可以忽略不计时，载荷最大值 $P_{M\,max\,III}$ 取为由电动机最大转矩引起的载荷，此值虽很高，但可以接受，因为它增加了安全性。

反之，当用于克服加速或风力影响所需的功率，同用于质心升高运动的功率相比可以忽略不计时，$P_{M\,max\,III}$ 可以按 $P_{M\,max\,III} = 1.6P_{M\,max\,II}$ 来计算。

在这两个极限数值之间的各种情况，应根据选用的电动机、起动方式以及由惯性和风力影响引起的载荷与质心升高引起的载荷的相对值来进行研究。

当作业条件限制了实际传递给机构的力矩，而它又小于上述数值时，则将此限制的极限力矩作为 $P_{M\,max\,III}$ 的值。

2.6.2 起重机稳定性计算

对在工作或非工作时有可能发生整体倾覆的起重机，应通过计算来校核其整体抗倾覆稳定性所需满足的条件。在校核计算中，当稳定力矩的代数和大于倾覆力矩的代数和时，则认为起重机整机是稳定的。由自重载荷产生稳定力矩，由除自重载荷外其他载荷产生倾覆力矩，它们都是对所规定的特定倾覆线计算的结果。

在进行起重机整体抗倾覆稳定性计算时，求倾覆力矩所用的计算载荷按表2-25选取（不考虑其他动力系数的影响）。计算中要考虑起重机的结构形态及其零部件的位置，各项载荷与力作用的方向及其影响均按实际可能出现的最不利载荷组合的原则来考虑。

Ⅰ. 基本稳定性——无风时起升静载试验载荷；

Ⅱ. 动态稳定性——有工作风时起升正常工作载荷；

Ⅲ. 抗暴风稳定性——非工作时遭暴风袭击；

Ⅳ. 抗后倾覆稳定性——有向后吹工作风载，且突然空中卸载。

表 2-25　整机稳定性计算载荷组合表

载　荷	I	II	III	IV
起重机自重载荷 P_G	P_G	P_G	P_G	P_G
起升载荷 P_Q/P_Q'	$1.5P_Q$	$1.3P_Q$	—	$-0.2P_I$
风载荷 P_{WII}/P_{WIII}	—	P_{WII}	$1.2P_{WIII}$	P_{WII}
惯性载荷 P_A	—	P_A	—	—

注：P_Q 是最大起升载荷。在起重机工作时的永久性起升附件,无论它是否是规定的起升载荷的组成部分,在计算抗倾覆稳定性时均应计入在最大起升载荷中。P_I 是起重机的有效载荷,不包括起重机在工作状态中作为永久性起升附件的重力。

2.6.3　起重机支承力计算

在总体计算时,支承力计算主要是为了验算码头或轨道的承载能力。计算中,起重机及其部件的位置、载荷的影响、风载荷的方向,应取最不利方向和作用效果的组合(见表 2-26)。

表 2-26　支承力计算载荷组合表

载　荷	I	II	III	IV
起重机自重载荷 P_G	P_G	P_G	P_G	P_G
起升载荷 P_Q	P_Q	P_Q	—	P_Q
风载荷 P_{WII}/P_{WIII}	—	P_{WII}	P_{WIII}	P_{WII}
惯性载荷 P_A	P_A	—	—	—
大车偏斜载荷 P_S	—	P_S^*	—	—

注：当大车运行时才会有 P_S。

本 章 习 题

【简答题】

1. 起重机工作级别的分级基础是什么? 起重机整机工作级别与机构工作级别有何异同?

2. 我国起重机的机构工作级别包括哪些?

3. 设计时,需考虑的作用在起重机上的载荷有哪些类型? 它们分别包含哪些载荷?

4. 当额定起重量一定时,分别采用吊钩和抓斗作业,所允许起吊的货物质量是否相同? 为什么?

5. 起重机制造完成,投入使用之前必须按照 JT 5024—89《港口起重机金属结构静载及动载试验方法》进行安全试验,请问试验载荷如何取用?

6. 起重机械通常采用哪 3 种载荷组合? 这些载荷组合分别用于什么计算或验算?

7. 请阐述起重机机构设计时,所需考虑的载荷情况和载荷组合。

8. 起重机在外载荷作用下的破坏和失效的主要形式有哪些?

9. 起重机稳定性计算的载荷组合有哪些,如何计算?

第 3 章 港口起重机总体计算

3.1 生产率计算

1) 间歇作业特点与生产率的关系

一般起重机的作业特点是依靠起升机构提升货物到一定的高度,然后利用变幅、回转、大车或小车运行来运移货物。这是一种间歇运动,即被作业的对象不是连续不断地在运移,而是每间隔一定的时间有一部分货物被运移到指定的地方,这种搬运货物的特性被命名为间歇式作业。因此,一般起重机的能力是用它的起重量、幅度(或跨度)来衡量的。通常认为起重量越大则其能力越强,这是因为常见的起重机是以吊起并能运移货物为目的的,而并不要求其在每小时必须起吊和运移多少次货物,也就是说对这些起重机并不存在生产率的要求。然而港口起重机则不同,它是以完成装卸任务为目的的,它所要实现的是港口货物的吞吐作业。对它的衡量重要的不是一次起吊运移货物的能力,而是完成货物装卸的时间或每小时可装卸货物的能力,即生产率。在港口装卸作业中,一般对散货、集装箱起重机生产率的要求较严格。对这些起重机而言,生产率是一项主要考核指标,但对件货起重机来说决定生产率的因素不仅仅是起重机的作业快慢,更重要的是装卸工人的作业速度,所以在港口起重机中对件杂货起重机并不把生产率当成一个主要技术要求。

港口起重机的生产率通常是以每小时所能完成的货物装卸量来表示的。它取决于港口起重机的起重能力,各种机构的速度、加速度,各机构的联动性能、取卸料位置、货物品种等。

2) 作业循环时间与生产率的关系

决定生产率的因素除起重量外,还有由各机构速度和联动作业决定的每完成一次间歇作业所需的时间——循环时间。循环时间是指以吊具位于货物上方取料位置为起始位置,在港口起重机吊起并运移一次货物后,吊具又回到起始位置时所需的时间,又称循环周期。港口起重机每小时能完成的循环次数,则被称为作业次数。由此可见,港口起重机生产率 A_n 可表示为

$$A_n = (Q - G_1)N' \qquad (3-1)$$

式中:Q——额定起重量;

G_1——抓斗、电磁吸盘、集装箱吊具或其他经常拆卸的吊具质量;

N'——港口起重机每小时的作业循环次数。

决定 N' 的因素很多,除了与各机构的起制动加速度、运行速度有关外,还与作业货种、装卸位置、船型条件、码头水位、司机视线等有关。

3.2　工作速度的合理选择

1）各机构工作速度的选择原则

各机构速度的选择原则以吊具的运动为目标,通常以起升机构的动作为基础。当吊具下到船舱落到料堆上后,主要动作均集中在起升机构上。

对散货港口起重机而言,抓斗是它的吊具,这时以闭斗和闭斗后的起升为主(见图 3-1(a),1—2 段);等抓斗进入司机视线、舱口条件允许抓斗作平移运动时,开始由变幅、回转或小车与起升机构做联合动作。这时抓斗的轨迹已不再是一条铅垂线,而是一条由起升和平移运动组成的向上倾斜的斜线(见图 3-1(a),2—3 段);当抓斗提升到卸料口以上而且无障碍时,起升机构停止运行,这时抓斗的运行轨迹是一条水平线或是一条由港口起重机回转运动所形成的圆弧线(见图 3-1(a),3—4 段);当抓斗到达卸料口后,所有平移动作停止,只有起升机构在进行开斗工作,抓斗不再运动;待卸料完毕,吊具则开始进行返回原起始点的运动,抓斗的轨迹与上述情况一样,只是顺序相反。

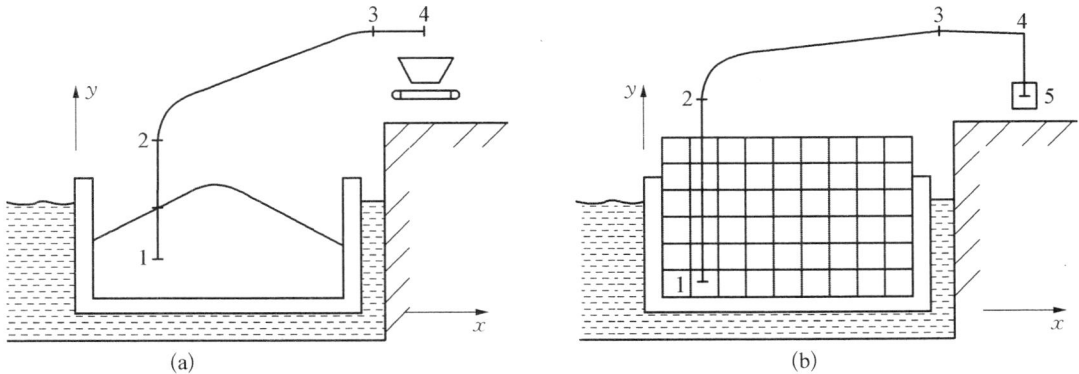

图 3-1　吊具运行轨迹
(a) 散货抓斗起重机;(b) 集装箱起重机

对港口集装箱起重机而言,与港口抓斗起重机有着类似的运行规律,吊具运动轨迹的规律完全相同(见图 3-1(b))。所不同的是抓斗有开、闭斗动作,而集装箱吊具有进、转锁销动作。图 3-1 中 y 坐标所示的是起升运动;x 坐标所示的是变幅、回转、大车、小车运动。凡斜线段均系起升和平移运动的联合动作。表面上看似乎各机构的运动速度越高,循环周期越短,生产率可以越高。但是任何事物的发展均是有一定限度的。速度越高,为了很快从零速达到额定速度,则需要的起动加速度很大;同样也要使制动时的减速度很大。这样所造成的结果是:各机构功率加大,起、制动冲击大,致使金属结构承应力循环特征值增大,导致结构疲劳强度大幅度降低。为了延长寿命,只得加大结构尺度,增加整机自重,进而对码头的承载能力提出了更高的要求。

2）绘制工作循环图

港口起重机工作循环图的要素有各机构速度、加速度、运行距离等。有关各机构的速度推荐值如表 3-1 所示;有关各机构的加(减)速度,根据 GB/T 3811 和实测统计结果推荐值列于表 3-2 中。

表 3-1　　几种港口起重机的工作速度范围

机　　型	起重量/t	起升速度/(m/min)	运行速度/(m/min)		回转速度/(r/min)	变幅速度/(m/min)
			小车	大车		
港口门座起重机	5～40	30～70	—	25～40	1.0～1.5	40～60
带斗门座起重机	10～32	40～100	—	25～30	1.0～1.5	40～80
装卸用浮式起重机	10～25	30～60	—	—	1.3～1.5	40～60
桥式抓斗卸船机	8～50	$\frac{40～130^*}{50～180}$	75～240	20～30	—	—
岸边集装箱起重机	30.5～65	$\frac{35～90^*}{70～180}$	120～240	25～45	—	—
轮胎式集装箱门式起重机	40.5	17～23	50～70	90～130	—	—
轨道式集装箱门式起重机	40.5	20～30	70～100	70～150	—	—

注：分子为满载速度，分母为空载速度。

表 3-2　　港口起重机机构起、制动加速度

机构/机种	门座起重机	桥式抓斗卸船机	岸边集装箱起重机	轨道式/轮胎式集装箱门式起重机
	统　计	统　计	统　计	统　计
起升/(m/s^2)	0.3～0.7	1.0～2.0	0.2～0.8	0.14～2.0
变幅/(m/s^2)	0.2～0.5			
回转/(m/s^2)	0.08～0.15			
小车/(m/s^2)		0.44～1.4	0.44～1.4	0.29～0.42
大车/(m/s^2)	0.12	0.16	0.16	0.19～0.22

图 3-2 为一台港口抓斗门座起重机的工作循环图,工作循环时间是 57.12 s。

这种循环图是针对额定生产率而言的,是设计生产率。在产品设计中参照这个循环图还会出现一些机构间、机电间的矛盾。这就需要对循环图进行修正,最后在保证循环周期满足生产率要求的条件下解决好设计中各方面的矛盾,达到统一协调的目的。

3.3　起重机支承力计算

1) 起重机支承力的定义

起重机支承力是指移动式起重机与基础支承结构接触时,基础对起重机的反作用力,是轮压(或腿压)概念的扩充,其包括 3 个分量:

R_x——水平面内垂直于大车行走方向的支承力,引起该支承力的外载荷有起重机偏斜运行引起的水平侧向载荷、小车运行惯性载荷、x 方向风载荷等。

R_y——水平面内平行于大车行走方向的支承力,引起该支承力的外载荷有作用在大车车轮上的摩擦力和坡道阻力、大车运行惯性载荷、y 方向风载荷等。

R_z——铅垂方向的支承力。此即通常意义上的腿压或轮压,继承轮压计算的习惯,以压为正。

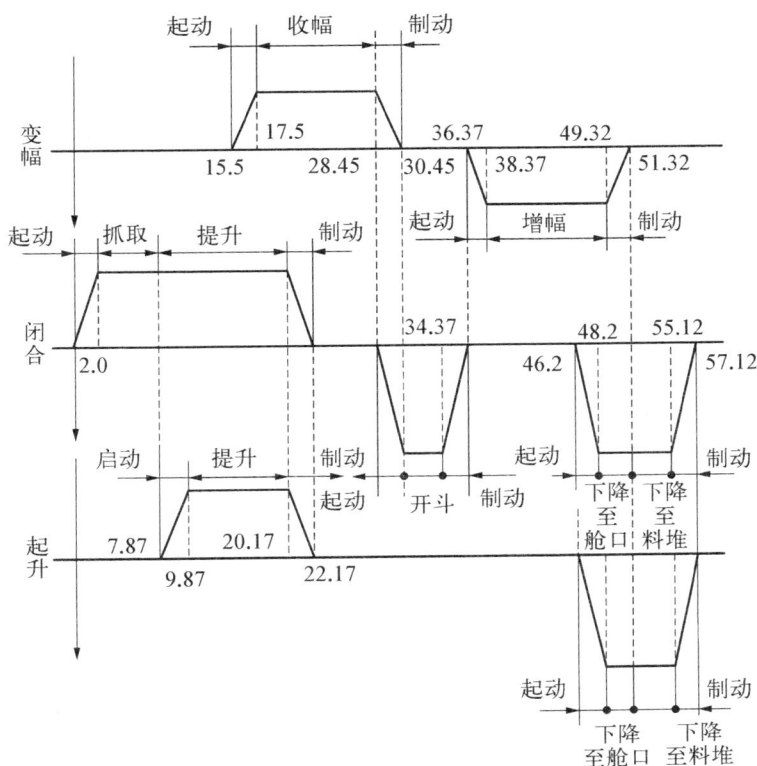

图 3-2　抓斗门座起重机工作循环图

　　支承力是起重机的重要参数,是起重机运行机构车轮装置设计和打滑验算的依据,也是轨道、起重机支承结构及码头水工结构设计的原始数据。支承力计算的载荷组合如表 2-27 所示。

2) 水平面内支承力的计算方法

　　水平面内支承力按力的平衡原理进行计算。

　　在工作状态下,支承力 R_y 由大车运行机构中的驱动/制动装置承受,其最大值受工作状态下的打滑条件的限制。对于有轨运行机构,支承力 R_x 通过车轮的轮缘传递给轨道;而轮胎式起重机通过轮胎的横向摩擦力将支承力 R_x 传递给基础。

　　在非工作(暴风)工况下,有轨运行起重机通常都配有防风锚定装置。有时对于暴风频发地区,当用户提出额外要求,如起重机突发暴风时能够逆风行驶到锚定位置,起重机会配备轮边制动器。在这种情况下,除了锚定装置外,轮边制动器也承受水平面内平行大车行走方向的支承力 R_y,支承力 R_x 仍由轨道承受。对于如轮胎式起重机这类无法配置防风锚定装置的起重机,其水平面内的支承力主要由防风拉索承受。防风拉索的作用除了保证起重机的整机稳定性外,还可承受一部分起重机水平面内的支承力。此时,其与地面的夹角是锐角。

3) 铅垂方向支承力的计算方法

　　根据港口起重机类型和作业方式,支承装置可以是车轮或者轮胎。

　　起重机设计时,各种载荷组合下算得的最大铅垂方向支承力用于运行机构零部件及金属结构的强度计算、确定每个支承点车轮(轮胎)的数目和尺寸;最小铅垂方向支承力用于车轮打滑验算、检验轮胎或支腿是否离地。

港口起重机通常为四支点支承(支承腿),每个支承点上有一个或数个车轮(取决于支承总压力的大小及许用轮压值)。当一个支承点上的车轮数多于一个时,通常需设置平衡梁,使每个车轮的轮压基本相等。

(1) 基本假设。

四支点式支承力的计算属于超静定问题,支承力的分配不仅与载荷有关,还取决于车架的刚性、轨道或道路路面的弹性和平整度等许多因素。要计及所有这些因素的影响是相当费时的,且对于轨道或路面的不平度往往很难估计。因此,超静定四支点式支承力的计算一般采用近似解法,按下述两种假设之一将超静定问题简化为静定问题求解。

(A) 刚性车架支承假设(见图 3-3)。

将支承结构看成是一个绝对刚体,在载荷作用下车架的 4 个支承点始终保持在同一平面上。

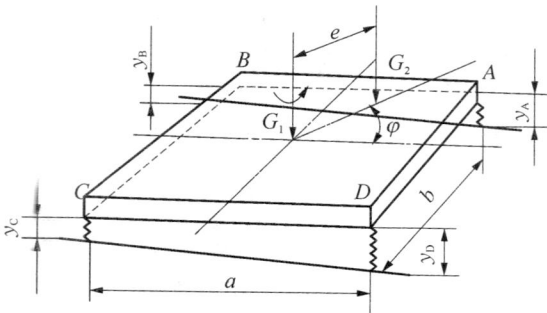

图 3-3 刚性车架支承假设

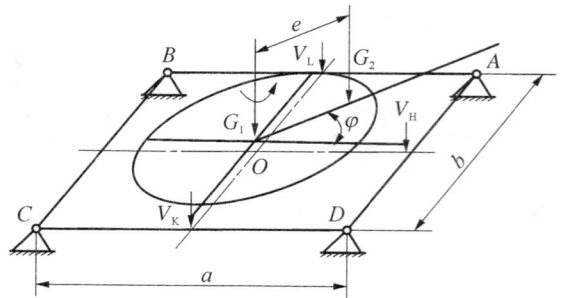

图 3-4 铰接车架支承假设

(B) 铰接车架支承假设(见图 3-4)。

将支承结构看成由许多互相铰接的纵、横简支梁组成,在载荷作用下,支承结构的 4 个支承点不再保持在同一平面上,随基础的变形而变形。

实际支承结构的弹性状况总是介于这两者之间。计算时可根据支承的刚度选择一种假设进行简化。

按铰接车架支承假设计算得到的支承力比按刚性车架支承假设计算得到的支承力略大,两种简化计算的结果都能满足起重机设计所要求的精度。

(2) 刚性车架支承时铅垂支承力的计算原理。

起重机所承受的所有外载荷可简化为一偏心的轴向压力 N,其坐标为 (x_N, y_N)。将该偏心力 N 向支承平面形心平移后,得到 3 个力分量 N,M_x,M_y,如图 3-5 所示。则 4 个支腿的铅垂支承力分别为

$$\begin{cases} R_{zA} = \dfrac{N}{4} + \dfrac{M_x}{2B} + \dfrac{M_y}{2S} \\[2mm] R_{zB} = \dfrac{N}{4} + \dfrac{M_x}{2B} - \dfrac{M_y}{2S} \\[2mm] R_{zC} = \dfrac{N}{4} - \dfrac{M_x}{2B} - \dfrac{M_y}{2S} \\[2mm] R_{zD} = \dfrac{N}{4} - \dfrac{M_x}{2B} + \dfrac{M_y}{2S} \end{cases} \qquad (3-2)$$

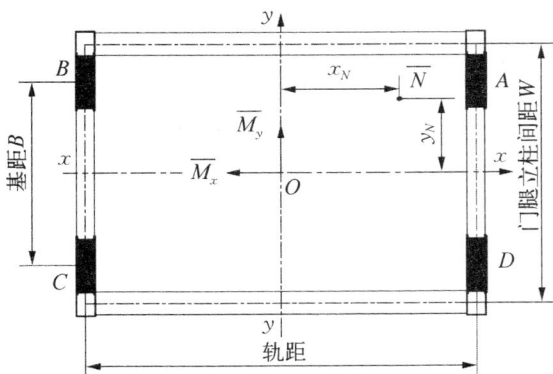

图 3-5　刚性假定四支点支承力计算原理图　　　图 3-6　门座起重机铅垂支承反力几何关系图

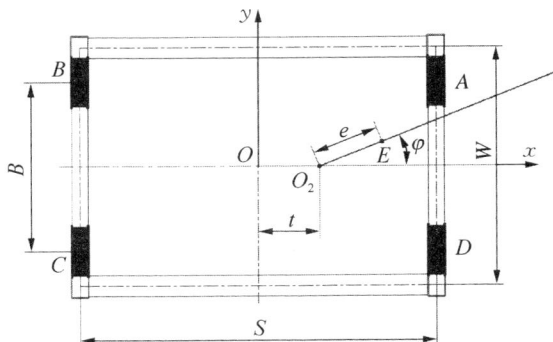

对如图 3-6 所示的门座起重机,固定部分(非变幅回转部分)自重 G_1 的重心与支承平面的形心重合于 O 点,变幅回转部分自重 G_2(包括起升载荷 P_Q)的重心在 E 点,坐标$(t+e\cos\varphi,$ $-e\sin\varphi)$,回转中心在 O_2 点,O_2 到 O 点的距离为 t;沿 x 轴方向水平载荷 F_x 引起的弯矩为 M_{Hy};沿 y 轴方向水平载荷 F_y 引起的弯矩为 M_{Hx}。则在支腿平面内,整机所受到的载荷向 O 点平移后得 $N=G_1+G_2$, $M_x=G_2e\sin\varphi+M_{Hx}$, $M_y=G_2(e\cos\varphi+t)+M_{Hy}$。将 N,M_x,M_y 代入式(3-2)中,其 4 个车轮组的铅垂支反力为

$$
\begin{cases}
R_{zA}=\dfrac{G_1}{4}+\dfrac{G_2}{4}\left(1+\dfrac{2t}{S}\right)+\dfrac{1}{2B}(G_2e\sin\varphi+M_{Hx})+\dfrac{1}{2S}(G_2e\cos\varphi+M_{Hy})\\[2mm]
R_{zB}=\dfrac{G_1}{4}+\dfrac{G_2}{4}\left(1+\dfrac{2t}{S}\right)+\dfrac{1}{2B}(G_2e\sin\varphi+M_{Hx})-\dfrac{1}{2S}(G_2e\cos\varphi+M_{Hy})\\[2mm]
R_{zC}=\dfrac{G_1}{4}+\dfrac{G_2}{4}\left(1-\dfrac{2t}{S}\right)-\dfrac{1}{2B}(G_2e\sin\varphi+M_{Hx})-\dfrac{1}{2S}(G_2e\cos\varphi+M_{Hy})\\[2mm]
R_{zD}=\dfrac{G_1}{4}+\dfrac{G_2}{4}\left(1-\dfrac{2t}{S}\right)-\dfrac{1}{2B}(G_2e\sin\varphi+M_{Hx})+\dfrac{1}{2S}(G_2e\cos\varphi+M_{Hy})
\end{cases}
\tag{3-3}
$$

当计算每个车轮轮压时,只需将铅垂支承力 R_z 除以单个支腿上的车轮数即可。

(3)铰接车架支承时铅垂支承力的计算原理。

(A)第一种铰接假定(见图 3-7)。

该假定认为:① 起重机回转部分支承在通过回转中心的纵横假想梁上,两假想梁又分别支承在车架四周的边梁上,所有梁的连接都是铰接;② 起重机车架(非变幅回转部分)自重 G_1 在 4 支点上均匀分布,回转部分自重 G_2(包括起升载荷 P_Q)通过纵向假想梁按杠杆比分配到 AD 和 BC 两边梁的中心上,然后再分别平分到 A,D 支点和 B,C 支点,由 G_2 的偏心作用和水平力 P_a 和 P_W 引起的力矩 M($M=G_2e+P_ah_a+P_Wh_W$)可分

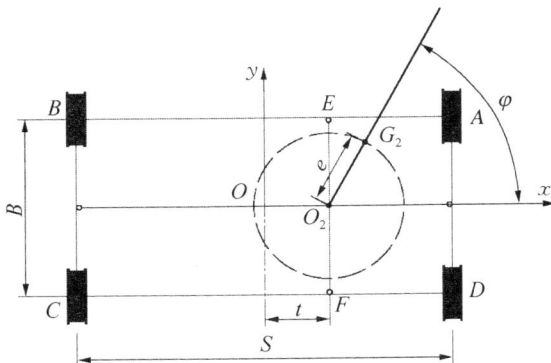

图 3-7　第一种铰接假定四点支承轮压计算简图

解成两力矩 $M\sin\varphi$ 和 $M\cos\varphi$。其中,$M\cos\varphi$ 通过纵向假想梁传递到 AD 和 BC 两边梁上,使 BC 梁的中部产生正压力 $\dfrac{M\cos\varphi}{S}$,AD 梁的中部产生负压力 $-\dfrac{M\cos\varphi}{S}$,然后再分别平分到 A,D 支点和 B,C 支点上;$M\sin\varphi$ 通过横向假想梁传递到 AB 和 CD 两边梁上并在 AB 梁的 E 点上引起正压力 $\dfrac{M\sin\varphi}{B}$,在 CD 边梁的 F 点上引起负压力 $-\dfrac{M\sin\varphi}{B}$,然后再分别按杠杆比分配到 A、B 支点和 C,D 支点上。

根据上述假定,可直接写出支点压力公式:

$$
\begin{cases}
R_{zA} = \dfrac{G_1}{4} + \dfrac{G_2}{4}\left(1+\dfrac{2t}{S}\right) + \dfrac{M\sin\varphi}{2B}\left(1+\dfrac{2t}{S}\right) + \dfrac{M\cos\varphi}{2S} \\[2mm]
R_{zB} = \dfrac{G_1}{4} + \dfrac{G_2}{4}\left(1-\dfrac{2t}{S}\right) + \dfrac{M\sin\varphi}{2B}\left(1-\dfrac{2t}{S}\right) - \dfrac{M\cos\varphi}{2S} \\[2mm]
R_{zC} = \dfrac{G_1}{4} + \dfrac{G_2}{4}\left(1-\dfrac{2t}{S}\right) - \dfrac{M\sin\varphi}{2B}\left(1-\dfrac{2t}{S}\right) - \dfrac{M\cos\varphi}{2S} \\[2mm]
R_{zD} = \dfrac{G_1}{4} + \dfrac{G_2}{4}\left(1+\dfrac{2t}{S}\right) - \dfrac{M\sin\varphi}{2B}\left(1+\dfrac{2t}{S}\right) + \dfrac{M\cos\varphi}{2S}
\end{cases} \tag{3-4}
$$

令 $\dfrac{\mathrm{d}R_{zA}}{\mathrm{d}\varphi}=0$,求最不利臂架位置得

$$
\frac{\mathrm{d}R_{zA}}{\mathrm{d}\varphi} = \frac{M}{4}\left[\frac{\cos\varphi}{B/2}\left(1+\frac{2t}{S}\right) - \frac{2\sin\varphi}{S}\right] = 0
$$

即

$$
\varphi = \arctan\frac{S+2t}{B} \tag{3-5}
$$

(B) 第二种铰接假定(见图 3-8)。

该假定认为:① 起重机车架自重 G_1 在 4 个支点上均匀分布。② 水平力力矩 $P_a h_a + P_w h_w$ 用回转部分总重量的相当偏心力矩 $G_2\bar{e}$ 代替,即 $\bar{e}=\dfrac{P_a h_a + P_w h_w}{G_2}$。则 G_2 的总偏心距变为 $e+\bar{e}$。③ 在 G_2 作用点处设立横向假想梁 $E'F'$,G_2 力先通过假想梁按杠杆比分配到 AB 和 CD 两边梁的 F' 点和 E' 点上,然后再分别通过边梁按杠杆比分配到 A,B 支点和 C,D 支

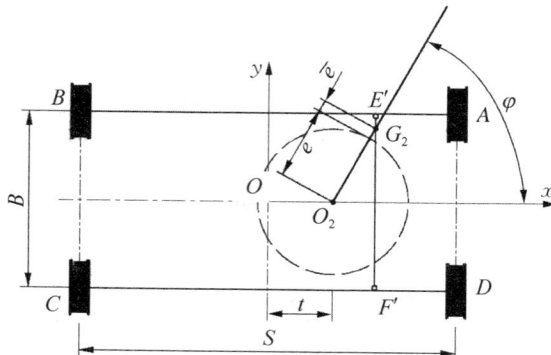

图 3-8　第二种铰接假定四点支承轮压计算简图

点上。根据上述假定,可直接写出支点压力公式:

$$\begin{cases} R_{zA} = \dfrac{G_1}{4} + \dfrac{G_2}{4}\left(1 + \dfrac{e + \bar{e}}{B/2}\sin\varphi\right)\left[1 + \dfrac{t + (e + \bar{e})\cos\varphi}{S/2}\right] \\[3mm] R_{zB} = \dfrac{G_1}{4} + \dfrac{G_2}{4}\left(1 + \dfrac{e + \bar{e}}{B/2}\sin\varphi\right)\left[1 - \dfrac{t + (e + \bar{e})\cos\varphi}{S/2}\right] \\[3mm] R_{zC} = \dfrac{G_1}{4} + \dfrac{G_2}{4}\left(1 - \dfrac{e + \bar{e}}{B/2}\sin\varphi\right)\left[1 - \dfrac{t + (e + \bar{e})\cos\varphi}{S/2}\right] \\[3mm] R_{zD} = \dfrac{G_1}{4} + \dfrac{G_2}{4}\left(1 - \dfrac{e + \bar{e}}{B/2}\sin\varphi\right)\left[1 + \dfrac{t + (e + \bar{e})\cos\varphi}{S/2}\right] \end{cases} \tag{3-6}$$

令 $\dfrac{\mathrm{d}R_{zA}}{\mathrm{d}\varphi} = 0$,求最不利臂架位置得

$$\frac{\mathrm{d}R_{zA}}{\mathrm{d}\varphi} = \frac{G_2}{BS}\left[\left(\frac{S}{2} + t\right)(e + \bar{e})\cos\varphi - \frac{B}{2}(e + \bar{e})\sin\varphi + (e + \bar{e})^2\cos^2\varphi - (e + \bar{e})^2\sin^2\varphi\right] = 0$$

即

$$\frac{\cos 2\varphi}{\cos\varphi} = \frac{\arctan\varphi - (S/2 + t)}{e + \bar{e}} \tag{3-7}$$

式中的 φ 值可用试凑法来求解。

试验研究证明:刚性车架假定比较适合于岸边集装箱起重机、轮胎起重机和滚盘式门座起重机;第一种铰接车架假定适合于转柱式门座起重机;第二种铰接车架假定适合于转盘式(滚轮的或滚柱的)门座起重机。

(C) 三支点铅垂支承力的计算原理。

如果根据前两种假定计算出最小轮压作用点 C 的压力为负值或等于零,则说明 C 点已离开地面(第二种铰接车架假定中不会出现),起重机实际上只支承在 A,B,D 3 个支点上,支点压力完全可以由静力平衡条件确定(见图 3-9)。分别对三角形 A,B,D 的 3 个棱边取矩得

$$\begin{cases} R_{zA} = \dfrac{1}{2}\left(G_2\dfrac{2t}{S} + \dfrac{2M\cos\varphi}{S} + \dfrac{2M\sin\varphi}{B}\right) \\[3mm] R_{zB} = \dfrac{1}{2}\left(G_1 + G_2\dfrac{S - 2t}{S} - \dfrac{2M\cos\varphi}{S}\right) \\[3mm] R_{zD} = \dfrac{1}{2}\left(G_1 + G_2 - \dfrac{2M\sin\varphi}{B}\right) \end{cases} \tag{3-8}$$

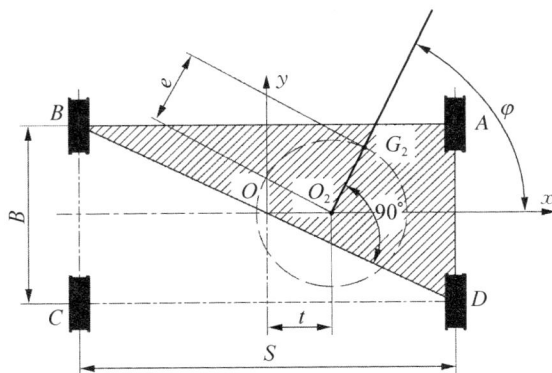

图 3-9 三支点轮压计算简图

3.4　起重机抗倾覆稳定性验算

1）概述

起重机抗倾覆稳定性是指起重机在自重和外载荷作用下抵抗翻倒的能力。

保证起重机具有足够的抗倾覆稳定性，是起重机设计中最基本的要求之一。目前，国内外对起重机抗倾覆稳定性的校核主要有 3 种方法：力矩法、稳定系数法和按临界倾覆载荷标定额定起重量的方法。

（1）力矩法。

这是我国《起重机设计规范》GB/T 3811 所采用的方法，欧洲各国和日本等也广泛采用。

力矩法校核抗倾覆稳定性的基本原则是：当稳定力矩的代数和大于倾覆力矩的代数和时，则认为该起重机整机是稳定的，即

$$\sum M \geqslant 0 \tag{3-9}$$

式中，$\sum M$ 为相应载荷组合中各载荷项对危险倾覆边的力矩的代数和，以起稳定作用的力矩为正，起倾覆作用的力矩为负。

（2）稳定系数法。

这是以往我国沿用前苏联的一种方法，独联体国家目前仍在使用。

稳定系数定义为起重机所受的各种外力对倾覆边产生的稳定力矩与倾覆力矩的比值。稳定系数作为起重机抗倾覆能力的判据，不能小于规定值。稳定系数有 3 种规定值：工作状态考虑附加载荷的载重稳定系数为 1.15；工作状态不考虑附加载荷的载重稳定系数为 1.4；自重稳定系数为 1.15。

（3）按临界倾覆载荷标定额定起重量。

这是西方国家许多起重机制造公司常用的方法。

这种方法是通过试验或计算，得出起重机在不同幅度下达到倾翻临界状态时（即稳定力矩等于倾覆力矩）的起升载荷，称为"临界倾覆载荷"，将其打一折扣（乘以小于 1 的系数）后，作为额定起升载荷。

折扣的大小代表起重机抗倾覆稳定性的安全裕度。（折扣越大或所乘系数越小，则抗倾覆稳定性裕度越大，英、德、日、美有关厂家的折扣数分别为：66％，75％，78％，85％）。

本书主要介绍力矩法。

2）港口起重机整体抗倾覆稳定性的基本原则

（1）抗倾覆稳定性验算的基本要求与假定。

自重载荷产生稳定力矩，其他载荷产生倾覆力矩，它们都是对特定倾覆边取矩计算的结果。

在进行起重机整体抗倾覆稳定性计算时，求倾覆力矩所用的计算载荷按表 2-25 选取（不考虑其他动载系数的影响）。计算中要考虑起重机的结构形态及其零部件的位置，各项载荷与力作用的方向及其影响均按实际可能出现的最不利载荷组合的原则来考虑。

校核计算的假定是起重机在坚实、水平的支承面上或轨道上工作。若起重机需要在

倾斜面上工作,在校核计算时制造商应考虑此特定条件,加上倾斜坡度的影响并予以说明。

对于固定的起重机,在具体使用现场或地区如有地震或其他的基础外部激励效应,则在相应的工作状态或非工作状态抗倾覆稳定性的核算中,将其作为附加的载荷情况予以考虑。对于地震的影响,应参考国家有关部门相应的抗震规范,根据不同地区的抗震设防等级来计算。

(2) 危险倾覆边的选取。

倾覆线指起重机发生倾翻时绕其翻转的轴线。倾覆线与起重机的构造,验算工况和俯仰或回转部分的位置有关。抗倾覆稳定性校核应按最危险的情况,即力矩代数和 $\sum M$ 为最小的倾覆线(危险倾覆线)进行计算。

(A) 门座起重机。

门座起重机一般取轨距和轴距(车架为平衡梁时,取门座沿轨道方向的跨距)中数值较小者为倾覆方向。因此,危险倾覆线或为一侧轨道,或为左右车轮中心连线。

一般情况下臂架在水平平面内的位置取为垂直于倾覆线,但验算动态稳定性时,当臂架回转到与倾覆线成 45°时,由于风力对起重机倾翻的影响加大,并且还应计及回转机构起(制)动引起的切向惯性力的影响,有可能使其抗倾覆稳定性比臂架垂直于倾覆线时更差。因此,应补充校核这种状态下的稳定性。

(B) 门式起重机和岸边集装箱起重机。

(a) 无论有无悬臂,都应校核沿大车轨道方向的横向稳定性,倾覆边为海、陆侧车轮中心连线。车架为平衡梁时,倾覆边为作用平衡梁销轴中心连线。

(b) 有悬臂时,需校核垂直于大车轨道方向的纵向稳定性,倾覆线为大车一侧轨道中心线。倾覆线(一侧轨道)的选择与悬臂的俯仰状态和风的作用方向(是由海侧向陆侧吹还是由陆侧向海侧吹)有关。验算动态稳定性时,由于风力对整机倾覆的影响较大,因此,还应考虑风向与大车轨道成某一夹角的状态。

(3) 工作状态的抗后倾覆稳定性。

当起重机处于卸载状态,所有可移动工作部件都缩回到最靠近向后倾覆边的位置时,按以下规定的方法校验其抗后倾覆稳定性。

(A) 力矩法。

对倾覆线计算,由工作状态风载荷 P_{wII} 和惯性力 P_A 构成的倾覆力矩不应大于稳定力矩的 90%。

(B) 重力法。

不考虑风载荷作用时,静止起重机的质心在水平面上的投影位置不应超过从前支点到倾覆线距离的 80%,典型例子如图 3-10 所示。

(4) 风载荷的作用。

工作状态风载荷按最不利的方向施加。对于不能随风自由回转的起重机,非工作状态风载荷按最不利的方向施加作用;对可随风回转的起重机,非工作状态风载荷应按设计预期方向作用于起重机的上部结构,并按最不利方向作用于起重机的下部结构。

(5) 起重机的基础。

起重机制造商应规定起重机对作为基础的地面或承载结构的作用力。如果是用基础来保

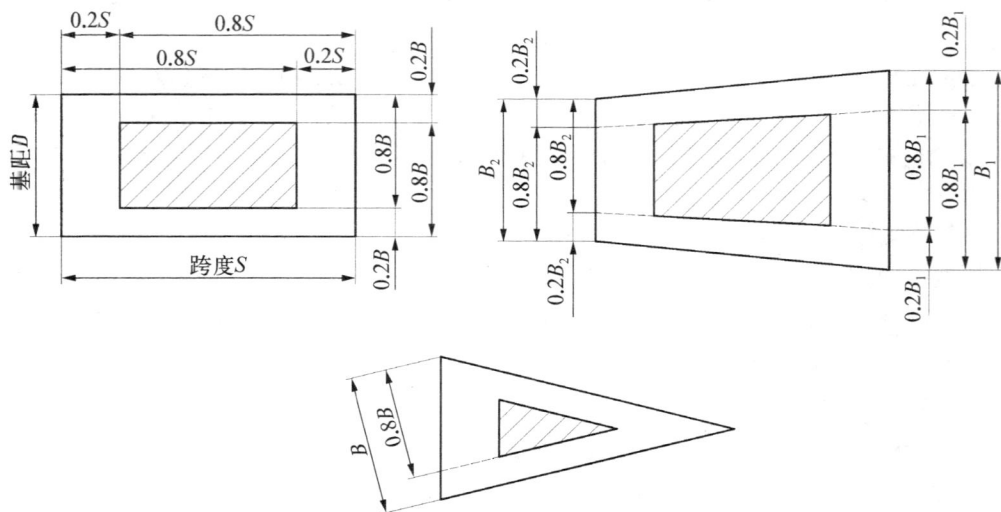

图 3-10　起重机底座外形

证起重机全部或部分抗倾覆稳定性,制造商应对基础的要求作出规定。

（6）临时辅助稳定装置。

临时辅助稳定装置是指为增加起重机的稳定抗倾覆稳定性而对起重机基本的或正常的结构增加临时辅助附件,它应能迅速并方便地投入使用。当需要设置临时辅助稳定装置时,起重机使用说明书应全面叙述需要的临时辅助稳定装置的类型,正确的安装方法以及它们的作用是否用于满足工作、非工作或抗后倾覆的稳定性。

（7）关于大变形的影响。

对由于固定载荷、变动载荷、风载荷或动载的影响而产生显著弹性变形（即大变形）的起重机,在计算整体抗倾覆稳定性和抗后倾覆稳定性时应计及大的弹性变形的影响。

3.5　防风抗滑安全性

防风抗滑安全性是指起重机在工作状态和非工作状态下抵抗因风力作用而发生滑行的能力。为保证轨行式起重机安全可靠地工作,必须使起重机具有足够的防风抗滑安全性。

工作状态下的防风抗滑安全性通常用制动装置加以保证,非工作状态下的防风抗滑安全性一般用防风夹轨器、锚定装置、防风系缆来保证。

1）正常工作状态

起重机正常工作状态下设定为带载、顺风、下坡运行制动,此时抗风防滑安全性按式（3-10）校验计算:

$$P_{zl} \geqslant 1.1P_{W\mathrm{II}} + P_{\alpha} + P_A - P_f \tag{3-10}$$

式中：P_{zl}——运行机构制动器在驱动车轮踏面上产生的制动力,N；

$P_{W\mathrm{II}}$——起重机承受的工作状态风载荷,N；

P_{α}——起重机自重载荷和起升载荷沿坡度方向产生的滑行力,N；

P_A——起重机运行停车减速惯性力,取 $\phi_5=1$,按式（2-11）计算,N；

P_f——起重机运行摩擦阻力，N；

$$P_f = \omega(P_G + P_Q)$$

ω——运行摩擦阻力系数，如表 3-3 所示；

$P_G + P_Q$——额定起升载荷与自重载荷产生的总轮压，N。

当制动力 P_{z1} 大于被制动车轮与轨道的黏着力（即摩擦力）时，P_{z1} 用被制动车轮与轨道的黏着力代替。计算黏着力时，摩擦系数 f 按表 3-3 选取。仅有部分车轮制动力大于车轮与轨道的黏着力时，则应按不同情况的车轮分别进行计算。

表 3-3 运行摩擦阻力系数和静摩擦系数

运行摩擦阻力系数 ω		摩擦系数 f	
装滑动轴承的车轮	装减摩（滚动）轴承的车轮	轨道与制动车轮之间	轨道与夹轨钳之间
0.015	0.006	0.14	0.25

2）非工作状态

起重机非工作状态的抗风防滑安全性按式（3-20）校验计算：

$$P_{z2} \geqslant 1.1 P_{W\text{III}} + P_{\alpha G} - P_f \qquad (3-11)$$

式中：P_{z2}——由制动器与夹轨器、锚定装置或防风拉索等沿轨道方向产生的抗风防滑阻力，N，夹轨器单独作用时，$P_{z2} = P \cdot f$；

P——夹轨器对轨道产生的夹持力，N；

f——静摩擦系数，按表 3-3 选取；

$P_{W\text{III}}$——起重机的非工作状态风载荷，N；

$P_{\alpha G}$——自重载荷沿坡道方向产生的滑行力，N；

P_f——非工作状态下阻止起重机被风吹移动的摩擦阻力（即被制动轮与轨道的黏着力），N，$P_f = P_G f$。

当制动力等抗风阻力 P_{z2} 大于被制动车轮与轨道的黏着力时，P_{z2} 用被制动车轮与轨道的黏着力代替。计算黏着力时，摩擦系数 f 按表 3-3 选取。仅有部分车轮制动力大于车轮与轨道的黏着力时，则应按不同情况的车轮分别进行计算。

手工操作夹轨器时，手动的最大操作力不得大于 200 N。

实践证明，对于受很大风载荷作用的起重机，如岸边集装箱起重机等，采用将全部车轮（主动轮和从动轮）都制动的方法，可获得良好的抗风防滑安全性。还可采用主动轮两级制动的方式。

本 章 例 题

【设计参数】

一台 25 t-35 m 港口门座式起重机如例图 3-1 所示，其额定起重量 $Q = 25$ t，其中抓斗重 9 t。已知：

（1）最大工作幅度：$R_{max} = 35$ m，最小工作幅度：$R_{min} = 10$ m；

（2）起升速度：$v_q = 55$ m/min；

（3）象鼻架端点高：$h = 38.2\text{ m}$，回转中心距门架中心距离：$t = 0\text{ m}$；

（4）轨距：$S = 12\text{ m}$，基距：$B = 12\text{ m}$（见图 $3-8$）；

（5）工作风速：20 m/s；非工作风速：55 m/s；

（6）码头许用轮压：工作状态下，$[N]_{\mathrm{II}} = 25\text{ t}$；非工作状态下，$[N]_{\mathrm{III}} = 30\text{ t}$。

试确定起重机单个台车组下的车轮数，并进行整体稳定性校核。

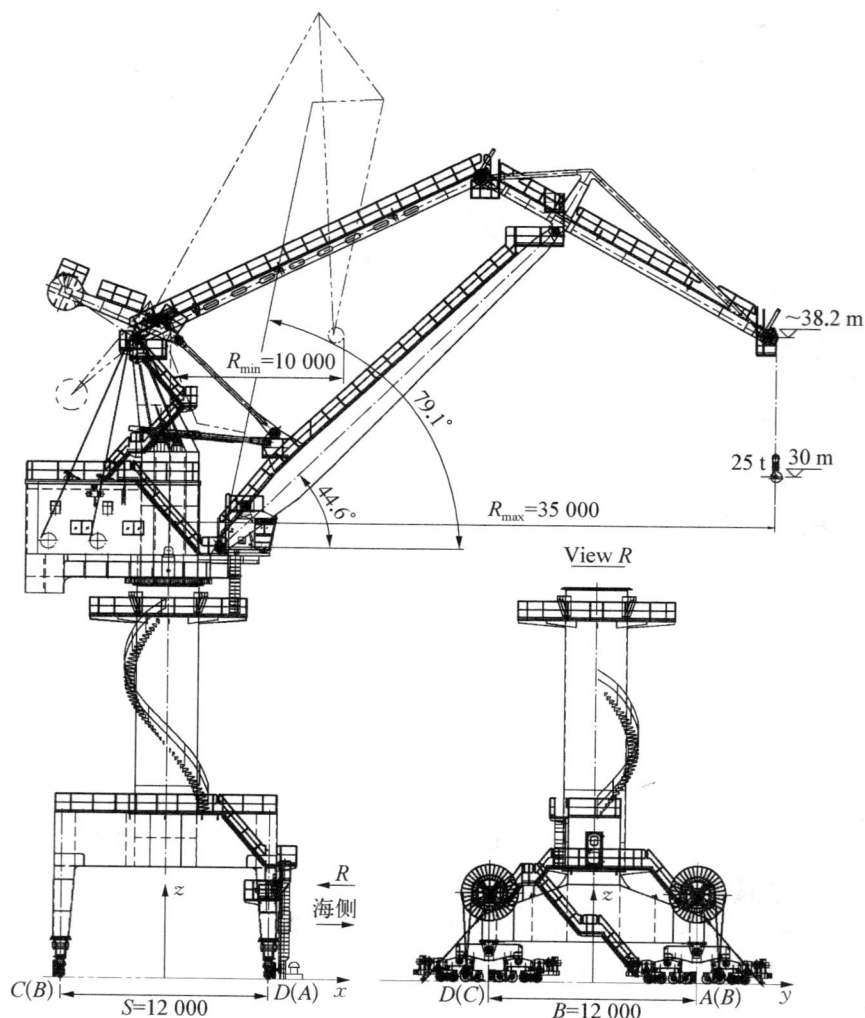

例图 $3-1$

【求解过程】

1）载荷计算

在初步设计时，由类比法估算获得各部分的自重及重心坐标（见例表 $3-1$）、风载荷及其作用点坐标（见例表 $3-2$～例表 $3-5$）。当整机设计完成后，根据实际的施工图纸将表格中的数据进行更新，并重新校核所有数据。

例表 3-1　各部分重量、重心坐标及重力矩

部分	序号	部件名称	重量 G_i/t	重心水平坐标 x/m 及重力矩 M/(t·m)				重心高度坐标 z/m 及重力矩 M/(t·m)			
				幅度 $R=10$ m		幅度 $R=35$ m		幅度 $R=10$ m		幅度 $R=35$ m	
				坐标 x	力矩 M	坐标 x	力矩 M	坐标 z	力矩 M	坐标 z	力矩 M
回转部分	1.1	吊重 1(抓斗空载)	9.00	10.00	90.00	35.00	315.00	21.00	189.00	21.00	189.00
	1.2	吊重 1(抓斗满载)	25.00	10.00	250.00	35.00	875.00	21.00	525.00	21.00	525.00
	2	钢丝绳及配件	1.50	10.00	15.00	35.00	52.50	21.00	31.50	21.00	31.50
	3	主臂架、栏杆及铰点	22.60	5.10	115.26	11.00	248.60	37.80	854.28	34.60	781.96
	4	象鼻梁、栏杆及铰点	12.70	9.10	115.57	24.50	311.15	50.80	645.16	44.90	570.23
	5	大拉杆、栏杆及铰点	4.60	3.30	15.18	8.00	36.80	48.70	224.02	43.80	201.48
	6	小拉杆及铰点	1.80	0.20	0.36	3.30	5.94	37.60	67.68	36.20	65.16
	7	平衡梁、栏杆及铰点	7.50	−4.30	−32.25	−4.00	−30.00	37.40	280.50	40.80	306.00
	8	动配重	21.00	−5.70	−119.70	−6.10	−128.10	35.70	749.70	41.60	873.60
	9	变幅齿条	1.00	−2.30	−2.30	1.60	1.60	33.10	33.10	33.30	33.30
	10	起升缠绕系统	1.20	5.00	6.00	16.00	19.20	42.00	50.40	43.00	51.60
	11	主起升机构	19.70	−5.50	−108.35	−5.50	−108.35	26.90	529.93	26.90	529.93
	12	变幅机构	8.80	−0.50	−4.40	−0.50	−4.40	33.10	291.28	33.10	291.28
	13	回转机构	12.30	0.00	0.00	0.00	0.00	26.40	324.72	26.40	324.72
	15	上部机器房	14.60	−3.20	−46.72	−3.20	−46.72	28.40	414.64	28.40	414.64
	16	司机室	2.00	4.50	9.00	4.50	9.00	27.30	54.60	27.30	54.60
	17	上转柱	25.00	−0.30	−7.50	−0.30	−7.50	32.10	802.50	32.10	802.50
	18	转盘	42.00	−2.20	−92.40	−2.20	−92.40	25.50	1 071.00	25.50	1 070.00
	19	上部电器系统	5.00	−2.50	−12.50	−2.50	−12.50	26.50	132.50	26.50	132.50
	20	回转部分梯子平台	2.00	−2.50	−5.00	−2.50	−5.00	31.00	62.00	31.00	62.00
	21	回转部分其他附件	2.00	−2.50	−5.00	−2.50	−5.00	30.00	60.00	30.00	60.00
	22	回转固定配重	65.00	−7.20	−468.00	−7.20	−468.00	25.00	1 625.00	25.00	1 625.00
抓斗放下时回转部分总计∑2~22			272.30	−2.31	−627.75	−0.28	−223.18	30.50	8 304.51	30.42	8 283.00
空载回转部分总计∑1~22			281.30	−1.91	−537.75	0.33	91.82	30.19	8 493.51	30.12	8 472.00
满载回转部分总计∑1~22			297.30	−1.27	−377.75	2.19	651.82	29.70	8 829.51	29.63	8 808.00
固定部分	23	门架系统	57.50	0.00	0.00	0.00	0.00	7.00	402.50	7.00	402.50
	24	圆筒体	25.60	0.00	0.00	0.00	0.00	18.30	468.48	18.30	468.48
	25	大车行走机构	40.00	0.00	0.00	0.00	0.00	1.20	48.00	1.20	48.00
	26	电缆卷筒	6.60	3.00	19.80	3.00	19.80	5.20	34.32	5.20	34.32
	27	防风系固装置	1.00	0.00	0.00	0.00	0.00	1.80	1.80	1.80	1.80

（续表）

部分	序号	部 件 名 称	重量 G_i/t	重心水平坐标 x/m 及重力矩 M/(t·m)				重心高度坐标 z/m 及重力矩 M/(t·m)			
				幅度 R = 10 m		幅度 R = 35 m		幅度 R = 10 m		幅度 R = 35 m	
				坐标 x	力矩 M	坐标 x	力矩 M	坐标 z	力矩 M	坐标 z	力矩 M
固定部分	28	下部电器系统	3.00	0.00	0.00	0.00	0.00	7.00	21.00	7.00	21.00
	29	固定部分梯子平台	3.00	0.00	0.00	0.00	0.00	8.00	24.00	8.00	24.00
	30	固定部分其他附件	2.00	0.00	0.00	0.00	0.00	8.00	16.00	8.00	16.00
固定部分总计 ∑23~30			138.70	0.14	19.80	0.14	19.80	7.33	1 016.10	7.33	1 016.10
非工作状态（抓斗落地）		臂架在海侧	411.00	−1.48	−607.95	−0.49	−203.38	22.68	9 320.61	22.63	9 299.10
		臂架平行轨道	411.00	0.05	19.80	0.05	19.80	22.68	9 320.61	22.63	9 299.10
		臂架在陆侧	411.00	1.58	647.55	0.59	242.98	22.68	9 320.61	22.63	9 299.10
整机空载		臂架在海侧	420.00	−1.23	−517.95	0.27	111.62	22.64	9 509.61	22.59	9 488.10
		臂架平行轨道	420.00	0.05	19.80	0.05	19.80	22.64	9 509.61	22.59	9 488.10
		臂架在陆侧	420.00	1.33	557.55	−0.17	−72.02	22.64	9 509.61	22.59	9 488.10
整机满载（25 t）		臂架在海侧	436.00	−0.82	−357.95	1.54	671.62	22.58	9 845.61	22.53	9 824.10
		臂架平行轨道	436.00	0.05	19.80	0.05	19.80	22.58	9 845.61	22.53	9 824.10
		臂架在陆侧	436.00	0.91	397.55	−1.45	−632.02	22.58	9 845.61	22.53	9 824.10

注：表中坐标均以轨道面与门架中心交点为原点，并以垂直于轨道指向海侧的方向为 x 轴正方向。

例表 3-2　工作状态下起重机的风载荷及其作用高度表 1
（风沿着臂架方向吹）

	序号	部 件 名 称	满载（25 t）位于最大幅度 R_{max} = 35 m				
			C_f	A/m²	$h_{wⅡ}$/m	$P_{wⅡ}$/t	$P_{wⅡ}h_{wⅡ}$/(t·m)
回转部分	1	货 物	1.10	12.00	23.00	0.33	7.60
	2	象鼻梁及其附件	1.20	8.00	37.00	0.24	8.89
	3	起重臂	1.20	48.00	36.00	1.44	51.88
	4	大拉杆	1.20	4.00	43.70	0.12	5.25
	5	变幅平衡梁	1.20	8.00	40.00	0.24	9.61
	6	变幅平衡小拉杆	1.10	1.00	36.00	0.03	0.99
	7	上转柱	1.20	8.50	34.00	0.26	8.68
	8	变幅机构	1.20	2.10	33.10	0.06	2.09
	9	机器房	1.20	35.00	28.00	1.05	29.42
	10	转盘	1.20	12.00	25.00	0.36	9.01
	11	司机室	1.20	5.00	27.30	0.15	4.10
	12	回转部分梯子平台	1.20	3.00	25.00	0.09	2.25

(续表)

	序号	部 件 名 称	满载(25 t)位于最大幅度 $R_{max} = 35$ m				
			C_f	A/m^2	h_{wII}/m	P_{wII}/t	$P_{wII}h_{wII}/(t \cdot m)$
固定部分	13	门架系统	1.20	91.00	5.00	2.73	13.66
	14	大车行走机构	1.10	15.00	1.15	0.41	0.47
	15	大车电缆卷筒	1.10	3.00	10.00	0.08	0.83
	16	固定部分梯子平台	1.20	3.00	10.00	0.09	0.90
满载		$\sum 1 \sim 16$	1.18	258.60	20.25	7.69	155.62

例表 3 - 3　工作状态下起重机的风载荷及其作用高度表 2
(风垂直于臂架方向吹)

	序号	部 件 名 称	满载(25 t)位于最大幅度 $R_{max} = 35$ m				
			C_f	A/m^2	h'_{wII}/m	P'_{wII}/t	$P'_{wII}h'_{wII}/(t \cdot m)$
回转部分	1	抓斗及吊重	1.10	8.00	23.00	0.22	5.06
	2	象鼻梁及其附件	1.20	25.00	37.00	0.75	27.77
	3	起重臂	1.20	40.00	36.00	1.20	43.24
	4	大拉杆	1.20	8.00	43.70	0.24	10.50
	5	变幅平衡梁	1.20	9.00	40.00	0.27	10.81
	6	变幅平衡小拉杆	1.10	2.30	36.00	0.06	2.28
	7	上转柱	1.20	17.00	34.00	0.51	17.35
	8	变幅机构	1.10	0.80	33.10	0.02	0.73
	9	上部机器房	1.20	42.00	28.00	1.26	35.31
	10	转盘	1.20	15.00	25.00	0.45	11.26
	11	司机室	1.20	8.00	27.30	0.24	6.56
	12	回转部分梯子平台	1.20	2.00	25.00	0.06	1.50
固定部分	13	门架系统	1.10	97.00	12.00	2.67	32.04
	14	大车行走机构	1.10	5.00	1.10	0.14	0.15
	15	大车电缆卷筒	1.10	5.00	10.00	0.14	1.38
	16	固定部分梯子平台	1.20	1.00	5.50	0.03	0.17
满载		$\sum 1 \sim 18$	1.16	285.10	24.94	8.26	206.09

例表 3 - 4　非工作状态下起重机的风载荷及其作用高度表 1
(风沿着臂架方向吹)

	序号	部 件 名 称	空载位于最小幅度 $R_{min} = 10$ m				
			C_f	A/m^2	h_{wIII}/m	P_{wIII}/t	$P_{wIII}h_{wIII}/(t \cdot m)$
回转部分	1	抓斗及吊重	—	—	—	—	—
	2	象鼻梁及其附件	1.20	12.00	46.00	2.72	125.34

（续表）

	序号	部件名称	空载位于最小幅度 $R_{min}=10$ m				
			C_f	A/m^2	$h_{wⅢ}/m$	$P_{wⅢ}/t$	$P_{wⅢ}h_{wⅢ}/(t \cdot m)$
回转部分	3	起重臂	1.20	68.00	39.80	15.44	614.52
	4	大拉杆	1.20	5.00	48.60	1.14	55.18
	5	变幅平衡梁	1.20	9.50	37.00	2.16	79.81
	6	变幅平衡小拉杆	1.10	1.00	37.00	0.21	7.70
	7	上转柱	1.20	8.50	34.00	1.93	65.62
	8	变幅机构	1.20	2.10	33.10	0.48	15.78
	9	上部机器房	1.20	35.00	28.00	7.95	222.52
	10	转盘	1.20	12.00	25.00	2.72	68.12
	11	司机室	1.20	5.00	27.30	1.14	30.99
	12	回转部分梯子平台	1.20	3.00	25.00	0.68	17.03
固定部分	13	门架系统	1.20	91.00	5.00	20.66	103.31
	14	大车行走机构	1.10	15.00	1.15	3.12	3.59
	15	大车电缆卷筒	1.10	3.00	10.00	0.62	6.24
	16	固定部分梯子平台	1.20	3.00	10.00	0.68	6.81
空载		∑1～16	1.18	273.10	23.07	61.65	1 422.56

例表 3-5 非工作状态下起重机的风载荷及其作用高度表 2
（风垂直于臂架方向吹）

	序号	部件名称	空载位于最小幅度 $R_{min}=10$ m				
			C_f	A/m^2	$h'_{wⅢ}/m$	$P'_{wⅢ}/t$	$P'_{wⅢ}h'_{wⅢ}/(t \cdot m)$
回转部分	1	货物	—	—	—	—	—
	2	象鼻梁及其附件	1.20	25.00	46.00	5.68	261.12
	3	起重臂	1.20	40.00	39.80	9.08	361.48
	4	大拉杆	1.20	8.00	48.60	1.82	88.28
	5	变幅平衡梁	1.20	9.00	37.00	2.04	75.61
	6	变幅平衡小拉杆	1.10	2.30	37.00	0.48	17.71
	7	上转柱	1.20	17.00	34.00	3.86	131.24
	8	变幅机构	1.10	0.10	33.10	0.02	0.69
	9	上部机器房	1.20	42.00	28.00	9.54	267.02
	10	转盘	1.20	15.00	25.00	3.41	85.15
	11	司机室	1.20	8.00	27.30	1.82	49.59
	12	回转部分梯子平台	1.20	2.00	25.00	0.45	11.35

（续表）

	序号	部件名称	空载位于最小幅度 $R_{min} = 10$ m				
			C_f	A/m²	$h'_{wⅢ}$/m	$P'_{wⅢ}$/t	$P'_{wⅢ}h'_{wⅢ}$/(t·m)
固定部分	13	门架系统	1.10	97.00	12.00	20.19	242.27
	14	大车行走机构	1.10	5.00	1.10	1.04	1.14
	15	大车电缆卷筒	1.10	5.00	10.00	1.04	10.41
	16	固定部分梯子平台	1.20	1.00	5.50	0.23	1.25
空载		$\sum 1 \sim 16$	1.17	276.40	26.43	60.69	1 604.32

2）轮压计算

按第一种铰接车架假定计算。

本例中车架（固定部分）自重 $G_1 = 138.7$ t（见例表 3-1）的作用点偏离支撑面中心 O，偏离的距离为 $u = 0.14$ m，即车架重心坐标为（0.14，0），因此式（3-4）可改写为

$$R_{zA} = \frac{G_1}{4}\left(1 + \frac{2u}{S}\right) + \frac{G_2}{4}\left(1 + \frac{2t}{S}\right) + \frac{M\sin\varphi}{2B}\left(1 + \frac{2t}{S}\right) + \frac{M\cos\varphi}{2S}$$

$$R_{zB} = \frac{G_1}{4}\left(1 + \frac{2u}{S}\right) + \frac{G_2}{4}\left(1 - \frac{2t}{S}\right) + \frac{M\sin\varphi}{2B}\left(1 - \frac{2t}{S}\right) - \frac{M\cos\varphi}{2S}$$

$$R_{zC} = \frac{G_1}{4}\left(1 - \frac{2u}{S}\right) + \frac{G_2}{4}\left(1 - \frac{2t}{S}\right) - \frac{M\sin\varphi}{2B}\left(1 - \frac{2t}{S}\right) - \frac{M\cos\varphi}{2S}$$

$$R_{zD} = \frac{G_1}{4}\left(1 - \frac{2u}{S}\right) + \frac{G_2}{4}\left(1 + \frac{2t}{S}\right) - \frac{M\sin\varphi}{2B}\left(1 + \frac{2t}{S}\right) + \frac{M\cos\varphi}{2S}$$

由式（3-5）知，最大支点压力发生在 $\varphi = \arctan\frac{S+2t}{B}$ 时。将数值代入得 $\varphi = 45°$（臂架位于 A 支点的上方）或 $\varphi = 135°$（臂架位于 C 支点的上方）。由于 $S=B$，则 A 或 C 支点的最大支承反力值相等，因此仅计算 A 支点，得

$$R_{zAmax} = \frac{G_1}{4}\left(1 + \frac{2u}{S}\right) + \frac{G_2}{4} + \frac{M\sin 45°}{2B} + \frac{M\cos 45°}{2S}$$

式中：M——由 G_2 引起的偏心力矩和由货物偏摆和风载荷产生的水平力矩，N·m。

根据表 2-26，以工作工况Ⅱ、暴风工况Ⅲ中最不利情况为例进行计算。

（1）工作工况Ⅱ下起重机的最大支承反力。

最不利情况：臂架位于 A 支点的上方、最小幅度，且工作状态风沿着臂架由后向前吹。此时，产生 A 支点最大支承反力的水平力矩为

$$M_Ⅱ = G_2 e + P_{wⅡ}h_{wⅡ} + P_a h_a$$

式中：G_2——满载时回转部分总重量，由例表 3-1 得 $G_2 = 297.3$ t；

　　　e——满载最大幅度时回转部分重心位置，由例表 3-1 得 $e = 2.19$ m；

　　　$P_{wⅡ}h_{wⅡ}$——工作状态风力矩，由例表 3-2 得 $P_{wⅡ}h_{wⅡ} = 155.62$ t·m；

$P_a h_a = Q \tan \alpha_{\text{II}} h_a$ ——偏摆水平力引起的力矩,由于 $h_a = h = 38.2 \text{ m}$,α_{II} 按表 2-17 取 12°,故:$P_a h_a = 25 \times \tan 12° \times 38.2 = 202.99 \text{ t} \cdot \text{m}$。

于是得

$$M_{\text{II}} = 297.3 \times 2.19 + 20.15 \times 7.69 + 202.99 = 1\,009.03 \text{ t} \cdot \text{m}$$

最大支承反力为

$$R_{\text{zAmaxII}} = \frac{G_1}{4}\left(1 + \frac{2u}{S}\right) + \frac{G_2}{4} + \frac{M_{\text{II}} \sin 45°}{2B} + \frac{M_{\text{II}} \cos 45°}{2S}$$

$$= \frac{138.70}{4} \times \left(1 + \frac{2 \times 0.14}{12}\right) + \frac{297.30}{4} + \frac{1\,009.03 \sin 45°}{2 \times 12} + \frac{1\,009.03 \cos 45°}{2 \times 12}$$

$$= 169.30 \text{ t}$$

(2) 暴风工况 III 下起重机的最大轮压。

最不利情况:抓斗落地,臂架位于 A 支点的上方、最小幅度,且暴风沿着臂架由后向前吹。此时的水平力矩为

$$M_{\text{III}} = G_2 e + P_{\text{wIII}} h_{\text{wIII}}$$

式中:G_2——空载时回转部分总重量,由例表 3-1 得 $G_2 = 272.30 \text{ t}$;

e——空载最小幅度时回转部分重心位置,由例表 3-1 得 $e = 2.31 \text{ m}$;

$P_{\text{wIII}} h_{\text{wIII}}$——非工作状态风力矩。由表 3-4 得 $P_{\text{wIII}} h_{\text{wIII}} = 1\,422.56 \text{ t} \cdot \text{m}$。

于是得

$$M_{\text{III}} = 272.30 \times 2.31 + 1\,422.56 = 2\,051.57 \text{ t} \cdot \text{m}$$

最大支承反力为

$$R_{\text{zAmaxIII}} = \frac{G_1}{4}\left(1 + \frac{2u}{S}\right) + \frac{G_2}{4} + \frac{M_{\text{III}} \sin 45°}{2B} + \frac{M_{\text{III}} \cos 45°}{2S}$$

$$= \frac{138.70}{4} \times \left(1 + \frac{2 \times 0.14}{12}\right) + \frac{272.30}{4} + \frac{2\,051.57 \sin 45°}{2 \times 12} + \frac{2\,051.57 \cos 45°}{2 \times 12}$$

$$= 224.45 \text{ t}$$

(3) 起重机大车轮数的确定。

根据上述计算,起重机满足工作状态下码头许用轮压的大车轮数为

$$n_{\text{II}} = \frac{R_{\text{zAmaxII}}}{[N]_{\text{II}}} = \frac{169.30}{25} = 6.772$$

起重机满足非工作状态下码头许用轮压的大车轮数为

$$n_{\text{III}} = \frac{R_{\text{zAmaxIII}}}{[N]_{\text{III}}} = \frac{224.45}{30} = 7.482$$

结论:该门座式起重机的单支点(每个台车组)下的大车轮数应为 8 个。

3) 整机稳定性校核

由表 2-25 需验算整机的基本稳定性、动态稳定性、抗暴风稳定性和抗后倾稳定性。参照图 3-9 建立坐标系,以车架四支点构成中心为坐标原点,以垂直于轨道指向海侧的方向

为 x 轴正方向,以 $\varphi=90°$ 方向为 y 轴正方向,边 AD,BC 为轨道边。由例表 3-1 知,起重机固定部分重量 P_{G1} 为 138.70 t,回转部分重量 P_{G2} 为 272.30 t(空载,抓斗落地)或 297.3 t(满载)。

(1)基本稳定性。

工况描述:无风、满载起升,臂架位于最大幅度 35 m 处。根据臂架在回转平面内的不同位置,稳定性验算如下:

(A)臂架垂直于大车轨道,面向海侧($\varphi=0°$)。

固定部分自重为 138.7 t,重心坐标为(0.14,0);回转部分(抓斗和吊重除外)自重 272.3 t,重心坐标为(-0.28,0)。于是整机自重 $P_G=411.0$ t,重心坐标为(-0.14,0)。

倾覆边为 AD 边,则倾覆力矩为

$$\Sigma M = P_G(S/2 - x_G) - 1.5 P_Q(R_{max} + t - S/2)$$
$$= 411 \times [12/2 - (-0.14)] - 1.5 \times 25 \times (35 + 0 - 12/2) = 1\,436.04 \text{ t} \cdot \text{m} > 0$$

(B)臂架平行于大车轨道($\varphi=90°$)。

固定部分自重为 138.7 t,重心坐标为(0.14,0);回转部分(抓斗和吊重除外)自重 272.3 t,重心坐标为(0,-0.28)。于是整机自重 $P_G=411.0$ t,重心坐标为(0.05,-0.19)。

倾覆边为 AB 边,则倾覆力矩为

$$\Sigma M = P_G(B/2 - y_G) - 1.5 P_Q(R_{max} - B/2)$$
$$= 411 \times [12/2 - (-0.19)] - 1.5 \times 25 \times (35 - 12/2) = 1\,456.59 \text{ t} \cdot \text{m} > 0$$

(C)臂架垂直于大车轨道,面向陆侧($\varphi=180°$)。

固定部分自重为 138.7 t,重心坐标为(0.14,0);回转部分(抓斗和吊重除外)自重 272.3 t,重心坐标为(0.28,0)。于是整机自重 $P_G=411.0$ t,重心坐标为(0.23,0)。

倾覆边为 BC 边,则倾覆力矩为

$$\Sigma M = P_G(S/2 + x_G) - 1.5 P_Q(R_{max} - t - S/2)$$
$$= 411 \times (12/2 + 0.23) - 1.5 \times 25 \times (35 - 0 - 12/2) = 1\,473.03 \text{ t} \cdot \text{m} > 0$$

故满足基本稳定性要求。

(2)工况 Ⅱ:动态稳定性。

工况描述:有风、满载正常工作,臂架位于最大幅度 35 m。根据臂架在回转平面内的不同位置,稳定性验算如下:

(A)臂架垂直于大车轨道,面向海侧($\varphi=0°$)。

整机自重 $P_G=411.0$ t,重心坐标为(-0.14,0)。倾覆边为 AD 边(风沿着臂架方向从陆侧向海侧吹)或 AB 边(风垂直于臂架方向吹),倾覆力矩分别计算如下:

倾覆边为 AD 边时

$$\Sigma M = P_G(S/2 - x_G) - 1.3 P_Q(R_{max} + t - S/2) - P_{WⅡ} h_{WⅡ} - P_a h_a$$
$$= 411 \times [12/2 - (-0.14)] - 1.3 \times 25 \times (35 + 0 - 12/2) - 155.62 - 202.99$$
$$= 2\,127.23 \text{ t} \cdot \text{m} > 0$$

倾覆边为 AB 边时

$$\Sigma M = P_G(S/2 - y_G) - P'_{wⅡ}h'_{wⅡ} - P_a h_a$$
$$= 411 \times (12/2 - 0) - 206.09 - 202.99 = 2\,056.92\ \text{t} \cdot \text{m} > 0$$

(B) 臂架平行于大车轨道($\varphi = 90°$)。

整机自重 $P_G = 411.0\,\text{t}$,重心坐标为$(0.05, -0.19)$。倾覆边为 AB 边(风沿着臂架方向从后向前吹)或 AD 边(风垂直于臂架自陆侧向海侧吹),倾覆力矩分别计算如下:

倾覆边为 AB 边时

$$\Sigma M = P_G(B/2 - y_G) - 1.3P_Q(R_{max} - B/2) - P_{wⅡ}h_{wⅡ} - P_a h_a$$
$$= 411 \times [12/2 - (-0.19)] - 1.3 \times 25 \times (35 - 12/2) - 155.62 - 202.99$$
$$= 1\,242.98\ \text{t} \cdot \text{m} > 0$$

倾覆边为 AD 边时

$$\Sigma M = P_G(S/2 - x_G) + 1.3P_Q(S/2 - t) - P'_{wⅡ}h'_{wⅡ} - P_a h_a$$
$$= 411 \times (12/2 - 0.05) + 1.3 \times 25 \times (12/2 - 0) - 206.09 - 202.99$$
$$= 2\,231.37\ \text{t} \cdot \text{m} > 0$$

(C) 臂架垂直于大车轨道,面向陆侧($\varphi = 180°$)。

整机自重 $P_G = 411.0\,\text{t}$,重心坐标为$(0.23, 0)$。倾覆边为 BC 边(风沿着臂架方向从海侧向陆侧吹)或 AB 边(风垂直于臂架方向吹),倾覆力矩分别计算如下:

倾覆边为 BC 边时

$$\Sigma M = P_G(S/2 + x_G) - 1.3P_Q(R_{max} - t - S/2) - P_{wⅡ}h_{wⅡ} - P_a h_a$$
$$= 411 \times (12/2 + 0.23) - 1.3 \times 25 \times (35 - 0 - 12/2) - 155.62 - 202.99$$
$$= 1\,359.42\ \text{t} \cdot \text{m} > 0$$

倾覆边为 AB 边时

$$\Sigma M = P_G(S/2 - y_G) - P'_{wⅡ}h'_{wⅡ} - P_a h_a$$
$$= 411 \times (12/2 - 0) - 206.09 - 202.99 = 2\,056.92\ \text{t} \cdot \text{m} > 0$$

故该起重机满足动态稳定性要求。

(3) 工况Ⅲ:抗暴风稳定性。

工况描述:非工作时遭暴风袭击,抓斗落地,臂架位于最小幅度 10 m。根据臂架在回转平面内的不同位置,稳定性验算如下:

(A) 臂架垂直于大车轨道,面向海侧($\varphi = 0°$)。

固定部分自重为 138.7 t,重心坐标为$(0.14, 0)$;回转部分(抓斗和吊重除外)自重 272.3 t,重心坐标为$(-2.31, 0)$。于是整机自重 $P_G = 411.0\,\text{t}$,重心坐标为$(-1.48, 0)$。倾覆边为 BC 边(风沿着臂架方向从海侧向陆侧吹)或 AB 边(风垂直于臂架方向吹),倾覆力矩分别计算如下:

倾覆边为 BC 边时

$$\Sigma M = P_G(S/2 + x_G) - 1.2P_{wⅢ}h_{wⅢ}$$
$$= 411 \times [12/2 + (-1.48)] - 1.2 \times 1\,422.56 = 150.65\ \text{t} \cdot \text{m} > 0$$

倾覆边为 AB 边时

$$\Sigma M = P_G(B/2 - y_G) - 1.2 P'_{wⅢ} h'_{wⅢ}$$
$$= 411 \times (12/2 - 0) - 1.2 \times 1\,604.32 = 540.82 \text{ t} \cdot \text{m} > 0$$

(B) 臂架平行于大车轨道（$\varphi = 90°$）。

固定部分的重心坐标为 $(0.14, 0)$，回转部分的重心坐标为 $(0, -2.31)$，于是整机的重心坐标为 $(0.05, -1.53)$。倾覆边为 AB 边（风沿着臂架方向从前向后吹）或 AD 边（风垂直于臂架自海侧向陆侧吹），倾覆力矩分别计算如下：

倾覆边为 AB 边时

$$\Sigma M = P_G(B/2 + y_G) - 1.2 P_{wⅢ} h_{wⅢ}$$
$$= 411 \times [12/2 + (-1.53)] - 1.2 \times 1\,422.56 = 130.10 \text{ t} \cdot \text{m} > 0$$

倾覆边为 AD 边时

$$\Sigma M = P_G(S/2 - x_G) - 1.2 P'_{wⅢ} h'_{wⅢ}$$
$$= 420 \times (12/2 - 0.05) - 1.2 \times 1\,604.32 = 573.82 \text{ t} \cdot \text{m} > 0$$

(C) 臂架垂直于大车轨道，面向陆侧（$\varphi = 180°$）。

固定部分的重心坐标为 $(0.14, 0)$，回转部分的重心坐标为 $(2.31, 0)$，于是整机的重心坐标为 $(1.58, 0)$。倾覆边为 AD 边（风沿着臂架方向从陆侧向海侧吹）或 AB 边（风垂直于臂架方向吹），倾覆力矩分别计算如下：

倾覆边为 AD 边时

$$\Sigma M = P_G(S/2 - x_G) - 1.2 P_{wⅢ} h_{wⅢ}$$
$$= 411 \times (12/2 - 1.58) - 1.2 \times 1\,422.56 = 109.55 \text{ t} \cdot \text{m} > 0$$

倾覆边为 AB 边时

$$\Sigma M = P_G(B/2 - y_G) - 1.2 P'_{wⅢ} h'_{wⅢ}$$
$$= 411 \times (12/2 - 0) - 1.2 \times 1\,604.32 = 540.82 \text{ t} \cdot \text{m} > 0$$

故满足非工作最大风载荷作用时的稳定性要求。

(4) 工况 Ⅳ：抗后倾稳定性。

工况描述：有向后吹工作风载，且突然空中卸载，卸载的有效载荷为 16 t，臂架处于在最大幅度 35 m 处。根据臂架在回转平面内的不同位置，稳定性验算如下：

(A) 臂架垂直于大车轨道，面向海侧（$\varphi = 0°$）。

整机自重 $P_G = 411.0$ t，重心坐标为 $(-0.14, 0)$，倾覆边为 BC 边（风沿着臂架方向从海侧向陆侧吹），倾覆力矩为

$$\Sigma M = P_G(S/2 + x_G) - 0.2 P_Ⅰ(R_{max} + t + S/2) - P_{wⅡ} h_{wⅡ}$$
$$= 411 \times [12/2 + (-0.14)] - 0.2 \times 16 \times (35 + 0 + 12/2) - 155.62$$
$$= 2\,121.64 \text{ t} \cdot \text{m} > 0$$

(B) 臂架平行于大车轨道（$\varphi = 90°$）。

整机自重 $P_G = 411.0$ t，重心坐标为 $(0.05, -0.19)$，倾覆边为 CD 边（风沿着臂架方向

从前向后吹)倾覆,倾覆力矩为

$$\Sigma M = P_G(B/2 + y_G) - 0.2P_I(R_{max} + t + B/2) - P_{wII}h_{wII}$$
$$= 411 \times [12/2 + (-0.19)] - 0.2 \times 16 \times (35 + 0 + 12/2) - 155.62$$
$$= 2\,101.09 \text{ t} \cdot \text{m} > 0$$

(三) 臂架垂直于大车轨道,面向陆侧($\varphi = 180°$)。

整机自重 $P_G = 411.0$ t,重心坐标为(0.23,0),倾覆边为 AD 边(风沿着臂架方向从陆侧向海侧吹),倾覆力矩为

$$\Sigma M = P_G(S/2 - x_G) - 0.2P_I(R_{max} - t + S/2) - P_{wII}h_{wII}$$
$$= 411 \times (12/2 - 0.23) - 0.2 \times 16 \times (35 + 0 + 12/2) - 155.62$$
$$= 2\,084.65 \text{ t} \cdot \text{m} > 0$$

故满足突然卸载时的稳定性要求。

结论:该起重机满足整体稳定性的要求。

本 章 习 题

【简答题】

1. 与其他类型的起重机相比,港口起重机有哪些特点?

2. 你认为港口起重机的总体计算应包含哪些内容?

3. 什么叫"理论"生产率? 它和哪些因素有关?

4. 什么是作业循环时间? 它和生产率的关系是什么,受哪些因素的影响?

5. 起重机支承力计算的基本假设有哪些,它们是如何描述的?

6. 起重机抗倾覆稳定性的验算方法有哪些?

7. 为什么要进行防风抗滑安全设计? 当不满足要求时,可采取哪些措施?

8. 什么是起重机抗倾覆稳定性? 为什么运行式起重机都必须校核抗倾覆稳定性?

9. 校核起重机抗倾覆稳定性必须在哪些工况下都通过才认为起重机是稳定的?

10. 什么是起重机的防风抗滑安全性? 哪些起重机须校核防风抗滑安全性?

11. 验算起重机防风抗滑安全性必须在哪些工况下都通过才认为起重机是安全的?

【计算题】

1. 台州发电厂卸煤专用码头 10 吨抓斗卸船机生产率计算。煤船、码头及卸船机主要尺寸见图。取平均潮位、半载吃水。煤船中线位置时:$H = 14.1$ m, $h = 7.5$ m, $S = 13.2$ m。开闭绳收绳量 $L = 8.2$ m。煤的堆积密度为 0.8 t/m³,抓斗的容积为 7.1 m³,填充系数 $\psi = 0.85$。料斗宽度 $a = 5$ m(抓斗中心线进入料斗边缘 1 m 后方能开斗卸料)。起升速度 $v_q = 80$ m/min,起制动时间 $t_q = t_z = 1$ s;小车速度 $v_{yt} = 120$ m/min,起制动时间 $t'_q = t'_z = 3$ s。

2. 门座起重机稳定性计算。已知起重量 $Q = 5$ t。最大工作幅度 $R_{max} = 24$ m。起升(下降)速度 $v_q = 60$ m/min。象鼻梁端部高度 $h = 23$ m。车架的轨距和基距是 $2a = 2b = 6$ m。起重机自重 $G = 97.31$ t。坡度角 $\gamma = 0°10'$。起升绳偏摆角 $\alpha_{II} = 12°$ 起升绳偏摆后离倾覆边的垂直距离 $R' = 25.4$ m。$x_0 = 0.043$ m, $x'_0 = 0.548$ m;工作状态下最大幅度时 $h_0 = 10$ m,非工作状态下最小幅度时 $h'_0 = 10.05$ m,$P_{wII} = 28.9$ kN, $P_{wIII} = 104.8$ kN, $h_{wII} = 12$ m, $h_{wIII} = 14.5$ m。按 4 种工况验算起重机的稳定性。

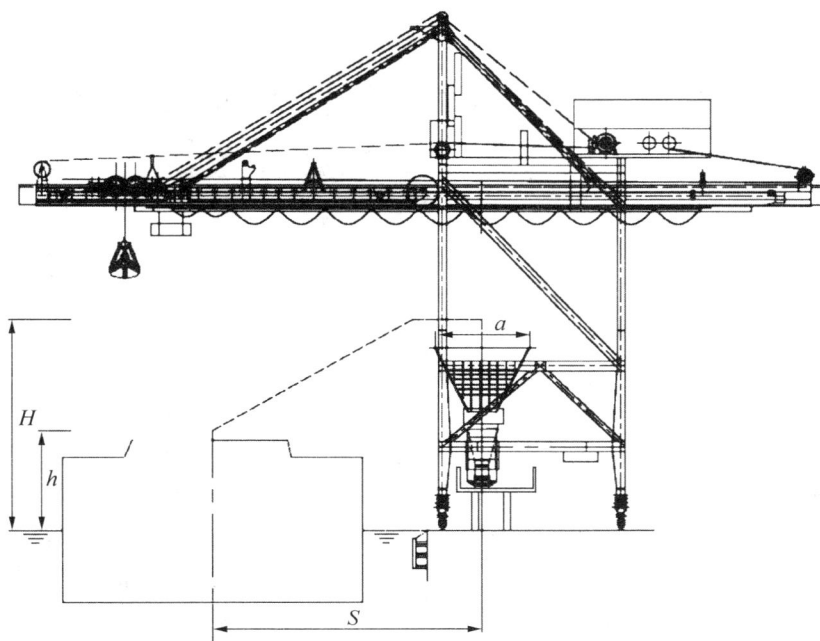

题图 3-1

3. 某转柱式门座起重机额定起重量为 5 t。车架自重载荷为 440 kN。回转部分重量(包括吊重)是 600 kN。回转中心离车架中心偏心 0.5 m。回转部分重心到回转中心之距离为 4 m。回转速度是 2.3 r/min。臂架端部高度是 23 m。工作状态最大风力为 30 kN。风力作用点离轨面 12.5 m,轨距 6 m,基距 7 m。每个台车下有 3 个车轮。试求工作状态下的最大轮压。

第4章　机构及其零部件的
设计计算原则

4.1　港口起重机的驱动装置

起重机的驱动装置是用来驱动工作机构的动力设备的。常见的驱动装置有电力驱动、内燃机驱动和人力驱动等。电能是清洁、经济的能源，电力驱动是现代起重机的主要驱动形式，几乎所有在有限范围内运行的有轨起重机、升降机、电梯等都采用电力驱动。内燃机驱动为独立能源，机动性好，对于需远距离移动的流动式起重机(如汽车起重机、轮胎起重机和履带起重机)，多采用内燃机驱动。人力驱动适用于一些轻小起重设备，也用作某些设备的辅助、备用驱动和意外(或事故状态)的临时动力。

4.1.1　电力驱动

港口起重机的电力驱动是驱动电动机和电动机控制方式的综合。电动机容易接受外来的控制与调节，选用适当的控制方式能使电力驱动系统很好地适应机构在工作过程中的要求。

起重机一般采用交流传动控制系统，在有特殊要求或仅有直流电源的情况下，可采用直流传动控制系统。

传统的交流传动控制系统调速方法有绕线转子异步电动机转子串电阻调速、晶闸管定子调压调速和串级调速。绕线转子异步电动机中集电环、电刷、大量继电器和接触器的使用，致使调速系统的故障率较高、现场维护量较大、综合技术指标较差，不能满足工业生产的特殊要求。交流变频调速技术为起重机大范围、高质量地调速提供了全新的方案。

若采用直流传动控制系统，则在交流供电时，一般采用直流调压调速和调磁调速；直流供电时，一般采用串励、复励直流电动机系统，调速方案为电枢串电阻调速。

1) 交流变频调速

(1) 交流变频调速的特点。

变频调速是改变电动机定子电源的频率，从而改变其同步转速的调速方法。变频调速系统主要设备是提供变频电源的变频器，变频器的功能是将频率固定(电网频率为 50 Hz)的交流电，变换成频率连续可调(0～400 Hz)的交流电。变频器可分为交-直-交变频器和交-交变频器两大类。交-直-交变频器是先将频率固定的交流电整流成直流电，再把直流电逆变成频率可变的交流电。交-直-交变频器虽需两次电能的变换，但频率变化范围不受限制，以实现无级调速，目前应用得比较广泛。交-交变频器不经过中间环节，把频率固定的交流电直接变换成频率连续可调的交流电。因只需一次电能转换，效率高、工作可靠，但是频率的变化范围有限。

交流变频调速技术应用于起重机后,与市场上大量使用的传统的绕线异步电动机转子串电阻调速系统相比,可带来以下显著经济效益和安全可靠性:

(A) 由于变频器驱动的电动机机械特性硬,具有精确定位的优点,不会出现传统起重机负载变化时电动机转速也随之变化的现象,可以提高装卸作业的生产率。

(B) 变频起重机运行平稳,起、制动平缓,运行中加、减速时整机振动和冲击明显减小,安全性提高,并且延长了起重机机械部分的寿命。如机械制动器在电动机低速时动作,起升以及大、小车的制动由电气制动完成,所以机械制动器的制动片寿命大为延长,维护保养费用下降。

(C) 采用结构简单、可靠性高的鼠笼异步电动机取代绕线转子异步电动机,避免了因集电环、电刷磨损或腐蚀引起接触不良而造成电动机损坏或不能起动的故障。

(D) 交流接触器大量减少,电动机主回路实现了无触点化控制,避免了因接触器触头频繁动作而烧损以及由此而引起的电动机损坏故障。

(E) 交流变频调速系统可以根据现场情况,灵活调整各挡速度和加、减速时间,使得变频起重机操作灵活、现场适应性好。

(F) 交流变频调速系统属高效率调速系统,运行效率高、发热损耗小,因此比老式调速系统节电。

(G) 变频器具有完善的保护、监测及自诊断功能,如再结合 PLC 控制,可大幅度提高变频起重机电控系统的可靠性。

(2) 交流变频调速方案。

交流变频调速方案可选用同步和异步两种变频调速电机。

同步变频调速电机的转子内镶有永磁体,当电机瞬间起动完毕后,电机转入正常运行,定子旋转磁场带动镶有永磁体的转子进行同步运行,此时电机的转速根据电机的极数和电机输入电源频率形成严格的对应关系,转速不受负载和其他因数影响。同步变频调速电机附加了一个独立式强迫冷却风机,以适应电机在低速运行时的高散热和降低电机在高速运行时的机械耗能。由于电机的转速和电源频率的严格对应关系,使得电机的转速精度主要就取决于变频器输出电源频率的精度,控制系统简单。用一台变频器控制多台电机,可实现多台电机的转速一致,无需昂贵的光学编码器进行闭环控制。

异步变频调速电机是由普通异步电机派生而来,由于要适应变频器输出电源的特性,电机在转子槽型、绝缘工艺、电磁设计校核等作了很大的改动,特别是附加了一个独立式强迫冷却风机以满足电机的通风散热。变频器的输出一般显示电源的输出频率,转速输出显示为电机的极数和电源输出频率的计算值,与异步电机的实际转速有很大区别。使用一般异步变频电动机时,由于异步电机的转差率是由电机的制造工艺决定,故其离散性很大,并且负载的变化直接影响电机的转速,要精确控制电机的转速只能采用光电编码器进行闭环控制。单机控制时,转速的精度由编码器的脉冲数决定;多机控制时,多台电机的转速就无法严格同步。这是异步电机先天所决定的。

变频调速可实现额定频率以下的恒转矩调速及额定频率以上的恒功率调速,一般恒功率调速的弱磁升速最高频率不宜大于 100 Hz。

如图 4-1、图 4-2 所示,变频调速电机的基频工作点设计在 50 Hz,频率 0~50 Hz(转速 0~1 480 r/min)范围内电机作恒转矩 T_N 运行,频率 50~100 Hz(转速为 1 480~2 800 r/min)范围内电机作恒功率 P_N 运行,整个调速范围为 0~2 800 r/min,基本满足一般驱动设备的要求,其工作特性与直流调速电机相同,调速平滑稳定。变频调速电机一般选择 4 级电机,如果在恒转矩调速范围内要提高输出转矩,也可以选择 6 级或 8 级电机,但电机的体积相对要大一点。

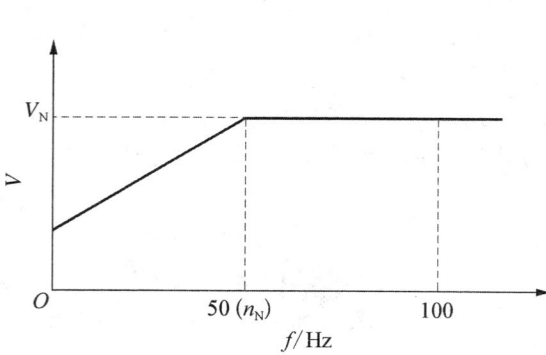

图 4-1 变频器的输出电压/输出频率 V/f 特性曲线

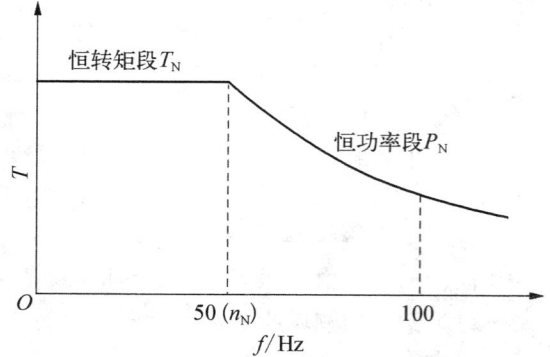

图 4-2 变频电机的特性曲线示意图

起升机构采用变频调速时,宜采用闭环控制方式。运行机构采用变频调速时,在调速范围不大于 1:10 的情况下,可采用开环控制方式。

（3）变频器的选用。

变频装置的最大输出电流不应小于电动机最大起动电流值,其额定输出电流应不小于电动机在额定负载时的工作电流。在变频器的频率设计中,要避免与起重机结构发生共振。

变频调速电机为三相交流同步或异步电动机,根据输出电源,变频器有三相 380 V 或三相 220 V 两种,一般 4 kW 以下的变频器才采用三相 220 V 电源。由于变频电机是以电机的基频点（或拐点）来划分恒功率调速区和恒转矩调速区,所以变频器基频点和变频电机基频点的设置都非常重要。

下面就起重机的起升、运行机构的变频器选用原则作一详细说明。

（A）起升机构。

变频器的容量 P_0 必须大于负载所需求的输出,即

$$P_0 \geqslant \frac{kP_M}{\eta\cos\phi} \tag{4-1}$$

式中：k——过载系数,1.33;

P_M——负载要求的电动机轴输出功率,kW;

η——电动机效率;

$\cos\phi$——电动机的功率因数。

起升机构要求的起动转矩为 1.3~1.6 倍的额定转矩,考虑到需有 125% 的超载要求,其最大转矩需有 1.6~2 倍的额定转矩,以确保其安全使用。对于拖动等额功率电动机的变频器来说,可提供长达 60 s 的 150% 额定转矩,因此过载系数 $k = 2/1.5 = 1.33$。

在变频器容量选定后,还应做电流验证,即

$$I_{CN} \geqslant k'nI_M \tag{4-2}$$

式中：k'——电流波形修正系数（脉冲宽度调制 PWM 调制方式时取 1.05~1.1）;

I_{CN}——变频器额定输出电流，A；

I_M——工频电源时的电动机额定电流，A；

n——一台变频器拖动的电动机数量。

（B）运行机构。

起重机的运行机构分大车机构和小车机构两种，两种机构一般采用多台电动机传动方案。由于起重机运行机构的转动惯量较大，为了实现加速，电动机需有较大的起动转矩，因此起运行机构所需的电动机轴输出功率 P_M 应由负载静功率 P_j 和加速功率 P_a 组成，即

$$P_M \geqslant P_j + P_a \tag{4-3}$$

由于运行机构采用一台变频器拖动多台电动机的通用 U/f 开环频率控制方式，因此在变频器容量选择时，还要满足式（4-2）。

2）电动机的基本术语

（1）额定值。通常由制造厂指定的、电机在规定运行条件下的一个量值。

（2）定额。一组额定值和运行条件。

（3）额定输出。定额中的输出值。

（4）负载。在给定时刻，通过电路或机械装置施加于电机的全部电量和机械量的数值。

（5）空载（运行）。电机处于零功率输出的旋转状态（其他均为正常运行条件）。

（6）满载。电机以其额定运行时的负载。

（7）满载值。电机满载运行时的量值。这一概念适用于功率、转矩、电流、转速等。

（8）停机和断能。电机处在既无运动，又无电能或机械能输入时的状态。

（9）工作制。电机所承受的一系列负载状况的说明，包括起动、电制动、空载、停机和断能及其持续时间和先后顺序等。

（10）工作制类型。工作制可分为连续、短时、周期性或非周期性几种类型。周期性工作制包括一种或多种规定了持续时间的恒定负载，非周期性工作制中的负载和转速通常在允许的运行范围内变化。

（11）负载持续率。工作周期中的负载（包括起动与电制动在内）持续时间与整个周期的时间之比，以百分数表示。

（12）堵转转矩。电动机在额定频率、额定电压和转子在所有转角位置堵住时所产生的转矩的最小测得值。

（13）堵转电流。电动机在额定频率、额定电压和转子在所有转角位置堵住时从供电线路输入的最大稳态电流有效值。

（14）（交流电动机的）最小转矩。电动机在额定电压、额定频率下，在零转速与对应于最大转矩的转速之间所产生的稳态异步转矩的最小值。本定义不适用于转矩随转速增加而连续下降的异步电动机。在某些特定的转速下，除了稳态异步转矩外，还会产生与转子功角成函数关系的谐波同步转矩。

（15）（交流电动机的）最大转矩。电动机在额定电压和额定频率下所产生的无转速突降的稳态异步转矩最大值。本定义不适用于转矩随转速增加而连续下降的异步电动机。

（16）（同步电动机的）失步转矩。同步电动机在额定电压、额定频率、额定磁场电流下，在运行温度及同步转速时所能产生的最大转矩。

3) 电机的工作制

用于装卸作业的港口机械,最大的特点就是速度快、操作频繁。除运输机械和个别的机构为长期、短期载荷外,基本都是重复短期工作制。随着机械效率的提高,某些机械的负载持续率也相应地大幅度增加。有些机构要求传动电动机能够在四象限运转,所以在选择电动机的类型和容量时,要结合电动机调速方案一并考虑。

电机的工作制表明电机在不同负载下的允许循环时间。电机工作制的分类是对电机承受负载情况的说明,它包括启动、电制动、空载、断能停转以及这些阶段的持续时间和先后顺序。国标 GB755 中,电动机工作制有 S1~S10 十类,写在负载值后面。某几种工作制也适用于发电机,如 S1,S2 和 S10 工作制。其中基准工作制为 S3 - 40%(即工作制为 S3,基准负载持续率为 40%,每个工作周期为 10 min)。下面主要介绍港口起重机常用的几种工作制。

(1) S1 工作制——连续工作制。

在恒定负载下的运行时间足以达到热稳定,如图 4-3 所示。

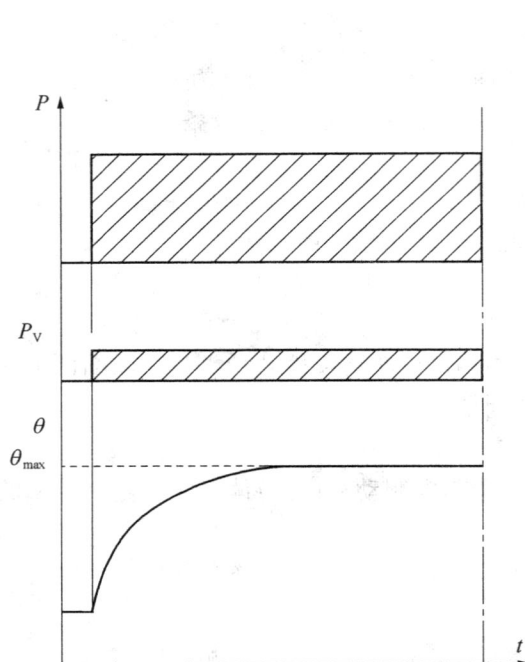

图 4-3 连续工作制 S1 工作制
P—负载;P_v—电气损耗;θ—温度;
θ_{max}—达到的最高温度;t—时间

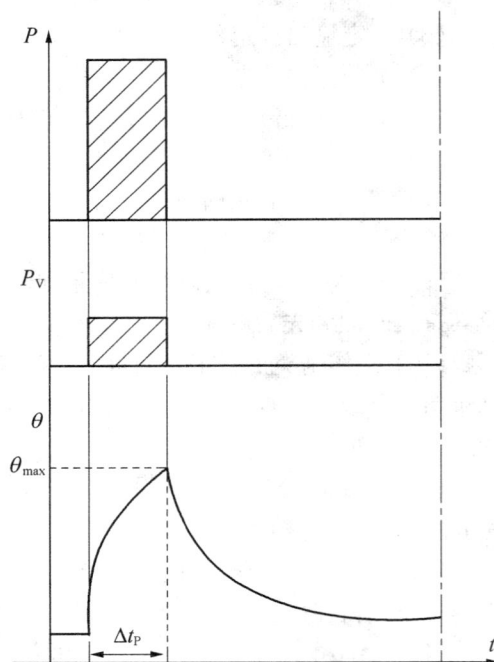

图 4-4 S2 工作制——短时工作制
Δt_p—恒定负载运行时间

(2) S2 工作制——短时工作制。

在恒定负载下按给定的时间运行,该时间不足以达到热稳定,随之即断能停转足够时间,使电机再度冷却到与冷却介质温度之差在 2 K 以内(见图 4-4)。其特点是电动机接电运转时间短,温升达不到稳定值,而断电后的停歇时间长,足以使电动机冷却到环境温度。

本工作制其后应标以工作制的持续时间,如 S2 60 min。

（3）S3 工作制——断续周期工作制。

按一系列相同的工作周期运行，每一周期包括一段恒定负载运行时间和一段断能停转时间（见图 4-5）。其特点是电动机运转的时间较短，不足以使电动机达到热稳定状态，并且在这种工作制中起动时间与一个周期相比很短，起动电流对温升没有产生显著影响。

本工作制其后应标以负载持续率，如 S3 25%。

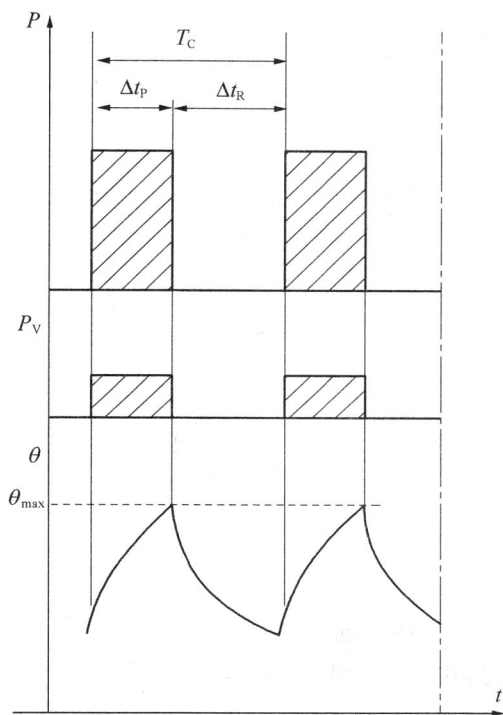

图 4-5　S3 工作制——断续周期工作制

T_c—负载周期；Δt_R—停机和断能时间；

负载持续率 $=\Delta t_P/T_c$

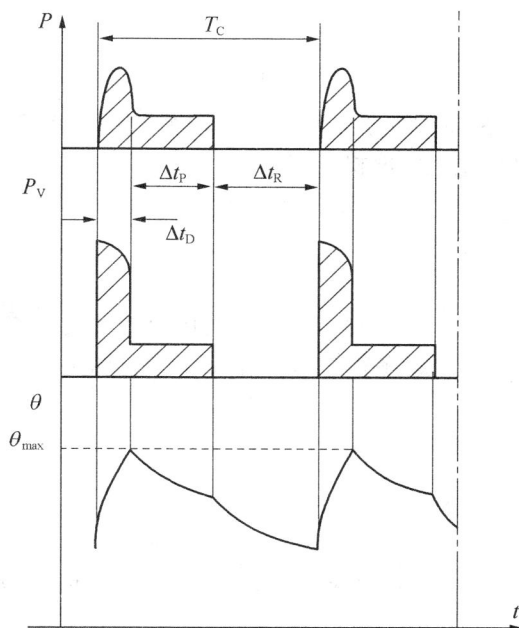

图 4-6　S4 工作制——包括起动的断续周期工作制

Δt_D—起动/加速时间；

负载持续率 $=(\Delta t_D+\Delta t_P)/T_c$

（4）S4 工作制——包括起动的断续周期工作制。

按一系列相同的工作周期运行，每一周期包括一段对温升有显著影响的起动时间、一段恒定负载运行时间和一段断能停转时间（见图 4-6）。由于这些时间都较短，均不足以使电动机达到热稳定状态，但在这种工作制中计入了起动对温升的影响。

本工作制其后应标以负载持续率以及折算至电动机转轴上的电动机转动惯量（J_M）和负载转动惯量（J_{ext}）。如：S4 25%，$J_M=0.15\ \mathrm{kg\cdot m^2}$，$J_{ext}=0.7\ \mathrm{kg\cdot m^2}$。

（5）S5 工作制——包括电制动的断续周期工作制。

按一系列相同的工作周期运行，每一周期包括一段起动时间、一段恒定负载运行时间、一段快速电制动时间和一段断能停转时间（见图 4-7）。由于这些时间都很短，均不足以使电动机达到热稳定状态，但在这种工作制中除计入了起动外，还计入电制动对温升的影响。

本工作制其后应标以负载持续率以及折算至电动机转轴上的电动机转动惯量 J_M 和负载转动惯量 J_{ext}。如：S4 25%，$J_M=0.15\ \mathrm{kg\cdot m^2}$，$J_{ext}=0.7\ \mathrm{kg\cdot m^2}$。

4.1.2　内燃机驱动

绝大多数的轮胎式起重机均由自发电供给电能。柴油发电机组是机械的总动力源,要求有足够大的容量,以保证机械运转中,电压与频率均能满足相应的标准要求。

柴油机有比较刚硬的机械特性,即当突加、突卸载荷时,柴油机的转速降很小,而且有很短的速度恢复时间,从而保证发电机的频率相对稳定。发电机为同步发电机,励磁调节性能好,能够在极低的功率因数与较大的冲击电流下,迅速稳定发电机端电压。

现以集装箱轮胎门式起重机为例,阐述计算步骤。

1) 发电机供给的最大电流 I_{max}

计算两种情况下发电机供给的最大电流:

(1) 小车正常运行,满载起升起动时的发电机最大电流为

$$I_{m1} = I_{cont} + I_T + I_{HS} \tag{4-4}$$

式中:I_{cont}——机械上连续运转机构的工作电流总和,A;

I_{HS}——起升机构满载起升时,折算至发电机电枢端的电动机起动电流,A;

I_T——小车机构电动机最大工作电流折算至发电机电枢端的工作电流,A。

(2) 满载起升,小车起动时的发电机最大电流为

$$I_{m2} = I_{cont} + I_H + I_{TS} \tag{4-5}$$

式中:I_H——起升机构电动机满载起升时折算至发电机电枢端的工作电流,A;

I_{TS}——小车机构电动机起动时折算至发电机电枢端的电流,A。

比较 I_{m1},I_{m2},取大者为 I_{max}。

值得指出的一点是,大车机构不会与起升同时工作,而大车机构的装机容量小于起升机构,因此在计算该项时,可将大车机构排除。

2) 发电机的功率 P_G

由于发电机除供动力外,尚需向辅助机械、控制与照明系统供电,故而必为交流发电机。而机构驱动可为交流,也可为直流。于是,发电机功率 P_G 为

$$P_G = 1.25\sqrt{3}UI_{max} \tag{4-6}$$

式中:U——发电机端压,kV。

众所周知,对于 380 V 交流系统(简写为 380 VAC),发电机应为 400 VAC,则上式变为

$$P_G = 0.866I_{max} \tag{4-7}$$

在机组生产厂家的样本中,选取发电机的容量大于等于 P_G 的产品。

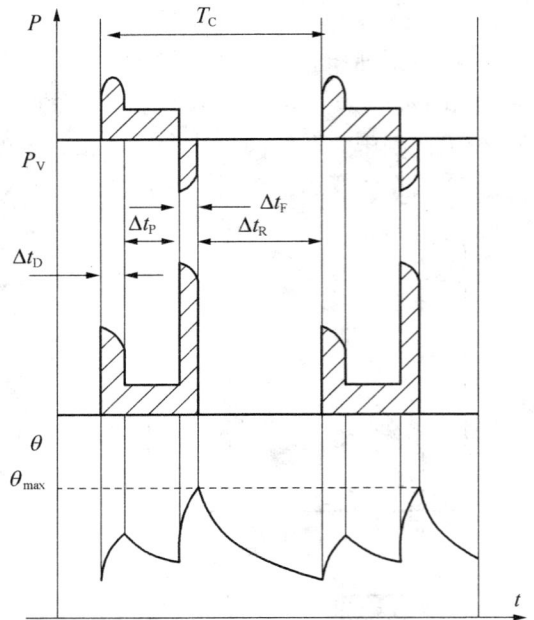

图 4-7　S5 工作制——包括电制动的断续周期工作制

Δt_F—电制动时间;负载持续率=$\Delta t_P/T_c$

3）柴油机的功率 P_E

柴油机由于机械惯量相对较大，能够承受短时的冲击，故柴油机只要计算正常工作的最大功率即可。柴油机的最大可能工况为起升与小车同时满载工作。此时柴油机功率为

$$P_E = 1.1(P_{cont} + P_H + P_T) \tag{4-8}$$

式中：P_{cont}——机械上连续运转机构的功率，kW；

　　　P_H——起升机构满载提升功率，kW；

　　　P_T——小车满载运行功率，kW。

在厂家样本中，选用其柴油机输出功率大于等于 P_E 即可。

初选发电机与柴油机型号后，即应与机组制造商接洽，讨论机组的额定转速。最重要的是在正常使用情况下，机组能否保证需要的供电质量。按国家标准与国际惯例，要求瞬间最大电压降小于 10%，正常工作时的电压降小于 5%，并且电压恢复时间小于 1 s。要达到使用要求，除柴油机调速器性能好外，更要保证发电机的励磁调节器性能。

4.2　电动机的初选与验算

4.2.1　电动机的初选原则

1）电动机的形式

（1）起重机的主要机构一般选用起重冶金用系列异步电动机、直流电动机。在电动葫芦等起升机构中也可采用锥形转子制动异步电动机、圆柱形转子转动电动机或适合于起重机使用特点的其他电动机。

（2）在具有爆炸性气体的危险场合使用的起重机，应选防爆系列起重用电动机。

2）电动机功率的初选方法

电动机功率的初选按如下原则进行：

（i）对起升机构和运行机构，用直流电动机、笼型异步电动机时，按"静功率-接电持续率法"初选；对回转机构和变幅机构，可按"等效功率-接电持续率法"初选。

（ii）对 YZR 系列等能提供有关按 CZ 值计算选择电动机资料的异步电动机，按"稳态负载系数法"初选。

（iii）对未能提供按 CZ 值计算选择电动机的资料，但已知采用电动机的机构工作级别的，其所需功率按"等效接电持续率经验法"初选（用于起升机构）。

（iv）对能获得电动机负荷图的机构，可按"等效平均功率法"初选。

（1）稳态计算功率法。

适用于使用直流电动机、笼型异步电动机的起升机构和运行机构。

（A）起升机构。

$$P_N = \frac{P_Q \cdot v_q}{1\,000\eta \cdot m} \tag{4-9}$$

式中：P_N——电动机的稳态起升功率，kW；

　　　P_Q——额定起升载荷，N；

v_q——起升速度，m/s；

η——机构总效率；

m——机构电动机台数。

对未能提供 CZ 值及相应计算数据的电动机，根据式(4-9)计算的静功率，并考虑该机构实际的接电持续率(见表4-1)，直接从电动机样本上初选出所需要的电动机。

表 4-1　典型起重机各机构 *JC*、*CZ*、*G* 值举例

序号	起重机类型	整机工作级别	JC/(%)					CZ					G				
			H	S	L	D	T	H	S	L	D	T	H	S	L	D	T
1	岸边集装箱起重机	A6	40	—	15	40	15	300	—	150	300	600	G2	—	G2	G2	G1
		A7	40	—	15	40	25	300	—	150	600	600	G2	—	G2	G2	G2
		A8	60	—	25	60	25	450	—	150	800	600	G2	—	G2	G2	G2
2	门座式起重机(件杂货)	A6	40	25	40	—	15	300	300	150	—	150	G2	G2	G2	—	G2
		A7	40	40	40	—	25	300	1 000	600	—	150	G2	G2	G2	—	G2
3	门座式起重机(散货)	A7	60	40	40	—	15	450	1 000	600	—	150	G3	G2	G2	—	G2
		A8	60	40	60	—	15	450	1 000	600	—	150	G3	G2	G2	—	G2
4	集装箱门式起重机	A6	25	—	—	25	25	150	—	—	450	300	G2	—	—	G2	G2
		A7	40	—	—	25	25	150	—	—	450	300	G2	—	—	G2	G2
5	散货装船机	A7	60	25	25	—	15	300	300	150	—	300	G2	G2	G2	—	G2
		A8	60	40	40	—	15	450	300	150	—	300	G2	G3	G3	—	G2
6	散货卸船机	A7	40	—	15	40	15	300	—	150	600	400	G2	—	G2	G2	G2
		A8	60	—	25	40	15	450	—	150	800	600	G2	—	G2	G2	G2
7	港口装卸用浮式起重机(件杂货)	A5	25	25	40	—	—	300	300	300	—	—	G2	G2	G2	—	—
		A6	40	25	40	—	—	300	300	300	—	—	G2	G2	G2	—	—
8	港口装卸用浮式起重机(散货)	A6	40	25	40	—	—	450	300	300	—	—	G2	G2	G2	—	—
		A7	40	40	60	—	—	450	300	300	—	—	G3	G2	G2	—	—
9	特大起重量(>100吨)浮式起重机	A2	15	15	15	—	—	150		150	—	—	G1	G1	G1	—	—
		A3	15	15	15	—	—	150	150	150	—	—	G1	G1	G1	—	—
10	堆场装卸用桥式类起重机	A5	25	—	—	40	40	300	—	—	150	150	G2	—	—	G2	G2
		A6	40	—	—	40	40	300	—	—	300	300	G2	—	—	G2	G2
11	造船用门座起重机	A4	25	25	25	—	25	150	300	150	—	150	G2	G2	G2	—	G2

（续表）

序号	起重机类型	整机工作级别	JC/(%)					CZ					G				
			H	S	L	D	T	H	S	L	D	T	H	S	L	D	T
12	造船用龙门起重机	A4	25	—		15	15	150	—		300	600	G2	—	—	G1	G1

注：H—起升机构　S—回转机构　L—动臂俯仰变幅机构　D—小车运行机构　T—大车运行机构

注：1. 机构的接电持续率 JC 值用于在工作循环时间小于 10 min 的场合，按下式计算：

$$JC = \frac{\text{在起重机一个工作循环中机构的运转累计时间}}{\text{起重机一个工作循环的总时间}} \times 100\%$$

2. 对采用调速系统的机构，其起制动和点动次数与不调速系统相比，已发生了较大的变化，表中提供了不同种类起重机各个机构的接电持续率和每小时工作制循环次数，以供电动机选择时参考。

（B）运行机构。

$$P_N = \frac{P_j \cdot v_y}{1\,000\eta \cdot m} \tag{4-10}$$

式中：P_N——电动机的稳态运行功率，kW；

P_j——运行静阻力，为摩擦阻力、风阻力、坡道阻力之和，见式（7-1），N；

v_y——运行速度，m/s；

η——运行机构的传动效率；

m——机构电动机台数。

用式（4-10）计算所得的结果乘以一个大于 1 的系数，从电动机样本上初选所需的电动机。对室外作业的起重机，此系数为 1.1～1.3；对室内作业起重机及室外作业的装卸桥小车，此系数为 1.2～2.6。运行速度高者取大值。

（C）牵引小车式运行机构。

牵引小车式变幅机构与牵引小车式运行机构作用原理相似，如果其驱动轮（或卷筒）上的转矩为 M，则牵引小车式变幅机构（即小车运行机构）电动机的稳定变幅（运行）功率 P_N，可以按下式计算：

$$P_N = \frac{M \cdot n}{9\,550\eta} \tag{4-11}$$

式中：M——驱动轮（或卷筒）的转矩，N·m；

n——驱动轮（或卷筒）的转速，r/min；

η——运行机构的传动效率。

用式（4-11）计算所得的结果从电动机样本上初选所需的电动机。

（2）等效功率法。

适用于使用直流电动机、笼型异步电动机的回转机构和变幅机构。

（A）回转机构。

$$P_e = \frac{M_{eq} \cdot n}{9\,550\eta} \tag{4-12}$$

式中：P_e——回转机构电动机的等效回转功率，kW；

$\qquad$ M_{eq}——等效回转稳态阻力矩，见式(9-96)，N·m；

$\qquad$ n——起重机回转速度，r/min；

$\qquad$ η——回转机构传动效率。

用式(4-12)计算所得的结果从电动机样本上初选所需的电动机。当惯性力较大时，应将惯性力与等效阻力相加，以考虑惯性力的影响。

(B) 非平衡式变幅机构。

$$P_e = \frac{P_{eq} v_b}{1\,000 a \eta} \qquad\qquad (4-13)$$

式中：P_e——变幅机构电动机的等效变幅功率，kW；

$\qquad$ P_{eq}——变幅牵引构件上的等效变幅力，简化计算取 $P_{eq} = P_{Zmax}$，N，P_{Zmax} 按式(8-65)计算；

$\qquad$ v_b——变幅牵引构件的运动线速度，m/s；

$\qquad$ a——变幅滑轮组的倍率；

$\qquad$ η——变幅机构传动总效率。

根据式(4-13)计算所得的结果和该机构的实际接电持续率(见表4-1)，便可从电动机样本上初选所需的电动机。

(C) 平衡臂架式变幅机构。

变幅机构电动机的等效变幅功率为

$$P_e = \frac{F_{Id} \cdot v_b}{1\,000 \eta} \qquad\qquad (4-14)$$

式中：F_{Id}——平衡臂架式变幅机构变幅等效阻力，N；

$\qquad$ v_b——牵引构件(钢丝绳、齿条、螺杆、液压缸、活塞等)的线速度，m/s；

$\qquad$ η——变幅机构传动总效率。

用式(4-14)计算所得的结果从电动机样本上初选所需的电动机。

(3) 稳态负载系数法。

稳态负载系数法适用于各机构中能给出有关资料的绕线转子异步电动机。所选电动机的功率为

$$P_n \geqslant G P_N \qquad\qquad (4-15)$$

$$P_n \geqslant G P_e \qquad\qquad (4-16)$$

式中：P_n——所选电动机在相应的 CZ 值和实际接电持续率 JC 值下的功率，kW；

$\qquad$ G——稳态负载平均系数。

各种起重机各机构的接电持续率 JC，稳态负载平均系数 G，均应根据实际的载荷情况计算。如在设计时，无法获得其详细资料，则可参照表4-1中的 JC，CZ，G 值选取。G 的具体数值如表4-2所示。

表 4-2　稳态负载平均系数 G

稳态负载平均系数	起升机构	运 行 机 构			回 转 机 构		变幅机构
		室内起重机小车	室内起重机大车	室外起重机	室内	室外	
G_1	0.7	0.7	0.85	0.75	0.8	0.5	0.7
G_2	0.8	0.8	0.90	0.8	0.85	0.6	0.75
G_3	0.9	0.9	0.95	0.85	0.9	0.7	0.8
G_4	1.0	1.0	1.0	0.9	1.0	0.8	0.85

用式(4-15)、式(4-16)计算所得的结果从电动机样本上初选出所需的电动机。

（4）等效接电持续率经验法（用于起升机构）。

与机构工作级别对应的初选电动机用的等效接电持续率 JC' 如表 4-3 所示。

表 4-3　机构工作级别与等效接电持续率 JC'

起升机构工作级别	电动机等效接电持续率 $JC'/(\%)$
M1～M3	15～25
M4～M5	25
M6	40
M7～M8	60

根据式(4-9)计算的结果，按照起升机构工作级别，由表 4-3 查出等效接电持续率 JC' 后，从电动机样本上可初选出所需的电动机。

（5）等效平均功率法。

在得到电动机的负荷图后（如做起升运动的起升机构和做水平运动的运行、回转、平衡变幅等机构，见图 4-8），便可计算出等效平均阻力矩 M_{med} 和等效平均功率，并初选出所需的电动机。

（A）等效平均阻力矩。

$$M_{med} = \sqrt{\frac{M_1^2 t_1 + M_2^2 t_2 + M_3^2 t_3 + \cdots + M_n^2 t_n}{t_1 + t_2 + t_3 + \cdots + t_n}} \qquad (4-17)$$

式中：M_{med}——等效平均阻力矩，N·m；

　　　$t_1, t_2, t_3, \cdots, t_n$——发生不同转矩的时间期限，静止时间不计入；

　　　$M_1, M_2, M_3, \cdots, M_n$——为包括电动机转动及移动质量全部惯性力在内的各个阶段的转矩值。在变载荷情况下，至少取 10 个连续工作循环中载荷最大的一个循环计算。

（B）等效平均功率。

$$P_{med} = \frac{M_{med} n}{9\,550\eta} \qquad (4-18)$$

式中：n——电动机转速，r/min；

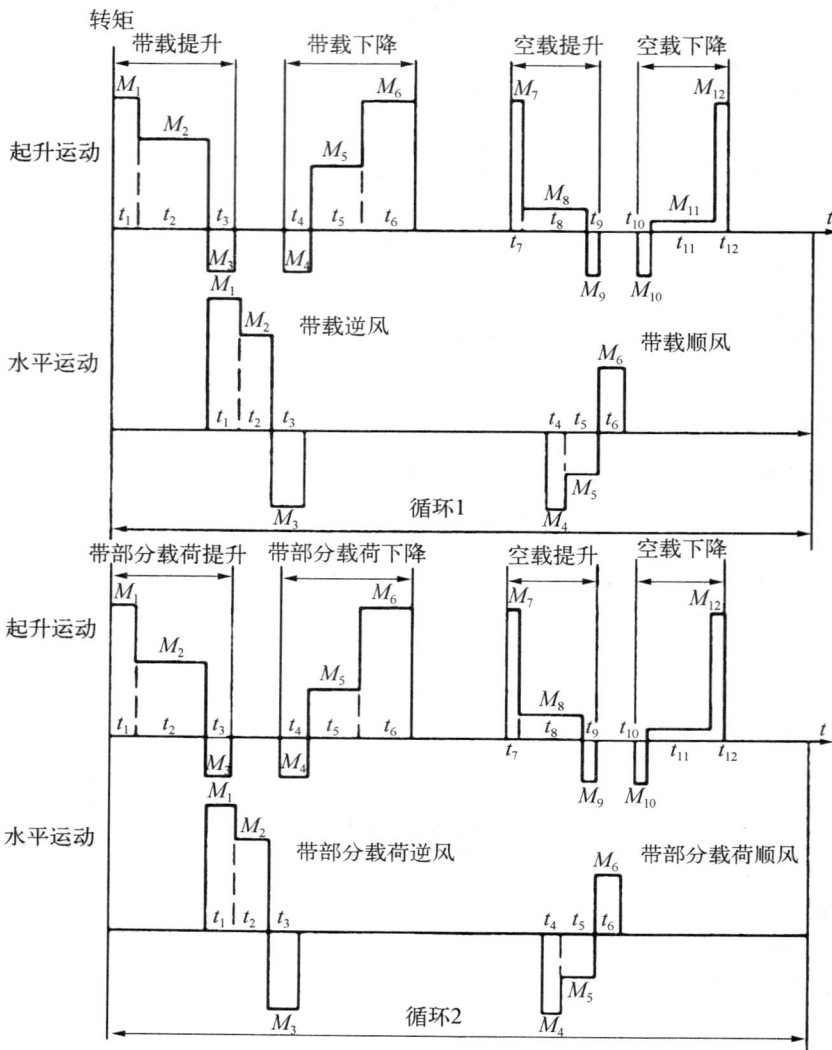

图 4-8　电动机的负荷图

η——机构的总效率。

如果电动机的一次负载运行时间不超过 10 min,按式(4-18)的计算结果从电动机样本上选出的 S3 工作制的电动机即为所要的电动机。

4.2.2　过载验算

1) 起升机构电动机过载验算

起升机构电动机进行过载校验计算的公式为

$$P_\text{N} \geqslant \frac{H}{m \lambda_\text{m}} \cdot \frac{P_\text{Q} v_\text{q}}{1\,000 \eta} \qquad (4-19)$$

式中: P_N ——电动机的额定功率,kW;

v_q——额定起升速度,m/s;

η——机构总效率;

λ_m——相对于 P_N 时的电动机最大转矩倍数(电动机制造商提供),对于直接全压起动的笼型电动机,堵转转矩倍数 $\lambda_m \geqslant 2.2$;

H——系数,按有电压损失(交流电动机 -15%,直流电动机和变频电动机不考虑)、最大转矩或堵转转矩有允差(绕线转子异步电动机 -10%,笼型异步电动机 -15%,直流电动机和变频电动机不考虑)、起升额定载荷等条件确定。绕线转子异步电动机和笼型异步电动机取 $H = 2.5$;变频异步电动机取 $H = 2.2$;直流电动机取 $H = 1.4$;

m——电动机的台数。

2) 轨道运行式运行机构电动机过载验算

轨道运行式运行机构电动机过载验算公式为

$$P_N \geqslant \frac{1}{m\lambda_{As}} \left\{ \left[P_\Sigma (\omega + m_\alpha) + P_{W\mathrm{II}} \right] \frac{v_y}{1\,000\eta} + \frac{\Sigma J \cdot n^2}{91\,200 t_q} \right\} \tag{4-20}$$

式中:P_Σ——运动部分所有质量的重力,包括吊运物品和起重机或小车等质量的重力,N;

ω——运行摩擦阻力系数,车轮为滑动轴承,$\omega = 0.015$,车轮为滚动轴承,$\omega = 0.006$;

m_α——坡道阻力系数,参见式(7-7)确定;

$P_{W\mathrm{II}}$——风阻力,N,按第 2 章确定;

v_y——起重机(或小车)的运行速度,m/s;

ΣJ——机构对电动机轴的总惯量,即包含直线运动质量和传动机构的全部质量的惯量折算到电动机轴上的转动惯量和电动机轴上自身的转动惯量之和,kg·m²;

n——电动机的额定转速,r/min;

t_q——机构起动时间,s;

λ_{As}——相对于 P_N 的平均起动转矩倍数。其值应根据所选电动机的 λ_m 值及其控制系统方案确定。通常情况下可参考下列取值:对绕线转子异步电动机取 1.7,采用频敏变阻器时取 1,笼型异步电动机取 $0.9\lambda_m$(相对于 P_N 时的电动机最大转矩倍数,由电动机制造商提供),串励直流电动机取 1.9,复励直流电动机取 1.8,他励直流电动机取 1.7,变频调速电动机取 1.7;

m——电动机的台数。

3) 回转机构电动机过载验算

回转机构电动机过载验算为

$$P_N \geqslant \frac{H}{m \cdot \lambda_m} \cdot \frac{(M_m + M_{\alpha\,max} + M_{W\mathrm{II}} + M_{\alpha\mathrm{I}})n}{9\,550 i \cdot \eta} \tag{4-21}$$

式中:H——系数,绕线转子异步电动机取 $H = 1.55$,笼型异步电动机取 $H = 1.6$,直流电动机取 $H = 1$;

M_m——回转摩擦阻力矩,主要是回转支承装置的摩擦阻力矩,N·m;

$M_{\alpha\,max}$——回转最大坡道阻力矩,N·m;

$M_{W\mathrm{II}}$——由计算风压 p_{II} 引起的最大风阻力矩,N·m;

M_{aI}——由起重绳正常偏摆角 α_I（参见 2.5 节）计算的回转水平阻力矩，N·m；

m——电动机的台数；

η——回转机构的总传动效率；

i——回转机构的总传动比。

4）变幅机构电动机过载验算

变幅机构电动机过载验算为

$$P_N \geqslant \frac{H}{m \cdot \lambda_m} \cdot \frac{\Sigma F_{max} \cdot v_b}{1\,000\eta} \tag{4-22}$$

式中：H——系数，绕线转子异步电动机取 $H = 1.55$，笼型异步电动机取 $H = 1.6$，直流电动机取 $H = 1$；

ΣF_{max}——包括臂架及平衡系统的自重载荷、额定起升载荷、由计算风压 p_{II} 产生的风载荷、由起重绳正常偏摆角 α_I 计算的水平力及臂架系统各转动铰点的摩擦力在变幅齿条（或变幅螺杆、油缸、钢丝绳等）上的分力之和，在各变幅位置所有值的最大变幅力，N；

v_b——变幅齿条（或螺杆、油缸、钢丝绳等）的运动线速度，m/s；

η——变幅机构的总传动效率。

4.2.3 发热验算

1）直接起动方式下笼型异步电动机发热校验

直接起动方式下笼型异步电动机发热校验应满足下式的要求：

$$C_k(1-\eta_N)P_{S1} \cdot T > (1-\eta_m)P_m \cdot t_N + \left(P_{S1}\frac{I_D}{I_N}t_E - \frac{J \cdot n_m^2 \cdot 10^{-3}}{180} \right) \tag{4-23}$$

式中：C_k——与电动机类型有关的修正系数，由制造厂商提供。如未提及，则对于 4 极或 4 极以上的电动机取 $C_k = 1$；

η_N——电动机在 P_{S1} 时的效率；

P_{S1}——连续工作制（S1）时电动机的额定功率，kW；

T——一个工作循环的总时间，s；

$$T = t_N + t_E + t_S$$

t_N——一个循环期内恒速工作的时间，s；

t_E——一个循环期内起动制动的等效时间，s；

$$t_E = \frac{\pi}{30} \cdot \frac{n_m J}{M_a}(d_c + 0.5d_i + 3f)$$

t_S——一个循环期内停止的时间，s；

n_m——电动机在 P_m 时的转速，r/min；

J——所有运动质量换算到电动机轴上的总转动惯量，kg·m²；

d_c——每小时全起动次数；

d_i——每小时点动或不完全起动次数；

f——每小时电气制动次数；

M_a——电动机平均加速转矩，$N \cdot m$；

$$M_a = M_{dq} - M_m$$

M_{dq}——电动机平均起动转矩，$N \cdot m$；

M_m——不考虑起、制动阶段的电动机平均阻转矩，$N \cdot m$；

η_m——电动机在功率 P_m 时的效率；

$$P_m = \frac{M_m \cdot n_m}{9\,550 \eta_m}$$

I_D——电动机的起动电流，A；

I_N——电动机的额定工作电流，A。

2）绕线转子异步电动机及变频控制笼型电动机的发热验算

（1）按 G 值、JC 值、CZ 值选出的电动机的发热校验。

（A）起升机构电动机的发热校验。

（a）稳态平均功率。

$$P_S = G \cdot \frac{P_Q v_q}{1\,000 \eta} \tag{4-24}$$

（b）JC 值。参见表 4-1。

（c）CZ 值的计算。

（i）折合的全起动次数 Z，按下式计算：

$$Z = d_c + g d_i + r f \tag{4-25}$$

式中：Z——折合的每小时全起动次数；

　　g，r——折合系数，一般可取 $g = 0.25$，$r = 0.8$。

按 Z 值划分起动等级，一般为每小时 150，300，600 次。

（ii）惯量增加率 C，按下式计算：

$$C = \frac{J_d + J_e}{J_d} \tag{4-26}$$

式中：J_d——电动机的转动惯量，$kg \cdot m^2$；

　　J_e——电动机以外的运动质量折算到电动机轴上的转动惯量，$kg \cdot m^2$。

（iii）惯量增加率 C 与折合的每小时全起动次数 Z 的乘积 CZ 值是起、制动影响电动机发热的重要参数。CZ 值的常用数值是 150，300，450，600 和 1 000。

（d）发热校验。

根据上述方法计算出 P_S，JC 及 CZ 值，所选用的电动机在相应的 CZ 值、JC 值下，如其输出功率满足下式的要求，则电动机发热校验合格。

$$P \geqslant P_S \tag{4-27}$$

（B）运行机构电动机的发热校验稳态平均功率为

$$P_S = G[P_\Sigma(\omega + m_a) + P_{WI}] \cdot \frac{v_y}{1\,000 m \cdot \eta} \tag{4-28}$$

式中：P_{wI}——按起重机正常工作状态的计算风压 p_I 计算，N，在室内取 $P_{wI}=0$。

发热校验的其余步骤，按 JC 值、CZ 值和发热校验进行。

（C）回转机构电动机的发热校验稳态平均功率为

$$P_S = G \cdot \frac{(M_m + M_a + M_{wI}) \cdot n}{9\,550m \cdot i \cdot \eta} \tag{4-29}$$

式中：M_{wI}——按计算风压 p_I 计算的等效风阻力矩，N·m；

　　　　i——回转机构的总传动比；

　　　　η——回转机构的总传动效率；

　　　　n——电动机的额定转速，r/min。

发热校验的其余步骤，按 JC 值、CZ 值和发热校验进行。

（D）变幅机构电动机发热验算。

普通臂架变幅机构属于非平衡的、非工作性的变幅机构，所以按其变幅力和变幅钢丝绳卷绕线速度计算确定的电动机功率而选用的电动机，一般不需要进行电动机的发热校验。

平衡臂架变幅机构电动机的发热校验按下式，按 JC 值、CZ 值和发热校验进行。稳态平均功率：

$$P_S = G \cdot v_b \frac{\sqrt{\dfrac{\Sigma P_{Ii}^2 \cdot t_i}{\Sigma t_i}}}{1\,000m \cdot \eta} \tag{4-30}$$

式中：v_b——额定变幅速度，m/s；

　　　　ΣP_{Ii}——在第 i 个变幅位置，由包括臂架及平衡系统的自重载荷、额定起升载荷、由计算风压 p_I 产生的风载荷、由起重绳正常偏摆角 α_I 计算的水平力及臂架系统各转动铰点的摩擦力等产生的在变幅齿条（或变幅螺杆、油缸、钢丝绳等）上的分力之和，N；

　　　　t_i——每一变幅位置间隔所需时间，s，可由变幅齿条（或螺杆、油缸、钢丝绳等）行程 l 及移动速度 v_b 按下式算出。

$$t_i = \frac{l_{i+1} - l_i}{v_b}$$

（2）按机构工作级别及其等效接电持续率进行电动机的发热校验。

（a）起升机构电动机的发热校验。

按表 4-1 查出机构所需的电动机的等效接电持续率，并采用式（4-9）算出的起升机构所需的电动机的静功率，电动机在相应的接电持续率下的输出功率应大于等于静功率，则电动机的发热校验通过。

（b）运行机构电动机的发热校验。

运行机构电动机发热计算功率按下式计算：

$$P_S = \frac{1}{m}\left\{ \left[P_\Sigma(\omega + m_a) + P_{wI} \right] \frac{v_y}{1\,000 \cdot \eta} + \frac{\Sigma J \cdot n^2}{182\,400t_q} \right\} \tag{4-31}$$

按表 4 - 1 查出机构所需的电动机的等效接电持续率,并采用式(4 - 31)计算出运行机构所需的电动机的发热计算功率,电动机在相应的接电持续率下的输出功率大于等于发热计算功率,则电动机的发热校验通过。

(3) 按平均损耗法验算电动机的发热。

按 G 值、JC 值、CZ 值进行发热验算的方法,仅对桥式、门式、门座等类型的起重机采用的 YZR 系列交流异步绕线转子电动机最为合适,而对其他形式的电动机,其他工况与控制方式差别较大的起重机,特别是对采用涡流制动器、晶闸管定子调压等调速系统的电动机,可采用推荐的平均损耗法进行发热校验。

按平均损耗法验算电动机发热的基本步骤是:

(i) 确定该电动机在起重机工作机构中的典型负载图。

(ii) 考虑各运行时段的电动机数据,如停机时散热条件恶化等冷却系数标幺值、固定损耗与可变损耗的比值等,计算出电动机运行后的温升与连续定额时温升的比率 R_n。

(iii) 当电动机为断续定额基准时,求出断续定额与连续定额的损耗比 P_ξ。

(iv) 按下式求出运行后的温升与断续定额时温升的比率 $R_{n\xi}$:

$$R_{n\xi} = P_\xi \cdot R_n \tag{4 - 32}$$

式中: $R_{n\xi}$ ——运行后的温升与断续定额时温升的比率;

　　　P_ξ ——电动机断续定额与连续定额的损耗比;

　　　R_n ——电动机运行后的温升与连续定额时温升的比率;

　　　若 $R_{n\xi} \leqslant 1$,则认为电动机发热校验合格。

4.3　机械零件的设计计算

机械零件按其功能分为传动零件和支承零件两类。传动零件受到的载荷直接与原动机的驱动转矩或制动器的转矩有关,且可用零件所在轴的转矩表示。支承零件受到的载荷与原动机和制动器无关,由外载荷直接引起,且不能被驱动轴的转矩所平衡。

起重机机械零件的设计计算内容包括: ① 静强度验算;② 刚性验算;③ 耐磨损及防过热验算;④ 抗疲劳计算。但并非全部零件都要进行上述各项计算,而是根据零件所处的部位及其受载情况进行合理的选择。

上述计算都是用安全系数法,即考核这些零件在抗失效方面是否有足够的安全裕度。

1) 计算载荷和载荷情况

(1) 计算载荷。

起重机机械零件受到的载荷基本上可分为两类: P_M 型载荷和 P_R 型载荷,详见 2.6 节。

(2) 载荷情况。

起重机机械零件设计计算中的载荷,要考虑在情况Ⅰ: 无风正常工作;情况Ⅱ: 带风正常工作;情况Ⅲ: 特殊载荷作用 3 种情况下 P_M、P_R 各类载荷的载荷组合。

2) 强度计算

强度计算包括抗脆性断裂及防止出现塑性变形的计算,其目的是要验证计算应力不超过所用材料的许用应力。

(1) 许用应力值。

(A) 对 $\sigma_s/\sigma_b < 0.7$ 的材料。

$$[\sigma] = \sigma_s/n_s \tag{4-33}$$

式中: σ_s——钢材的屈服点, N/mm^2;

n_s——与钢材的屈服点及载荷情况相对应的安全系数,如表4-4所示。

表 4-4 n_s 和 n_b 值

载 荷 情 况	安 全 系 数	
	n_s	n_b^*
Ⅰ 和 Ⅱ	1.48	2.2
Ⅲ	1.22	1.8

注: * 对灰铸铁, n_b 值要增加 25%。

(B) 对 $\sigma_s/\sigma_b \geqslant 0.7$ 的材料。

$$[\sigma] = \sigma_b/n_b \tag{4-34}$$

式中: σ_b——钢材的抗拉强度, N/mm^2;

n_b——与钢材的抗拉强度及载荷情况相对应的安全系数(见表4-5)。

(2) 计算应力与许用应力之间的关系。

机械零件危险点的计算应力,用通常的力学方法计算;复合应力按合适的强度理论予以合成。当计算应力与许用应力之间符合以下关系时,即认为该机械零件满足了强度的条件:

(i) 纯拉伸: $1.25\sigma_t \leqslant [\sigma]$, σ_t 为计算的拉伸应力;

(ii) 纯压缩: $\sigma_c \leqslant [\sigma]$, σ_c 为计算的压缩应力;

(iii) 纯弯曲: $\sigma_f \leqslant [\sigma]$, σ_f 为计算的弯曲应力;

(iv) 对拉伸和弯曲复合: $1.25\sigma_t + \sigma_f \leqslant [\sigma]$;

(v) 弯曲和压缩复合: $\sigma_c + \sigma_f \leqslant [\sigma]$;

(vi) 纯剪切: $\sqrt{3}\tau \leqslant [\sigma]$;

(vii) 拉伸、弯曲和剪切复合: $\sqrt{(1.25\sigma_t + \sigma_f)^2 + 3\tau^2} \leqslant [\sigma]$;

(viii) 压缩、弯曲和剪切复合: $\sqrt{(\sigma_c + \sigma_f)^2 + 3\tau^2} \leqslant [\sigma]$。

3) 稳定计算

(1) 抗失稳计算。

对易于丧失稳定的零件,计算目的是验证其计算应力是否会超过作为临界应力函数的某个板限应力,超过临界应力就有发生失稳的危险。计算时,要考虑载荷增大系数 γ_m' (见表2-24),其数值与机构工作级别有关。

有关零件抗失稳验算,可参见《起重机设计规范》GB/T 3811 中 5.6 关于结构件稳定性计算的相关内容。

（2）轴的临界转速。

对转速超过 400 r/min 的长传动轴，应计算其临界转速，并满足下式的要求。

$$n_{\max} \leqslant \frac{n_{cr}}{1.2} \qquad (4-35)$$

式中：$n_{\max}$——轴的实际最大转速，r/min；

　　　n_{cr}——轴的临界转速，r/min：

$$n_{cr} = 1\,210 \frac{\sqrt{d_1^2 + d^2}}{l^2} \qquad (4-36)$$

式中：d_1——空心轴的内径，cm，当为实心轴时 $d_1 = 0$；

　　　d——轴外径，cm；

　　　l——轴的支点间距，m，如图 4-9 所示。

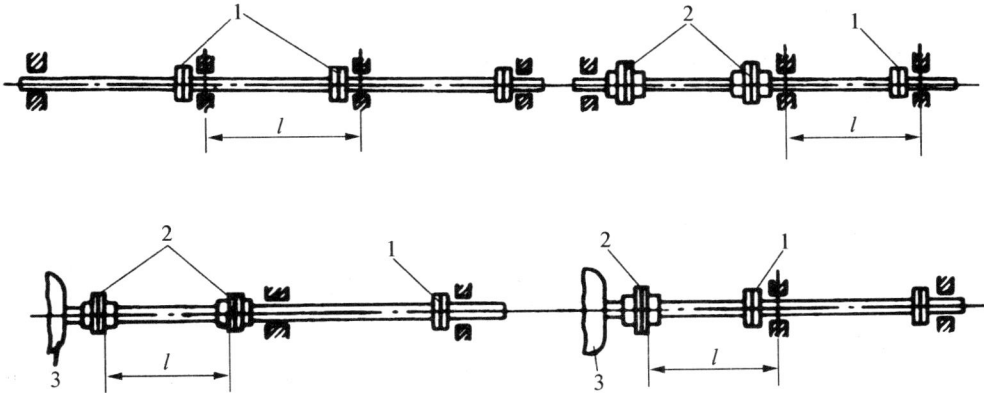

图 4-9　几种传动轴的计算长度
1—刚性联轴器；2—齿轮联轴器；3—电动机

4）耐磨及发热计算

（1）耐磨损计算。

对于受磨损的零件，根据经验应对一些影响磨损的特定物理量进行计算，使之不会导致过度磨损。如对制动器、离合器及滑动支承等，应计算其摩擦表面的单位面积压力强度 p 及与摩擦面相对运动速度 v 乘积的特性系数 pv 值，要求它不超过允许范围。常用的摩擦面材料允许物理量的值参见表 4-5 和表 4-6。

表 4-5　制动器及离合器覆面的最大允许物理量

	$[p]$/(N/mm²)		$[pv]$/(N/mm·s)				无润滑时	
			支持用		下降控制用			
	支持用	下降控制用	块式	带式	块式	带式	摩擦系数	允许温度
石棉橡胶辊压带对钢	0.8	0.4	5	2.5	2.5	1.5	0.42~0.48	220
石棉钢丝制动带对钢	0.6	0.3	5	2.5	2.5	1.5	0.35	220

表4-6　铜合金轴衬材料的最大允许物理量

		$[p]$/(N/mm^2)	v/(m/s)	$[pv]$/(N/mm・s)
锡青铜	ZQS$_n$10-1	15	10	15
	ZQS$_n$6-6-3	8	6	6
铸铝青铜	ZQAl19-4	30	8	12
	ZQAl10-3-1.5	20	5	15
铸铅青铜	ZQPb30	15	8	60
铸锰黄铜	ZHM$_n$52-4-1	4	2	6
铸硅黄铜	ZHSi80-3-3	12	2	10

（2）防过热计算。

在盘式制动器或鼓式制动器中，摩擦面要选用耐磨损、耐高温的材料，制动轮/盘应有良好的散热条件，对频繁动作的制动器还应进行散热计算，应重视温度升高引起制动轮/盘与制动衬垫的摩擦系数变化，必要时应进行制动器热容量的计算。传动系统中采用液力偶合器时应具有足够的散热条件，并应采取防过热的保护措施。

5）疲劳强度的计算

（1）一般方法。

对承受应力循环次数较多的零件，应进行抗疲劳计算。

零件的疲劳强度主要由以下因素所确定：① 制造零件的材料；② 形状、表面情况、腐蚀状态、尺寸（比例效应）和其他产生应力集中的因素；③ 在各种应力循环过程中出现的最小应力和最大应力的比值；④ 应力谱；⑤ 应力循环数。

一般情况下，机械零件的疲劳强度要从材料和零件的应力、疲劳循环特性以及与这些特性有关的规律中推导出来。

疲劳强度是以所选用的材料制成的抛光试件在交变拉伸疲劳载荷下的疲劳极限为基础，并采用一些系数来考虑零件的几何形状、表面情况、腐蚀状态和尺寸等因素降低疲劳强度的影响。

借助疲劳极限曲线（史密斯（SMITH）图），由交变载荷（应力循环特征值 $r=-1$）下的疲劳极限可得出与其他应力循环特性 r 相对应的疲劳极限。在此曲线中，对于疲劳强度曲线的形状作了某些简化假设。

用这种确定实际零件相对于已知应力循环特征值 r 的疲劳极限的方法，可以用来绘制疲劳寿命曲线（威勒 WOHLER 曲线），此曲线表示了在具有相同的应力循环特征值 r 的应力循环下疲劳应力与应力循环数的关系。根据此曲线，利用迈内尔（MINER）疲劳损伤线性累积假设，根据机械零件的工作级别，便可以确定它的疲劳强度。

该方法只适用于材料结构在所考虑的整个截面上是均匀的零件。因此，经过表面处理（如淬硬、氮化、表面硬化）的零件就不能用这个方法，只有当疲劳寿命曲线也表示的是由同样材料制造、有相同的形状和尺寸，并受过完全相同的表面处理的零件，才可以由它来确定要计算的零件的疲劳强度。

只需用载荷情况Ⅰ（无风正常工作情况）进行机械零件疲劳强度计算。应力循环数小于

8 000 次时,可不必进行疲劳验算。

(2) 抛光试件在交变载荷($r=-1$)下的疲劳计算。

研究表明,机械零件的抛光试件在交变旋转弯曲作用下的疲劳极限值 σ_{bw} 可近似地作为交变非旋转弯曲作用下疲劳极限值。

交变轴向拉伸和压缩作用下的疲劳极限值,应比 σ_{bw} 减少 20% [*]。

交变剪切(纯剪切或扭转)作用下的疲劳极限 τ_w 可由下式得出:

$$\tau_w = \sigma_{bw}/\sqrt{3} \tag{4-37}$$

式中:τ_w——抛光零件在交变剪切(纯剪切或扭转)作用下的疲劳极限,N/mm^2。

此处给定的 σ_{bw} 值一般为对应于 90% 完好率下的统计值,对常用的钢材为碳钢的机械零件,σ_{bw} 可按下式确定:

$$\sigma_{bw} = 0.5\sigma_b \tag{4-38}$$

(3) 形状、尺寸、表面情况和腐蚀的影响。

实际上,工程中的零件由于其形状、尺寸、表面(机械加工)情况以及其腐蚀状态等与抛光试件的理想状态存在差异,这诸多因素引起不连续性,造成"切口效应",必然使其在交变载荷下的疲劳极限相对于抛光试件的理想状态有所降低,分别用系数 K_s、K_d、K_u 等表示这些因素的影响。

非理想抛光试件在交变载荷($r=-1$)下拉伸、压缩、弯曲和扭转剪切的疲劳极限 σ_{wr} 或 τ_{wr} 为

$$\sigma_{wr} = \frac{\sigma_{bw}}{K_s K_d K_u K_c} \tag{4-39}$$

或

$$\tau_{wr} = \frac{\tau_w}{K_s K_d K_u K_c} \tag{4-40}$$

在纯剪切情况下,取:

$$\tau_{wr} = \tau_w \tag{4-41}$$

式中:σ_{wr} 或 τ_{wr}——零件拉伸、压缩、弯曲和扭转剪切的疲劳极限,N/mm^2;

K_s、K_d、K_u、K_c——分别对应于形状、尺寸、表面情况和腐蚀的系数。

下面介绍这些系数的确定方法。

(A) 形状系数 K_s 的确定方法。

形状系数 K_s 表示由圆弧过渡的截面变化、环形槽、横向孔及轮毂固定方法等造成的应力集中。

图 4-10 和图 4-11 给出了适用于直径 $D=10$ mm 的形状系数 K_s 值,它们是金属材料抗拉强度的函数。

图 4-10 给出系数 K_s 用于 $D/d=2$ 的阶梯轴,对于其他的 D/d 值,可参考表 4-7 的修正系数求得。曲线图 4-11 给出一些 K_s 值,用于孔、环形槽和键槽。

直径超过 10 mm 时要引入尺寸系数 K_d。

对其他的 D/d 值,由曲线(r/d)$+q$ 求得 K_s,表 4-7 列出了修正系数 q 的值。

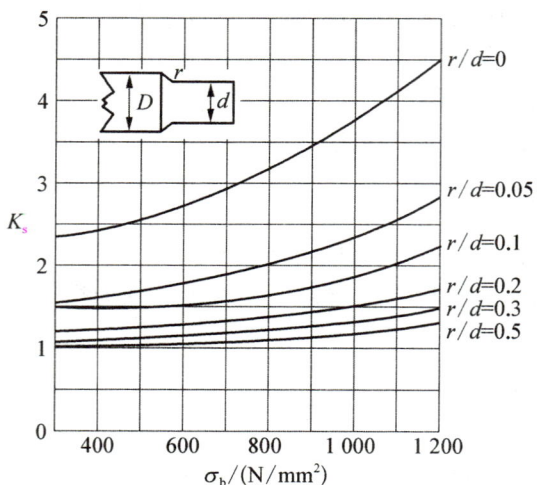

图 4-10　形状系数 K_s

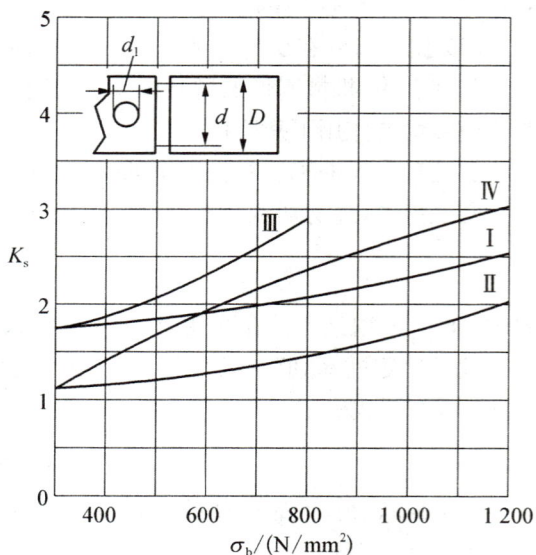

图 4-11　形状系数 K_s（直径 D =10 mm 孔，
环形槽，键槽）

曲线 Ⅰ—横向孔 d_1 =0.175d；曲线 Ⅱ—环形槽，深 1 mm；
曲线 Ⅲ—用键与轮毂相连；曲线 Ⅳ—用压配合与轮毂相连

表 4-7　$D/d \leqslant 2$ 时修正系数 q

D/d	1.05	1.1	1.2	1.3	1.4	1.6	2
q	0.13	0.1	0.07	0.052	0.04	0.022	0

（B）尺寸系数 K_d 的确定方法。

直径大于 10 mm 时，应力集中效应增加，引入尺寸系数 K_d 来加以考虑。

表 4-8 给出了 d 由 10～400 mm 的系数 K_d 值。

表 4-8　K_d 值

d/mm	10	20	30	50	100	200	400
K_d	1	1.1	1.25	1.45	1.65	1.75	1.8

（C）表面情况（机加工方法）系数 K_u 的确定。

经验表明：表面粗加工零件的疲劳极限比精细抛光的零件低。

用图 4-12 给出的机加工系数 K_u 来考虑这一因素，它们分别相对于磨削或用金刚砂精细抛光的表面及粗加工的表面。

（D）腐蚀系数 K_c 的确定。

腐蚀对钢材的疲劳极限有非常明显的影响，用系数 K_c 来加以考虑。图 4-12 还对淡水和海水腐蚀的两种情况给出了系数 K_c 值。

（4）疲劳极限。

图 4-13 为疲劳极限曲线——史密斯（SMITH）图，它表达了疲劳极限 σ_d（或 τ_d）与极值应

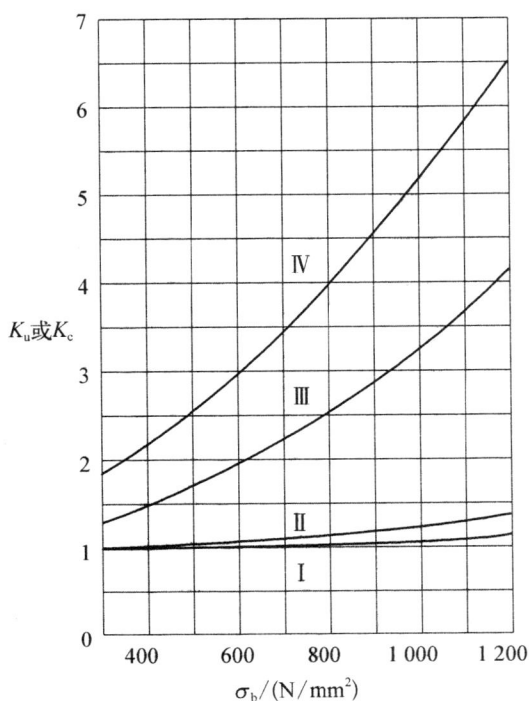

图 4-12 加工系数 K_u、腐蚀系数 K_c 值

K_u 值：曲线 I —表面磨削或精细抛光；曲线 II —
表面粗加工；K_c 值：曲线 III —
表面受淡水腐蚀；曲线 IV —表面受海水腐蚀

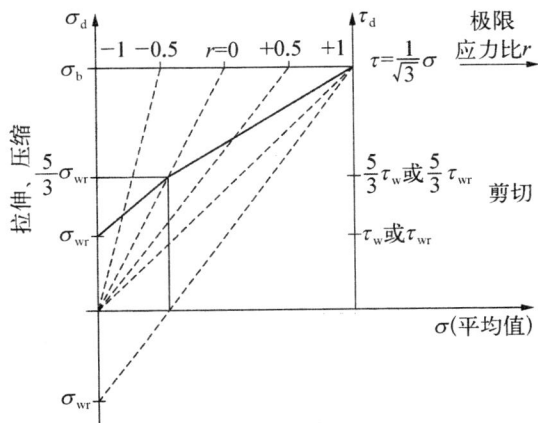

图 4-13 疲劳极限曲线

力比 r、抗拉强度 σ_b 和交变载荷（$r=-1$）下疲劳极限 $\sigma_{wr}(\tau_{wr})$ 之间的假设关系，这些关系如表 4-9 所示。

表 4-9 机械零件疲劳极限 $\sigma_d(\tau_d)$ 与 r，σ_b，σ_{wr} 的关系

正应力	$-1 \leqslant r < 0$	$\sigma_d = \dfrac{5}{3-2r}\sigma_{wr}$	交变应力
	$0 \leqslant r \leqslant 1$	$\sigma_d = \dfrac{\frac{5}{3}\sigma_{wr}}{1-\left(1-\frac{5}{3}\frac{\sigma_{wr}}{\sigma_b}\right)r}$	脉动应力
剪切应力	$-1 \leqslant r < 0$	$\tau_d = \dfrac{5}{3-2r}\tau_{wr}$	交变应力
	$0 \leqslant r \leqslant 1$	$\tau_d = \dfrac{\frac{5}{3}\tau_{wr}}{1-\left(1-\frac{5\sqrt{3}}{3}\frac{\tau_{wr}}{\sigma_b}\right)r}$	脉动应力

（5）疲劳寿命曲线（威勒曲线）。

图 4-14 的疲劳寿命曲线表示了当所有应力循环具有相同的幅值和相同的应力循环特征

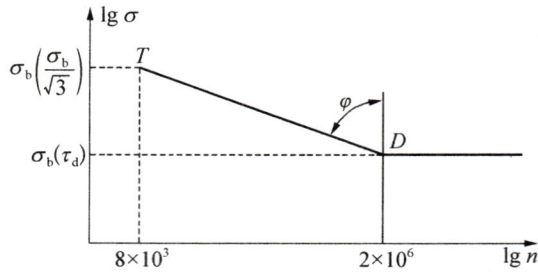

图 4 - 14　疲劳寿命曲线

值 r 时,疲劳破坏前能承受的应力循环数 n 和最大应力 $\sigma(\tau)$ 之间的函数关系,假设如下:

(A) 对 $n_T \leqslant 8 \times 10^3$:

$$\sigma = \sigma_b \tag{4-42}$$

或
$$\tau = \frac{\sigma_b}{\sqrt{3}} \tag{4-43}$$

式中:σ, τ——最大应力,N/mm^2。

(B) 对 $8 \times 10^3 < n_T < 2 \times 10^6$ 的有限疲劳区,这一函数关系可由图 4 - 14 双对数坐标中的 TD 直线来表示。

在所考虑的区间内,威勒曲线的斜率为

$$C = \tan\varphi = \frac{\lg 2 \times 10^6 - \lg 8 \times 10^3}{\lg \sigma_b - \lg \sigma_d} \tag{4-44}$$

或
$$C = \tan\varphi = \frac{\lg 2 \times 10^6 - \lg 8 \times 10^3}{\lg \frac{\sigma_b}{\sqrt{3}} - \lg \tau_d} \tag{4-45}$$

(C) 对 $n_T \geqslant 2 \times 10^6$:

$$\sigma = \sigma_d \tag{4-46}$$

或
$$\tau = \tau_d \tag{4-47}$$

式中:C, $\tan\varphi$——威勒曲线斜率;

σ_d, τ_d——机械零件的疲劳极限,N/mm^2。

上述 C 值表示了该机械零件实际的应力谱系数 K_S 的值。

(6) 机械零件的疲劳强度。

一个已知的机械零件,其拉伸(或压缩)疲劳强度 σ_r 或剪切疲劳强度 τ_r 为

$$\sigma_r = \left(2^{\frac{8-j}{C}}\right) \cdot \sigma_d \tag{4-48}$$

或
$$\tau_r = \left(2^{\frac{8-j}{C}}\right) \cdot \tau_d \tag{4-49}$$

式中:j——该机械零件工作级别的组别号,$j = 1 \sim 8$,如表 2 - 11 所示。

根据机械零件总应力循环数 n_T 和应力谱系数 K_S,它们的组别划分和相应于每一组别的临界疲劳应力如图 4 - 15 所示,其中 σ_{jr} 表示用于工作级别的应力。对临界剪切应力,字母 σ 用 τ 来代替。

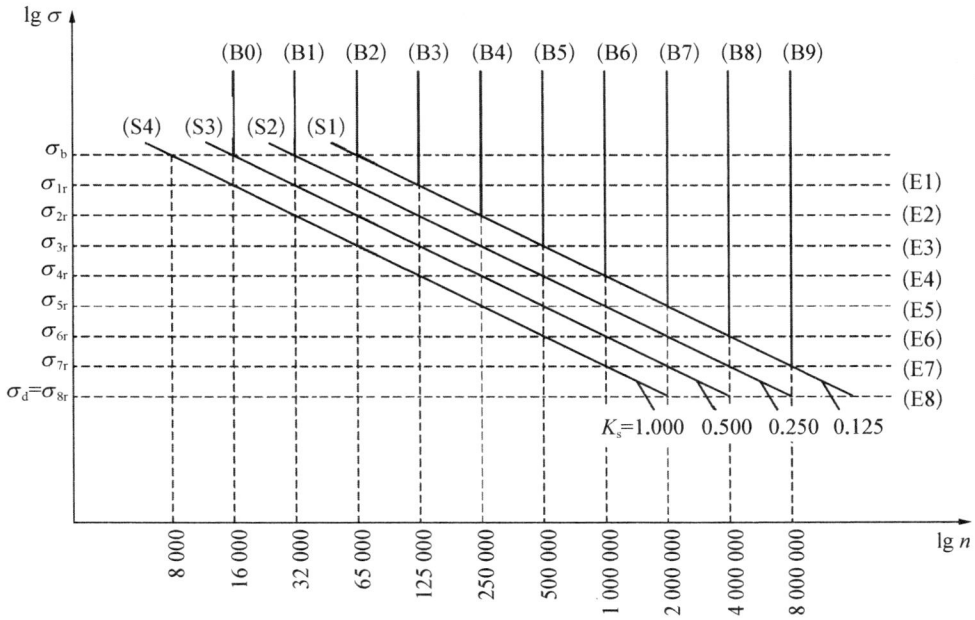

图 4-15　每个零件组别的临界疲劳应力

（7）疲劳许用应力和疲劳计算。

将式（4-48）及式（4-49）中所定义的 σ_r 和 τ_r 分别除以疲劳安全系数 n_r，就可以求出疲劳许用应力。

$$[\sigma_r] = \frac{\sigma_r}{n_r} \tag{4-50}$$

$$[\tau_r] = \frac{\tau_r}{n_r} \tag{4-51}$$

取　　　　　　　　　　　　　$n_r = 3.2^{1/C} \tag{4-52}$

疲劳计算：　　　　　　　　　$\sigma \leqslant [\sigma_r], \; \tau \leqslant [\tau_r] \tag{4-53}$

受具有不同应力循环特性值 r 的正应力和剪切应力同时作用的零件，应满足下述条件：

$$\left(\frac{\sigma_x}{\sigma_{xr}}\right)^2 + \left(\frac{\sigma_y}{\sigma_{yr}}\right)^2 - \left(\frac{\sigma_x \sigma_y}{|\sigma_{xr}| \cdot |\sigma_{yr}|}\right) + \left(\frac{\tau}{\tau_r}\right)^2 \leqslant \frac{1.1}{n_r^2} \tag{4-54}$$

式中：σ_x，σ_y——x 方向和 y 方向的最大正应力，$\mathrm{N/mm^2}$；

　　　σ_{xr}，σ_{yr}——x 方向和 y 方向的正应力疲劳极限，$\mathrm{N/mm^2}$；

　　　τ——最大剪应力，$\mathrm{N/mm^2}$。

如果不能从相应的应力 σ_x，σ_y 和 τ 确定上述关系的最不利情况，就应分别对载荷应力 $\sigma_{x\max}$，$\sigma_{y\max}$ 和 $\tau_{\max}$ 以及最不利的相应应力进行计算。

应该注意上述计算量并不能保证机械零件抗脆性破坏的安全性，只有选择合适的钢材质量组别才能确保这种安全性，详见《起重机设计规范》GB/T 3811 附录 I。

本 章 习 题

【简答题】

1. 起重机械的驱动形式常用的有哪些?

2. 电力驱动的特点是什么?

3. 内燃机驱动的特点是什么?

4. 选择起重机械的驱动装置应考虑哪些方面?

5. 初选电动机后,对电动机容量必须进行哪些校核? 简述每种校核的方法。

6. 零部件疲劳强度的极限载荷与哪些因素有关? 简述疲劳强度的计算过程。

第5章 起重机通用零部件
的计算与选用

5.1 钢丝绳

5.1.1 钢丝绳构造及特点

钢丝绳由优质钢丝按一定规律加上绳芯捻制而成,具有卷绕性好、承载能力大、质量较轻、工作平稳无噪声、耐冲击、安全可靠等优点,因而被广泛用于起重机的起升、钢丝绳变幅、牵引小车等机构以及各种柔性张拉支承装置和装卸工索具中。

钢丝绳的构造特征主要由捻制方式、接触状态、绳股数目及形状、绳芯材质决定。由此可组合成多种不同形式的钢丝绳供选用。

1) 钢丝绳捻制方法

(1) 单绕钢丝绳。

由若干钢丝一次绕制成绳,绳的刚性大,故卷绕性差。为了减少其旋转倾向,相邻层的钢丝都按相反的螺旋方向绕制。除特殊制作的密封式钢丝绳以外,普通单绕绳仅作固定拉索使用。

(2) 双绕钢丝绳。

先由丝绕成股,再由若干绳股加上绳芯捻制成绳。绳股绕向为右旋时,称右绕绳;反之,称左绕绳。

双绕绳主要有同向捻(顺绕)和交互捻(交绕)两种(见图5-1)。同向捻钢丝绳的挠性好、磨损小、使用寿命较长,但容易松散、扭转打结,一般只用于有刚性导轨或绳端不会自由旋转的情况。交互捻钢丝绳中股与绳的捻绕方向相反,不易松散和扭转打结,但绳的僵性稍大,使用寿命较短。起重机械上大多采用这种钢丝绳。

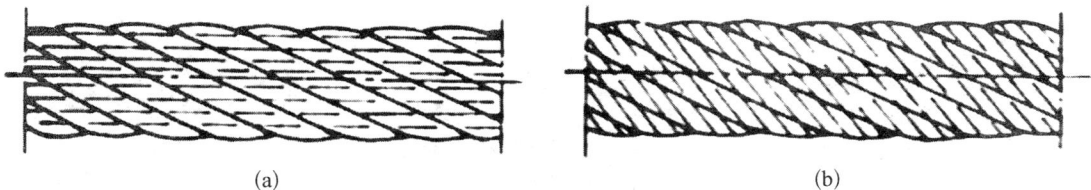

(a)　　　　　　　　　　　　　　　(b)

图5-1 双绕钢丝绳
(a) 交互捻;(b) 同向捻

2) 钢丝接触状态

钢丝绳股内相邻层钢丝之间的接触状态有点接触、线接触和面接触3种(见图5-2)。

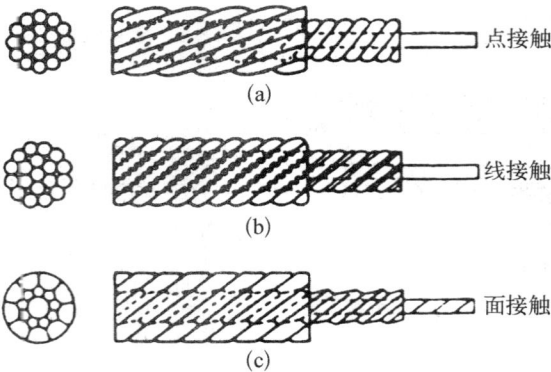

图 5 - 2　钢丝接触状态
(a) 点接触；(b) 线接触；(c) 面接触

（1）点接触。

股内各层钢丝的捻距不同，互相交叉，各交叉点上的钢丝之间呈点接触，故接触应力高，且有二次弯曲应力作用。点接触绳的挠性较好，但抗弯曲疲劳性能较差，使用寿命短，已逐步被线接触绳取代，仅用于电动葫芦等对钢丝绳挠性要求较高或非卷绕性工作的场合。

（2）线接触。

股内各层钢丝在全长上平行捻制，外层钢丝位于里层各钢丝之间形成的沟槽内，与之呈线接触。其接触应力低，抗弯曲疲劳性能好，结构比较紧凑，金属断面利用系数高，使用寿命平均比点接触绳高 1～2 倍。

线接触绳的绳股根据几何构成的原理不同，分为外粗式（西鲁式，S）、粗细式（瓦林吞式，W）及填充式（F）等形式（见图 5 - 3）。其中，S 式的外层钢丝直径较粗，适用于磨损严重的工作场合；W 式和 F 式钢丝直径粗细相间，挠性较好，是起重机常用的形式。

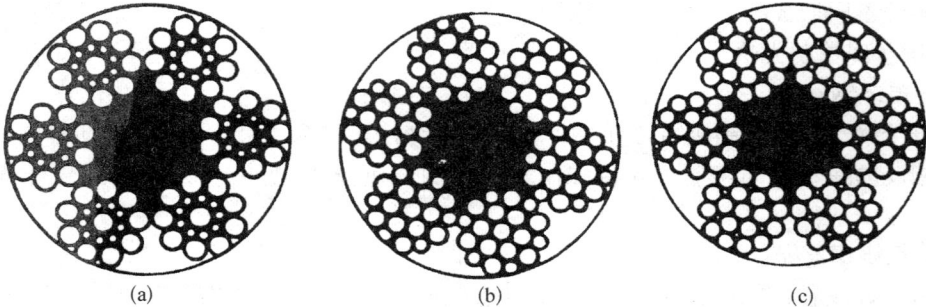

图 5 - 3　线接触钢丝绳
(a) 外粗式(S)；(b) 粗细式(W)；(c) 填充式(F)

（3）面接触。

股内钢丝形状经特殊挤压方法成形，相互之间呈面接触（见图 5 - 4）。其优点是：表面光滑、抗蚀性和耐磨性均好，能承受较大的横向力。

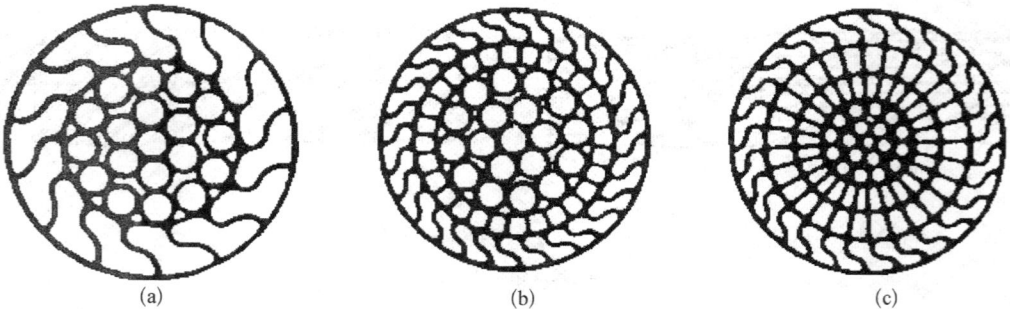

图 5 - 4　密封式面接触钢丝绳
(a) 一层 Z 形钢丝式；(b) 一层梯形和一层 Z 形钢丝式；(c) 两层梯形和一层 Z 形钢丝式

3) 钢丝绳绳股数目及形状

钢丝绳绳股数目有 4 股、6 股、8 股、18 股等(见图 5-5),其中 6 股绳最为普遍。外层股的数目愈多钢丝绳与滑轮和卷筒绳槽的接触情况愈好,使用寿命亦愈长。

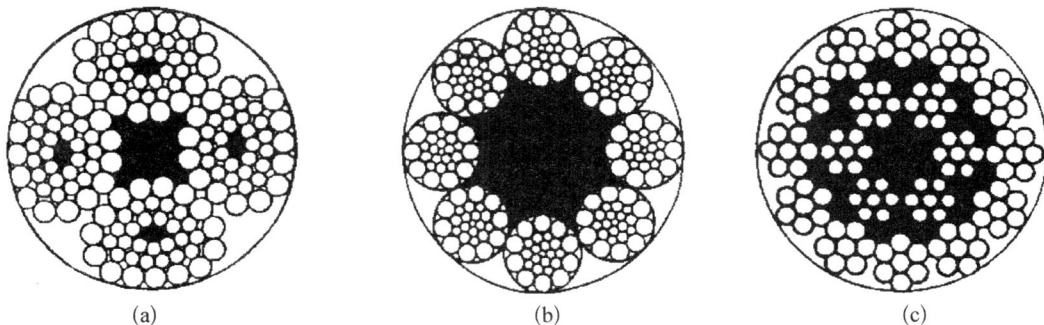

图 5-5　不同股数的钢丝绳

(a) 4 股绳;(b) 8 股绳;(c) 多股不扭转绳

8 股绳(图 5-5(b))的金属充满率较低,其破断拉力比相同直径的 6 股绳约低 10%,但耐磨性及寿命优于 6 股绳,多用于电梯的驱绳轮系统。

多股不扭转钢丝绳(图 5-5(c))一般有两层绳股,内外层绳股的捻向相反,受力时其自由端不会发生旋转,钢丝绳与绳槽的接触表面较大、抗挤压强度高、工作时不易变形、寿命比普通钢丝绳高,适用于起升高度大而承载分支少的起重机。

钢丝绳绳股形状除了最常见的圆形以外,还有异形股。异形股钢丝绳有三角形(V)、椭圆形(Q)两种(见图 5-6),其外表接触面积比普通 6 股圆股绳大 3～4 倍,绳股与绳股之间的接触状态也有显著改善,耐磨性好,不易断丝,寿命比普通钢丝绳约高 3 倍,钢丝绳结构紧凑,在直径相同的条件下总破断拉力高于圆股钢丝绳,是较为理想的起重机用绳。

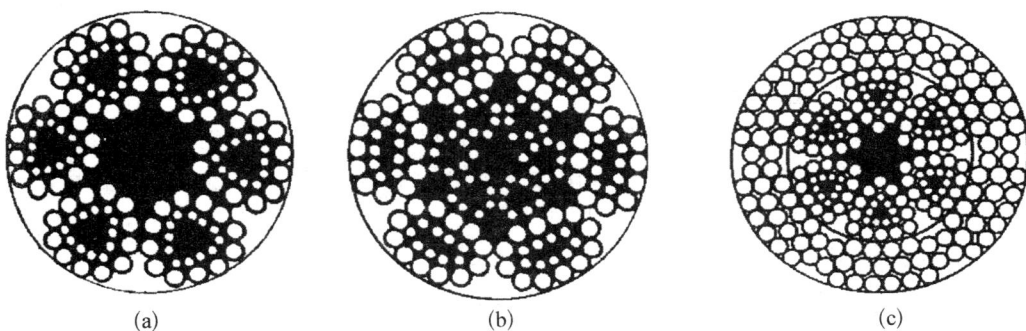

图 5-6　异形股钢丝绳

(a) 三角形股(V);(b) 椭圆形股(Q);(c) 组合芯股(Q+V)

4) 钢丝绳绳芯材料

(1) 纤维芯。

纤维芯常用剑麻等天然纤维(NFC)和聚丙烯等合成纤维(SFC)制成。纤维芯挠性和弹性较好,但承受横向压力和耐高温性较差,故不宜用于多层卷绕系统以及在高温环境下工作的起重机。

（2）金属丝绳芯。

由软钢的钢丝绳或绳股作为绳芯（IWRC）或股芯（WSC）。这类钢丝绳的强度大，能承受较高的横向压力和工作温度，适用于多层卷绕和高温工作环境，但挠性和弹性较差。

5）钢丝绳标记方法

钢丝绳全称标记方法（GB/T 8706—2006）如下所示，各项目内容及代号如表 5-1 所示。

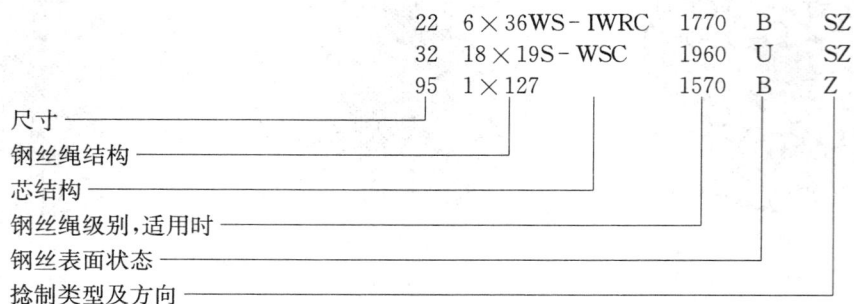

```
22    6×36WS-IWRC      1770    B    SZ
32    18×19S-WSC       1960    U    SZ
95    1×127            1570    B    Z
```

- 尺寸
- 钢丝绳结构
- 芯结构
- 钢丝绳级别，适用时
- 钢丝表面状态
- 捻制类型及方向

注：在实际应用中，各特性之间通常不留空间。

表 5-1　钢丝绳标记的部分内容及代号

钢丝表面状态		横截面形状		钢丝接触形式		绳　芯		捻　向	
光面或无镀层	U	三角形	V	西鲁式	S	纤维芯	FC	左同互捻	SS
A 级镀锌	A	椭圆形	Q	瓦林吞式	W	天然纤维芯	NFC	右同互捻	ZZ
B 级镀锌	B	扁形或带形	P	填充式	F	合成纤维芯	SFC	左交互捻	ZS
		组合芯	B	组合平行捻	WS	钢芯	WC	右交互捻	SZ
						钢丝股芯	WSC		
						独立钢丝绳芯	IWRC		

5.1.2　钢丝绳的选用

1）钢丝绳选择的基本原则

起重机用钢丝绳应符合 GB/T 20118 的要求，优先采用线接触型钢丝绳。

当起重机进行危险物品装卸作业（如吊运液态熔融金属、高放射性或高腐蚀性产品等）或吊运大件物品、重要设备，且起重机的使用对人身安全及可靠性有较高要求时，应采用 GB/T 8918 中规定的钢丝绳。

钢丝绳的选择应满足起重机对所使用的钢丝绳规定的合理的最低选用要求。钢丝绳使用的前提是：所采用的钢丝绳出厂时已得到正确润滑，滑轮和卷筒的卷绕直径选择适当（符合表 5-4 要求）。

钢丝绳在滑轮和卷筒上的卷绕直径的选择要以起升机构的工作级别为依据。但对于要经常拆卸钢丝绳的起重机（如建筑用起重机和流动式起重机），由于要求滑轮、卷筒等与钢丝绳相关的部件尺寸紧凑，重量较轻，且可以经常更换钢丝绳，故滑轮、卷筒的卷绕直径选用允许比所在起升机构工作级别低一级，但最低工作级别不得低于 M3 级。

当起重机进行危险物品装卸作业（如吊运液态熔融金属、高放射性或高腐蚀性产品等）时，宜比该类起重机起升机构常用的工作级别高一级的机构来选择滑轮和卷筒的卷绕直径。

2）钢丝绳结构形式的选择

选用线接触型钢丝绳时，对起升高度很大、吊钩组钢丝绳倍率很小的港口装卸用起重机或建筑塔式起重机，宜采用多层股不旋转钢丝绳；当钢丝绳在腐蚀性较大的环境中工作时，应采用镀锌钢丝绳。单联卷筒推荐采用多层股不旋转钢丝绳；双联卷筒如有可能，则尽量做到左向槽用右旋向钢丝绳，右向槽用左旋向钢丝绳。

为了防止钢丝绳松散和扭转，一般应采用交互捻钢丝绳。采用同向捻钢丝绳时，钢丝绳的捻绕方向应与卷筒绳槽螺旋方向相反，如图 5-7 所示。

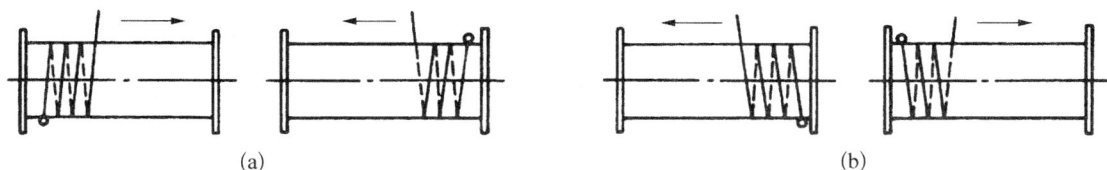

图 5-7　钢丝绳绕向与卷向的关系
(a) 采用右绕钢丝绳；(b) 采用左绕钢丝绳

3）钢丝绳直径的选择

（1）C 系数法。

本方法只适用于运动绳。选取的钢丝绳直径应不小于（最接近于）按下式计算的钢丝绳直径。

$$d_{\min} = C\sqrt{S} \qquad\qquad (5-1)$$

式中：$d_{\min}$——应选的钢丝绳的最小直径，mm；

　　　C——钢丝绳选择系数，$\mathrm{mm}/\sqrt{\mathrm{N}}$；

　　　S——钢丝绳最大工作静拉力，N。

钢丝绳选择系数 C 取值与钢丝的公称抗拉强度和机构工作级别有关，如表 5-2 所示。

当钢丝绳的 k' 和 σ_t 值与表 5-2 中不同时，则可根据工作级别从表 5-2 中选择安全系数 n 值并根据选择钢丝绳 k' 和 σ_t 值按下式换算出适合的钢丝绳选择系数 C，然后再按式（5-1）选择绳径。

$$C = \sqrt{\dfrac{n}{k' \cdot \sigma_\mathrm{t}}} \qquad\qquad (5-2)$$

式中：n——钢丝绳的最小安全系数，按表 5-2 选取；

　　　k'——钢丝绳最小破断拉力系数，见表 5-2 中注解；

　　　σ_t——钢丝的公称抗拉强度，MPa。

表 5-2　钢丝绳的选择系数 C 和 n 值

纤维芯钢丝绳	机构工作级别	选择系数 C 值							安全系数 n	
		钢丝公称抗拉强度 $\sigma_\mathrm{t}/(\mathrm{N/mm})^2$								
		1 470	1 570	1 670	1 770	1 870	1 960	2 160	运动绳	静态绳
	M1	0.081	0.078	0.076	0.073	0.071	0.070	0.066	3.15	2.5
	M2	0.083	0.080	0.078	0.076	0.074	0.072	0.069	3.35	2.5

（续表）

	机构工作级别	选择系数 C 值							安全系数 n	
		钢丝公称抗拉强度 $\sigma_t/(N/mm)^2$								
		1 470	1 570	1 670	1 770	1 870	1 960	2 160	运动绳	静态绳
纤维芯钢丝绳	M3	0.086	0.083	0.080	0.078	0.076	0.074	0.071	3.55	3
	M4	0.091	0.088	0.085	0.083	0.081	0.079	0.075	4	3.5
	M5	0.096	0.093	0.090	0.088	0.085	0.083	0.079	4.5	4
	M6	0.107	0.104	0.101	0.098	0.095	0.093	0.089	5.6	4.5
	M7	0.121	0.117	0.114	0.110	0.107	0.105	0.100	7.1	5
	M8	0.136	0.132	0.128	0.124	0.121	0.118	0.112	9	5
钢芯钢丝绳	M1	0.078	0.075	0.073	0.071	0.069	0.067	0.064	3.15	2.5
	M2	0.080	0.077	0.075	0.073	0.071	0.069	0.066	3.35	2.5
	M3	0.082	0.080	0.077	0.075	0.073	0.071	0.068	3.55	3
	M4	0.087	0.085	0.082	0.080	0.078	0.076	0.072	4	3.5
	M5	0.093	0.090	0.087	0.085	0.082	0.080	0.076	4.5	4
	M6	0.103	0.100	0.097	0.094	0.092	0.090	0.085	5.6	4.5
	M7	0.116	0.113	0.109	0.106	0.103	0.101	0.096	7.1	5
	M8	0.131	0.127	0.123	0.120	0.116	0.114	0.108	9	5

注：1. 对于吊运危险物品的起重用钢丝绳，一般应比设计工作级别高一级的工作级别选择表中的钢丝绳选择系数 C 和钢丝绳最小安全系数 n 值。对起升机构工作级别为 M7、M8 的某些冶金起重机和港口集装箱起重机等，在使用过程中能监控钢丝绳劣化损伤发展进程、保证安全使用、保证一定寿命和及时更换钢丝绳的前提下，允许按稍低的工作级别选择钢丝绳；对冶金起重机最低安全系数不应小于 7.1，港口集装箱起重机主起升钢丝绳和小车牵引钢丝绳的最低安全系数不应小于 6。伸缩臂架用的钢丝绳，安全系数不应小于 4。

2. 本表中给出的 C 值是根据起重机常用的钢丝绳 6×19W(S)型的最小破断拉力系数 k'、且只针对运动绳的安全系数用式（5-2）计算而得。对纤维芯（NF）钢丝绳取 $k'=0.330$，对金属丝绳芯（IWR）或金属丝股芯（IWS）钢丝绳 $k'=0.356$。

（2）最小实际安全系数法。

本方法对运动绳和静态绳都适用。按与钢丝绳所在机构工作级别有关的安全系数选择钢丝绳直径。所选钢丝绳的整绳最小破断拉力应满足下式：

$$F_0 \geqslant Sn \qquad (5-3)$$

式中：F_0——钢丝绳的整绳最小破断拉力，kN。

5.1.3 钢丝绳的应力和寿命

1）钢丝绳应力

钢丝绳主要作为受拉杆件承受拉力。除制造应力（绳丝多次塑性变形之后保留的弹性残余应力）外，运动的钢丝绳绕过滑轮和卷筒时，钢丝绳将出现附加的拉应力、压应力和弯曲应力。为了便于计算，将钢丝绳理想化为一束没有摩擦、平行排列的钢丝。

（1）拉应力 σ_z。

$$\sigma_z = \frac{S}{A} \tag{5-4}$$

式中：S——钢丝绳的最大工作静拉力，N；

　　　A——钢丝绳的金属横截面面积，mm^2。

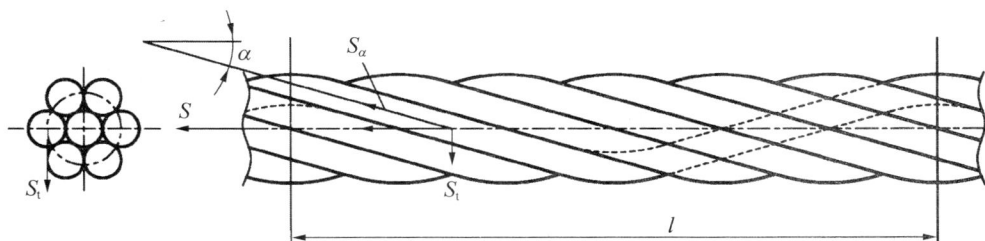

图 5-8　钢丝绳的受力状态

由图 5-8 可知，当绳丝与单股钢丝绳轴线成 α 角时，绳丝上的最大轴向力为 $S_\alpha = S/\cos\alpha$。假定所有绳丝在钢丝绳承载时沿钢丝绳轴线方向都具有相同的伸长，则第 n 层绳丝的轴向应力可表示为

$$\sigma_{zn} = \frac{\sigma_z}{\cos\alpha} \tag{5-5}$$

多股绳的近似公式为

$$\sigma_{zn} = \frac{\sigma_z}{\cos\alpha_L \cos\alpha_S} \tag{5-6}$$

式中：α_L——绳股的螺旋角；

　　　α_S——绳丝的螺旋角。

（2）弯曲应力 σ_w。

假定钢丝绳由平行钢丝束构成，钢丝绳绕过滑轮或卷筒时，由于摩擦绳丝在绳束中不能移动，因此可把钢丝绳看作一个整体在变形。由图 5-9 可知，初始长为 $\Delta l = D/2 \times \mathrm{d}\theta$ 的微段卷绕后钢丝绳上距离中性层 $\mathrm{d}\rho$ 处的绳丝纤维伸长量为 $\mathrm{d}l = (D/2 + \mathrm{d}\rho)\mathrm{d}\theta - D/2 \times \mathrm{d}\theta = \mathrm{d}\rho\mathrm{d}\theta$，则应变为

$$\varepsilon = \frac{\mathrm{d}l}{\Delta l} = \frac{\mathrm{d}\rho \times \mathrm{d}\theta}{D/2 \times \mathrm{d}\theta} = \frac{2\mathrm{d}\rho}{D} \tag{5-7}$$

即钢丝绳最大应变发生在外圆周上，此时 $\mathrm{d}\rho$ 为钢丝绳直径的一半，则上式变为

$$\varepsilon_{max} = \frac{d}{D} \tag{5-8}$$

由胡克定律，钢丝绳的最大弯曲应力为

$$\sigma_w = E_S\varepsilon_{max} = E_S \frac{d}{D} \tag{5-9}$$

式中：E_S——钢丝绳弹性模量，取 $E_S = (0.8 \sim 1.2) \times 105\ N/mm^2$；

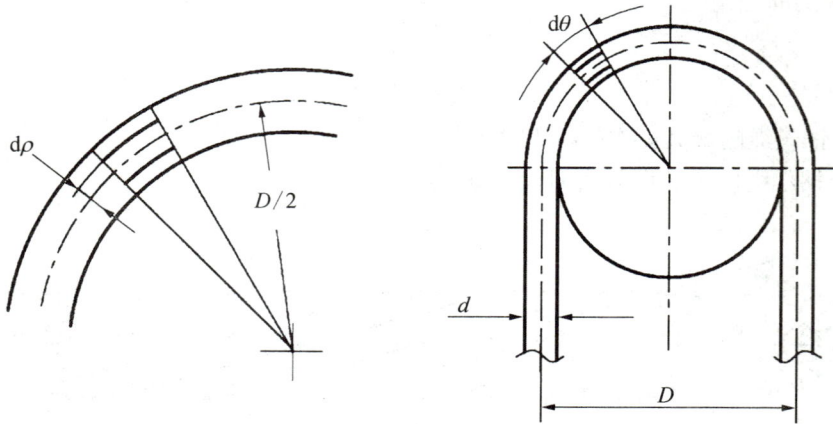

图 5-9　弯曲应力分析示意图

d——钢丝绳的直径，mm；

D——滑轮或卷筒直径，mm。

（3）挤压应力。

钢丝绳与绳槽之间的挤压应力的分布情况比较复杂，是非均匀的，要精确计算比较困难。工程中以钢丝绳与滑轮、卷筒绳槽之间的平均挤压应力 σ_c 作为计算挤压应力。

设拉力 S 在滑轮绳槽上引起的压力沿圆周呈正弦分布，取弧段 $\widehat{ab}$（见图 5-10），相应的钢丝绳包角为 $\mathrm{d}\varphi$，则作用在弧段上的压力为

$$\mathrm{d}N = 2S\sin\frac{\mathrm{d}\varphi}{2} \approx S\mathrm{d}\varphi$$

单位弧长上的压力为

$$p = \frac{S\mathrm{d}\varphi}{D/2 \times \mathrm{d}\varphi} = \frac{2S}{D}$$

即得单位接触面积上的平均挤压应力 σ_c 与卷绕直径和钢丝绳直径比值的关系为

$$\sigma_c = \frac{p}{d} = \frac{2S}{dD} = \frac{2S}{(D/d) \times d^2} \qquad (5-10)$$

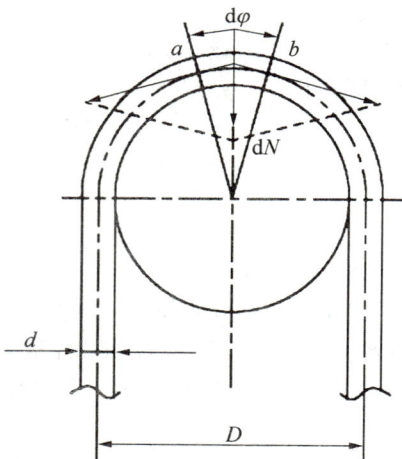

图 5-10　挤压应力分析示意图

由以上推导可知，钢丝绳的弯曲应力 σ_w 和挤压应力与卷绕直径与钢丝绳直径比值 D/d 有关，为了保障钢丝绳的使用寿命，应控制 D/d 的下限值。

2）钢丝绳的寿命

钢丝绳的寿命是指试验至破坏所承受的载荷变换次数（拉伸或弯曲次数）。钢丝绳的使用寿命指钢丝绳在某种传动方式下从开始投入使用到报废之间的时间。

影响钢丝绳寿命的因素很多，很难从钢丝绳在实际应用中表现出的性能来了解各影响因素的作用。通常，在尽量接近实际工作的条件下进行多次试验，分别观察各个影响因素。用于研究钢丝绳寿命的试验称为弯曲疲劳试验（可参见 GB/T 12347），即将公称直径为 d、承受不

变拉力载荷 S 的钢丝绳,绕过直径为 D 的试验轮(见图 5-11),并经多次往、复弯曲,直至钢丝绳断裂。正常情况下,滑轮绳槽底半径 $R=0.525d$。

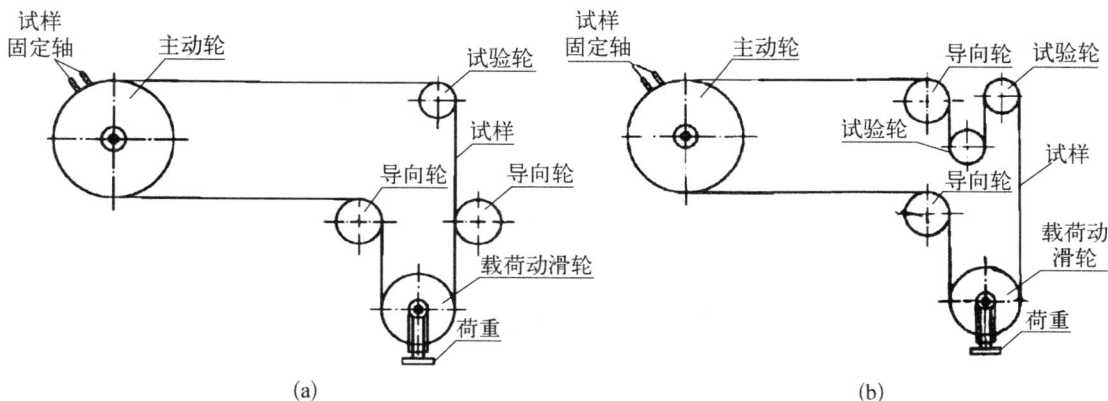

图 5-11　钢丝绳弯曲疲劳原理示意图
(a) 平面单向弯曲;(b) 平面双向弯曲

实验中把影响钢丝绳寿命的因素分为:① 外因,如钢丝绳拉力、滑轮或卷筒的直径与槽形、滑轮或卷筒绳槽材料、反向弯曲等。② 内因,如钢丝绳本身的捻绕形式、构造形式、捻绕长、钢丝材质、绳丝强度、绳丝表面情况、钢丝绳与绳丝的直径、绳股形状、润滑情况等。下面就主要因素逐一进行讨论。

(1) 弯曲变换次数。

钢丝绳每绕过一次滑轮,即认为其经历了一次弯曲变换(见图 5-12),一定时间后,弯曲变换将使绳丝一根根地破断。如果钢丝绳在运动中接连绕过几个滑轮,但弯曲方向不变,则称之为"简单弯曲变换"(Bending Transformation,BT);如在绕过一个滑轮之后,再绕下一个滑轮时钢丝绳被卷绕到相反的弯曲位置,则称之为"反向弯曲变换"(Reverse Bending Transformation,RBT)。反向弯曲变换较简单弯曲变换对钢丝绳寿命危害更大,应该尽量避免(见图 5-13)。

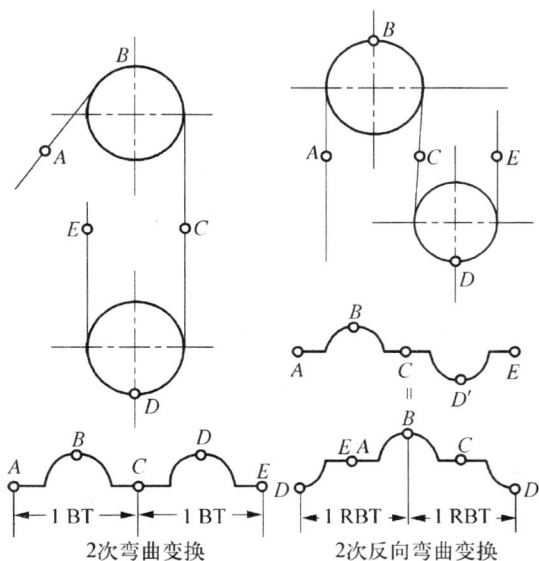

图 5-12　钢丝绳弯曲变换

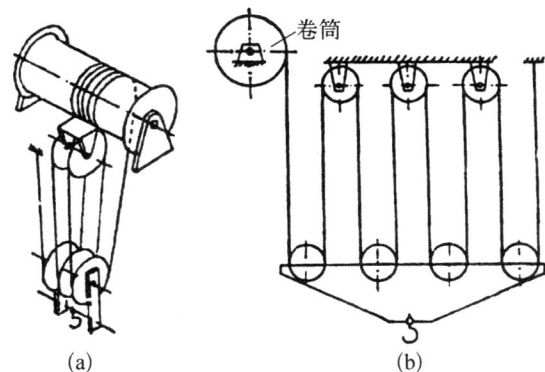

图 5-13　钢丝绳传动
(a) 无反向弯曲;(b) 有反向弯曲

在钢丝绳传动中,应该尽量避免不必要的卷绕。当不可避免时,可适当增大所选滑轮的直径,通过降低应力来弥补多次弯曲变换对寿命造成的有害影响。

(2)绳槽形状。

钢丝绳在曲线形绳槽上的良好接触能使钢丝产生最小的外部压力和内部压力。图 5-14 中曲线表明了绳槽形状对钢丝绳寿命的影响。实验表明:采用圆形槽时钢丝绳寿命较长,交绕钢丝绳能很好地适应楔形槽盒下部有切口的圆形槽,其原因在于几乎与钢丝绳轴线平行的外部钢丝有较好的接触条件。

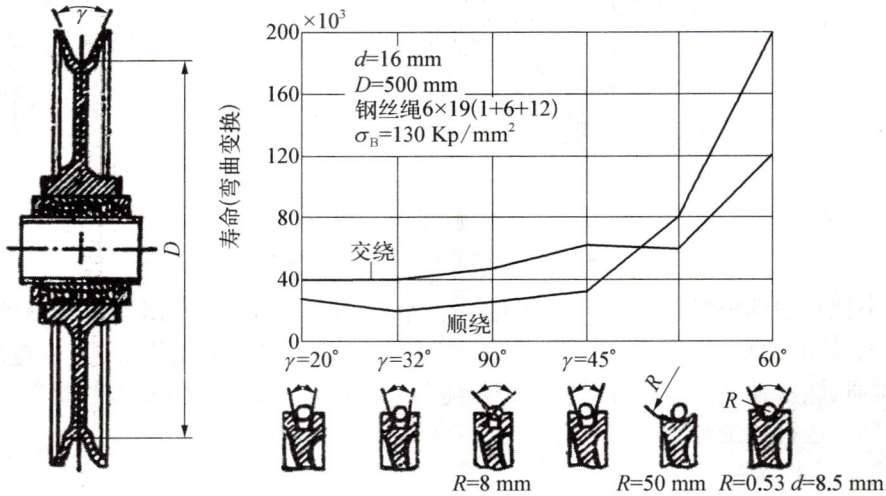

图 5-14　绳槽截面张角对钢丝绳寿命的影响

对于半圆形绳槽,考虑到钢丝绳制造时的直径误差,绳槽的半径定为 $R = 0.525d$(见图 5-14)。卷绕拉力较小时,为了使钢丝绳与绳槽贴靠紧密,推荐绳槽壁夹角 $\gamma = 45°$。卷绕拉力较大时,为了防止钢丝绳与滑轮出现磨损,必须把夹角放大到 $\gamma = 60°$。

(3)包角。

根据包角大小可将钢丝绳的接触状态分为两种极限情况。寿命试验表明(见图 5-15):包角 $\beta < 6°$ 时交变弯曲次数迅速增大;包角 $\beta > 60°$ 时寿命接近于常数;而当包角在 $10° \sim 50°$ 之间时,寿命明显降低,这是由螺旋形绳丝受压区和受拉区之间在长度上的不完全平衡所引起的。

(4)钢丝绳的绳芯。

绳芯的主要作用是支承绳股。正确制造的钢丝绳,在各绳股的外侧之间,应当保留有一个很小的间隙(见图 5-16(a)),以使各绳股能够支承于绳

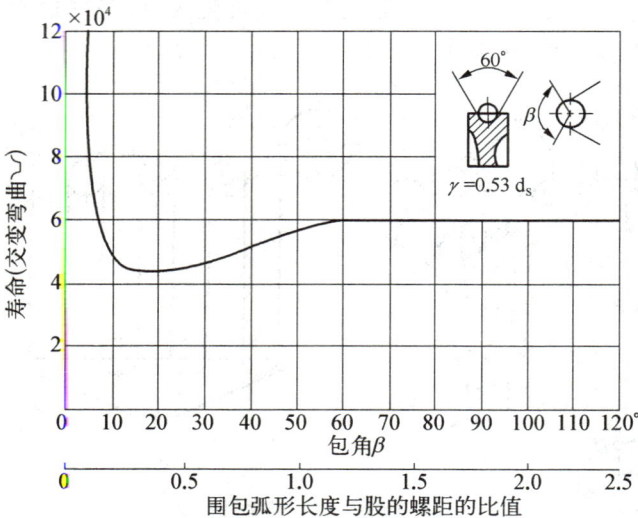

图 5-15　包角对寿命的影响

芯之上。如果绳芯太细,各绳股间将发生侧向挤压(见图 5 - 16(b)),并在接触点处出现很大的接触应力,使钢丝绳提前破坏。

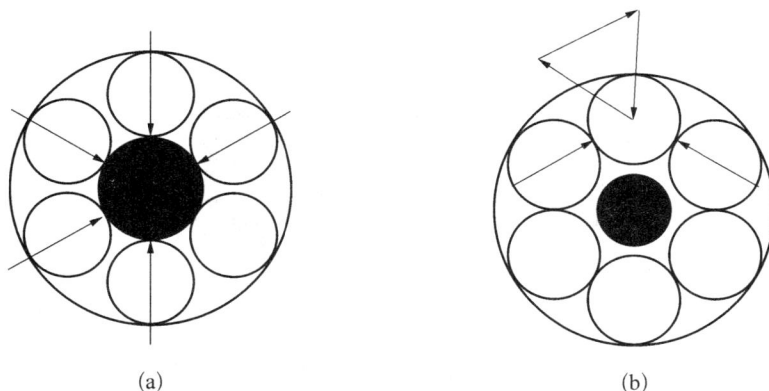

图 5 - 16　绳芯

在冲击载荷作用下,钢芯钢丝绳不易变形,与纤维芯钢丝绳相比具有较大的金属承载截面积,但试验指出:在正常工作条件下,钢芯钢丝绳使用寿命并不比纤维芯钢丝绳的长。当纤维芯足够粗时,绳丝与绳芯之间的挤压较之钢芯时小。此外,纤维芯还具有润滑剂储存器的功用。所以,在很多情况下,纤维芯钢丝绳的使用寿命甚至更长。

当钢丝绳在较高温度的环境中(例如冶金车间)工作,则应当选用钢芯钢丝绳。

(5) 腐蚀与磨损。

外部和内部的腐蚀使钢丝绳的寿命明显降低,因为腐蚀使承载钢丝绳的横截面减小,进而使钢丝绳的磨损加剧。特别是钢丝绳内部腐蚀现象(麻质填料解体或水、尘埃渗透到钢丝绳的扎结等),从外部难以观察其腐蚀蔓延情况,是相当危险的。目前,多采用钢丝绳探伤技术进行检测。

因接触面摩擦造成的钢丝绳的外部磨损与支承压力、滑动速度及轮盘的材料有关。钢丝磨损到一定程度就会断丝,并造成钢丝绳组织的松散,进而影响到钢丝绳的寿命。为了尽可能减小磨损,必须满足钢丝绳进出滑轮/卷筒的偏角(详见 6.2.2 节)。在腐蚀工作环境(例如露天工作)中使用的动索,宜选用镀锌绳丝制造的钢丝绳,可以增加钢丝绳的寿命。

5.2　滑轮

5.2.1　滑轮的结构、材料及特点

滑轮的主要作用是钢丝绳导向和支承,通过改变钢丝绳的走向,从而改变传递拉力的方向;也可用来平衡钢丝绳分支的拉力,或组成滑轮组达到省力或增速的目的。

1) 滑轮的构造

滑轮由轮毂、轮辐和带绳槽的轮缘组成,如图 5 - 17(a)所示。滑轮外缘具有绳槽的部分称为轮缘,中间与轴承直接接触的部分称为轮毂,连接轮毂和轮缘的部分称为轮辐。起重机滑轮一般通过轮毂支承在心轴上,之间多采用滚动轴承,低速滑轮或平衡滑轮也可采用滑动

轴承。

2) 滑轮的种类

根据滑轮的轴线是否移动,有定滑轮和动滑轮之分;按材料和制造工艺不同,滑轮有铸造、焊接、热轧、尼龙、压制和锻造等形式(见图 5-17)。

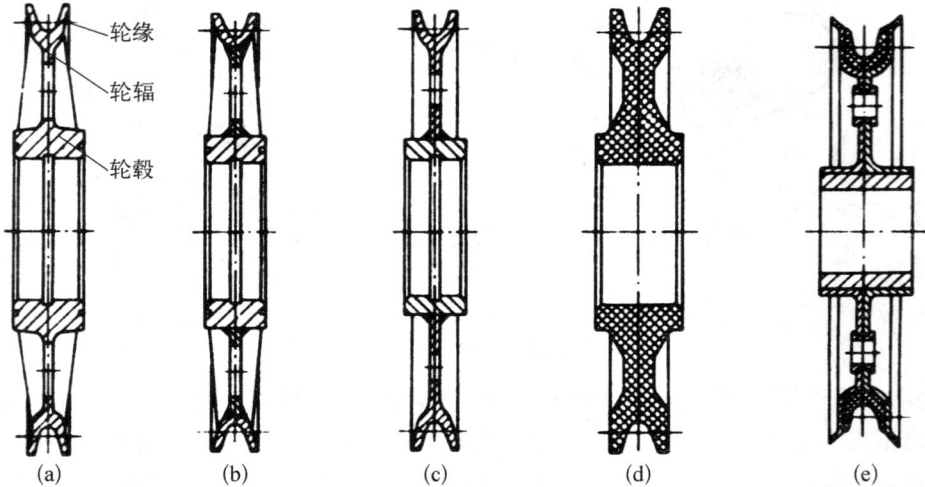

图 5-17   滑轮的结构形式
(a) 铸造滑轮;(b) 焊接滑轮;(c) 热轧滑轮;(d) 尼龙滑轮;(e) 双幅板压制滑轮

铸造滑轮(见图 5-17(a))有铸铁滑轮和铸钢滑轮两类。铸铁滑轮材料为 HT200(GB/T 9493)等,易于浇注和切削加工、价格便宜、对钢丝绳损伤小,但强度低、容易引起轮缘破碎,故用于工作平稳、不频繁使用的起重机上。若采用球墨铸铁滑轮,其强度和冲击韧性较高,使用时不易破裂,可以代替铸钢滑轮用于各种重载、工作频繁的起重机中。铸钢滑轮材料为 ZG270-500、ZG35Mn(GB/T 11352)等,强度和冲击韧性较好、可靠耐用,但质量偏大、工艺性稍差。

焊接滑轮(见图 5-17(b))材料的力学性能不低于 GB/T 700 中的 Q235B,根据使用工况和环境温度的需要,也可采用力学性能不低于 GB/T 1591 中的 Q345。焊接滑轮是先将钢板压成绳槽形状,弯成圆弧段后拼成整圆,再与辐板、轮毂焊接而成。也有采用轧制绳槽型钢弯曲成型来制造轮缘的。焊接滑轮质量较轻,使用效果与铸钢滑轮相当,但通常为手工焊接,生产效率低,精度不易保证,多用于制作大型、非标滑轮。

热轧滑轮(见图 5-17(c))是焊接滑轮的一种特殊形式,材料以 Q235,16Mn,35 为主,采用特殊的工艺在腹板外缘直接轧出滑轮的绳槽,再将腹板与轮毂焊为一体。热轧滑轮与铸钢滑轮相比,具有质量轻、工艺先进、生产周期短、便于多种规格批量生产等优点,现在广泛应用于各类起重机中。

尼龙滑轮(见图 5-17(d))材料为 MC 尼龙(聚己内酰胺)等,采用离心浇注或压铸成型,辅以小量切削加工。轮辐采用实腹板型,轮体断面形状稍厚实,其质量约为同直径钢质滑轮的 1/5~1/6,当起重机起升倍率较大时,能显著减轻臂架头部质量。尼龙滑轮材料弹性好,具有良好的减磨性和自润滑作用,能成倍延长钢丝绳寿命,但存在抗破坏能力低、易于老化等缺点。

双幅板压制滑轮(见图 5-17(e))的两块腹板由 Q235 或其他优质钢板压制成型,用过盈方式与铸铁或钢管制成的轮毂结合。幅板圆周上开有若干圆孔,用胀铆管将两片幅板夹持为一体。轮缘内镶有环形尼龙绳槽衬垫,衬垫磨损后可以拆卸更换。这种新型装配式滑轮结合了钢质滑轮和尼龙滑轮的优点,质量轻、工艺先进、适于批量生产,并能明显延长钢丝绳使用寿命,但尚须进一步提高尼龙绳槽衬垫在滑轮上固定的可靠性。

除上述 5 种形式以外,尚可用 35、45 等钢材通过锻压获得滑轮毛坯,经机械加工和绳槽表面热处理,制成具有硬质耐磨绳槽和较高运动精度的优质滑轮。

5.2.2　滑轮的设计计算

1) 滑轮的强度计算

小型铸造滑轮的强度尺寸决定于铸造工艺条件,一般不进行强度计算。对于大尺寸焊接滑轮必须进行强度验算(见表 5-3)。

表 5-3　滑轮的强度计算

计 算 简 图	项　目		公　式	符 号 意 义
	计算假定		假定轮缘是多支点梁,绳索拉力 S	S——拉索拉力,N; γ——绳索在滑轮上的包角的圆心角; l——两轮辐间的轮缘弧长,mm; W——轮缘抗弯断面模量,mm^3; $[\sigma_w]$——许用弯曲应力,MPa; F——辐条断面积,mm^2; φ——断面折减系数; $[\sigma_c]$——许用压应力,MPa
	绳索拉力的合力		$P = 2S\sin(\gamma/2)$	
	轮缘	最大弯矩	$M_{max} = \dfrac{Pl}{16}$	
		最大弯曲应力	$\sigma_{max} = \dfrac{Sl}{8W}\sin\dfrac{\gamma}{2} < [\sigma_w]$	
	辐条内压应力		当 P 力方向与辐条中心线重合时,辐条中产生的压应力最大。 $\sigma_c = \dfrac{2S\sin(\gamma/2)}{\varphi F} < [\sigma_c]$	

2) 钢丝绳进出滑轮时的允许偏角

由于结构构造上的缘故,钢丝绳常常必须在一定的偏角之下绕入到滑轮的中间平面之上,也即钢丝绳从滑轮绳槽的一侧绕上滑轮。这样,在钢丝绳与滑轮槽绳之间就出现相对运动,这个相对运动使两者受到磨损,所以要求钢丝绳绕进或绕出滑轮槽时偏斜的最大角度(即钢丝绳中心线和与滑轮轴垂直的平面之间的角度)不大于 5°。

5.2.3　滑轮的尺寸和结构形式

1) 滑轮的主要尺寸计算

滑轮主要尺寸的符号如图 5-18 所示。

钢丝绳直径:　　　　d(mm)

滑轮绳槽底半径:　　$R \approx (0.53 \sim 0.60)d$

绳槽壁夹角:　　　　$2\beta \approx 35° \sim 45°$

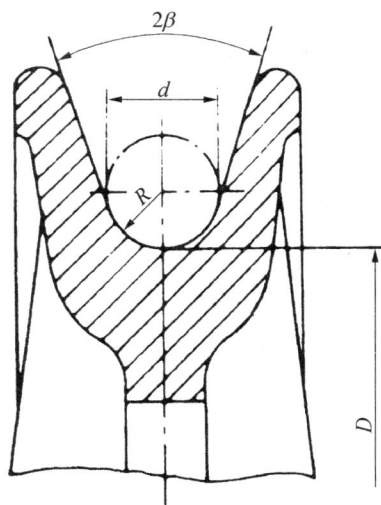

图 5-18　滑轮主要尺寸

滑轮直径：　　　　　　　$D_0 = hd$　　　　　　　　　　　　　　　　　　　　　（5-11）

式中：D_0——按钢丝绳中心计算的滑轮的卷绕直径，$D_0 = D + d$，mm；

　　　　h——滑轮的卷绕直径与钢丝绳直径之比值。工作滑轮不应小于表 5-4 中的规定值 h_2，并圆整至标准系列值。平衡滑轮不应小于表 5-4 中的规定值 h_3。

表 5-4　轮绳直径比系数 h（GB/T 3811）

机构工作级别	卷筒 h_1	滑轮 h_2	平衡滑轮 h_3
M1	11.2	12.5	11.2
M2	12.5	14	12.5
M3	14	16	12.5
M4	16	18	14
M5	18	20	14
M6	20	22.4	16
M7	22.4	25	16
M8	25	28	18

注：1. 采用抗扭转钢丝绳时，h 值应按比机构工作级别高一级的值选取；
　　2. 对于流动式起重机及某些水工工地用的臂架起重机，建议取 $h_1 = 16$，$h_2 = 18$，与工作级别无关；
　　3. 臂架伸缩机构滑轮的 h_2 值，可选为卷筒的 h_1 值；
　　4. 桥式和门式起重机，取 h_3 等于 h_2；
　　5. 按式（5-1）或式（5-3）求出最小钢丝绳直径并由此确定了滑轮和卷筒的最小直径后，只要实际采用的钢丝绳直径不大于原算得的最小直径的 25%、钢丝绳实际的拉力不超过原计算钢丝绳最小直径时用的最大工作静拉力 S 值，则新选的钢丝绳仍可以与算得的滑轮和卷筒最小直径配用；
　　6. 本表的 h 值不能限制或代替钢丝绳制造厂和起重机制造厂之间的协议，当考虑采用不同柔性的新型钢丝绳时尤其如此。

　　机械行业标准 JB/T9005.2 和交通行业标准 JT5028 分别规定了起重机用铸造滑轮和轧制滑轮直径的选用系列与匹配关系。

　　桥式类型起重机小车上的平衡滑轮，在工作时经常来回摆动，为了减少钢丝绳的疲劳和损坏，平衡滑轮直径宜取与工作滑轮直径相同。臂架式起重机平衡滑轮直径取为不小于工作滑轮直径的 0.6 倍。

　　2）结构形式

　　铸造滑轮的结构形式宜采用 JB/T 9005 中规定的形式，双幅板压制滑轮宜采用 JB/T 8398 中规定的形式，焊接滑轮宜采用 JB/T 5078.1 规定的形式。

5.3　卷筒

5.3.1　卷筒组的类型及构造

　　卷筒组用来卷绕、储放钢丝绳，使钢丝绳进行旋转与直线运动的相互转换。根据传力和支承方式不同，卷筒组的结构形式可分为一端独立支承和两端独立支承两种类型。

1）一端独立支承、一端与减速器相连

（1）带齿轮连接盘的卷筒组。

带齿轮连接盘的卷筒组（见图 5-19）在起重机中应用最广泛。卷筒的一端通过带内齿的连接盘与减速器齿轮式出轴轴端相连，卷筒的长轴轴端通过调心式滚动轴承支承在减速器出轴轴端内孔上。这种结构分组性好，工作可靠，对轴线偏斜具有一定补偿功能。但对加工精度要求较高，卷筒组套入减速器齿形轴端时的安装比较困难。

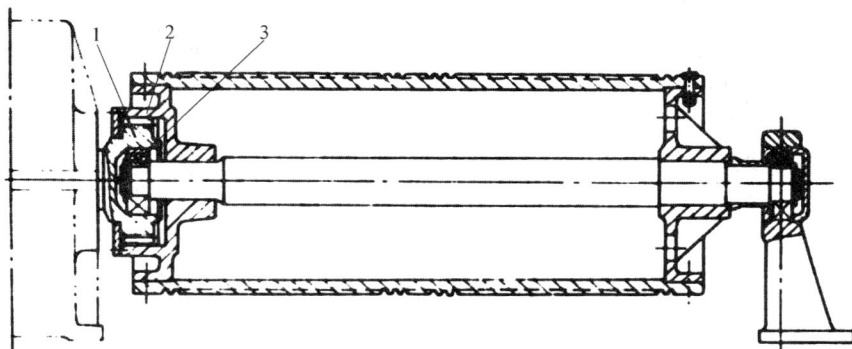

图 5-19　与齿轮轴端配套的卷筒组
1—减速器齿轮式输出轴；2—齿轮连接盘；3—调心滚动轴承

图 5-20 是另一种形式的齿轮连接盘，减速器轴端采用圆柱形或花键轴形式，外齿套靠后部有一弧面凸肩 A，与内齿连接盘上的孔相配合，作为卷筒一端的径向支承。这种卷筒组采用了短轴结构，可与普通圆柱形或花键出轴配套，制造和安装简便，在港口起重机中应用较多。

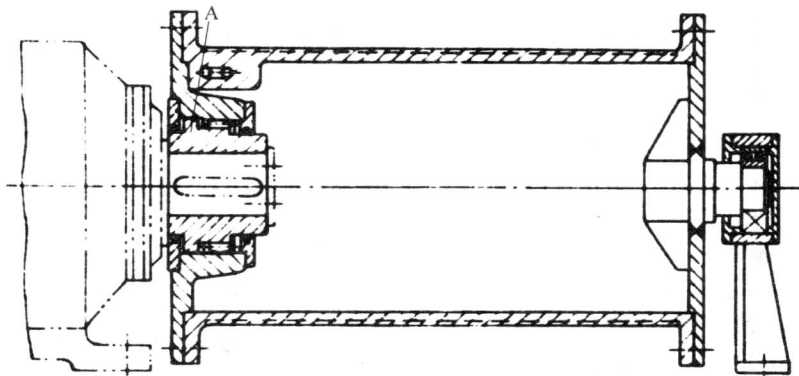

图 5-20　与圆柱形（或花键）轴端配套的卷筒组

（2）带滚珠或鼓形滚柱连接盘的卷筒组。

卷筒的一端通过滚珠或鼓形滚柱连接盘与减速器的圆柱形（或花键）输出轴相连（见图 5-21），沿圆周均布的滚珠或滚柱嵌在连接盘内外圈之间由成对半圆形凹槽所形成的圆孔内，传递转矩并起到径向支承和轴线偏斜补偿作用。这种结构也采用了短轴，工作可靠，安装方便，但对连接盘的加工精度和材质、热处理有一定要求。

（3）带刚性连接法兰盘的卷筒组。

这种卷筒组采用法兰盘与减速器圆柱形出轴刚性连接。减速器底座通过钢球或圆柱销与机架铰接，以消除卷筒组、机架受载变形对刚性结合部位的不利影响（见图 5-22）。卷筒的另

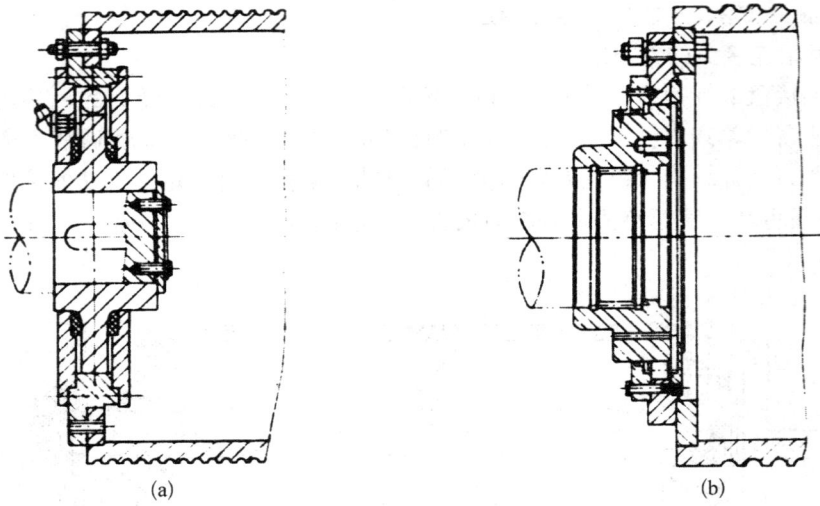

图 5-21　带滚珠(滚柱)连接盘的卷筒组与减速器出轴的连接
(a) 滚珠连接盘；(b) 鼓形滚柱连接盘

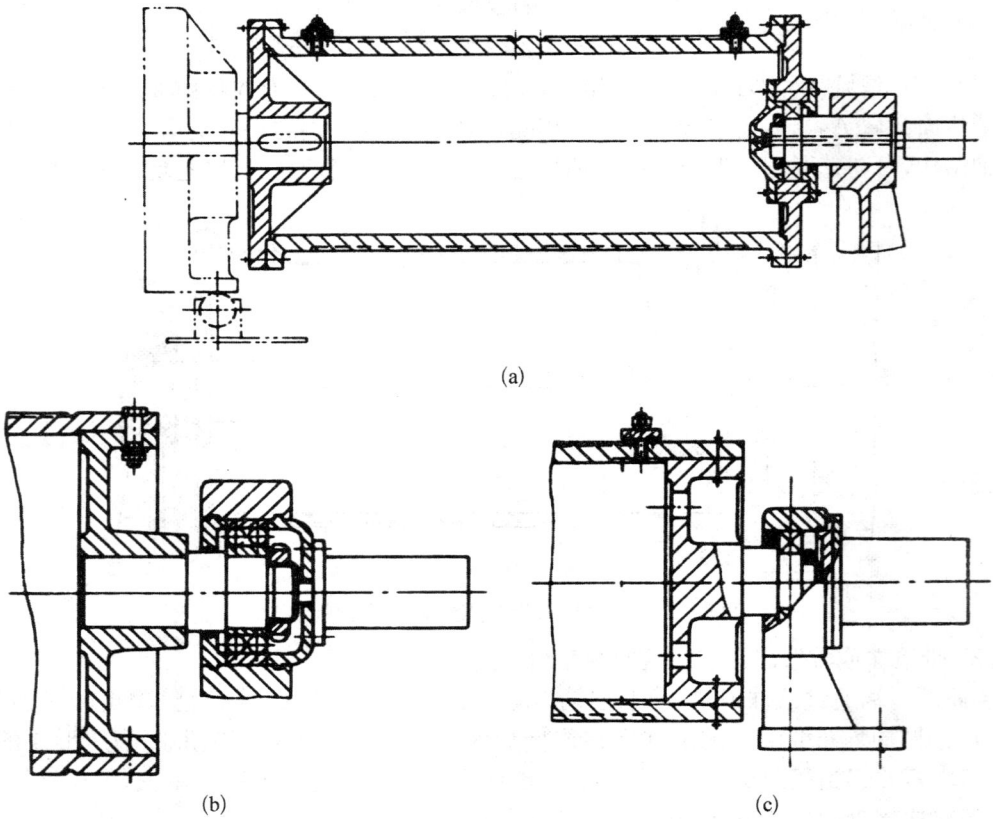

(a)

图 5-22　法兰盘与减速器出轴刚性连接的卷筒组
(a) 采用定轴式短轴，法兰与减速器刚性连接；
(b) 采用与法兰过盈配合的转轴式短轴；(c) 采用整体式法兰轴的转轴式短轴

一端除了采用定轴式短轴以外,还可以采用
过盈配合的转轴式短轴或轴与法兰整体铸造
的转轴式结构。这种卷筒组的优点是构造简
单、调整与安装方便。

2) 卷筒组两端均为独立支承

(1) 带大齿轮的卷筒组。

卷筒长轴的两端均支承在轴承座上,卷
筒的一端用螺栓与大齿轮轮辐连接,由铰配
的剪力套筒或铰制孔用螺栓来传递转矩(见
图 5-23)。这种结构形式适用于某些低速、
重载或因传动比、中心距关系需要在传动链
末级加设开式齿轮的情况。

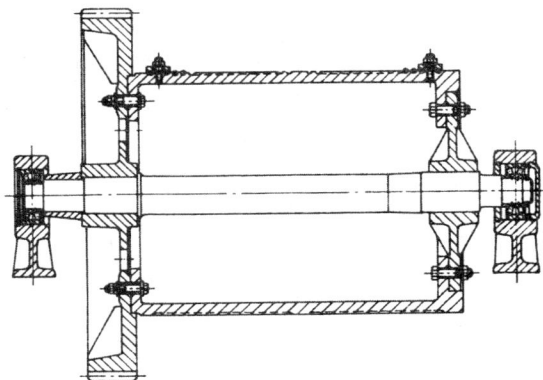

图 5-23　带大齿轮的卷筒组

(2) 与悬挂式减速器配套的卷筒组。

这种卷筒组通常采用短轴结构,靠减速器一端法兰上有一悬伸的花键轴。卷筒两端的出
轴均支承在轴承座上,减速器低速轴为内花键空心轴套,将其套挂在卷筒组的悬伸花键轴上,
并将减速器高速轴一侧加以固定,就构成了三点支承的绞车(见图 5-24)。

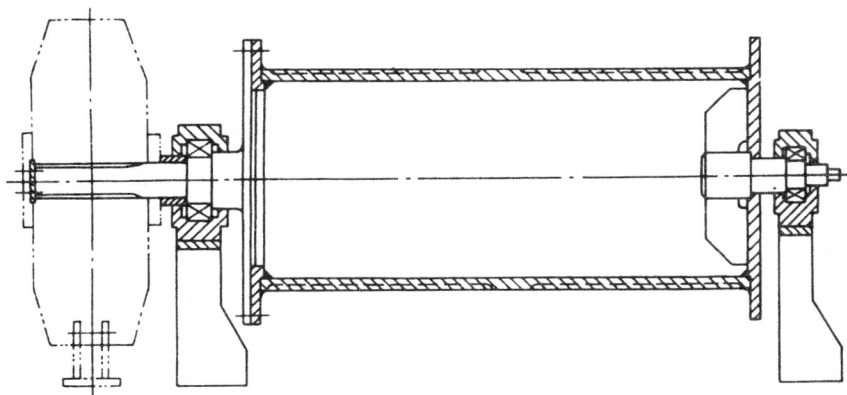

图 5-24　与悬挂式减速器配套的卷筒组

5.3.2　卷筒材质和结构形式

1) 卷筒材质的选择

铸造卷筒应选用力学性能不低于 GB/T 9439 中的 HT200 及力学性能不低于 GB/T 11352
的 ZG 270-500。

焊接、轧制卷筒应选用力学性能不低于 GB/T 700 中的 Q235B;根据使用工况和环境温度
的需要,也可采用力学性能不低于 GB/T 1591 中的 Q345。

2) 卷筒的结构形式

按卷绕层数分,卷筒有单层卷绕和多层卷绕两种形式。单层卷绕卷筒的端部通常不带挡
边,卷筒表面车有螺旋绳槽。双联卷筒的两段绳槽螺旋方向相反,沿卷筒长度方向对称布置。
多层卷绕多采用光面卷筒或具有特殊绳槽和挡边的利巴式卷筒。卷筒端部的挡边高度在绕满

钢丝绳之后还要有 2 倍钢丝绳直径的余量。

　　按材质分,卷筒分为铸造卷筒和焊接卷筒两种形式。铸造卷筒结构形式宜采用 JB/T 9006 规定的形式,如图 5-25 所示。焊接卷筒的结构形式一般为短轴式,可以用卷筒联轴器与减速器连接,如图 5-26 所示。

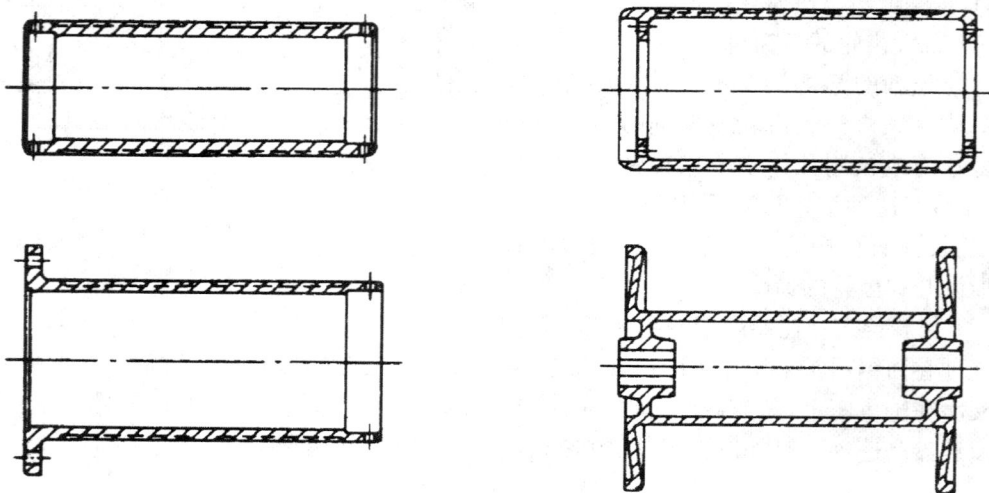

图 5-25　铸造卷筒的典型构造

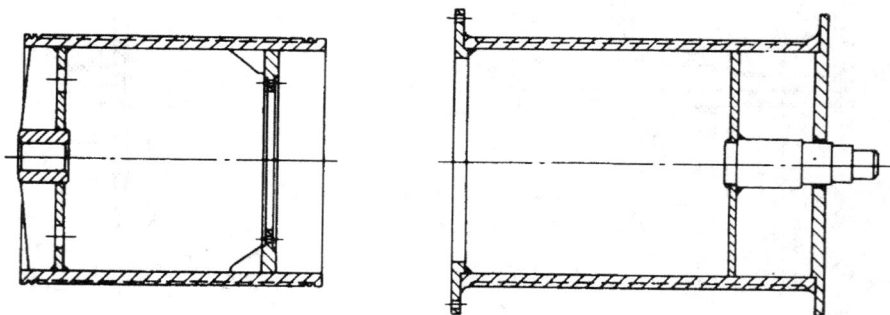

图 5-26　焊接卷筒的典型构造

5.3.3　卷筒的设计计算

1) 卷筒的几何尺寸

　　卷筒直径 D 一般采用表 5-5 的数值。图 5-27 为卷筒长度示意图。

表 5-5　卷筒直径的选用系列

D/mm								
100	125	160	200	250	280	315	355	400
450	500	560	630	710	800	900	1 000	1 120
1 250	1 320	1 400	1 500	1 600	1 700	1 800	1 900	2 000

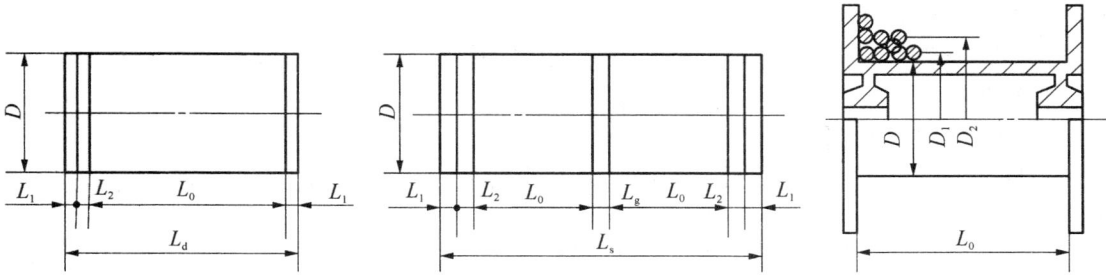

图 5-27　卷筒长度示意图

卷筒名义直径、绳槽半径、绳槽深度、绳槽节距、卷筒厚度及卷筒长度见表 5-6 中所列计算公式。

表 5-6　卷筒几何尺寸的计算

名　称		公　式		符　号　含　义
卷筒名义直径		$D_1 = h \cdot d$		
绳槽半径		$R = (0.53 \sim 0.56)d$		
绳槽深度	标准槽	$H_1 = (0.25 \sim 0.4)d$		d——钢丝绳直径; h——与机构工作级别和钢丝绳结构有关的系数,按表 5-4 选取; D_1——按钢丝绳中心计算的卷筒最小直径; D——卷筒绳槽底径
	深　槽	$H_2 = (0.6 \sim 0.9)d$		
绳槽节距	标准槽	$t_1 = d + (2 \sim 4)$		
	深　槽	$t_2 = d + (6 \sim 8)$		
卷筒厚度	钢卷筒	$\delta \approx d$		
	铸铁卷筒	$\delta \approx 0.02D + (6 \sim 10) \geqslant 12 \text{ mm}$		
卷筒长度	单联卷筒	$L_d = L_0 + 2L_1 + L_2$	$L_0 = \left(\dfrac{H_{max}m}{\pi D_1} + Z_1 \right)t$	L_1——无绳槽的卷筒端部尺寸,按需要定; L_2——固定绳尾所需长度,$L_2 \approx 3t$; L_g——中间光滑部分长度,根据钢丝绳允许偏斜角确定; H_{max}——最大起升高度; m——滑轮组倍率; Z_1——吊具下降到最低极限位置时,钢丝绳在卷筒上的剩余安全圈(不包括固定绳端所占的圈数)至少应保持 2 圈; t——绳槽节距; $D_1, D_2, D_3, \cdots, D_n$——各层直径; Z——每层圈数; n——卷绕层数; L——多层卷绕时的绕绳总长度
	双联卷筒	$L_s = 2(L_0 + L_1 + L_2) + L_g$		
多层卷绕卷筒长度		$L = Z\pi(D_1 + D_2 + D_3 + \cdots + D_n)$ $D_1 = D + d$ $D_2 = D + 3d$ $D_3 = D + 5d$ $\cdots$ $D_n = D + (2n-1)d$ 则 $L = Z\pi n(D+nd)$ 考虑钢丝绳在卷筒上排列可能不均匀,应将卷筒长度增加 10%,即 $L_0 = 1.1ZP$		

2) 钢丝绳允许偏角

(1) 钢丝绳绕进或绕出卷筒时,钢丝绳中心线偏离螺旋槽中心线两侧的角度不应大于 3.5°,以避免槽口损坏和钢绳脱槽;对大起升高度及 D/d 值较大的卷筒,其钢丝绳偏离螺旋槽中心线的允许偏斜角应由计算确定。

(2) 对于光卷筒无绳槽多层卷绕卷筒,当未采用排绳器时钢丝绳中心线与卷筒轴垂直平面的偏离角度不应大于 1.7°,以避免乱绳。

3) 卷筒强度、稳定性计算

单联和双联卷筒在钢丝绳最大工作拉力 S 作用下,受到转矩 T、最大弯矩 M_{max} 和钢丝绳对卷筒壁的压应力作用,如图 5-28 所示。

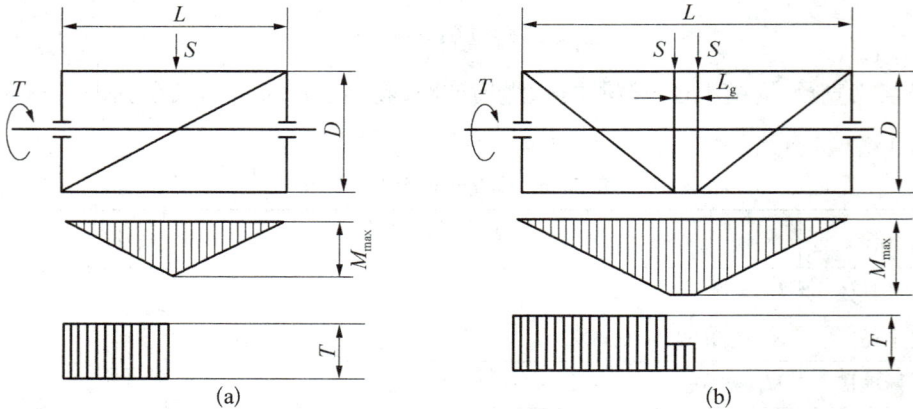

图 5-28 卷筒受力简图
(a) 单联卷筒;(b) 双联卷筒

(1) 卷筒强度计算。

卷筒强度计算如表 5-7 所示。

表 5-7 卷筒强度计算

条件	$L \leqslant 3D$ 时,校核卷筒壁内表面最大压应力 σ_y	$L > 3D$ 时,校核由弯矩和扭矩产生的折算应力 σ_F
公式	$\sigma_y = A_1 A_2 \dfrac{S}{\delta t} \leqslant [\sigma_y]$	$\sigma_F = \sqrt{M_{max}^2 + T^2} / W \leqslant [\sigma_1]$
符号意义	L——卷筒长度,mm; D——卷筒绳槽底径,mm; A_1——与卷绕层数有关的系数; 卷绕层数 1 2 3 $\geqslant 4$ 系数 A_1 1 1.4 1.8 2 A_2——绳圈绕入时对卷筒壁的影响系数,一般取 $A_2 = 0.75$; S——钢丝绳的最大工作拉力,N; t——卷筒节距,mm; δ——卷筒壁厚,mm; $[\sigma_y]$——许用压应力,MPa; 钢:$[\sigma_y] = \dfrac{\sigma_s}{1.5}$,$\sigma_s$——材料屈服强度; 铸铁:$[\sigma_y] = \dfrac{\sigma_b}{4.25}$,$\sigma_b$——材料抗拉强度	M_{max}——由钢丝绳最大拉力引起的卷筒最大弯矩,N·m; T——卷筒扭矩,N·m; 对双联卷筒:$T = SD_1$ 对单联卷筒:$T = \dfrac{1}{2}SD_1$ W——卷筒截面抗弯模量,mm³; $$W = \dfrac{0.1(D^4 - D_2^4)}{D}$$ D_2——卷筒内径,mm; $[\sigma_1]$——许用拉应力,MPa; 钢:$[\sigma_1] = \dfrac{\sigma_s}{2}$; 铸铁:$[\sigma_1] = \dfrac{\sigma_b}{5}$

（2）卷筒稳定性计算。

卷筒壁的稳定性与卷筒长度 L、直径 D、筒壁厚度 δ 和压应力 σ_c 等因素有关。如果 L/D 符合表 5-8 的要求，则筒壁不需进行稳定性验算。稳定性验算如表 5-9 所示。

表 5-8　L/D 值

$\sigma_c/$ MPa	D/δ								$\sigma_c/$ MPa	D/δ							
	25	30	35	40	45	50	55	60		25	30	35	40	45	50	55	60
	铸 造 卷 筒									钢 卷 筒							
100	5.2	4.6	3.7	3	2.5	2.1	—	—	100	—	6.5	5.2	4.2	3.5	3	2.7	2.4
125	4.1	3.7	2.9	2.4	2	1.7	—	—	125		5.2	3.9	3.1	2.6	2.2	2	1.8
150	3.4	3.1	2.5	2	1.7	1.4			150		4.2	3.1	2.5	2.1	1.8	1.6	1.4

注：L 为卷筒端部侧板间或相邻筋板间的距离；σ_c 为筒壁中的名义压应力，$\sigma_c = \dfrac{S_{max}}{P\delta}$。

表 5-9　卷筒稳定性验算

条　件	$D \geqslant 1\,200$ mm，$L > 2D$ 的大尺寸卷筒，须对卷筒壁进行稳定性验算	
失去稳定时的临界单位压力	钢卷筒：$p_{cr} = 52\,500\,\dfrac{\delta^3}{R^3}$，MPa	铸铁卷筒：$p_{cr} = (25\,000 \sim 32\,500)\,\dfrac{\delta^3}{R^3}$ ①，MPa
卷筒壁单位压力	$p_0 = \dfrac{2S}{Dt}$，MPa	
稳定性系数	$K = \dfrac{p_{cr}}{p_0} \geqslant 1.3 \sim 1.5$	
符号意义	$R = D/2$——卷筒绳槽底半径，mm。其他符号同强度计算的符号。	

注：① 对常用的 HT200 铸铁卷筒，括弧内的值取为 30 000。

4）钢丝绳在卷筒上的固定

钢丝绳应可靠地固定于卷筒上并易于更换，其固定方法有：用压板固定（见图 5-29）；用长板条固定（见图 5-30）；用楔子固定（见图 5-31）。其中，楔块固定方式可用于多层卷绕；用压板（GB/T 5975）固定构造简单，钢丝绳更换方便，且安全可靠，故应用最广。

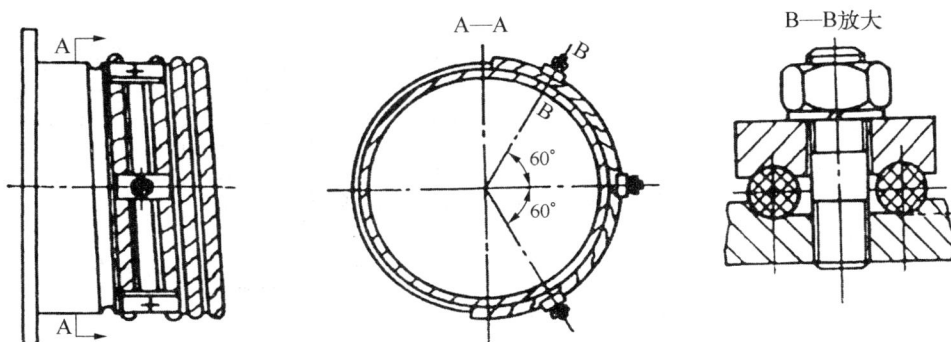

图 5-29　用压板固定钢丝绳

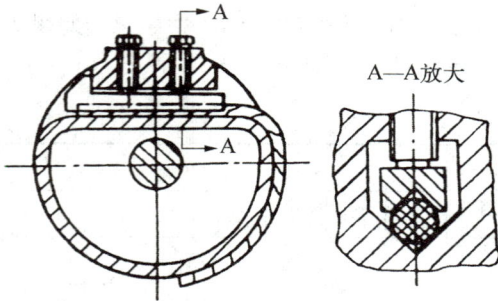

图 5-30　用长板条固定钢丝绳　　　　　图 5-31　用楔子固定钢丝绳

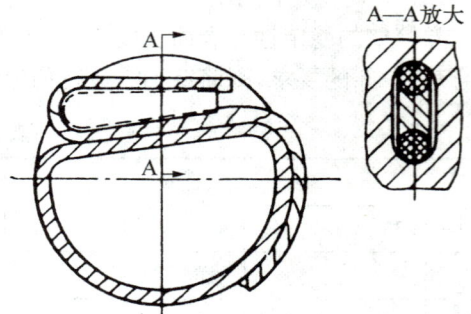

　　压板有圆形槽压板和梯形槽压板（港口起重机上多用圆形槽压板）。表 5-10 给出了 GB/T 5975 中钢丝绳用压板的尺寸系列。压板的材料应采用不低于 GB/T 700 中规定的 Q235B 钢。压板表面应光滑平整、无毛刺、瑕疵、锐边和表面粗糙不平等缺陷。

表 5-10　钢丝绳用压板尺寸

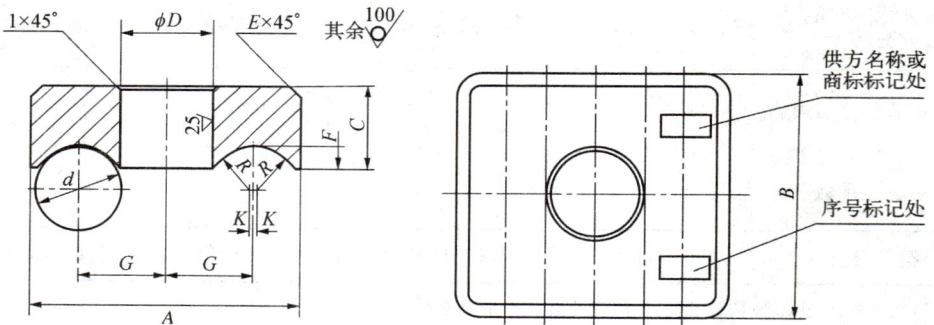

| 压板序号 | 适用钢丝绳公称直径 d | 尺寸/mm | | | | | | | | | | | | | 单件质量/kg | |
| | | A | | B | C | D | E | F | G | | K | R | | 压板螺栓直径 | | |
		标准槽	深槽						标准槽	深槽		基本尺寸	极限偏差		标准槽	深槽
1	6~8	25	29	25	8	9	1	2.0	8.0	10.0	1.0	4.0	+0.1/0	M8	0.03	0.04
2	8~11	35	39	35	12	11	1	3.0	11.5	13.5	1.5	5.5		M10	0.10	0.12
3	11~14	45	51	45	16	15	2	3.5	14.5	17.5	1.5	7.0		M14	0.22	0.25
4	14~17	55	66	50	18	18	2	4.0	17.5	21.5	1.5	8.5		M16	0.32	0.37
5	17~20	65	73	60	20	22	3	5.0	21.0	25.0	1.0	10.0	+0.2/0	M20	0.48	0.55
6	20~23	75	85	60	20	22	4	6.0	24.5	29.5	1.5	11.5		M20	0.55	0.65
7	23~26	85	95	70	25	26	4	6.5	28.0	33.0	1.0	13.0		M24	0.91	1.05

（续表）

压板序号	适用钢丝绳公称直径 d	尺寸/mm														单件质量/kg	
		A		B	C	D	E	F	G		K	R		压板螺栓直径			
		标准槽	深槽						标准槽	深槽		基本尺寸	极限偏差		标准槽	深槽		
8	26~29	95	105	70	25	30	5	7.0	31.5	36.5	1.5	14.5		M27	0.99	1.12
9	29~32	105	117	80	30	33	5	8.0	34.5	40.5	1.5	16.0		M30	1.52	1.75
10	32~35	115	129	90	35	33	6	9.0	38.0	45.0	1.0	17.5		M30	2.23	2.58
11	35~38	125	141	90	35	39	6	10.0	40.5	48.5	1.5	19.0		M36	2.29	2.69
12	38~41	135	153	100	40	45	8	11.0	44.0	53.0	1.0	20.5	+0.30	M42	3.17	3.74
13	41~44	145	163	110	40	45	8	12.0	47.5	56.5	1.5	22.0		M42	3.82	4.44
14	44~47	155	175	110	50	45	8	13.0	51.5	61.5	1.5	23.5		M42	5.25	6.12
15	47~52	170	189	125	50	52	10	13.0	56.0	65.0	2.0	26.0		M48	6.69	7.57
16	52~56	180	—	135	50	52	10	14.0	60.0	—	2.0	28.0		M48	8.10	—
17	56~60	190	—	145	55	52	10	15.0	64.0	—	2.0	30.0		M48	9.20	—

注：钢丝绳压板以表中的压板序号进行标记。如钢丝绳直径为14~17 mm的标准槽压板标记为：压板GB/T 5975-4；钢丝绳直径为14~17 mm的深槽压板标记为：压板GB/T 5975-4 深。

5.4　吊钩组

5.4.1　吊钩组形式及特点

吊钩组由吊钩、吊钩螺母、推力轴承、吊钩横梁、夹板与滑轮组或均衡架等零件组成。按照功能不同，吊钩组有以下3种形式：

（1）单绳吊钩组（见图5-32）：用于以单支钢丝绳作业的起重机，当其自身质量不足以使空钩顺利下降时，需采用附加重锤。吊钩组头部采用旋转接头的结构，便于起升过程中起升绳自由旋转。

（2）平衡吊钩组（见图5-33）：多用于双索或四索驱动、起升绳倍率为1的吊钩/抓斗两用起重机。双索吊钩组通过绕经其平衡滑轮的短钢丝绳与起重机的两根起升绳相连，可以补偿两套起升机构运动的不同步，更换吊具也很方便。四索吊钩组通常与具有两组双联卷筒的起升机构配套，内侧的两根绳为一组，外侧两根为另一组，通过对称布置的两个平衡架协调4根起升绳的运动并平衡其张力。

（3）起升滑轮吊钩组：其上的动滑轮与臂架头部或起重小车上的定滑轮构成起升滑轮组，实现起升过程的省力和减速作用。

吊钩的钩身有单钩、C型钩、双钩、片式钩等类型。单钩多用于中小起重量的起重机。双钩受力条件较好，钩体材料能充分利用，用于起重量较大的起重

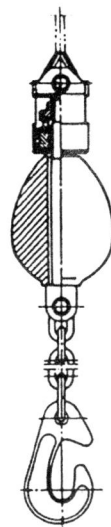

图 5-32
单绳吊钩组

机。C 型钩常用于船舶装卸,上部突出可防止起升时挂住舱口(见图 5 - 34)。吊钩钩身的截面形状有圆形、矩形、梯形、T 字形等,其中 T 字形截面最合理,但工艺复杂。圆形截面用于小型吊钩,一般吊钩均为带圆弧角的梯形截面。

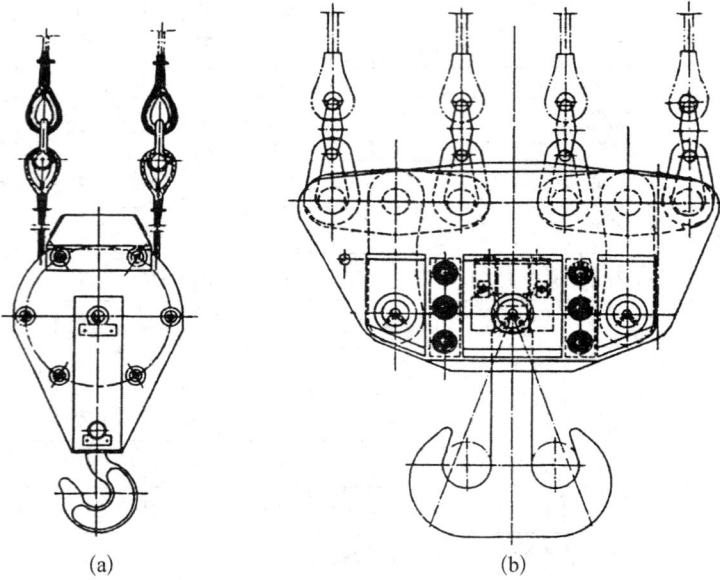

(a)　　　　　　　　　　(b)

图 5 - 33　平衡吊钩组　　　　　　　　　图 5 - 34　C 型钩
(a) 双索平衡吊钩组;(b) 四索平衡吊钩组

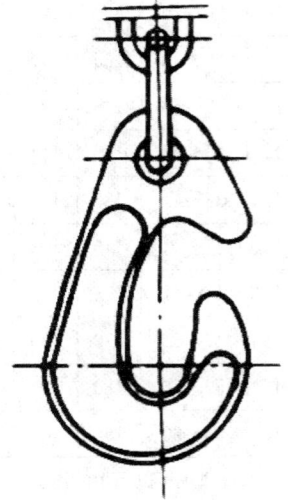

按制造方法可分为锻造吊钩和片式吊钩。锻造吊钩的头部具有直柄,开有螺纹(悬挂在单支钢绳上的吊钩头部设有环眼)。在大起重量或吊运高温物料的冶金起重机上采用由多片钢板铆合,并在钩口上设置护垫的片式吊钩(板钩)(见图 5 - 35),它不会整体突然断裂,工作安全、可靠性较好、个别板片可以更换。片式钩只能制成矩形截面,钩体材料不能充分利用,自重较大,片式吊钩的头部常制有环眼。

为防止系物绳自动脱钩,可在吊钩上加装安全闭锁装置(见图 5 - 35)。

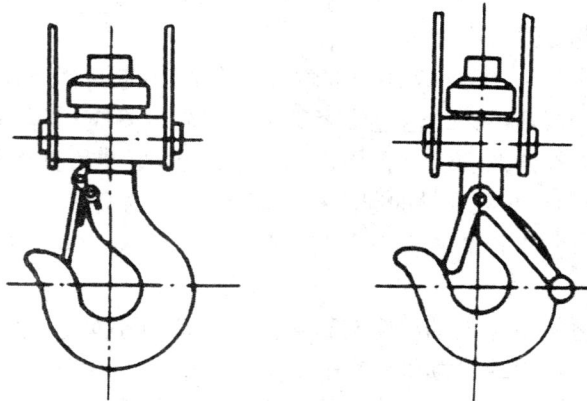

图 5 - 35　装有安全闭锁装置的吊钩

5.4.2　吊钩的计算

1) 吊钩主要尺寸

(1) 钩孔直径。

$$D \approx (30 \sim 35)\sqrt{Q}（单钩）\qquad (5-12)$$

$$D \approx (25 \sim 30)\sqrt{Q}（双钩）\qquad (5-13)$$

式中：Q——额定起重量，t。

(2) 其他尺寸（见图 5-36）。

$$h/D \approx 1.0 \sim 1.2,\ S \approx 0.75D,\ l_1 \approx (2 \sim 2.5)h,\ l_2 \approx 0.5h$$

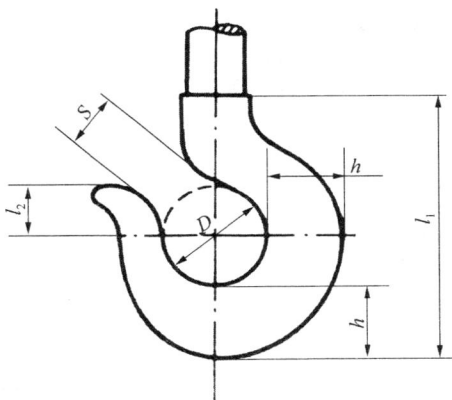

图 5-36　吊钩钩身主要尺寸　　　　　　图 5-37　锻造吊钩计算简图

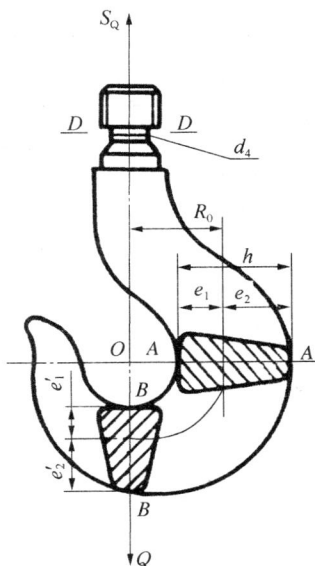

2) 锻造吊钩的强度计算

起重吊钩应按 GB/T 10051.1，根据起重量和起升机构工作级别选取（必要时进行强度校核），或自行设计。起重吊钩附件（包括吊钩螺母、吊钩横梁等）应按 JB/T6787.1～ JB/T6787.4 的规定选取。

设计吊钩时，一般先预选出截面形状，然后验算钩身的几个危险截面的强度与钩柱的尾部螺纹的长度。

(1) 单钩钩身。

钩身主弯曲截面（水平截面）A—A 最危险，如图 5-37 所示。截面 A—A 中，内、外侧边界最大应力应满足以下条件：

$$\sigma_{内} = \frac{S_Q e_1}{F_A K_A (R_0 - e_1)} \leqslant [\sigma],\quad \sigma_{外} = \left| -\frac{S_Q e_2}{F_A K_A (R_0 + e_2)} \right| \leqslant [\sigma] \qquad (5-14)$$

式中：S_Q——吊钩强度的计算载荷，N，$S_Q = \phi_2 P_Q$；

e_1——截面 A—A 形心至截面内边的距离,mm;

e_2——截面 A—A 形心至截面外边的距离,mm;

R_0——截面形心轴线至曲率中心 O 点距离,mm;

F_A——截面 A—A 的面积,mm^2;

K_A——截面 A—A 的形状系数,$K_A = -\dfrac{1}{F_A}\displaystyle\int_{-e_1}^{e_2}\dfrac{X}{R_0 + X}\mathrm{d}F$。

锻造吊钩的许用应力$[\sigma]$如表 5-11 所示。对于非标准吊钩,需按式(5-14)进行吊钩的强度校核,表 5-12 列出了几种不同吊钩截面的形状系数。

表 5-11　锻造吊钩的许用应力$[\sigma]$

吊钩部位	应力形式	许用应力			吊钩部位	应力形式	许用应力		
		M1	M2～M4	M5～M6			M1	M2～M4	M5～M6
曲杆部分	弯曲	$\dfrac{\sigma_s}{1.05}$	$\dfrac{\sigma_s}{1.3}$	$\dfrac{\sigma_s}{1.65}$	直柄部分	拉伸	$\dfrac{\sigma_s}{5}$		

表 5-12　吊钩截面的形状系数 K_A

截　面　形　状	形　状　系　数　K_A
(1) $e_1 = \dfrac{h}{2}$	$K_A = \dfrac{1}{4}\left(\dfrac{h}{2R_0}\right)^2 + \dfrac{1}{8}\left(\dfrac{h}{2R_0}\right)^4 + \dfrac{5}{64}\left(\dfrac{h}{2R_0}\right)^6$
(2) $e_1 = \dfrac{b_1 + 2b_2}{b_1 + b_2}\cdot\dfrac{h}{3}$ 常用:$h \approx D$ $b_1 \approx 0.67h$ $b_2 \approx 0.4b_1$ $K_A \approx 0.10$	$K_A = \dfrac{2R_0}{(b_1+b_2)h}\left\{\left[b_2 + \dfrac{b_1-b_2}{h}\left(\dfrac{D}{2}+h\right)\right]\ln\left(1+\dfrac{2h}{D}\right) - (b_1-b_2)\right\} - 1$
(3) $e_1 = \dfrac{h}{2}$	$K_A = \dfrac{D+h}{2h}\ln\left(1+\dfrac{2h}{D}\right) - 1$

（续表）

截　面　形　状	形　状　系　数 K_A
（4） $e_1 = \dfrac{h}{3}$	$K_A = \dfrac{3D+2h}{h}\left[\left(1+\dfrac{D}{2h}\right)\ln\left(1+\dfrac{2h}{D}\right)-1\right]-1$
（5） $e_1 = R_0 - \dfrac{D}{2}$	$K_A = \dfrac{R_0}{F}\left\{\dfrac{\pi}{4}b_1\ln\left(1+\dfrac{2h_1}{D}\right)+\left[\left(\dfrac{D}{2}+h\right)\left(\dfrac{b_2-b_3}{h_2}\right)+b_3\right]\ln\left(\dfrac{D+2h}{D+2h_1}\right)-\right.$ $\left.(b_2-b_3)\right\}-1$ 式中： $R_0 = \dfrac{1}{F}\left\{F_1\left(\dfrac{D+h_1}{2}\right)+F_2\left[\dfrac{D+2h_1}{2}+\dfrac{h_2(b_2+b_3)}{3(b_2+b_3)}\right]\right\}$ $F = F_1 + F_2$ $F_1 = \dfrac{\pi b_1 h_1}{4},\ F_2 = \dfrac{b_2+b_3}{2}h_2$ 常取： $h \approx \dfrac{D}{0.85}$ $h_1 \approx 0.3h$ $b_1 \approx 0.7h$ $b_2 \approx 0.53b_1 \approx 0.37h$ $b_3 \approx 0.2b_1 \approx 0.14h$ $K_A = 0.11 \sim 0.12$

（2）双钩钩身。

钩身垂直截面 B—B 和倾斜截面 C—C 是危险截面，如图 5‑38 所示。

截面 B—B 中，内侧最大拉应力：

$$\sigma_{内} = \frac{S_Q e_1}{2F_B K_B (R_0 - e_1)} \leqslant [\sigma] \qquad (5-15)$$

截面 C—C 中，内侧最大拉应力：

$$\sigma_{内} = \frac{S_Q e_1'}{\sqrt{2}F_C K_C (R_0 - e_1')}\sin(45°+\beta) \leqslant [\sigma] \qquad (5-16)$$

对于锻造吊钩，许用应力 $[\sigma]$ 按表 5‑11 选取。

（3）头部直柄。

直柄钩颈最小截面（图 5‑37 中的截面 D—D）拉应力：

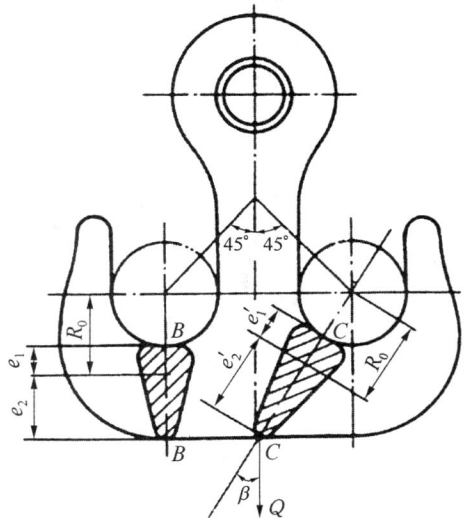

图 5‑38　锻造双钩计算简图

$$\sigma_t = \frac{4S_Q}{\pi d_4^2} \leqslant [\sigma] \tag{5-17}$$

式中：σ_t——拉应力，MPa；

d_4——颈部直径，mm。

假定第一圈螺纹承受有效载荷的一半、剪切面的高度为螺距的一半。此时，螺纹的剪应力 τ 为

$$\tau = \frac{S_Q}{\pi d_5 p} \leqslant [\tau] = (0.6 \sim 0.8)[\sigma] \tag{5-18}$$

式中：d_5——外螺纹小径（螺纹内径），mm；

p——螺距，mm。

该图适用于按 GB/T 10051.4 和 GB/T 10051.5 规定尺寸的单钩以及按相应标准规定尺寸的双钩。

吊钩尾部螺纹长度的验算：

$$H \geqslant \frac{4S_Q p}{\pi(d_0^2 - d_5^2)[\sigma_c]} \tag{5-19}$$

式中：d_0——螺纹内径，mm；

$[\sigma_c]$——材料许用应力，MPa，一般取 $[\sigma_c] = 400 \sim 500$ MPa。

由上式，螺纹圈数 $z = H/p$。

3）片式吊钩的强度计算

铸造起重机用片式单钩宜采用低合金高强度钢，其强度计算中相应于钢材屈服点的安全系数不应低于 2.5。

（1）单钩钩身。

钩身主弯曲截面（水平截面）A—A 是最危险截面，其次是与铅垂线成 45°的截面 B—B 和垂直面 C—C（见图 5-39）。

（i）截面 A—A 中，内侧最大拉应力由①弯曲和②吊运钢水桶时高温辐射热引起吊钩不均匀热变形两部分应力迭加而成：

$$\sigma_t = \frac{S_Q h_A}{F_A K_A D} + \frac{6S_Q(0.5\delta - e)}{h_A \delta^2} \leqslant \frac{\sigma_s}{2.5} \tag{5-20}$$

式中：S_Q——每个钩起吊的载荷（片式单钩常成对使用）；

e——载荷作用点偏向钩身截面外侧的距离。

（ii）截面 B—B 中，内侧合成应力：

$$\sigma_\Sigma = \sqrt{\sigma_t^2 + 3\tau^2} \leqslant \frac{\sigma_s}{2.5} \tag{5-21}$$

式中，$\sigma_t = \dfrac{0.707 S_Q h_B}{F_B K_B D} = \dfrac{0.707 \times 6 S_Q(0.5\delta - e)}{h_B \delta^2}$，$\tau =$

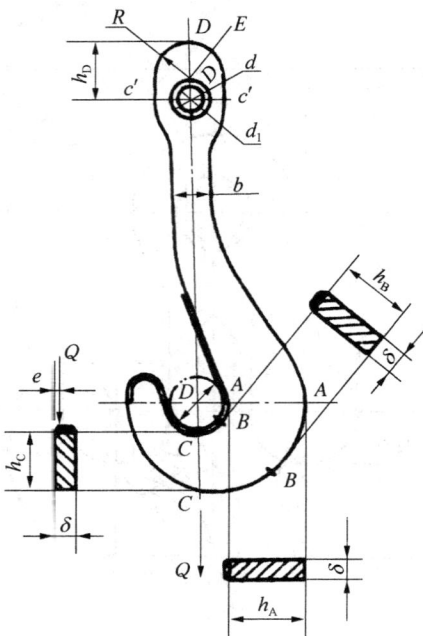

图 5-39　片式单钩计算简图

$1.5 \times \dfrac{0.707S_Q}{F_B}$（1.5 为计及矩形截面受剪不均匀系数）。

（ⅲ）截面 C—C 中，合成应力为

$$\tau_\Sigma = \tau_1 + \tau_2 \leqslant \frac{\tau_s}{2.5} \tag{5 - 22}$$

式中：τ_1——纯剪切应力，$\tau_1 = \dfrac{1.5S_Q}{F_C}$，MPa；

$\qquad \tau_2$——扭转应力，$\tau_2 = \dfrac{S_Q(0.5\delta - e)}{W_\tau}$，MPa，其中 $W_\tau = K\delta h_C^2$，K 系数的选取如表 5 - 13

$\qquad$ 所示。

表 5 - 13　系数 K

h_C/δ	1.0	1.2	1.5	1.75	2.0	2.5	3.0	4.0	5.0	6.0	8.0	10.0
K	0.208	0.219	0.231	0.239	0.246	0.258	0.267	0.282	0.291	0.299	0.307	0.312

（2）双钩钩身。

计算与锻造双钩相同。因截面为矩形，代入相应的 K 值即可。

（3）吊钩头部耳孔。

外径 d 的衬套与吊钩头部耳孔采用过盈配合，直径 d_1 的内孔与轴采用间隙配合，故前者应力可按厚壁筒公式计算，后者应力可按曲梁公式计算。耳孔水平截面 C'—C' 和垂直截面 D—D（见图 5 - 39、图 5 - 40）为危险截面。在截面 C'—C' 中，直径 d_1 的耳孔内侧拉应力最大，按曲梁公式计算：

$$\sigma_t = \frac{S_Q\alpha}{b\delta} \leqslant \frac{\sigma_s}{2.5} \tag{5 - 23}$$

式中：α——耳孔曲率系数（见图 5 - 41）。

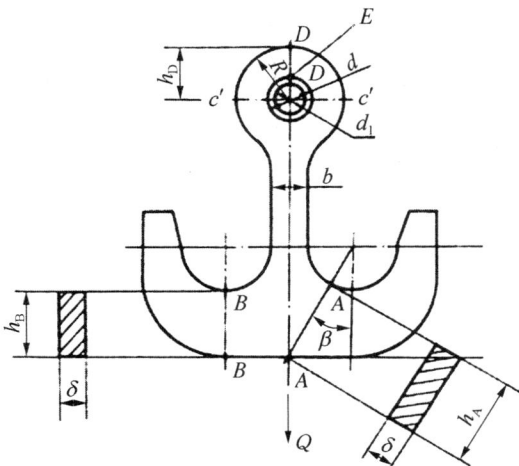

图 5 - 40　片式双钩计算简图

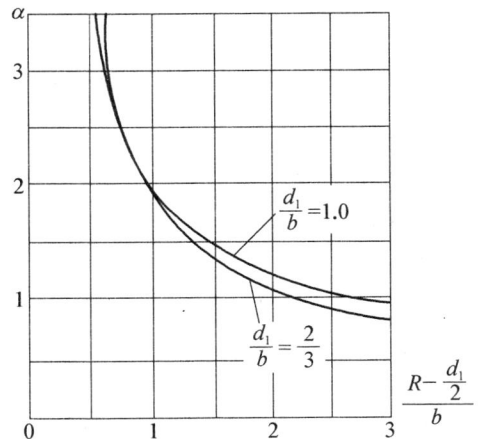

图 5 - 41　耳孔曲率系数 α

铸造起重机用的叠片式单钩,考虑辐射热影响为

$$\sigma_t = \frac{S_Q \alpha}{b\delta} + \frac{6S_Q(0.5\delta - e)}{(2R - d_1)\delta^2} \leqslant \frac{\sigma_s}{2.5} \tag{5-24}$$

在耳孔垂直面 $D—D$ 中,E 点拉应力(切向)最大,按厚壁筒公式计算:

$$\sigma_t = \frac{S_Q(h_D^2 + 0.25d^2)}{d\delta(h_D^2 - 0.25d^2)} \leqslant \frac{\sigma_s}{2.5} \tag{5-25}$$

4)吊钩组其他零件的计算

(1)吊钩横梁的计算。

图5-42中,中间截面 $A—A$ 的最大弯曲应力为

$$\sigma = \frac{M}{W} = \frac{1.5S_Q l}{(B-d)h^2} \leqslant \frac{\sigma_s}{2.5} \tag{5-26}$$

轴孔 d_1 的平均挤压应力为

$$\sigma_{bs} = \frac{S_Q}{2d_1\delta} \leqslant [\sigma_{bs}] \tag{5-27}$$

$[\sigma_{bs}] = \sigma_s/6 \sim \sigma_s/5$(工作时有相对转动,对中小起重量取小值,大起重量取大值)。

$[\sigma_{bs}] = \sigma_s/4 \sim \sigma_s/3$(工作时无相对转动,对中小起重量取小值,大起重量取大值)。

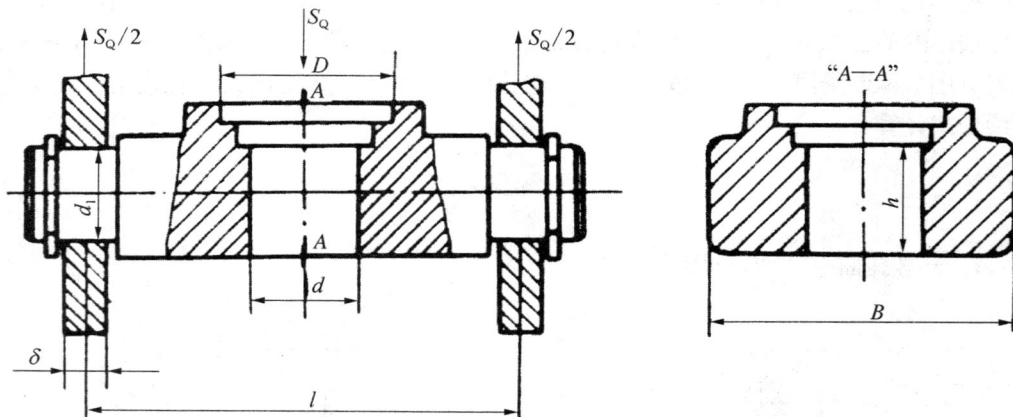

图5-42　吊钩横梁计算简图

(2)滑轮轴计算。

根据拉板在滑轮轴上的不同位置,作出滑轮轴不同的弯矩图(图5-43中 S 为滑轮钢丝绳拉力的合力),最大弯曲应力为

$$\sigma = \frac{M}{W} \leqslant \frac{\sigma_s}{2.5} \tag{5-28}$$

5.4.3　吊钩试验与使用检查

吊钩的安全性由吊钩生产单位的吊钩试验、检验和吊钩使用部门的安全检查两方面予以保证。

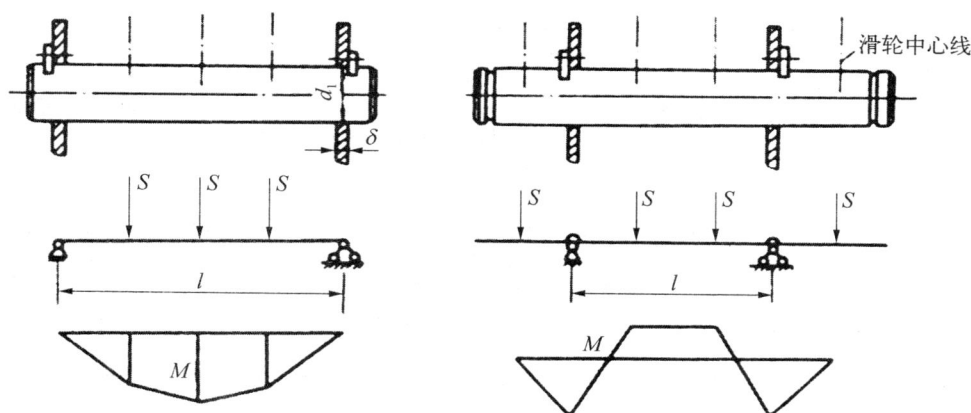

图 5-43　滑轮轴计算简图

　　吊钩试验包括材料化学分析、力学性能试验(拉力试验和冲击功试验),吊钩检验包括超声波探头接触法坯料检验以及表面裂纹的渗透法检验。具体抽检数量及试验方法见GB10051.2《起重吊钩　直柄吊钩技术条件》。

　　吊钩使用检查的内容和要求见 GB10051.3《起重吊钩　直柄吊钩使用检查》。

5.5　制动器

　　制动器是保证起重机安全、正常工作的重要部件。制动器用来防止悬吊的物品或吊臂下落,防止转台或起重机在风力或坡道分力作用下溜动,使起重机机构减速停车,或在特殊情况下调节/限制机构的运动速度。

　　起重机械中采用的制动方式分电力制动和机械制动两大类。电力制动(如反接制动、能耗制动、涡流制动、再生制动等)可消耗机构运动的动能,减小或限制运动速度,但不能支持货物于空中或使臂架保持在某一位置。机械制动利用固体摩擦,吸收运动质量的动能,具有减速、停止、支持等功能,是起重机械必须设置的安全装置。

　　为了减少制动器的磨损,使制动平稳,电力制动与机械制动联合使用可获得良好的效果,此时,电力制动用于减速,机械制动用于停止和支持。

5.5.1　制动器种类及其特点

　　(1)按构造形式,制动器可分为块式、蹄式、带式、盘式、锥式等。块式、蹄式和带式属径向作用式制动器,盘式和锥式属轴向作用式制动器。港口起重机经常使用的制动器类型及特点如表 5-14 所示。

表 5-14　常用制动器的构造形式及特点

分　类	特　点　及　应　用
块式制动器	简单可靠、散热性能好,瓦块有均匀的退距,瓦块与制动轮间的间隙调整方便,制动转矩的大小与转向无关,制动轴不受弯曲载荷,多采用弹簧上闸方式,制动平稳,但瓦块包角较小,制动器整体尺寸较大。块式制动器应用广泛,适于工作频繁的场合

（续表）

分　类	特　点　及　应　用
带式制动器	构造简单、结构紧凑、包角大、制动转矩大,但制动盘轴受弯曲载荷作用,制动器散热性较差,制动带磨损不均匀,多用于尺寸紧凑的场合,也用于某些大型机构的低速级作支持制动
盘式制动器	靠轴向成对作用的制动块夹持制动盘实现制动。与块式、带式相比,有以下优点:① 制动力矩大,且可调范围大、制动平稳可靠、动作灵敏、保养维护方便;② 频繁制动时无冲击,散热性好。从安全角度考虑,盘式制动器是最合适的制动器;③ 防尘和防水性能好;④ 制动盘沿厚度方向的变形量比制动轮径向变形量小,易实现小间隙和磨损后的自动补偿,脚踏式的踏板行程变化小;⑤ 转动惯量小、体积小。多用于直流驱动或具有良好调速性能的交流驱动机构中

（2）按工作状态,制动器可分为常闭式和常开式。

（i）常闭式制动器在弹簧推力作用下经常处于制动状态,机构工作时,由松闸装置松闸。常闭式制动器的制动转矩基本是恒定的。

（ii）常开式制动器经常处于松闸状态,需要对机构制动时,由上闸装置使制动器抱闸。常开式制动器的制动转矩大小可以人为控制。

（3）按不同的松闸方式,制动器主要形式有电磁铁式、电动液压推杆式和液压电磁铁式3 种。

（i）电磁铁式制动器构造简单、反应快捷,但工作时响声大,冲击也大,电磁线圈的寿命较短。

（ii）电动液压推杆式制动器构造稍复杂,但工作平稳、寿命长、噪声小、维护简单,在起重机械上被广泛采用。

（iii）液压电磁铁式制动器综合了电磁式和液压式的优点,电磁线圈寿命长,能自动补偿制动瓦的磨损,制动时间可调,但构造稍复杂,采用交流电源时须配硅整流器。此种制动器适用于高温及工作频繁的场合。

（4）按动作方式,制动器可分为自动作用式、操纵式和综合式3 种。

（i）自动作用式制动器当机构断电或油路切断时,不依赖操作人员的意志,弹簧使制动器自动抱闸;当机构通电或油路供油时,自动松闸。自动作用式制动器保证机构有更高的安全性。制动转矩调定后基本不变,但用于载荷变化大的机构时,制动欠平稳。

（ii）操纵式制动器由人踩下踏板或推动杠杆进行操纵,制动转矩能在较大范围内改变,适用于对制动平稳性要求较高的机构。一般情况下常开式制动器属操纵式制动器。

（iii）综合式制动器具有常闭式和常开式、自动作用式和操纵式四重特点,它有一套松闸装置（电力液压推动器或电磁铁）和两套独立的上闸装置（弹簧和液压系统）。机构正常工作时,制动器为常开操纵式,在机构运转和停歇的全部时间内,电力液压推动器或电磁铁通电,制动器处于松闸状态。踩下踏板,产生需要的制动转矩,机构制动。当起重机断电或出现紧急情况时（如行程开关作用）,松闸装置停止工作,弹簧推力使制动器自动抱闸,此时制动器表现为常闭自动式。

5.5.2　制动器的一般选用原则与验算

根据起重机机构的工作要求和工作条件,选择制动器的一般原则如下:

(1) 根据现有产品系列选择制动器。块式制动器技术成熟,使用可靠,价格适中,维修方便,在起重机上应用最广,在同等条件下可优先选用。在外形尺寸受限、制动转矩要求很大的场合,可考虑选用带式制动器。带式制动器的缺点是作用于轴上的径向力大(等于制动带两端拉力的矢量和),安全性较低(制动带破断将导致严重后果)。盘式制动器制动转矩大,外形尺寸小,摩擦面大于块式制动器,磨损小,应用日益广泛。

(2) 制动器一般装在机构的高速轴上,以减小制动转矩。如果在起升和变幅机构的传动系中有离合器或挠性传动件,制动器必须装在卷筒上,以确保安全。起升和变幅机构必须使用自动作用或操纵的常闭式制动器。在必须使用常开式操纵制动器的场合,应加装停止器。运行和回转机构推荐使用操纵式制动器。为了兼有自动作用常闭式制动器安全可靠和常开操纵式制动器制动平稳的优点,在门式起重机的运行机构上可采用综合式制动器。

(3) 要考虑合理的制动转矩。对起升、变幅机构中用于支持物品和吊臂的制动器,制动转矩必须有足够的储备。运行、回转机构的制动转矩以满足工作要求为宜(满足一定的制动距离或时间,或不发生打滑),不可过大,以防止整机的振动或零部件的损坏。

(4) 选制动器应注意经济性、维修性和使用可靠性。选用电力液压块式制动器标准产品时,制动转矩能在($1.0 \sim 0.7$)额定制动转矩范围内调整,以保证制动转矩稳定、制动可靠。电磁块式制动器标准产品的制动转矩可在($1.0 \sim 0.5$)额定转矩范围内调整。

制动器选定后,应根据起重机机构的工作条件和具体要求进行验算,验算内容如下:

(1) 制动时间或制动距离或制动减速度,详见各机构的设计计算。

(2) 耐热磨损验算。用于制动器的摩擦材料,通常在很高的剪力和温度条件下工作。要求这类材料能吸收动能,并将动能转化为热散发到空气中。其工作温度和温升速度是影响性能的主要因素,制动器工作时,吸收的能量越大,完成的制动时间越短,则温升越高。摩擦材料的工作温度如超过其许用工作温度,性能会显著恶化。对摩擦材料的基本要求如下:① 摩擦系数高而稳定,具有良好的恢复性能;② 耐磨性好,允许压强大,又不损伤对偶材料;③ 有一定的耐油、耐湿、抗腐蚀及抗胶合性能;④ 有一定的机械强度和良好的制造工艺性。在摩擦面上开槽可以贮集侵入的灰尘等脏物而减轻磨损。

(3) 发热验算。对于下降制动(即滑摩式)或在较高环境温度下频繁工作的制动器需要进行发热验算,主要是计算摩擦面在制动过程中的温度是否超过许用值。摩擦面温度过高时,摩擦系数会降低,不能保持稳定的制动转矩,并加速摩擦元件的磨损。起重机工作级别为 M1~M5 的机构,按所需制动转矩选择的标准制动器,当每小时制动次数不大于 150 次时,无须进行发热计算。

5.5.3 不同功能制动器的制动力矩

1) 起升机构

起升机构制动器的主要任务是使运动质量减速或把悬挂在空中的物品支持于一定的位置。

(1) 减速制动器。

如果制动器把一个以速度 v_q 运动的起升质量制动到运动速度为零。制动器需克服物品平移的动能和势能以及机构传动系统转动的动能。

(A) 重物平移的动能和势能。

$$E_1 = mgh + \frac{1}{2}mv_q^2 = mg\frac{v_q t_z}{2} + \frac{1}{2}mv_q^2 \tag{5-29}$$

式中：m——起升质量，kg；

h——起升制动的距离，m；

v_q——起升质量的起升速度，m/s；

t_z——制动时间，s。

（B）机构传动系统转动的动能。

$$E_2 = \frac{1}{2}\sum J \times \omega^2 \tag{5-30}$$

式中：$\sum J$——机构传动系统转动零件折算至制动轮轴的折算转动惯量，kg·m²；

ω——制动轮的转速，rad/s。

（C）制动力矩所做的功。

$$W = \int_0^{t_z} M_z(t) \cdot \omega(t)\mathrm{d}t \tag{5-31}$$

式中：M_z——制动力矩，N·m。

当制动力矩 M_z 为常数时，制动轮角速度按线性规律在制动时间 t_z 内减小为零，则式（5-31）变为

$$W = \int_0^{t_z} M_z\omega\frac{t_z-t}{t_z}\mathrm{d}t = M_z\omega\frac{t_z}{2} \tag{5-32}$$

考虑机构效率，根据能量守恒定律 $W = E_1 + E_2$ 和式（5-32）可得制动器的制动力矩为

$$M_z = \frac{\eta}{\omega t_z}(mgv_q t_z + mv_q^2 + \sum J \times \omega^2) \tag{5-33}$$

由式（5-33）可见，制动器所需的制动力矩 M_z 与制动轮的角速度 ω 成反比，所以制动器应安装在高速轴，这样，要求的制动力矩小，制动轮和制动衬垫受到的载荷小，因而磨损大为减轻。

由式（5-29）可知，在起升机构中，当其他量不变时，制动时间 t_z 增加，制动能量也随之增加。也就是说，需给一个较大的制动力矩以保证制动时间应尽可能短，但如果制动时间过短，制动加速度大，对结构的冲击也就大，这是非常不利的。

作为估算值，一般使 $M_z \geq 1.5M_n$，其中 M_n 为电动机的额定转矩。

（2）支持制动器。

支持制动器可用来将悬挂的物品支持于一定的高度上。此外，在紧急情况（断电或紧急制动）下，单独依靠制动器，必须能够把下降中的物品制动住。

在配备有电气制动控制的起升机构中，机械制动器常作为支持制动器使用。此时它只需承受机构一小部分的能量。一般希望在经过电气制动后，当制动轮的转速降至额定速度的 20%后，机械制动器才开始参与工作。

（3）下降制动器。

下降制动器工作于要求物品下降速度不变的场合，也即在物品下降过程中，物品的动能保持为常数，则物品的势能通过下降制动器转换为热量而散逸。由于下降制动器在工作时，摩擦

面摩擦剧烈,因而目前在电力驱动的起重机中,把机械制动器作为下降制动器已属罕见。较理想的方法是通过电动机的调速,使重物在下降过程中速度保持不变。

2)运行机构

运行机构制动器用来使运行中的小车或起重机停车。运行机构制动器制动要克服如运行质量的平移动能、机构传动系统的转动动能以及附加载荷(如风载荷)所做的负功。

(1)平移动能。

$$E_1 = \frac{1}{2}mv_y^2 \qquad\qquad (5-34)$$

式中：m——平移质量,kg;

　　　v_y——运行速度,m/s。

(2)机构传动系统的转动动能。

$$E_2 = \frac{1}{2}\sum J \times \omega^2 \qquad\qquad (5-35)$$

(3)附加载荷的功。

$$W_1 = -P_W \cdot \frac{1}{2}v_y t_z \qquad\qquad (5-36)$$

式中：P_W——风载荷,N。

(4)制动力矩所做的功。

当制动力矩 M_z 为常数时,制动力矩所做的功为

$$W = M_z\omega \cdot \frac{t_z}{2} \qquad\qquad (5-37)$$

考虑机构效率,根据能量守恒定律 $W + W_1 = E_1 + E_2$,得制动器的制动力矩为

$$M_z = \frac{\eta}{\omega t_z}(mv_y^2 + \sum J \times \omega^2 + P_W v_y t_z) \qquad\qquad (5-38)$$

在大型且运行速度较高的起重机运行机构中,制动前也经常采用调速驱动装置进行电气制动,但也应保证机械制动器在紧急情况下承受全部制动能量。

必须注意到,运行机构制动器的制动总能量中的平移动能要比起升机构大很多,这是由于机构的质量很大,甚至还需考虑运行的惯性载荷。

3)回转机构

回转机构制动器在将起重机回转部分由额定速度制动到停止时,所需克服的能量有：① 回转动能;② 风载荷的阻力功。其计算同式(5-30)和式(5-36)。

为了尽量减小起重机带载回转制动时,物品在回转圆周轨迹的切线方向摆动,最好是使回转机构传动系统在制动过程中,缓和地受到制动器的制动作用。

5.5.4　制动器的制动原理

1)块式制动器

块式制动器的制动力(或称上闸力)由压力弹簧给出,并通过制动杠杆传递给制动块。弹

簧力始终作用于相对的两制动块上(常闭式),如图 5 - 44 所示。当需要在制动衬垫和制动轮之间出现间隙以解除制动时,由驱动装置产生推力来克服弹簧对制动块的作用力。驱动装置一旦断电,制动块在弹簧力的作用下,迅速抱紧制动轮,使机构制动。

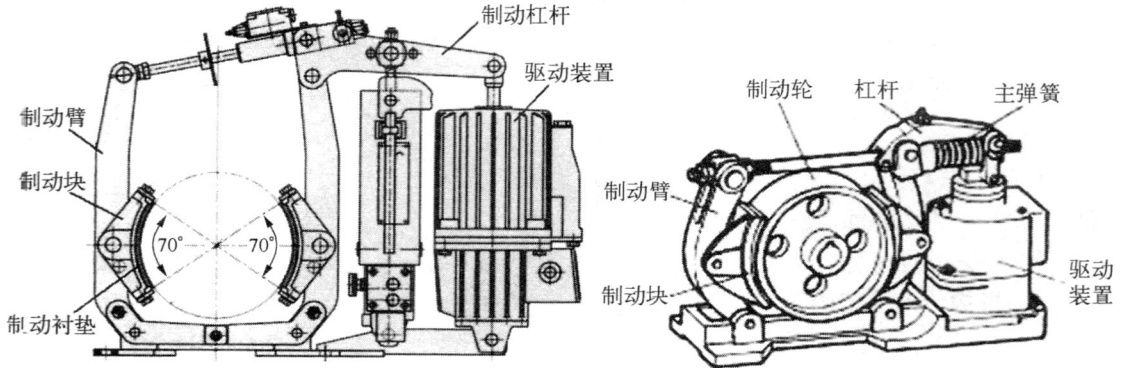

图 5 - 44　电力液压块式制动器

通过调整两制动臂的侧向支承,可以保证制动器松开时,两制动块相对于制动轮都具有均匀的张开度。

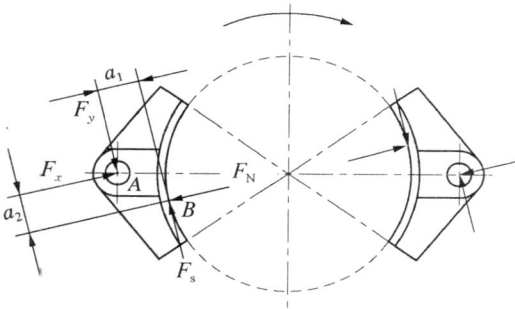

图 5 - 45　制动块的受力分析图

(1)制动块上的作用力。

当制动块铰接于制动臂上的 A 点时,制动块对制动轮的压紧力和由此产生的摩擦力的合力必然通过铰点 A。摩擦力 $F_s = \mu F_N$,力臂为 a_1,产生了对铰点 A 的力矩。该力矩必须与由正压力(压紧力)F_N 对 A 点的力矩平衡。取制动块为分离体(见图 5 - 45),根据力矩平衡条件,得

$$\sum M_A = 0, \ F_s a_1 - F_N a_2 = 0 \quad (5-39)$$

为了满足上述条件,制动块与制动轮之间压紧力 F_N 与摩擦力 F_s 合力的作用点从位于对称轴上偏移到 B 点。合力作用点的偏移,在制动块接触面上造成压强的不均匀分布。

(2)制动轮直径的确定。

制动轮的大小与制动器承受的能量及制动器的制动力矩有关,摩擦生热会使制动衬垫和制动轮由于过热及磨损而破坏。所以在计算制动器时,必须要考虑以下几点:① 在制动时间 t_z 内,制动器需把机构从额定速度制动到速度为零;② 制动衬垫和制动轮的磨损应在一定的经济限度内;③ 制动衬垫不应该局部过热,以致其摩擦系数产生剧烈的变化。

若制动轮转速为 n,则制动功率为

$$M_z n = 2\mu F_N \cdot \frac{D}{2} \cdot n = \mu p A D n, \ n = \frac{60v}{\pi D} \quad (5-40)$$

式中:μ——摩擦系数;

p——摩擦表面的单位面积压力强度,N/mm^2,见表 4 - 8 或表 4 - 9;

v——摩擦面相对运动速度,mm/s;

A——制动轮制动表面积,mm²;

D——制动轮直径,mm。

因此,许用制动力矩$[M_z]$为

$$[M_z] = \mu p v \cdot \frac{60A}{n\pi} \qquad (5-41)$$

按德国标准 DIN 15435,制动轮尺度的标准值为:

制动衬垫在制动轮上的包角　　　　$\alpha = 70°$

制动衬垫宽度　　　　　　　　　　$b = 0.335D$

制动衬垫面积　　　　　　　　　　$A = 0.204D^2$

由式(5-40)可得所需的制动轮的直径为

$$D = \sqrt{\frac{M_z n}{3.9 \mu p v}} \qquad (5-42)$$

(3) 制动衬垫的使用寿命。

制动衬垫的使用寿命与制动循环次数、相应衬垫的磨损量以及制动功有关。制动循环次数是指制动器在每小时内的制动次数 Z。

制动衬垫允许被磨掉的体积 V 为

$$V = \pi D \cdot \frac{\alpha}{360°} \cdot b(s_1 - s_2) \qquad (5-43)$$

式中:α——制动块在制动轮上的包角,°;

s_1——磨损前制动衬垫的厚度,cm;

s_2——磨损后制动衬垫的厚度,cm;

b——制动衬垫厚度,cm。

根据式(5-32),对装有两个同时工作的制动衬垫的块式制动器来说,一次制动的制动力矩的功为

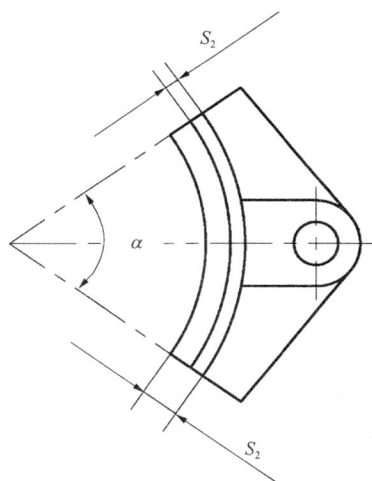

图 5-46　摩擦衬垫尺寸

$$W' = 2\mu F_N \cdot \frac{D}{2} \cdot \frac{\pi n}{30} \cdot \frac{t_z}{2} \cdot \frac{1}{1\,000} \cdot \frac{1}{3\,600}, 且\ v = \frac{\pi D n}{60}$$

$$W' = 2\mu F_N v \cdot \frac{t_z}{2} \cdot \frac{1}{1\,000} \cdot \frac{1}{3\,600} \qquad (5-44)$$

式中:W'——一次制动时的制动力矩所做的功,kW·h/次。

衬垫的使用寿命可由制动衬垫单位磨损量和可供磨损的体积来确定,可表示为

$$2V = qW'NZ$$

$$N = \frac{2V}{qW'Z} \qquad (5-45)$$

式中:N——制动衬垫的使用寿命,h;

q——制动衬垫单位磨损量,cm³/(kW·h);

Z——制动器每小时的制动次数。

由于制动衬垫的使用寿命还与其他许多因素有关,所以由式(5-45)算得的寿命 N 并非是一个定值,而是在一个颇大的范围内变动。

(4)制动轮发热。

制动轮发热也是影响制动衬垫寿命的重要因素。根据制动衬垫与制动轮的材料,制动器工作时,两者的稳定温度不应超过规定值,因此,必须保证制动轮的工作温度始终处于许用极限温度之下。

如果制动轮的温度达到稳定,那么吸收的热量与散发的热量处于平衡状态,即

$$W'Z = \beta A'(t_2 - t_1) \tag{5-46}$$

式中：A'——制动轮折合散热面积,m^2；

$$A' = 2\pi D\left(1 - \frac{\alpha}{360°}\right) + \psi D^2 \tag{5-47}$$

ψ——制动轮轮辐散热面积折算系数, $\psi \approx 1$；

β——平均散热系数, $\beta = \beta_0(1 - JC\%) + \beta_d JC\% + \beta_f$；

β_0——制动轮静止时的散热系数, $\beta_0 = 21\,000\ \text{J/(m}^2 \cdot \text{h} \cdot \text{℃)}$；

β_d——制动轮转动时的散热系数,与制动轮圆周速度有关,$\text{J/(m}^2 \cdot \text{h} \cdot \text{℃)}$；

$\quad \beta_d = 25\,600 v^{0.78}$

β_f——制动轮辐射散热系数,由制动轮最高温度 t_2 而定,$\text{J/(m}^2 \cdot \text{h} \cdot \text{℃)}$。

表 5-15　系数 β_f

$t_2/(\text{℃})$	50	100	150	200	250	300
$\beta_f/(\text{J/(m}^2 \cdot \text{h} \cdot \text{℃)})$	16 000	20 000	27 000	32 000	40 000	48 000

2）盘式制动器

在起升机构中,应用块式制动器有时会受到限制,例如当制动轮的直径大到 710 mm 时,制动轮的质量惯性矩也显著增大,这样,制动器必然导致更多的由自身质量引起的能量损耗；且制动轮直径为 710 mm 时的经济速度极限为 630 r/min,此时就应选用盘式制动器,如图 5-47 所示。

盘式制动器的工作表面为圆盘的两侧平面,少数为圆锥面。其摩擦副由制动盘和制动块(或摩擦盘)组成,沿盘轴向施加压力,制动盘轴不受弯曲,制动性能稳定。其主要缺点是：

(1)制动衬垫的摩擦面积小,比压大,对制动衬垫材质要求高,径向(或轴向)尺寸稍大,价格较贵。

(2)与块式制动器不同,盘式制动器工作时摩擦面上的各个圆周上的线速度不同,为了尽可能使摩擦衬垫磨损得均匀,制动盘与制动衬垫之间的合力作用点应相对偏心。

液压钳盘式制动器(见图 5-48(a))常用于低速轴(如卷筒边)的紧急安全制动,常闭式设计,安全可靠；特制碟簧施力

图 5-47　盘式制动器

制动,液压驱动释放。其布置方式如图 5-48(b)所示。其可达到的制动力矩为

$$[M_z] = \mu d F_N \tag{5-48}$$

式中:F_N——制动时的总加紧力,N;

　　　d——制动的有效直径,mm。

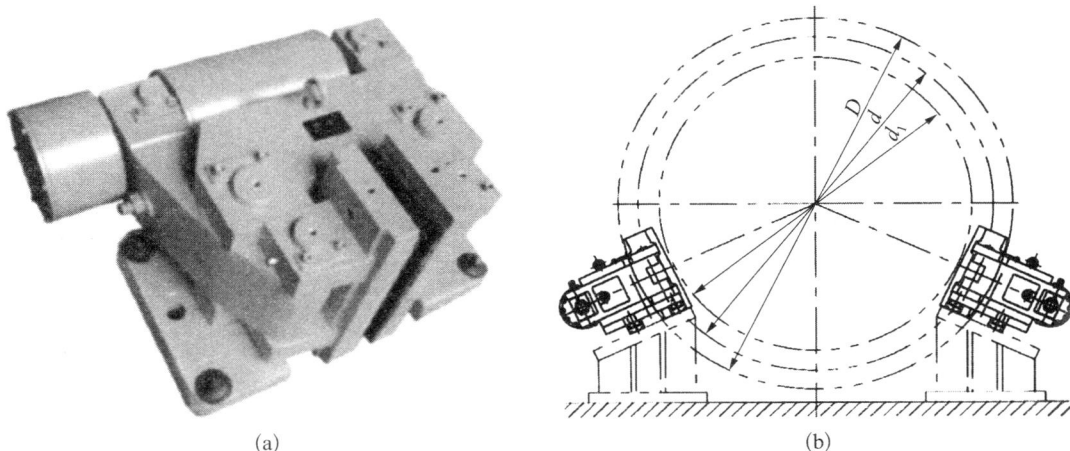

(a)　　　　　　　　　　　　　　　　　(b)

图 5-48　低速轴盘式制动器

(a) 液压钳盘式制动器;(b) 布置方式

液压式轮边制动器(见图 5-49)主要用于室外大中型港口装机械工作状态下的防风和非工作状态下的辅助防风制动。其为常闭式设计,采用特制碟簧施力制动,液压站集中驱动释放。一般只用于被动车轮上,并进行直接制动,可有效防止被制动的车轮在风力作用下产生滚动位移。采用轮边制动器进行防风制动,是目前一种新型的且效果比较理想的防风措施。

3) 带式制动器

(1) 类型和制动力矩。

带式制动器由制动轮、制动钢带(一般在钢带内表面有制动衬垫)、操纵系统等组成。挠性钢带中多装有皮革、木块或石棉摩擦材料,以增大摩擦系数和减轻带的磨损。

图 5-49　液压轮边制动器

挠性钢带与杠杆的连接形式有简单带式、差动带式和综合带式 3 种,如图 5-50 所示。

(A) 简单带式制动器。带的一端固定在杠杆支点 A 上,另一端与杠杆上的 B 点连接。带在重锤的重力 G 作用下处于紧闸状态。当电流接通时,电磁铁的磁力 Z 提起杠杆即为松闸。这种形式的制动轮按图中转向转动时产生的制动力矩较大;反向转动时制动力矩较小,用于单向制动。

(B) 差动带式制动器。带的两端分别与杠杆的 B 和 C 点相连,在制动力 F_b 的作用下杠杆绕支点 A 转动,B 端拉紧而 C 端放松,由于 AB 大于 AC,因而是紧闸。它与简单带式一样,宜用于单向制动,但所需制动外力比简单带式小而制动行程大,故常用于手或脚操纵的单向制动。

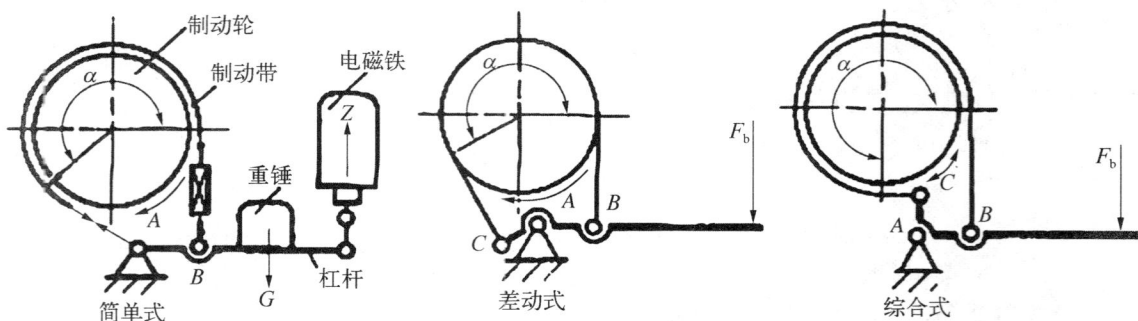

图 5-50　带式制动器

（C）综合带式制动器。在制动力 F_b 的作用下，B 和 C 端同时拉紧，且 AB 等于 AC，故制动轮正转或反转产生的制动力矩相同。它可用于正、反向转动和要求有相同制动力矩的场合。带式制动器构造简单，尺寸紧凑，但制动轮轴上受力较大，摩擦面上压力分布不均匀，因而磨损也不均匀。这种制动器通常用于中小型起重机、车辆和人力操纵的场合，不及块式制动器用得广泛。

双带式制动器是在普通带式的基础上，将制动钢带对称布置，这样制动轮正反转均可得到大小相等的制动转矩。

带式制动器无标准，一般情况下需自行设计，其结构形式、制动转矩及特点见表 5-16 所示。

表 5-16　带式制动器制动转矩及特点

		简 单 式	综 合 式	差 动 式	双 带 式
结构形式					
制动力矩	正转	$M_z = \dfrac{F_b Dl}{2a}(e^{\mu\alpha}-1)$	$M_z = \dfrac{F_b Dl}{2}\dfrac{e^{\mu\alpha}-1}{a+be^{\mu\alpha}}$	$M_z = \dfrac{F_b Dl}{2}\dfrac{e^{\mu\alpha}-1}{a-be^{\mu\alpha}}$	$M_z = M_z'$ $=\dfrac{F_b Dl}{2a}\left(e^{\mu\alpha}-\dfrac{1}{e^{\mu\alpha}}\right)$
	反转	$M_z' = \dfrac{F_b Dl}{2a}\left(1-\dfrac{1}{e^{\mu\alpha}}\right)$	$M_z' = \dfrac{F_b Dl}{2}\dfrac{e^{\mu\alpha}-1}{b+ae^{\mu\alpha}}$	$M_z' = \dfrac{F_b Dl}{2}\dfrac{e^{\mu\alpha}-1}{ae^{\mu\alpha}-b}$	
紧闸力的最大行程		$h = \dfrac{\varepsilon_{max}\alpha}{a}l$	$h = \dfrac{\varepsilon_{max}\alpha}{2a}l$	$h = \dfrac{\varepsilon_{max}\alpha}{a+b}l$	$h = \dfrac{\varepsilon_{max}\alpha}{a}l$
特　点		正反制动力矩不同	当 $a=b$ 时，正反转制动力矩相同	正、反转制动力矩不同，上闸力 F_b 小，当 $b \geqslant \dfrac{a}{e^{\mu\alpha}}$ 时自锁	相当于两个对称的简单式组合，正、反转制动力矩相同
用　途		起升机构	运行、回转机构	起升机构	运行、回转机构

注：$\varepsilon_{max} = 1.5\varepsilon$，$\varepsilon$ 为松闸间隙，参见表 5-17。

（2）设计计算和主要尺寸。

（A）比压计算。

带式制动器制动轮上的比压分布如图 5 - 51 所示，最大拉力处的比压最大为

$$p_{max} = \frac{2S_{max}}{Db} \qquad (5-49)$$

式中：S_{max}——钢带紧边最大拉力，N；

　　　D——制动轮直径，mm；

　　　b——制动钢带宽度，mm；

　　　$[p]$——制动衬垫许用比压，一般取 0.3～0.6 MPa。

（B）制动轮轴的径向力。

根据柔性带摩擦公式，当制动轮回转时有：

$$S_{max} = S_{min}e^{\mu\alpha} \qquad (5-50)$$

式中：S_{min}——钢带紧边最小拉力，N；

　　　μ——动摩擦系数；

　　　α——包角，$\alpha = 180° \sim 270°$。

采用间隔的（多块式）制动衬垫时，钢带紧边拉力应改写为

$$S_{max} = \frac{2M_z\left(1 + 2\mu\tan\dfrac{\beta}{2}\right)n}{D(e^{\mu\alpha} - 1)} \qquad (5-51)$$

式中：β——相邻衬垫中心线间夹角，rad；

　　　n——衬垫数目。

制动轮轴的径向力为制动钢带的最大拉力 S_{max} 和最小拉力 S_{min} 的合力。

（C）主要尺寸。

制动钢带宽度　　　　　　　　　$b = \psi D$ 　　　　　　　　　(5-52)

其中 $\psi = 0.2 \sim 0.3$，D 大时取小值。

制动轮宽度　　　　　　　　　$b_t = b + (5 \sim 20)$ 　　　　　　　(5-53)

制动钢带厚度　　　　　　　　$\delta = \dfrac{S_{max}}{(b - nd)[\sigma]}$ 　　　　　　　(5-54)

式中：d——连接铆钉孔径，mm；

　　　n——同一排铆钉数目；

　　　$[\sigma]$——许用应力，MPa。对 Q235，$[\sigma] = 60$ MPa；对 45 钢，$[\sigma] = 100$ MPa。

表 5 - 17 给出了制动钢带及制动衬垫有关参考值。

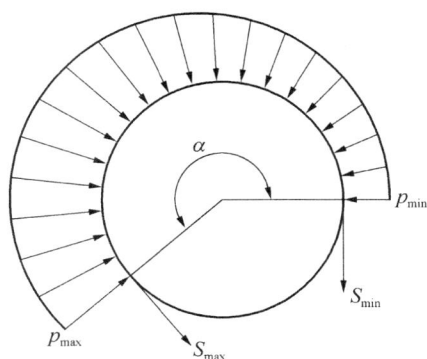

图 5 - 51　比压分布图

表 5‑17　制动钢带与制动衬垫

制动轮直径 D/mm	制动轮宽度 b_t/mm	制动钢带宽度 b/mm	制动钢带厚度 δ/mm	制动衬垫厚度 δ_c/mm	松闸间隙 ε/mm
160	50	45	2	4	0.6~0.8
200	65	60	2	4	
250	80	70	2	5	
315	100	80	2,3	6	1.0~1.25
400	120	100	3	7	
500	140	120	3	8	
630	160	140	3	8	1.25~1.60
710	180	160	3	10	
800	200	180	3	10	

5.6　减速器

　　港口起重机上常用的减速器主要有：卧式或立式渐开线圆柱齿轮减速器、卧式圆弧圆柱齿轮减速器、圆柱蜗杆减速器和行星齿轮减速器等。

　　渐开线齿轮传动为应用最广泛也最成熟的传动方式之一。它具有传递功率大、布置方便、传动平稳、工作可靠、传动效率高、寿命长等优点,但体积和质量偏大。

　　圆弧齿轮传动较渐开线齿轮传动承载能力更大、传动效率更高,且磨损小、寿命长。但它对中心矩、切齿深度和螺旋角的偏差十分敏感,因而对制造精度要求较高。

　　蜗杆传动结构紧凑、传动比大、体积小、传动平稳、噪声小,可以设计成自锁式传动。普通圆柱蜗杆传动的效率较低、制动时冲击较大、传递功率较小;圆弧齿圆柱蜗杆传动的承载能力强、传动效率高,更适合重载情况下使用。

　　行星传动结构紧凑、体积小、传动比可以很大、传动效率高,但结构比较复杂、制造比较困难、成本较高。

　　选用减速器时,应综合考虑不同机型的各种工况、载荷条件和工作环境等,还应注意各种标准减速器的适用范围及选用方法。本节仅列出 QJ 型和 QS 型减速器的选型方法,其他类型参见《机械设计手册》(第五版)或产品样本。

5.6.1　QJ 型减速器

　　QJ 型减速器是一种外啮合、斜齿、中硬齿面、三点支承式的渐开线圆柱齿轮减速器,支承方式为底座式。其适用工作条件为:齿轮圆周速度不大于 16 m/s,高速轴转速不大于 1 000 r/min,工作环境温度为 −40~+45℃,可正、反两向运转。减速器箱体、箱盖均为铸铁件或焊接件。

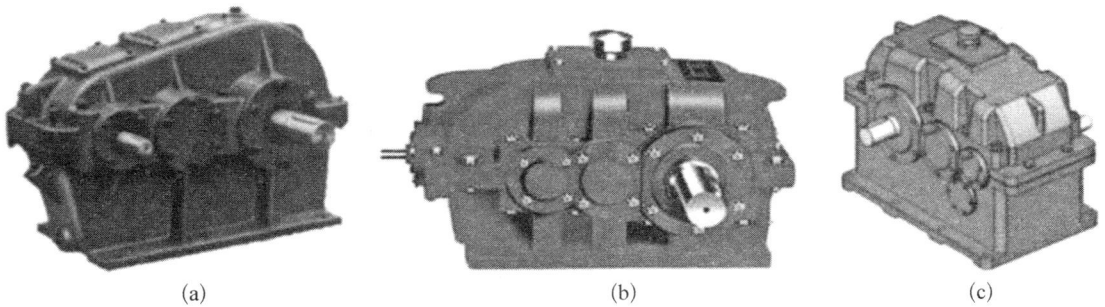

图 5-52　QJ 型起重机齿轮减速器

(a) QJR 型；(b) QJS 型；(c) QJRS 型

1) 形式

QJ 型减速器按支承方式不同分为三支点支承方式(JB/T 8905.1)和底座式支承方式(JB/T 8905.2)两种；结构形式分为 R 型(二级)、S 型(三级、一排轴线)和 RS 型(三级、二排轴线)3 种(见图 5-53(b))；装配形式有如图 5-53(c)所示的 9 种形式；输出轴端共有 3 种形式：圆柱(P 型)、齿轮(C 型)和花键(H 型)，其尺寸只与减速器名义中心距有关。

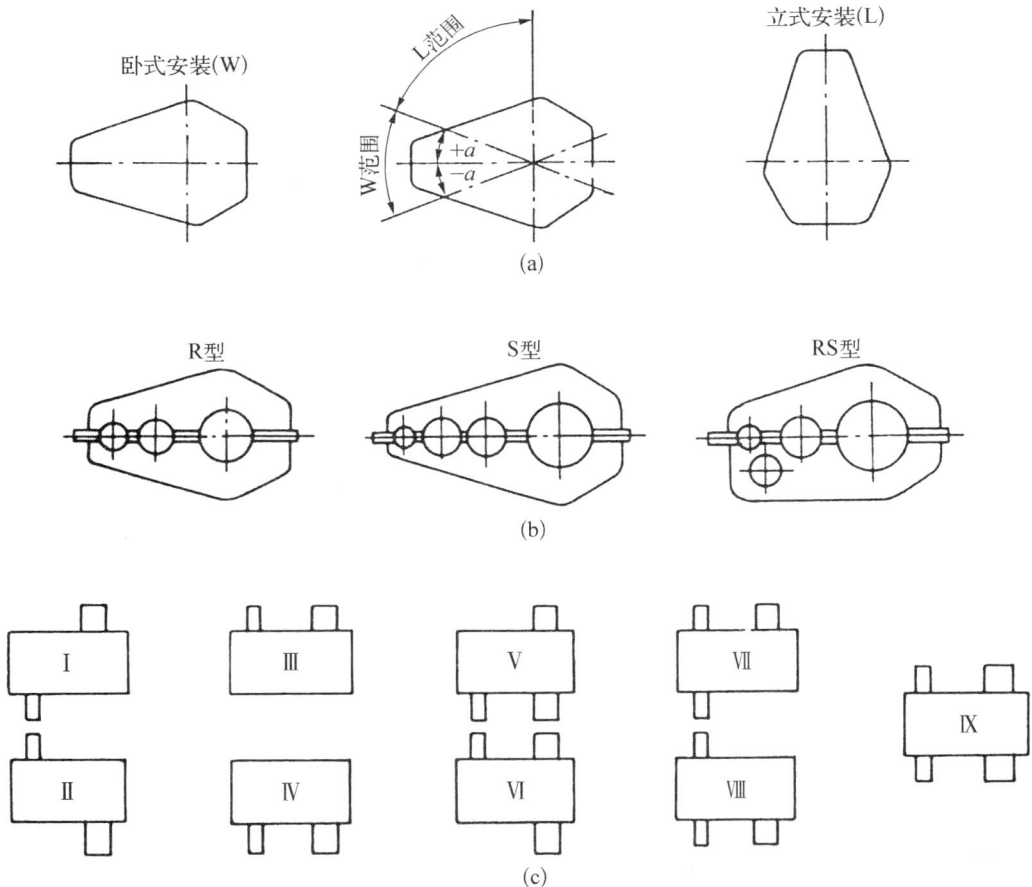

图 5-53　QJ 型减速器的形式

(a) 三支点的安装形式；(b) 结构形式；(c) 装配形式

2）型号表示方法

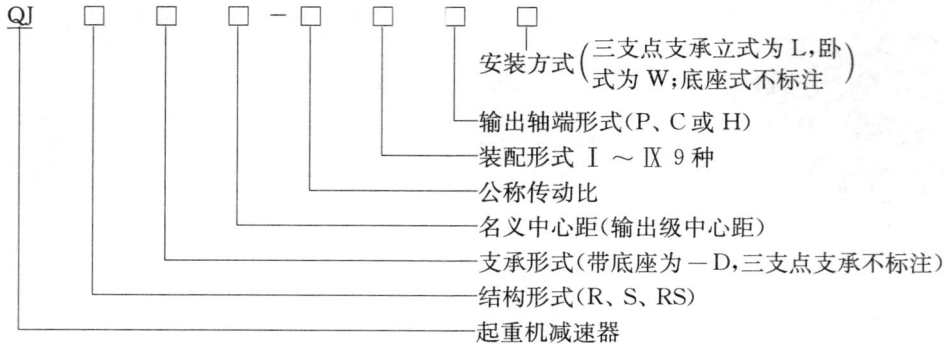

QJ □ □ □ - □ □ □

安装方式 $\left(\begin{array}{l}\text{三支点支承立式为 L,卧}\\ \text{式为 W;底座式不标注}\end{array}\right)$

输出轴端形式（P、C 或 H）

装配形式 Ⅰ ～ Ⅸ 9 种

公称传动比

名义中心距（输出级中心距）

支承形式（带底座为 -D,三支点支承不标注）

结构形式（R、S、RS）

起重机减速器

标记示例：

起重机带底座的二级减速器，名义中心距 $a_1 = 560\,\text{mm}$，公称传动比 $i = 20$，第Ⅳ种装配形式，轴端形式为 P 型，标记为：减速器 QJ - D560 - 20Ⅳ P JB/T 8905.2—1999。

3）减速器的选用

QJ 型减速器的规格主要根据输入轴转速、公称传动比和高速轴功率从样本中选取。样本中所列的高速轴许用功率值为 M5 工作级别时的功率值。当用于其他工作级别的机构时,应将该工作级别 Mi 的功率值换算成 M5 工作级别的数值。必要时还应验算输出轴端的瞬时允许转矩和最大允许径向载荷。

（1）计算实际工作级别 Mi 的功率值：

$$P_{\text{M}i} = \frac{T_{i\max} \cdot n}{9\,550} \tag{5-55}$$

式中：$P_{\text{M}i}$——工作级别 Mi 时的功率值,kW；

$T_{i\max}$——疲劳计算基本载荷,N·m；

n——输入轴转速,r/min。

（2）将 $P_{\text{M}i}$ 换算成相当于工作级别 M5 时的功率值：

$$P_{\text{M5}} = P_{\text{M}i} \times 1.25^{(i-5)} \tag{5-56}$$

5.6.2　三合一减速器

"三合一"减速器是融减速器、电动机、制动器于一体的驱动机构。它具有结构紧凑、体积小、传动效率高、安装及维护方便等优点,可用于中小型轨道式起重机的大车运行机构和小车运行机构。

工作条件为：① 齿轮圆周速度不大于 20 m/s；② 输入轴速度不大于 1 500 r/min；③ 工作环境温度 -40～45℃；④ 可正、反两个方向运转。

1）结构形式

减速器采用渐开线圆柱齿轮、圆弧齿轮和圆锥齿轮传动,配用带制动器的绕线电动机或带制动器的笼型电动机驱动,其结构形式按电动机轴中心线与减速器输出轴中心线的相对位置可分为平行轴式和垂直轴式（QSC 型,见图 5-54(b)）两种。其中平行轴式减速器按传动级数又可分为二级传动（QSE 型,见图 5-54(a)）和三级传动（QSS 型）平行轴式减速器。

(a)　　　　　　　　　　　　　　　　　　(b)

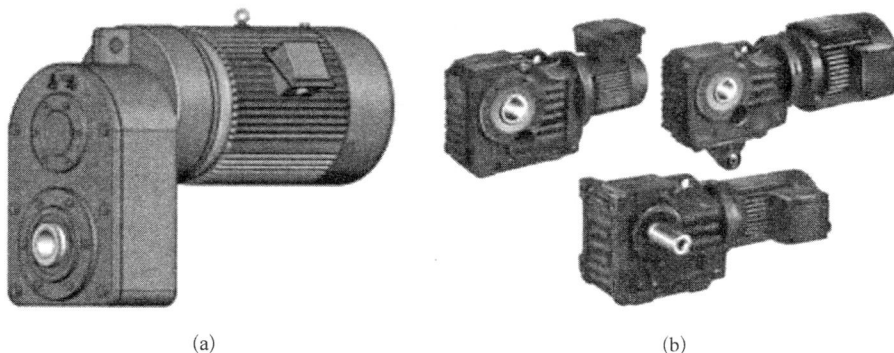

图 5-54　"三合一"减速机

(a) QSE 型；(b) QSC 型

2) 型号的表示方法

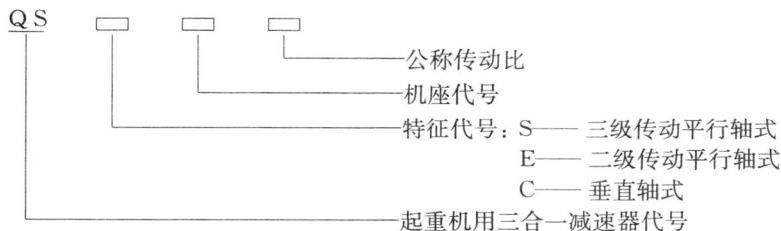

QS □ □ □
　　　　　　　公称传动比
　　　　　　机座代号
　　　　特征代号：S——三级传动平行轴式
　　　　　　　　　E——二级传动平行轴式
　　　　　　　　　C——垂直轴式
　起重机用三合一减速器代号

标记示例：

机座代号为 10（中心距 200 mm），公称传动比为 25 的三级传动平行轴三合一减速器标记为：减速器 QSS10-25 JB/T 9003—2004。

3) 减速器的选用

按 JB/T 9003 规范给出的减速器输入轴功率是在输入轴转速为 1 400 r/min、工作级别为 M6 时的功率值，若输入轴转速不是 1 400 r/min 时，应按等转矩折算为

$$\frac{P_{ni}}{n_i} = \frac{P_{1\,400}}{1\,400} \tag{5-57}$$

式中：P_{ni}——减速器输入轴不同转速下的允许功率值，kW；

n_i——减速器输入轴的转速，r/min；

$P_{1\,400}$——减速器输入轴在转速为 1 400 r/min 时对应的功率值，kW。

若起重机各机构的工作级别不为 M6 时，对应工作级别下的减速器功率应折算为

$$P_{Mi} = P_{M6} \times 1.12^{(6-i)} \tag{5-58}$$

式中：i——工作级别；

P_{Mi}——相当于 Mi 工作级别的功率值，kW；

P_{M6}——功率表中所列的许用功率值，kW。

对于运行机构，因惯性载荷较大，选用减速器时，应按机构起、制动时所承受的最大振动力矩计算，此时应把表列功率除以系数 ψ_5，一般 $\psi_5 = 1.5 \sim 2.5$。对于笼型制动电动机，ψ_5 取

1.5～2.0;对于绕线制动电动机,ψ_5取 2.0～2.5;而对于变频调速制动电动机,ψ_5取 1.0～1.5。更

$$P_{M2} \geqslant \psi_5 P_n \tag{5-59}$$

式中:P_n——电动机额定功率,kW;

ψ_5——弹性振动力矩增大系数。

5.7　车轮与轨道

5.7.1　车轮

1) 车轮的种类和工作特点

起重机用车轮按用途分为 3 种类型:① 轨上行走式车轮,通常用作起重机的大、小车车轮,用量最大;② 悬挂式车轮,在单梁起重机工字钢下翼缘上运行;③ 半圆槽滑轮式车轮,用于缆索起重机的承载索上。

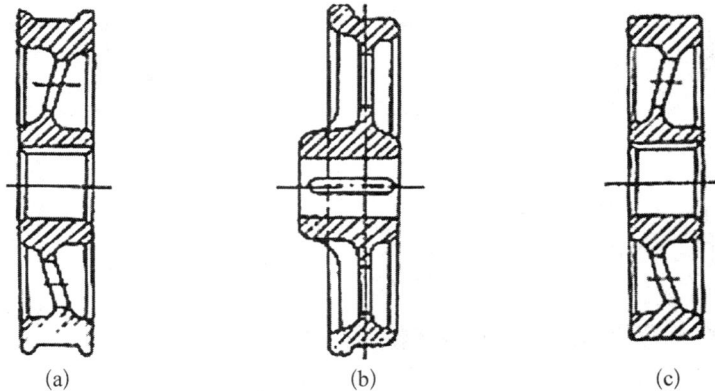

图 5-55　车轮
(a) 双轮缘;(b) 单轮缘;(c) 无轮缘

车轮按有无轮缘分为 3 种:① 双轮缘车轮,用于起重机的大车行走轮,轮缘高为 25～30 mm;② 单轮缘车轮,常用于起重机的小车行走轮,轮缘高为 20～25 mm,小车架跨度小、刚度好、不易脱轨;③ 无轮缘车轮,没有轮缘阻挡,车轮容易脱轨,因而使用范围受到限制。如圆形轨道起重机的车轮,因有中心转轴的约束,车轮只能沿一特定半径的圆形轨道行走,故可用无轮缘车轮。也可在车轮两边加水平滚轮导向,防止脱轨。这 3 种车轮业已标准化,见 JB/T 6392.1。标准车轮有 3 种形式:SL 型双轮缘车轮(见图 5-55(a))、DL 型单轮缘车轮(见图 5-55(b))和 WL 型无轮缘车轮(见图 5-55(c))。

车轮按踏面形状分为:① 圆柱形车轮,多用于从动车轮,也可用于驱动车轮。② 圆锥形车轮,常用锥度为 1:10。采用圆锥车轮作为驱动轮,若按正锥法安装(即大端在内侧),运行中具有自动走直作用。模型试验表明:集中驱动的运行机构,驱动轮采用正锥法安装,运行平稳,自动走直效果好。③ 鼓形车轮,踏面为圆弧形,主要用于电葫芦悬挂小车和圆形轨道起重机,用以消除附加阻力和磨损。

近代起重机的车轮几乎都采用滚动轴承,运行阻力小,装配、维护方便,车轮轴承优先选用自动调心的球面滚子轴承,这种轴承可以在一定程度上补偿安装误差和车架变形。圆锥滚子轴承也常采用。

根据需要,车轮组的装配形式可以是定轴式的(见图 5 - 56)或转轴式的(见图 5 - 57)。

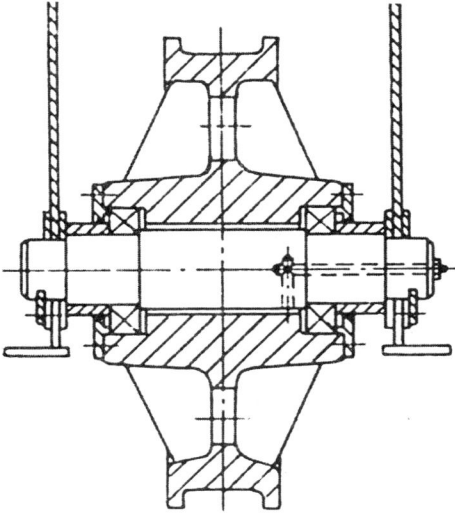

图 5 - 56　定轴式从动轮组

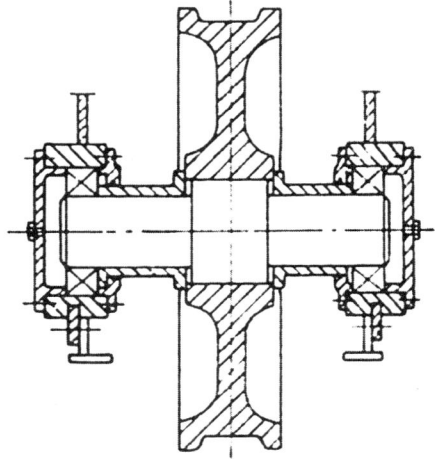

图 5 - 57　转轴式从动轮组

车轮是起重机的承重件,由于受到轨道安装质量和车轮本身制造偏差等因素影响,运行中会产生偏斜和滑移,使车轮很快磨损和报废。为了提高车轮的使用寿命,采用以下措施是有效的。

(1) 提高轮缘高度。

车轮轮缘承受起重机的侧向压力,车轮有 70%～80% 的行程要与轨道侧面相摩擦,由于轮缘磨耗而使车轮报废。研究表明,提高轮缘高度,即增大接触面积,从而降低接触应力,可提高车轮使用寿命。

(2) 采用大锥度圆锥车轮作驱动轮。

将圆锥车轮的锥度从 0.1 提高到 0.15～0.18(用于集中驱动)或 0.25～0.28(用于分别驱动)。车轮踏面硬度较低时锥度取较大值。

这种车轮的优点是起重机(或小车)运行时能自动对中,如果进一步将车轮安装成外倾斜 $\alpha = 4°～5°$(见图 5 - 58),则可部分或全部消除歪斜侧向力。锥形车轮的踏面宽度应比同等尺寸的圆柱形车轮大些。

(3) 车轮踏面采用深层热处理。

车轮踏面采用深层热处理可防止运行中硬层脱落,提高使用寿命。采用工频局部加热方式可达到省工节电和提高硬度的要求。车轮热处理应符合表 5 - 18 的规定。

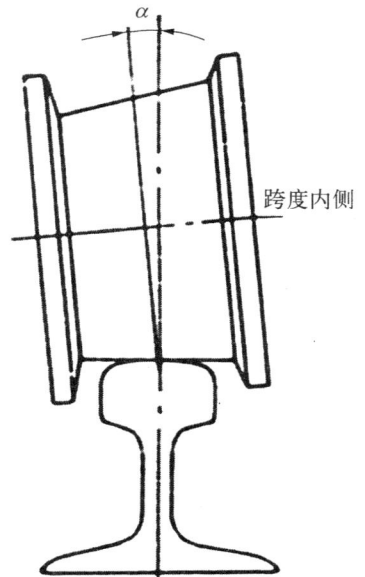

图 5 - 58　锥形车轮的外倾式安装

表 5 - 18　车轮踏面硬度

车轮直径/mm	踏面和轮缘内侧面硬度 HB	硬度 HB260 层深度/mm
≤400	300~380	≥15
>400	300~380	≥20

车轮踏面硬度不要超过表 5 - 18 中数值,因为踏面过硬,会使轨道严重磨损,而更换轨道比更换车轮困难得多。

(4) 采用不同的车轮踏面。

对起重机两侧轨道上的车轮踏面采用不同的宽度,窄面一侧具有引导作用,另一侧相当于无轮缘车轮,这样可减轻运行时的啃轨现象。

2) 材料

车轮与滚轮的材料应符合 JB/T6392 的规定。当采用球墨铸铁时,其踏面和轮缘应进行热处理。

3) 车轮与滚轮的校验计算

按照车轮踏面与轨道顶部形状的不同,其接触处可能是一直线(实际是矩形面积),称为线接触;也可能是一点(实际是小椭圆面积),称为点接触,如图 5 - 59 所示。线接触的受力情况好,但往往由于机架变形和安装偏差等因素,使线接触应力分布不尽如人意,因而在起重机运行机构中常常采用点接触结构。

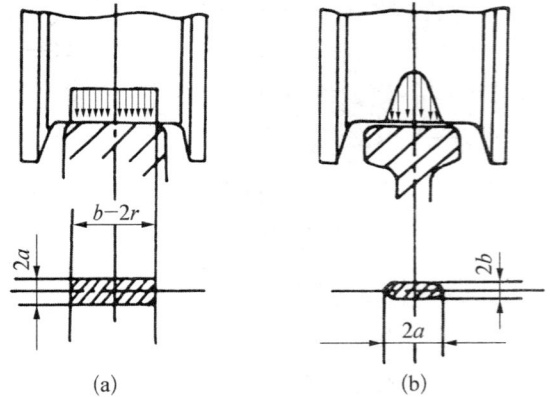

图 5 - 59　接触方式
(a) 线接触;(b) 点接触

本计算方法适用于轨道安装与维护良好、车轮调整正确、直径不大于 1 000 mm 的车轮和滚轮的校验计算。应避免采用大直径车轮和滚轮,因为大直径车轮和滚轮的轮压较大,对轨道基础或承轨结构的承载能力要求较高。为减少单个车轮轮压,可采用平衡台车增加车轮数量。

起重机车轮和滚轮应根据等效工作轮压进行疲劳强度校验计算,应根据最大轮压进行静强度校验计算。

(1) 计算载荷。

(A) 等效工作轮压。

车轮的等效载荷由车轮的最大载荷和最小载荷确定。

计算车轮疲劳时,按机构载荷组合,起重机处于正常工作状态下的载荷情况Ⅰ(无风工作)、或载荷情况Ⅱ(有风工作),但不计动力系数 ϕ_1,ϕ_2,ϕ_3,ϕ_4 等。车轮疲劳计算的等效轮压按下式计算:

$$P_{\text{mean}\,\text{I},\,\text{II}} = \frac{P_{\text{min}\,\text{I},\,\text{II}} + 2P_{\text{max}\,\text{I},\,\text{II}}}{3} \tag{5-60}$$

式中:$P_{\text{mean}\,\text{I},\,\text{II}}$——载荷情况Ⅰ或Ⅱ时,起重机的等效工作轮压,N;

$P_{\text{min}\,\text{I},\,\text{II}}$——按机构载荷组合情况Ⅰ或Ⅱ,起重机空载时验算车轮的最小轮压,N;

$P_{\text{max}\,\text{I},\,\text{II}}$——按机构载荷组合情况Ⅰ或组合情况Ⅱ,起重机满载时验算车轮的最小轮压,N。

（B）最大轮压。

最大轮压 P_{max} 是指在载荷情况 Ⅰ，Ⅱ，Ⅲ中最不利状态和位置下最大轮压中的较大者。

（2）有效接触宽度 l。

对具有平坦承压面的轨道，轨顶总宽度为 b，每边倒角圆半径为 r，如图 5-60(a)所示，轮轨有效接触宽度为

$$l = b - 2r \qquad (5-61)$$

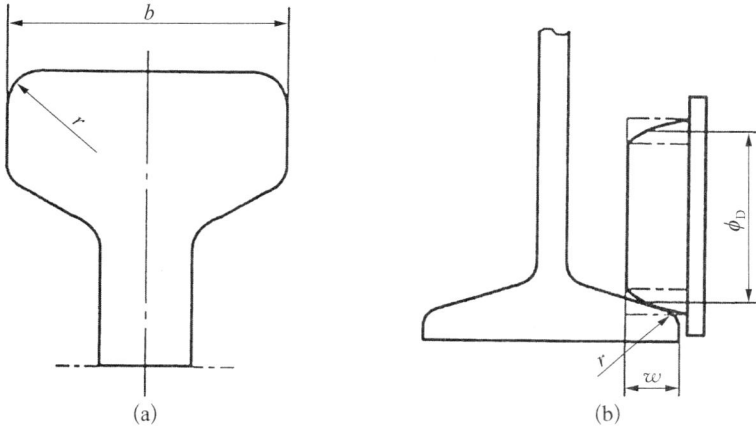

图 5-60　车轮踏面与轨道的接触宽度

(a) 轨顶尺寸；(b) 车轮与工字梁下翼缘的接触尺寸

对于具有平坦、锥形或凸起承压面的轮轨，如车轮在工字钢梁下翼缘上面运行，则轮轨有效接触宽度为

$$l = w - r \qquad (5-62)$$

其中车轮踏面宽度为 w，下翼缘外侧倒角圆半径为 r，如图 5-60(b)所示，车轮直径 D 应为投影宽度$(w-r)$中点上的直径。

（3）许用轮压。

线接触车轮的允许轮压 P_L 按下式计算：

$$P_L = kDlC \qquad (5-63)$$

式中：k——车轮或滚轮的许用比压，N/mm^2，钢制车轮或滚轮按表 5-19 选取（对于具有凸起承压面的轨道或车轮（滚轮），许用比压 k 可增加 10%，因为这能改善轮轨的接触）；

D——车轮踏面直径，mm；

l——车轮或滚轮与轨道承压面的有效接触宽度，mm；

C——计算系数，进行车轮或滚轮踏面疲劳校验时，$C = C_1 C_2$；进行车轮或滚轮强度校验时，$C = C_{max} = C_{1max} C_{2max}$，取 $C_{max} = 1.9$；

C_1——转速系数，按表 5-20 或表 5-21 选取；

C_2——工作级别系数，按表 5-22 选取。

表 5-19　车轮与滚轮的许用比压 k

车轮材料的抗拉强度 σ_b/(N/mm^2)	轨道最小强度/(N/mm^2)	k/(N/mm^2)
$\sigma_b > 500$	350	5.0
$\sigma_b > 600$	350	5.6
$\sigma_b > 700$	510	6.5
$\sigma_b > 800$	510	7.2
$\sigma_b > 900$	600	7.8
$\sigma_b > 1\,000$	700	8.5

注：σ_b 为车轮或滚轮材料未热处理时的抗拉强度。

表 5-20　车轮转速系数 C_1

车轮转速 n/(r/min)	C_1	车轮转速 n/(r/min)	C_1	车轮转速 n/(r/min)	C_1
200	0.66	50	0.94	16	1.09
160	0.72	45	0.96	14	1.10
125	0.77	40	0.97	12.5	1.11
112	0.79	35.5	0.99	11.2	1.12
100	0.82	31.5	1.00	10	1.13
90	0.84	28	1.02	8	1.14
80	0.87	25	1.03	6.3	1.15
71	0.89	22.4	1.04	5.6	1.16
63	0.91	20	1.06	5	1.17
56	0.92	18	1.07		

表 5-21　车轮直径、运行速度与转速系数 C_1

车轮直径/mm	运行速度/(m/min)														
	10	12.5	16	20	25	31.5	40	50	63	80	100	125	160	200	250
200	1.09	1.06	1.03	1	0.97	0.94	0.91	0.87	0.82	0.77	0.72	0.66	—	—	—
250	1.11	1.09	1.06	1.03	1	0.97	0.94	0.91	0.87	0.82	0.77	0.72	0.66	—	—
315	1.13	1.11	1.09	1.06	1.03	1	0.97	0.94	0.91	0.87	0.82	0.77	0.72	0.66	—
400	1.14	1.13	1.11	1.09	1.06	1.03	1	0.97	0.94	0.91	0.87	0.82	0.77	0.72	0.66
500	1.15	1.14	1.13	1.11	1.09	1.06	1.03	1	0.97	0.94	0.91	0.87	0.82	0.77	0.72
630	1.17	1.15	1.14	1.13	1.11	1.09	1.06	1.03	1	0.97	0.94	0.91	0.87	0.82	0.77
710	—	1.16	1.14	1.13	1.12	1.1	1.07	1.04	1.02	0.99	0.96	0.92	0.89	0.84	0.79
800	—	1.17	1.15	1.14	1.13	1.11	1.09	1.06	1.03	1	0.97	0.94	0.91	0.87	0.82
900	—	—	1.16	1.14	1.13	1.12	1.1	1.07	1.04	1.02	0.99	0.96	0.92	0.89	0.84
1 000	—	—	1.17	1.15	1.14	1.13	1.11	1.09	1.06	1.03	1	0.97	0.94	0.91	0.87

表 5 - 22　工作级别系数 C_2

运行机构工作级别	C_2
M1，M2	1.25
M3，M4	1.12
M5	1.00
M6	0.90
M7，M8	0.80

点接触车轮的允许轮压 P_L 按下式计算：

$$P_L \leqslant k_2 \frac{R^2}{m^3} C_1 C_2 \tag{5-64}$$

式中：k_2——与材料有关的许用点接触应力常数，N/mm^2，钢制车轮按表 5 - 19 选取；

　　　R——曲率半径，取车轮与轨道曲率半径之大值，mm；

　　　m——由轨道顶与车轮的曲率半径之比（r/R）所确定的系数，按表 5 - 23 选取；

　　　C_1——转速系数，按表 5 - 20 或表 5 - 21 选取；

　　　C_2——工作级别系数，按表 5 - 22 选取。

表 5 - 23　r/R 与系数 m 值

r/R	1.0	0.9	0.8	0.7	0.6	0.5	0.4	0.3
m	0.388	0.400	0.420	0.440	0.468	0.490	0.536	0.600

（4）车轮或滚轮的疲劳强度校验。

车轮或滚轮的疲劳强度应满足：

$$P_{mean} \leqslant P_L \tag{5-65}$$

P_{mean} 为根据式（5 - 60）计算所得 $P_{mean\,I}$ 和 $P_{mean\,II}$ 中值大者。

（5）车轮或滚轮的静强度校验。

车轮或滚轮的静强度应满足：

$$P_{max} \leqslant 1.9kDl \tag{5-66}$$

式中：P_{max}——最大轮压（包括考虑动载试验或静载试验的载荷），N。

5.7.2　轨道

1）材料

对起重机轨道用材料推荐如下：① 轻轨推荐用力学性能不低于 GB/T 11264 中的 55Q；② 铁路用热轧钢轨推荐用力学性能不低于 GB/T 2585 中的 U71Mn；③ 起重机钢轨推荐用力学性能不低于 YB/T 5055 中的 U71Mn。

当采用其他型钢、方钢、扁钢做轨道时，应注意其材质和硬度的实际情况，必要时可降低轮压，以保证有足够的使用寿命。

2）类别和型号

起重机轨道有 3 种：起重机钢轨、铁路用热轧钢轨和方钢。钢轨的顶部做成凸状的，底部是具有一定宽度的平板，增大与基础的接触面；轨道的截面多为工字形，具有良好的抗弯强度。方钢可看作是平顶钢轨，由于对车轮的磨损大，现在已很少用。

起重机钢轨的截面如图 5-61 所示，其基本尺寸和规格如表 5-24 和表 5-25 所示。

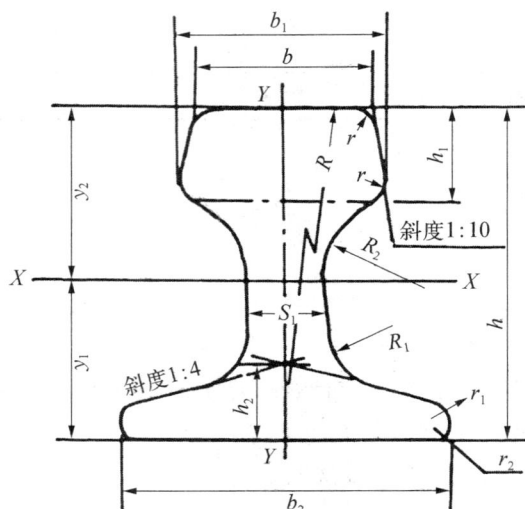

图 5-61　起重机钢轨截面

表 5-24　起重机钢轨基本尺寸(mm)

型　　号	b	b_1	b_2	s	h	h_1	h_2	R	R_1	R_2	r	r_1	r_2
QU70	70	76.5	120	28	120	32.5	24	400	23	38	6	6	1.5
QU80	80	87	130	32	130	35	26	400	26	44	8	6	1.5
QU100	100	108	150	38	150	40	30	450	30	50	8	8	2
QU120	120	129	170	44	170	45	35	500	34	56	8	8	2

表 5-25　钢轨截面面积、理论重量及截面参考数值

型号	截面积	理论重量	参　考　数　值						
			重心距离		惯性矩		截　面　系　数		
			y_1	y_2	I_x	I_y	$W_1 = I_x/y_1$	$W_2 = I_x/y_2$	$W_3 = 2I_x/b_2$
	cm²	kg/m	cm		cm⁴		cm³		
QU70	67.30	52.80	5.93	6.07	1 081.99	327.16	182.46	178.12	54.53
QU80	81.13	63.69	6.43	6.57	1 547.40	482.39	240.65	235.52	74.21
QU100	113.32	88.96	7.60	7.40	2 864.73	940.98	376.94	387.12	125.45
QU120	150.44	118.10	8.43	8.57	4 923.79	1 694.83	584.08	574.54	199.39

注：计算理论重量时，钢的体积质量采用 7.85 kg/m³。

3) 钢轨的固定

起重机的大车走行轨道必须固定在行走基础上,小车行走轨道固定在主梁上。当起重机工作时,轨道不能有横向和纵向移动,轨道要便于调整。

起重机轨道在主梁上的固定方式主要有如图 5-62 所示几种。图 5-62(a)采用连续焊缝焊接,为不可拆结构,轨道截面可计入钢梁,增加了承载强度,用于工作级别 M5 以下的小车车轮轨道;图 5-62(b)是国内最常用的固定方法,装配方便,但拆卸较麻烦;图 5-62(c),(d)适用于工作级别 M6,M7,M8 的机构;图 5-62(e),(f)采用螺钉连接,用于底部不易上螺栓的地方;图 5-62(g)在轨道底部铺垫厚 3~6 mm 橡胶,可减少冲击;图 5-62(h)是环形轨道的固定方式;图 5-62(i)是大车轨道固定于起重机轨梁上的方式。

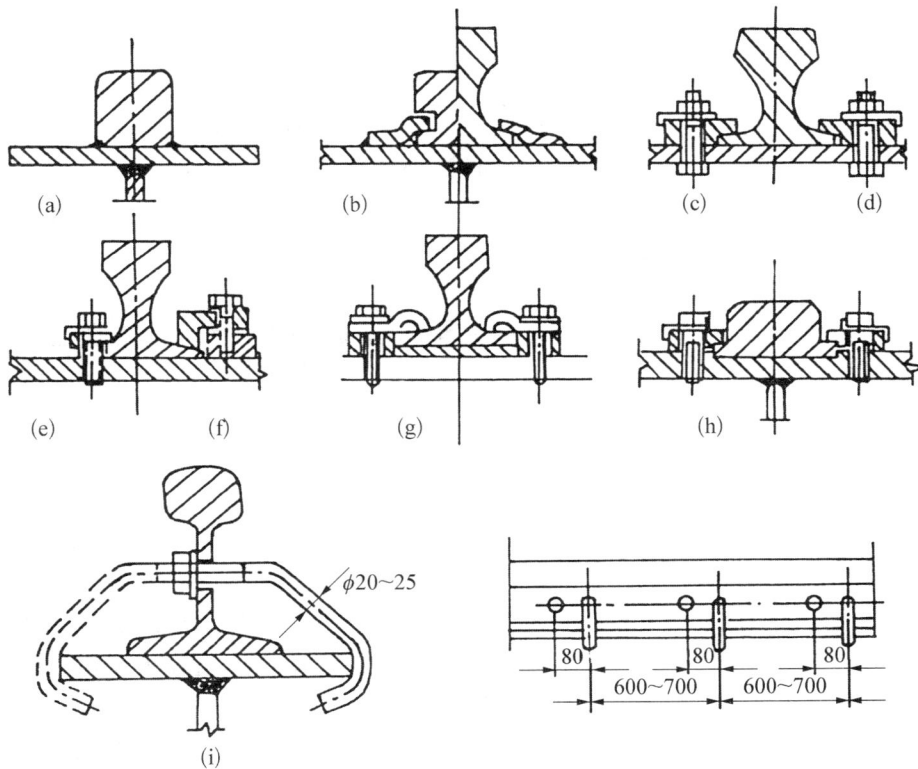

图 5-62 钢轨的固定方式

5.8 缓冲器

5.8.1 缓冲器的种类及其特点

缓冲器在起重机上用来缓和起重机与终端、小车与终端或起重机与起重机相碰时的碰撞力,是除制动器、终点限位开关外,运行机构的另一安全装置。

港口起重机上的缓冲器宜采用弹簧缓冲器(JB/T 8110.1)、橡胶缓冲器(JB/T 8110.2)、聚氨酯缓冲器(JB/T10833)和液压缓冲器(JB/T 7017)。

1) 橡胶缓冲器

橡胶缓冲器可用整体橡胶做成,也可以用多片(可达 20 片)橡胶板叠成。其构造简单,制造方便,成本低,在缓冲过程中 30%～50% 的动能耗于内摩擦、反弹小。但缓冲能力小,吸能能力仅为 $0.9\,\mathrm{J/cm^3}$,故一般用于运行速度为 50 m/min 以下的小车运行机构和 25 m/min 以下的大车运行机构。经常承受冲击时磨损较快,不宜用于温度过高或过低的场合,适用环境温度为 $-30\sim50℃$。由于吸能有限、易老化等缺陷,目前已较少使用。

2) 弹簧缓冲器

弹簧缓冲器工作平缓,吸收能量较大,约 100～250 J/kg(弹簧),它的构造与维修比较简单,对工作温度没有特殊要求,寿命长,外形尺寸较小,故运行速度为 50～120 m/min 时多采用。其缺点是回弹现象严重,不宜用于运行速度大于 2 m/s 的场合。为了减小体积,对大容量的弹簧缓冲器采用内外弹簧套装的组合形式。为防止压歪,内外弹簧应为不同旋向。

3) 聚氨酯缓冲器

聚氨酯缓冲器冲击变形量较大,具有较好的吸能性和较高的硬度和冲击弹性,有良好的抗压恢复性,耐油、耐稀酸和耐碱的腐蚀,耐高/低温老化等,且结构简单、体积小、质量小、寿命长、维护方便,故应用广泛。

其变形体是用聚氨酯材料经过适当配方处理制成的。在缓冲过程中可消耗约 40% 的能量,反弹小,可压缩性好,可压缩到 50% 以上,卸载 5 min 后恢复率不小于 95%,该材料的微孔构造使其工作过程类同于一个带有空气阻尼的弹簧,因而其缓冲容量可随碰撞速度的提高而加大。与橡胶缓冲器一样,这种缓冲器构造简单,工作中是软碰撞,无噪声、无火花,特别适于防爆场所。温度适用范围为 $-20\sim+60℃$。

4) 液压缓冲器

液压缓冲器缓冲容量大,消能效率高,缓冲过程中缓冲阻力不变,因而撞击物减速均匀,不会产生回弹震颤现象,是较理想的缓冲器。目前,已广泛用于起重机械、冶金机械、铁道车辆等重型机械。特别对高速运行或大质量的运行机构,其效果尤为显著。

液压缓冲器由于吸能能力大且无回弹现象,在保证所要求的最大减速度和缓冲行程条件下尺寸最小,但液压缓冲器结构复杂,需经常保养,密封要求高,对环境温度变化比较敏感。在速度高于 2 m/s 或运动质量较大的起重机,宜采用液压缓冲器。

5.8.2 缓冲器的计算和选择

缓冲器应按碰撞动能及最大撞击力、并考虑缓冲行程来选用。缓冲器的固定连接件和止挡件应以额定运行速度碰撞的条件进行计算。强度安全系数按第Ⅲ类载荷取为 1.15。

1) 缓冲过程能量方程式

在起重机发生碰撞后的缓冲过程中,其动能的一部分消耗于运行阻力和制动器制动力的摩擦功,另一部分为缓冲器所吸收,能量方程式为

$$\frac{mv_{\mathrm{c}}^2}{2} = (P_{\mathrm{m}} + P_{\mathrm{z}})S + \int_0^S P\mathrm{d}S \qquad (5-67)$$

式中:m——碰撞质量,kg;

v_{c}——碰撞速度,m/s;

P_{m}——运行摩擦阻力,N,其最小值为 $P_{\mathrm{mmin}}=mg f_{0\min}$,其中 $f_{0\min}$ 为最小摩擦阻力系数,可取为 0.008;

P_{z}——制动器的制动力矩换算到车轮踏面的制动力,N;

S——缓冲行程,m;

P——缓冲力,N。

2) 弹性缓冲器和恒力缓冲器

在能量方程式(5-67)中,最后一项表示缓冲过程中缓冲器吸收的能量,称为缓冲器的缓冲容量,用 W 表示:

$$W = \int_0^S P\mathrm{d}S \qquad (5-68)$$

其大小取决于缓冲力 P 随缓冲位移 S 变化的规律 $P = P(S)$。现用的缓冲器可粗略地归纳为两大类:

(1) 弹性缓冲器。

弹性缓冲器的特点是缓冲力 P 随缓冲位移 S 线性变化。弹簧缓冲器属于此类,橡胶、聚氨酯缓冲器等也可近似归入此类。缓冲容量可按平均缓冲力 $P = \dfrac{P_{\max}}{2}$ 简化计算。

$$W = \int_0^S P\mathrm{d}S = \frac{P_{\max}S}{2} \qquad (5-69)$$

(2) 恒力缓冲器。

恒力缓冲器的特点是缓冲力不随缓冲位移改变。液压缓冲器属于此类。恒力缓冲器的缓冲容量为

$$W = \int_0^S P\mathrm{d}S = P_{\max}S \qquad (5-70)$$

3) 缓冲器计算的原始数据

(1) 碰撞质量 $m(\mathrm{kg})$。

对运行机构缓冲器,碰撞质量包括起重机或小车的质量,起升载荷的质量则视起重机的构造而定,对刚性悬挂的吊具或装有导向架以限制起升载荷摆动的起重机,要将起升载荷质量考虑在内;对于柔性悬挂的吊具或起升载荷能自由摆动的起重机,不考虑起升载荷质量。

(2) 碰撞速度 $v_{\mathrm{c}}(\mathrm{m/s})$。

对于无自动减速装置或限位开关的运行机构,大车取 85% 额定运行速度,小车取额定速度;对于有自动减速装置或限位开关者,按减速后的实际碰撞速度计算,但不小于 50% 的额定运行速度。因实际碰撞速度与每台起重机在使用中运行制动器的制动力矩调整有关,难于确定,故在实际设计计算时,可都按 50% 额定运行速度取值。

在设计缓冲器的壳体、固定连接和止挡件时,碰撞速度应按额定速度计算。

(3) 最大减速度 $a_{\max}(\mathrm{m/s^2})$。

最大减速度 $a_{\max}$ 对缓冲力和缓冲行程的大小起决定性作用。$a_{\max}$ 取值过大将导致缓冲力过大,取值过小会使缓冲行程过长,应根据碰撞速度大小选取适当的数值。按照《起重机设计规范》(GB/T 3811)的规定,允许的最大减速度 $[a_{\max}] = 4\ \mathrm{m/s^2}$。

4）缓冲器主要性能参数的确定

缓冲器主要性能参数是缓冲行程、最大缓冲力和缓冲能量，它们是选用和设计缓冲器的主要依据。

（1）缓冲行程（m）。

对于弹性缓冲器：

$$\frac{mv_c^2}{2} = (P_{max} + P_m + P_z)S \approx \frac{ma_{max}}{2} \cdot S, \ S \approx \frac{v_c^2}{a_{max}} \geqslant \frac{v_c^2}{[a_{max}]} \tag{5-71}$$

对于恒力缓冲器：

$$\frac{mv_c^2}{2} = (P_{max} + P_m + P_z)S \approx ma_{max}S, \ S \approx \frac{v_c^2}{2a_{max}} \geqslant \frac{v_c^2}{2[a_{max}]} \tag{5-72}$$

式中：a_{max}、$[a_{max}]$——最大减速度和允许最大减速度，m/s²。

（2）需要的缓冲容量 W（J）。

$$W = \frac{mv_c^2}{2} - (P_m + P_z)S \tag{5-73}$$

（3）最大缓冲力 P_{max}（N）。

对于弹性缓冲器：

$$P_{max} = \frac{2W}{S} \tag{5-74}$$

对于恒力缓冲器：

$$P_{max} = \frac{W}{S} \tag{5-75}$$

5）缓冲器的选用

起重机常用的缓冲器均有配套产品供应，可按所需缓冲器的性能参数选用，应保证其缓冲容量 W、缓冲行程 S 和最大缓冲力 P_{max} 均大于而又最接近于按前述方法所算得的要求值。缓冲容量过小不能保证安全缓冲，过大会因其刚度过大而降低缓冲效果。选用时，一般可先根据所要求的缓冲行程 S 选择合适的缓冲器规格，然后根据所要求的缓冲能量 W 计算所需的缓冲器数目 n：

$$n = \frac{W}{W'} \tag{5-76}$$

式中：W'——由标准缓冲器性能表中查得的缓冲器容量，J。

6）缓冲器的设计

当无合适的标准缓冲器可用时，可根据前述方法算得的缓冲器的主要性能参数设计缓冲器。

（1）橡胶缓冲器。

缓冲橡胶长度：

$$l = \frac{100ES}{[\sigma]} \tag{5-77}$$

缓冲橡胶截面积:

$$A = \frac{P_{\max}}{100n[\sigma]} \tag{5-78}$$

式中:l——缓冲橡胶长度,cm;

　　E——橡胶的弹性模数,MPa,可取 $E = 5$ MPa;

　　$[\sigma]$——橡胶的许用应力,MPa,对中等硬度、中等强度相对延伸率≥200％的橡胶,可取
　　　　$[\sigma]=3$ MPa;

　　A——缓冲橡胶截面积,cm^2;

　　n——同时工作的缓冲器数目。

(2) 弹簧缓冲器。

按照要求的最大缓冲力 $P_{\max}$ 设计合适的圆柱形弹簧,使其满足下述条件:

$$\frac{P_{\max}}{n} \leqslant \frac{12.5\pi d^3[\tau]}{kD} \tag{5-79}$$

式中:d——弹簧钢丝直径,cm;

　　D——弹簧中径,cm;

　　$[\tau]$——弹簧材料的许用扭转应力,MPa,对 65Mn,$[\tau] = 500$ MPa;对 60SiMn,$[\tau] =$
　　　　750 MPa;

　　k——弹簧曲度系数,$k = \dfrac{4c-1}{4c-4} + \dfrac{0.615}{c}$,

式中:c——弹簧指数,$c = D/d = 2.5 \sim 4$。

弹簧的安装预紧力 P_0 通常取为 $P_0 = 0.1\dfrac{P_{\max}}{n}$,这虽使弹簧压缩行程减为 $0.9S$,但缓冲容量仅减小 1％。

(3) 组合式弹簧缓冲器。

组合式弹簧缓冲器的内外围弹簧应满足等弹度、等变形和等高度条件,为此,应将内外圈弹簧按图 5-63 布置。此时

$$\tan\theta = \sqrt{\frac{H[\tau]\pi}{k\lambda G}},\ c = \frac{D_1}{d_1} = \frac{D_2}{d_2} \tag{5-80}$$

若取间隙 $\delta = \dfrac{d_1-d_2}{2}$,可得

图 5-63　组合式弹簧缓冲器内外弹簧尺寸关系

$$\frac{T_1}{T_2} = \left(\frac{c}{c-2}\right)^2,\ \frac{P_{\max}}{n} = T_1 + T_2 \tag{5-81}$$

式中:H——弹簧靠紧时的高度,cm;

　　c——弹簧变形,cm;

　　G——弹簧钢的剪切弹性模数,MPa,可取 $G = 800$ MPa;

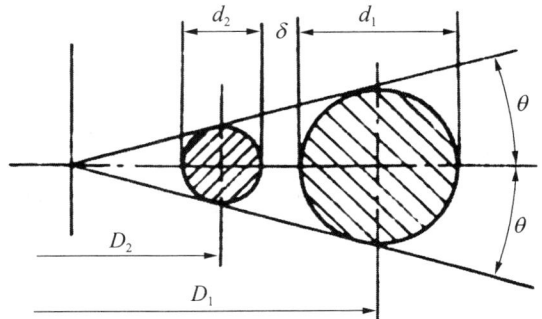

T_1 和 T_2——外圈和内圈弹簧的最大压力,N。

其余符号同前。下标 1 和 2 分别代表外圈弹簧和内圈弹簧的参数。根据算得的弹簧压力 T_1 和 T_2,按前述单圈弹簧缓冲器的设计方法设计外圈和内圈弹簧。

(4) 液压缓冲器。

活塞面积:

$$A_p = \frac{P_{max}}{100nP} \tag{5-82}$$

缓冲过程中的活塞速度:

$$v_x = v_c\sqrt{1 - \frac{x}{S}} \tag{5-83}$$

缓冲过程中的节流孔面积:

根据节流流量公式,可得开始碰撞时的节流孔面积为

$$A_{K0} = \frac{A_p v_c}{k}\sqrt{\frac{\gamma}{2gp}} \tag{5-84}$$

活塞行程为 x 时的节流孔面积为

$$A_K = A_{K0}\sqrt{1 - \frac{x}{S}} \tag{5-85}$$

式口: A_p——活塞面积,cm;

p——油缸工作压力(MPa),一般取 $p = 6 \sim 12$ MPa;

v_x——活塞行程为 x 时的活塞速度,m/s;

x——活塞行程,m;

A_K——活塞行程为 x 时的节流孔面积,cm^2;

A_{K0}——开始碰撞时($x = 0$)的节流孔面积,cm^2;

k——流量系数,对液压油(矿物油),$k = 0.6 \sim 0.73$;

γ——油液重度,N/m^3,对液压油,$\gamma = 9\,000$ N/m^3。

其余符号同前。

按照节流孔面积随活塞行程变化规律(式(5-85)),设计环形节流孔的心棒形状或节流小孔的数目、孔径与分布。

本 章 习 题

【简答题】

1. 什么叫工作性机构、非工作性机构? 举例说明哪些属工作性机构,哪些属非工作性机构?

2. 钢丝绳是如何组成的? 各类钢丝绳有何特点? 起重机的起升机构应采用哪些类型的钢丝绳? 为什么?

3. 在选择和使用钢丝绳时应注意哪些问题? 简述钢丝绳的选用原理。

4. 钢丝绳钢丝断裂的主要原因是什么? 采取哪些措施可以提高钢丝绳的使用寿命?

5. 标记为 28NAT18×7+FC1670ZS 的钢丝绳的含义是怎样的?

6. 试述滑轮的作用和分类。

7. 制造滑轮可采用哪些材料?

8. 如何计算滑轮组的倍率? 滑轮组倍率的选择原则是什么?

9. 卷筒的作用是什么?

10. 单层和多层卷绕的卷筒在构造上有何区别? 卷筒绳槽有什么作用? 在选用卷筒时应注意什么问题?

11. "若起升高度、钢丝绳直径、倍率相同,则单联卷筒长度比双联卷筒长度小一半",这种说法是否正确? 为什么?

12. 起吊货物时,起升机构卷筒受哪些力作用? 其中哪些是主要的?

13. 钢丝绳在卷筒上固定的方法常用的有哪些?

14. 吊钩的种类有哪些? 分别适用于什么场合?

15. 试述吊钩装置的组成?

16. 吊钩装置有哪些形式? 各有什么特点?

17. 制动器有哪些分类? 起重机械常用哪种制动器?

18. 块式制动器主要由哪些部分组成?

19. 块式制动器有哪些分类?

20. 试述块式制动器的工作原理。

21. 起重机上常用的减速器主要有哪些?

22. 标记为:减速器 QJR - D560 - 20ⅣP 的减速器的含义是怎样的?

23. 起重机常用的 3 种形式的钢轨各有何特点?

24. 在安装圆锥形车轮时为什么大端必须安装在轨道内侧才能自动恢复并消除跑偏现象?

25. 阐述缓冲器的种类和特点。

【计算题】

1. 30 t 锻造吊钩的尺寸如题图 5 - 1 所示。$a = 210$ mm, $L = 205$ mm, $B = 130$ mm, $R = 150$ mm, $R_1 = 25$ mm,20 号钢的屈服极限 $\sigma_s = 220$ MPa,用曲梁公式(许用应力法)验算钩身断面 1 - 1 的强度。

2. 设计计算一套 16 t 桥式起重机的吊钩装置。已知参数:起升载荷 P_Q 为 160 kN,起升速度 v_q 为 12.5 m/min,工作级别为 M5,采用双联滑轮组,倍率 $a = 3$。吊钩材料采用 36MnSi, $\sigma_b = 800$ MPa, $\sigma_s = 600$ MPa, $\sigma_s/\sigma_b = 0.75$,其他吊钩组零件:吊钩横梁和滑轮轴采用 45 号钢,拉板采用 Q235 材料。要求:① 确定吊钩组形式。② 确定吊钩各部分尺寸,并验算其强度。③ 确定吊钩横梁、滑轮轴、拉板等尺寸,并验算其强度。④ 选择并验算轴承。

3. 试为 20 t 桥式起重机起升机构选择一合适的制动器。已知条件:工作级别为 M7,起升速度 $v_q = 10.5$ m/min,下降时

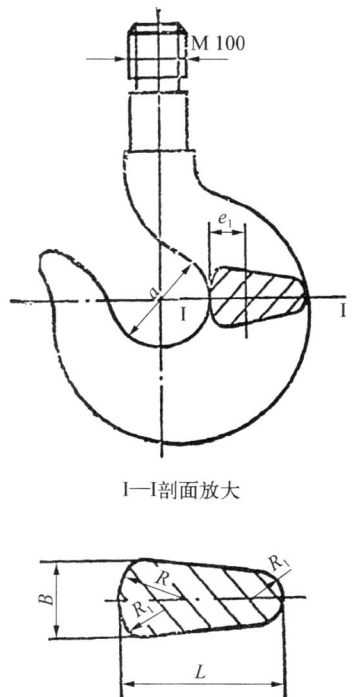

I—I剖面放大

题图 5 - 1　30 t 锻造吊钩

作用在制动轴上的静力矩 $M_j' = 414.6\,\mathrm{N\cdot m}$,等效转动惯量 $J = 4.73\,\mathrm{kg\cdot m^2}$,制动轴转速 $n = 732\,\mathrm{r/min}$。

4. 试为某 10 t 门式起重机大车运行机构选择制动器。已知条件:满载时的总等效转动惯量 $J = 3.513\,\mathrm{kg\cdot m^2}$,空载时 $J' = 3.193\,\mathrm{kg\cdot m^2}$,风阻力 $P_{wⅡ} = 27.9\,\mathrm{kN}$,坡道阻力 $P_a = 0.602\,\mathrm{kN}$,不计附加摩擦的满载摩擦阻力 $P_m = 2.75\,\mathrm{kN}$,空载摩擦阻力 $P_m' = 2.3\,\mathrm{kN}$,车轮直径 $D = 710\,\mathrm{mm}$,传动比 $i = 51.7$,总机械效率 $\eta = \eta' = 0.9$,车轮轴承摩擦系数 $f_k = 0.015$,车轮轴直径 $d = 120\,\mathrm{mm}$,最小主动车轮轮压 $P_{zmin} = 101.3\,\mathrm{kN}$,运行速度 $v_y = 40\,\mathrm{m/min}$,电机转速 $n_d = 941\,\mathrm{r/min}$,高速轴转动惯量 $J_g = 0.42\,\mathrm{kg\cdot m^2}$,工作级别为 M5。

5. 某 15 t 门式起重机的有关数据:起重机总自重载荷 $P_G = 496\,120\,\mathrm{N}$,大车运行速度 $v_y = 39.5\,\mathrm{m/min}$,小车自重载荷 $P_{Gx} = 72\,860\,\mathrm{N}$,小车运行速度 $v_{yt} = 37.5\,\mathrm{m/min}$,起重机在非工作状态下所受的风载荷 $P_{wⅢ} = 50\,000\,\mathrm{N}$,坡道阻力 $P_a = 1\,290\,\mathrm{N}$,起重机运行摩擦阻力 $P_m = 6\,650\,\mathrm{N}$。试为该门式起重机大车、小车设计(或选用)合适的缓冲器。

第6章 起升机构

6.1 概述

6.1.1 起升机构的组成和特点

起升机构用来实现货物的升降运动,它通常由驱动装置、钢丝绳缠绕系统和取物装置3部分组成。此外,根据工作需要还可以装设各种辅助装置,如高度限位器、超载限制器、称量装置等。图6-1为单联卷筒、吊钩作业的起升机构示意图。

取物装置有吊钩、抓斗、集装箱吊具和其他专用吊具,其具体形式由起重机吊运的物品确定。

钢丝绳缠绕系统包括卷筒、钢丝绳、导向滑轮和滑轮组等。钢丝绳通过导向滑轮可以引向空间任何方向,因此缠绕系统的布置具有较大的灵活性,可以适应各港口起重机械的构造特点和作业要求。

驱动装置由电动机、制动器、减速器、卷筒组及机架等组成,其构造主要取决于起重机的驱动方式和取物装置形式。对于内燃机集中驱动的流动式起重机,起升驱动装置的传动与操纵系统较复杂;对于电动机驱动的起重机,机构的布置和操纵则方便灵活。

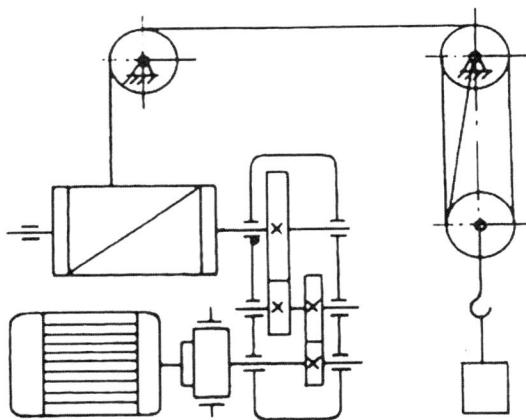

图6-1 起升机构示意图

起升机构设计时所需要的参数主要有:起重量 Q、起升高度 H、起升速度 v_h 和机构工作级别等。

6.1.2 起升机构的驱动装置

1) 典型的布置方式

起升机构的驱动装置多采取展开式布置,电动机通过闭式标准齿轮减速器(二级或三级)带动卷筒(见图6-1)。当需要获得低速、大传动比或增加卷筒与电动机轴线间距离时,除采用标准减速器以外,还可增加一对开式齿轮(速比3~5),如图6-2(a)所示。对于重载起重机,为了能选用标准部件和获得较紧凑的构造布局,也可采用两台功率较小的电动机和两个单联卷筒的布置形式,如图6-2(b)所示。

港口起重机起升机构多由两组相同的起升驱动装置组成,如图6-3所示。用于抓斗作业时,一组作开闭用,另一组作升降用;用于吊钩作业时,两组驱动装置驱动起升绳与平衡吊钩组相

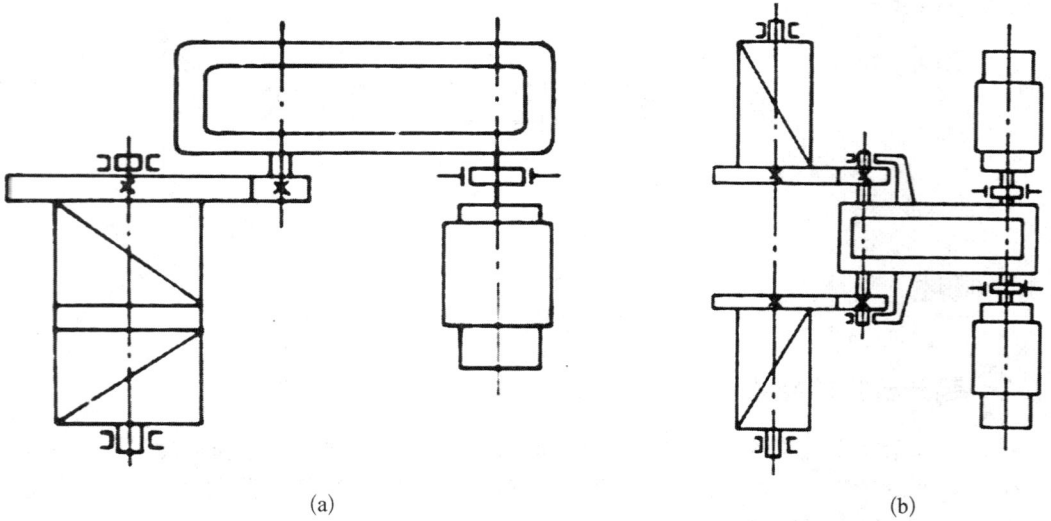

图 6 - 2　标准减速器加开式齿轮传动的起升驱动装置

连接；用于集装箱吊具时，同步提升集装箱吊具的 4 个角点，实现平面的升降运动。图中(a)为两个双联卷筒平行布置，适用于门式起重机；(b)为两个单联卷筒同轴线布置，适用于门座起重机；(c)为电动机轴线与卷筒轴线方向垂直，两单联卷筒呈同轴线布置，中间设有机械同步器，适用于对机房布置有特殊要求的场合；(d)为岸边集装箱起重机起升机构驱动装置的一种布置形式。同轴线布置的驱动装置适用于机构布置空间狭窄或对机构自重限制较严的起重机。

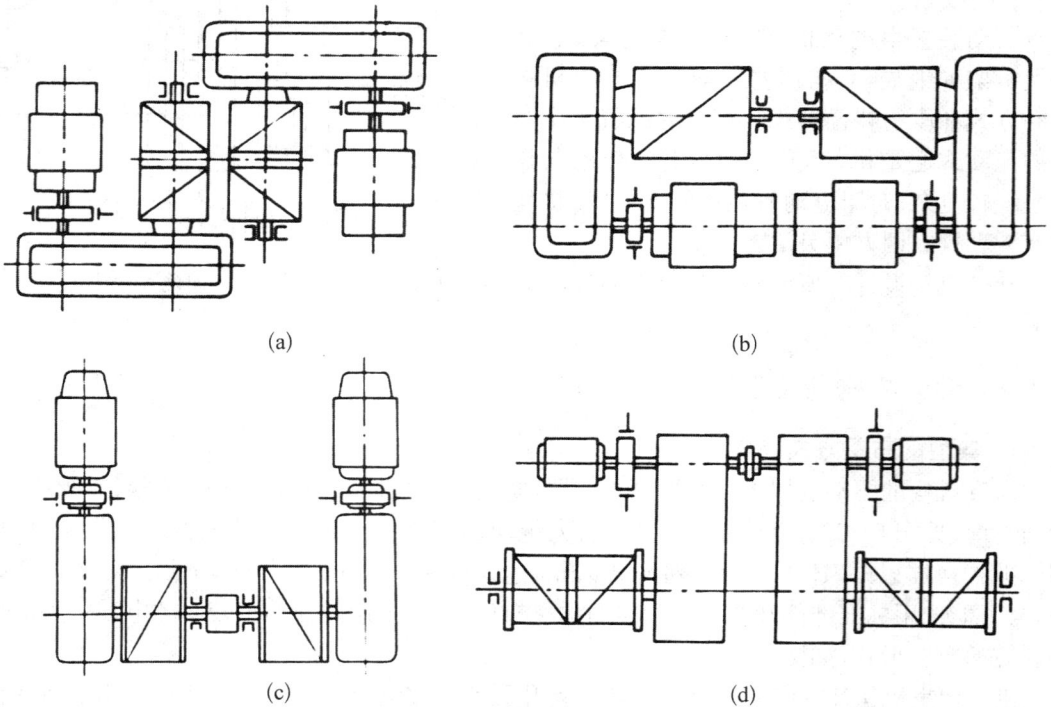

图 6 - 3　有两套驱动装置的起升机构

2）驱动装置的机械变速方法

为了提高起重机的生产效率和扩大起重机的适用范围,有的需要空载快速运行,有的要求对应两种不同的速度有不同的起重量,有的要求有多种工作速度或微速升降功能。要实现这些速度变化,除了采用电气调速以外,也可以用机械调速方法。起升机构常用的机械调速方法有 3 种。

（1）采用变速齿轮箱。

在电动机与减速器之间接入机械变速箱（见图 6-4）,通过手柄带动拨叉来改变传动比。此方式适用于在同一起升功率下起重机有两组起重量和起升速度的场合。

（2）采用双电动机—行星减速器传动。

采用两个电动机通过行星减速器带动起升卷筒（见图 6-5）。利用行星减速器的运动叠加性能,可使卷筒获得 4 种转速：

（A）仅电动机 1 工作,电动机 2 轴上的制动器制动,可得转速 n_1。

（B）仅电动机 2 工作,电动机 1 轴上的制动器制动,可得转速 n_2,且 $n_2 = \xi n_1$,其中 $\xi > 1$。

（C）电动机 1 与电动机 2 同向旋转,可得转速 $n_3 = (n_1 + n_2) = n_1(\xi + 1)$。

（D）电动机 1 与电动机 2 反向旋转,可得转速 $n_4 = (n_2 - n_1) = n_1(\xi - 1)$。

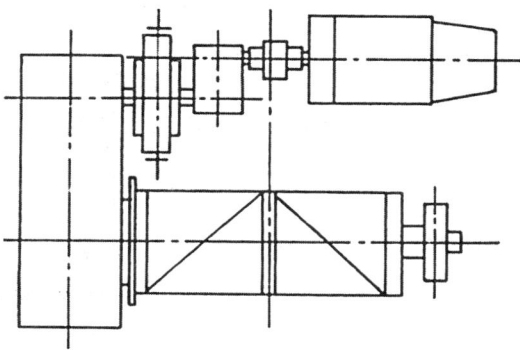

图 6-4　带变速齿轮箱机械换挡的驱动装置

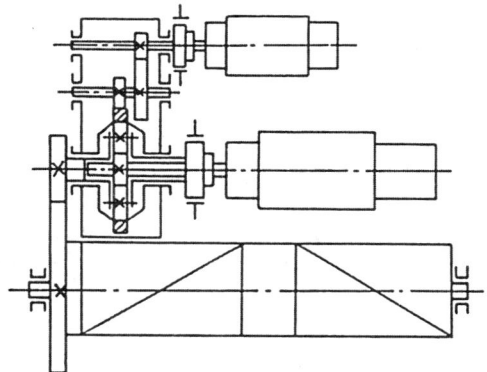

图 6-5　双电动机—行星减速器传动

（3）采用双电动机—行星联轴器传动。

图 6-6 所示起升驱动装置是在普通起升驱动装置的基础上加一套微速驱动电机构成。机构以正常速度工作时,仅由主电动机带动卷筒转动。此时,制动器松闸,行星联轴器外壳自由转动,微速驱动电机和蜗轮减速器静止不动。机构以微速工作时,接通微速驱动电动机,行星联轴器外壳被制动器闸住,主电动机不供电,但与其相连的制动器通电松闸。行星联轴器主要起离合器作用,同时也有一定的减速功能。这种传动方式布置紧凑,且可以获得低

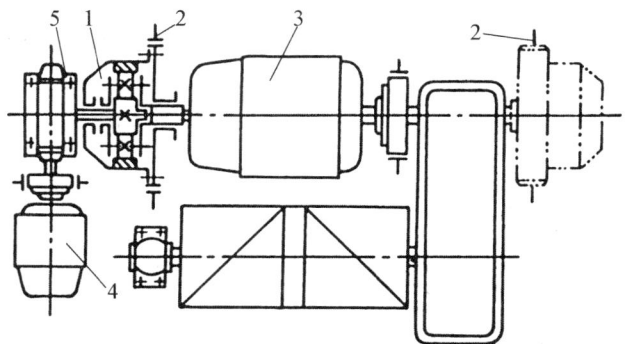

图 6-6　双电动机—行星联轴器传动
1—行星联轴器；2—制动器；3—主电动机；
4—微速驱动电动机；5—蜗轮减速器

至常速 1/100 的微动速度。

6.2　起升钢丝绳缠绕系统的设计

6.2.1　起升钢丝绳缠绕系统的形式与特点

起升钢丝绳缠绕系统的作用是传递动力,将卷筒的旋转运动转换为取物装置的垂直升降运动。对臂架型起重机及牵引小车式桥式抓斗卸船机,如采用特殊的起升钢丝绳缠绕系统,还能在臂架变幅或小车运行时起补偿作用,使物品作水平移动。此外,借助缠绕系统钢丝绳对导向滑轮或卷筒的作用力,可在其支座上布置测力装置,实现称重及超载保护等功能。

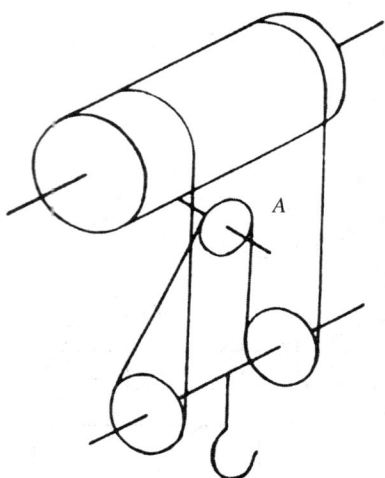

图6-7为桥架型起重机中常见的起升绳缠绕系统。为了保证桥架对称受载及起升过程中吊点位置不发生偏移,通常采用双联卷筒,两根驱动钢丝绳的张力通过平衡滑轮 A 保持均衡。这种缠绕系统的取物装置直接悬挂在卷筒和平衡滑轮下方,即使钢丝绳处于松弛状态,仍可在自身重力作用下不从绳槽中滑出,所以一般不需要采用压绳器和导绳器。

图6-8为吊钩、抓斗两用臂架型起重机上广泛采用的典型缠绕系统。该系统由两套单绳驱动的缠绕系统组成,使用吊钩时通过平衡滑轮均衡两套系统的钢丝绳张力。卷筒的引出分支一般由上方通向取物装置。当钢丝绳处于松弛状态时(在抓斗作业中经常发生),引入卷筒的绳段在自身重力作用下容易脱出绳槽,出现乱扣现象,为此须加设压绳装置。

图6-9为直臂架型起重机上采用的补偿滑轮组式缠绕系统。在变幅过程中,使钢丝绳以一定规律放出或收进,补偿变幅时物品高度位置的变化,保证物品作近似水平移动。

图6-7　桥架型起重机的起升
钢丝绳缠绕系统图

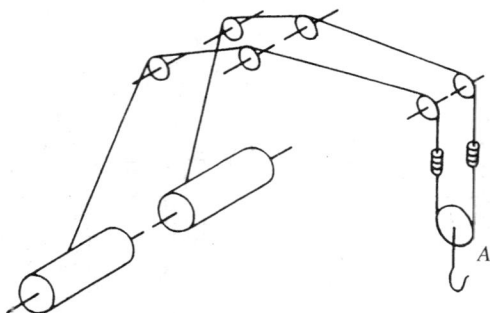

图6-8　臂架型起重机的起升钢丝绳缠绕系统

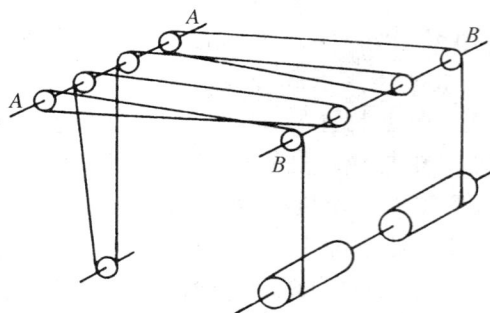

图6-9　补偿滑轮组式起升绳缠绕系统

6.2.2　钢丝绳的允许偏角

钢丝绳在滑轮或卷筒上绕进或绕出时,通常有一定的偏角。当偏角超过一定限度时,钢丝绳会擦碰绳槽或邻槽钢丝绳而引起磨损,甚至出现跳槽、乱扣现象。为此,设计时应控制钢丝绳的最大偏角。

1）钢丝绳进出滑轮时的允许偏角

$$\gamma_0 \approx \arctan \frac{2\tan\beta}{\sqrt{1 + \dfrac{D_0}{0.7C}}} \tag{6-1}$$

式中符号如图 6-10 所示。《起重机设计规范》GB/T 3811 推荐：钢丝绳绕进或绕出滑轮槽时的最大偏角 γ_0（即钢丝绳中心线和与滑轮轴垂直的平面之间的夹角）不应大于 5°。

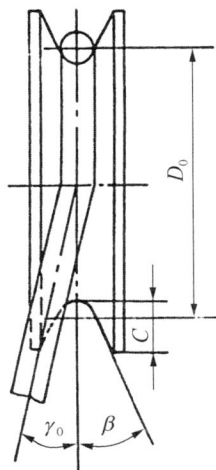

图6-10 滑轮上的钢丝绳
最大允许偏斜
角计算简图

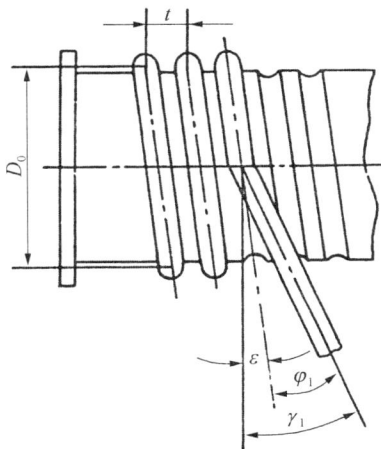

图 6-11 卷筒上钢丝绳向空槽
方向的允许偏角

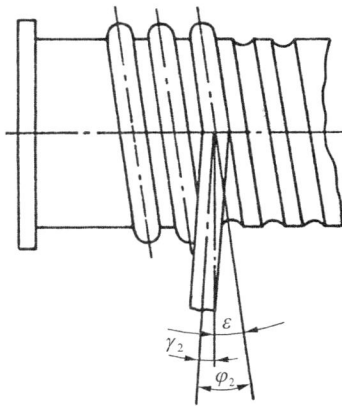

图 6-12 卷筒上钢丝绳向绳圈
方向的允许偏角

2）钢丝绳进出卷筒时的允许偏角

（1）钢丝绳向空槽方向偏斜（见图 6-11，图中 t 为绳槽节距；D_0 为卷筒缠绕直径）和向绳圈方向偏斜（见图 6-12）的允许偏角分别为

$$\gamma_1 = \varphi_1 + \varepsilon, \quad \gamma_2 = \varphi_2 - \varepsilon \tag{6-2}$$

式中：φ_1，φ_2——钢丝绳偏离卷筒螺旋槽两侧的最大允许偏角，《起重机设计规范》GB/T 3811

推荐 φ_1，φ_2 不大于 3.5°，对起升高度及 D/d（d 为钢丝绳直径）值较大的卷筒，其钢丝绳偏离螺旋槽中心线的允许偏斜角应由计算确定；

ε——卷筒绳槽螺旋角，$\varepsilon = \arctan \dfrac{t}{\pi D_0}$。

γ_1 和 γ_2 也可以从图 6-13 和图 6-14 所给出的正切值 $\tan\gamma_1$ 和 $\tan\gamma_2$ 换算求得。

（2）对于光卷筒无绳槽多层缠绕卷筒，当未采用排绳器时钢丝绳中心线与卷筒轴垂直面的偏角 $\gamma \leqslant 1.7°$。

3）臂架型起重机中卷筒与定滑轮相对位置的合理布置

在机构工作行程内，卷筒上钢丝绳全部放出与全部收进时，钢丝绳相对于定滑轮中心线的最大偏角 α_1 与 α_2 应分别控制在 α_1 小于 γ_1 和 γ_0，α_2 小于 γ_2 和 γ_0 的范围内（见图 6-15），因此卷筒

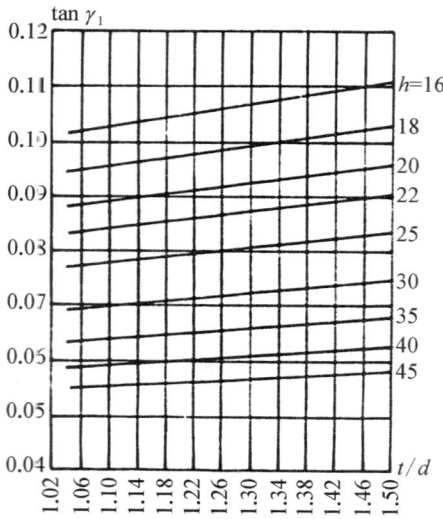

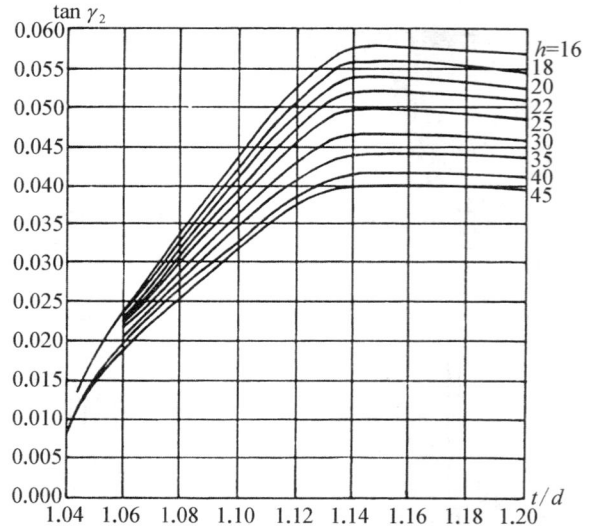

图 6-13　卷筒上钢丝绳向空槽方向的允许偏角

图 6-14　卷筒上钢丝绳向邻槽绳圈方向的允许偏角

工作长度的中心线与滑轮中心线应错开成不对称布置,并应符合:

$$\frac{l_1}{\tan \alpha_1} = \frac{l_2}{\tan \alpha_2} = S \qquad (6-3)$$

上述原则对单联卷筒和双联卷筒均适用,后者两定滑轮要对称布置。

6.2.3　钢丝绳双层卷绕与多层卷绕

钢丝绳的双层与多层卷绕用于某些大起升高度($H > 60$ m)的起重机以及起升卷筒尺寸受布置空间限制的场合。

1) 钢丝绳的双层卷绕

(1) 钢丝绳绳端固定于卷筒中部的自由双层卷绕。

图 6-16 中钢丝绳的两个绳头固定于双联卷筒中部,卷筒朝提升方向转动时,钢丝绳顺着卷筒螺旋槽绕向两端。绕满碰到端壁时,进入第二层卷绕,靠钢丝绳的偏角产生的水平分力和相邻绳圈的导向作用使其绕

图 6-15　臂架型起重机单联卷筒与定滑轮的合理布置

向卷筒中部,其螺旋方向与第一层相反。这种卷绕方式构造简单,不用导绳装置,但钢丝绳偏角不能太大(一般小于 3°),否则第二层钢丝绳不易排列整齐。此法仅用于工作不频繁的起重机。

(2) 采用双双联滑轮组的双层卷绕。

采用双双联滑轮组的双层卷绕(见图 6-17)是解决双层卷绕有序排绳的一种特殊方法。

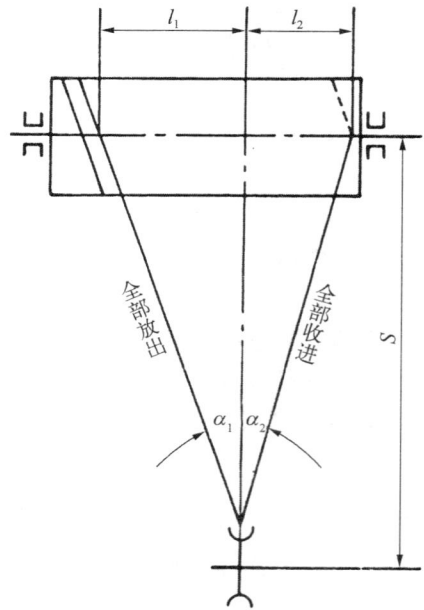

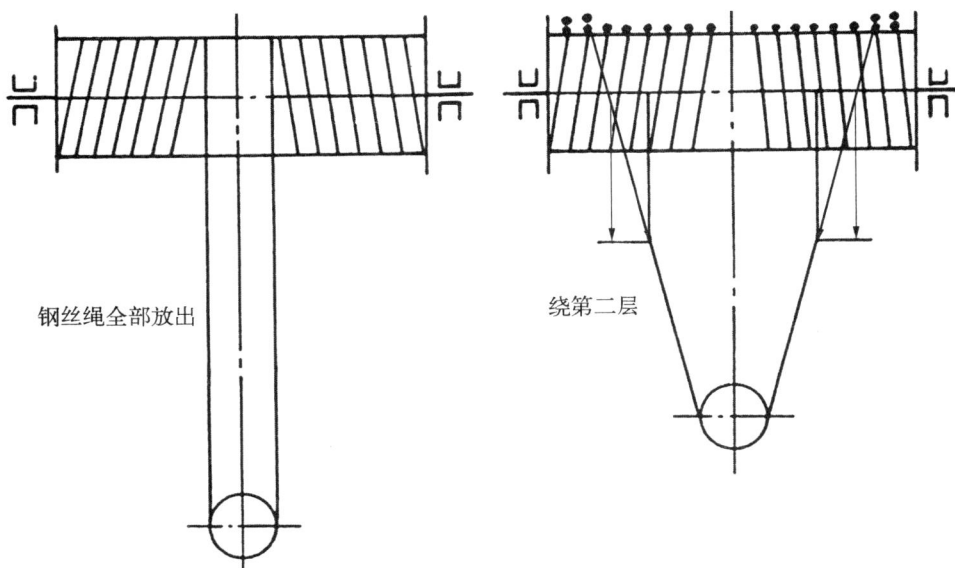

图 6 - 16　绳端固定于中部的自由双层卷绕

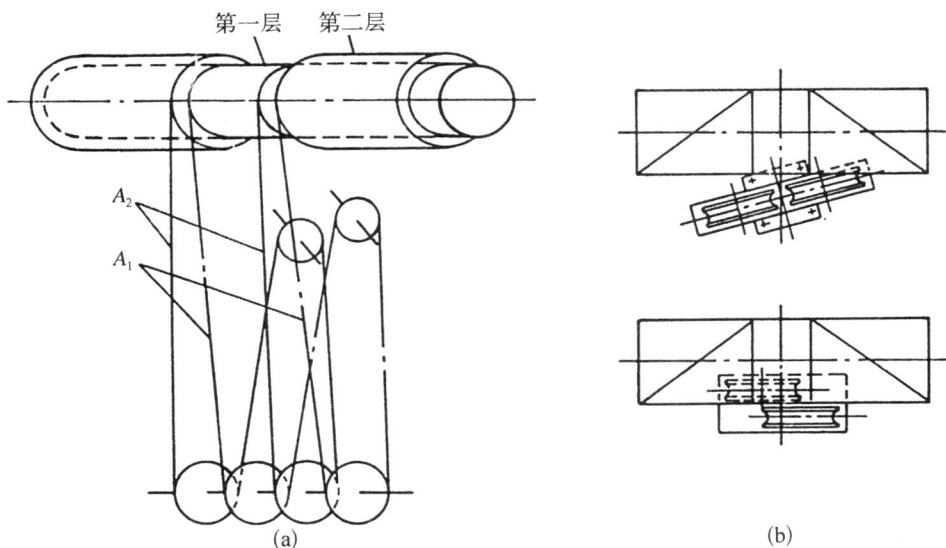

图 6 - 17　采用双双联滑轮组的双层卷绕

　　该系统由两个倍率为 2(或 2 以上)的双联滑轮组 A_1 与 A_2 组成。每个滑轮组有一根钢丝绳,两根钢丝绳的 4 个绳头用压板固定在卷筒两头,从卷筒上有 4 个分支引出。为了使每个滑轮组上钢丝绳的偏斜角接近相等以及 4 根引出分支互不干扰,两个双联滑轮组的动滑轮彼此间隔排列,并使上部两个定滑轮倾斜布置或者错开布置,如图 6 - 18(b)所示。卷筒旋转时,在卷筒左段,滑轮组 A_1 的一个分支钢丝绳作为第一层绕在卷筒槽上,而滑轮组 A_2 的一个分支钢丝绳则以第一层钢丝绳所形成的沟槽为导槽随之绕上;卷筒右段则以 A_2 的另一个分支为第一层,A_1 的另一个分支为第二层。这种双层卷绕方式无需导绳装置,构造简单,且钢丝绳排列整齐有序。

2）钢丝绳的多层卷绕

多层卷绕卷筒有光面卷筒和带绳槽卷筒两种形式。前者有利于钢丝绳紧密排列，增大绳容量，但底层钢丝绳与卷筒的接触状态较差。

多层卷绕过程中，各层钢丝绳的螺旋方向交替变化，呈交叉状况。多层卷绕通常有以下3种卷绕方式。

（1）普通多层卷绕。

图6-18(a)为普通多层卷绕方式的展开图，细实线表示前一层的钢丝绳走向，粗实线为后一层的钢丝绳走向，每一层钢丝绳的卷绕都不能利用前一层钢丝绳所形成的沟槽。为了保证有规则地卷绕，防止乱扣和咬绳现象，一般应设置导绳装置。受结构布置限制不便安装导绳装置时，设计中应控制卷筒长度，尽量减小钢丝绳偏角。

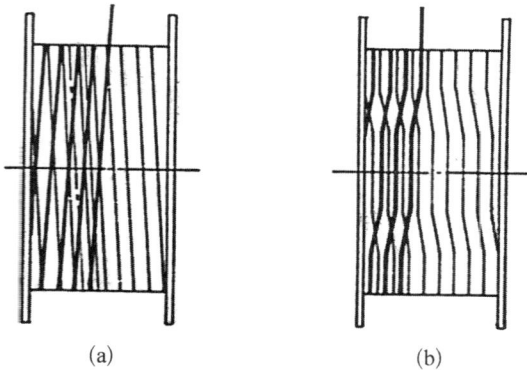

图6-18 多层卷绕的钢丝绳走向展开图
（a）普通卷筒卷绕走向；（b）利巴式卷筒卷绕走向

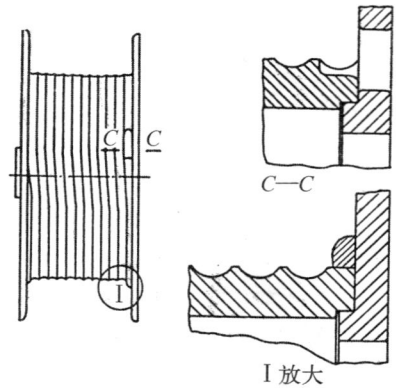

图6-19 利巴式卷筒的构造

（2）采用利巴式(Le-Bus)卷筒的多层卷绕。

利巴式卷筒是一种具有特殊绳槽结构的多层卷绕用卷筒，如图6-18(b)所示，绳槽圆周长度的70%～80%为基本绳槽，其方向与卷筒轴线垂直；还有两小段是升程等于半个节距的螺旋绳槽。卷绕时，钢丝绳的基本走向与卷筒轴线垂直，每当经过一段螺旋绳槽，就在卷筒轴线方向前进半个节距，卷绕一周，钢丝绳前进一个节距。当第一层钢丝绳绕满后，第二层的起始圈靠卷筒端板根部的特殊导向台阶（见图6-19）实现升层和首圈钢丝绳的走向成型。以后的各圈，钢丝绳均顺着前一层钢丝绳所形成的垂直于卷筒轴线的沟槽相继定位。这样在无需导绳装置的情况下，即可实现多层钢丝绳的有序卷绕。

（3）采用排绳装置的多层卷绕。

多层卷绕的排绳装置需要按绕绳的运动规律做双向往复运动，以此引导钢丝绳有序排列。图6-20为双向螺纹丝杆的排绳装置。丝杆上有两条螺纹，螺旋方向一左一右，螺母的螺纹为一尖梭形月牙板。在丝杆两端用圆滑的曲线将左右螺纹连接起来。设计时要保证其运动协调：卷筒旋转一周时，螺母月牙板沿卷筒轴向移动一个节距；钢丝绳绕完一层而到达卷筒端部时，螺母月牙板处在丝杆头部的螺纹槽内，并开始过渡到反方向的螺纹槽上。这种排绳装置可以实现反复多层卷绕的导向，但丝杆和月牙板磨损较快，只适用于工作级别较低的起重机。

图6-21为一种由单螺纹丝杆推动的排绳装置。卷筒出轴通过圆锥齿轮传动带动圆锥齿

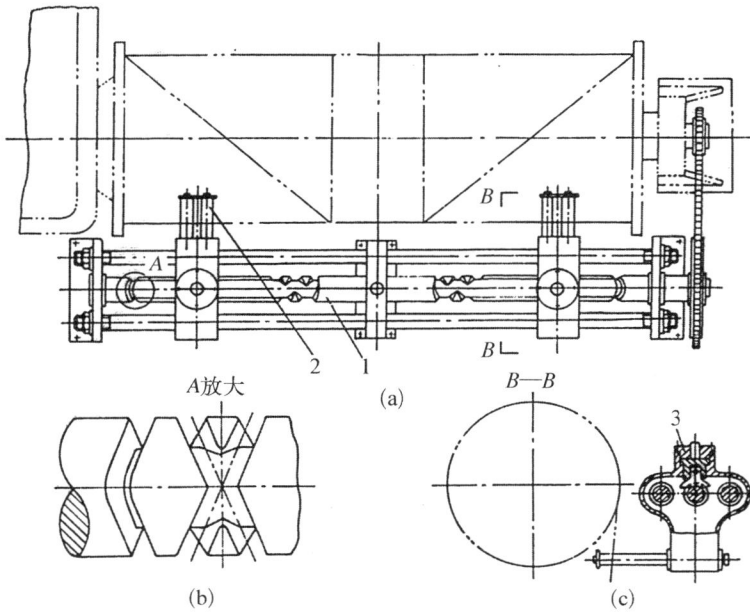

图 6 - 20　双向螺纹丝杆排绳装置

（a）布置图；（b）带双向螺纹的丝杆；（c）螺母月牙板及导向滚轮结构

1—双向丝杆；2—导向滚轮；3—月牙板

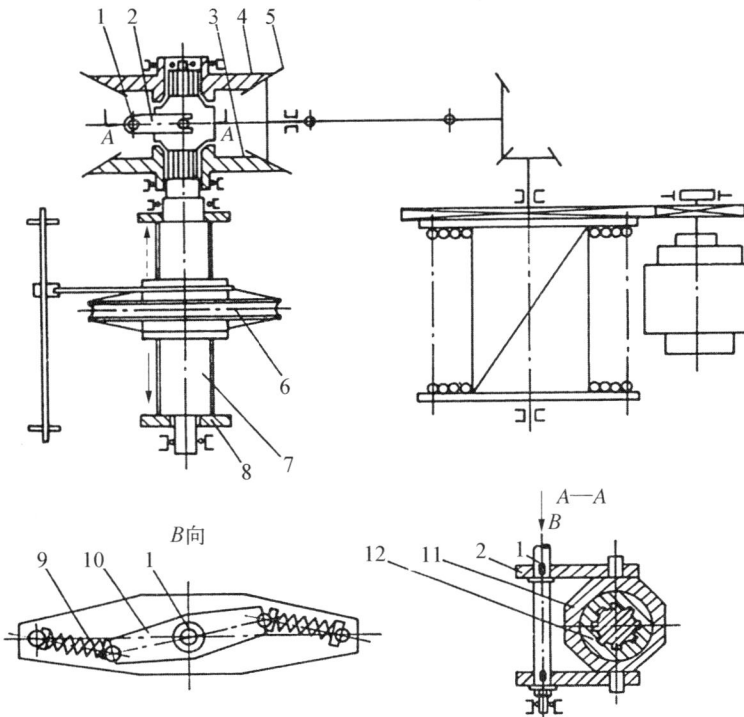

图 6 - 21　单螺纹丝杆推动的排绳装置

轮 4 与 3 做正、反向旋转。牙嵌离合器 12 与丝杆轴 7 用花键连接,并由拨叉 2 拨动其位置。牙嵌离合器 12 处于中间位置时,与两个圆锥齿轮有相等微隙,这时摆动杆 10 两侧的串联盘形弹簧 9 的中心线互相重合(处于非稳定平衡状态),实际上拨叉 2 与竖轴 1 在两弹簧 9 的作用下总是偏向某一侧。

导向滑轮 6 按图 6-21 中的实线箭头或虚线箭头方向运动到某一侧尽头时,即被挡板 8 挡住。由于阻力矩增大,在锥齿轮 3 或 4 与离合器的斜面作用下,克服弹簧反力矩,使摆动杆 10 朝反方向转动,并推动扣环 11,使离合器与对面的锥齿轮结合,螺杆反向旋转,滑轮即开始反向移动。如此往复运动,即可实现多层钢丝绳的有序卷绕。

6.2.4 滑轮组的倍率

滑轮组有单联与双联之分,分别配用单联和双联卷筒。滑轮组的倍率 a 表示其省力或减速倍数。

单联滑轮组的倍率 a 等于悬挂物品的钢丝绳分支数 m(见图 6-22、图 6-23(a));双联滑轮组的倍率等于悬挂物品钢丝绳分支数的一半,(见图 6-23(b)、图 6-24)。倍率 a 为

$$a = m(单联), \quad a = m/2(双联) \quad (6-4)$$

当悬挂物品的重力为 P_Q、升(降)速度为 v_q 时,引入卷筒的钢丝绳张力 S 和线速度 v_m 分别为

$$S = \frac{P_Q}{a} \quad (6-5)$$

$$v_m = a v_q \quad (6-6)$$

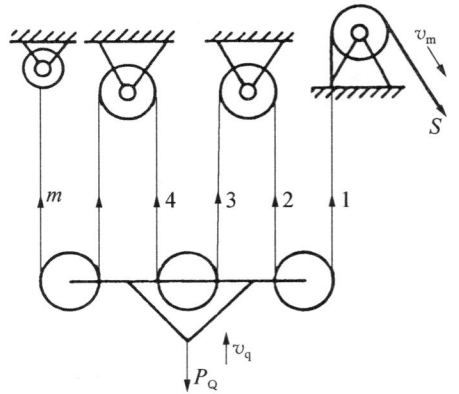

图 6-22 单联滑轮组的倍率

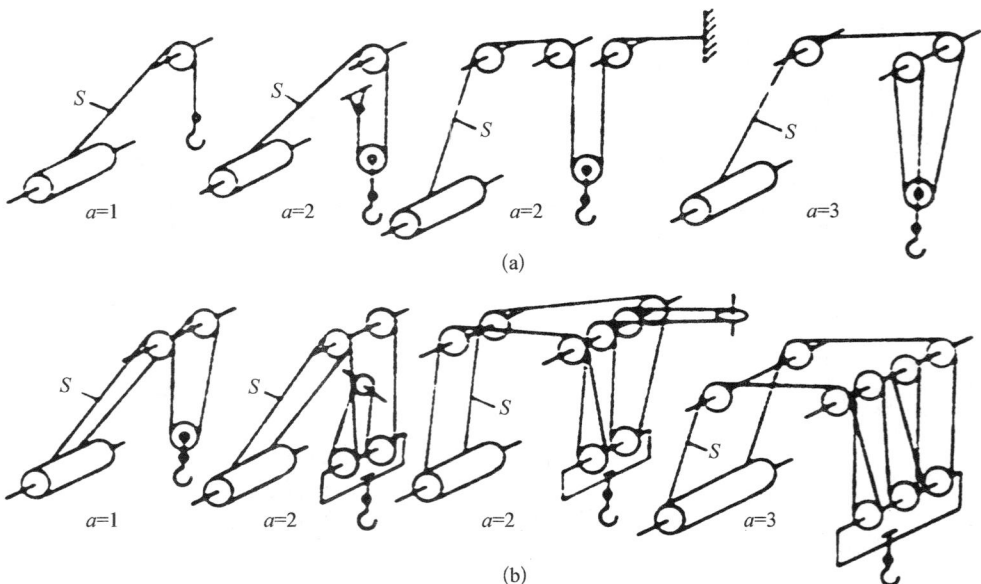

(a)

(b)

图 6-23 臂架型起重机滑轮组的倍率
(a)单联滑轮组;(b)双联滑轮组

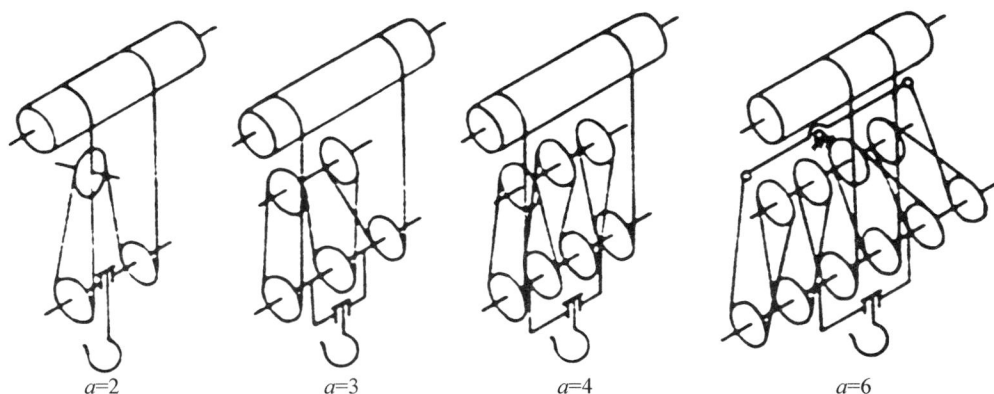

$a=2$ $a=3$ $a=4$ $a=6$

图 6-24 桥架型起重机双联滑轮组的倍率

滑轮组倍率对驱动装置的总体尺寸有较大影响。倍率增加时钢丝绳每个悬挂分支的拉力减小,卷筒直径和减速器的传动比也可减小,但卷筒长度要增加,总传动效率会有所下降。通常,当起重量 $Q \leqslant 25$ t 时取分支数 $m = 1 \sim 4$;当 $Q = 25 \sim 100$ t 时取 $m = 4 \sim 12$,使钢丝绳拉力在 $50 \sim 100$ kN 范围内;当 $Q > 100$ t 时,可根据钢丝绳拉力控制在 $100 \sim 150$ kN 范围内的要求来选取分支数。对于臂架型起重机,确定钢丝绳分支数时,还应从减轻臂端重量考虑,尽量减少臂架端部的定滑轮数目。

桥架型起重机和门座起重机常用的滑轮组倍率如表 6-1 和表 6-2 所示。

表 6-1 桥架型起重机常用的滑轮组倍率

起重量 Q/t	3	5	8	12.5	16	20	32	50	80	100	125	160	200	250
倍率 a	1	2	2	3	3	4	4	5	5	6	6	6	8	8

表 6-2 门座起重机常用的滑轮组倍率

起重量 Q/t	5	10	16	25	32	40	63	100	150	100	200
倍率 a	1	1	1	1	1或2	4	4	4	4	4	4
卷绕方式	双联分支数2	双联分支数2	双双联分支数4	双双联分支数4	双联分支数2或4	双联分支数8	双联分支数8	双联分支数8	双联分支数8	双联分支数8	双联分支数8

注:装卸用门座起重机的双联卷绕多采用两个单联卷筒同步运行来实现。

6.2.5 钢丝绳缠绕系统的效率

滑轮组、卷筒和钢丝绳 3 者共同组成起重机的钢丝绳缠绕系统,将驱动装置的回转运动转换成货物的升降直线运动。由于摩擦的存在,钢丝绳缠绕系统在运动过程中,其能量有所损耗,钢丝绳的传动效率降低。系统的效率与钢丝绳构造、滑轮和轴的直径、轴承种类以及润滑条件等因素有关。

1) 滑轮和滑轮组的效率

滑轮是具有导槽、用于引导或引导并改变钢丝绳方向的旋转件。滑轮的主要作用是导向和支承，以改变钢丝绳的走向，从而改变所传递拉力的方向，也可用来平衡钢丝绳分支的拉力，或组成滑轮组达到省力或增速的目的。

根据滑轮的轴线是否移动，有定滑轮和动滑轮之分。定滑轮的心轴固定不动，其作用是改变钢丝绳的方向；动滑轮的心轴可以和重物一起升降或移动，其作用是省力。在钢丝绳缠绕系统中，用于均衡钢丝绳拉力和伸长量的滑轮成为平衡滑轮。

滑轮的效率损失主要来自钢丝绳僵性阻力、内摩擦阻力和轴承的摩擦阻力。

（1）单个定滑轮的效率。

（A）钢丝绳的僵性阻力。

由于钢丝绳具有一定的僵性，因而在绕过滑轮时产生反抗变形的阻力，但由于钢丝绳又具有一定的挠性，该阻力要比把同直径的圆钢绕过等半径的滑轮时遇到的阻力小得多。在理想状态下，钢丝绳绕入与绕出滑轮时分支相对于滑轮中心的力臂与卷绕半径 $D/2$ 相比约大出了 ΔR_0（见图 $6-25$），并且两分支相应的 ΔR_0 近似相等。所以，由于钢丝绳僵性所引起的效率损失很小，可以忽略不计。

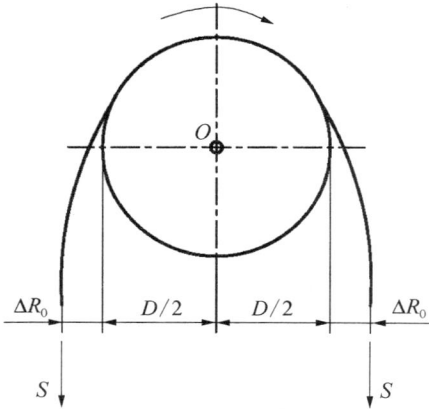

图 $6-25$　理想状态下钢丝绳状态　　　　　图 $6-26$　考虑内摩擦阻力时钢丝绳状态

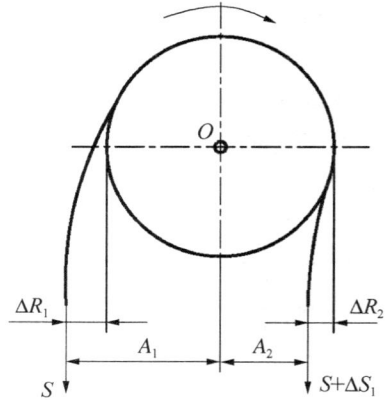

（B）钢丝绳的内摩擦阻力。

当计及绳股中绳丝相对移动时的内摩擦阻力时，绕出端的钢丝绳拉力比绕入端的钢丝绳拉力有了 ΔS_1 的增量，如图 $6-26$ 所示。钢丝绳为保持其原有的平衡状态，$A_2 < A_1$，即绕入端的钢丝绳轴线到滑轮中心的实际距离与卷绕半径 $D/2$ 相比向外偏移了约 ΔR_1，绕出端的钢丝绳轴线向内偏移了约 ΔR_2。

对 O 点取矩得

$$SA_1 - (S + \Delta S_1)A_2 = 0$$

所以有
$$\Delta S_1 = S \frac{\Delta R_1 + \Delta R_2}{D/2 - \Delta R_2} \tag{6-7}$$

式中：ΔS_1——钢丝绳拉力的增量，N；

　　　S——绕入端的钢丝绳拉力，N。

钢丝绳的构造形式不同，表现出的内摩擦性能也不同，故 ΔS_1 之值也不同。大体可以规定如下：

顺绕钢丝绳
$$\Delta S_1 = 0.063 \frac{d^2}{D^2}(S+300)$$

交绕钢丝绳
$$\Delta S_1 = 0.09 \frac{d^2}{D^2}(S+5\,000)$$

式中：d——钢丝绳直径，mm；

　　　D——滑轮直径，mm。

由此可见，钢丝绳绳丝之间的摩擦与两个因素有关：① 绳丝之间的压力。该压力一方面来源于钢丝绳的捻绕工艺过程，另一方面是由钢丝绳承受的拉力 S 产生。一般来说，钢丝绳经过一段时间的使用后，将产生预变形，此时钢丝绳绳丝之间的内摩擦会变小。② 滑轮直径。滑轮直径越小，钢丝绳在绕过滑轮时绳丝之间的相对移动也越大，内摩擦损失也就越大。所以，增大滑轮直径除了对钢丝绳的使用寿命有利外，也有利于减少钢丝绳越过滑轮时的内摩擦损失，提高传动效率。

（C）轴承的摩擦阻力。

由图 6-27，对 y 轴取投影可得轴承上的正压力为 $F_N = 2S+\Delta S_2$，则轴承圆周上的摩擦力为

$$F_s = \mu F_N = \mu(2S+\Delta S_2)$$

对 O 点取矩，由 $\Sigma M_O = 0$ 得

$$\Delta S_2 \cdot \frac{D}{2} - (2S+\Delta S_2)\mu \cdot \frac{d_z}{2} = 0$$

解得
$$\Delta S_2 = 2S\mu \frac{d_z}{D-d_z\mu} \approx 2S \cdot \mu \frac{d_z}{D} \qquad (6-8)$$

式中：F_s——轴承圆周上的摩擦力，N；

　　　ΔS_2——由于轴承摩擦阻力在钢丝绳绕出端增加的拉力，N；

　　　d_z——轴承直径，mm；

　　　μ——轴承摩擦系数。

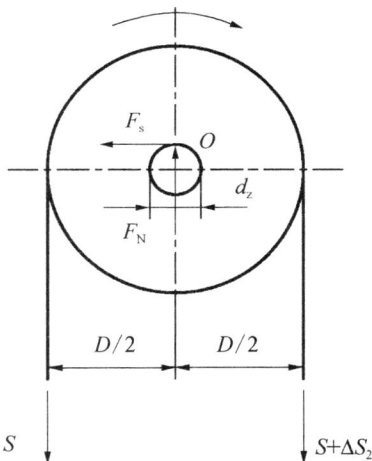

图 6-27　考虑轴承摩擦阻力时的定滑轮受力分析图

由上式可见，直径比 d_z/D 和轴承摩擦系数 μ 越小，轴承的效率损失就越小。轴承直径 d_z 较大的非常规轴承，传动效率较差。

（D）定滑轮的效率。

定滑轮的效率损失 ΔS 包括钢丝绳的内摩擦损失和轴承摩擦阻力损失两项，即

$$\Delta S = \Delta S_1 + \Delta S_2$$

则定滑轮的传动效率为

$$\eta_1 = \frac{S}{S+\Delta S_1 + \Delta S_2} = \frac{S_1}{S_2} \qquad (6-9)$$

式中：η_1——定滑轮的传动效率；

　　　S_1——钢丝绳绕入滑轮分支的拉力；

S_2——钢丝绳绕出滑轮分支的拉力。

定滑轮的效率与轴承的类型和质量因素、钢丝绳在滑轮上的包角、直径比 d_z/D 等因素有关。根据 GB/T 3811,定滑轮效率为

装于滚动轴承上的定滑轮　　$\eta_1 = 0.98$

装于滑动轴承上的定滑轮　　$\eta_1 = 0.96$

(2) 单个动滑轮的效率。

以动滑轮为研究对象,动滑轮做的是刚体的平面运动,A 点为速度瞬心。利用运动合成的基点法知,动滑轮圆周上任意一点的运动可分解为以下两种运动的叠加:以 $v/2$ 的线速度随滑轮中心匀速向上或向下的平移和以 $\omega = v/D$ 的角速度绕中心 O 点的转动,如图 6-28 所示。动滑轮的平移运动没有效率的损失,而转动运动所要克服的摩擦阻力同定滑轮,除此之外,动滑轮还必须克服本身的自重。

由图 6-28 列铅垂方向投影式,并考虑钢丝绳内摩擦和轴承的摩擦力有

$$S_1 + S_2 = G, \quad S_1 = \eta_1 S_2$$

可得

$$S_2 = \frac{G}{1 + \eta_1} \tag{6-10}$$

式中:G——动滑轮的自重,N。

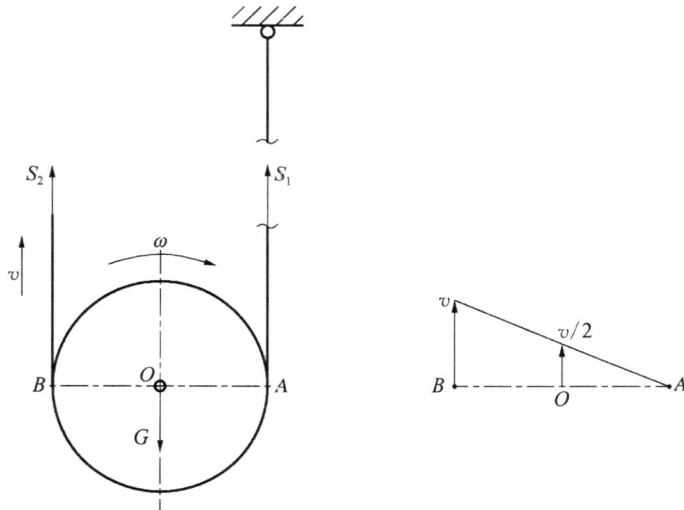

图 6-28　动滑轮的受力和运动分析图

若不考虑摩擦的影响,则有 $S'_2 = G/2$

于是,动滑轮的传动效率为

$$\eta_d = \frac{S'_2 v}{S_2 v} = \frac{G/2}{G/(1 + \eta_1)} = \frac{1 + \eta_1}{2} \tag{6-11}$$

(3) 滑轮组的效率。

(A) 重物起升时滑轮组的效率。

在图 6-29(a)所示的单联滑轮组展开图中,货物重量 P_Q 与滑轮组内各钢丝绳分支上拉

力的平衡条件为 $\sum_{i=1}^{m} S_i = P_Q$。由于在各个滑轮上存在效率损失,重物的重量在钢丝绳各分支上的分配并不是均匀的。在重物起升过程中,钢丝绳各个分支的拉力从 S_1 到 S_m 逐渐增大,即

$$S_m = S_m,\ S_{m-1} = \eta_1 S_m,\ \cdots,\ S_{i-1} = \eta_1 S_i,\ \cdots,\ S_1 = \eta_1 S_2$$

则
$$\sum_{i=1}^{m} S_i = P_Q = S_m(1 + \eta_1 + \eta_1^2 + \cdots + \eta_1^{m-1}) = S_m \frac{1 - \eta_1^n}{1 - \eta_1}$$

式中:m——钢丝绳的分支数,对单联滑轮组即为滑轮组的倍率,有 $m = a$。

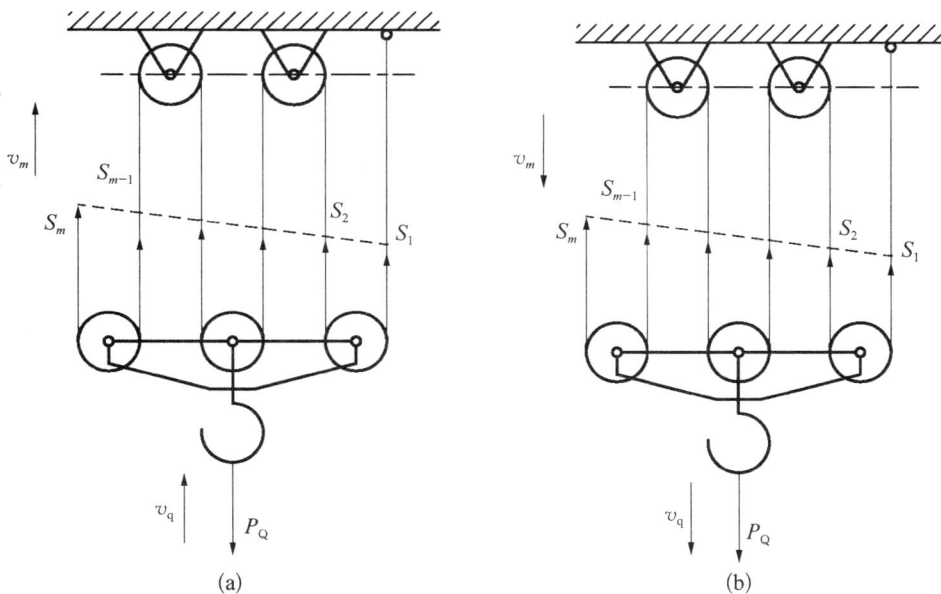

图 6-29 滑轮组效率
(a) 上升时;(b)下降时

重物上升时滑轮组中钢丝绳引出分支的拉力为

$$S_m = \frac{1 - \eta_1}{1 - \eta_1^n} P_Q \tag{6-12}$$

若无损失,钢丝绳的拉力为 P_Q/m,则重物起升时滑轮组的效率为

$$\eta_m = \frac{P_Q/m}{S_m} = \frac{1 - \eta_1^n}{m(1 - \eta_1)} \tag{6-13}$$

式中:η_m——滑轮组的效率。

如果滑轮组的钢丝绳分支数 $m = 2$,则有 $\eta_m = \dfrac{1 + \eta_1}{2}$,即为动滑轮的效率。因此,钢丝绳分支数为 2 的滑轮组即为一个动滑轮。

(B) 重物下降时滑轮组的效率。

当重物下降时,货物重量 P_Q 是主动力,由于重物运动的速度方向与 S_m 的作用方向相反,故 S_m 是被动力(见图 6-29(b)),重物下降过程中,钢丝绳各分支的拉力从 S_1 到 S_m 逐渐变小。有

$$S_m = S_m, \quad S_{m-1} = \frac{1}{\eta_1}S_m, \quad \cdots, \quad S_{i-1} = \frac{1}{\eta_1}S_i, \quad \cdots, \quad S_1 = \frac{1}{\eta_1}S_2$$

即有
$$\sum_{i=1}^{m} S_i = P_Q = S_m\left(1 + \frac{1}{\eta_1} + \frac{1}{\eta_1^2} + \cdots + \frac{1}{\eta_1^{m-1}}\right) = S_m \frac{1 - \eta_1^m}{\eta_1^{m-1}(1 - \eta_1)}$$

$$S_m = \eta_1^{m-1}\frac{1 - \eta_1}{1 - \eta_1^m}P_Q \tag{6-14}$$

如无损失,钢丝绳的拉力应为 P_Q/m,即得重物下降时滑轮组的效率为

$$\eta'_m = \frac{S_m}{P_Q/m} = \eta_1^{m-1}\frac{m(1 - \eta_1)}{1 - \eta_1^m} \tag{6-15}$$

(4) 钢丝绳缠绕滑轮组的总效率。

钢丝绳缠绕滑轮组的总效率表示为各部分传动效率的乘积,若缠绕系统中还存在导向滑轮,则滑轮组的总效率可以表示为

重物起升时
$$\eta_\Sigma = \frac{1 - \eta_1^m}{m(1 - \eta_1)}\eta_D \tag{6-16}$$

重物下降时
$$\eta'_\Sigma = \eta_1^{m-1}\frac{m(1 - \eta_1)}{1 - \eta_1^m}\frac{1}{\eta_D} \tag{6-17}$$

式中:η_Σ——重物起升时,钢丝绳缠绕系统的总效率;

η'_Σ——重物下降时,钢丝绳缠绕系统的总效率;

η_D——导向滑轮的效率,$\eta_D = \eta_1\eta_2\cdots\eta_n$,各导向滑轮的效率与滑轮和钢丝绳的直径比 d/D、钢丝绳包角以及钢丝绳类型有关,见表 6-3 所示。

表 6-3 单个导向滑轮的效率

轴承类型	D/d $\alpha/(°)$	12	14	16	18	20	25	30
滚动轴承	15°	0.970	0.980	0.985	0.990	0.995	0.998	0.999
	45°	0.967	0.977	0.982	0.987	0.992	0.995	0.997
	90°	0.965	0.975	0.980	0.985	0.990	0.993	0.995
	180°	0.960	0.970	0.975	0.980	0.985	0.988	0.990
滑动轴承	15°	0.965	0.975	0.980	0.985	0.990	0.993	0.995
	45°	0.955	0.965	0.970	0.975	0.980	0.983	0.985
	90°	0.940	0.950	0.955	0.960	0.965	0.968	0.970
	180°	0.931	0.940	0.945	0.950	0.955	0.958	0.960

注: α 为钢丝绳的包角。

2) 卷筒上钢丝绳的效率

(1) 钢丝绳的僵性阻力。

与钢丝绳绕过定滑轮的情形相比,钢丝绳在绕上卷筒时从卷筒的一侧绕入,却并未在卷筒

的另外一侧绕出。所以,如果说钢丝绳绕过定滑轮时,由于钢丝绳僵性而反抗变形的效率损失可以忽略不计的话,那么钢丝绳绕上卷筒时此部分的效率损失则必须予以考虑。

仅考虑僵性阻力时,由图 6-30(a),对卷筒轴心 O 取矩,由 $\sum M_O = 0$ 得

$$S\left(\Delta R_0 + \frac{D}{2}\right) - (S + \Delta S_0)\frac{D}{2} = 0$$

则由于钢丝绳的僵性,卷筒圆周力的增量为

$$\Delta S_0 = S\frac{\Delta R_0}{D/2} = 2S\frac{\Delta R_0}{D} \qquad (6-18)$$

式中：D——卷筒的直径,mm;

ΔR_0——由于钢丝绳的僵性在绕上卷筒时力臂的增大值,mm;

ΔS_0——由于僵性阻力而引起的钢丝绳拉力的增量,N。

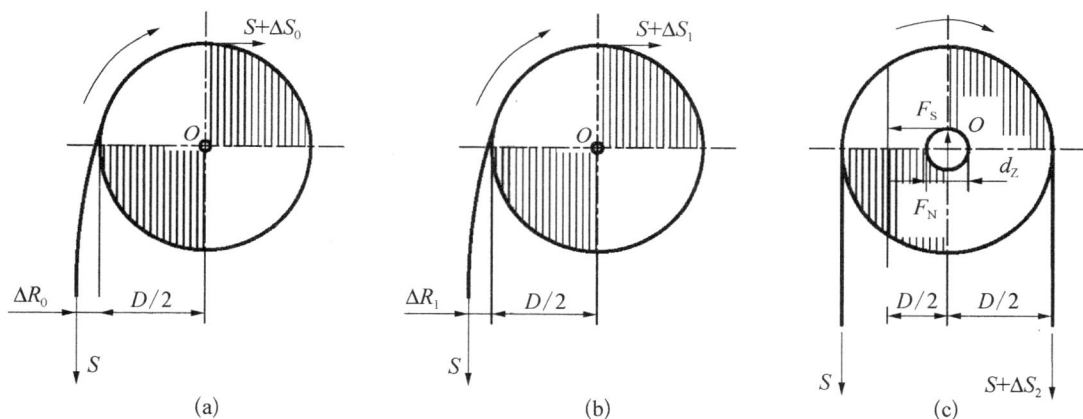

图 6-30　卷筒上的钢丝绳受力

(a) 仅考虑僵性阻力时;(b) 仅考虑内摩擦阻力时;(c) 仅考虑轴承摩擦阻力时

(2) 钢丝绳的内摩擦阻力。

钢丝绳在绕上卷筒后,会出现由直变弯的过程。此时,钢丝绳的内摩擦同样导致效率损失(见图 6-30(b))。由 $\Sigma M_O = 0$ 有

$$S\left(\Delta R_1 + \frac{D}{2}\right) - (S + \Delta S_1)\frac{D}{2} = 0$$

则由于钢丝绳的内摩擦阻力,卷筒圆周力的增量为

$$\Delta S_1 = S\frac{\Delta R_1}{D/2} = 2S\frac{\Delta R_1}{D} \qquad (6-19)$$

式中：ΔR_1——由于钢丝绳的内摩擦阻力在绕上卷筒时力臂的增量,mm;

ΔS_1——由于钢丝绳的内摩擦阻力而引起的钢丝绳拉力的增量,N。

由式(6-18)和式(6-19)可见,由于钢丝绳的僵性和内摩擦引起的卷筒圆周力增量与卷筒的直径成反比关系,即卷筒直径越大,卷筒圆周力的增量也越小,相应的传动效率的损失也越小。

（3）轴承的摩擦阻力。

由卷筒轴承的摩擦阻力而引起的钢丝绳拉力的增量计算方法同定滑轮,如图 6-30(c),即

$$\Delta S_2 = F_s \frac{d_z}{D}, \ F_s = \mu F_N = \mu(2S + \Delta S_2)$$

对卷筒轴心 O 取矩有 $\quad \Delta S_2 \frac{D}{2} - \mu(2S + \Delta S_2) \frac{d_z}{2} = 0$

则 $$\Delta S_2 = S\mu \frac{d_z}{D} \qquad (6-20)$$

式中:ΔS_2——由于轴承的摩擦阻力而引起的钢丝绳拉力的增量,N。

（4）卷筒的效率。

卷筒的效率损失 ΔS 包括钢丝绳僵性阻力的损失、钢丝绳的内摩擦损失和轴承摩擦阻力损矢 3 项,即 $\Delta S = \Delta S_0 + \Delta S_1 + \Delta S_2$,则卷筒的传动效率为

$$\eta_t = \frac{S}{S + \Delta S_0 + \Delta S_1 + \Delta S_2} = \frac{D}{D + 2\Delta R_0 + 2\Delta R_1 + \mu d_z} \qquad (6-21)$$

式中:η_t——卷筒的传动效率,当采用滚动轴承时,$\eta_t \approx \eta_1$。

6.3 起升机构计算

进行起升机构计算时,应考虑其载荷的特点:

（1）货物起升或下降时,由钢丝绳拉力产生的驱动装置的转矩方向不变,即作用在卷筒上的转矩为单向作用转矩。

（2）机构的起动或制动时间与其稳定运行时间相比是短暂的,而且起、制动时由货物惯性引起的附加转矩一般不超过静转矩的 10%,对机构影响不大。因此,可将稳定运行时的静载荷作为机构的计算载荷。

6.3.1 钢丝绳的选型

1）确定钢丝绳最大工作静拉力应考虑的因素

（1）起重用（抓斗除外）钢丝绳。

计算最大工作静拉力时应考虑下列因素:

(i) 起重机的额定起升载荷。

(ii) 下滑轮组和取物装置的自重。

(iii) 起升钢丝绳缠绕滑轮组的倍率 a 和绕上卷筒的钢丝绳分支数。

(iv) 起升高度超过 50 m 时,一般要计及钢丝绳的自重。

(v) 在上极限位置若钢丝绳与铅垂线夹角大于 22.5°时,还需要考虑由钢丝绳的倾斜引起的钢丝绳拉力的增大。

(vi) 钢丝绳系统的总传动效率 η_Σ,由式(6-16)求得。当为单联卷筒时,$m = a$。当为双联卷筒时,$m = 2a$。

则绕入卷筒的钢丝绳的最大静拉力为

$$S = \frac{P_Q}{m\eta_\Sigma} \qquad\qquad (6-22)$$

（2）非起重用钢丝绳。

对不专门用于起升垂直荷载的各种钢丝绳,应考虑在 P_M 和 P_R 型载荷中规定的、在各种用途中能反复出现的载荷情况Ⅰ或Ⅱ的最不利情况来确定出钢丝绳的最大工作静拉力 S。当钢丝绳用来作水平运动的牵引时,应考虑牵引对象做水平运动时摩擦阻力、坡道阻力以及起升钢丝绳绕过起升及导向滑轮系统的阻力等。

（3）多绳抓斗的钢丝绳。

对于四绳(或双绳)抓斗,其闭合绳和支持绳载荷分配按如下规定:

（A）如使用的系统能自动地且快速地(例如采用差动式电控装置等)使闭合绳和支持绳中的载荷平均分配或将两种绳之间的载荷差异仅限制在闭斗末期或开始张开的一个极短时期内者,则闭合绳和支持绳的最大工作静拉力 S 各取为总载荷的 66% 除以各自的分支数;当采用直流调速或交流变频调速,并进行了特殊的设计,能实时监控保证抓斗离地时起升与闭合机构载荷准确协调共同承担者,钢丝绳的最大工作静拉力 S 可各取为总载荷的 55% 除以各自的分支数。

（B）如使用的系统在起升过程中不能使闭合绳和支持绳中的载荷平均分配,而实际上在抓斗闭合及起升初期几乎全部载荷都作用在闭合绳上,则闭合绳最大工作静拉力 S 取为总载荷的 100% 除以其分支数,支持绳最大工作静拉力 S 取为总载荷的 66% 除以其分支数。

2）钢丝绳的直径

根据钢丝绳最大静拉力 S,按式(5-1)或式(5-3)确定钢丝绳的直径 d。

6.3.2　卷筒基本尺寸及转速

卷筒的基本尺寸设计计算见 5.3 节。

根据起升速度,卷筒转速 n_d(r/min)为

$$n_d = \frac{1\,000 a v_q}{\pi D_1} \qquad\qquad (6-23)$$

式中:v_q——起升速度,m/min;

D_1——按最外层钢丝绳中心计算的卷筒卷绕直径,mm。

单层卷绕时 $D_1 = D + d$, 其中 D 为卷筒槽底直径,d 为钢丝绳直径。

6.3.3　电动机的选择与验算

起升机构一般采用绕线转子异步电动机、笼型异步电动机、自制动异步电动机、交流变频电动机、直流电动机,或适合于起升机构使用特点的其他电动机。

1）电动机的初选功率

起升机构电动机的初选功率可按式(4-9)计算。对于不同的工属具和不同的用途,所考虑的因素有所不同。对下述起重机的起升机构,选择其电动机功率时,还应考虑如下因素。

（1）抓斗起重机。

如设计的钢丝绳缠绕系统能使闭合绳和起升绳的载荷接近平均分配,则闭合机构和支持

绳机构电动机功率各取为总计算功率的 66%。当采用直流调速或交流变频调速,能实时监控并保证抓斗闭合终止时支持绳与闭合绳载荷准确相等,各机构电动机功率可取为总计算功率的 55%。

(2) 铸造起重机。

当起升机构中采用有刚性联系的两套驱动装置双电机驱动时,每台电动机的功率不小于总计算功率的 60%;当要求用一台电动机驱动,起重机以满载(额定载荷)完成一个工作循环时,每台电动机的功率不小于总计算功率的 66%;采用行星差动减速器双电机驱动时,每台电动机的功率不小于总计算功率的 55%。

(3) 特殊用途的慢速起重机或水电站门式起重机。

这种起升速度慢、起升范围大的起重机,一个工作循环中起升机构运转时间往往超过 10 min,其电动机功率应按短时工作方式 S2 选择;当一个工作循环中起升机构平均运转时间为 10~30 min 时,S2 标定时间为 30 min;当一个工作循环中起升机构平均运转时间为 30~60 min 时,S2 标定时间为 60 min。

2) 电动机轴上所需的转矩

(1) 稳态起升额定起升载荷所需的转矩。

$$M_N = \frac{P_Q D_1}{2ai\eta} \qquad (6-24)$$

式中:M_N——稳态起升额定起升载荷时电动机轴上的转矩,N·m;

P_Q——额定起升载荷,N;

a——钢丝绳滑轮组的倍率;

i——由电动机轴到卷筒轴的总传动比;

η——起升物品时起升机构传动装置和滑轮组的总效率。

(2) 电动机产生转矩的最低要求。

为了加速起升额定载荷或试验载荷以及补偿电源电压和频率变化所导致的转矩损失,电动机轴上转速 $n = 0$ 时产生的转矩应满足式(6-25)~式(6-27)的最低要求。

(A) 对直接起动的笼型异步电动机:

$$M_d \geqslant 1.6 M_N \qquad (6-25)$$

式中:M_d——起动时(转速 $n = 0$ 时)电动机轴上具有的转矩。

(B) 对绕线转子异步电动机:

$$M_d \geqslant 1.9 M_N \qquad (6-26)$$

(C) 对采用变频控制的所有类型的电动机:

$$M_d \geqslant 1.4 M_N \qquad (6-27)$$

3) 电动机的校验

(1) 电动机过载校验和发热校验。

电动机过载验算是检验在设计要求的极限起动条件下,电动机的最大转矩或堵转转矩是否能满足机构起动的需要。电动机发热验算是检验在满足设计要求的正常运转条件下,电动机不应出现过热。以上校验详见 4.3 节。

（2）电动机使用环境的功率修正。

若起重机安装使用地点海拔超过 1 000 m，或起重机使用环境温度超过 40℃，就应对电动机容量进行修正：

$$P'_N = \frac{P_N}{K} \tag{6-28}$$

式中：P'_N——根据环境温度和海拔修正后，用来选用电动机的功率，kW；

　　　P_N——未修正的所需电动机的功率，kW；

　　　K——功率修正系数，由图 6 - 32 选取。

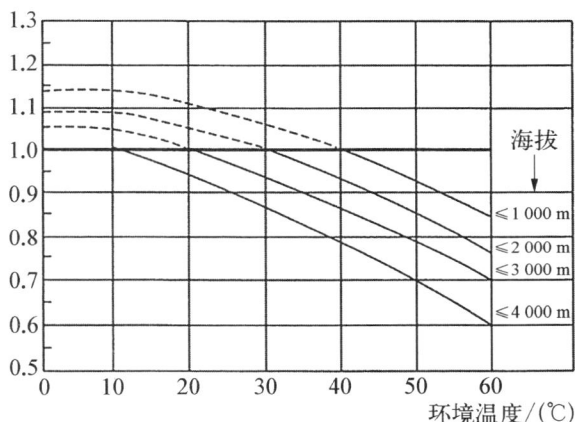

图 6 - 31　以环境温度和海拔为函数变量的修正值

注1：修正系数 $K > 1$ 的值需由电动机制造商和起重机制造商共同确定；

　　2：海拔大于 1 000 m 时，要指出环境温度。

6.3.4　减速器的选择与校核

1）计算传动比

根据电动机转速 n 和卷筒的转速 n_d，可以求出起升机构减速传动装置传动比：

$$i = n/n_d \tag{6-29}$$

2）选取减速器

在一般情况下，起升机构减速器的设计预期寿命应与该机构工作级别中所对应的使用等级一致。但对一些工作特别繁重，允许在起重机使用期限内更换减速器时，所选减速器的设计预期寿命可小于该起升机构所对应的机构工作寿命。

采用起重机用减速器时，若所选用的减速器参数表上标注的工作级别与所设计的起升机构的工作级别不一致，应引入减速器功率修正系数。

采用普通用途减速器时，还应用电动机的最大起动转矩验算减速器输入轴的强度，并用额定起升载荷（考虑起升动力系数 ϕ_{2max}）作用在减速器输出轴上的短暂最大力矩和最大径向力验算减速器输出轴的强度，即

$$F_{\text{rmax}} \leqslant [F_r], \quad T_{\max} \leqslant [T] \tag{6-30}$$

式中：$[F_r]$——减速器输出轴允许的最大径向力，N；

F_{rmax}——最大径向力，N，由钢丝绳最大张力 S、卷筒重力 G_d 以及具体支承情况确定；

$T_{\max}$——钢丝绳最大静拉力在卷筒上产生的扭矩，N·m；

$[T]$——减速器输出轴允许的短暂最大扭矩 N·m。

选用减速器时，还应注意其中心距是否满足机构布置的要求。对于已经选定的减速器，还应校核机构实际的起升速度并确认其合适与否。

3）校核实际起升速度

已经选定的电动机和减速器的功率、转速、传动比等参数大多数接近于设计参数，最后应计算出实际的起升速度，使其满足：

$$\left| \frac{v_q - \bar{v}_q}{v_q} \right| \times 100\% \leqslant 5\% \tag{6-31}$$

式中：v_q——设计要求提出的起升速度，m/s；

$\bar{v}_q$——实际达到的起升速度，m/s。

当误差大于 5% 时，应通过另选滑轮组倍率或修改卷筒直径，或者加配开式齿轮传动进行必要的修正。

6.3.5 制动器

1）支持制动器的选择

在起升机构中，支持制动用来将起升的物品支持在悬空状态，由机械式制动器产生支持制动作用。

起升机构的每一套独立的驱动装置至少应装设一个制动器。对于吊运液态金属及其他危险物品的起升机构，每套独立的驱动装置至少应装设两个制动器。起升机构制动器的制动距离应满足起重机的使用要求。

支持制动器应是常闭式的，制动轮/盘应装在与传动机构刚性连接的轴上。支持制动器的制动力矩应等于或大于按下式计算的制动轴上所需的计算制动力矩 M_Z。

$$M_Z = K_Z \frac{P_Q D_1 \eta'}{2ai} \tag{6-32}$$

式中：M_Z——制动轴上所需的计算制动力矩，N·m；

η'——物品下降时起升机构传动装置和滑轮组的总效率；

i——由卷筒到制动器轴的总传动比；

K_Z——制动器安全系数，与机构重要程度和机构工作级别有关，如表 6-4 所示。

表 6-4 制动器安全系数 K_Z

起升机构工作级别和使用场合	K_Z
一般起升机构（M5 级及其以下级别）	≥1.5
重要起升机构（M6 级及其以上级别）	≥1.75

（续表）

起升机构工作级别和使用场合		K_z
吊运液态金属和易燃、易爆的化学品及危险品的起升机构	每套驱动装置装有两个支持制动器	≥1.25
	两套彼此有刚性联系的驱动装置,每套装置装有两个支持制动器	≥1.10
	采用行星差动减速器传动,每套驱动装置装有两个支持制动器	≥1.75
具有液压制动的液压传动起升机构		≥1.25

注：采用二级制动时,低速轴的制动器的安全系数可按低一级选用。

对于工作特别频繁的起升机构,宜对制动器进行发热校验。

2）减速制动

在起升机构中,不宜采用无控制的物品自由下降方式,减速制动是用来将悬挂在空中的正在向下运动的物品减速到停机或到一个较低的下降速度时实施停机制动。

起升机构的减速制动可以由机械式支持制动器来完成,也可以由电气制动来完成。电气制动只用于减速制动,不能用于支持制动和安全制动。

3）安全制动

在安全性要求特别高的起升机构中,为防止起升机构的驱动装置一旦损坏而出现特殊的事故,在钢丝绳卷筒上装设机械式制动器作安全制动用。此安全制动器在机构失效或传动装置损坏导致物品超速下降时（下降速度达到 1.5 倍额定速度前）自动起作用。

6.3.6　联轴器的选择

起升机构高速轴常用的联轴器有齿轮联轴器、弹性套柱销联轴器和万向联轴器等。低速轴一般采用齿轮连接盘与减速器的齿形轴端相连。

1）选用步骤

（1）选择联轴器的品种、形式。

根据电动机的类别和工作载荷类别、工作转速、传动精度、两轴偏移状况、温度、工作环境等综合因素选择联轴器的种类,根据主机配套要求选择联轴器的结构形式。当联轴器与制动器配套使用时,宜选择带制动轮或带制动盘形式的联轴器;需要过载保护时,宜选安全联轴器。

（2）计算联轴器转矩。

传动系统中电动机的功率大于工作机所需的功率。根据电动机的功率和转速计算出与电动机相连接的高速端的理论转矩,考虑安全系数和刚性动载系数后,算得联轴器的计算转矩。

（3）初选联轴器型号。

根据计算转矩,从产品目录中选定。产品允许的许用转矩要大于或等于计算转矩;许用转速也要大于或等于联轴器的转速。

（4）根据轴径调整型号。

初步选定的联轴器连接尺寸,即轴孔直径 d 和轴孔长度 L,应符合主、从动端轴径和轴伸的要求。主、从动轴径不相同是普遍现象,应按大轴选择联轴器的型号。

（5）选择连接形式。

选择联轴器连接形式取决于主、从动端与轴的连接形式,目前国内多采用键连接,为了保证轴和键的强度,必要时应对轴和键的强度进行校核,以最后确定联轴器的型号。

2) 联轴器计算转矩

起重机上采用的联轴器,一般可以从联轴器标准规格(联轴器专业制造商的产品样本)中选取,然后验算所传递的扭矩,使其满足:

$$M_L \leqslant [M_L] \tag{6-33}$$

式中:M_L——联轴器的计算扭矩,N·m;

　　　$[M_L]$——联轴器标准规格参数表(或产品样本)中给出的扭矩,N·m;

$$M_L = kM'_L \tag{6-34}$$

　　　k——系数,与工作级别、联轴器的重要性及其所连接的轴有关,一般为1.3～3.1,起升机构和变幅机构宜取大值;

　　　M'_L——联轴器所连接的轴的传递扭矩,N·m。

6.3.7 机构起动、制动时间和加速度的计算

1) 起动时间和起动平均加速度计算

(1) 机构起动时间 t_q 按式(6-35)计算。

$$t_q = \frac{n[k(J_1 + J_2) + J_3/\eta]}{9.55(M_{dq} - M_N)} \tag{6-35}$$

式中:t_q——起升机构的起动时间,s,其值如表6-5所示;

　　　n——电动机额定转速,r/min;

　　　k——其他传动件的转动惯量折算到电动机轴上的影响系数,$k = 1.05 \sim 1.20$;

　　　J_1——电动机转子的转动惯量,kg·m²;

　　　J_2——电动机轴上制动轮和联轴器的转动惯量,kg·m²;

　　　J_3——作起升运动的物品的惯量折算到电动机轴上的转动惯量,kg·m²;

$$J_3 = \frac{P_Q D_1^2}{4ga^2 i^2} \tag{6-36}$$

　　　P_Q——额定起升载荷,N;

　　　g——重力加速度,取 $g = 9.81$ m/s²;

　　　a——钢丝绳滑轮组的倍率;

　　　i——由电动机轴到卷筒轴的总传动比;

　　　η——起升物品时起升机构传动装置和滑轮组的总效率;

　　　M_{dq}——电动机平均起动转矩,N·m;

$$M_{dq} = \lambda_{AS} M_n \tag{6-37}$$

　　　λ_{AS}——电动机平均起动转矩倍数,其值按表6-6选取;

　　　M_n——电动机额定转矩,N·m;

　　　M_N——稳态起升额定起升载荷的转矩,N·m。

表 6-5 起升机构起(制)动时间和平均升降加(减)速度值

起重机的用途及种类	起(制)动时间/s	平均加(减)速度/(m/s²)
作精密安装用的起重机	1~3	≤0.01
吊运液态金属和危险品的起重机	3~5	≤0.07
通用桥式起重机和通用门式起重机	0.7~3	0.01~0.15
冶金工厂中生产率高的起重机	3~5	0.02~0.05
港口用门座起重机	1~3	0.3~0.7
岸边集装箱起重机	1.5~5	0.2~0.8
卸船机	1~5	0.5~2.2
塔式起重机	4~8	0.25~0.5
汽车起重机	3~5	0.15~0.5

注：根据起重机的不同使用要求,对起升机构起(制)动时间或平均升降加(减)速度两者只选一项进行校核计算。

表 6-6 电动机平均起动转矩倍数

电 动 机 形 式		λ_{AS}
起重用三相交流绕线式		1.5~1.8
起重用三相笼形式	普通形式	电动机堵转转矩倍数
	变频器控制形式	1.5~1.8
并励直流电动机		1.7~1.8
串励直流电动机		1.8~2.0
复励直流电动机		1.8~1.9

(2) 起动平均加速度,按下式计算。

$$a_q = \frac{v_q}{t_q} \tag{6-38}$$

式中：a_q——起升机构的起动平均加速度,m/s²。

2) 制动时间和制动平均减速度验算

(1) 采用机械式制动器的满载下降制动时间,按下式计算：

$$t_z = \frac{n'[k(J_1 + J_2) + J_3 \eta]}{9.55(M_Z - M_j')} \tag{6-39}$$

式中：t_z——起升机构的制动时间,s,如表 6-5 所示；

n'——满载(额定载荷)下降且制动器投入有效制动转矩时的电动机转速,r/min,常取 $n' = 1.1n$；

M_Z——机械式制动器的计算制动力矩,N·m；

M_j'——稳态下降额定载荷时电动机制动轴上的转矩,N·m；

$$M'_j = \frac{P_Q D_1}{2ai}\eta' \tag{6-40}$$

η'——物品下降时起升机构系统的总效率。

(2) 制动平均减速度（除紧急制动外的正常情况制动平均减速度），按下式计算：

$$a_z = \frac{v'_q}{t_z} \tag{6-41}$$

式中：a_z——制动平均减速度，$\mathrm{m/s^2}$，如表 6-5 所示；

v'_q——满载下降且制动器开始有效制动时的下降速度，$\mathrm{m/s}$，可取 $v'_q = 1.1v_q$。

6.4 工作循环中的力矩和功率

6.4.1 起升机构工作特性

起升机构的一个工作循环由 7 个阶段组成，如图 6-32 所示。在整个工作循环中，存在着能量（外力功、势能、动能）的交换，即机构中一些零部件做功向系统提供能量，另一些零部件消耗能量。

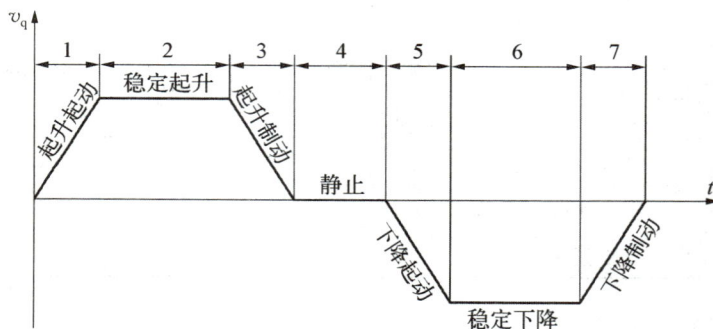

图 6-32 起升机构工作循环示意图

对某一特定的运动阶段，若某一零部件作用在系统上的力矩或力的方向与其运动方向一致，其做正功，则此零部件为主动件，起驱动作用；反之为被动件，起消耗能量的作用。换而言之，主动件的功率是正的，而被动件的功率是负的。在不同的机构运动阶段，一个零部件是主动件还是被动件不是一成不变的，而是由不同阶段的驱动特性决定的。

为方便讨论，现规定机构传动效率、功率和力矩的符号如表 6-7 所示。在起升机构中，一般可以认为：η_{MJ} 趋近于 1，则 $\eta_{JL} \approx \eta_{ML}$，且 $\eta_{ML} = \eta$（η 为机构的总效率）。

表 6-7 符号规定

名 称	符号	名 称	符号	单位
电动机→物品的效率	η_{ML}	电动机的输出转矩	M_M	N·m
物品→电动机的效率	η_{LM}	电动机以稳态额定起升速度起升或下降物品而作用在输出轴上的转矩	M_L	N·m

（续表）

名　　　称	符号	名　　　称	符号	单位
电动机→折算转动质量的效率	η_{MJ}	电动机为加速起升物品而作用在机构上的转矩	M_{BL}	N·m
折算转动质量→电动机的效率	η_{JM}	电动机为加速转动质量而作用在机构上的转矩	M_{BJ}	N·m
折算转动质量→物品的效率	η_{JL}	物品稳态起升时的电动机功率	P_N	kW
物品→折算转动质量的效率	η_{LJ}	加速起升/下降物品的电动机功率	P_L	kW
		加速起动/减速制动转动质量的电动机功率	P_J	kW

注：符号角标中 M 表示电动机，J 表示传动系统中的折算转动质量，L 表示所起升的物品。效率角标中的字母的顺序表示系统中功率的流向。

6.4.2　起升机构工作循环中的力矩关系

1) 起升起动加速阶段

电动机输出转矩 M_M 与其转动角速度 ω 同向，故电动机的功率为正，是主动件，起驱动作用。而传动系统中折算转动质量的加速力矩 M_{BJ} 与其运动角速度 ω 反向，作用在物品上的重力 $m_Q g$ 和惯性力 $m_Q a$ 与其运动速度 v_q 反向，两者的功率为负，所以折算转动质量和物品是被动件。根据分析，在起升加速过程中，功率流向为从电动机 M 到折算转动质量 J 及物品 L，如图 6-33(b)所示。

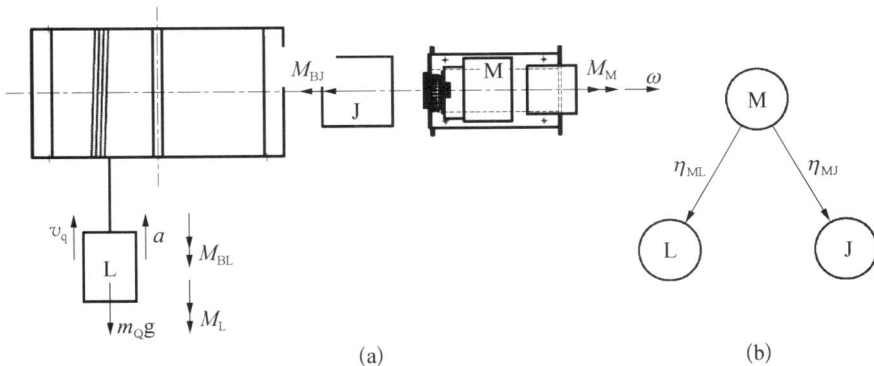

图 6-33　加速起动阶段力及力矩和功率流向示意图

作用于机构传动系统的力矩有如下平衡关系成立：

不计效率损失时
$$M_M - M_L - M_{BL} - M_{BJ} = 0$$

考虑效率损失时
$$M_M - \frac{M_L + M_{BL}}{\eta_{ML}} - \frac{M_{BJ}}{\eta_{MJ}} = 0$$

$$M_M = \frac{M_L + M_{BL}}{\eta_{ML}} + \frac{M_{BJ}}{\eta_{MJ}} \tag{6-42}$$

2) 稳定起升阶段

电动机输出转矩 M_M 与其转动角速度 ω 同向，电动机功率为正，是主动件。机构折算转动质量上未作用有加速力矩，故其功率为零。作用在物品上的重力 $m_Q g$ 与其运动速度 v_q 反向，则物品的功率为负,是被动件。根据分析,在稳定起升阶段,功率流向为从电动机 M 到物品 L,如图 6-34(b)所示。

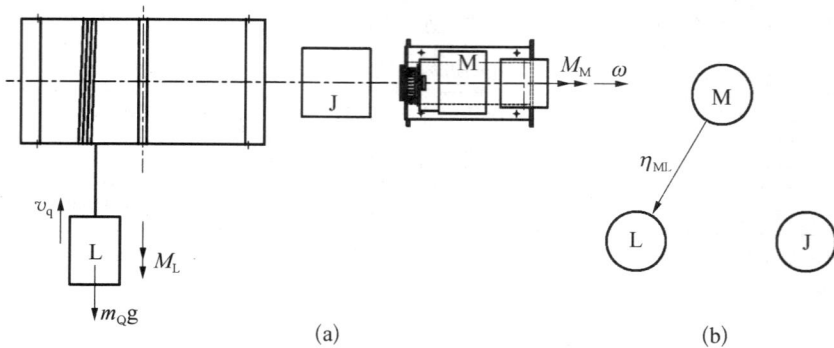

图 6-34 稳定起升阶段力及力矩和功率流向示意图

考虑效率损失时,作用于机构传动系统的力矩有如下平衡关系成立:

$$M_M = \frac{M_L}{\eta_{ML}} \tag{6-43}$$

3) 起升制动阶段

(1) 电动机驱动。

电动机的输出转矩 M_M 与其转动角速度 ω 同向,传动系统折算转动质量的加速力矩 M_{BJ} 与其转动角速度 ω 同向,所以电动机和折算转动质量的功率为正,是主动件。而作用在物品上的力 $m_Q(g-a)$(一般 $g>a$)与其运动速度 v_q 反向,则物品的总功率是负的,是被动件。根据分析,在起升制动阶段,如为电机驱动,功率流向为从电动机 M 和折算转动质量 J 到物品 L,如图 6-35(b)所示。

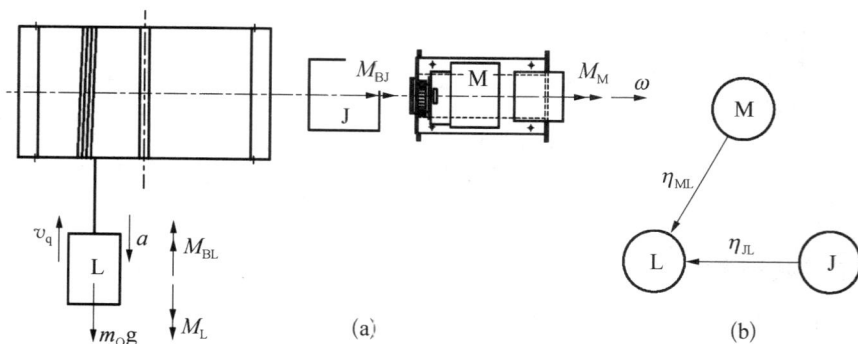

图 6-35 起升制动阶段力及力矩和功率流向示意图(电动机驱动时)

考虑效率损失时,作用于机构传动系统的力矩有如下平衡关系成立:

$$M_M = \frac{M_L - M_{BL}}{\eta_{ML}} - M_{BJ}\frac{\eta_{JL}}{\eta_{ML}} \tag{6-44}$$

(2) 电动机制动。

电动机转矩 M_M 与电动机运动角速度 ω 反向,电动机功率为负,是被动件。传动系统折算转

动质量的加速力矩 M_{BJ} 与其运动角速度 ω 同向,折算转动质量的功率为正,是主动件。作用在物品上的力 $m_Q(g-a)$（一般 $g>a$）与其运动速度 v_q 反向,则物品的总功率是负的,也是被动件。在起升制动阶段,如采用电动机制动,则系统的功率流向为从折算转动质量 J 到电动机 M 以及物品 L,如图 6-36(b)所示。考虑效率损失时,作用于机构传动系统的力矩有如下平衡关系成立:

$$M_M = \left(M_{BJ} - \frac{M_L - M_{BL}}{\eta_{JL}}\right)\eta_{JM} \tag{6-45}$$

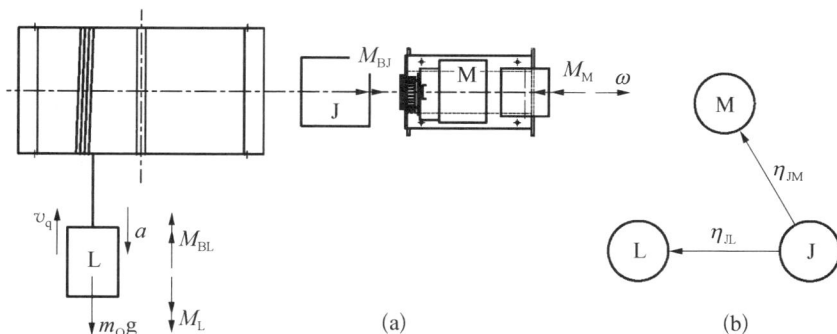

图 6-36　起升制动阶段力及力矩和功率流向示意图（电动机制动时）

4）下降起动阶段

电动机的输出转矩 M_M 与其转动角速度 ω 同向,电动机输出功率为正;作用在物品上的力 $m_Q(g-a)$（$g>a$）与其运动速度 v_q 同向,则物品的总功率是正的,所以电动机和物品是主动件。传动系统折算转动质量的加速力矩 M_{BJ} 与其运动角速度 ω 反向,折算转动质量的功率为负,是被动件。由以上分析知,在下降制动阶段,系统的功率流向为从物品 L 和电动机 M 到折算转动质量 J,如图 6-37(b)所示。

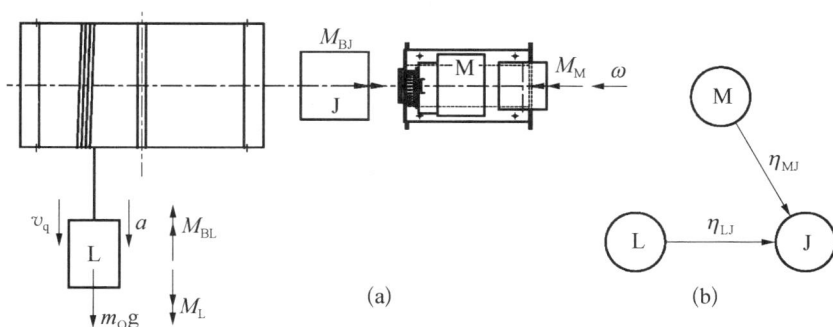

图 6-37　下降起动阶段力及力矩和功率流向示意图

考虑效率损失时,作用于机构传动系统的力矩有如下平衡关系成立:

$$M_M = \frac{M_{BJ}}{\eta_{MJ}} + \frac{M_{BL}}{\eta_{ML}} - M_L\eta_{LM} \tag{6-46}$$

5）下降制动阶段（电动机制动）

电动机的输出转矩 M_M 与电动机运动角速度 ω 反向,电动机功率为负,是被动件。传动系统折算转动质量的加速力矩 M_{BJ} 与其运动角速度 ω 同向,作用在物品上的力 $m_Q(g+a)$ 与其下

降速度 v_q 同向,所以折算转动质量和物品的功率为正,是主动件。机构传动系统在下降制动阶段,如果采用电动机制动,则系统的功率流向为从物品 L 和折算转动质量 J 到电动机 M,如图 6-38(b)所示。

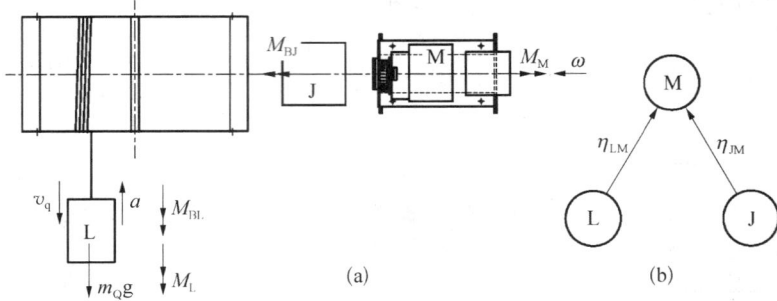

图 6-38　下降制动阶段力及力矩和功率流向示意图(电动机制动时)

考虑效率损失时,作用于机构传动系统的力矩有如下平衡关系成立:

$$M_M = (M_L + M_{BL} + M_{BJ}\eta_{LJ})\eta_{LM} \qquad (6-47)$$

6.4.3　起升机构工作循环中的电动机功率

在工作循环中电动机的功率由以下 3 部分组成,可表示为

$$P_M = P_N + P_L + P_J \qquad (6-48)$$

1) 稳态起升或下降物品时的电动机功率

以额定速度起升或下降物品(见图 6-39)时,电动机的功率为

$$P_N = \frac{m_Q g v_q}{60} \qquad (6-49)$$

式中: m_Q——起升物品的质量,t;

v_q——起升速度,m/min。

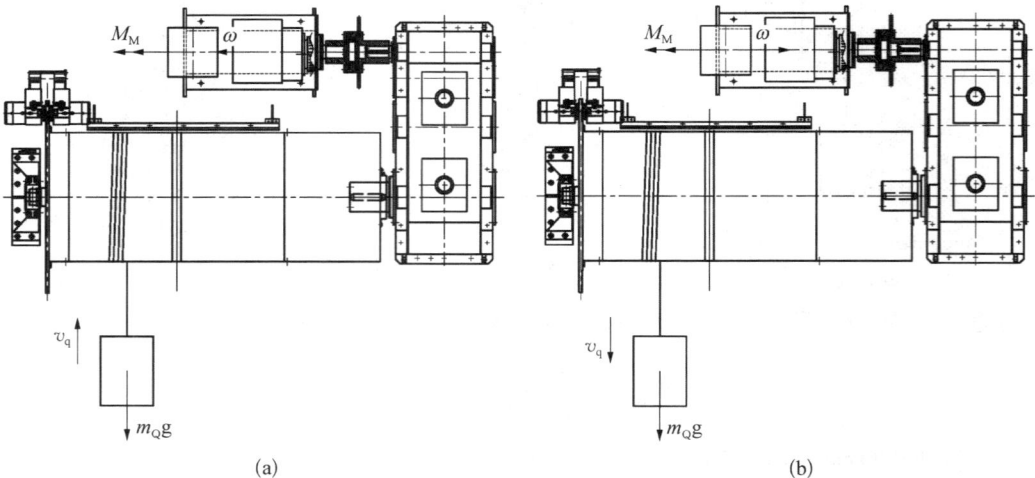

图 6-39　机构运动和受力关系图

(a) 起升时;(b) 下降时

考虑效率损失时,电动机稳态起升物品的功率 P_{NH} 为

$$P_{NH} = \frac{m_Q g v_q}{60\eta} \tag{6-50}$$

式中:η——起升物品时起升机构的总效率。

考虑效率损失时,电动机稳态下降物品的功率 P_{NS} 为

$$P_{NS} = -\frac{m_Q g v_q}{60}\eta' \tag{6-51}$$

式中:η'——物品下降时起升机构的总效率。

2)加速起升或减速制动物品时的电动机功率

设起动时物品速度线性增加,加速度为一常数,即物品的加速力为

$$F_a = m_Q a = \frac{m_Q v_q}{60 t_q}$$

式中:F_a——加速力,N;

t_q——电动机达到额定速度的起动时间,s。

加速物品的电动机功率:

$$P_L = \frac{F_a v_q}{60} = \frac{m_Q v_q^2}{3\ 600 t_q} \tag{6-52}$$

考虑效率,电动机加速起升物品的功率 P_{LH} 为

$$P_{LH} = \frac{m_Q v_q^2}{3\ 600 t_q} \frac{1}{\eta} \tag{6-53}$$

考虑效率,电动机减速制动物品的功率 P_{LS} 为

$$P_{LS} = -\frac{m_Q v_q^2}{3\ 600 t_z}\eta' \tag{6-54}$$

式中:t_z——电动机由额定速度制动的时间,s。

3)加速起动或减速制动转动质量时的电动机功率

加速起动转动质量时的电动机功率为

$$P_J = M_{BJ}\omega$$

将 $M_{BJ} = J\dfrac{d\omega}{dt} = J\dfrac{\omega}{t_q}$ 代入上式,得

$$P_J = \frac{J\omega^2}{t_q} \tag{6-55}$$

式中:J——折算到电动机轴上转动质量的转动惯量,kg·m²。

当考虑效率损失时,电动机加速起动转动质量的功率 P_{JH} 为

$$P_{JH} = \frac{J\omega^2}{t_q\eta_{MJ}} \tag{6-56}$$

当考虑效率损失时,电动机减速制动转动质量的功率 P_{JS} 为

$$P_{JS} = \frac{J\omega^2}{t_z}\eta_{MJ} \qquad\qquad (6-57)$$

本 章 例 题

【设计参数】

请设计一套起升机构,其设计参数如下:

1. 起重量:$Q = 25$ t(其中抓斗重量为 9 t);
2. 起升速度:$v_q = 55$ m/min;
3. 起升高度:轨面以上 30 m;轨面以下 16 m;
4. 起重机整机的工作级别:A8(Q3,U7);
5. 起升机构工作级别:M8(L4,T7)。

机构传动方案和钢丝绳缠绕系统图如例图 6-1 和例图 6-2 所示。

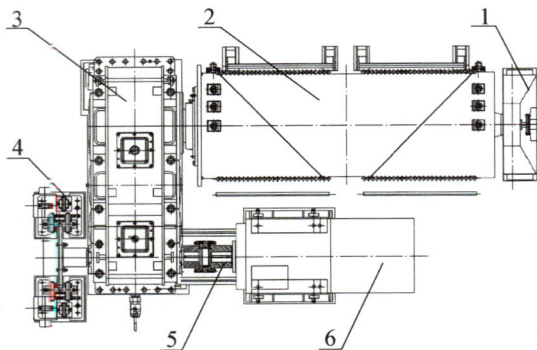

例图 6-1　起升机构传动方案简图
1—轴承座;2—卷筒;3—减速箱;
4—制动器;5—联轴器;6—电动机

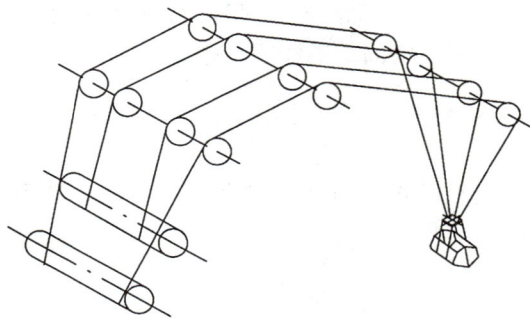

例图 6-2　钢丝绳缠绕系统示意图

【求解过程】

1) 钢丝绳选型

起升机构为两套相同的电动机传动系统,实现抓斗的支持和开闭作业,故只需确定一套传动系统的零部件,计算时考虑每个卷筒承受 55% 的负荷。根据式(6-22)计算钢丝绳的最大静拉力:

$$S_{max} = \frac{P_{Ql}}{m\eta_\Sigma} = \frac{134.75}{2\times0.94} = 71.67 \text{ kN}$$

式中:P_{Ql}——起升载荷,

$$P_{Ql} = 55\%Qg = 0.55\times25\times9.8 = 134.75 \text{ kN}$$

m——钢丝绳分支数,根据例图 6-2,单个卷筒上的钢丝绳分支数 $m = 2$;

η_Σ——钢丝绳系统的总传动效率,

$$\eta_\Sigma = \frac{1-\eta_1^a}{(1-\eta_1)a} \cdot \eta_D = 0.94$$

η_1——单个滑轮的效率,对于滚动轴承,取 0.98;

η_D——导向滑轮的效率,此系统中每根钢丝绳绕过 3 个导向滑轮,故 $\eta_D = 0.98^3 = 0.94$;

a——钢丝绳滑轮组的倍率,根据例图 6-2,$a = 1$。

钢丝绳的最小破断拉力为

$$F_0 = nS_{max} = 9 \times 71.67 = 645.0 \text{ kN}$$

式中:n——钢丝绳安全系数。根据工作等级 M8,对运动钢芯钢丝绳,其安全系数 $n = 9$。

选择钢丝绳型号:6×29Fi+IWRC-32-1770。其公称破断拉力为 645 kN,钢丝绳直径 $d = 32$ mm。

2)卷筒的计算

(1)卷筒的卷绕直径。

$$D_{1, min} = h_1 \cdot d = 25 \times 32 = 800 \text{ mm}$$

式中:h_1——卷筒直径与钢丝绳直径之比,对于工作级别为 M8 的机构,$h_1 = 25$。

初选卷筒直径 $D_1 = 900$ mm。

(2)卷筒长度。

对双联滑轮组单层卷绕时的卷筒长度

$$L = 2(L_0 + L_1 + L_2) + L_3 = 2 \times (640 + 105 + 64) + 220 = 1\,838 \text{ mm}$$

式中:L_1——固定钢丝绳头所占位置的长度,一般取 $L_1 = (2 \sim 3)t$,t 为绳槽节距,$t = d + (2 \sim 4) = 32 + 3 = 35$ mm;

L_2——卷筒两端空余部分长度,一般取 1～2 圈;

L_0——卷筒切削螺旋部分长度,

$$L_0 = \left(\frac{H_{max}a}{D_1\pi} + n\right)t = \left(\frac{46 \times 1}{0.9 \times 3.14} + 2\right) \times 35 \approx 640 \text{ mm};$$

其中:H_{max}——总起升高度,$H_{max} = 16 + 30 = 46$ m;

n——附加安全圈数,取 $n = 2$;

L_3——中间无绳槽部分的长度,与吊钩装置的滑轮间距尺寸有关。

考虑钢丝绳绕进或绕出卷筒的允许偏角,实际设计的卷筒长度 $L = 2\,410$ mm。

(3)卷筒的壁厚。

对焊接卷筒 $\delta \approx d$,取 $\delta = 34$ mm。

(4)卷筒的验算。

钢丝绳缠绕压紧所产生的压应力,卷筒壁中压应力分布是不均匀的,内表面应力较高。当卷筒壁厚不大时,应力差别较小,可以近似认为均匀分布。

(A)强度验算。

由于 $\dfrac{L}{D_1} = \dfrac{2\,410}{900} = 2.68 < 3$,需校核卷筒壁内表面最大压应力:

$$\sigma_c = A_1 A_2 \frac{S_{max}}{\delta t} = 1.0 \times 0.75 \times \frac{7.17 \times 10^4}{34 \times 35} = 45.19 \text{ MPa} < [\sigma_c]$$

式中:A_1——考虑卷筒层数的系数,取 1.0;

A_2——绳圈绕入时对筒壁应力的影响系数,一般取为 0.75;

$[\sigma_c]$——许用压应力。卷筒材料 Q345B,则其许用压应力$[\sigma_c]=172.5\ \text{MPa}$。

故强度满足。

(B) 稳定性验算。

当 $D_1 > 1\,200\ \text{mm}$,$L > 2D_1$ 时,卷筒会出现局部失稳的可能性,因此,还要对卷筒进行稳定性验算。

抗压稳定性系数 $K=\dfrac{p_{cr}}{p}\geqslant 1.3\sim 1.5$。

式中:p——卷筒壁单位压力,$p=\dfrac{2S_{max}}{Dt}=\dfrac{2\times 7.17\times 10^4}{868\times 35}=4.72\ \text{MPa}$,

D——卷筒绳槽底径,$D=D_1-d=900-32=868\ \text{mm}$;

p_{cr}——失去稳定时的临界单位压力,对于钢卷筒,

$$P_{cr}=52\,500\left(\frac{2\delta}{D}\right)^3=52\,500\times\left(\frac{2\times 34}{868}\right)^3=25.24\ \text{MPa}。$$

则 $K=5.35$,满足稳定性要求。

3) 电动机的计算与选择

(1) 稳态功率的计算。

$$P_N=\frac{P_{Q1}\cdot v_q}{1\,000\eta m}=\frac{1.5\times 10^5\times 55/60}{1\,000\times 0.87\times 1}=158.05\ \text{kW}$$

式中:η——一套电动机传动系统的总效率,

$$\eta=\eta_\Sigma\cdot\eta_{筒}\cdot\eta_{减}\cdot\eta_{联}=0.94\times 0.97\times 0.98^2\times 0.99=0.87;$$

m——电动机的数量。

(2) 电动机的选择。

根据 $JC=60\%$,S3 工作制选择电动机型号为 YZP 315M2-4,额定功率:200 kW,额定转速:1 485 r/min,转动惯量为 4.13 kg·m³,输出轴直径为 80 mm。

4) 减速器的选择

(1) 传动比 i 的计算。

$$i_0=\frac{n_1}{\dfrac{v_q a}{\pi D_1}}=\frac{1\,485}{\dfrac{55\times 1}{3.14\times 0.90}}=76.30$$

(2) 确定减速器的输入功率。

根据起升机构的工作级别和减速器样本,查得工作机系数 $f_1=1.55$,原动机系数 $f_2=1.0$,则

$$P_{减N1}=P_{N1}f_1 f_2=200\times 1.55\times 1.0=310\ \text{kW}$$

查样本选择 ML3PSF110,其传动比为 $i=77.875$,许用传递扭矩为 $[T]=190\ \text{kN·m}$。

(3) 校核起动扭矩。

峰值扭矩系数 $f_3=0.8$

最大起动转矩 $M_{dq} = \dfrac{1.6 \times 9.55 P_{N1}}{n_1} = \dfrac{1.6 \times 9.55 \times 200}{1\,560} = 1.96\ \text{kN} \cdot \text{m}$

则 $P_{减1} = \dfrac{M_{dq} n_1}{9.55} f_3 = \dfrac{1.96 \times 1\,485}{9.55} \times 0.8 = 243.82\ \text{kW}$。

$P_{减1} < P_{减N1}$，验算通过。

（4）验算扭矩。

满载起升扭矩 $T_{max} = \dfrac{P_{Q1}}{a} \dfrac{D_0}{2} = \dfrac{134.75}{1} \times \dfrac{0.90}{2} = 60.64\ \text{kN} \cdot \text{m}$，

安全系数 $n_{减1} = \dfrac{[T]}{T_{max}} = \dfrac{190}{60.64} = 3.13 \geqslant f_1 = 1.55$，验算通过。

（5）校核实际起升速度。

实际的起升速度为

$$v_{q10} = \dfrac{n_1}{\dfrac{ia}{\pi D_1}} = \dfrac{1\,485}{\dfrac{77.875 \times 1}{3.14 \times 0.90}} = 53.89\ \text{m/min}$$

误差小于 5%，基本满足该起重机的工作要求。

卷筒工作转速：$n_d = \dfrac{n_2}{i} = \dfrac{1\,485}{77.875} = 19.07\ \text{r/min}$。

5）制动器的选择

每套传动系统的高速轴制动器个数为 1 个，所需的制动力矩为

$$M_Z = K_Z \dfrac{P_{Q1} D_0}{2ai\eta} = 1.75 \times \dfrac{134.75 \times 10^3 \times 0.90}{2 \times 1 \times 77.875 \times 0.87} = 1\,566.25\ \text{N} \cdot \text{m}$$

式中：K_Z——制动器安全系数，与机构重要程度和机构工作级别有关，取 $K_Z = 1.75$。
选用 YP21 - Ed800 - 60 - 630×30，额定制动力矩 $[M_Z] = 2\,750\ \text{N} \cdot \text{m}$。

6）联轴器选择

高速轴联轴器个数为 1 个。联轴器的计算扭矩

$$M_L = k M_L' = k \dfrac{P_{Q1} D_0}{2ai\eta} = 3.1 \times \dfrac{143.75 \times 10^3 \times 0.90}{2 \times 1 \times 77.875 \times 0.87} = 2\,959.82\ \text{N} \cdot \text{m}$$

式中：M_L'——联轴器所连接的轴的传递扭矩；
　　　k——系数，与工作级别、联轴器的重要性及其所连接的轴有关，一般为 1.3～3.1，起升
　　　　机构和变幅机构宜取大值，此处取为 3.1。

根据计算扭矩、电动机轴和减速器的输入轴的直径，选用的联轴器型号为 MLS11，许用转矩 $[M_L] = 4\,500\ \text{N} \cdot \text{m}$。

7）起、制动时间验算

（1）起动时间验算。

$$t_q = \dfrac{nJ}{9.55(M_{dq} - M_{dj})} = \dfrac{1\,485 \times 17.70}{9.55 \times (2\,315.15 - 895.0)} = 1.94\ \text{s}$$

式中：J——货物上升起动时，起升机构及货物全部运动质量折算到电动机轴上的机构总转动
　　　　惯量，$J = J_0 + J_1 = 17.70 \text{ kg} \cdot \text{m}^2$

　　　J_0——回转部分的转动惯量，$J_0 = 17.12 \text{ kg} \cdot \text{m}^2$；

　　　J_1——货物换算到电机轴的转动惯量，

$$J_1 = \frac{m_{Q1} \cdot v_{q1}^2}{(2\pi n)^2 \eta} = \frac{0.55 \times 25 \times 10^3 \times 56.61^2}{(2 \times 3.14 \times 1\,485)^2 \times 0.87} = 0.58 \text{ kg} \cdot \text{m}^2$$

　M_{dq}——电动机平均起动转矩，$M_{dq} = \lambda_{dq} M_n = 2\,315.15 \text{ N} \cdot \text{m}$

　　λ_{dq}——电动机平均起动转矩倍数，根据电机类型，取 $\lambda_{dq} = 1.8$；

　　M_n——电动机的额定转矩，$M_n = \dfrac{9\,550 P_N}{n} = \dfrac{9\,550 \times 200}{1\,485} = 1\,286.20 \text{ N} \cdot \text{m}$；

　M_{dj}——满载起升时的电动机静转矩，

$$M_{dj} = \frac{P_{Q1} D_0}{2ai\eta} = \frac{134.75 \times 10^3 \times 0.90}{2 \times 1 \times 77.875 \times 0.87} = 895.0 \text{ N} \cdot \text{m}$$

（2）制动时间验算。

$$t_Z = \frac{n \cdot J'}{9.55(M_Z - M'_{dj})} = \frac{1\,485 \times 17.56}{9.55 \times (2\,750 - 677.43)} = 1.32 \text{ s}$$

式中：J'——货物上升起动时，起升机构及货物全部运动质量折算到电动机轴上的机构总转
　　　　动惯量，$J' = J_0 + J'_1 = 17.56 \text{ kg} \cdot \text{m}^2$

　　　J'_1——货物换算到电机轴的转动惯量，

$$J'_1 = \frac{m_{Q1} \cdot v_{q1}^2 \cdot \eta}{(2\pi n)^2} = \frac{0.55 \times 25 \times 10^3 \times 56.61^2 \times 0.87}{(2 \times 3.14 \times 1\,485)^2} = 0.44 \text{ kg} \cdot \text{m}^2$$

　M'_{dj}——满载下降时的电动机静转矩，

$$M'_{dj} = \frac{P_{Q1} D_0 \eta}{2ai} = \frac{134.75 \times 10^3 \times 0.90 \times 0.87}{2 \times 1 \times 77.875} = 677.43 \text{ N} \cdot \text{m}$$

因此，起制动时间均能满足要求（1～3 s）。

本 章 习 题

【简答题】

1. 简述电力驱动的起升机构的组成和工作原理。
2. 在确定起升机构方案时，应主要考虑哪些设计参数？
3. 起升机构的载荷作用特点是什么？
4. 一般起升机构的布置方案有哪几种？各方案的主要区别是什么？
5. 试述一般起升机构的设计计算步骤。
6. 设计起升机构时，卷筒的直径是如何确定的？它受哪些因素的影响？
7. 起升机构中的制动方式有哪些？它们都是如何实现的？
8. 在什么情况下，起升机构采用两级制动？有何好处？
9. 同一起升机构中使用两个制动器时，制动时间应如何计算？

【计算题】

1. 题图 6-1 为臂架式起重机常用的几种卷绕系统。设起升载荷为 P_Q，卷筒直径为 D，钢丝绳直径为 d，系统效率为 η。① 试说明各滑轮组的倍率和起升绳的分支数；② 请指出各滑轮组中的均衡滑轮和导向滑轮。③ 计算各卷筒轴上传递的最大静力矩。

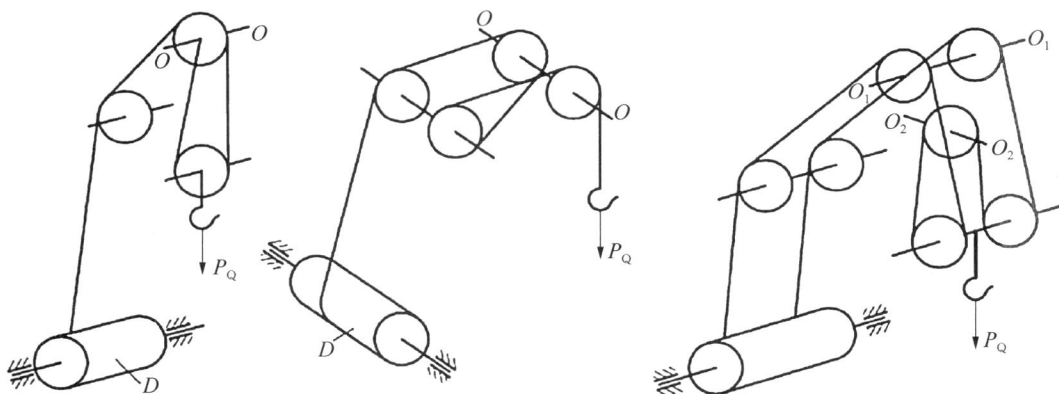

题图 6-1 臂架式起重机的卷绕系统

2. 已知起重机额定起重量 $Q = 20$ t，取物装置质量 $G_取 = 0.5$ t，电动机额定转速 $n = 600$ r/min，起动时间 $t_q = 2$ s。传动比 $i_1 = 5.65$，$i_2 = 3.63$；转动惯量 $J_{转子} = 2$ kg·m²，$J_联 = 1.5$ kg·m²，$J_{传1} = 0.5$ kg·m²，$J_{传2} = 2.4$ kg·m²，$J_{传3} = 2.6$ kg·m²，$J_筒 = 13$ kg·m²。效率 $\eta_1 = \eta_2 = 0.98$，$\eta_筒 = 0.97$，$\eta_滑轮 = 0.98$（单个滑轮），卷筒直径 $D_筒 = 500$ mm。求：

(1) 货物的起升速度。

(2) 机构所有旋转运动质量及直线运动质量折算到电动机轴上的总的等效转动惯量（电动机为主动件）。

(3) 起动时，作用在卷筒上的扭矩。

3. 试作桥式起重机起升机构的部分设计计算。用于生产加工车间。取物装置为双联吊钩。已知额定起重量为 20 t。起升高度 $H = 16$ m。起升速度 $v_q = 8.5$ m/min。工作级别为 M5。求：

(1) 起升机构滑轮组的倍率。

(2) 选择起升钢丝绳（型号）。

(3) 起升卷筒的尺寸（直径、长度）。

(4) 选择电动机、减速器。

4. 一机械加工车间用桥式起重机。已知其起升载荷 $P_Q = 200$ kN，起升速度 $v_q = 12$ m/min，起升机构工作级别为 M6，滑轮组效率 $\eta = 0.97$，滑轮组倍率 $a = 4$，达到最大起升高度时，起升机构卷绕系统简图如题图 6-2 所示，其中，$h_1 = 1\,000$ mm，$h_2 = 1\,500$ mm，$b = 100$ mm，$b_光 = 200$ mm，$a_1 = 800$ mm。试计算以下内容：

(1) 选用合理的钢丝绳。

(2) 确定卷筒和滑轮直径及卷筒长度。

(3) 若钢丝绳在卷筒上用圆形槽压板固定，计算所需的压板数和选择压板型号。

(4) 计算钢丝绳在滑轮槽和卷筒槽方向的最大偏角，并验算是否满足要求。

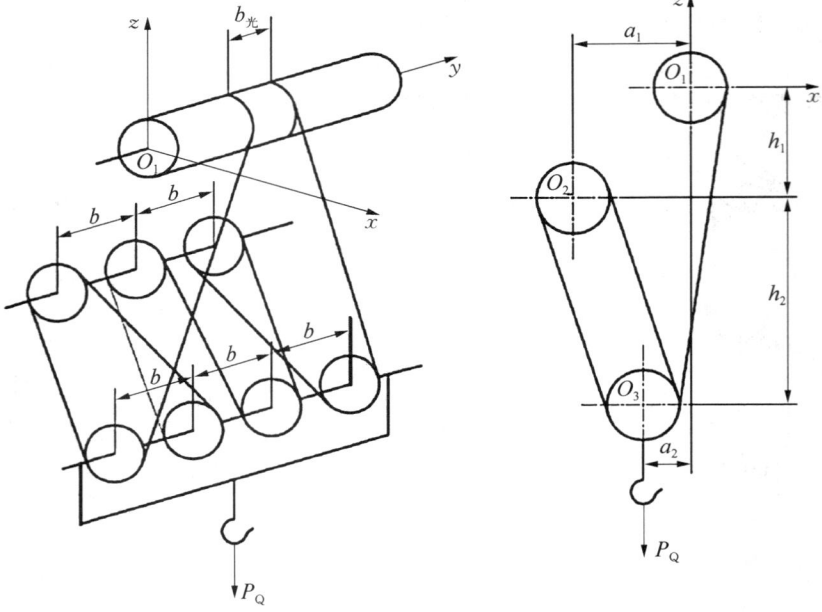

题图 6 - 2　某桥式起重机起升机构钢丝绳卷绕图

第 7 章　运 行 机 构

7.1　概述

7.1.1　运行机构的类别与特点

运行机构由运行支承装置和驱动传动装置两大主要部分组成。前者包括平衡梁、台车架、车轮组等;后者包括电动机、传动装置(含传动轴、联轴器、减速器等)、制动器等。此外,为保证运行的安全,还应设置限位装置和缓冲装置;室外起重机应设置防风抗滑装置;对于跨度在40 m以上或采用铰接柔性支腿的门式起重机,还应设置偏斜调整装置,以防止运行中出现过大的偏斜。

按运行目的不同,运行机构可分为工作性运行机构和非工作性运行机构。前者带载运行,用于货物的水平运移,如门式起重机的大车运行机构;后者空载运行,用于作业位置的调整,如港口装卸用的门座起重机、桥式抓斗卸船机和岸边集装箱起重机的大车运行机构。

按运行支承装置的结构形式,运行机构可分为无轨运行机构和有轨运行机构。前者采用橡胶车轮或履带在地面上行驶,后者采用钢质车轮在专门铺设的钢轨上运行。

按运行驱动方式不同,运行机构可分为自行式运行机构和牵引式运行机构。前者靠车轮与轨道(或路面)间的黏着力运行,后者靠钢丝绳的牵引力运行。自行式运行机构广泛用作大车和小车运行机构,具有构造简单、布置方便等优点,但自重较大,驱动力受打滑条件限制,起(制)动过程较长,不宜用于坡度较大的场合。牵引式运行机构常用作小车的运行机构,其主要的驱动、传动部件安置在小车以外,小车自重较轻,工作可靠,驱动不受打滑条件限制,但钢丝绳缠绕系统复杂、磨损快、使用寿命较短、传动效率较低、运行阻力较大、维护保养也较困难,因此在选用牵引式运行方案时,必须作充分的论证。牵引式运行机构一般用于坡度运行、高速小车和极需减轻小车自重的场合,如用作悬臂较长的港口抓斗卸船机和岸边集装箱起重机的小车运行机构。

7.1.2　有轨运行机构

1) 有轨运行机构的支承装置

有轨运行支承装置具有承载能力大、运行阻力小、制造与维护费用较低等特点。

在大吨位起重机中,运行支承装置都采用多轮铰接式平衡梁与台车结构,以控制最大轮压,提高零部件及基础构件的通用化、标准化程度,为制造厂家组织规模生产及使用部门合理选型、维护管理提供了条件。

图7-1所示的铰接式平衡梁与台车结构在港口起重机上被广泛采用。包括嵌套结构在内的多种组合形式,具有结构合理、尺寸紧凑、通用化程度高、制造安装方便等特点。

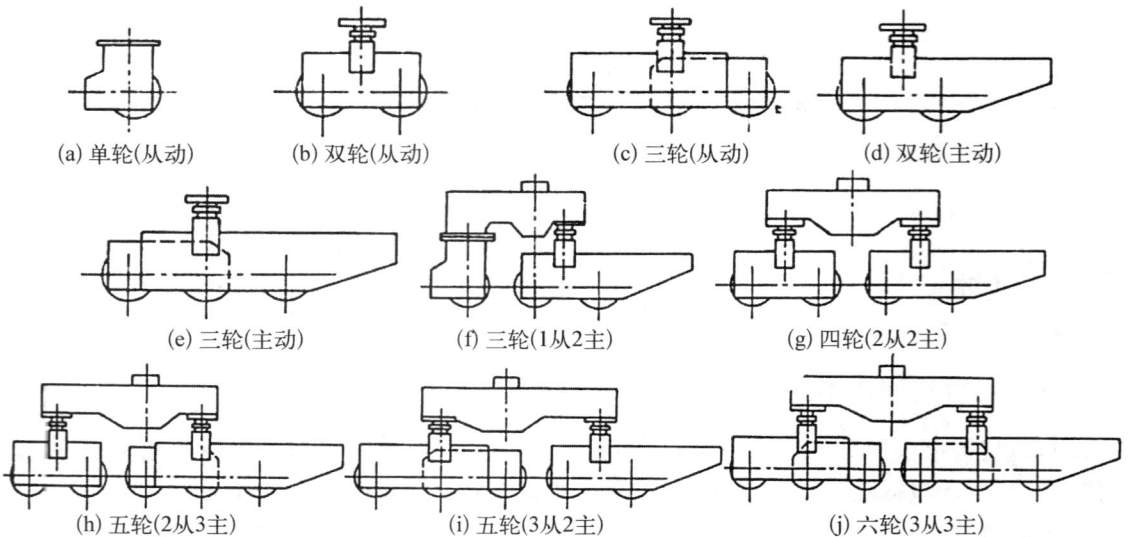

(a) 单轮(从动)　　(b) 双轮(从动)　　(c) 三轮(从动)　　(d) 双轮(主动)

(e) 三轮(主动)　　(f) 三轮(1从2主)　　(g) 四轮(2从2主)

(h) 五轮(2从3主)　　(i) 五轮(3从2主)　　(j) 六轮(3从3主)

图 7-1　铰接式平衡梁与台车结构简图

为了防止因制造、安装误差及使用变形引起的卡轨现象(有的起重机尚需在曲线轨道上运行,或者在安装、维修期间需从一轨道转移到另一与之直角相交的轨道上去),平衡梁与门架之间或台车架与平衡梁之间应采用能绕垂直轴回转的自位结构(见图 7-2)。

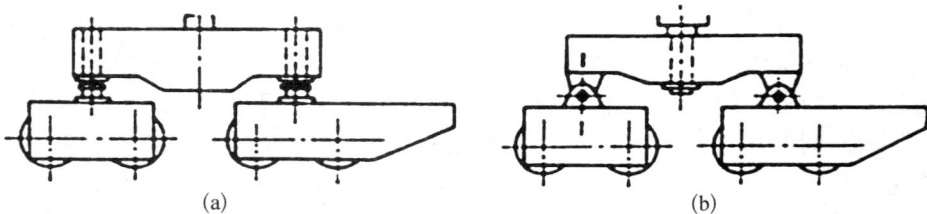

(a)　　　　　　　　(b)

图 7-2　可回转的自位结构简图
(a) 台车架与平衡梁之间；(b) 平衡梁与门架之间

2) 有轨运行机构的驱动装置

运行机构的驱动装置由动力装置、制动装置、减速装置及传动装置等几部分组成。

(1) 自行式运行机构的驱动装置。

这种驱动装置按车轮中主动轮所占的比重可分为全部车轮驱动、半数车轮驱动和 1/4 车轮驱动 3 种(港口起重机主要采用前两种);按主动车轮的驱动方式又可分为集中驱动和分别驱动两种。

(A) 主动车轮的布置方式。

为保证主动车轮与轨道之间有足够的驱动力(即黏着力),自行式运行机构应具有足够数量的主动轮。对于高速运行的起重小车(有的达 260 m/min 以上),应采用全部车轮驱动。大多数情况下,采用半数车轮驱动,如门座起重机的大车运行机构。

采用部分车轮驱动时,主动轮轮压之和在任何情况下应足够大,以防止主动轮打滑。

图 7-3 为半数车轮驱动时主动轮的各种布置方案。图 7-3(a) 为单边布置方案,两边驱

动力不对称,常用于轮压不对称或跨度较小的半门式或半门座起重机;图7-3(b)为对面布置方案,可基本保证主动轮轮压之和不随起重小车位置改变而变化,常用于桥架型起重机;图7-3(c)为对角布置方案,可基本保证主动轮轮压之和不随臂架位置改变而变化,常用于中、小起重量的臂架型回转起重机;图7-3(d)为四角布置方案,可保证主动轮轮压之和在任何情况下不变,适用于大起重量臂架型回转起重机。

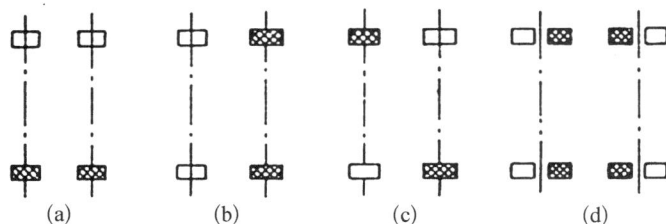

图7-3 半数驱动的主动车轮布置方式
(a) 单边驱动;(b) 对面驱动;(c) 对角驱动;(d) 四角驱动

（B）主动车轮的驱动方式。

（a）集中驱动（见图7-4）。

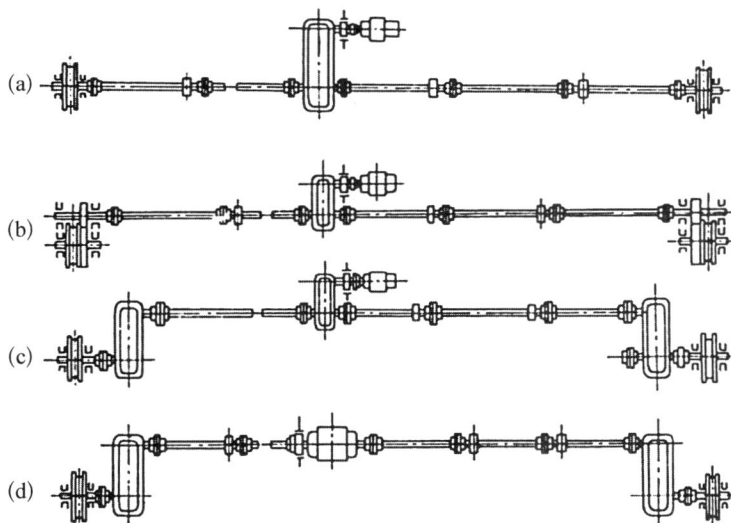

图7-4 通用桥式起重机集中驱动大车运行机构
(a) 传动轴处于低速区段;(b),(c) 传动轴处于中间区段;(d) 传动轴处于高速区段

两运行轨道上的主动车轮由一套驱动传动装置来驱动,减少了电动机、制动器、减速器的数量,但传动系统复杂、笨重,安装、维修不便,成本也较高。

此外,金属结构的变形对运行机构的性能影响较大(跨度越大,影响越大)。因此,该驱动方式仅用于小车运行机构和小跨度的起重机大车运行机构。

（b）分别驱动（见图7-5）。

两运行轨道上的主动车轮分别由两套各自独立的驱动传动装置来驱动,增加了驱动传动装置的数量,但结构紧凑、自重轻、分组性好,便于安装、维修,承载结构的变形对运行机构的性

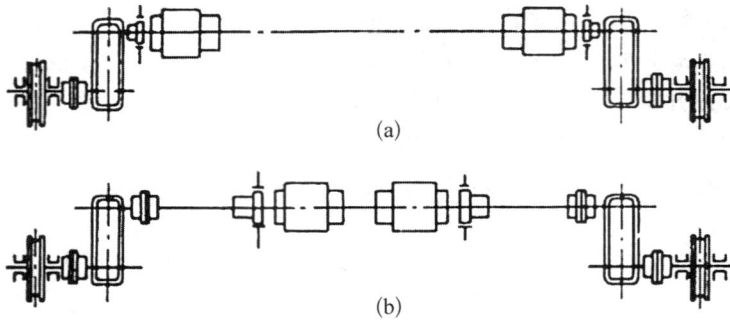

图 7-5　通用桥式起重机分别驱动的大车运行机构

(a) 无传动轴；(b) 有传动轴

能影响也较小。因此,该驱动方式广泛用于各类起重机。

(C) 小车运行机构的驱动装置。

图 7-6 所示为电动机、制动器、减速器三合一套装式结构形式,减速器输出端套装在车轮轴上,减速器的外壳只用一个铰轴与小车架相连,因此对结构的变形具有良好的适应性,并具有结构紧凑、自重轻、性能可靠等优点,但维修与加工较困难。

桥式抓斗卸船机和岸边集装箱起重机的小车运行速度一般较高,为提高加速性能,避免起(制)动时车轮打滑,须采用全部车轮驱动。此外,为减轻高速运行时的振动,驱动装置应安置在弹性小车支架上,如图 7-7 所示。

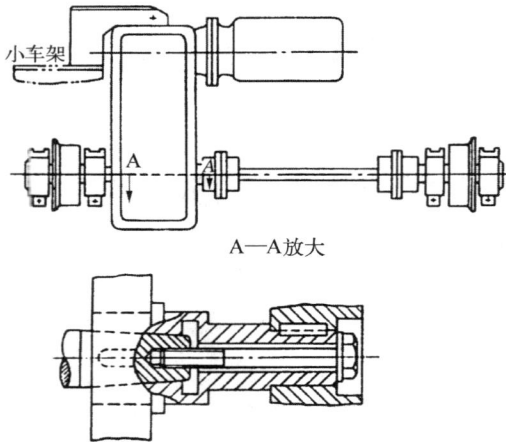

图 7-6　采用三合一套装式结构的小车运行机构

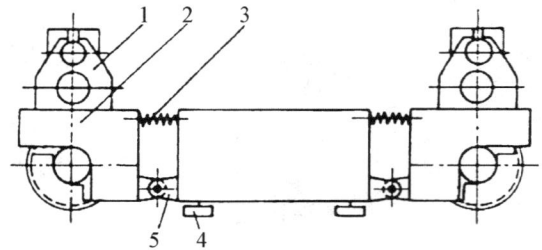

图 7-7　减振起重小车示意图

1—驱动机构；2—小车架；3—减震弹簧；
4—水平导向轮；5—转动铰

(D) 大车运行机构驱动装置。

跨度大于 16.5 m 的起重机大车运行机构几乎都采用分别驱动。其布置方式有平行轴线式(见图 7-8)和同轴线式(见图 7-9)两种。

图 7-8 是平行轴线布置的分别驱动大车运行驱动装置的传动方案。其中 3 种传动方案之间的主要区别是电动机、减速器和车轮之间的连接方式不同。图 7-8(a)中设置了两根较长的浮动轴,有良好的位置补偿作用,安装方便;图 7-8(b)中设置了一根浮动轴,具有一定的位置补偿作用,结构也较紧凑,目前应用较广;图 7-8(c)中未设置浮动轴,结构虽紧凑,但安装精度要求较高。当要求传动系统中的联轴器有较大的角度补偿量时,可用万向联轴器来代替齿轮联轴器。

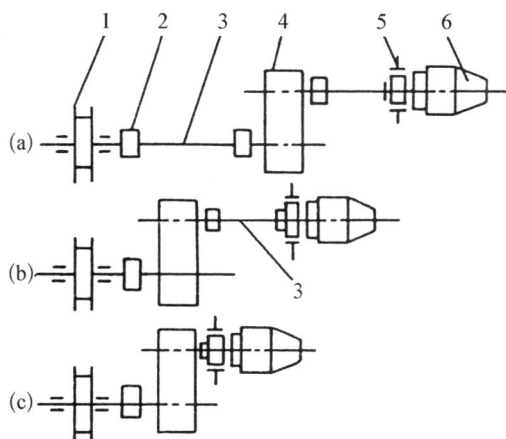

图 7-8 平行轴线式分别驱动大车运行机构图
(a) 两根浮动轴；(b) 一根浮动轴；(c) 无浮动轴
1—车轮；2—齿轮联轴器；3—浮动轴；
4—卧式减速器；5—制动器；6—电动机

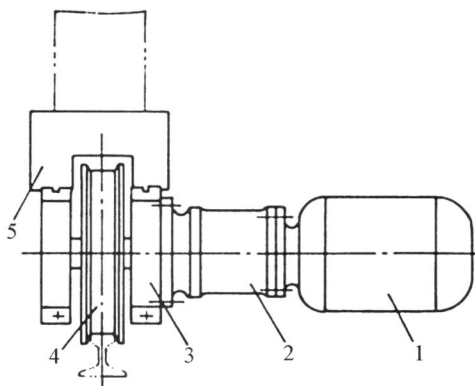

图 7-9 同轴线式"三合一"分别
驱动大车运行机构

1—带制动器的电动机；2—行星减速器；
3—轴承箱；4—大车车轮；5—门架下横梁

图 7-9 是同轴线布置的分别驱动大车运行驱动装置的传动方案。它采用了"三合一"套装式减速器，其结构紧凑、重量轻、组装性好、不受桥架结构变形的影响、便于专业化生产、维修时可整套更换，其应用日益广泛。

图 7-10～图 7-12 为门式和门座起重机大车运行机构常用的几种结构形式。

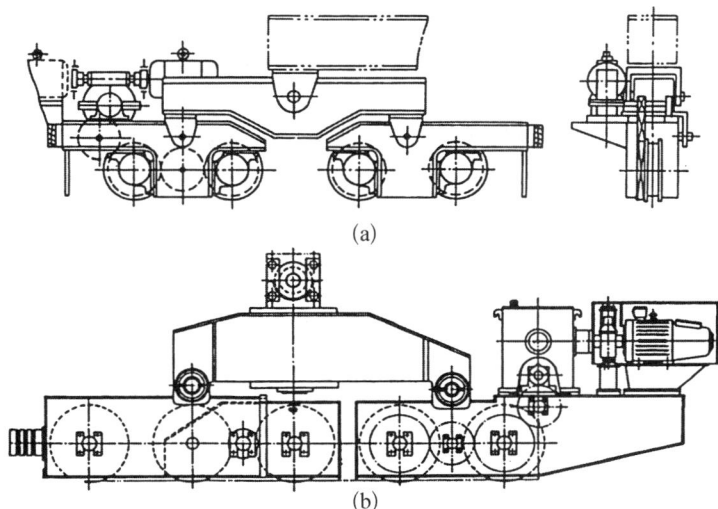

图 7-10 带开式齿轮传动的分别驱动大车运行机构
(a) 卧式电动机—蜗杆减速器；(b) 卧式电动机—圆锥齿轮减速器

早期的港口门座起重机和门式起重机的大车运行机构较多地采用卧式电动机—蜗杆减速器驱动形式(见图 7-10(a))。由于蜗杆减速器传动效率较低、使用寿命较短、制动时的冲击容易使连接螺栓松动(甚至被剪断)，因此，目前已很少采用这种驱动形式，而较多采用使用效

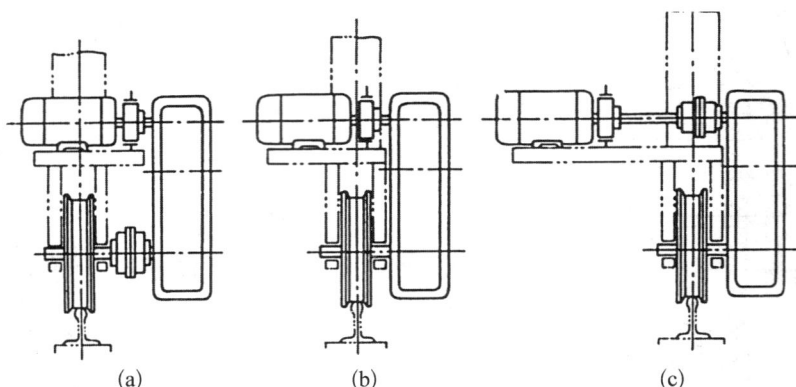

图 7-11 用立式减速器的分别驱动大车运行机构

(a) 普通立式减速器；(b) 套装立式减速器；(c) 高速轴浮动的套装立式减速器

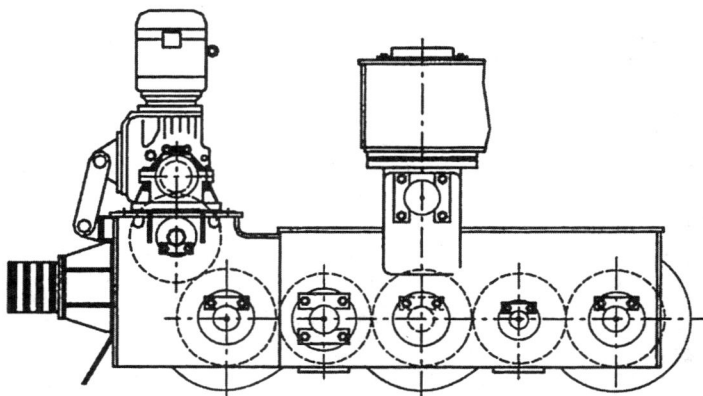

图 7-12 立式电动机的大车运行驱动装置

果良好的卧式电动机(或立式电动机)—圆锥齿轮减速器驱动形式,如图7-10(b)所示。

图 7-11 是采用了卧式电动机—立式减速器的大车运行驱动装置。图 7-11(a)中减速器输出轴用齿轮联轴器与车轮轴相连；图 7-11(b)用了套装式立式圆柱齿轮减速器,布置更加紧凑。有时,为了安装位置的需要或为了补偿安装误差,可采用图(c)所示的高速浮动轴。采用卧式电动机横向布置,横向尺寸较大。

图 7-12 是采用立式电动机的大车运行驱动装置,其结构非常紧凑。

(2) 牵引式运行机构的驱动装置。

岸边集装箱起重机及桥式抓斗卸船机,常采用牵引式小车运行机构,图 7-13(a)为岸边集装箱起重小车牵引绳索缠绕系统简图,牵引卷筒上的 4 根牵引绳分两组,其中两根绕经陆侧悬臂端部滑轮后与小车架连接,另两根钢丝绳绕经水侧悬臂端部滑轮后与小车架连接。图 7-13(b)为桥式抓斗卸船机的小车绳索缠绕系统简图,除主小车外,还采用了一台补偿小车,以实现抓斗在小车运行过程中做水平运动。牵引卷筒上的一组钢丝绳绕过补偿小车上的滑轮后固定在桥架上,另一组钢丝绳固定在主小车上。当牵引卷筒转动时,主小车以速度 v_y 运行,补偿小车以速度 $v_y/2$ 同向运行。由于抓斗的支持绳与开闭绳绕过补偿小车上的导向滑轮,补偿小车运行时收放的长度刚好等于补偿主小车运行时所需补偿的放收长度,从而达到抓斗做水平运动的目的。

7.1.3 无轨运行机构

无轨运行机构由驱动装置、转向装置、运行支承装置(转向桥、驱动桥、车轮等)、制动装置及传动装置等组成。在港口起重机中,无轨运行的典型机型是轮胎式集装箱门式起重机的大车运行机构。

当前轮胎式集装箱门式起重机(常称场桥或轮胎吊,简称 RTG – Rubber Tyred Gantry Crane)多采用柴油发电机机组供交流电,通常采用数字式交流变频控制,可在集装箱场地内做两个相互垂直方向的移动。配有能起吊 20 ft 或 40 ft 集装箱的伸缩吊具。为减少吊具的摇摆,通常装有减摇装置;为了对箱方便,装有吊具小角度回转装置;为了能转换场地作业,设有 0°~90°的直角转向机构。一般情况下,轮胎式集装箱门式起重机跨距已标准化为 23.47 m(六行加走道)。起升高度可保证起吊一个长 40 ft、高 9 ft 6 in 的集装箱,并越过 4 层(或 5~6 层)进行堆箱作业。

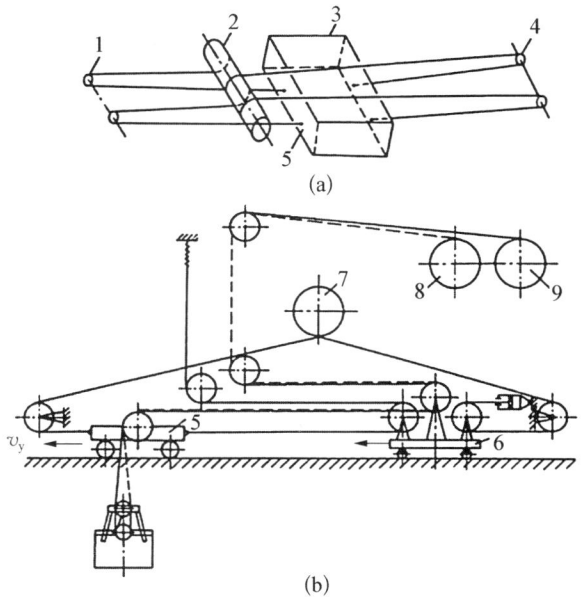

图 7 – 13 牵引式小车绳索缠绕系统简图

(a) 岸边集装箱起重机;(b) 桥式抓斗卸船机
1—陆侧悬臂端滑轮;2,7—牵引卷筒;3—小车架;
4—水侧悬臂端滑轮;5—主小车;6—补偿小车;
8—起升卷筒;9—开闭卷筒

RTG 支承在 4 轮、8 轮或 16 轮的大型工业轮胎上。轮数是根据场地轮压的要求而设计的。大车运行机构可以是四轮或两轮驱动。为防止 RTG 之间以及 RTG 与集装箱之间的相互碰撞,设有手动纠偏系统以及大车四角防碰装置。

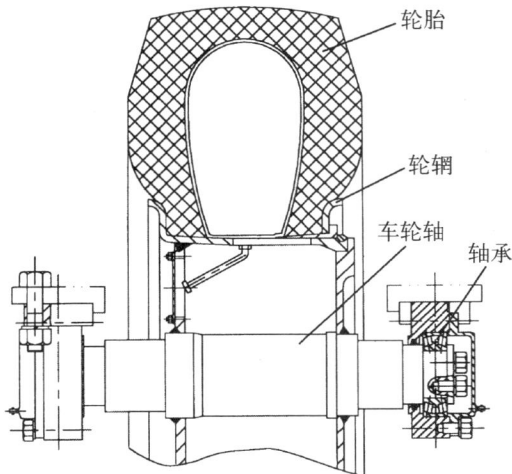

图 7 – 14 轮胎装配

另外,还可选配 DGPS(卫星自动定位系统)、ECMS(发动机状况监视系统)、RCMS(故障显示和与中控室联系系统)以及方便大车转向和减少轮胎磨损的大车顶升装置等设备。

1) 无轨运行的车轮结构

车轮组由轮胎、轮辋、车轮轴和两个轴承座组成(见图 7 – 14)。轮胎分有内胎和无内胎两种,无内胎轮胎由于减少了内外胎之间的摩擦,散热好、寿命长,因而应用较多。轮胎充气压力一般为 1 MPa。

2) 大车运行传动机构

传动机构一般采用立式电动机,通过减速器、链轮、传动链条,带动主动轮轴上的大链轮驱动车轮,如图 7 – 15 所示。减速器由一对螺旋伞齿轮和圆柱齿轮副组成。驱动部分安装在一个铰接架上,需要有调节链条张紧度的装置。

3) 车架和平衡梁(见图 7 - 16)

车架为鞍形结构,与平衡梁通过转轴连接,转轴下部安装推力轴承以承受轮压,上部采用向心轴承,有的用球面滚子轴承。现在也有一些厂家采用大轴承直接连接平衡梁和车架。

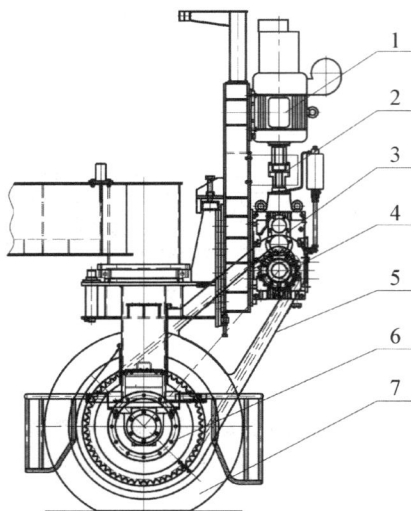

图 7 - 15　大车运行传动机构
1—电动机;2—联轴器;3—减速器;
4—小链轮;5—滚子链条;6—大链轮;7—车轮

图 7 - 16　车轮轴枢

4) 转向系统

为了使轮胎式集装箱门式起重机能从一个堆场转移到另外一个堆场工作,需要装设转向装置,有定轴转向和 90°直角转向两种方式。定轴转向是以轮胎平面内一点为轴心进行转向,通常是以 RTG 的几何中心为轴线回转,如图 7 - 17 所示。也有以一条支腿中心或一根鞍梁中心为转向轴的,目前很少采用定轴转向,该转向方式通常用于堆场不规则或有"背靠背"形式的堆场上。

一般工况下,RTG 只采用 90°转向,即在每条支腿下采用一套 90°直角转向装置。它要求在堆场两头设有转向处,铺设有转向钢板,以减少转向时车轮的变形和磨损。起重机通常由液压转句装置实现转向动作,此装置由液压泵站油缸、锁销液压缸、拉杆、限位开关等组成(见图 7 - 18)。转向时锁销先退出 A 位,油缸驱动车架转动直至转向盘挡块与锁销挡块相碰,锁销进入 B 位即完成。

5) 其他装置

主要有保护车轮的护罩、轮胎抗大风吹动的斜楔块、大车跑偏防碰撞开关等。

6) 直线行走

由于路面状况、轮胎漏气情况、载荷不均匀分布等会使起重机行驶走偏或产生蛇行,从而导致发生碰箱事故。大车运行时,司机应随时注意车轮是否偏离堆场上所划出的行走线,如发现偏离即在司机室内操作控制手柄,调整两侧运行电动机速度实行纠偏。起重机

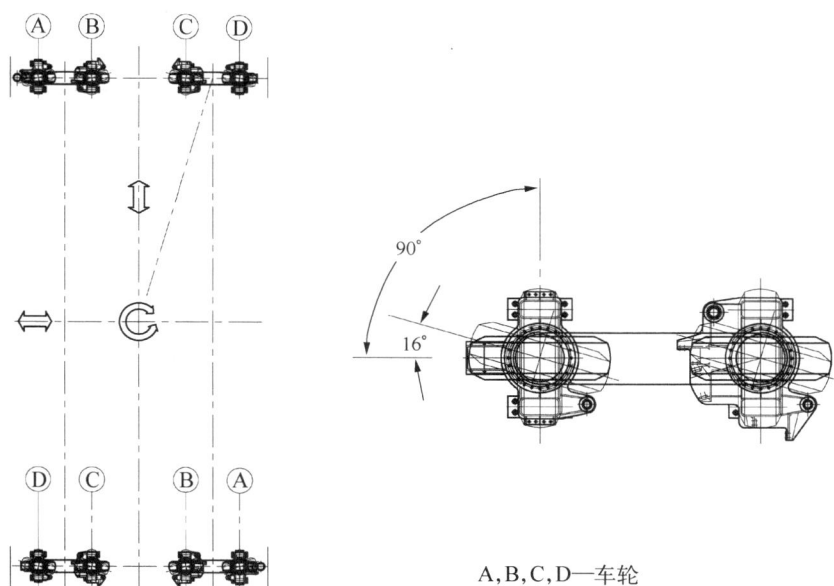

A,B,C,D—车轮

图 7 - 17 定轴转向

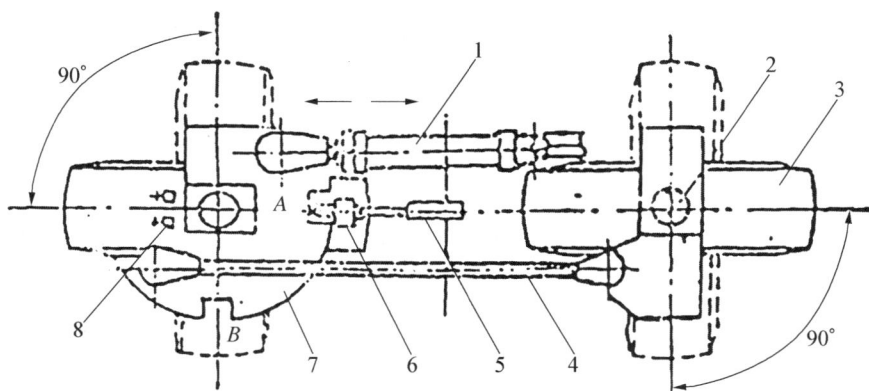

图 7 - 18 起重机液压转向装置
1—转向液压杆;2—转向销;3—车轮;4—拉杆;5—锁销液压缸;
6—锁销;7—转向板;8—限位开关

保持直线行走的自动控制装置有较多形式。一种是在地下埋设感应电缆,由发讯器作为地面信号源向感应电缆提供恒定的低频电源信号。车上的检测器可检测出起重机行走路线的偏移,轨迹控制装置可以把位置偏差信号变成方向控制信号,转而控制电动机转速以达到纠偏。由于该方法需土建施工,易受路面不平、电磁干扰而不稳定,现已较少采用。另一种方法是在地面涂特种油漆,机上摄像机摄取信号,进行自动纠偏。此外还有红外线、陀螺仪、GPS 等纠偏方法。

近年来,三井造船公司克服了感应线埋设式的缺点,制造出第二代自动直线运行装置,即陀螺仪式起重机自动直线运行装置(Gyro control Transtainer Automatic steering system,

Gyro TAS)。陀螺仪式自动直线运行装置,通过安装在起重机上的陀螺罗盘及运行速度检测装置,从大车与运行路线的偏斜角和运行距离计算出大车运行时的偏移量,并进行偏移量的修正控制。装置设有误差自动修正系统,在地面上每隔一定距离,设置一个磁性板作为基准点。当大车每通过一个基准点时,该系统自动检测出大车运行的偏移量,并随时自动修正实地的误差。

7.2 运行机构的稳态运行阻力

运行机构的稳态运行阻力 P_j 包括摩擦阻力 P_m、坡道阻力 P_α、按计算风压 p_I 算得的风阻力 P_{WI}。

$$P_j = P_m + P_\alpha + P_{WI} \qquad (7-1)$$

在曲线轨道上运行的起重机,还要考虑弯道运行附加阻力;在钢丝绳牵引式运行机构中,还需计算小车运行时起升钢丝绳及运行牵引钢丝绳绕过导向滑轮的阻力 P_r。

7.2.1 摩擦阻力

无论在轨道上运行的钢制车轮还是在坚硬的或柔软的道路上运行的充气轮胎或实心橡胶轮胎,它们的运行摩擦阻力原则上没有区别,都是由于变形和滑移所造成的。

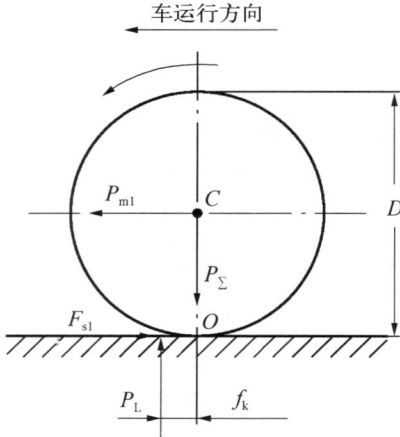

图 7-19 仅考虑车轮滚动摩擦阻力时的受力分析图

1) 有轨运行机构的运行摩擦阻力

(1) 车轮的滚动摩擦阻力。

一个滚动车轮的瞬时转动点(速度瞬心 O)就是车轮和轨道的接触点。运动部分(包括吊重和起重机或小车)所有质量的重力 P_Σ 是由车轮自重和其余部分分配到该车轮的自重组成,它们分别产生了轮压分量 P_{Lg} 和 P_{LC},则总轮压为 $P_L = P_{LC} + P_{Lg}$。车轮滚动时,车轮和轨道接触面上的表面挤压应力呈赫兹半圆,由于接触变形的不均匀而呈非对称曲线,使支承力 P_L 沿运行方向偏离速度瞬心 O,且平移了 f_k 的距离(f_k 为滚动摩擦力臂),如图 7-19 所示。

沿垂直方向列投影平衡方程得

$$P_L = P_\Sigma \qquad (7-2)$$

利用式(7-2),对车轮中心 C 点取矩,根据平衡条件得

$$P_{ml} = P_L f_k \times \frac{2}{D} = P_\Sigma \times \frac{2f_k}{D} \qquad (7-3)$$

式中：P_{ml}——车轮在轨道上运行时的滚动摩擦阻力,N;

P_Σ——运动部分所有质量的重力,包括吊重和起重机或小车的重力,N;

f_k——车轮沿轨道的滚动摩擦力臂(见表 7-1);

D——车轮踏面直径,mm。

表 7 - 1　车轮的滚动摩擦力臂 f_k

车轮材料	钢轨形式	车轮踏面直径/mm					
		100，160	200，250，315	400，500	630，710	800	900，1 000
钢	平顶	0.25	0.3	0.5	0.6	0.7	0.7
	圆顶	0.3	0.4	0.6	0.8	1.0	1.2
铸铁	平顶	—	0.4	0.6	0.8	0.9	0.9
	圆顶	—	0.5	0.7	0.9	1.2	1.4

由式(7 - 3)可见,当车轮轮压一定时,滚动摩擦阻力 P_{m1} 随车轮直径的减小而增大。此外,滚动摩擦阻力还与轨道的弹性有关,但这一影响很难精确算得。

(2) 车轮轴承中的摩擦阻力(见图 7 - 20)。

车轮轴摩擦力矩 M_z 和轮压 P_L 可以用一个与运动方向相反并移动了 $\mu d/2$ 距离的力代替(μ 为车轮轴承摩擦阻力系数,d 为车轮轴径)。尽管车轮轴承摩擦阻力只是由作用力 P_L 引起,但为了方便还是用整个轮压 P_Σ 值进行计算。根据力矩平衡关系,须在车轮轴上作用一个沿运行方向的主动力来克服与车轮转动方向相反作用的力偶 $M_L = P_\Sigma \times \mu d/2$,即车轮轴承中的摩擦阻力为

$$P_{m2} = P_\Sigma \mu d/2 \times \frac{2}{D} = P_\Sigma \frac{\mu d}{D} \qquad (7 - 4)$$

式中：P_{m2}——车轮轴承中的摩擦阻力,N；

　　　μ——车轮轴承摩擦阻力系数(见表 7 - 2)；

　　　d——车轮轴径,mm。

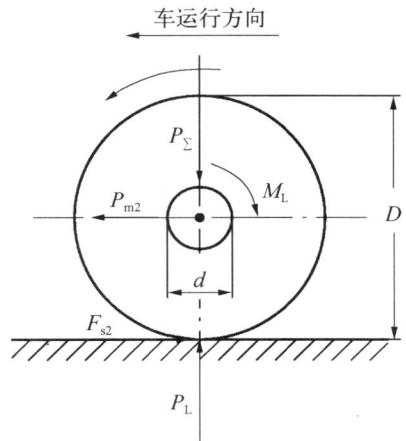

图 7 - 20　仅考虑车轮轴摩擦阻力时的受力分析图

表 7 - 2　车轮轴承的摩擦阻力系数 μ

轴承形式	滑动轴承		滚动轴承		
轴承结构	开式	稀油润滑	滚珠或滚柱式	锥形滚子式	调心滚子式
μ	0.1	0.08	0.015	0.02	0.004

(3) 车轮与轨道侧面卡轨时的轮缘摩擦阻力。

由于载荷(如自重)在起重机上分配不均匀以及车轮轮缘作用于轨侧的导向力,在车轮与轨道间产生了侧向力 P_S,轮缘接触面上各点以不同的速度在轨道外表面上运动,致使摩擦做功,由于侧向力往往难以计算,因此取用了一个放大系数 C_f 考虑其影响。

(4) 有轨运行摩擦阻力。

起重机或起重小车直线运行时,摩擦阻力 P_m 主要包括车轮踏面的滚动摩擦阻力、车轮轴承的摩擦阻力以及附加摩擦阻力 3 部分。

$$P_m = P_\Sigma \frac{\mu d + 2f_k}{D} C_f \qquad (7 - 5)$$

式中：C_f——考虑车轮轮缘与轨顶侧面摩擦或牵引供电电缆及集电器摩擦等的附加摩擦阻力系数（见表 7-3）。

表 7-3　附加摩擦阻力系数 C_f

车 轮 形 状		机　　　　构	驱动形式	C_f
圆柱车轮	有轮缘	桥式、门式和门座起重机的大车运行机构	分别驱动	1.5
	无轮缘（有水平滚轮）		分别驱动	1.1
	有轮缘	具有柔性支腿的装卸桥、门式起重机的大车运行机构	分别驱动	1.3
	有轮缘	双梁桥式、门式起重机的校车运行机构	滑线导电　集中驱动	1.6
			电缆导电　集中驱动	1.3
	有轮缘	受偏心载荷的单主梁小车运行机构	滑线	1.6
	无轮缘			1.5
	有轮缘		电缆	1.3
	无轮缘			1.2
圆锥车轮（单轮缘）		悬挂在工字梁或箱形下翼缘上的小车运行机构	单边驱动	1.5
			双边驱动	2.0

2）无轨运行机构的摩擦阻力

由于充气轮胎和实心橡胶轮胎要比钢制车轮有更大的弹性，它们在刚性路面上滚动时，车轮在起动或制动过程中轮胎的接触变形表现出了与刚性车轮不同的特性（见图 7-21）。由于轮胎的接触变形，其作用半径（滚动半径）要比外径小。车轮在载荷作用点后面部分的轮胎半径不是马上恢复到原始状态，而是在继续转动过程中逐渐恢复。起动时，车轮在接触平面内的圆周上被压缩；而制动时被拉长。在传递力时，这种变形使轮胎在圆周方向产生变形滑移。在计算滚动阻力时，应包括由轮子本身的滚动摩擦、滞后效应、轮胎的形变滑移以及充气轮胎内空气运动引起的阻力等。因此，橡胶轮胎的滚动摩擦力臂要比钢轮大得多；由于车轮轴通常采

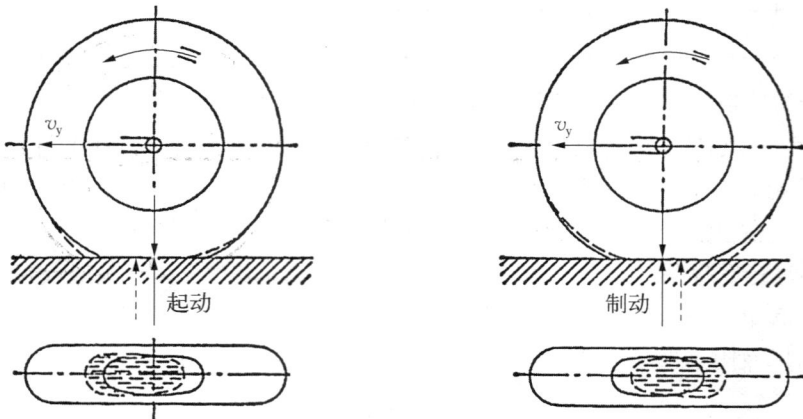

图 7-21　充气轮胎静止时的接触变形（滚动时的轮胎接触形状用虚线表示）

用滚动轴承支承,车轮轴的摩擦半径与轮胎的滚动半径相比可以忽略不计。于是,对于无轨运行机构的运行摩擦阻力,仅需考虑变动范围较大的滚动摩擦阻力,路面情况对该摩擦阻力的影响以滚动摩擦阻力系数考虑。

$$P_{\mathrm{m}} = (m_{\mathrm{G}} + m_{\mathrm{i}})g\omega \tag{7-6}$$

式中：m_{G}——起重机的总起升质量,kg;

　　　m_{i}——起重机的质量,kg;

　　　g——重力加速度,m/s^2;

　　　ω——滚动摩擦阻力系数(见表 7-4)。

表 7-4　各种路面的轮胎滚动摩擦阻力系数

路 面 类 型		ω	路 面 类 型		ω
沥青或混凝土路面	良　好	0.015~0.018	砂　路	干	0.1~0.3
	一　般	0.018~0.02		湿	0.06~0.15
石子路面	普通碎石	0.02~0.025	黏土荒地	干	0.04~0.06
	卵石　良　好	0.025~0.03		湿	0.1~0.2
	卵石　坑洼的	0.035~0.06		稀　湿	0.2~0.3
土　路	干　燥	0.025~0.036	结冰路面		0.015~0.03
	土　路	0.05~0.15	雪　路		0.03~0.05
	泥　泞	0.1~0.25			

7.2.2　坡道阻力

流动式起重机,按路面或地面的实际情况考虑;轨道式起重机,当轨道坡度不超过 0.5%时不考虑坡道载荷,否则按实际出现的实际坡度计算坡道载荷。计算公式如下：

$$P_{\alpha} = m_{\alpha}(m_{\mathrm{G}} + m_{\mathrm{i}})g = (m_{\mathrm{G}} + m_{\mathrm{i}})g\tan\alpha \tag{7-7}$$

式中：m_{i}——起重机或小车的质量,kg;

　　　m_{α}——坡道阻力系数,$m_{\alpha} = \tan\alpha$;

　　　α——轨道倾斜的角度,°。

7.2.3　风阻力

风阻力 P_{wI} 的计算见本书第 2 章的相关内容。

7.2.4　牵引式小车的牵引钢丝绳阻力

牵引式小车的牵引钢丝绳缠绕系统计算简图如图 7-22 所示,其起升钢丝绳的缠绕系统计算简图如图 7-23 所示。由牵引钢丝绳引起的阻力包括小车运行时起升钢丝绳绕过导向滑轮的阻力及牵引钢丝绳悬垂引起的阻力,即

$$P_{\mathrm{r}} = P_{\mathrm{r1}} + P_{\mathrm{r2}} \tag{7-8}$$

式中：P_r——牵引钢丝绳阻力，N；

　　　　P_{r1}——起升钢丝绳绕过滑轮引起的牵引阻力，N；

　　　　P_{r2}——由牵引绳上分支松边悬垂引起的牵引阻力，N。

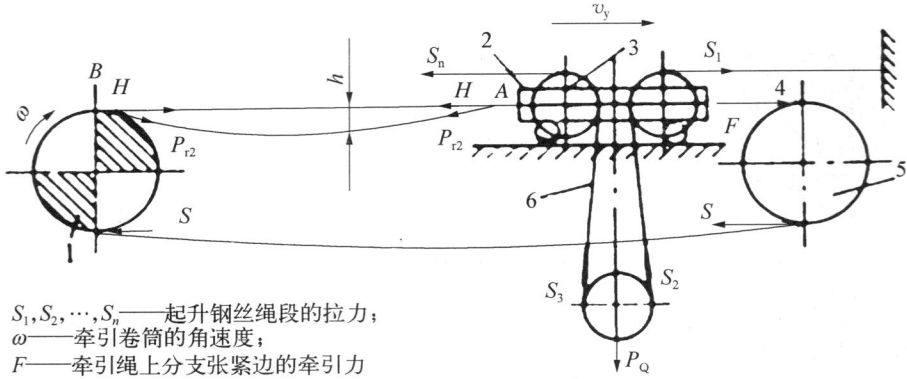

$S_1,S_2,\cdots,S_n$——起升钢丝绳段的拉力；
ω——牵引卷筒的角速度；
F——牵引绳上分支张紧边的牵引力

图 7-22　牵引式小车绳索缠绕系统和张力计算简图
1—驱动卷筒；2—小车；3—起升绳导向滑轮；4—牵引绳；5—牵引绳导向滑轮；6—起升钢丝绳

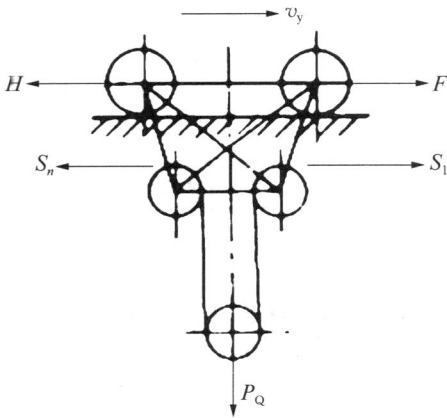

图 7-23　牵引式小车的起升钢丝
绳缠绕系统简图

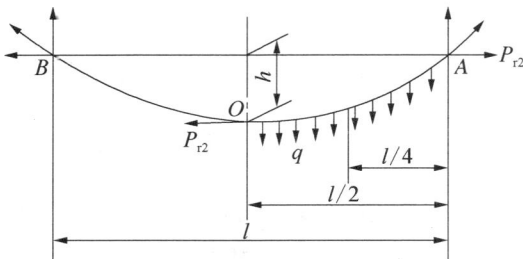

图 7-24　牵引绳上分支松边张力的
水平分力计算简图

1）起升绳绕过滑轮引起的牵引阻力

起升钢丝绳缠绕见图 7-23。当小车运行时，起升钢丝绳绕过滑轮引起的牵引阻力 P_{r1} 为

（1）吊具无升降情况（见图 7-23(a)）。

$$P_{r1} = P_Q \frac{1-\eta}{(1-\eta^a)\eta}(1-\eta^{a+1}) \quad (7-9)$$

式中：P_Q——额定起升载荷，N；

　　　　η——滑轮效率，对滚动轴承取 $\eta = 0.98$，对滑动轴承取 $\eta = 0.95$；

　　　　a——起升滑轮组倍率。

（2）吊具有升降情况（见图 7-23(b)）。

$$P_{r1} = P_Q \frac{1-\eta}{(1-\eta^a)\eta} \quad (7-10)$$

2）牵引绳悬垂引起的牵引阻力

如图 7-24 所示，由牵引绳上分支松边悬垂引起的牵引阻力 P_{r2} 为

$$P_{r2} = \frac{ql^2}{8h} \quad (7-11)$$

式中：q——牵引绳单位长度的重力载荷，N/m；

　　　　l——牵引绳自由悬垂部分的长度，m；

　　　　h——牵引绳的下挠度，m，一般取 $h=(1/30\sim1/50)l$，常取 $0.1\sim0.25$ m。

7.3 机构选型计算

7.3.1 电动机的选择和验算

1）电动机的初选

电动机初选功率计算按如下原则进行：

（1）电动机运行稳态功率按式(4-10)或式(4-11)计算。

（2）对能提供 CZ 值计算选择电动机资料的异步电动机，可按式(4-15)计算。

2）电动机的校验

（1）电动机的过载校验和发热校验。

电动机的过载校验按式(4-20)的方法计算；电动机的发热校验按式(4-27)或式(4-32)的方法计算。

（2）电动机使用环境的功率修正。

电动机使用环境的功率修正见 4.3 节。

3）起动时间与起动平均加速度计算

（1）满载、上坡、迎风运行起动时的起动时间 t_q。

$$t_q = \frac{n[k(J_1+J_2)m+J_3'/\eta]}{9.55(mM_{dq}-M_{dj})} \tag{7-12}$$

式中：n——电动机额定转速，r/min；

k——其他传动件的转动惯量折算到电动机轴上的影响系数，$k=1.05\sim1.20$；

J_1——电动机转子的转动惯量，kg·m²；

J_2——电动机轴上制动轮和联轴器的转动惯量，kg·m²；

m——电动机台数；

η——运行机构总传动效率；

J_3'——作平移运动的全部质量的惯量折算到电动机轴上的转动惯量，kg·m²；

$$J_3' = \frac{(m_G+m_i)D^2}{4i^2}$$

D——车轮踏面直径，m；

i——由电动机轴到车轮的机构的总传动比；

M_{dq}——电动机平均起动转矩，N·m；

$$M_{dq} = \lambda_{AS}M_n$$

λ_{AS}——电动机平均起动转矩倍数（见表 6-6）；

M_{dj}——满载、上坡、迎风时作用于电动机轴上的稳态运行阻力矩，N·m；

$$M_{dj} = \frac{P_j D}{2i\eta}$$

P_j——运行静阻力，N。

（2）起动平均加速度。

$$a_y = \frac{v_y}{t_q} \tag{7-13}$$

式中：a_y——起动平均加速度，m/s^2；

　　　v_y——起重机的稳定运行速度，m/s；

　　　t_q——起重机的运行起动时间，s，一般取不大于表 2-16 中的值。

7.3.2　减速器的选择

1）计算传动比

根据电动机和主动轮的转速，可以求出运行机构减速器的传动比。

$$i = n/n_1 \tag{7-14}$$

式中：i——运行机构总传动比；

　　　n_1——主动轮的转速，r/min。

2）选择减速器

（1）在一般情况下，运行机构的减速器的设计预期寿命与该机构工作级别中所对应的使用等级一致。但对一些工作特别繁重，允许在起重机使用期限内更换减速器的，所选减速器的设计预期寿命可小于运行机构的工作寿命。

（2）在选用标准减速器时，若其参数表上的工作级别与运行机构的工作级别不一致，应引入换算减速器使用繁忙条件的功率修正系数。

（3）与起升机构减速器不同，运行机构减速器在工作时承受双向载荷，且在机构起（制）动时要传递更大的驱动或制动力矩，在选择运行机构减速器时应特别考虑此因素。

若运行机构的减速传动装置仅为标准减速器，则减速器的传动比就是计算传动比 i。若运行机构的减速传动装置为标准减速器和开式齿轮传动，则要对计算传动比 i 进行分配，使 $i = i_1 i_2$，其中，i_1 是减速器的传动比；i_2 是开式齿轮的传动比。

对于运行机构的减速器，还必须校验满载起、制动状态时低速轴端的承载能力，即

$$M_{\text{II max}} \leqslant [M] \tag{7-15}$$

式中：$[M]$——所选减速器输出轴端最大的短时许可转矩，N·m；

　　　$M_{\text{II max}}$——运行机构有可能出现的最大工作转矩，N·m，它受电气保护装置和主动轮打滑条件的限制。

$$M_{\text{II max}} = 2.25 M_n \tag{7-16}$$

3）校核实际运行速度

实际运行速度应满足：

$$\left| \frac{v_y - \bar{v}_y}{v_y} \right| \times 100\% \leqslant 5\% \tag{7-17}$$

式中：v_y——设计要求提出的运行速度，m/s；

　　　$\bar{v}_y$——实际达到的运行速度，m/s，按下式确定：

$$\bar{v}_{y} = \frac{n\pi D}{60i'} \qquad (7-18)$$

式中：i'——减速传动装置的实际传动比。

7.3.3 制动器的选择

运行机构装设制动器的作用一般是为了实现减速制动,并使停止下来的起重机在作业时,运行机构能保持不动。

1）制动力矩的确定

运行机构机械式制动器的制动转矩与运行摩擦阻力矩之和,应能使处于满载、顺风及下坡状态下运行的起重机或小车在要求的时间内停止下来。

制动力矩 M_z 的计算为

$$M_{Z} = \left\{\frac{[P_{wI} + P_{\alpha} - P'_{m}]D\eta}{2i} + \frac{n}{9.55t_{z}}[k \cdot m_{z} \cdot (J_{1} + J_{2}) + J'_{3}\eta]\right\} \qquad (7-19)$$

式中：P'_m——不考虑轮缘与轨道侧面附加摩擦的摩擦阻力,N;

t_z——制动时间,s,参见表 2-16;

m_z——制动器的台数。

2）制动器的选择

制动器的选择条件为

$$M_{Z} \leqslant [M_{Z}] \qquad (7-20)$$

式中：$[M_Z]$——所选制动器参数表中给出的制动转矩。

运行机构制动器的选择还需考虑以下因素：

（1）频繁起制动用的制动器,在同一档制动力矩的各个制动器中,宜选用制动轮较大的制动器。

（2）对于那些驱动轮与轨道之间有足够大的黏着力的露天工作起重机的运行小车,或未采用自动作用夹轨器的起重机,应按式（3-10）计算在顺风、下坡情况下制动装置的总抗风阻力是否能抗御风的吹袭,以防止在有风工作中的起重机发生移动。

7.3.4 车轮打滑验算

运行机构工作时,如果电动机起动后,车轮只是在原地空转,而起重机（或小车）未运行,这种现象称为打滑。当车轮打滑时,不仅起重机不能运行,而且会加剧车轮磨损,故运行机构起动或制动时,起重机或小车不应发生打滑,一般由设计校验主动轮不打滑来保证。

1）车轮打滑产生的原因

（1）起动状态打滑。

当运行机构起动时,随着驱动力矩的不断增大,作用于主动车轮上的摩擦力也在不断增大。实际上,摩擦力增大到一定值后,不会继续增加,其最大值不超过车轮与轨道接触面直径的最大静摩擦力（或称黏着力）。当摩擦力已经达到极限值,但还不足以克服作用车架上的运行静阻力时,主动轮就会在原地空转,起重机不能正常运行,即发生打滑现象。

打滑验算应在可能引起打滑的最不利工况下进行。当桥架型起重机的满载小车位于悬臂端、臂架型起重机的吊载臂架位于与支点对角线相垂直方位时,均有可能使支点轮压最小而通不过打滑验算。这时,只要能保证整机打滑验算通过,则局部打滑验算通不过也是允许的。

（2）制动状态打滑验算。

制动时满足式(7-19)一般不会发生打滑现象。设计时,要求制动时间不能过短,也不能过长。过短会造成制动电阻装置或整流回馈装置容量过大,也会使冲击增大;制动时间过长,同样也会增加变频器等元件的容量,造成不必要的浪费。对配备电气制动的运行机构,电气制动一般将速度减速到额定速度的10%左右的低速后,才起动机械制动器制动,此时应以低速代入公式(7-29)进行打滑验算。

2）打滑验算的原理和方法

运行机构起动或制动时,起重机或小车不应发生打滑。在水平方向上,轨道作用于主动轮的滑动摩擦阻力 F_{s1} 与主动轮最小轮压 P_{Lmin} 及车轮与轨道间的摩擦系数有关。

$$F_{s1} = \varphi P_{Lmin} \qquad (7-21)$$

式中：φ——黏着系数,钢质车轮与钢轨的黏着系数(静摩擦系数)为：室内工作的取 0.14,室外工作的取 0.12;

P_{Lmin}——驱动轮最小轮压(集中驱动时为全部驱动轮的轮压总和),N。

外力 F 一旦大于摩擦力 F_{s1},也即驱动力克服了摩擦力,起重机与轨道就会发生相对滑动,发生打滑现象。为了增加安全裕度,引入黏着安全系数 K,那么不打滑的条件为

$$F_{s1} \geqslant KF \qquad (7-22)$$

式中：K——黏着安全系数,可取 $K = 1.05 \sim 1.20$。

（1）起动时：
$$F = P_d - P_D - P_{m2} \qquad (7-23)$$

式中：P_d——电动机平均起动转矩折算到车轮踏面上的力,N;

$$P_d = \frac{2\,000i \cdot \eta}{D} M_{dq} \qquad (7-24)$$

i——运行机构的总传动比

P_D——起动时,传动链上各传动构件加速所需的转矩折算到车轮踏面上的力,N;

$$P_D = \frac{2\,000i \cdot \eta}{D} \cdot \frac{500k(J_1 + J_2)i}{D} \cdot \frac{v_y}{t_q} \qquad (7-25)$$

P_{m2}——轴承摩擦阻力折算到车轮踏面上的力,N;

$$P_{m2} = P_{Lmin} \frac{\mu d}{D} \qquad (7-26)$$

μ——车轮轴承摩擦阻力系数,参见表 7-2;

d——车轮轴直径,mm;

D——车轮踏面直径,mm。

将式(7-24)～式(7-26)代入式(7-23)得起动时的打滑验算公式为

$$\left(\frac{\varphi}{K} + \frac{\mu d}{D}\right) P_{Lmin} \geqslant \frac{2\,000i \cdot \eta}{D}\left[M_{dq} - \frac{500k(J_1 + J_2)i}{D} \cdot \frac{v_y}{t_q}\right] \qquad (7-27)$$

(2) 制动时,若仅由制动器完成制动,此时有

$$F = P_Z - P'_D + P_{m2} \tag{7-28}$$

式中：P_Z——制动器的制动力矩折算到车轮踏面上的力,N;

$$P_Z = \frac{2\,000i}{D\eta}M_Z \tag{7-29}$$

P'_D——制动时,传动链上各传动构件加速所需的转矩折算到车轮踏面上的力,N。

$$P'_D = \frac{2\,000i}{D\eta} \cdot \frac{500k(J_1 + J_2)i}{D} \cdot \frac{v_y}{t_z} \tag{7-30}$$

将式(7-26)、式(7-29)和式(7-30)代入式(7-28)得制动时的打滑验算公式为

$$\left(\frac{\varphi}{K} - \frac{\mu d}{D}\right)P_{Lmin} \geqslant \frac{2\,000i}{D\eta}\left[M_Z - \frac{500k(J_1 + J_2)i}{D} \cdot \frac{v_y}{t_z}\right] \tag{7-31}$$

3) 防止打滑的措施

当打滑验算不通过时,可以采取如下措施：

(1) 调整轮压分配。合理分配起重机的重量,合理布置主动轮,以保证在任何情况下主动轮上都有足够的轮压。

(2) 增加主动轮轮数或改全部车轮为驱(制)动。

(3) 改善起动、制动性能。重选电动机或制动器,改变起、制动力矩以防止打滑现象的出现。

7.3.5　防风夹轨器的设计计算

1) 夹轨器的作用

露天工作的港口起重机会受到强风作用,因此必须要采取相应的预防措施。对于有轨运行式起重机,除了保证有足够的强度和整体稳定性外,还应防止起重机沿轨道方向被大风吹走的可能。

根据不同的工作原理,防滑移可通过两种方式实现：一是加强起重机与轨道或地基的啮合关系;二是增加起重机与轨道间的附加摩擦力。作为啮合形式的防风安全装置有插销、底脚螺栓或挂链等,它们都有一个共同的缺点：只能设立在轨道端部或者特定的固定位置,这在突然出现大风时是非常危险的。因此,需要采用在轨道的任意位置都能工作的安全装置。摩擦防滑移安全装置满足了这个要求,有制动瓦块形式,也有夹轨器形式。

夹轨器是通过夹住轨道头部的两个侧面来防止滑行的,可分手动和电动两种形式(见图7-25)。手动夹轨器一般为螺杆式,结构简单,但夹紧力小、动作慢,主要用于挡风面积不大的中小型或临时性用途的起重机上。大型起重机或港口用起重机主要采用电动夹轨器,由重锤通过杠杆或由弹簧力使夹钳夹紧轨道,靠液压系统中的油缸力松开夹钳。重锤式较笨重,外形尺寸大,夹紧力比弹簧式的小,工作平稳性也不如弹簧式的好。电动弹簧式夹轨器通过风速仪与起重机实现电气联锁,当风速仪检测的风力达到不能保证起重机正常作业的风级(通常相应于6~7级)时,起重机断电,夹钳夹住轨道。这种夹轨器的工作可靠性较高。

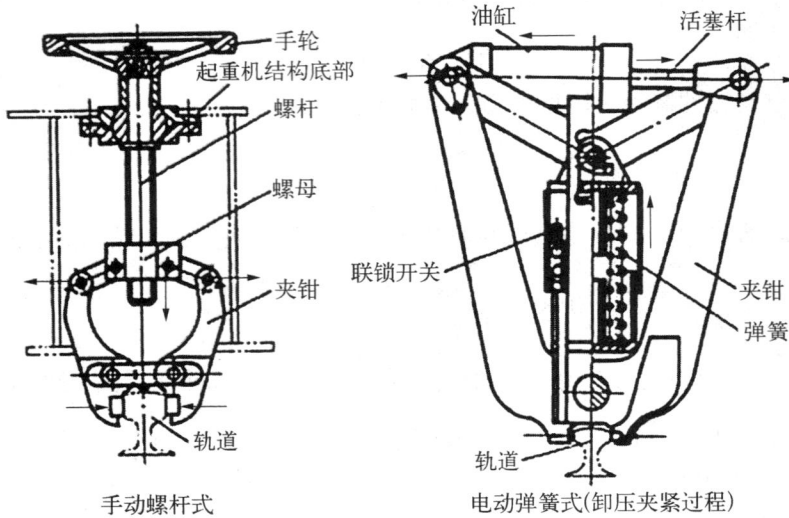

图 7 - 25　起重机夹轨器的结构

2) 夹轨器的设计要求和计算载荷

(1) 设计要求。

(A) 夹轨器的闭合可依靠人力、重锤的重力或弹簧力的作用实现,如需采用电力驱动使夹轨器闭合,则需为手动和电动两用的形式,否则在电力供应中断时,驱动装置就不起作用。

(B) 夹轨器与运行机构必须有电气联锁装置。只有当夹轨器松开后才能启动运行机构;夹紧时,夹钳动作时间应滞后运行机构制动器的动作时间,这样能消除起重机可能产生的剧烈颤动。

(C) 夹轨器抗风能力取决于摩擦系数 μ,由于港口起重机在露天工作,随气候的变化,μ 值会有所变动,在设计时安全系数应适当加大。

(D) 对夹轨器钳口应滚制出细齿并经表面淬火,这样可以提高摩擦系数 μ 值,抗风能力可提高近一倍。

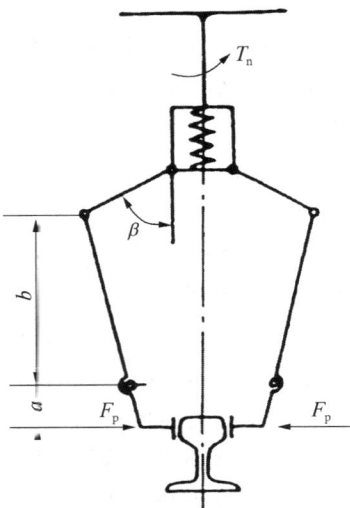

图 7 - 26　手动夹轨器计算简图

(E) 计算夹轨器时,应保证起重机在非工作状态风力作用下保持不动。确定夹轨器的夹持制动力时,应忽略制动器和车轮轮缘对轨道侧面摩擦的影响,并使夹持制动力大于起重机的滑行力,由式(3 - 11)算得。

(2) 计算载荷。

根据起重机抗风防滑安全性计算公式(3 - 11)可得,防风夹轨器应能承受的起重机滑行力为 P_{Z2}。即在非工作状态的最大风力作用下,保持起重机在轨道上可靠地固定而不会发生滑行现象。

防风夹轨器计算的主要内容是确定钳口夹紧轨道所需的上紧力和夹轨器零件的强度计算。

3) 手动夹轨器计算

手动夹轨器的计算简图如图 7 - 26 所示。

(1) 钳口夹紧力。

$$F_p = \frac{P_{Z2}}{2nf}K \tag{7 - 32}$$

式中：F_p——钳口夹紧力，N；

　　　n——夹轨器总数；

　　　f——钳口与钢轨的摩擦系数。对于无齿纹（未经热处理的 45，50 钢）的钳口：$f = 0.12 \sim 0.15$；对于有齿纹（材料为 65Mn、60Si2Mn 钢，齿面淬硬，硬度大于 55HRC）的钳口，$f = 0.25$；

　　　K——安全系数，取 $K = 1.2$。

（2）最小钳口面积。

$$S = \frac{F_p}{[\sigma_c]} \tag{7 - 33}$$

式中：S——最小钳口面积，mm^2；

　　　$[\sigma_c]$——许用挤压应力。表面硬度 $\geqslant 55$ HRC 的 65Mn、或 60Si2Mn 材料的钳口 $[\sigma_c] = 200 \sim 250$ MPa；未经淬火的 45，50 钢的钳口：$[\sigma_c] = 80$ MPa。

（3）手轮上所需转矩

$$T_h = \frac{F_p ar}{nbf}\tan(\alpha + \rho)\frac{1}{\tan\beta} \tag{7 - 34}$$

式中：T_h——手轮上所需转矩，N·mm；

　　　r——螺杆螺纹平均半径，mm；

　　　α——螺纹升角，根据自锁条件：$\alpha = 4° \sim 5°$；

　　　ρ——螺旋副摩擦角：对于钢制螺杆和青铜螺母，$\rho = 4° \sim 6°$：对于钢制螺杆与螺母，$\rho = 8° \sim 9°$；

　　　β——螺钉轴线与上部杠杆轴线之间夹角，夹紧后可取，$\beta = 65° \sim 75°$；

　　　$a，b$——杠杆臂长度，mm，可取 $a/b = 1/3 \sim 1/4$。

手工操作夹持器时，手动的最大操作力不得大于 200 N；摇手柄的力臂（半径）建议不大于 400 mm。

（4）螺杆轴向力

$$F_a = \frac{2F_p a}{b\eta\tan\beta} \tag{7 - 35}$$

式中：F_a——螺杆轴向力，N；

　　　η——效率，$\eta = 0.3 \sim 0.4$。

按压缩及扭转联合作用来计算螺杆直径。

7.4　工作循环中的力矩

为讨论方便，现将符号规定如表 7 - 5 所示。一般认为 $\eta_{MJ} \approx 1$。

表 7-5　符号规定

名　　　称	符号	名　　　称	符号	单位
电动机→车轮/轨道的效率	η_{MR}	电动机的输出转矩	M_M	N·m
车轮/轨道→电动机的效率	η_{RM}	运行机构传动系统折算转动质量的加速力矩	M_{BJ}	N·m
电动机→折算转动质量的效率	η_{MJ}	运行摩擦阻力矩	M_m	N·m
折算转动质量→电动机的效率	η_{JM}	风阻力矩	M_W	N·m
折算转动质量→车轮/轨道的效率	η_{JR}	起重机和物品质量的加速力矩	M_{BM}	N·m
车轮/轨道→折算转动质量的效率	η_{RJ}			

注：符号角标中 M 表示电动机，J 表示传动系统中的折算转动质量，R 表示车轮/轨道。效率角标中的次标表示系统中功率的流向。

1) 运行起动阶段

（1）逆风起动（见图 7-27）。

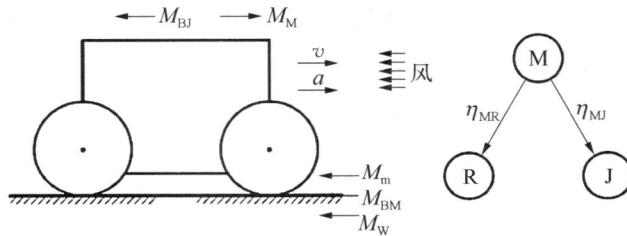

图 7-27　逆风起动时的受力和运动分析图

$$M_M = \frac{M_m + M_{BM} + M_W}{\eta_{MR}} + \frac{M_{BJ}}{\eta_{MJ}} \tag{7-36}$$

（2）顺风起动（见图 7-28）。

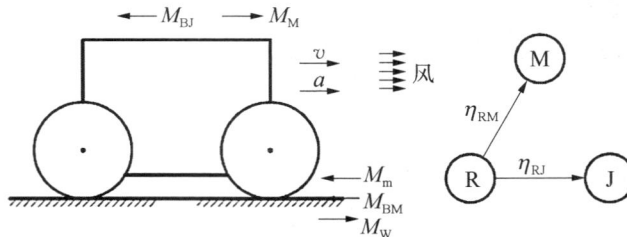

图 7-28　顺风起动时的受力和运动分析图

$$M_M = (M_m + M_{BM} - M_W)\eta_{MR} + M_{BJ}\frac{\eta_{MR}}{\eta_{MJ}} \tag{7-37}$$

2) 稳定运行阶段

（1）逆风稳定运行（见图 7-29）。

$$M_M = \frac{M_m + M_W}{\eta_{MR}} \tag{7-38}$$

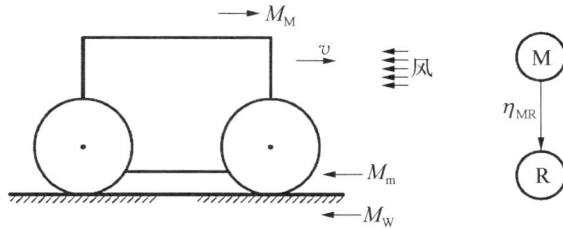

图 7-29 逆风稳定运行时的受力和运动分析图

(2)顺风稳定运行(见图 7-30)。

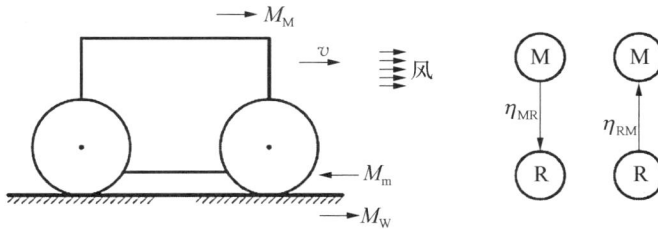

图 7-30 顺风稳定运行时的受力和运动分析图

当 $M_m > M_W$ 时,$M_M - \left(\dfrac{M_m + M_W}{\eta_{MR}}\right) = 0$,即 $M_M = \dfrac{M_m + M_W}{\eta_{MR}}$ (7-39)

当 $M_m < M_W$ 时,$-\dfrac{M_M}{\eta_{RM}} - (M_m + M_W) = 0$,即 $M_M = -(M_m + M_W)\eta_{RM}$ (7-40)

3) 运行制动阶段

(1)逆风制动(见图 7-31)。

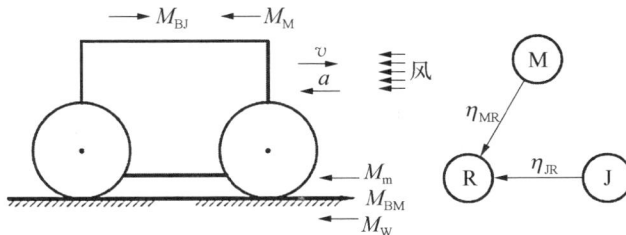

图 7-31 逆风制动时的受力和运动分析图

$$M_M = \frac{M_m + M_W - M_{BM}}{\eta_{MR}} - M_{BJ}\frac{\eta_{JR}}{\eta_{MR}}$$ (7-41)

(2)顺风制动(见图 7-32)。

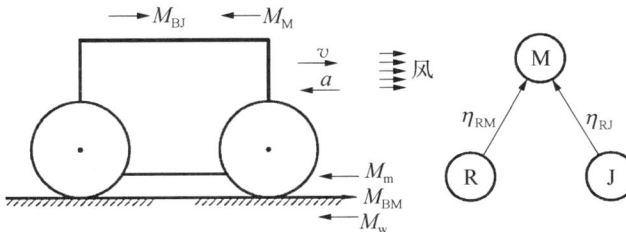

图 7-32 顺风制动时的受力和运动分析图

$$M_{\mathrm{M}} = (M_{\mathrm{W}} + M_{\mathrm{BM}} - M_{\mathrm{m}})\eta_{\mathrm{RM}} + M_{\mathrm{BJ}}\frac{\eta_{\mathrm{RM}}}{\eta_{\mathrm{RJ}}} \tag{7-42}$$

本 章 例 题

【设计参数】

某起重机的大车运行机构如例图 7-1 所示,其主要设计参数如下:

1. 起重量:$Q = 25$ t,起重机自重 $G = 411$ t(抓斗和吊重除外);

2. 最大幅度:$R_{\max} = 35$ m;

3. 运行速度:$v_{\mathrm{y}} = 25$ m/min;

4. 轨距:12 m,基距:12 m,轨道坡度角:$0°10'$;

5. 第 Ⅱ 类载荷情况下的计算风压:$p_{\mathrm{Ⅱ}} = 250$ N/m²,第 Ⅲ 类载荷情况下的计算风压:$p_{\mathrm{Ⅲ}} = 1\,890.625$ N/m²;

6. 满载起重机整机在垂直于运行方向的迎风面积 $A = 289.40$ m²,风力系数 $C_{\mathrm{f}} = 1.16$;

7. 考虑载荷情况 Ⅰ 和载荷情况 Ⅱ(不计动力系数 ϕ_1,ϕ_2,ϕ_3,ϕ_4 等),已算得作用在一个台车组上的最大腿压为 169.30 t,最小腿压为 67.20 t;

8. 运行机构工作级别:M4(L2,T4)。

请设计或选择大车运行驱动装置的零部件,并进行校核。

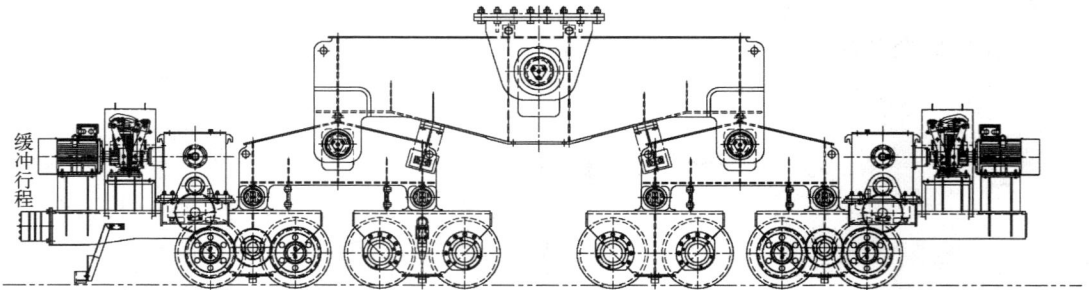

例图 7-1　大车运行机构示意图

【求解过程】

1) 车轮与轨道设计

(1) 每条门腿所需的车轮数 n。

由整机轮压计算确定车轮数目为 8 个。

(2) 确定车轮直径。

根据车轮的最大轮压并参考同类项目,初定车轮的踏面直径 $D = 550$ mm。其主要外形尺寸如例图 7-2 所示。

(3) 选择轨道。

根据车轮直径,选用型号为 P43 的铁路钢轨。由设计手册查得其尺寸参数:轨顶面宽 $b = 70$ mm,轨顶侧面 $h_1 = 32.4$ mm,轨顶圆弧半径 $R = 300$ mm,轨道头部两边圆角半径 $r = 13$ mm。

2）车轮的验算

（1）等效工作轮压的计算。

车轮的等效载荷由同一车轮可能出现的最大载荷和最小载荷确定。车轮疲劳计算的平均载荷按下式计算：

$$P_{mean} = \frac{P_{min} + 2P_{max}}{3} = \frac{(67.20/8) + 2 \times (169.30/8) \times 10}{3}$$
$$= 169.1 \text{ kN}$$

（2）疲劳强度验算。

疲劳许用轮压为

$$P_L = kDlC_1C_2 = 8.5 \times 550 \times 44 \times 1.10 \times 1.12$$
$$= 253\,422.4 \text{ N} = 253.42 \text{ kN}$$

式中：k——车轮的许用比压，根据车轮与轨道的抗拉强度取 $k = 8.5$；

l——车轮与轨道承压面的有效接触宽度，$l = b - 2r = 44$ mm；

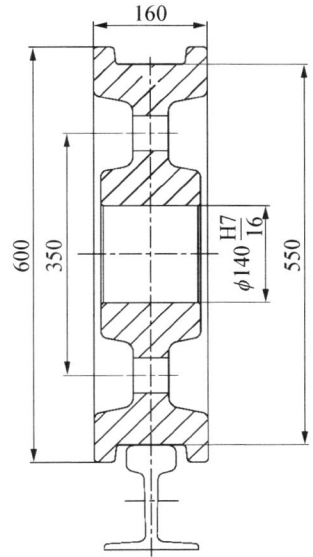

例图 7-2 车轮主要外形尺寸

C_1——转速系数，车轮转速 $n = \dfrac{v_y}{\pi D} = \dfrac{25}{3.14 \times 0.55} = 14.48$ r/min，查表 5-21 取 $C_1 = 1.10$；

C_2——车轮所在机构的工作级别系数，运行机构的工作级别为 M4，查表 5-22 取 $C_1 = 1.12$。

因此，$P_{mean} \leqslant P_L$，满足车轮疲劳强度要求。

（3）静强度验算。

静强度需用轮压为

$$P'_L = 1.9kDl = 1.9 \times 8.5 \times 550 \times 44 = 390\,830 \text{ N} = 390.83 \text{ kN}$$

由于 $P_{max} = 21.16 \times 10^3 \times 10 = 211.6$ kN $\leqslant P'_L$，因此满足车轮的静强度要求。

3）稳态运行阻力计算

稳态运行阻力 P_j 按下式进行计算：

$$P_j = P_m + P_\alpha + P_{WI}$$

式中：P_m——运行摩擦阻力；

P_α——坡道阻力；

P_{WI}——按计算风压 p_I 算得的风阻力。

（1）摩擦阻力 P_m 的计算。

$$P_m = P_\Sigma \frac{\mu d + 2f_K}{D} C_f = 4\,272\,800 \times \frac{0.004 \times 140 + 2 \times 0.5}{550} \times 1.5 = 18\,178.82 \text{ N}$$

式中：P_Σ——运动部分所有质量的重力，$P_\Sigma = (25 + 411) \times 1\,000 \times 9.8 = 4\,272\,800$ N；

μ——车轮轴承摩擦阻力系数，对于调心滚子式滚动轴承，$\mu = 0.004$；

d——车轮轴径，$d = 140$ mm；

f_K——车轮沿轨道的滚动摩擦力臂，根据车轮踏面直径取 $f_K = 0.5$；

C_f——考虑车轮轮缘与规定侧面摩擦的附加摩擦阻力系数,根据车轮形状、机构特点和驱动形式取 $C_f = 1.5$。

(2)坡道阻力 P_a 的计算。

$$P_a = (m + m_i)g \cdot \tan\alpha = (25 + 411) \times 10^3 \times 9.8 \times \tan 0.17 = 12\,677.69\,N$$

式中:m——起重机的总起升质量,$m = 25\,t$;

m_i——起重机的质量,$m_i = 411\,t$;

α——轨道倾斜的角度,$\alpha = 0°10' = 0.17°$。

(3)风阻力 P_{wI} 的计算。

由规范 GB/T 3811,$p_I = 0.6p_{II} = 0.6 \times 250 = 150\,N/m^2$,则

$$P_{wI} = C_f p_I A = 1.16 \times 150 \times 289.40 = 50\,355.60\,N$$

根据上述计算,可得

$$P_j = 18\,178.82 + 12\,677.69 + 50\,355.60 = 81\,212.11\,N$$

4)电动机的计算与选择

驱动装置采用分别驱动的方式,每个门腿下布置 2 台电动机,每台电机通过开式齿轮同时驱动 2 个车轮,整机一半为驱动轮,共有 8 台电动机。

(1)稳态功率的计算。

$$P_N = \frac{P_j v_y}{1\,000\eta \cdot m} = \frac{81\,212.11 \times 25/60}{1\,000 \times 0.85 \times 8} = 4.98\,kW$$

式中:η——运行机构的总效率,$\eta = 0.85$。

(2)电动机的选择。

对于室外作业的起重机,将稳态功率乘以一个 1.1~1.3 的系数进行电动机选型,即 $4.95 \times 1.3 = 6.44\,kW$。选择电机型号为 YZP160L - 6,额定功率为 11 kW,额定转速为 1 500 r/min,转动惯量为 0.092 kg·m³,输出轴直径为 42 mm。

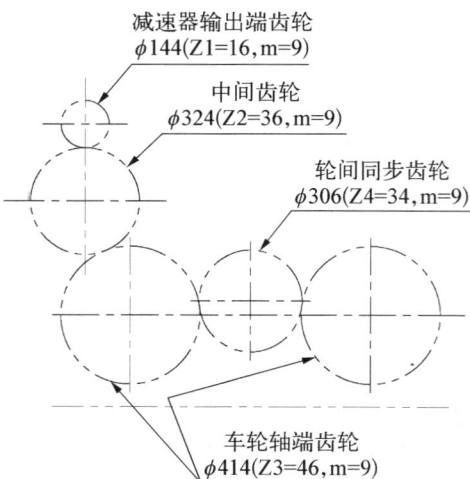

减速器输出端齿轮
$\phi 144 (Z1=16, m=9)$

中间齿轮
$\phi 324 (Z2=36, m=9)$

轮间同步齿轮
$\phi 306 (Z4=34, m=9)$

车轮轴端齿轮
$\phi 414 (Z3=46, m=9)$

例图 7 - 3　运行机构驱动系齿轮啮合图

5)减速器的选择

(1)传动比 i 的计算。

$$i = \frac{n_{电机}}{n_{车轮}} = \frac{1\,500}{\dfrac{25 \times 1}{3.14 \times 0.55}} = 103.62$$

由于传动比较大,采用减速器和开式齿轮结合的方式。参考同类项目资料:取齿轮模数 $m = 9$,减速器输出端齿轮的齿数 $Z_1 = 16$,中间齿轮的齿数 $Z_2 = 36$,车轮轴端齿轮的齿数 $Z_3 = 46$,故开式齿轮的传动比 $i_2 = Z_3/Z_1 = 46/16 = 2.875$,如例图 7-3 所示。则减速器应提供的传动比 $i_1 = i/i_2 = 103.62/2.875 = 36.04$。

(2)减速器输入功率的计算。

根据起升机构的工作级别,查得:工作机系数

$f_1 = 1.7$,原动机系数 $f_2 = 1.0$,则

$$P_{\text{减N1}} = P_{\text{N1}} f_1 f_2 = 11 \times 1.7 \times 1.0 = 18.7 \text{ kW}$$

查表选择 QJ – L 236 – 35.5 Ⅲ,其传动比为 $i_1 = 35.5$,允许传递的扭矩为 $[T] = 200 \text{ N} \cdot \text{m}$。

(3) 检查起动扭矩。

峰值扭矩系数 $f_3 = 0.8$。

最大起动转矩 $M_{\text{dq}} = \lambda_{\text{AS}} M_{\text{n}} = 1.6 \times \dfrac{9.55 P_{\text{N1}}}{n_1} = \dfrac{1.6 \times 9.55 \times 11}{1\,500} = 0.11 \text{ kN} \cdot \text{m}$,其中 λ_{AS} 为电动机平均起动转矩倍数。

则 $P_{\text{减1}} = \dfrac{M_{\text{dq}} n_1}{9.55} f_3 = \dfrac{0.11 \times 1\,500}{9.55} \times 0.8 = 13.82 \text{ kW}$。

$P_{\text{减1}} < P_{\text{减N1}}$,验算通过。

(4) 实际运行速度。

实际的运行速度为

$$v'_{\text{y}} = \frac{n_1}{\dfrac{i}{\pi D}} = \frac{1\,500}{\dfrac{35.5 \times 2.875}{3.14 \times 0.55}} = 25.38 \text{ m/min}$$

基本满足该起重机大车运行的速度要求。

6) 制动器的选择

运行机构机械式制动器的制动力矩与运行摩擦阻力之和,应能使处于满载、顺风及下坡状态下运行的起重机在要求的时间内停下来。运行机构的制动转矩为

$$
\begin{aligned}
M_Z &= \left\{ \frac{(P_{\text{WI}} + P_a - P'_{\text{m}})D\eta}{2i} + \frac{n}{9.55 t_Z}\left[k m_Z (J_1 + J_2) + J'_3 \eta \right] \right\} \\
&= \left\{ \frac{(50\,355.60 + 119.51 - 11\,808.47) \times 0.55 \times 0.85}{2 \times (2.875 \times 35.5)} \right. \\
&\quad \left. + \frac{1\,500}{9.55 \times 2.5} \times \left[1.2 \times 8 \times (0.092 + 0.049) + 3.17 \times 0.85 \right] \right\} \\
&= 324.89 \text{ N} \cdot \text{m}
\end{aligned}
$$

式中:P'_{m}——不考虑轮缘和轨道侧面附加摩擦力的摩擦阻力,

$$P'_{\text{m}} = P_{\Sigma} \frac{\mu d + 2 f_{\text{K}}}{D} = 4\,272\,800 \times \frac{0.004 \times 130 + 2 \times 0.5}{550} = 11\,808.47 \text{ N};$$

k——其他传动件的转动惯量折算到电动机轴上的影响系数,取 $k = 1.2$;

m_Z——制动器的台数,$m_Z = 8$;

J_1——电动机转动惯量,$J_1 = 0.092 \text{ kg} \cdot \text{m}^2$;

J_2——电动机轴上制动轮和联轴器的转动惯量,$J_2 = 0.049 \text{ kg} \cdot \text{m}^2$;

J'_3——做平移运动的全部质量的惯量折算到电动机轴上的转动惯量,

$$J'_3 = \frac{(m + m_{\text{i}})D^2}{4 i^2} = \frac{(25 + 411) \times 10^3 \times 0.55^2}{4 \times (2.875 \times 35.5)^2} = 3.17 \text{ kg} \cdot \text{m}^2$$

t_Z——运行机构制动时间,取 $t_Z = 2.5$ s。

选用的制动器型号为 YP11 - 220 - 355×20,设定制动力矩为 200 N·m。

7)联轴器的选择

每个驱动装置的电机高速端布置 1 个联轴器,共 8 个。联轴器的计算扭矩为

$$M_L = kM_L' = k\frac{P_j D}{2\,m_L \eta} = 2.0 \times \frac{67\,512.93 \times 0.55}{2 \times 8 \times 0.87} = 5\,335.17 \text{ N·m}$$

式中:M_L'——联轴器所连接的轴的传递扭矩;

　　　k——系数,与工作级别、联轴器的重要性及其所连接的轴有关,此处取为 2.0。

根据计算扭矩、电动机轴和减速器的输入轴的直径,选用的联轴器型号为 MLS12,许用转矩 $[M_L] = 6\,300$ N·m。

8)起动时间计算

满载、上坡、迎风运行起动时的起动时间按下式进行计算:

$$t_c = \frac{n[k(J_1 + J_2)m + J_3'/\eta]}{9.55(mM_{dq} - M_{dj})} = \frac{1\,500 \times [1.2 \times (0.092 + 0.049) \times 8 + 3.17/0.85]}{9.55 \times (8 \times 110 - 241.01)} = 1.25 \text{ s}$$

式中:M_{dj}——满载、上坡、迎风时作用在电动机轴上的稳态运行阻力矩,

$$M_{dj} = \frac{P_j D}{2i\eta} = \frac{67\,512.93 \times 0.55}{2 \times (2.875 \times 35.5) \times 0.85} = 214.01 \text{ N·m}$$

故起动时间满足要求。

9)防风抗滑安全性验算

(1)正常工作状态。

起重机正常工作状态设定为带载、顺风、下坡运行制动,此时抗风防滑安全性按下式校验计算:

$$P_{Z1} \geqslant 1.1 P_{wⅡ} + P_\alpha + P_D - P_f$$

式中:P_{Z1}——运行机构制动器在车轮踏面上产生的制动力,

$$P_{Z1} = \eta\frac{M_z m_z}{R}i = 0.85 \times \frac{200 \times 8}{550/2} \times 35.5 \times 2.875 = 504.7 \text{ kN}$$

　　　$P_{wⅡ}$——起重机承受的工作状态风载荷,

$$P_{wⅡ} = C_f p_Ⅱ A = 1.16 \times 250 \times 289.40 = 83.93 \text{ kN}$$

　　　P_D——起重机运行停车减速惯性力,

$$P_D = (m + m_i)a = (25 + 411) \times 0.17 = 74.12 \text{ kN,其中,加速度为 } a = \frac{v_y'}{t_z} =$$

$$\frac{25.38}{60 \times 2.5} = 0.17 \text{ m/s;}$$

　　　P_f——起重机运行摩擦阻力,

$$P_f = \omega(P_Q + P_G) = 0.006 \times (25 + 411) \times 9.8 = 25.64 \text{ kN,其中,}\omega \text{ 为运行摩擦}$$
　　　　　系数,对于使用滚动轴承的车轮,取为 0.006。

黏着力 $P_{Z1}' = f(P_Q + P_G) = 0.12 \times (25 + 411) \times 9.8 = 512.74 \text{ kN,式中,}f \text{ 为轨道与车}$

轮间的静摩擦系数,取为 0.12。由于 $P'_{Z1} > P_{Z1}$,校验公式中的 P_{Z1} 取为 504.7 kN。

$1.1P_{wⅡ} + P_\alpha + P_D - P_f = 1.1 \times 83.93 + 12.68 + 74.12 - 25.64 = 153.48\ \text{kN} < P_{Z1}$,故满足正常工作状态下的打滑条件。

(2) 非工作状态。

起重机非工作状态的防风抗滑安全性按下式进行校验计算:

$$P_{Z2} \geqslant 1.1P_{wⅢ} + P_{\alpha G} - P_f$$

式中:P_{Z2}——由制动器与夹轨器、锚定装置或防风拉索等沿轨道方向产生的抗风防滑阻力;

$P_{wⅢ}$——起重机承受的非工作状态风载荷,

$$P_{wⅢ} = C_f p_Ⅲ A = 1.16 \times 1\,890.625 \times 289.40 = 634.69\ \text{kN}$$

$P_{\alpha G}$——自重载荷沿坡道方向产生的滑行力,

$$P_{\alpha G} = m_i g \cdot \tan\alpha = 411 \times 10^3 \times 9.8 \times \tan 0.17 = 11.95\ \text{kN}$$

P_f——非工作状态下阻止起重机被风吹移动的摩擦阻力(即被制动轮与轨道的黏着力),$P_f = P_G f = 411 \times 10^3 \times 9.8 \times 0.14 = 56.39\ \text{kN}$。

因此 $\quad P_{Z2} \geqslant 1.1 \times 634.69 + 11.95 - 56.39 = 653.72\ \text{kN}$

高速轴制动器可提供的制动力为 504.7 kN,因此还需设置轮边制动器或夹轨器、锚定装置以满足非工作状态下的打滑条件。

本 章 习 题

【简答题】

1. 集中驱动和分别驱动各适用于什么场合? 各有什么特点?

2. 请说出自行式运行机构和牵引式运行机构有什么不同,各自的优缺点及其适用场合。

3. 简述运行支承装置的组成及作用。

4. 为什么要安装均衡车架? 画出七轮、八轮的均衡车架的原理图。

5. 有轨运行机构对轨道有哪些主要要求? 轨道形式有几种? 它们的常用材料是什么?

6. 起重机轨道的固定方式有几种? 若用户提出降低运行噪声的要求,在轨道设置方面应采取什么措施?

7. 车轮轮缘起什么作用? 采用水平轮导向有什么好处?

8. 车轮与轨道在什么情况下是点接触? 什么情况下是线接触? 结合实际情况说明点、线接触的优缺点。

9. 车轮打滑的原因是什么? 为避免运行机构车轮打滑可采取哪些措施?

10. 主动轮打滑验算的工况是什么?

【计算题】

1. 某起重机的运行机构,根据外载及工作级别(载荷状态、利用等级)已选好驱动电动机(已知功率、转速),如何初步确定与减速器低速轴相连的轴的直径。若不考虑轴的弯曲,如何验算轴的疲劳强度(写出详细步骤,部分可用公式表示。)

2. 计算一在露天材料堆场上使用的龙门起重机的小车运行机构。基本参数及有关原始数据如下:额定起重量 $Q = 10\,000\,kg$;运行速度 $v_y = 0.5\,\text{m/s}$;$JC = 25\%$;小车本身质量 $m_t =$

3 600 kg；小车架迎风面积 3.5 m²，货物的迎风面积 10 m²；机构工作级别为 M5。

3. 计算双梁门式起重机大车运行机构。已知：起升载荷 $P_Q = 50$ kN，起升速度 $v_q = 20$ m/min，小车自重载荷 $P_{Gx} = 27.44$ kN，起升机构工作级别为 M6，门架跨度 $L = 30$ m，悬臂伸长两端为 10.9 m，有效悬臂长 $S = 7.5$ m，基距 $B = 10.5$ m，大车运行机构工作级别 M5，运行速度 $v_y = 35$ m/min，门架自重载荷（包括大车运行机构及电器自重载荷，但不包括小车自重载荷）$P_G = 758.2$ kN，使用场地是我国沿海码头，各部分迎风面积及其形心高度如题表 7-1 所示。试计算大车运行机构的各项内容。

题表 7-1　各部分迎风面积及其形心高度

	主 梁	立 柱	鞍 梁	小车＋货物
单件迎风面积 A/m^2	64.01	9.32	2.15	9.62
形心高度 H/m	12.07	7.83	1.75	12.81

4. 牵引式小车运行机构如题图 7-1 所示。已知：起升载荷 $P_Q = 50$ kN（空载抓斗自重载荷为 24 kN），小车自重载荷（不含抓斗）$P_{Gx} = 13$ kN，小车运行机构工作级别 M8，运行速度为 130 m/min，小车轮距为 1.1 m，小车运行方向迎风面积为 1.5 m²，抓斗迎风面积为 3.5 m²，小车迎风面积形心高度离地面 12 m，离小车轨面 1 m，使用场地为沿海码头。试计算下列内容：① 选择车轮与轨道。② 选择牵引钢丝绳及卷筒、滑轮直径。③ 确定钢丝绳在牵引卷筒上的最小包角。④ 选择电动机、减速器传动比 i。（取滑轮效率 $\eta = 0.98$，牵引钢丝绳与卷筒直径的摩擦系数为 0.2，张紧弹簧力为牵引力的 1/10）。

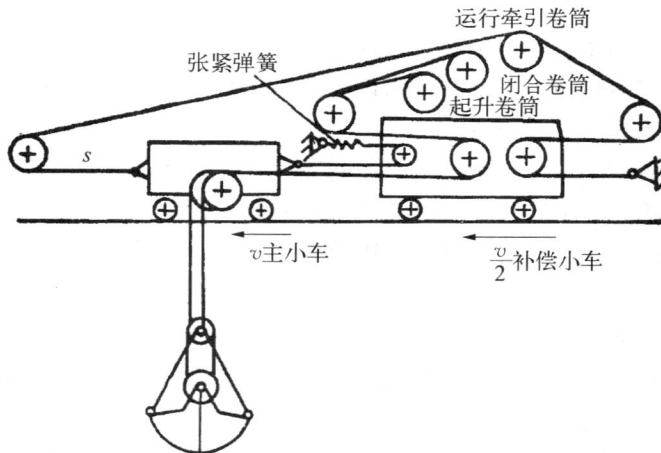

题图 7-1　桥式抓斗卸船机小车运行机构

第8章 变 幅 机 构

变幅机构是臂架型起重机的主要工作机构,用于改变起重机的幅度,即改变吊钩(或抓斗)中心至起重机回转中心轴线的水平距离,以适应起重机在不同条件下装卸物品。

按其实现方法变幅可分为运行小车式变幅和臂架式变幅两种,后者又可分为伸缩臂架式和摆动臂架式;按工作要求,可分为非工作性变幅和工作性变幅;按性能要求,可分为非平衡式变幅和平衡式变幅。

运行小车式变幅是依靠载重小车沿水平臂轨道运行来实现变幅的,如岸边集装箱起重机的运行小车。摆动臂架式变幅则是依靠臂架在垂直平面绕其铰轴的摆动来实现变幅的,是港口起重机中最为常见的变幅方式,如门座起重机的变幅机构。

非工作性变幅是指不带载变幅,其特点是变幅次数少、变幅速度较低。工作性变幅是指带载变幅,其特点是变幅运动为起重机每一工作循环的主要运动成分,变幅频繁、变幅速度较高,这种变幅方式有利于改善起重机的机动性和扩大起重机的服务范围。

平衡式变幅是指在变幅过程中物品重心可沿水平线或近似水平线移动,臂架(或臂架系统)的自重通过活动平衡重平衡,且使两者的合成重心在变幅过程中沿水平线或近似水平线移动或固定在一点不动。也可不通过活动平衡重而依靠臂架系统自身的构造特点,使臂架(或臂架系统)的重心在变幅过程中沿水平线或接近于水平线移动。平衡式变幅常用于工作性变幅机构。非平衡式变幅是在变幅过程中,摆动臂架的重心和物品的重心都会发生升降,减小幅度时会消耗较大的驱动功率,增大幅度时又有位能释放,影响使用性能。非平衡式变幅主要用于非工作性变幅机构。

工作性变幅机构的速度根据用途和起重量来确定。用于装卸作业时,变幅速度取为 $40\sim90\text{ m/min}$;用于安装作业时取为 $10\sim35\text{ m/min}$。起重量较大时取较低值。

本章仅讨论摆动臂架式变幅机构的设计计算。

8.1 非平衡变幅系统

非平衡式变幅主要用于非工作性变幅机构,如不经常工作的大起重量非回转式起重机、某些固定式起重机的变幅机构。少数情况下也被用来作为工作性变幅机构,如某些多用途港口起重机的变幅机构。非平衡式变幅机构通常采用简单摆动臂架,大多采用钢丝绳驱动,也有采用液压驱动的,如图 8-1 所示。

在这种变幅系统中,悬吊物品的起升钢丝绳绕过起重臂端的滑轮以后,直接绕入起升机构的卷筒(或经过固定在人字架上的导向滑轮绕入卷筒)。此时,作用在臂架端部滑轮轴上的物品重力、起升钢丝绳的张力以及臂架自重都将对臂架下铰轴产生力矩,该力矩完全由变幅钢丝绳来承受。因此,变幅滑轮组工作时承受的张力是比较大的。此外,在变幅过程中,摆动臂架的重心和物品的重心都会发生升降(见图 8-2),因此减小幅度时会消耗较大的驱动功率,用于臂架和物品重心的升高。

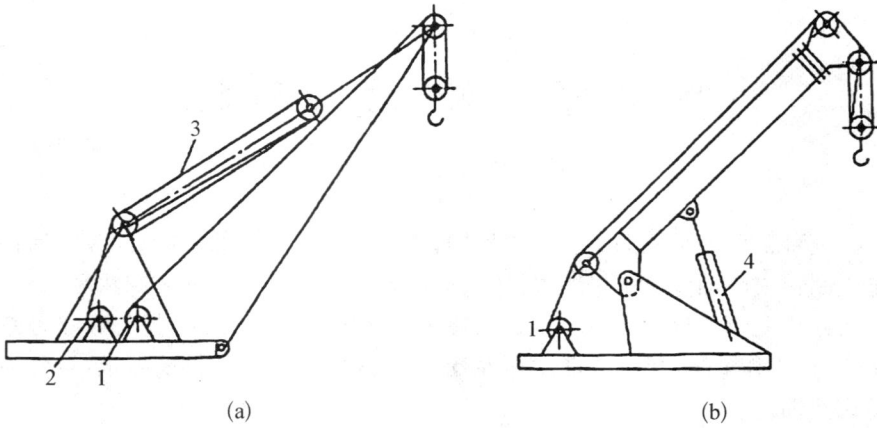

图 8-1 非平衡式变幅机构
（a）钢丝绳驱动；(b) 液压驱动
1—起升卷筒；2—变幅卷筒；3—变幅滑轮组；4—变幅液压缸

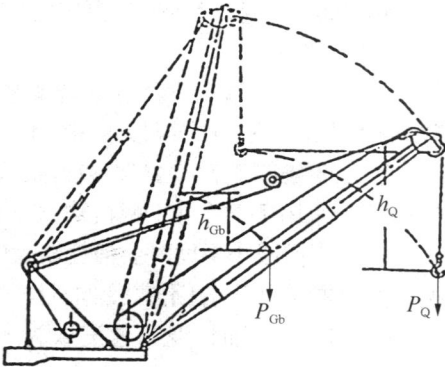

图 8-2 变幅过程中的重心位置（P_{Gb} 为臂架自重；h_Q 和 h_{Gb} 分别为起升载荷和臂架自重的重心高度变化值）

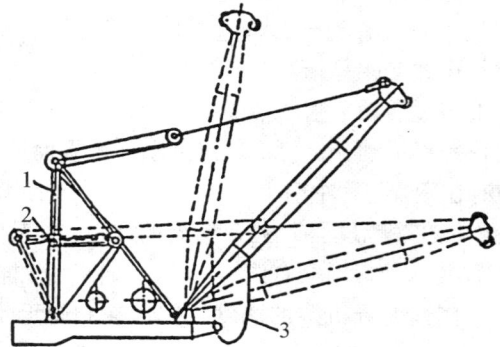

图 8-3 人字架可升高的非平衡式变幅机构
1—可升降人字架；2—销子；3—保险拉索

图 8-4 保险撑杆

针对非平衡式臂架变幅系统的特点，往往采用较小的变幅速度，以减少操纵上的不便（由于变幅时物品有升降现象）和减小变幅功率。为了减少变幅机构的传动比，以获得较紧凑的传动机构，一般采用倍率较大的省力变幅滑轮组。在起重量较大的起重机中，为了减小变幅滑轮组的张力和减轻臂架受力，可采用工作时可升高的人字架（见图 8-3）。当臂架与变幅传动机构之间只有挠性联系而无刚性联系时，一般要设置保险撑杆（见图 8-4）或保险拉索（见图 8-3）以及幅度限位器，用以防止臂架向后翻倒而发生安全事故。

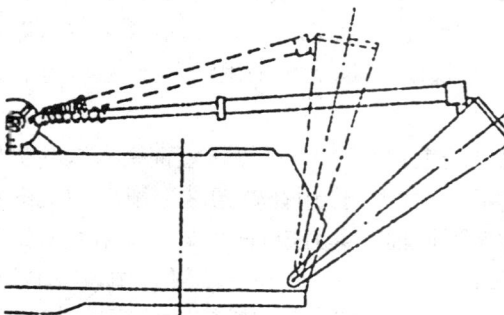

8.2　平衡式臂架变幅系统

平衡式变幅广泛用于港口装卸用门座起重机和浮式起重机的工作性变幅机构。

设计平衡式变幅机构时,首先应合理地选择使物品水平移动和臂架或臂架系统自重平衡的实施方案,以尽可能地降低变幅驱动功率的损耗和制造成本,并改善机构的操作性能。

下面将介绍几种平衡式变幅系统,因要求吊货和不吊货时皆要满足臂架系统的平衡条件,为了便于讨论,分别研究臂架系统自重的平衡和由物品重力引起的合力对臂架系统平衡的影响。

8.2.1　臂架自重平衡系统的设计

1）几种不同的臂架平衡方案

（1）尾重法。

由非平衡式臂架系统看出,若臂架重心不在臂架下铰轴的轴心上,臂架的自重将对其下铰轴产生很大的倾覆力矩。若配以一活动平衡重（又称活动对重,见图 8-5）,实现臂架系统的合成重心位于下铰轴轴心上,那么,臂架系统在任何位置都能处于静力平衡状态。为达到此目的,需满足以下两个条件:

（a）臂架下铰轴的轴心位于平衡重的重心与臂架重心的连线上。

（b）$P_{Gb}r_b = P_{Gw}r_w$,其中 P_{Gb} 为臂架的重力,P_{Gw} 为平衡重的重力。

用这种方法获得的平衡重的重量较大,其合成重心较靠近起重机的前方,对起重机整体稳定性是不利的,且回转部分机器房的布置困难。

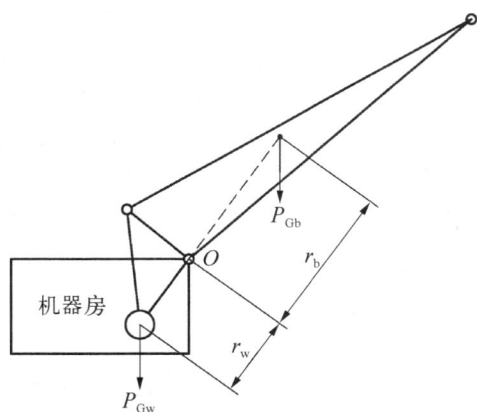

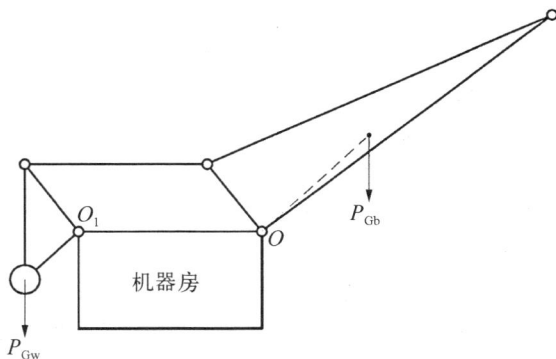

图 8-5　尾重法　　　　　　　　　　图 8-6　杠杆-活动对重法

（2）杠杆-活动对重法。

将尾重法获得的臂架系统分成两部分,中间加一连杆使彼此联系起来,形成一组平行四边形连杆机构（见图 8-6）,从而在变幅时,臂架重心与其下铰点的连线和对重重心与对重杠杆铰点的连线,彼此始终保持平行状态,则臂架系统的合成重心将位于某一固定点上。其平衡的效果与尾重法的是一样的。对重向起重机回转部分的尾部后移,有利于整体稳定性。但这种方法并没有使对重的重量减轻。

（3）臂架系统的合成重心近似走水平线的杠杆-活动对重法。

图 8-7 所示的平衡法不再保持臂架系统合成重心的位置不变，而是根据变幅时臂架位能的增加值等于活动对重位能的减少值来设置活动对重，使整个系统的位能在变幅时保持不变。如果杠杆系统的尺寸和活动对重的重量选择得当，就有可能使整个臂架系统的合成重心在变幅过程中近似水平移动。虽然不能达到臂架系统在任一位置都完全平衡，但可将由不完全平衡引起的对臂架下铰轴的未平衡力矩降低到很小的数值。这种方法允许选取活动对重杠杆有较大的摆动角度，因而在起重机尾部允许的界限尺寸以内尽可能增加活动对重的升降垂直距离，从而降低活动对重的重量。目前这种平衡方法在港口起重机中得到相当广泛的应用。

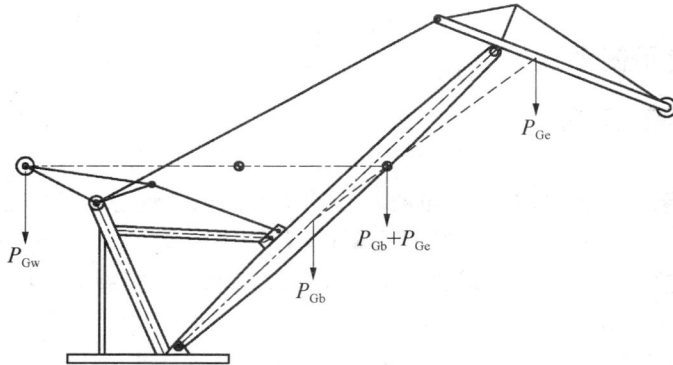

图 8-7　臂架系统的合成重心近似走水平线的杠杆-活动对
重法（P_{Ge} 为象鼻梁的自重）

（4）挠性件-直线导轨法。

图 8-8 所示的平衡方法是用挠性件（钢丝绳或链条）将臂架和活动对重联系起来，以达到臂架自重平衡的目的。活动对重的重力引起挠性件产生张力，中间经过导向滑轮使挠性件拉住臂架。当导向滑轮位置与活动对重的重量选择合适时，在变幅过程中，活动对重引起挠性件的张力（亦即对臂架的拉力）和臂架的自重对臂架下铰轴轴心所产生的力矩达到平衡或接近平衡。在这种情况下，变幅时臂架重心升高所吸收的位能，等于或接近于活动对重作相应下降时所释放的位能。

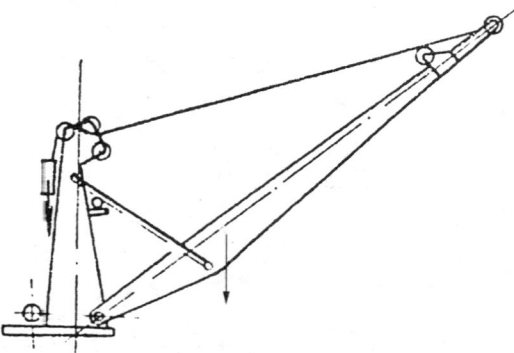

图 8-8　挠性件-直线导轨法

在采用直线形对重导轨的条件下，这种平衡法要使臂架系统在任意位置上都达到完全平衡是不可能的（根据经验在幅度范围内两个位置达到完全平衡是可能的，这一问题将在下面设计方法中讨论）。只有当活动对重导轨呈曲线形状时，才有可能实现完全平衡。

这种臂架平衡方法的主要优点是构造简单，容易达到较小的尾部半径，对减小起重机回转部分质量惯性矩是有利的。缺点是挠性件容易磨损。

（5）挠性件-曲线导轨活动对重法。

基于挠性件-直线导轨法中挠性件容易磨损和不能达到臂架自重在任意位置都完全平衡

的缺点出现了一种新的平衡方法,称为挠性件-曲线导轨活动对重法(见图8-9)。挠性件一端与臂架相连,另一端直接与沿着曲线导轨滚动的活动对重小车相连。在该系统中,引起挠性件容易磨损的导向滑轮不存在了;由于根据臂架系统完全平衡条件正确选择活动对重重量和设置曲线导轨,臂架自重在任意幅度都可实现完全平衡。

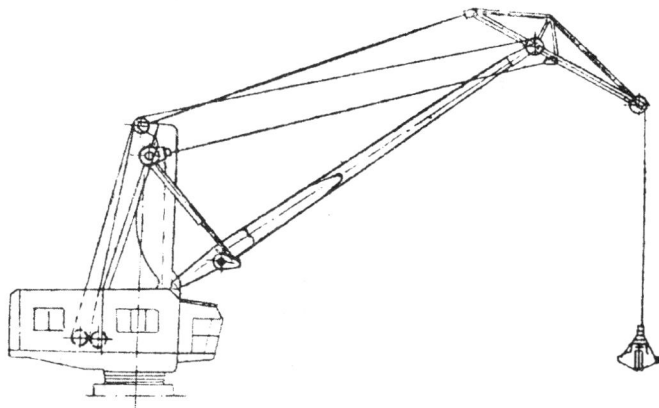

图 8-9　挠性件-曲线导轨活动对重法

实际上,臂架自重的平衡方式是多种多样的,但基本的平衡原理就是变幅时整个臂架系统位能保持不变,即合成重心沿水平移动。

2) 杠杆-活动对重系统的设计

杠杆-活动对重法是利用活动对重使臂架系统的重心总是在接近水平线的轨迹上移动。设计中可采用图解法来确定杠杆系统的尺寸及活动对重的重量(在初步设计时可以忽略杠杆系统的重量),其步骤如下所示(见图8-10):

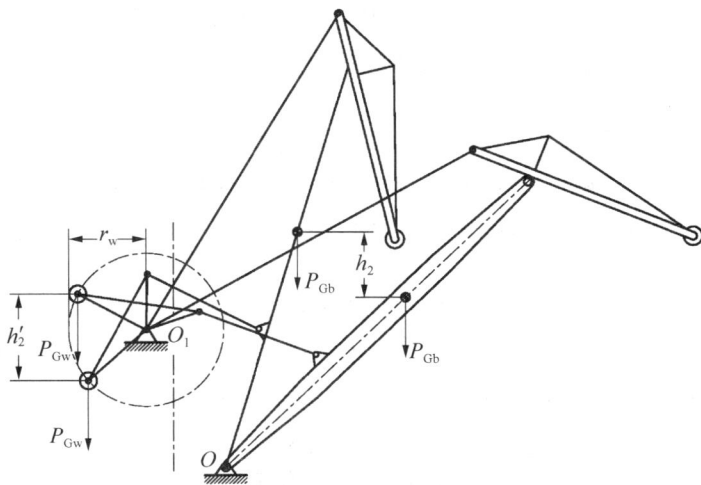

图 8-10　杠杆-活动对重系统设计的图解法

(1) 以构造上布置方便为条件,初步选定臂架下支承铰轴 O 和对重杠杆支承铰轴 O_1 的位置,再根据给定的起重机尾部半径 r_w 和整机稳定性条件初步确定对重的自重 P_{Gw}。

根据变幅过程中能量的守恒条件：臂架重心升高 h_2 时所需吸收的能量等于对重下降 h_2' 时释放的能量，可确定活动对重的自重为

$$P_{Gw} = \frac{P_{Gb}h_2}{h_2'} \tag{8-1}$$

建议在构造上不发生干涉的前提下，尽可能选取较大的对重升降高度 h_2'，以获得较小的 P_{Gw}。

（2）作出臂架在变幅过程中的 3 个位置（见图 8-11），即臂架最大幅度位置 $\overline{OC_1}$、最小幅度位置 $\overline{OC_3}$ 和两者的中间位置 $\overline{OC_2}$。根据能量守恒条件（式（8-1）），求出与上述 3 个臂架位置对应的对重位置 E_1，E_2 和 E_3，并满足 $P_{Gb}h_1 = P_{Gw}h_1'$，$P_{Gb}h_2 = P_{Gw}h_2'$。

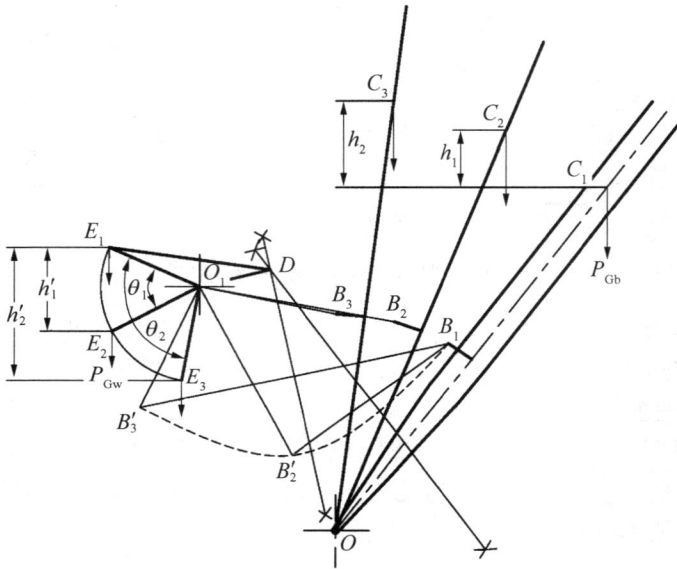

图 8-11　臂架与连杆铰点位置确定的图解法

（3）选定连杆与臂架的铰接点 B_1，根据臂架和活动对重的上述 3 个位置，求出连杆与对重杠杆间的铰接点 D。具体作图过程如下：

作辅助线 $\overline{O_1B_2}$ 和 $\overline{O_1B_3}$，并假想把 $\overline{O_1B_2}$ 与 $\overline{O_1E_2}$、$\overline{O_1B_3}$ 与 $\overline{O_1E_3}$ 之间的相对位置"固定"下来，然后"释放"各辅助线与臂架的连接，使 E_2 和 E_3 依次沿逆时针方向转到与 E_1 相重合的位置上。这时，与 E_2 相对应的辅助线端点 B_2 将绕 O_1 轴转到 B_2' 点上，而与 E_3 对应的 B_3 点也将绕 O_1 轴转到 B_3' 点上。

显然，为了保证在变幅过程中对重和臂架的图示 3 个相对位置，D 点到 B_1，B_2' 和 B_3' 间的距离应该相等，此时连杆的长度才不会改变。所以，作 $\overline{B_1B_2'}$ 线和 $\overline{B_1B_3'}$ 线的中垂线，两中垂线的交点即是所求的 D 点，即得 $\overline{DB_1}$ 为连杆长度，$\triangle DO_1E$ 为对重杠杆的基本尺寸。

（4）以臂架为研究对象（见图 8-12），验算未平衡力矩。

根据对臂架下支承铰轴 O 的平衡条件，可求得连杆力为

$$P = P_{Gb} \cdot \frac{r_b}{r_1} \tag{8-2}$$

其对活动对重杠杆支承铰轴 O_1 的力矩为

$$M_{O_1 b} = P \cdot r_2 = \frac{P_{Gb} r_b r_2}{r_1} \qquad (8-3)$$

活动对重对铰轴 O_1 的力矩为

$$M_{O_1 w} = P_{Gw} t_w \qquad (8-4)$$

因此,未平衡力矩为

$$\Delta M = M_{O_1 b} - M_{O_1 w} \qquad (8-5)$$

一般,在实际设计中要求:

$$\mid \Delta M \mid_{max} \leqslant 0.1 \mid M_{O_1 b} \mid_{max} \qquad (8-6)$$

同时,所得的未平衡力矩 ΔM 的曲线图最好具有如下特征:当臂架处于最大幅度时,未平衡力矩有使臂架向最小幅度方向摆动的趋势;当臂架处于最小幅度时,未平衡力矩有使臂架向最大幅度方向摆动的趋势,以提高臂架系统工作的可靠性。

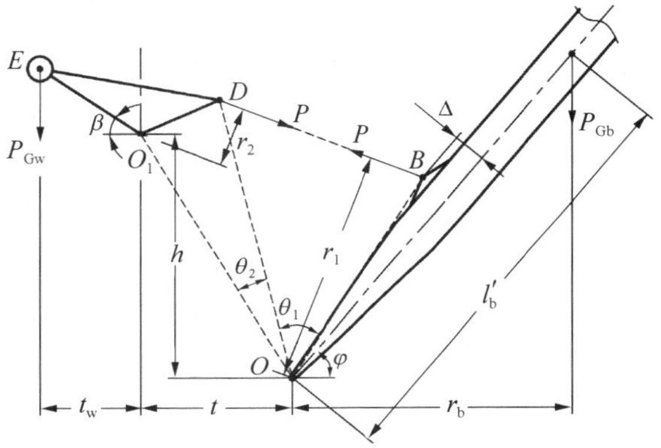

图 8-12 臂架的几何关系示意图

【例题 8-1】

已知:某一杠杆-活动对重系统的几何尺寸如图 8-12 所示:$\overline{O_1 D} = 2.355 \text{ m}$,$\overline{O_1 E} = 3.2 \text{ m}$,$\overline{OB} = 7.1 \text{ m}$,$\overline{BD} = 6.16 \text{ m}$,$l_b' = 14.16 \text{ m}$,$t = 4.28 \text{ m}$,$h = 8 \text{ m}$,$\Delta = 0.9 \text{ m}$。其中臂架的自重为 $P_{Gb} = 12 \times 10^4 \text{ N}$,若臂架中心升高 $h_2 = 3.04 \text{ m}$,$h_2' = 4.55 \text{ m}$。求:对重的自重 P_{Gw} 和各幅度下的未平衡力矩 ΔM 值。

【解】所设计的活动对重为

$$P_{Gw} = P_{Gb} \cdot \frac{h_2}{h_2'} = 12 \times 10^4 \times \frac{3.04}{4.55} = 8 \times 10^4 \text{ N}$$

臂架系统各几何参数间的关系为

$$\overline{OB}^2 + \overline{OD}^2 - 2 \cdot \overline{OB} \cdot \overline{OD} \cdot \cos \theta_1 = \overline{BD}^2, \quad \overline{OO_1}^2 + \overline{OD}^2 - 2 \cdot \overline{OO_1} \cdot \overline{OD} \cdot \cos \theta_2 = \overline{O_1 D}^2$$

$$r_1 = \overline{OB} \cdot \overline{OD} \cdot \sin \theta_1 / \overline{BD}, \quad r_2 = \overline{O_1 D} \cdot \sin(180° - \angle O_1 DB)$$

$$r_w = \overline{O_1 E} \cos \beta$$

根据式(8-4)和式(8-5)计算所得的未平衡力矩如图 8-13 和表 8-1 所示。

表 8-1 臂架系统的未平衡力矩

$\varphi /(°)$	r_b/m	r_1/m	r_2/m	r_w/m	$M_{O_1 b}/$ (10 kN · m)	$M_{O_1 w}/$ (10 kN · m)	$\Delta M/$ (10 kN · m)
50.5	9	7.025	1.075	2.85	16.53	22.8	−6.27
52.5	8.6	7.11	1.57	3.09	22.8	24.72	−1.92

(续表)

$\varphi/(°)$	r_b/m	r_1/m	r_2/m	r_w/m	$M_{O_1 b}/$ (10 kN·m)	$M_{O_1 w}/$ (10 kN·m)	$\Delta M/$ (10 kN·m)
55	8.11	7.14	1.875	3.18	25.56	25.42	+0.14
60	7.08	7.135	2.26	3.15	26.94	25.2	+1.74
65	5.985	6.93	2.35	2.88	24.38	23.06	+1.32
70	4.84	6.7	2.25	2.41	19.5	19.3	+0.20
75	3.665	6.51	2.00	1.78	13.5	14.25	−0.75
30.5	2.335	6.32	1.54	0.80	6.81	6.4	+0.41

由图 8-13 可知,未平衡力矩 ΔM 在变幅过程中只有 3 个幅度位置等于零,其余位置仍然没有达到完全平衡。这说明:尽管在整个变幅的某一位置,臂架吸收的能量等于对重释放的能量,但是并不等于在每一瞬时臂架系统都是完全平衡的。所以,若未平衡力矩过大,则要适当修改参数,再用图解法重新确定臂架平衡系统的几何尺寸,直至未平衡力矩符合要求为止。

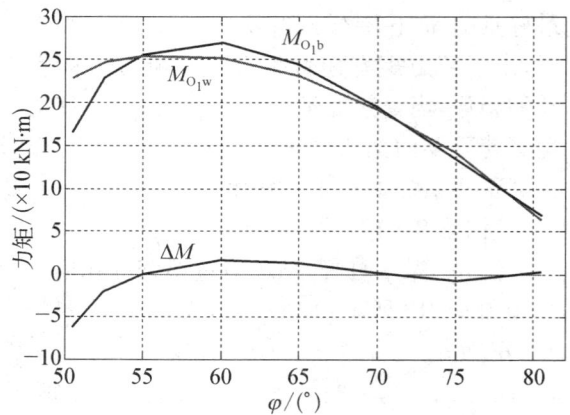

图 8-13　臂架系统的力矩关系图

8.2.2　物品水平移动的平衡臂架系统设计方案

1) 实现物品水平移动的基本方法

物品水平移动是指臂架摆动(变幅)过程中,物品沿水平线或接近水平线移动。实现物品水平移动的方式有绳索补偿和组合臂架补偿两种。

(1) 绳索补偿法。

绳索补偿法的工作原理是:当臂架摆动时,依靠特殊设计的起升绳卷绕系统,适当地放出或收进一定长度的起升钢丝绳来补偿物品悬挂点的升降,以达到物品在变幅过程中水平移动的目的。

图 8-14(a)为采用补偿滑轮组的绳索补偿法。补偿滑轮组布置在臂架端部与上转柱之间,补偿滑轮组的动滑轮通常与臂端导向滑轮同轴。设补偿滑轮组的倍率为 a_k,则为了达到补尝要求,应使 $a_k(l_1-l_2)=ah$(a 为起升滑轮组倍率),吊钩即能近似地做水平移动。这种补偿方法构造简单,臂架端部的合力接近通过臂架下铰点,臂架承受较小的弯矩,可获得较小的工作幅度,但起升绳较长且磨损较快,小幅度时物品偏摆大,适用于中小起重量的港口起重机。

图 8-14(b)与图 8-14(a)的不同点是把补偿滑轮组的动滑轮移到了臂架的下部,从而减少了起升绳长度,但某一段起升绳绕过滑轮的数目增多,加剧了磨损。此外,还增大了臂架承受的弯矩。

图 8-14(c)所示补偿滑轮组的动滑轮安装在液压缸活塞杆端部的横梁上,变幅过程中横梁

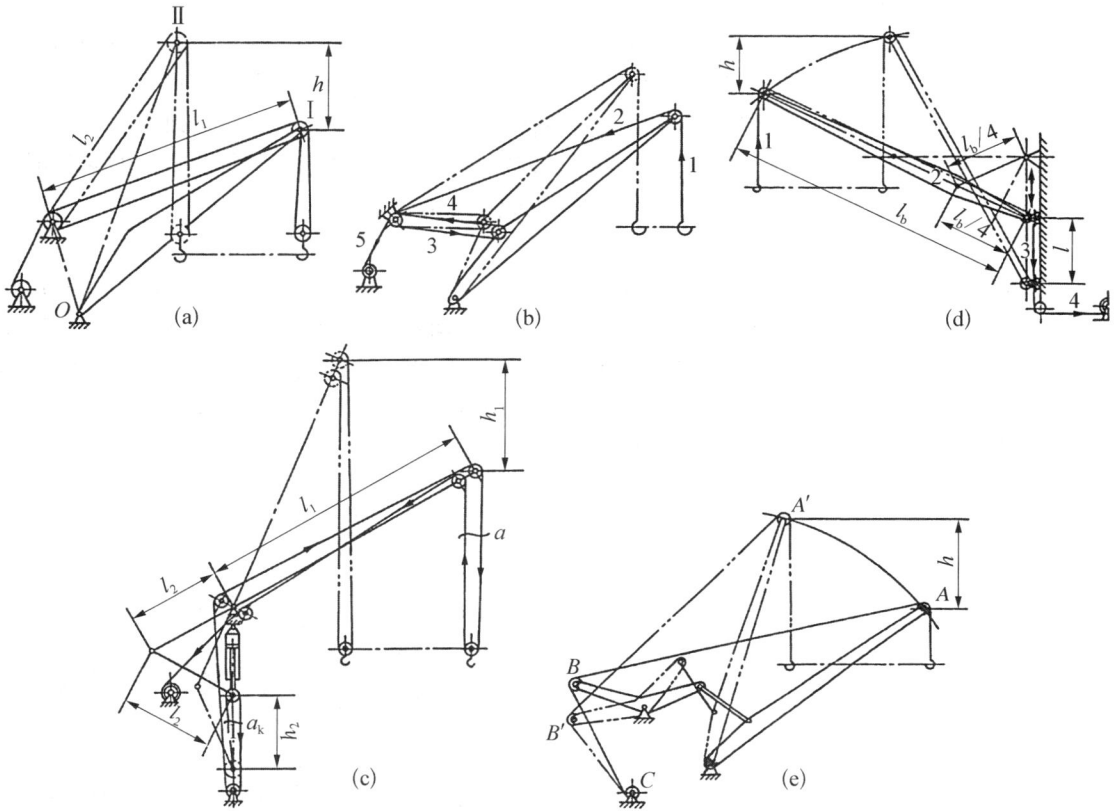

图 8-14 绳索补偿原理图
(a) 补偿滑轮组动滑轮装在臂架端部；(b) 补偿滑轮组动滑轮装在臂架后部；
(c) 补偿滑轮组动滑轮装在活塞杆横梁上；(d) 椭圆规补偿原理；(e) 补偿滑轮补偿原理

在转柱的垂直导轨内移动。当驱动连杆和臂架尾部长度相等时，设计中需使 $h_1/h_2 = l_1/2l_2 = a_k/a$（$a_k$ 为补偿滑轮组倍率，a 为起升滑轮组倍率），吊钩就能实现水平移动。这种布置方式结构紧凑，可达到较小的幅度，但钢丝绳磨损快，臂架承受的弯矩较大，多用于安装型门座起重机。

图 8-14(d) 是椭圆规原理补偿法。臂架下铰点装在小车上，变幅过程中沿转柱的垂直导轨运动。设计时使拉杆长度和臂架后端长度均等于臂架长度 l_b 的 1/4，当 $h = l$ 时，吊钩就能达到精确的水平移动。这种补偿方法用绳长 l 来补偿臂端滑轮的高度变化 h，消除了滑轮组补偿方法中起升绳较长和磨损较快的缺点，且小幅度时起升绳悬挂长度较短，有利于减小物品的偏摆，但臂架承受的弯矩较大。

图 8-14(e) 是补偿滑轮补偿法。补偿滑轮装在平衡重杠杆的尾部，从起升卷筒引出的钢丝绳绕过它后通向臂端滑轮。平衡重杠杆通过连杆与臂架相连。当设计满足 $(\overline{AB} + \overline{BC}) - (\overline{A'B'} + \overline{B'C}) \approx h$ 时，吊钩就能近似地做水平移动。补偿滑轮补偿法结构简单，可缩短起升绳长度和改善起升绳的磨损，但难以获得较小的工作幅度。常用于吊钩起重机，也有用于大幅度、大起重量的安装起重机（$Q \geqslant 80$ t）。

上述绳索补偿法的共同特点是：可采用单臂架、结构简单、自重轻，但钢丝绳磨损较快、寿命较短。

（2）组合臂架补偿法。

组合臂架补偿法的工作原理是：依靠组合臂架象鼻架端部滑轮在变幅过程中的特殊运动轨迹（水平线或近似水平线）来保证物品的水平移动。组合臂架有刚性四连杆组合臂架和曲线象鼻架拉索组合臂架两种。前者由臂架、直线象鼻架和刚性拉杆组成，连同机架一起构成了一个平面四杆机构；后者由臂架、曲线象鼻架和挠性拉索组成。从起升卷筒引向吊钩的起升绳可以平行于拉杆（或臂架）轴线，也可不平行于拉杆（或臂架）轴线。

（A）刚性四连杆组合臂架。

图 8-15(a)是起升绳平行于拉杆轴线的刚性四连杆组合臂架。直线象鼻架端点的运动轨迹是一根双叶曲线。设计时，只要恰当选择四连杆机构各构件（包括连接拉杆下铰和臂架下铰基础的位置）的尺寸，使有效幅度控制在双叶曲线接近水平的区段上，变幅过程中吊钩就能做近似的水平移动。这种补偿和布置方式比较简单，在港口起重机中应用得非常普遍。拉杆常做成刚性结构，以承受工作过程中可能产生的轴向压力。

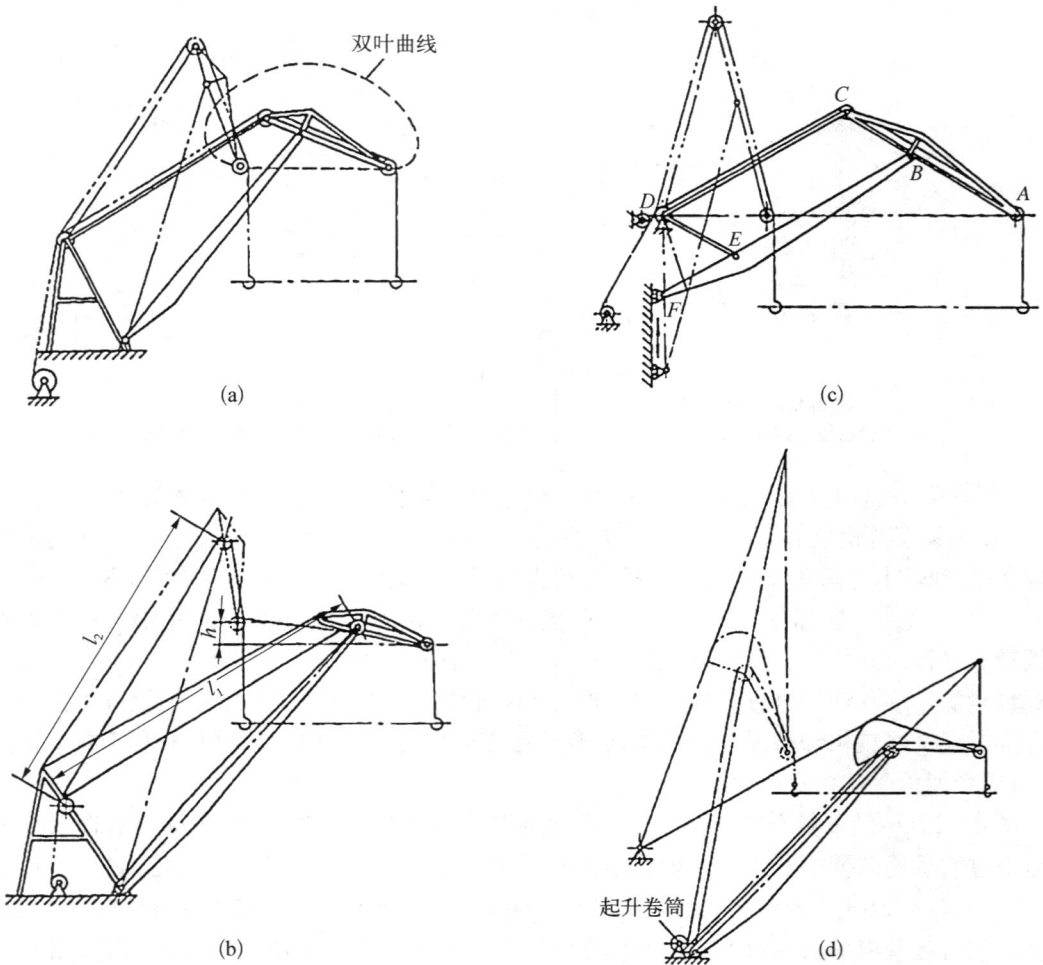

图 8-15　组合臂架补偿原理图
(a) 起升绳平行于拉杆轴线的组合臂架；(b) 起升绳不平行于拉杆轴线的组合臂架；
(c) 起升绳平行于拉杆轴线的平行四边形组合臂架；(d) 起升绳平行于臂架轴线的曲线象鼻架组合臂架

图 8-15(b) 是起升绳不平行于拉杆轴线的刚性四连杆组合臂架。在此情况下，为实现吊钩的水平移动，象鼻架端点的运动轨迹应是一条倾斜线，且应满足 $l_1 - l_2 = h$ 的条件。这种布置方式的组合臂架的象鼻架长度要比上一种布置方式的短，且拉杆不会承受压力，能用挠性拉杆来替代，因此臂架系统的重量较轻。但设计较复杂，且吊钩也难于获得理想的水平移动。

图 8-15(c) 是起升绳平行于拉杆轴线的平行四边形组合臂架，与图 8-14(a) 不同的是：在刚性拉杆下铰点与臂架之间增加了连杆，且使连杆与臂架、象鼻架、刚性拉杆组成平行四边形机构。其工作原理与椭圆规原理相似。这种补偿方法可使物品走严格的水平线，且能达到较小的工作幅度。但结构复杂，且臂架受较大弯矩，目前应用不太普遍。

（B）曲线象鼻架拉索组合臂架补偿法。

图 8-15(d) 是起升绳平行于臂架轴线的曲线象鼻架和挠性拉索的组合臂架。拉索绕过象鼻架后部，并套在曲线区段前端的半圆形绳槽上，然后把两端分别固定在人字架上。变幅过程中挠性拉索与象鼻架不断改变切点，只要象鼻架尾部曲线形状设计和制造正确，象鼻架端点运动的轨迹即为一条严格的水平线。

曲线象鼻架组合臂架比直线象鼻架组合臂架轻，但曲线区段制造精度较难保证，从而导致物品水平位置偏差。此外，拉索在绳槽上滑移会加速它的磨损，在物品偏摆水平力的作用下，臂架受扭。目前这种组合臂架已很少采用。

组合臂架补偿法的显著优点是起升绳长度短、绕过的滑轮少、使用寿命长，且吊钩水平移动性能优于绳索补偿法；起升绳的悬挂长度较短，可减轻物品的摆动，改善操纵性能。缺点是臂架结构复杂、自重较大、刚性四连杆组合臂架的迎风面积较大。组合臂架补偿法广泛用于门座起重机和浮式起重机中。

在刚性拉杆的组合臂架和挠性拉索曲线象鼻架的基础上，又出现了所谓鹅颈式组合臂架，其特点就是将刚性拉杆组合臂架中的刚性拉杆由挠性拉索代替，而鹅头与刚性拉杆的组合臂架的象鼻架形式完全一样，其尾段没有曲线形的弦杆（见图 8-9）。

2）实现物品水平移动的设计

物品水平移动的设计实际上是在已知幅度参数的条件下，确定臂架系统的形式和几何尺寸，以求获得最佳的物品水平移动性能和最小的物品未平衡力矩。下面是几种常用的货物水平移动设计方法。

（1）补偿滑轮组方案设计。

（A）图解法。

根据最大幅度 R_{max}、最小幅度 R_{min}、起升高度 H 和起重机总体设计要求，初步确定臂架下铰点 O、臂架长度 l_b、起升滑轮组倍率 a 和补偿滑轮组倍率 a_k。最大幅度时臂架与水平线的夹角 φ_{min} 取为 $20°\sim40°$，最小幅度时臂架与水平线的夹角 φ_{max} 取为 $60°\sim80°$。然后根据变幅过程中物品尽可能水平移动的原则，图解确定补偿滑轮组定滑轮夹套的装设位置（见图 8-16 中的 K 点）。

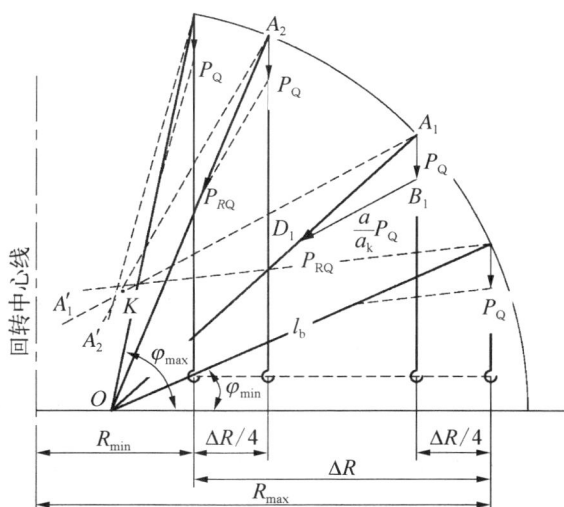

图 8-16 补偿滑轮组方案设计简图

图解确定 K 点的条件是：由物品重力引起的作用在臂架端部处的合力 P_{RQ} 对臂架下铰点的力矩在各工作幅度位置上都等于零，即合力的作用线通过臂架的下铰点。补偿滑轮组方案通常取 $a_k/a = 3$；对双联起升卷筒，取 $a_k/a = 2.5$。

作图的步骤如下：

(i) 在 R_{min} 与 R_{max} 之间取若干个臂架位置，通常取 8～10 个。

(ii) 在起重机最常用幅度区域 $(R_{min} + \Delta R/4) \sim (R_{max} - \Delta R/4)$ 内的几个臂架位置上作图。自臂端 A_1 引出铅垂线并等比例截取 A_1B_1 表示起升载荷 P_Q（应选取尽可能大的比例尺）；以 B_1 为圆心、作用力 $a/a_k \cdot P_Q$ 的线段长为半径，画圆弧交臂架轴线 OA_1 于 D_1 点，过 A_1 点作 B_1D_1 的平行线 A_1A_1'。在其他臂架位置上，用同样的方法作图得出 A_iA_i' 一簇直线。由这簇直线得一组交点，找出这些交点最逼近的圆弧，取其圆心即为所求的 K 点的位置。K 点通常位于臂架下铰点上方偏前的位置上。

(iii) 验算吊钩水平移动的最大差值。

图 8-17(a) 所示方法，作出 R_{min} 至 R_{max} 范围内各个臂架位置上吊钩移动的实际轨迹曲线。吊钩水平移动的最大高度差值 Δh_{max} 应满足

$$\Delta h_{max} \leqslant 0.03(R_{max} - R_{min}) \tag{8-7}$$

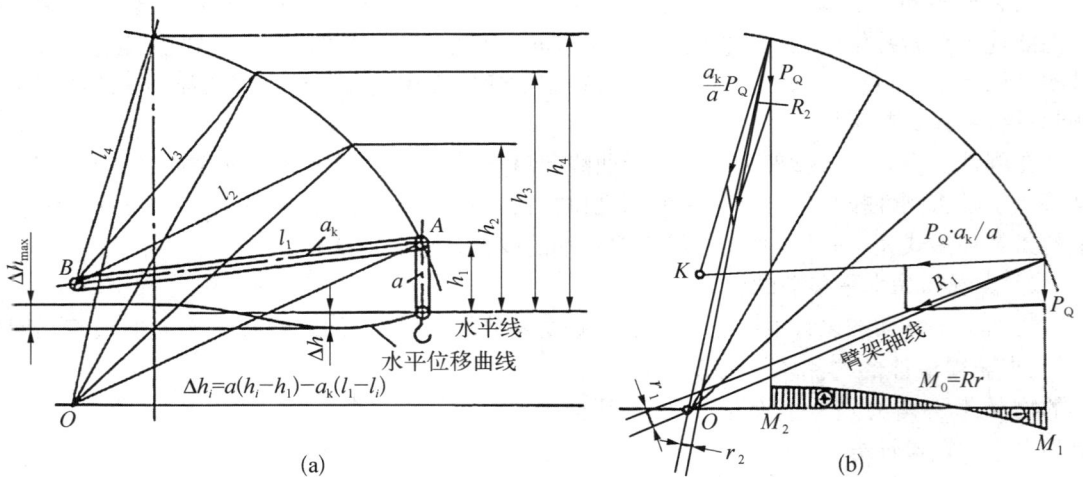

图 8-17 物品水平移动差值和未平衡力矩求法

(a) 水平移动差值的求法；(b) 物品未平衡力矩的求法

(iv) 验算物品的未平衡力矩。

图 8-17(b) 所示方法，作出 R_{min} 至 R_{max} 范围内各个臂架位置上物品的未平衡力矩变化曲线。物品未平衡力矩的最大值应满足

$$|\Delta M|_{max} \leqslant (0.05 \sim 0.10)P_Q R_{max} \tag{8-8}$$

如条件式(8-7)和式(8-8)不满足，则应适当修正 K 点位置，直到取得满意结果为止。

图解法比较简便，但很难获得最佳的位置，下面利用变幅范围内由物品重力引起的未平衡力矩最大值的绝对值应相等的原则，可得补偿滑轮组装设的合理位置。

表 8-2 所示为 $a_k/a = 3$ 时的补偿滑轮组位置参数。而表中最大未平衡力矩系数 ξ 的推导如下所示。

表 8-2　补偿滑轮组定滑轮合适位置的确定

臂架轴线与水平线夹角	最大幅度 φ_{max}	20°	25°	30°
	最小幅度 φ_{min}	80°	80°	80°
最大未平衡力矩系数 ξ		0.04	0.034	0.03
定滑轮轴心 K 点至臂架下铰点 O 的距离 D		$0.298l_b$	$0.294l_b$	$0.289l_b$
定滑轮轴心 K 点至臂架下铰点 O 的连线和通过臂架下铰点 O 的铅垂线之间的夹角 α		4.4°	3.9°	3.3°
物品移动轨迹高度偏差值 Δh			$0.015l_b$	

由图 8-18 知,最大幅度时的未平衡力矩为

$$\Delta M_1 = P_Q L_{max} - 3P_Q b_1 = \xi P_Q l_b \tag{8-9}$$

若最小幅度时的未平衡力矩也等于 $\xi P_Q l_b$,即

$$\Delta M_2 = P_Q L_{min} - 3P_Q b_2 = \xi P_Q l_b \tag{8-10}$$

由上两式可得

$$b_1 = \frac{L_{max} - \xi l_b}{3},\ b_2 = \frac{L_{min} - \xi l_b}{3} \tag{8-11}$$

选取 ξ 之后,便可得到定滑轮轴心的位置,然后找出某中间幅度的最大未平衡力矩的绝对值,若该值也和最大、最小幅度时的未平衡力矩相等,则所选取的 ξ 值就确定了,所得的定滑轮轴的位置便是合适的。

若最大幅度时臂架轴线与水平线的夹角 φ_{min} 在 20°~30° 之间或相接近,且最小幅度夹角 $\varphi_{max}=80°$ 时,可利用下式选取最大未平衡力矩系数 ξ

$$\xi = 0.00004\varphi_{min}^2 - 0.003\varphi_{min} + 0.084 \tag{8-12}$$

式中,最大幅度臂架轴线与水平夹角 φ_{min} 以度计。

最大、最小幅度时补偿滑轮组对臂架下铰点的力臂 b_1 和 b_2 值确定后,用作图法便可找出定滑轮夹套的装设位置 K 点(见图 8-18)并校验物品在变幅过程中的移动轨迹,考查偏离水平线的情况,得出高度偏差值 Δh,若 Δh 在允许范围内,定滑轮轴的位置便最后确定了。

对于中间任一未知 L 时的未平衡力矩也可以用作图法求出,利用 KO 线段二等分中点为圆心,以 $D/2$ 为半径作半圆,利用半圆的圆周角是直角的特性,很容易求取力臂 b,即中间任一位置时的未平衡力矩为

$$\Delta M = P_Q L - 3P_Q b \tag{8-13}$$

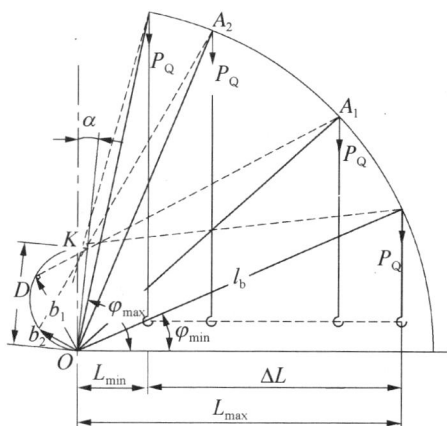

图 8-18　确定补偿滑轮组定滑轮 K 点的图解法

在设计中一般需计算 6～8 个臂架位置。

(B) 解析法(见图 8‑19)。

设计的关键在于使补偿滑轮组两个夹套中心 A, B 两点之间的距离 l 的变化要适应于臂架端部滑轮高度 h 的变化。

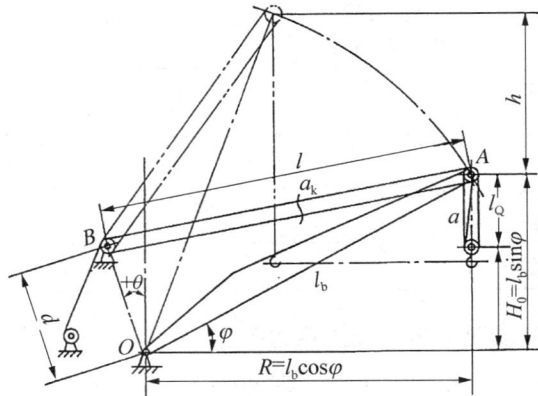

图 8‑19　带补偿滑轮组的变幅装置吊钩运动轨迹

根据臂架摆动过程中起升滑轮组和补偿滑轮组中钢丝绳总长度保持不变这一前提,可得变幅过程中吊钩运动轨迹 $y(\mathrm{m})$ 的计算式:

$$y = l_{\mathrm{b}}\sin\varphi - l_{\mathrm{Q}} = l_{\mathrm{b}}\big[\sin\varphi - t\sqrt{1+k^2-2k\sin(\varphi-\theta)}\,\big] - \frac{L}{a} \tag{8-14a}$$

$$k = d/l_{\mathrm{b}},\quad t = a_{\mathrm{k}}/a \tag{8-14b}$$

式中：l_{b}——臂架长度,m;

　　　　φ——臂架倾角,°;

　　　　θ——补偿滑轮组定滑轮中心和臂架下铰点的连线与铅垂线之间的夹角,°;

　　　　d——定滑轮中心至臂架下铰点的距离,m;

　　　　a_{k}——补偿滑轮组的倍率;

　　　　a——起升滑轮组的倍率;

　　　　L——起升滑轮组合补偿滑轮组中钢丝绳总长度,$L = al_{\mathrm{Q}} + a_{\mathrm{k}}l$,m。

变幅过程中物品的未平衡力矩 ΔM 按下式计算:

$$\Delta M = P_{\mathrm{Q}}\frac{\mathrm{d}y}{\mathrm{d}\varphi} = P_{\mathrm{Q}}l_{\mathrm{b}}\left[\cos\varphi - t\,\frac{k\cos(\varphi-\theta)}{\sqrt{1+k^2-2k\sin(\varphi-\theta)}}\right] \tag{8-15}$$

已知 P_{Q}, l_{b}, t, k, θ, L, d 等参数后,即由式(8‑14)和式(8‑15)求出变幅过程中吊钩的运动轨迹和物品未平衡力矩值。

从减小变幅功率和臂架弯矩出发,设计中应控制变幅过程中的 ΔM,即使 $\mathrm{d}y/\mathrm{d}\varphi$ 趋向于最小。

(2) 补偿滑轮方案设计(图解法)。

设计任务在于合理选择摆动杠杆系统的尺寸,达到吊钩近似水平移动的目的。确定摆动杠杆系统尺寸的出发点是:臂架在最大、中间和最小幅度位置上吊钩应处于同一水平线上(见

图 8 - 20),即

$$\overline{AB} + \overline{BC} - (\overline{A_1B_1} + \overline{B_1C}) = h_1, \quad \overline{AB} + \overline{BC} - (\overline{A_2B_2} + \overline{B_2C}) = h_2$$

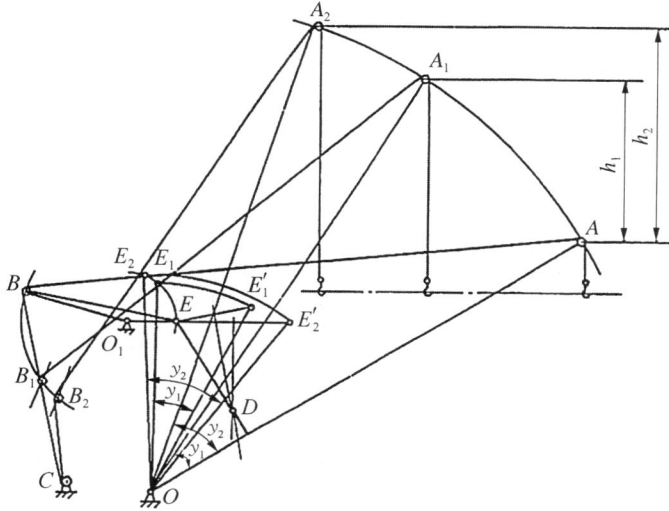

图 8 - 20   补偿滑轮方案设计简图

图解法的步骤如下：

(i) 初定臂架下铰点 O、摆动杠杆铰点 O_1 以及最大幅度时补偿滑轮中心点 B(按最大尾部半径)和摆动杠杆与连杆铰接点 E 的位置。

(ii) 分别以 O_1 为圆心、杠杆后臂长 $\overline{O_1B}$ 为半径画圆弧和以 O 为圆心、臂架长 $\overline{OA}$ 为半径画圆弧。

(iii) 作出中间幅度和最小幅度的臂架端点位置 A_1, A_2, 得臂架的相应转角 γ_1, γ_2。

(iv) 以 C(起升卷筒中心)和 A_1 为焦点、$(\overline{AB} + \overline{BC} - h_1)$ 为长轴画椭圆与半径为 $\overline{O_1B}$ 的圆弧相交于 B_2 点。

(v) 以 O_1 为圆心、$\overline{O_1E}$ 为半径画圆弧, 求出摆动杠杆的 E 点对应于 B_1, B_2 点的位置 E_1, E_2。

(vi) 以 O 为圆心、$\overline{OE_1}$ 为半径, 顺时针方向作转角 γ_1, 得出 E_1'; 以 O 为圆心、$\overline{OE_2}$ 为半径, 顺时针方向作转角 γ_2, 得出 E_2'。连接 E_1, E_1' 和 E_2, E_2'。

(vii) 分别作 $\overline{E_1E_1'}$ 和 $\overline{E_2E_2'}$ 的垂直平分线, 交于 D 点。D 点即为所求的臂架与连杆的铰接点, $\overline{DE}$ 即为连杆的轴线。

(viii) 在整个幅度范围内分 6~10 个臂架位置, 分别画出吊钩的高度, 并连出吊钩的实际运动轨迹; 画出未平衡力矩的变化图。按式(8-7)和式(8-8)验算吊钩的最大高度差 $\Delta h_{\max}$ 和最大的货物未平衡力矩 $|\Delta M|_{\max}$ 是否满足要求。

如果不能满足上述要求或所找的点在构造上不合理, 则应局部修改臂架-摆动杠杆系统的尺寸后重新进行校核。

(3) 刚性四连杆组合臂架方案设计。

设计的主要内容：确定组合臂架系统的臂架长度 l_b、象鼻架前臂长度 l_1 和后臂长度 l_2 以

及拉杆长度 l_p,并确定臂架下铰点 O 和拉杆下铰点 O_1 的位置。

设计的目标:在变幅过程中,货物位移的水平性、货物未平衡力矩值和象鼻架端点水平线速度的均匀性应满足设计要求。此外,臂架和拉杆的铰点位置应符合总体布置构造要求。

设计参数:最大幅度 R_{max}、最小幅度 R_{min}、起升高度 H、起升滑轮组倍率 a 和滑轮直径 D。根据作业要求,最小幅度 R_{min} 可由设计确定,一般取 $R_{min} = (0.22 \sim 0.30)R_{max}$。

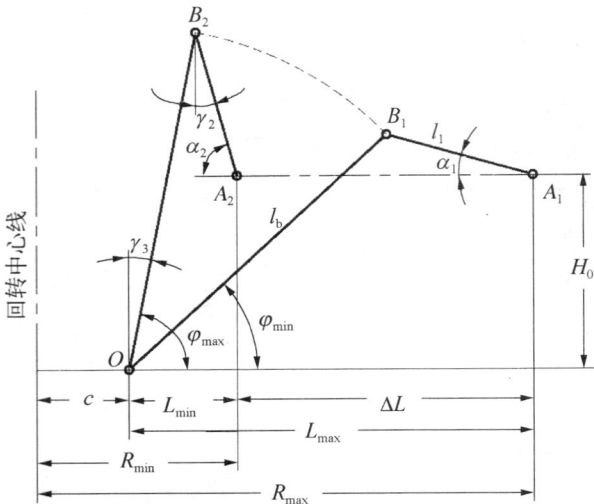

图 8-21 确定臂架和象鼻架前臂长度的计算简图

(A) 图解法。

设计的步骤如下:

(i) 根据 R_{max},R_{min},H,a 和 D 以及总体布置和构造,初定臂架下铰点位置 O(即确定 c 和 H_0)和计算幅度 ΔL,如图 8-21 所示。

为了确定臂架的尺寸,先要确定主臂架下铰点的位置。在满足最大幅度 R_{max} 的条件下,主臂架下铰点应尽量靠近转台大梁(纵梁)的支承点,主臂架下铰点至旋转中心线的水平距离 t 取较大值时可缩短臂架长度 l_b,但会增大最小幅度 R_{min} 时的臂架仰角 φ(应不超过 $80° \sim 85°$)。c 的取值还应考虑转台主梁的支承情况,尽可能减小主梁承受的弯矩。通常取 $c = 2 \sim 3$ m。

确定计算起升高度 H_0 时,要考虑起升高度 H(轨面或水面以上)、起升高度位置与象鼻架端部滑轮之间应保留的距离 H_2 和臂架下铰点离轨面或水面的高度 H_1,即 $H_0 = H - H_1 + H_2$,一般 $H_0 = (0.5 \sim 1.0)L_{max}$。

最大和最小计算幅度 L_{max} 和 L_{min} 为

当 $a = 1$ 时 $L_{max} = R_{max} - c - 0.5D$, $L_{min} = R_{min} - c - 0.5D$

当 $a \geqslant 2$ 时 $L_{max} = R_{max} - c$, $L_{min} = R_{min} - c$

(ii) 确定臂架长度 l_b 和象鼻架前臂长度 l_1。

根据 R_{max},R_{min} 和 H_0 定出最大和最小计算幅度时,象鼻架端点的位置应位于同一水平线上。按设计经验取:$\gamma_1 = 10° \sim 25°$,γ_2(和 γ_3)$= 5° \sim 10°$,$\varphi_{min} = 40° \sim 50°$。

γ_2 值应以起升绳不脱开象鼻架端部滑轮槽为前提。γ_1 取小值时会恶化象鼻架端部轨迹的水平性,但能缩短臂架长度和象鼻架前臂长度。

从 O 点作与铅垂线夹角为 γ_3 的臂架位置线,从 A_2 点作与铅垂线夹角为 γ_2 的象鼻架位置线,使两线交于 B_2 点。得 $l_b = \overline{OB_2}$,$l_1 = \overline{A_2B_2}$。

按所得的 l_b 和 l_1,画出其 R_{max} 时的位置线 $\overline{OB_1}$ 和 $\overline{B_1A_1}$。检验 γ_1 和 φ_{min} 是否在要求的范围内。如不满足要求,则需修改 γ_2 和 γ_3 重新作图。

(iii) 确定象鼻架后臂长度 l_2、刚性拉杆长度 l_p 和拉杆下铰点 O_1 的位置。

根据设计经验,先取 $l_2 = (0.3 \sim 0.5)l_1$,作出最大、最小和中间幅度(建议取为离最大幅度 $(0.20 \sim 0.25)L_{max}$ 处)臂架和象鼻架的轴线位置,象鼻架端点始终处在计算起升高度一水平线上,如图 8-22 所示。

依次连接象鼻架的后臂端点 C_1,C_2 和 C_3,得 $\overline{C_1C_2}$ 和 $\overline{C_2C_3}$ 线。必须指出,根据构造需要,实际结构中的臂架上铰点 B,应相对于象鼻架轴线 $\overline{AC}$ 下移一段距离,即 C 点不在 AB 的延长线上,而稍向上翘(见图 8-26)。

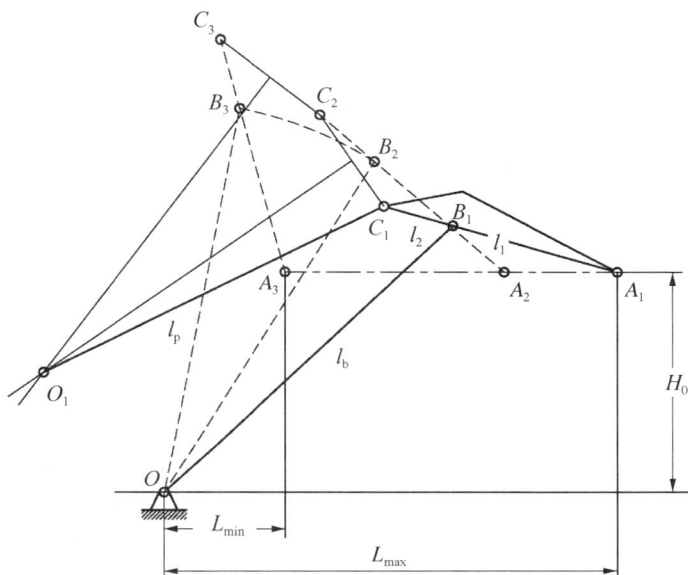

图 8-22 确定拉杆长度 l_p 和铰点 O_1 位置的计算简图

作 $\overline{C_1C_2}$ 和 $\overline{C_2C_3}$ 的垂直平分线,其交点即为所求的拉杆下铰点 O_1,而 $\overline{O_1C_1}$ 即为所求的拉杆长度 l_p。如果 O_1 点位置不符合总体布置要求,则需要调整参数后重新作图,直到满足要求为止。

(ⅳ) 校核象鼻架端点水平移动最大差值和物品的未平衡力矩。

根据已经确定的臂架系统的尺寸参数,在最大、最小幅度范围内,作一系列象鼻架端点的位置,连成端点的实际轨迹曲线,找出最大高度偏差值 Δh_{max},并应满足:

$$\Delta h_{max} \leqslant 0.02(R_{max} - R_{min}) \tag{8-16}$$

在一系列臂架位置上,由物品和吊具引起的未平衡力矩由图 8-23(a)所示的方法求得,并画出未平衡力矩变化曲线。未平衡力矩的最大值应满足:

$$|\Delta M|_{max} \leqslant (0.05 \sim 0.10)P_Q R_{max} \tag{8-17}$$

通常在 R_{max} 和 R_{min} 处,象鼻架端点轨迹曲线的斜率较大,导致未平衡力矩值偏大。设计时可先把有效工作幅度适当放大,然后按要求的幅度值截去轨迹曲线斜率较大的部分,以减小未平衡力矩的最大值。

(ⅴ) 校核象鼻架端点水平速度。

按图 8-23(b)所示的方法,在一系列臂架位置上求出象鼻架端点的瞬时水平速度 v_H,并应满足 $v_{Hmax}/v_{Hmin} \leqslant 2.6$ 或 $v_{Hmax}/v_b \leqslant 1.6$ (v_b 为平均变幅速度)。

通常在最小幅度时,象鼻架端点的水平速度达到最大值。v_{Hmax} 值过大会导致起、制动过程中物品的剧烈摆动。水平速度的变化规律不仅与臂架系统的尺寸参数有关,而且与驱动机

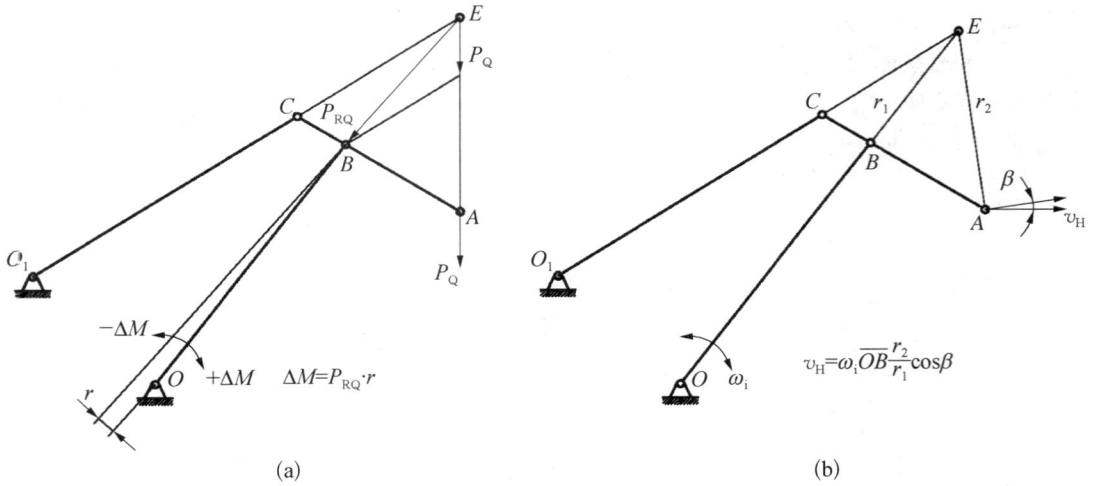

图 8-23　物品未平衡力矩和象鼻架端点水平速度的图解法
（a）未平衡力矩；（b）象鼻架端部水平速度

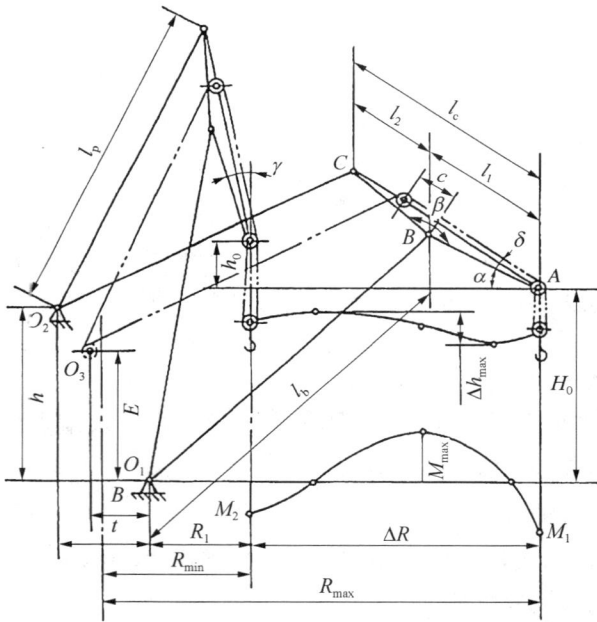

图 8-24　刚性四连杆组合臂架系统

构的形式和布置密切相关，齿条与螺杆驱动机构可获较为平稳的速度变化。

当(iv)、(v)项的校核不能满足要求时，需对臂架系统尺寸作局部修改后重新进行校核。

当起升绳不平行于拉杆轴线时，需要先根据变幅过程起升钢丝绳的收放量，求出象鼻架端点应有的运动轨迹，再按此轨迹确定各构件的尺寸以及臂架和拉杆的下铰点位置。

当起升绳不平行于拉杆轴线时，设计开始往往缺少初始的臂架系统参数，无法求出象鼻架端部的运动轨迹，从而难于用图解法正确确定出臂架系统的尺寸。所以此时的设计过程是一个迭代过程。

图 8-24 为起升绳平行于拉杆轴线的门座起重机刚性四连杆组合臂架。

（B）解析法。

解析法是通过数值计算来确定臂架系统尺寸的，可减少作图工作量和提高设计精确度，同时也有利于采用计算机编程求解。

解析法的步骤：

(i) 列出象鼻架端点 A（见图 8-25）的坐标轨迹方程组。

$$x = l_b \cos\varphi + l_1 \cos\alpha \tag{8-18}$$

$$y = l_b \sin\varphi - l_1 \sin\alpha \tag{8-19}$$

$$x = l_p\cos\theta + l_2\cos(\alpha + 180° - \gamma) + l_1\cos\alpha - t \qquad (8-20)$$

$$y = l_p\sin\theta - l_2\sin(\alpha + 180° - \gamma) - l_1\sin\alpha + h \qquad (8-21)$$

式中：γ——象鼻架前后臂轴线的夹角。

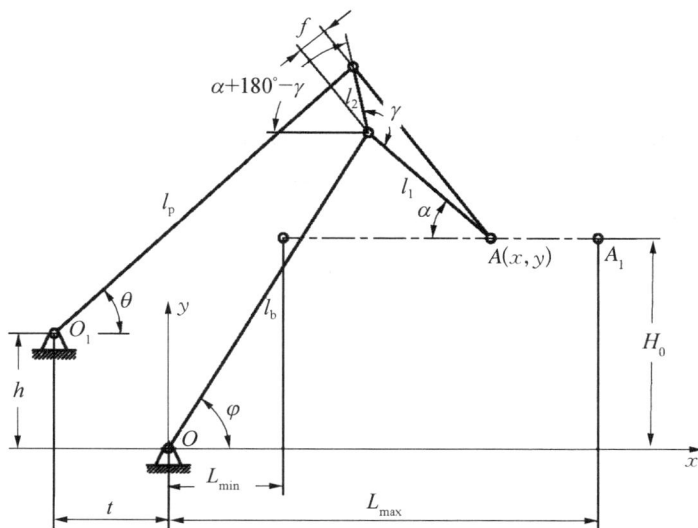

图 8-25 象鼻架端点轨迹计算简图

由式(8-18)和式(8-19)得

$$x^2 + y^2 - 2l_1x\cos\alpha + 2l_1y\sin\alpha + l_1^2 = l_b^2 \qquad (8-22)$$

由式(8-20)知

$$x + l_2\cos(\alpha - \gamma) + t - l_1\cos\alpha = l_p\cos\theta \qquad (8-23)$$

由式(8-21)知

$$y - l_2\sin(\alpha - \gamma) - h + l_1\sin\alpha = l_p\sin\theta \qquad (8-24)$$

由式(8-23)和式(8-24)，得

$$[x - l_1\cos\alpha + l_2\cos(\alpha - \gamma) + t]^2 + [y + l_1\sin\alpha - l_2\sin(\alpha - \gamma) - h]^2 = l_p^2$$

上式整理后得

$$2[l_2\cos(\alpha - \gamma) + t]x - 2[l_2\sin(\alpha - \gamma) + h]y - 2l_1(t\cos\alpha + h\sin\alpha) -$$
$$2l_1l_2\cos\gamma + l_b^2 + l_2^2 + t^2 + h^2 - l_p^2 + 2l_2[t\cos(\alpha - \gamma) + h\sin(\alpha - \gamma)] = 0 \qquad (8-25)$$

式中：

$$\cos\alpha = \frac{-x(l_b^2 - l_1^2 - x^2 - y^2) + y\sqrt{4l_1^2(x^2 + y^2) - (l_b^2 - l_1^2 - x^2 - y^2)^2}}{2l_1(x^2 + y^2)}$$

$$\gamma = \arccos\frac{f}{l_1} + \arccos\frac{f}{l_2}$$

(ii) 确定臂架长度 l_b 和象鼻架前臂长度 l_1。

根据图 8-21,由条件：最大幅度和最小幅度时象鼻架前端滑轮轴心都在一水平线上,可

写出一组方程组:

$$\begin{cases} l_b \cos\varphi_{\min} + l_1 \cos\alpha_1 = L_{\max} \\ l_b \sin\varphi_{\min} - l_1 \sin\alpha_1 = H_0 \\ l_b \cos\varphi_{\max} + l_1 \cos\alpha_2 = L_{\min} \\ l_b \sin\varphi_{\max} - l_1 \sin\alpha_2 = H_0 \end{cases} \qquad (8-26)$$

上述 4 个方程中有 6 个未知量,故必须根据设计经验先选取两个数据:为了避免在最小幅度时,因为物品偏摆引起起升钢丝绳由臂端滑轮槽脱出,一般取 $\alpha_2 = 80° \sim 85°$;最大幅度时一般取 $\alpha_1 = 10° \sim 25°$。取 α_1 值越大,可获得较小的象鼻架前段长度 l_1 和主臂架长度 l_b,但不易获得变幅时物品较小的移动轨迹高度偏差值 Δh。

在选定 α_1 和 α_2 后,可消去 $\varphi_{\min}$ 和 $\varphi_{\max}$,将上面方程组改成以下形式:

$$l_b \cos\varphi_{\min} = L_{\max} - l_1 \cos\alpha_1 \qquad (8-27)$$

$$l_b \sin\varphi_{\min} = H_0 + l_1 \sin\alpha_1 \qquad (8-28)$$

$$l_b \cos\varphi_{\max} = L_{\min} - l_1 \cos\alpha_2 \qquad (8-29)$$

$$l_b \sin\varphi_{\max} = H_0 + l_1 \sin\alpha_2 \qquad (8-30)$$

将式(8-27)的平方加式(8-28)的平方,并经整理得

$$l_b^2 = l_1^2 - 2l_1(L_{\max}\cos\alpha_1 - H_0\sin\alpha_1) + L_{\max}^2 + H_0^2 \qquad (8-31)$$

同理,式(8-29)的平方加式(8-30)的平方,经整理得

$$l_b^2 = l_1^2 - 2l_1(L_{\min}\cos\alpha_2 - H_0\sin\alpha_2) + L_{\min}^2 + H_0^2 \qquad (8-32)$$

由式(8-31)减去式(8-32)得

$$-2l_1(L_{\max}\cos\alpha_1 - H_0\sin\alpha_1 - L_{\min}\cos\alpha_2 + H_0\sin\alpha_2) + L_{\max}^2 - L_{\min}^2 = 0$$

$$l_1 = \frac{L_{\max}^2 - L_{\min}^2}{2[H_0(\sin\alpha_2 - \sin\alpha_1) + L_{\max}\cos\alpha_1 - L_{\min}\cos\alpha_2]} \qquad (8-33)$$

代入式(8-27)可求得 l_b

$$l_b = \sqrt{l_1^2 - 2l_1(L_{\max}\cos\alpha_1 - H_0\sin\alpha_1) + L_{\max}^2 + H_0^2} \qquad (8-34)$$

在象鼻架前段长度确定后,便可确定臂架系统的其余主要尺寸。

该方法较简便,但必须预先知道象鼻架的几何形状。近年来,象鼻架多采用桁构梁结构,为了便于制造与安装,下弦杆由直箱形梁构成,将象鼻架与主臂架连接的铰轴位置伸出至箱形梁下弦杆外,此时它与象鼻架的尖端滑轮轴心以及与刚性拉杆的铰轴心 3 者就不在一条几何轴线上。根据结构上的要求,象鼻架与主臂架的铰轴轴心离开象鼻架下弦杆的距离一般取 $350 \sim 600$ mm。这样,象鼻架的前段几何轴线与后段几何轴线所形成的角度就确定了。另外,根据设计经验预选象鼻架尾段长度 $l_2 = (0.4 \sim 0.6)l_1$。

(iii) 求拉杆长度 l_p 和下铰点 O_1 的位置参数 (t, h)。

取象鼻架后臂长度 $l_2 = (0.35 \sim 0.50)l_1$。再取以下 3 个幅度位置,起升绳平行于拉杆轴线的组合臂架系统象鼻架端点 A 位于同一高度线 $y = H_0$ 上,3 个幅度相应为

$$\begin{cases} x_1 = L_{\min} \\ x_2 = L_{\max} - (0.2 \sim 0.3)(L_{\max} - L_{\min}) \\ x_3 = L_{\max} \end{cases} \qquad (8-35)$$

把(x_1, y_1)，(x_2, y_2)，(x_3, y_3)3组坐标值和l_b，l_1，l_2，f值代入式(8-25)，即可求得l_p，t和h。

(iv) 校核。

对所得的臂架系统尺寸按上述方法校核物品运动轨迹的最大高度偏差值 $\Delta h_{\max}$、最大的物品未平衡力矩$|\Delta M|_{\max}$和象鼻架端点的水平速度。此外，所得的尺寸参数还应满足总体布置的要求。如校核结果不能满足设计要求，则应改变φ，α和l_2/l_1后重新计算，直到满足要求为止。

实际计算时，可将一系列初始参数组输入计算机，并通过相应的计算程序输出计算结果，从中选出理想的一组臂架系统尺寸。这种初等优化方法(枚举法)计算工作量大，设计的结果也不一定是最优的。

近年来，国内外对刚性四连杆组合臂架和绳索补偿直臂架的多目标优化设计进行了广泛的研究，取得了很好的成果。多目标优化设计不仅提高了设计工作的速度和精度，而且可满足对臂架系统提出的多方面的要求，如物品运动轨迹、物品未平衡力矩、象鼻架端点的水平速度和总体布置等方面的要求。此外，还可提出臂架总长度最短、变幅功率最小等要求。

(4) 挠性拉索—曲线象鼻架组合臂架方案设计。

(A) 确定主臂架和象鼻架前段长度。

为了获得主臂架和象鼻架的最小总长度，应该使象鼻架与主臂架的轴线在最大幅度时成一直线；在最小幅度时，两轴线与铅垂线的夹角相等。但这种理想情况很难实现，因为① 在最大幅度时，如果两轴线成一直线，起升钢丝绳有可能脱出主臂架上端滑轮的轮槽；② 在最小幅度时，依照上述情况在该位置往往不能按理想绘出圆滑的象鼻曲线。因此，要把上述的理想情况推移到理论最大幅度(比实际最大幅度大5%)和理论最小幅度(比实际最小幅度小5%)处实现，即在距主臂架下铰点$L_{\max}$和$L_{\min}$处实现：

$$L_{\max} = 1.05(R_{\max} - c) \qquad (8-36a)$$

$$L_{\min} = 0.95(R_{\min} - c) \qquad (8-36b)$$

根据上述条件，可用作图法(见图8-26)确定象鼻架前段长度l_1和主臂架长度l_b，其步骤如下(以下只讨论起升绳与臂架轴线平行的情况，如起升钢丝绳与臂架轴线不平行，则对起升钢丝绳自由段长度起补偿作用，其作图稍有差别)：

(i) 以O点为圆心，$A_1 O$即$(l_1 + l_b)$为半径画圆，与$L_{\min}$处的铅垂线相交于C点。

(ii) 从A_1点引一水平线与$L_{\min}$处的铅垂

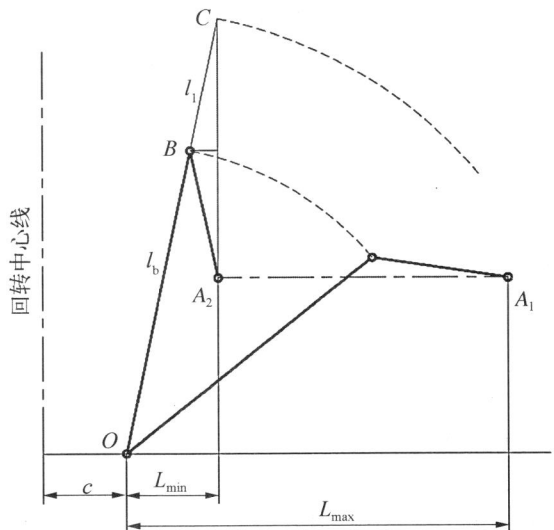

图 8-26 挠性拉索—曲线象鼻架
组合臂架尺寸的计算简图

线交于 A_2 点。

（iii）作 A_2C 线段的垂直二等分线，并延长与 OC 线交于 B 点。

（iv）连接 A_2B 即为象鼻架前段轴线长度 l_1，而线段 OB 即为主臂架轴线长度 l_b。

（B）绘制象鼻架曲线。

象鼻架曲线应保证物品在变幅过程中做水平运动，因此，在绘制象鼻曲线时，各臂架位置下的象鼻架端点应该位于同一水平线上。为了实现这一点，需按下述基本原则绘图，如图 8 - 27 所示。

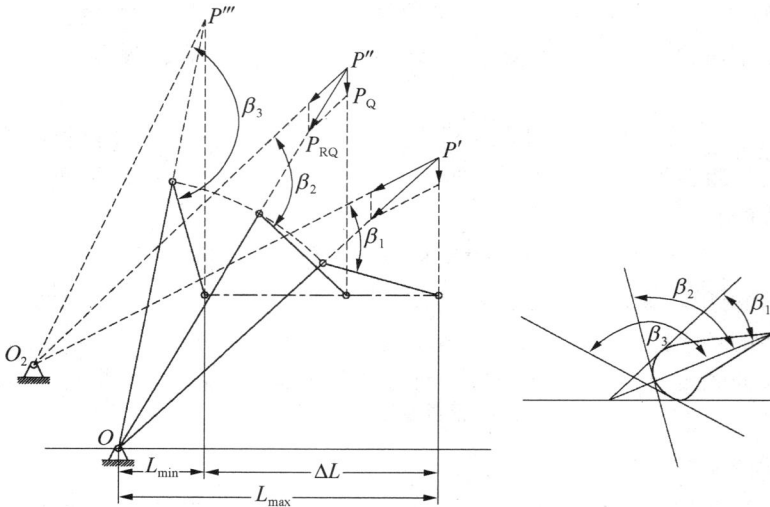

图 8 - 27　象鼻架曲线

物品在变幅过程中做水平移动，没有位能变化，所以无须消耗变幅功来改变物品的位能。而要满足这一条件，只有当物品重力 P_Q 和由物品重力所引起的挠性拉索拉力 S_Q 之合力 P_{RQ} 通过主臂架下铰轴心时才能实现，否则 P_{RQ} 将对主臂架下铰点产生力矩，使臂架变幅时需消耗功以克服这一力矩。绘制象鼻架曲线的基本出发点就在于此。

已知物品重力 P_Q 沿铅垂线方向作用，若合力 P_{RQ} 通过主臂架下铰点，则拉索力必须通过重力与主臂架轴线的汇交点 P。因此，在拉索位于机架上的固定点 O_2 选定后，拉索的位置（连线 FO_2）就定下来了。

将臂架各个位置（一般取 7～10 个）拉索相对于象鼻架的位置绘在同一个象鼻架上。因为拉索在各位置时均与象鼻架曲线相切，由此作一与这一族切线（拉索方向线）相切的圆滑曲线，该曲线就是象鼻架尾段上弦杆应有的曲线形状。

（5）物品水平移动曲线的修正。

从设计的理论角度来看，物品水平移动性能和平衡性能均良好的组合臂架系统，在实际使用过程中，由于金属结构件的弹性变形，其良好的性能将受到影响，物品的运动轨迹将变为一条向外下倾的斜线。考虑到这一因素，需对理论的水平移动曲线进行修正。建议采用下述简便实用的近似方法进行修正（见图 8 - 28）。

先将最大幅度处的象鼻架端点从理论位置向上抬高 $(1/600～1/500)R_{max}$ 的值，求出需要修正的倾斜角度 θ；然后，在保持臂架系统原设计全部相对位置不变的前提下，将原设计拉杆

的下铰点 O_1 绕臂架下铰点 O 顺时针方向转过一个 θ 角,移至 O_1' 即可。

对于浮式起重机的组合臂架系统,在进行物品水平移动曲线的修正时,除了要考虑结构变形影响外,还应考虑浮船纵横倾角的影响。对后者的影响,建议采用浮船横倾角的二分之一作为修正角度。

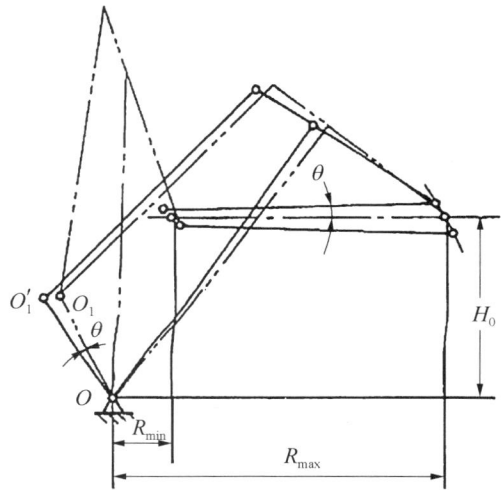

图 8 - 28 组合臂架系统水平移动曲线修正方法

8.2.3 平衡杠杆系统的设计

1)平衡杠杆系统的几何尺寸

平衡杠杆系统几何尺寸的设计原理:根据臂架-对重系统在对应 3 个位置下的系统总位能不变的原理,确定平衡杠杆系统的几何尺寸。杆件及角度的符号如图 8 - 29 所示。图中,l_b' 为平衡杠杆的小拉杆铰点至主臂架下铰点的距离,φ_i 角度由下式确定:

$$\varphi_1 = \varphi_{\min} + \Delta\varphi, \quad \varphi_3 = \varphi_{\max} + \Delta\varphi, \quad \varphi_2 = (\varphi_1 + \varphi_3)/2$$

因为 $\varphi_{\min}$,$\varphi_{\max}$ 都是主臂架的轴线与水平轴的夹角,而小拉杆 l_p' 的铰是安装在主臂架的表面,主臂架是带有斜度的杆件,所以从小拉杆铰到下铰点 O 的连线与臂架轴线之间存在一个角度,即 $\Delta\varphi$。

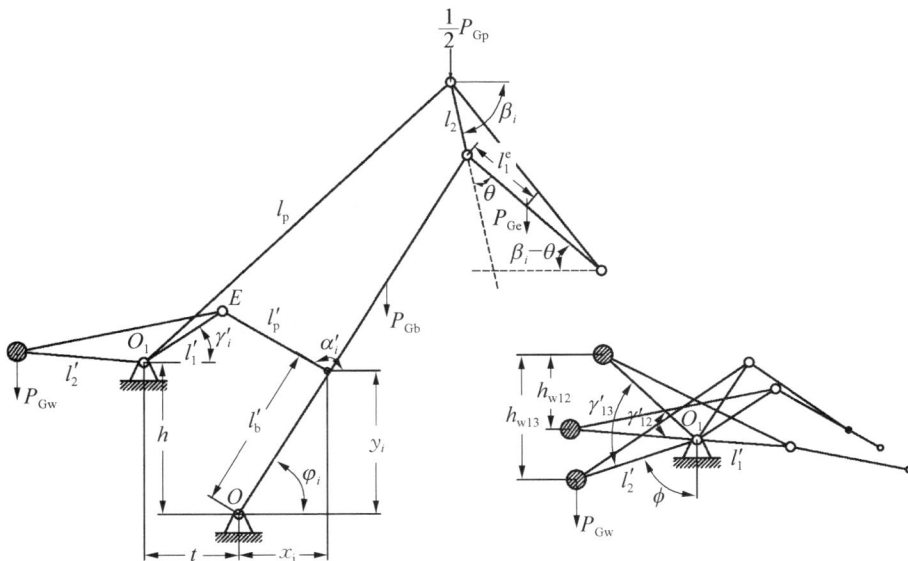

图 8 - 29 平衡杠杆系统的几何尺寸

由图 8 - 29,根据对重和小拉杆铰点 E 位置的几何关系有

$$l_p'\sin\alpha_i' - l_1'\sin\gamma_i' = h - y_i$$

(8 - 37)

$$l'_\text{p}\cos\alpha'_i - l'_1\cos\gamma'_i = -(t + x_i) \tag{8-38}$$

其中，　　　　　　　　$x_i = l'_\text{b}\cos\varphi_i,\ y_i = l'_\text{b}\sin\varphi_i (i = 1, 2, 3)$

令　　　　　　　　　　　　$A_i = h - y_i,\ B_i = t + x_i$

由式(8-37)得　　　　　$l'^2_\text{p}\sin^2\alpha'_i = (l'_1\sin\gamma'_i + A_i)^2 \tag{8-39}$

由式(8-38)得　　　　　$l'^2_\text{p}\cos^2\alpha'_i = (l'_1\cos\gamma'_i - B_i)^2 \tag{8-40}$

式(8-39)加式(8-40)，由三角关系得

$$l'^2_\text{p} = (l'_1\sin\gamma'_i + A_i)^2 + (l'_1\cos\gamma'_i - B_i)^2 \tag{8-41}$$

式(8-41)中 i 分别取 1,2,3 能得到 3 个式子，相互作等式运算，消去 l'_1，经整理可得

$$\tan\gamma'_1 = \frac{(M+N)(B_2\cos\gamma'_{12} - A_2\sin\gamma'_{12}) + M(A_3\sin\gamma'_{13} - B_3\cos\gamma'_{13}) - NB_1}{(M+N)(B_2\sin\gamma'_{12} + A_2\cos\gamma'_{12}) - M(A_3\cos\gamma'_{13} + B_3\sin\gamma'_{13}) - NA_1}$$

$$\tag{8-42}$$

其中：$M = A_2^2 - A_1^2 + B_2^2 - B_1^2$，$N = A_3^2 - A_2^2 + B_3^2 - B_2^2$，$\gamma'_2 = \gamma'_1 + \gamma'_{12}$，$\gamma'_3 = \gamma'_1 + \gamma'_{13}$。

对重杠杆的相对转角 γ'_{12}，γ'_{13} 需根据系统总位能不变的条件解得，角标 1,2,3 对应于臂架的 3 个位置(即最大幅度、中间幅度、最小幅度)。

具体解法如下：组合臂架在 3 个位置中的势能分别为

$$E_i = (E_\text{e})_i + (E_\text{p})_i + (E_\text{b})_i$$

$$= (P_\text{Ge} + P_\text{Gp}/2 + kP_\text{Gb})l_\text{b}\sin\varphi_i - P_\text{Ge}l_1^e \cdot \sin(\beta_i - \theta) + \frac{P_\text{Gp}}{2}l_2\sin\beta_i$$

$$(i = 1, 2, 3) \tag{8-43}$$

式中：P_Ge，$P_\text{Gp}/2$，P_Gb——分别为象鼻架、拉杆之一半、主臂架的自重；

　　　k——系数，$k = r_\text{b}/l_\text{b}^x$。其中，$r_\text{b}$ 为主臂架重心到坐标原点 O 的水平投影距离，l_b^x 为整个主臂架的水平投影长度。

所以　　　　　　　　　　$h_\text{w12} = \dfrac{\Delta E_{12}}{P_\text{Gw}} = \dfrac{E_2 - E_1}{P_\text{Gw}} \tag{8-44a}$

$$h_\text{w13} = \frac{\Delta E_{13}}{P_\text{Gw}} = \frac{E_3 - E_1}{P_\text{Gw}} \tag{8-44b}$$

式中：h_w12，h_w13——分别为对重随臂架系统从最大幅度的"1"位置转至中间幅度"2"位置或最小幅度的"3"位置时的垂直升降距离。

对重杠杆尾端长度 l'_2 可根据起重机允许的尾部回转半径来确定。

至此，对重杠杆的转角 γ'_{12}，γ'_{13} 即可得出

$$\gamma'_{13} = \frac{\pi}{2} + \arcsin\left[\frac{h_\text{w13} - l'_2\cos\phi}{l'_2}\right] - \phi \tag{8-45}$$

式中：ϕ——最小幅度时，对重杠杆尾端与垂直线的夹角，由结构尺寸确定。

令 $\phi_1 = \arcsin\left[\dfrac{h_\text{w13} - l'_2\cos\phi}{l'_2}\right]$ 则　$\gamma'_{12} = \phi_1 + \arcsin\left[\dfrac{h_\text{w12} - l'_2\cos\phi_1}{l'_2}\right] \tag{8-46}$

所以臂架-对重系统中的两段未知杆件的长度为

对重杠杆的前端长度 l_1'

$$l_1' = \frac{M}{2[A_1 \sin\gamma_1' - A_2 \sin(\gamma_1' + \gamma_{12}') - B_1 \cos\gamma_1' + B_2 \cos(\gamma_1' + \gamma_{12}')]} \qquad (8-47)$$

小拉杆的长度 l_p'

$$l_p' = \sqrt{(l_1' \sin\gamma_1 + A_1)^2 + (l_1' \cos\gamma_1 - B_1)^2} \qquad (8-48)$$

2) 臂架-对重系统自重未平衡力矩的校验

（1）对重杠杆与主臂架的角速度之比。

几何尺寸关系如图 8-30 所示。

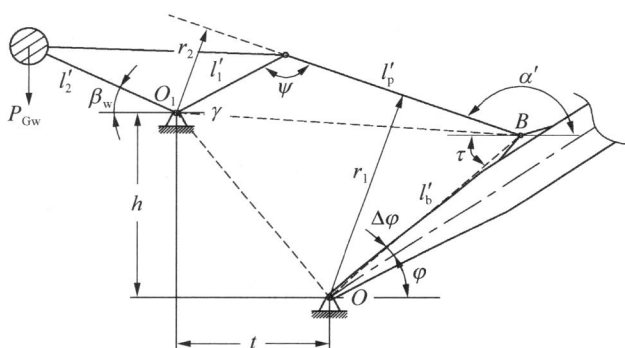

图 8-30　臂架-对重系统的几何尺寸

由小拉杆作用力对 O_1 的力臂：$r_2 = l_1' \sin\psi$

由小拉杆作用力对 O 的力臂：$r_1 = l_b' \sin(180° + \tau - \alpha')$

根据刚体平面运动的速度投影定理有

$$\frac{\omega_c}{\omega_b} = \frac{r_1}{r_2} \qquad (8-49)$$

式中：ω_c——对重杠杆的角速度；

　　　ω_b——主臂架的角速度。

（2）对重自重 P_{Gw} 对主臂架下铰点 O 的力矩。

对重对 O_1 的瞬时功率：$N_{O1w} = M_{O1w}\omega_c$

主臂架应克服的由对重引起的功率：$N_{Ow} = M_{Ow}\omega_b$

根据功率平衡原理有

$$M_{Ow} = M_{O1w}\frac{\omega_c}{\omega_b} = M_{O1w}\frac{r_1}{r_2} \qquad (8-50)$$

式中：M_{Ow}——由对重引起对主臂架下铰点 O 的力矩；

　　　M_{O1w}——由对重引起对其铰轴 O_1 的力矩。可根据对重杠杆的转角位置，取

$$M_{O1w} = P_{Gw}l_2'\cos\beta_w \qquad (8-51)$$

　　　β_w——对重杠杆尾端轴线与水平线间的夹角。

（3）臂架-对重杠杆系统的自重未平衡系数。

臂架-对重杠杆系统的自重未平衡系数 ζ 定义为

$$\zeta = \frac{M_{O\Sigma}(P_{Gb}, P_{Ge}, P_{Gp}) - |M_{Ow}|}{[M_{O\Sigma}(P_{Gb}, P_{Ge}, P_{Gp})]_{max}} \qquad (8-52)$$

式中：$M_{O\Sigma}(P_{Gb}, P_{Ge}, P_{Gp})$——组合臂架各部分自重引起的对主臂架下铰点 O 的力矩之和。
臂架系统的每个位置都有一个 $M_{O\Sigma}(P_{Gb}, P_{Ge}, P_{Gp})$，分母是其最大值。

$$M_{O\Sigma}(P_{Gb}, P_{Ge}, P_{Gp}) = \left(P_{Ge}x_e + \frac{1}{2}P_{Gp}x_p\right)\frac{l_b}{\overline{PB}} + P_{Gb}r_b$$

$$\qquad (8-53)$$

x_p——$P_{Gp}/2$ 至象鼻梁速度瞬心 P 之力臂；

x_e——P_{Ge} 至象鼻梁速度瞬心 P 之力臂；

$\overline{PB}$——主臂架上铰点 B 至瞬心 P 的距离；

r_b——主臂架重心到 O 点的水平距离。

组合臂架各部分自重引起的对主臂架下铰点 O 的力矩计算详见本章 8.7 节"瞬心回转功率法"。

自重未平衡系数应满足 $|\zeta|_{max} \leqslant 0.1$，且在最大幅度时，$\zeta$ 为负；在最小幅度时，ζ 为正。

8.3　变幅机构的驱动形式

变幅机构常用的驱动形式有绳索驱动、齿条驱动、螺杆驱动和液压缸驱动等。绳索驱动主要用于非工作性变幅机构；齿条和螺杆驱动用于工作性变幅机构；液压缸驱动既用于工作性变幅机构，也用于非工作性变幅机构。

变幅机构应设有幅度指示器、终点限位开关。臂架上极限位置处应装有弹簧或橡胶缓冲装置。

1）绳索驱动

变幅钢丝绳一端经滑轮组与变幅卷筒相连，另一端与臂架端部相连。通过变幅卷筒卷绕钢丝绳，实现臂架的俯仰。

变幅机构驱动装置的布置方式与吊钩起重机的起升机构相同。

绳索驱动方式（见图 8-31）结构简单、自重轻、布置方便、臂架承受的弯矩小，但钢丝绳易磨损。由于钢丝绳不能承受压力，因此这种驱动方式不能用于平衡式变幅机构，主要用于非工作性变幅机构及非平衡式的工作性变幅机构，如大起重量浮式起重机（直臂架）、造船起重机和流动式起重机等的变幅机构。

设计绳索驱动变幅机构时应注意以下几点：

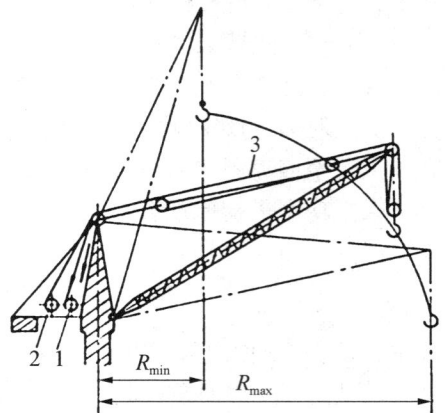

图 8-31　绳索驱动变幅机构

1—变幅卷筒；2—起升卷筒；3—变幅滑轮组

（1）变幅滑轮组的动滑轮夹套通过拉杆或拉索与臂架端部相连,以缩短变幅滑轮组长度和变幅钢丝绳的总长度。

（2）应装设防止臂架向后倾翻的装置（见图8-32）,如安全撑杆、连杆（拉索）等,以防止臂架最小幅度时在风力、惯性力、物品偏摆力作用下或物品突然脱落时可能发生的向后倾覆。

（3）应装设臂架重力下降限速装置,如人力操纵式制动器、离心式限速制动器或载荷自制式制动器。电力驱动的变幅机构和采用自锁蜗轮传动装置的变幅机构,可以不设下降限速装置。

（4）当要求统一变幅钢丝绳和起升钢丝绳的规格时,可根据最大变幅力和钢丝绳的破断拉力来确定变幅滑轮组倍率。

（5）变幅钢丝绳拉力随臂架倾角变化在较大范围内发生变化。通常变幅传动零件和连接件静强度均按最大变幅静拉力来验算。传动零件疲劳强度和寿命计算以及电动机功率计算时,应采用等效变幅阻力。

图8-32 臂架防后倾装置
(a)撑杆式;(b)连杆式;(c)绳索式

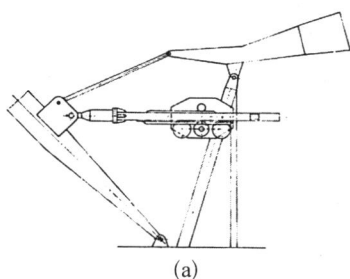

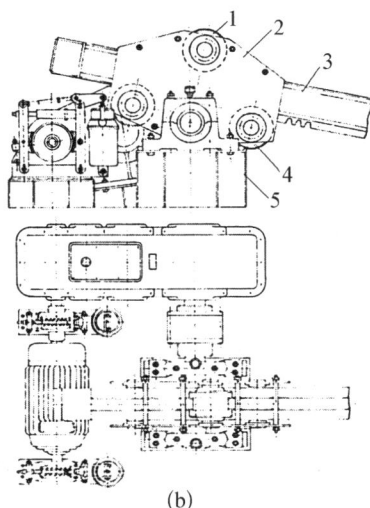

2）齿条驱动

通过齿条直接驱动,如图8-33(a)所示。图8-33(b)为安装在起重机人字架变幅平台上的齿条驱动装置。齿条由电动机通过卧式减速器和驱动小齿轮带动作直线运动。变幅时齿条绕小齿轮的轴线摆动,摇架及其上压轮和下托轮则保证了齿条在变幅过程中与小齿轮的正确啮合。当要求的减速比很大时,可在减速器输出端增加一级开式齿轮传动。

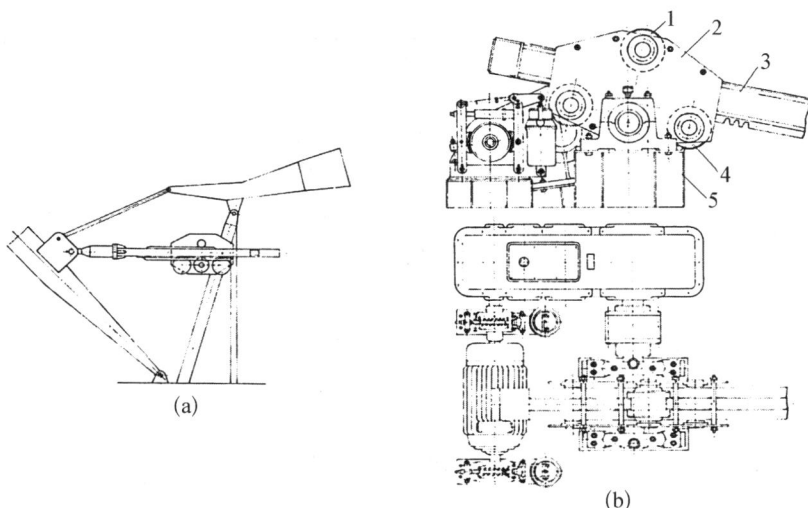

图8-33 齿条驱动变幅机构
(a)齿条驱动变幅机构总成;(b)安装在人字架上的齿条驱动机构

当齿条模数很大时,可改用针销齿条,小齿轮改为摆线齿轮,以简化制造和维修,降低成本。当变幅力很大时,可采用双齿条通过均衡装置与臂架连接。齿条驱动方式制造简单、工作可靠、安装维修方便,但齿条较易磨损。磨损后在机构起(制)动过程中会产生一定的冲击。

设计齿条变幅机构时,应注意以下几点:

(1)要防止齿条在变幅过程中与电动机及其他传动件发生干涉。解决方法,一是电动机通过浮动轴与减速器相连;二是适当提高低速轴的轴线高度,减速器成倾斜布置。此外,还要防止齿条和臂架的连接端部与其他构件之间的干涉以及齿条尾部与活动对重发生干涉。

(2)要设法减轻变幅起(制)动过程中的冲击,如采用涡轮制动器调速、变频调速、二级制动等。

(3)要装设防止齿条超行程的安全装置,如幅度指示器、行程限位器以及在齿条尾部装设的弹性止挡器等。

(4)齿条箱体通常由钢板或型钢焊接而成,箱体应按Ⅱ类载荷作用下的压弯构件进行计算。齿条到达止挡器所限定的极限位置时,还应该剩余3～4个未啮合的齿。齿条的模数按最大齿条力来确定。

3)螺杆驱动

通过螺杆直接驱动臂架,如图8-34所示。螺杆由电动机通过减速器、齿轮传动副和套筒螺母带动做直线和摆动运动(见图8-35)。套筒螺母连同齿轮传动副、减速器和电动机安装在能绕水平和垂直轴线摆动的摇架上,以适应变幅过程中螺杆摆动、补偿间隙、补偿变形和安装误差等需要,使螺杆、螺母啮合良好,螺杆免受额外弯曲。

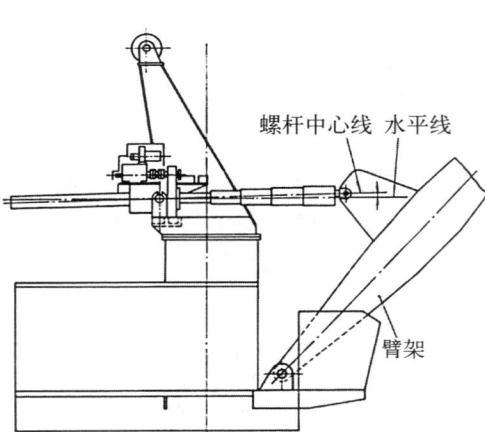

图8-34 螺杆变幅机构

螺杆驱动用于造船起重机、门座起重机和浮式起重机的变幅机构。在大幅度起重机(如造船起重机)中,限于尾部半径的控制要求,螺杆后部的尺寸不允许很大。为此,在螺杆上制作前后分开的两段螺纹(中间用无螺纹段隔开)。后段螺纹与减速器内的转动螺母啮合,前段螺纹与臂架上的不转动螺母啮合。当起重机从最大幅度向内变幅时,螺杆在转动螺母驱动下沿螺母轴线做直线运动,直到后段螺纹的端部与螺母卡住。随后螺杆与螺母一起转动,驱动臂架上的不转动螺母沿螺杆的前段螺纹段做相对直线运动,使臂架继续向内变幅,而螺杆的尾部不再伸长。

螺杆驱动方式结构紧凑、运动平稳、无噪声,但价格较贵、维修性能差、传动效率较低。

设计螺杆变幅机构时,应注意以下几点:

(1)设法提高螺杆螺母传动效率。

例如采用多头滑动螺杆(2～4头)或滚珠螺杆传动(见图8-36)。选用时,应考虑制造条件、生产成本和部件的供应情况。

(2)合理选择螺杆驱动装置的支承方式。

变幅螺杆长度较大,装配精度较难保证。为了保证螺杆的正常工作,常需把螺杆传动装置安装在可双向(垂直和水平)摆动的支架上(见图8-37),摆动销轴的轴线应通过旋转螺母的中心。当只有水平销轴支承时,则应采用调心轴承。此外还应做好机构本身对摆动铰的静平

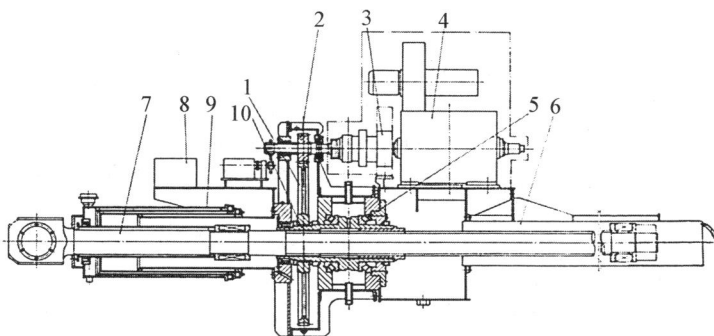

图 8-35　滑动螺杆变幅机构

1—从动大齿轮;2—主动小齿轮;3—联轴器;4—电动机;
5—轴承;6—尾部护套;7—螺杆;8—平衡块;9—伸缩套筒;10—套筒螺母

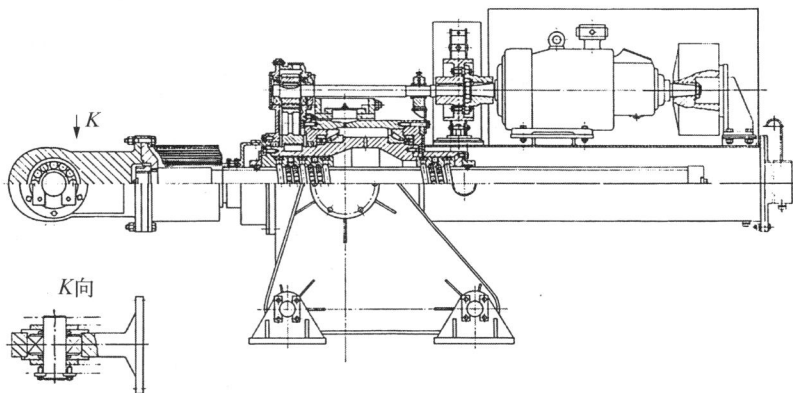

图 8-36　滚珠螺杆变幅机构

衡,以尽可能减小机构本身不平衡引起的螺杆弯曲。

　(3) 合理选择螺杆伸缩套筒形式与安装角度。

　伸缩套筒用来防尘和防雨,防止灰尘和杂物侵入螺杆而加快螺杆的磨损。伸缩套筒有密封式和非密封式两种。

　密封式伸缩套筒(见图 8-38(a))用于螺杆采用强制稀油润滑的场合。在内外套筒之间装有橡胶密封圈,防止润滑油外漏。起重机总体设计时,应使螺杆中心线始终成仰角状态(见图 8-39(a))或俯角状态(见图 8-39(b))。螺杆往复运动时带出的润滑油由小套筒逐节流向大套筒,汇集后通过连接管路流回油箱。

　非密封式伸缩套筒(见图 8-38(b))用于非强制稀油润滑场合。各节套筒之间留有 2~4 mm 间隙且不装橡胶密封圈,中间 1~2 节套筒应装导滑套,以保证套筒沿螺杆中心线自由滑动。

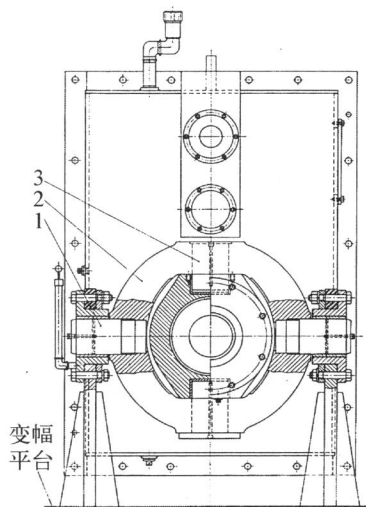

图 8-37　螺杆驱动装置的方向支架

1—垂直销轴;2—支架;3—水平销轴

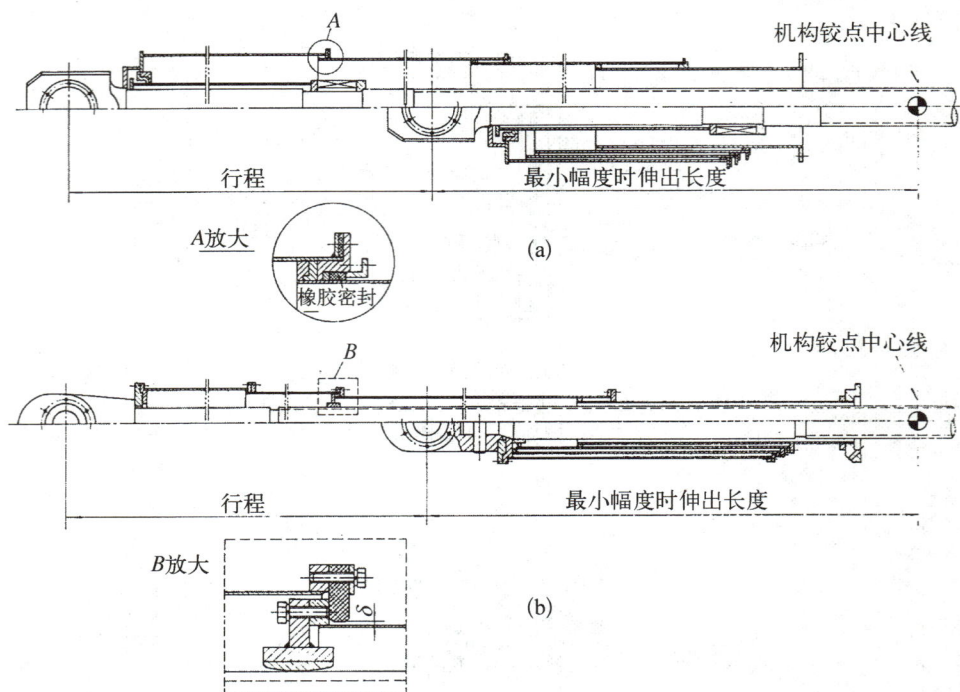

图 8-38　变幅螺杆伸缩套筒
(a) 密封式；(b) 非密封式

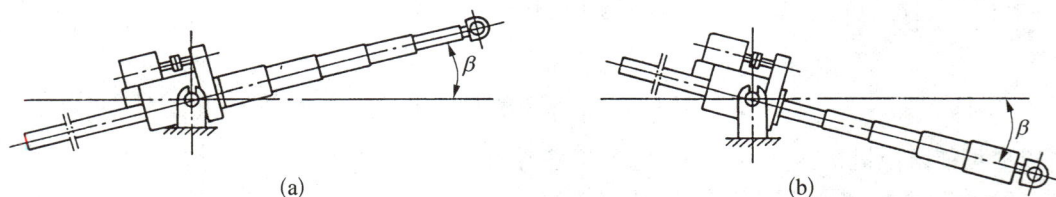

图 8-39　伸缩套筒的安装方式
(a) 仰角式；(b) 俯角式

(4) 螺杆传动装置的润滑。

螺杆传动装置的齿轮副和螺杆螺母副有以下两种润滑方式。

(A) 自带式润滑。螺杆后部备有装有齿轮的小油箱，当齿轮由螺杆带动旋转时把润滑油带上螺杆。润滑后的回油，前端经连接管流回油箱，后端直接返回油箱。这种润滑方式常用于工作不太频繁的变幅机构。

(B) 强制式润滑。通过泵站将压力油直接泵入螺杆螺母运动副。润滑系统的进出油口通过钢管与螺杆机构相连，进油口设在螺母中间位置上。如臂架经常工作在极限位置附近，尚应在螺母的两端加设两个辅助进油口，以保证机构正常工作。该润滑方式常用于装卸用门座起重机的变幅机构。

(5) 螺杆螺母的材料。

螺杆常选用 Y40Mn，35，45 等钢材。Y40Mn 钢切削加工性能好，但耐磨性差；35，45 号钢应采取正火或调质处理。螺母常选用铸造青铜 ZQSn10‐1、ZQAl9‐4。对于尺寸大的螺母宜用钢作外套。

（6）安全保护装置。

应装设可靠的安全保护装置，如装设限制极限幅度位置的行程限位器。采用强制性润滑时，应装设联锁装置，以保证在压力油经流量阀进入螺杆机构后，才能起动机构运转；装设备用螺母，防止主传动螺母磨损后发生"滑丝"和冲出；装设螺杆极限位置止挡缓冲块等。

4）液压驱动

通过液压缸活塞杆直接驱动臂架或驱动平衡重杠杆，再由变幅拉杆来带动臂架，如图8‐40所示。液压驱动方式结构紧凑、工作平稳、易于调速、布置方便、重量轻，但对制造精度、维修管理和密封措施的要求较高。目前，液压驱动主要用于轮胎起重机、汽车起重机的变幅和伸缩机构，有时也用于门座起重机的变幅机构。

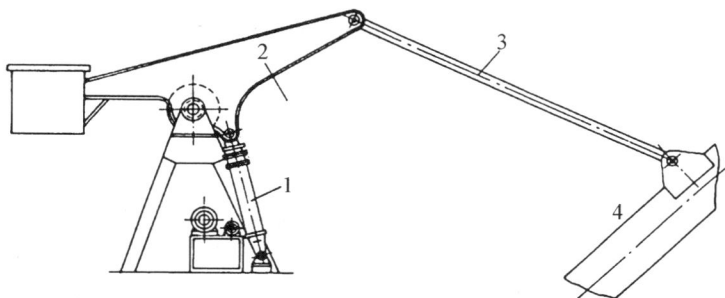

图 8‐40　液压缸驱动变幅机构
1—液压缸；2—平衡重杠杆；3—变幅拉杆；4—臂架

设计液压变幅机构时，应注意以下几点：

（1）要处理好液压缸作用力与工作行程之间的关系。通常情况下因受液压缸工作行程的限制，液压缸的作用力臂不大，而作用力较大。在工作幅度不大的流动式起重机中，常把变幅液压缸布置成前倾式，以减小变幅力，同时可缩短臂架悬臂部分长度，改善臂架受力情况。在门座起重机中，也采用液压缸驱动平衡重杠杆的方案，这样既可减小液压缸的工作行程，对于平衡式变幅机构也不会引起过大的液压缸作用力。

（2）当变幅力较大时，应采用双液压缸驱动，以免油压系统工作压力过大而带来一系列技术问题，包括要采用高压元件等。双缸驱动时应采用并联油路，并由同一个方向控制阀操纵。

（3）为了防止变幅液压缸在外力反推动下速度失控，对于平衡式变幅机构，变幅液压缸的两个工作腔油路上都应装设平衡阀；对于非平衡式变幅机构，由于变幅力单向作用，只需在活塞腔油路上装设平衡阀。平衡阀应装在缸体与油管的连接处，以便在油管意外破裂时仍可把臂架可靠地支持在某一工作位置上。

（4）当臂架（或臂架系统）的动能较大时，应安装缓冲制动阀，以达到臂架系统的平稳制动。同时液压系统应具有相应的补（泄）油回路，以补偿和消除制动过程中因活塞缸两腔面积不等引起的流量差和漏油损失。

5）驱动形式的选择

上面 4 种驱动方式的变幅机构的重量差别较大。表 8‐3 给出了近 20 种门座起重机变幅机构的单位功率重量的统计值。

表 8 - 3　单位功率重量比较(t/kW)

驱动方式	变动范围	平均值	驱动方式	变动范围	平均值
液压驱动	0.10~0.17	0.13	螺杆驱动	0.11~0.37	0.25
绳索驱动	0.14~0.15	0.14	齿条驱动	0.21~0.60	0.34

　　具体选择变幅机构驱动形式时,应对起重机的工作条件、制造厂的制造能力、不同驱动形式的制造成本和安全性等进行深入分析后,加以合理确定。

8.4　臂架系统的运动分析

　　一般所说的变幅速度是指在 t_0 时间内臂架由最大幅度 R_{max} 位置变幅到最小幅度 R_{min} 位置的平均变幅速度

$$v_{btop} = \frac{R_{max} - R_{min}}{t_0} \times 60 \qquad (8-54)$$

式中：v_{btop}——象鼻架吊点速度的平均变幅速度,m/min。

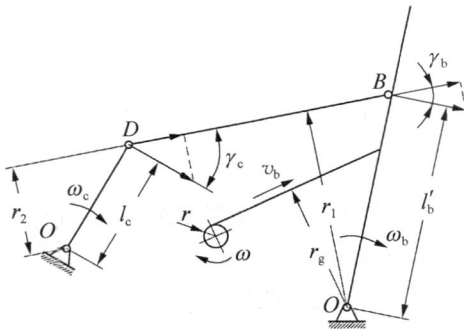

图 8 - 41　速度关系图

　　显然,v_{btop} 是变幅过程中象鼻架端点速度 v_H 在水平线上投影的平均值,是根据工作要求给定的,也是设计时应该满足的。

　　为了建立臂架系统各杆件间的速度关系,应从变幅过程中速度比较稳定的环节入手。以齿条传动为例(见图 8 - 41),一般认为变幅齿条的驱动小齿轮的角速度 ω 是常数。若变幅全行程所经的时间为 t_0,且齿条的全行程为 ΔS(可作图求得),则变幅齿条(中心线)的速度为

$$v_b = \frac{\Delta S}{t_0} \qquad (8-55)$$

　　若小齿轮分度圆半径为 r,则驱动小齿轮的角速度

$$\omega = \frac{v_b}{r} \qquad (8-56)$$

式中：v_b——齿条的速度,m/s。

　　以刚体(对重杠杆 BD)为研究对象,根据速度投影定理有

$$l'_b \omega_b \cos \gamma_b = l_c \omega_c \cos \gamma_c$$

$$l'_b \cos \gamma_b = r_1, \quad l_c \cos \gamma_c = r_2$$

则　　　　　　　　　　　　$r_1 \omega_b = r_2 \omega_c$,即 $\dfrac{\omega_c}{\omega_b} = \dfrac{r_1}{r_2}$ 　　　　　　　(8-57)

式中：ω_b——主臂架的变幅角速度，r/s；

　　ω_c——对重杠杆绕铰 O_1 转动的角速度，r/s。

同理可求得主臂架角速度

$$\omega_b = \omega \frac{r}{r_g} \tag{8-58}$$

将式(8-58)代入式(8-57)，则对重杠杆的角速度与小齿轮的角速度之比为

$$\frac{\omega_c}{\omega} = \frac{r_1 r}{r_g r_2} \tag{8-59}$$

同理也可求出臂架刚性拉杆的角速度 ω_p 与小齿轮角速度之比。

象鼻架上各点的速度关系可用瞬心法求得。变幅过程中象鼻架在变幅平面内做刚体平面运动，可分解成随着基点平移和绕着基点的转动。若在某一瞬时，已知象鼻架的速度瞬心，则象鼻架上各点的速度正比于它到速度瞬心的距离。由于臂架 OB 和刚性拉杆 O_1C 作定轴转动，象鼻架上铰点 B 和铰点 C 的速度 v_B，v_C 方向分别绕定轴 O 和 O_1 转动(见图 8-42)，过两点分别作速度 v_B，v_C 的垂线相交于 P 点，P 点即为象鼻架的速度瞬心，则象鼻架的角速度 ω_e：

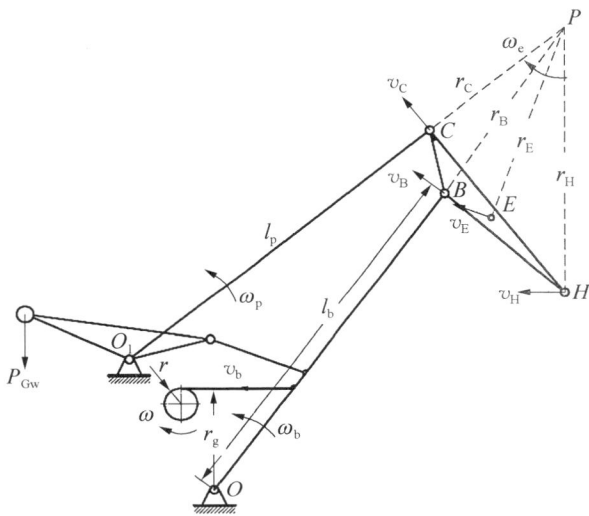

图 8-42　象鼻架速度分析图

$$\omega_e = \frac{v_B}{\overline{PB}} = \frac{v_B}{r_B} \tag{8-60}$$

其中，$v_B = \omega_b l_b = \omega \dfrac{r}{r_g} l_b = v_b \dfrac{l_b}{r_g}$ \hfill (8-61)

因而，象鼻架端点的速度 v_H 为

$$v_H = \omega_e \overline{PH} = \omega_e r_H = v_B \frac{r_H}{r_B} \tag{8-62}$$

象鼻架重心的速度 v_E 为

$$v_E = \omega_e \overline{PE} = \omega_e r_E = v_B \frac{r_E}{r_B} \tag{8-63}$$

同理，也可求出刚性拉杆的角速度 ω_p 为

$$\omega_p = \frac{v_C}{l_p} = \omega_e \frac{\overline{PC}}{l_p} = \omega_e \frac{r_C}{l_p} = \frac{v_B}{r_B} \cdot \frac{r_C}{l_p} \tag{8-64}$$

通过以上分析，获得了臂架系统各构件的速度，即可确定变幅传动机构的传动比。计算出

臂架系统的动能,以便验算电动机、制动器及传动零部件的强度,可作出各幅度下 v_H 的变化图表,从而评定变幅速度变化特性的好坏。变幅速度变化过大,即最大变幅速度与平均变幅速度之比较大,必然带来操作上的不便,特别是在接近最小幅度时变幅速度增长过快,对操作安全不利。另一方面,变幅速度变化大,则动载荷大,增加了变幅过程中的不平稳性。

8.5 变幅机构计算载荷

变幅机构计算的关键是:掌握变幅机构的载荷特点,正确地分析和求取各种工况下的变幅阻力。变幅机构的载荷特点是:

(1)无论是收幅还是伸幅,作用在平衡式变幅机构上的阻力方向是变化的,呈双向作用特点;作用在非平衡变幅机构上的阻力方向是不变的,呈单向作用特点。

(2)起重机在规定幅度范围内工作时,由于不同幅度位置上的变幅阻力是变化的,因此变幅电动机功率应按等效阻力来选择。

(3)变幅机构的不同传动零件承受不同的惯性载荷,在进行疲劳强度和静强度计算时载荷应取不同的值。

8.5.1 变幅阻力

1)非平衡动臂式变幅机构的变幅阻力

在非平衡动臂式变幅机构变幅过程中的不同幅度位置,变幅牵引构件(如钢丝绳、齿条、螺杆、液压缸活塞等)上的总变幅阻力可能会有较大的变化。每一个变幅位置上变幅牵引构件的最大变幅阻力为

$$P_Z = P_o + P_1 + P_w + P_{sh} + P_e + P_c + P_f + P_\alpha \tag{8-65}$$

式中:P_o——变幅时吊运物品非水平移动引起的变幅阻力,N;

P_1——臂架系统自重未能完全平衡引起的变幅阻力,N;

P_w——作用在臂架系统上的风载荷引起的变幅阻力,N;

P_{sh}——作用在吊运物品上的风载荷、起重机回转时吊运物品的离心力以及变幅、回转、运行起动或制动时在吊运物品上造成的水平惯性力等引起的起升滑轮组对铅垂线的偏摆角 α 造成的变幅阻力,N;

P_e——臂架系统在起重机回转时的离心力引起的变幅阻力,N;

P_c——变幅过程中臂架系统相对回转中心线的径向惯性力引起的变幅阻力,N;

P_f——臂架铰轴等关节中的摩擦力和补偿滑轮组的效率造成的变幅阻力,N;

P_α——起重机轨道坡度或浮式起重机的倾角等引起的变幅阻力,N。

2)平衡臂架式变幅机构的变幅等效阻力

变幅等效阻力为正常工作状态下根据相应起重量在变幅全过程中各个不同幅度位置上的变幅阻力和相应幅度区间的变幅时间来计算的均方根值。

$$F_{Id} = \sqrt{\frac{\sum_{i=1}^{n} P_{Ii}^2 \cdot t_i}{\sum_{i=1}^{n} t_i}} \tag{8-66}$$

式中：F_{Id}——平衡臂架式变幅机构变幅等效阻力，N；

P_{Ii}——臂架从位置 i 到位置 $i+1$ 幅度区段上两个相邻计算位置的变幅阻力的平均值，N；

t_i——P_{Ii} 的作用时间，s。

平衡臂架式变幅机构每个位置上的变幅阻力可采用式(8-65)计算。

按式(8-65)计算变幅机构总阻力时应注意以下几点：

(1) 有些载荷(如风载荷、惯性载荷、离心力等)的大小随臂架位置改变而变化。

(2) 除摩擦阻力外，其余各项阻力均有"＋"、"－"之分。当相应外载荷对臂架下铰点产生的力矩使臂架有增幅趋势时，该阻力取"＋"号；反之取"－"号。计算总的变幅阻力时，将它们的代数值相加。

(3) 起升绳偏摆角有 α_I 和 α_{II} 及外摆和内摆之分，应按计算要求选取。起升绳偏摆角取 α_I 时，相应的计算风压取为 p_I；起升绳偏摆角取 α_{II} 时，相应的计算风压取为 p_{II}。

(4) 对于幅度小于 25 m、回转速度小于 1 r/min 的起重机，由回转离心力引起的阻力 P_e 可不必计算。

(5) 对于在轨道上工作的港口起重机，坡道变幅阻力 P_α 可忽略不计。

(6) 非工作状态下作用在齿条上的最大轴向力为式(8-65)中的 P_1，P_w 和 P_f 3 项阻力之和，摩擦阻力项 P_f 应取负值，按臂架处在非工作状态的停放位置进行计算。计算 P_w 时，计算风压取为 p_{III}。

3) 牵引小车式变幅机构的变幅稳态阻力

钢丝绳牵引小车式变幅机构的变幅稳态阻力包括摩擦阻力、等效坡道阻力、起升钢丝绳和牵引钢丝绳绕过导向滑轮所引起的阻力。摩擦阻力包括车轮沿轨道滚动的阻力、车轮轴承内的摩擦阻力以及车轮轮缘与轨道侧面间的附加摩擦阻力，后者一般用前述两种基本摩擦阻力之和乘以附加摩擦阻力系数 1.50 来考虑，计算详见式(7-5)。

8.5.2 各项变幅阻力的计算

下面以刚性四连杆组合臂架变幅机构阻力计算为例，详细介绍变幅阻力的计算方法，其驱动方式为齿条驱动，以下所述的变幅阻力均作用在变幅齿条上，计算简图参见图 8-43。

1) P_o 的计算

起升载荷 P_Q 在刚性拉杆中引起拉力 P_R，两者合力 P_{RQ} 作用线过主臂架的上铰点 B，它对主臂架下铰点 O 的力矩为 $P_{RQ}r_Q$，如果物品严格走水平线，则 r_Q 为 0。

由于物品和取物装置非水平移动引起的变幅阻力 P_o 为

$$P_o = \frac{1}{r_g}P_{RQ}r_Q \qquad (8-67)$$

2) P_1 的计算

臂架系统由活动对重 P_{Gw}、对重杠杆 P_{Gc}、连杆 P_{Gr}、主臂架 P_{Gb}、拉杆 P_{Gp} 和象鼻架 P_{Ge} 组成，因此各组成构件的未平衡重力都将产生阻力矩，具体分析如下：

(1) 连杆自重 P_{Gr} 所引起的变幅阻力矩。P_{Gr} 平均作用于其与臂架、对重杠杆的连接铰点处，如图 8-43 所示。其中作用于臂架连接铰上的 $P_{Gr}/2$ 力对主臂架下铰点产生力矩为 $M'_{Or} = P_{Gr}l_r/2$，作用于对重杠杆连接铰点的 $P_{Gr}/2$ 力使连杆产生压力，对 O_1 点取矩可得连杆所受的

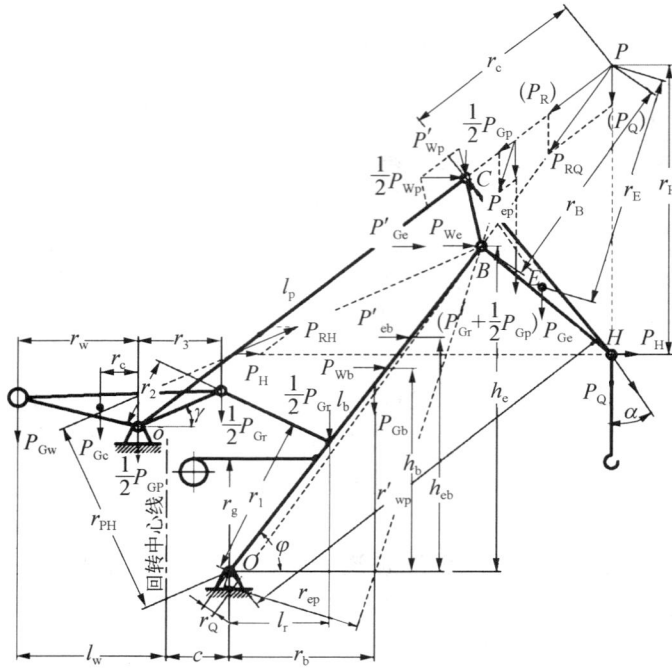

图 8-43 组合臂架变幅机构阻力计算简图

压力值为 $\dfrac{P_{Gr}}{2}\dfrac{r_3}{r_2}$，从而对主臂架下铰点产生的力矩为：$M''_{Or}=\dfrac{P_{Gr}}{2}\dfrac{r_3}{r_2}r_1$。

（2）对重自重 P_{Gw} 所引起的变幅阻力矩。P_{Gw} 使连杆产生拉力，从而对主臂架下铰点产生力矩 M_{Ow}，利用功率平衡和速度投影定理有：$M_{Ow}=P_{Gw}r_w\dfrac{\omega_c}{\omega_b}=P_{Gw}r_w\dfrac{r_1}{r_2}$。

（3）对重杠杆自重 P_{Gc} 引起的变幅阻力矩 $M_{Oc}=P_{Gc}r_c\dfrac{r_1}{r_2}$。

（4）象鼻架自重 P_{Ge} 和拉杆自重的一半 $P_{Gp}/2$ 对主臂架下铰点产生力矩 $M_{Oe}=P_{ep}r_{ep}$，其中 P_{ep} 为 P_{Ge} 和 $P_{Gp}/2$ 引起的作用在臂架上铰点的作用力。

（5）臂架自重 P_{Gb} 对铰点 O 的变幅阻力矩为 $M_{Ob}=P_{Gb}r_b$。

因此，由于臂架系统自重未能完全平衡引起的变幅阻力矩为

$$M_{Ol}=M'_{Or}+M''_{Or}-M_{Ow}-M_{Oc}+M_{Oe}+M_{Ob}$$

变幅阻力矩除以距离 r_g 即得变幅阻力 P_l 为

$$P_l=\dfrac{M_{Ol}}{r_g}=\dfrac{1}{r_g}\left[(P_{ep}r_{ep}+P_{Gb}r_b+\dfrac{1}{2}P_{Gr}l_r)-\dfrac{r_1}{r_2}(P_{Gw}r_w+P_{Gc}r_c-\dfrac{1}{2}P_{Gr}r_3)\right]$$

$$(8-68)$$

3）P_w 的计算

忽略作用在对重、对重杠杆和连杆上的风载荷。作用在象鼻架上的风载荷 P_{We} 近似认为作用于臂架与象鼻架的主铰点 B 处。刚性拉杆上承受的风载荷 P_{Wp} 可简化为平均作用于象鼻

架尾端铰点 C 和拉杆下铰点 O_1 上的集中力。作用于象鼻架尾端铰点 C 处的风力 $P_{wp}/2$ 与其引起的拉杆拉力的合力 P'_{wp} 作用于 B 点。作用在臂架上的风载荷 P_{wb} 作用于臂架迎风面的形心上。因此,风载荷引起的变幅阻力 P_W 为

$$P_W = \frac{1}{r_g}(P_{We}h_e + P_{Wb}h_b + P'_{wp}r'_{wp}) \tag{8-69}$$

一般取 $h_b = \frac{3}{7}l_b\sin\varphi$。

4）P_{sh} 的计算

起重机工作时,被悬吊的物品由于工作机构(包括回转、运行和变幅机构)起、制动以及风载荷的作用,起升钢丝绳将偏离铅垂方向产生偏摆角 α,而在臂架端滑轮轴上产生水平力 $P_H = P_Q\tan\alpha$。水平力 P_H 与其在刚性拉杆中引起的拉力,近似认为两者合力 P_{RH} 的作用线过主臂架的上铰点 B,则由物品偏摆引起的变幅阻力 P_{sh} 为

$$P_{sh} = \frac{1}{r_g}P_{RH}r_{RH} \tag{8-70}$$

5）P_c 的计算

P_c 是仅在变幅机构起动(加速)或制动(减速)时才考虑的阻力,其为臂架系统(包括物品)的惯性力引起的变幅阻力。

在臂架起动(制动)时,如果近似认为电动机的起动力矩(或制动器的制动力矩)在整个起动(制动)时间 t 内保持为常数,则利用功能定理有:作用在齿条上的阻力 P_c 所做的功等于在该时间内臂架系统(包括物品)的动能变化,即

$$P_c \cdot \frac{1}{2}v_bt = E \tag{8-71}$$

式中:E——臂架系统(包括物品)在稳定运动时的动能,初始动能为零,J;

　　　v_b——变幅齿条(或变幅螺杆、油缸、钢丝绳等)的运动速度,m/s。

(1) 主臂架的动能 E_b。

为了简化计算,把主臂架看成均质的杆件,则主臂架在变幅过程中的动能为

$$E_b = \frac{1}{2} \times \frac{1}{3}\frac{P_{Gb}}{g}l_b^2\omega_b^2 = \frac{1}{6}\frac{P_{Gb}}{g}v_B^2 \tag{8-72}$$

式中:v_B——主臂架上铰点的速度,m/s。

(2) 对重的动能 E_w。

将对重看成是集中质量,其回转半径为 r_w,其转动的角速度为 ω_c,则对重的动能为

$$E_w = \frac{1}{2}\frac{P_{Gw}}{g} \cdot r_w^2\omega_c^2 = \frac{1}{2}\frac{P_{Gw}}{g} \cdot r_w^2\frac{r_1^2}{r_2^2}\left(\frac{v_B}{l_b}\right)^2 \tag{8-73}$$

(3) 象鼻架的动能 E_e。

象鼻架做刚体的平面运动,每一瞬时都有一速度瞬心 P,所以其动能 E_e 为

$$E_e = \frac{1}{2}J_P\omega_e^2 \tag{8-74}$$

式中：J_P——象鼻架对速度瞬心 P 的转动惯量；

$$J_P = J_{Ee} + m_e \overline{PE}^2 = J_{Ee} + m_e r_E^2 \tag{8-75}$$

J_{Ee}——象鼻架对通过其质心并平行于瞬时转动轴的轴线的转动惯量；

r_E——象鼻架的速度瞬心轴与其质心之间的距离；

m_e——象鼻架的质量，$m_e = P_{Ge}/g$。

因而
$$E_e = \frac{1}{2} J_{Ee} \omega_e^2 + \frac{1}{2} \frac{P_{Ge}}{g} r_E^2 \omega_e^2 = \frac{1}{2} J_{Ee} \omega_e^2 + \frac{1}{2} \frac{P_{Ge}}{g} v_E^2 \tag{8-76}$$

式中：v_E——象鼻架质心的速度，$v_E = \omega_e r_E$，m/s；

ω_e——象鼻架的角速度，r/s。

即象鼻架在变幅平面内运动所具有的动能为象鼻架随质心平移的动能与绕质心转动的动能之和。将 $v_E = v_B \dfrac{r_E}{r_B}$，$\omega_e = \dfrac{v_B}{r_B}$ 代入式(8-76)，得

$$E_e = \frac{1}{2} J_{Ee} \frac{v_B^2}{r_B^2} + \frac{1}{2} \frac{P_{Ge}}{g} \frac{v_B^2}{r_B^2} r_E^2 \tag{8-77}$$

若近似把象鼻架看成是均质杆件，其长度为 l_e，则其绕质心的转动惯量为

$$J_{Ee} = \frac{1}{12} \frac{P_{Ge}}{g} l_e^2 \tag{8-78}$$

则象鼻架的动能可写成

$$E_e = \frac{1}{2} \frac{P_{Ge}}{g} v_B^2 \left(\frac{r_E^2}{r_B^2} + \frac{1}{12} \frac{l_e^2}{r_B^2} \right) \tag{8-79}$$

括号项接近于1，此时象鼻架接近于集中质量，故

$$E_e \approx \frac{1}{2} \frac{P_{Ge}}{g} v_B^2 \tag{8-80}$$

（4）拉杆的动能 E_p。

刚性拉杆可认为是绕其下铰点转动的均质杆件，则刚性拉杆的动能为

$$E_p = \frac{1}{2} \times \frac{1}{3} \cdot \frac{P_{Gp}}{g} l_p^2 \omega_p^2 = \frac{1}{6} \cdot \frac{P_{Gp} v_B^2}{g} \cdot \frac{r_C^2}{r_B^2}$$

由于 $\dfrac{r_C^2}{r_B^2} \approx 1$，则有 $\qquad E_p \approx \frac{1}{6} \cdot \frac{P_{Gp} v_B^2}{g} \tag{8-81}$

（5）物品变幅时的动能 E_Q。

物品变幅时的动能为

$$E_Q = \frac{1}{2} \frac{P_Q}{g} v_H^2 = \frac{1}{2} \frac{P_Q}{g} \frac{r_H^2}{r_B^2} v_B^2 \tag{8-82}$$

综上所述，臂架系统在稳定运动期的总动能为

$$E = E_b + E_w + E_p + E_e + E_Q \tag{8-83}$$

将式(8-61)代入上式得

$$E = \frac{v_b^2}{2gr_g^2}\left[\left(P_Q\frac{r_H^2}{r_B^2} + P_{Ge} + \frac{1}{3}P_{Gp} + \frac{1}{3}P_{Gb}\right)l_b^2 + \frac{P_{Gw}r_w^2 r_1^2}{r_2^2}\right] \tag{8-84}$$

其中物品变幅动能最大,其次为象鼻架,而刚性拉杆最小(实际设计时可以忽略不计)。将式(8-71)代入式(8-84),经整理得

$$P_c = \frac{2E}{v_b t} = \frac{v_b}{gtr_g^2}\left[\left(P_Q\frac{r_H^2}{r_B^2} + P_{Ge} + \frac{1}{3}P_{Gp} + \frac{1}{3}P_{Gb}\right)l_b^2 + \frac{P_{Gw}r_w^2 r_1^2}{r_2^2}\right] \tag{8-85}$$

式中:v_b——齿条的速度,m/s;

$\quad t$——变幅机构起动或制动时间,建议取 $t = 1 \sim 5$ s。

6) P_e 的计算

当起重机回转时,只计算臂架系统主臂架和象鼻架的离心力,而忽略对重、对重杠杆、连杆和刚性拉杆等的离心力,因为它们的影响较小。

(1) 由象鼻架的离心力在齿条上引起的变幅阻力。

象鼻架的离心力可近似取其作用点在主臂架上铰点 B 上,由其引起的作用在变幅齿条上的阻力为

$$P_{ee} = \frac{1}{r_g}P'_{ee}h_e = \frac{1}{r_g}\frac{P_{Ge}}{g}\left(\frac{2\pi n}{60}\right)^2 (c + l_b\cos\varphi)h_e \approx \frac{1}{r_g}\frac{n^2}{900}P_{Ge}(c + l_b\cos\varphi)h_e \tag{8-86}$$

式中:n——变幅齿轮的转速,r/min。

(2) 由主臂架的离心力在齿条上引起的变幅阻力。

假设主臂架是个均质的杆件,其微段上的离心力可表示为

$$dP'_{eb} = \frac{q\,dx}{g}R\omega_h^2 \tag{8-87}$$

其中主臂架自重的分布集度 $q = P_{Gb}/l_b$,微段 dx 到回转中心的距离 $R = c + x\cos\varphi$,x 轴的坐标原点为 O 点,沿主臂架轴线斜向上为正,具体如图 8-44 所示。

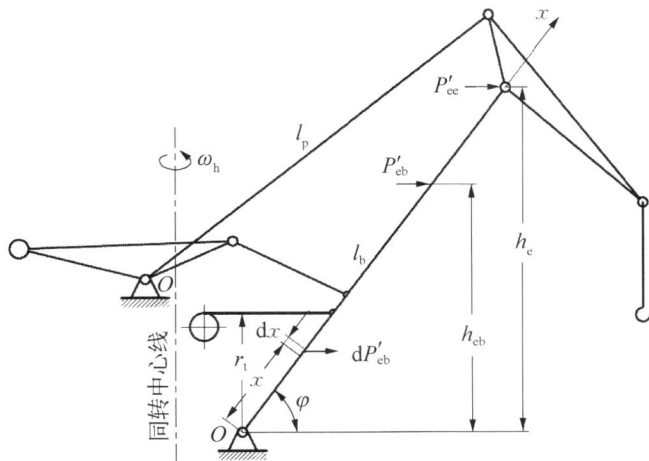

图 8-44 回转离心力计算示意图

故
$$\mathrm{d}P'_{\mathrm{eb}} = \frac{P_{\mathrm{Gb}}\omega_{\mathrm{h}}^2}{gl_{\mathrm{b}}}(c + x\cos\varphi)\mathrm{d}x \qquad (8-88)$$

由式(8-88)积分后得主臂架的离心力:

$$P'_{\mathrm{eb}} = \frac{P_{\mathrm{Gb}}\omega_{\mathrm{h}}^2}{gl_{\mathrm{b}}}\left(\int_0^{l_{\mathrm{b}}} c\,\mathrm{d}x + \cos\varphi\int_0^{l_{\mathrm{b}}} x\,\mathrm{d}x\right) = \frac{P_{\mathrm{Gb}}\omega_{\mathrm{h}}^2}{g}\left(c + \frac{1}{2}l_{\mathrm{b}}\cos\varphi\right) \approx \frac{n^2}{900}P_{\mathrm{Gb}}\left(c + \frac{1}{2}l_{\mathrm{b}}\cos\varphi\right)$$
$$(8-89)$$

根据合力矩定理知:

$$P'_{\mathrm{eb}} \times h_{\mathrm{eb}} = \int_0^{l_{\mathrm{b}}} \frac{P_{\mathrm{Gb}}\omega_{\mathrm{h}}^2}{gl_{\mathrm{b}}}(c + x\cos\varphi)x\sin\varphi\,\mathrm{d}x$$

则主臂架离心力的作用点主臂架下铰点的垂向高度为

$$h_{\mathrm{eb}} = l_{\mathrm{b}}\sin\varphi \times \frac{c/2 + l_{\mathrm{b}}/3\cos\varphi}{c + l_{\mathrm{b}}/2\cos\varphi} \qquad (8-90)$$

当 $c=0$ 时, $h_{\mathrm{eb}} = \frac{2}{3}l_{\mathrm{b}}\sin\varphi$

由主臂架的离心力在齿条中引起的力:

$$P_{\mathrm{eb}} = \frac{1}{r_{\mathrm{g}}}P'_{\mathrm{eb}}h_{\mathrm{eb}} \approx \frac{1}{r_{\mathrm{g}}}\frac{n^2}{900}P_{\mathrm{Gb}}\left(c + \frac{1}{2}l_{\mathrm{b}}\cos\varphi\right) \qquad (8-91)$$

由于臂架系统在起重机回转时的离心力引起的变幅阻力 $P_{\mathrm{e}} = P_{\mathrm{ee}} + P_{\mathrm{eb}}$,经整理得

$$P_{\mathrm{e}} = \frac{n^2}{900r_{\mathrm{g}}}\left[P_{\mathrm{Ge}}(c + l_{\mathrm{b}}\cos\varphi)h_{\mathrm{e}} + P_{\mathrm{Gb}}h_{\mathrm{eb}}\left(c + \frac{1}{2}l_{\mathrm{b}}\cos\varphi\right)\right] \qquad (8-92)$$

7) 其他载荷的计算

由于臂架系统各铰链关节的摩擦力而在齿条中引起的变幅阻力 P_{f} 一般不单独计算,而是将齿条力(未计入 P_{f})除以效率 η(制动时乘以 η)来计及。当关节用滚动轴承时,$\eta=1$;采用滑动轴承时,可取 $\eta=0.85\sim0.9$。采用刚性拉杆组合臂架时,宜采用滚动轴承,可增大人工检查和轴承加油的周期,减少爬臂架的次数,从而减少检修的工作量。

同样,坡道阻力 P_{a} 也不单独计算,是在计算 P_{o},P_{l} 时将起升载荷和自重载荷转过一个坡度角计及。

8.6 变幅机构计算

8.6.1 电动机的选择

1) 电动机的初选和验算

非平衡动臂式变幅机构所需电动机功率按式(4-13)计算,平衡臂架式变幅机构所需电动机功率按式(4-14)计算,牵引小车式变幅机构所需电动机功率按式(4-11)计算。

按电动机功率初选电动机,并进行过载校验,见式(4-22)。对于工作繁忙的变幅机构还应进行发热校验,见式(4-30)。

2）起动时间和加速度的计算

变幅机构电动机选出之后，应计算机构的起动加速度。由起动时间 t_q 算得机构起动加速度应满足：起重机变幅时臂架端部水平移动的最大加（减）速度不大于 $0.6\ \text{m/s}^2$。

电动机起动时间分两种情况：

（1）要求在第一类载荷作用时出现最大齿条力 P_Z^{I} 的情况下，起动时间 $t_q \leqslant 5 \sim 6\ \text{s}$。

$$P_Z^{\text{I}} = (P_1 + P_o + P_{\text{shI}} + P_{\text{wI}})_{\max} + P_e \tag{8-93}$$

则电动机应克服的静阻力矩为

$$M_{\text{I}} = \frac{P_Z^{\text{I}} r}{i \eta} \tag{8-94}$$

式中：i——变幅机构的总传动比；

$\quad\quad r$——小齿轮分度圆半径，m；

$\quad\quad \eta$——机构传动效率。

起动时间按下式计算：

$$t_q = \frac{2\pi n}{60} \cdot \frac{\sum J}{M_{\text{dq}} - M_{\text{I}}} \tag{8-95}$$

式中：$\sum J$——电动机所在的高速轴上的等效转动惯量的总和（含电动机、制动轮、联轴器等），$\text{kg} \cdot \text{m}^2$；

$$\sum J = J_0 + J_c + J_1 \tag{8-96}$$

J_0——高速轴上所有旋转质量的转动惯量之和；

J_c——传动机构换算到高速轴上的等效转动惯量（由驱动齿条的小齿轮到减速箱高速轴），$J_c = (0.1 \sim 0.2)J_0$；

J_1——臂架系统换算到电动机轴上等效转动惯量（包括物品）；

$$J_1 = \frac{2E}{\eta \left(\dfrac{\pi n}{30}\right)^2}$$

E——臂架系统（包括物品）的总能，详见 P_c 的计算；

M_{dq}——电动机的平均起动力矩，$M_{\text{dq}} = \lambda_{\text{AS}} M_n$，其中 λ_{AS} 为电动机平均起动转矩倍数。

（2）在空载、无风和不回转情况下出现最小变幅阻力矩时，电动机起动时间要满足 $t_q > 1.5 \sim 2\ \text{s}$，若不能满足这一要求，为了不致空载时起动过猛，在电器控制线路中应加入延时继电器，使起动时间大于 $1.5 \sim 2\ \text{s}$。

8.6.2 减速器的选择

1）传动比的计算

小齿轮的转速：

$$n_z = \frac{60 v_b}{\pi d_z} \tag{8-97}$$

式中：d_z——小齿轮分度圆直径，m；

　　　n_z——小齿轮转速，r/min。

齿条驱动的总传动比：

$$i = i_1 i_2 = \frac{n}{n_z} \qquad (8-98)$$

式中：n——电动机转速，r/min；

　　　i_1——减速器传动比；

　　　i_2——开式齿轮传动比。

2）减速器的选择

（1）非平衡动臂式变幅机构。减速器的工作特点和选择原则与起升机构减速器相同。

（2）平衡臂架式变幅机构、牵引小车式变幅机构。减速器的工作特点和选择原则与运行机构减速器相同。

8.6.3　制动器的选择

在平衡式臂架系统中，往往采用比较高的变幅速度，工作中可能出现很大的载荷变化，为了在出现最大载荷时能够停车；出现最小载荷时又不致因制动过猛而产生较大的振动；在不工作时，承受非工作状态最大风压也能保持臂架不致被风吹动，因而合理选择变幅机构的制动器和调整制动器是比较重要的。

1）制动器选择原则

（1）平衡臂架式变幅机构。

对于平衡臂架式变幅机构，应采用常闭式机械制动器。当用变幅过程中变幅钢丝绳或变幅拉杆中的最大拉力换算到制动器轴上的转矩进行计算时，应按如下原则进行选型。

（A）工作工况。

$$K_{Z\mathrm{II}} = \frac{M_z}{M_{\mathrm{II\ max}}} \geqslant 1.25 \qquad (8-99)$$

式中：M_z——制动器的制动力矩，N·m；

　　　$M_{\mathrm{II\ max}}$——最大工作力矩，即起重机悬吊物品回转并受工作状态最大风力 $P_{w\mathrm{II}}$ 作用，钢丝绳出现最大摆角 α_{II} 时在制动器的轴上引起的力矩，N·m。

（B）非工作工况。

$$K_{Z\mathrm{III}} = \frac{M_z}{M_{\mathrm{III\ max}}} \geqslant 1.15 \qquad (8-100)$$

式中：$M_{\mathrm{III\ max}}$——起重机不工作，并受最大非工作风 $P_{w\mathrm{III}}$ 作用时在制动器的轴上引起的力矩，N·m。

（2）非平衡动臂式变幅机构。

对于非平衡动臂式变幅机构，在一般情况下应装一个机械式制动器；在重要情况下应装两个机械式支持制动器或装一个机械式支持制动器和一个停止器。装一个机械式支持制动器时，其制动安全系数不小于1.50；装有两个机械式支持制动器时，每一个制动安全系数不小于1.25。液压变幅机构应装平衡阀。

（3）钢丝绳牵引小车变幅机构。

对于钢丝绳牵引小车变幅机构,机械式制动器的制动转矩与运行摩擦阻力矩之和,应能使处于不利情况下的变幅小车在要求的时间内停止下来。机械式制动器安全系数不小于 1.25。采用常闭式机械式制动器,宜先减速后制动,牵引小车的制动减速度不宜超过 0.5 m/s²。

2）制动器验算

（1）最长制动时间。

$$t_{Zmax} = \frac{n \sum J'}{9.55(M_Z - M_{II\,max})} \tag{8-101}$$

式中：$\sum J'$——电动机所在的高速轴上的等效转动惯量的总和（含电动机、制动轮、联轴器等）,kg·m²;

$$\sum J' = J_0 + J_c + J_1' \tag{8-102}$$

J_1'——臂架系统换算到制动轮轴上的等效转动惯量（包括物品）,kg·m²;

$$J_1' = \eta' \frac{182.4E}{n^2}$$

$M_{II\,max}$——工作状态下,齿条上最大变幅阻力换算到制动轮上的静阻力矩,N·m;

$$M_{II\,max} = \frac{P_{Zmax}^{II} r}{i} \eta'$$

η'——到制动器处的传动效率。

（2）最短制动时间。

$$t_{Zmin} = \frac{n \sum J'}{9.55(M_Z - M_{I\,max})} \tag{8-103}$$

式中：$M_{I\,max}$——正常工作状态下,齿条上等效变幅阻力 F_{Id} 换算到制动轮上的静阻力矩,N·m,$M_{I\,max} = \frac{F_{Id} r}{i} \eta'$;

$\sum J'$——不包括物品的转动惯量,kg·m²。

（3）延长制动时间的措施。

如果 t_{Zmin} 过短,将会导致起重机臂架系统过分振动和物品偏摆,此时应采取以下延长时间的措施:

（A）分级制动,通常采用两只制动器,其制动力矩总和应符合制动安全性要求,第一级制动力矩比第二级小,在时间继电器的控制下,当第一级制动 1~3 s 后第二级再制动。

（B）采用动作比较平稳的制动器,如液压推杆制动器,制动动作比较缓慢,故工作平稳,并能吸收制动时引起的部分振动能量。

（C）选择调速性能较好的电动机,可实现先减速再制动,比较平稳。

3）两级制动的验算

第一级制动器制动力矩按无风时制动时间 1~3 s 计算;而第二级制动器的制动力矩,按两制动力矩之和不应小于载荷情况Ⅰ下所需的制动力矩来确定,并满足制动器的制动力矩之和不小于载荷情况Ⅲ下最大载荷作用时所需的制动力矩。

(1) 第一级制动器制动力矩 M_{Z1} 的计算。

$$M_{Z1} = \frac{1}{t_{Z1}}\left(\frac{\pi n}{30} \cdot \sum J\right) + M_{\text{I}j} \tag{8-104}$$

式中:t_{Z1}——第一级制动器在无风时的制动时间,可取 3 s;

$\sum J$ ——制动器所在轴上的总等效转动惯量,其中包括物品;

$M_{\text{I}j}$——促使臂架继续运动的静力矩,等于载荷情况Ⅰ下(不计风载荷和起升钢丝绳偏摆的影响)求得折算到制动轮上的静力矩:

$$M_{\text{I}j} = \frac{(P_1 + P_o) \times d_z/2}{i} \cdot \eta \tag{8-105}$$

i——变幅齿轮的传动比;

d_z——齿轮的分度圆直径;

η——传动效率。

(2) 第二级制动器制动力矩 M_{Z2} 的计算。

(1) 两制动器的制动力矩之和不应小于载荷情况Ⅱ下在制动轮轴上引起的最大力矩 $M_{\text{Ⅱ max}}$ 所需的制动力矩 $M_{Z\text{Ⅱ}}$,即

$$M_{Z1} + M_{Z2} \geqslant M_{Z\text{Ⅱ}} = 1.25 M_{\text{Ⅱ max}} \tag{8-106}$$

式中:M_{Z1}——第一级制动器的制动力矩;

M_{Z2}——第二级制动器的制动力矩。

$$M_{\text{Ⅱ max}} = \frac{P_Z^{\text{Ⅱ}} d_z/2}{i} \cdot \eta \tag{8-107}$$

载荷情况Ⅱ下的最大变幅阻力:

$$P_Z^{\text{Ⅱ}} = P_o + P_1 + P_{w\text{Ⅱ}} + P_{a\text{Ⅱ}} + P_e + P_c \tag{8-108}$$

(2) 两制动器的制动力矩之和也不应小于载荷情况Ⅲ下最大载荷作用时所需的制动力矩 $M_{Z\text{Ⅲ}}$

$$M_{Z1} + M_{Z2} \geqslant M_{Z\text{Ⅲ}} = 1.15 M_{\text{Ⅲ max}} \tag{8-109}$$

$$M_{\text{Ⅲ max}} = \frac{(P_1 + P_{w\text{Ⅲ}}) d_z/2}{i} \cdot \eta \tag{8-110}$$

所选的制动器在试车时应调整它们的制动力矩,达到比较合理的结果为止。

为了缓和起动和制动时的冲击作用,在齿条与臂架连接处应设置缓冲器。缓冲器目前有多层橡胶圈子式、螺旋弹簧式、螺旋弹簧加液压阻尼油缸式。橡胶圈较螺旋弹簧具有更大的消散振动能的性能,但会老化。螺旋弹簧与阻尼油缸结合的缓冲器使用效果良好,有利于提高变幅机构的工作质量。

8.6.4　作用在传动轴上的力矩

1) 力矩的计算原理

首先将所有运动质量都换算到电动机轴上,并根据要计算的传动环节,把运动质量分成两

部分。若计算起(制)动时减速器低速轴所承受的力矩,运动质量分为① 减速器低速轴到电动机转子所有的运动质量折算为电动机轴上的第一个质量,其等效转动惯量 $J_g = J_1 + J_2$,其中 J_1 为电动机转子的转动惯量,J_2 为折算到电动机轴上的传动机构零部件的等效转动惯量。② 臂架系统(减速器低速轴至物品,包括物品)折算为电动机轴上的第二个质量,其等效转动惯量 $J_d = J_3$。按照刚性传动假设,这两部分质量用刚性轴连接起来。在第一个运动质量上作用有电动机的平均起动力矩 M_{dq},而在第二个运动质量上作用有折算到电动机轴上的静阻力矩。因此,起动时作用在两个质量之间传动轴上的力矩为

$$M_l^g = M_j + J_d \alpha \tag{8-111}$$

式中：M_l^g——折算到电动机轴上的力矩,N·m;

　　　M_j——折算到电动机轴上的静阻力矩,N·m;

　　　α——起动时电动机的角加速度,r/s²。

根据动量矩定理,将起动力矩 M_{dq} 减去静力矩 M_j 所得的剩余力矩 ΔM 用于克服运动质量加速时的惯性力矩,即

$$\Delta M = M_{dq} - M_j = (J_d + J_g)\alpha$$

则

$$\alpha = \frac{M_{dq} - M_j}{J_d + J_g} \tag{8-112}$$

将式(8-112)代入式(8-111)得

$$M_l^g = M_j + (M_{dq} - M_j) \frac{J_d}{J_g + J_d} \tag{8-113}$$

即各传动轴上所承受的力矩为

$$M_l = \left[M_j + (M_{dq} - M_j) \frac{J_d}{J_g + J_d} \right] i \eta \tag{8-114}$$

式中：i——电动机轴与所要计算轴之间的传动比;

　　　η——电动机轴与所要计算轴之间的传动效率。

由式(8-114)可计算传动环节各传动件在起动时所承受的力矩。如果计算的是电动机到高速轴制动器之间的轴段,显然式(8-114)中 $J_g = J_1$,$J_d = J_2 + J_3$ 且 $i = 1$ 及 $\eta = 1$。

2) 计算力矩的修正

以上的计算是建立在刚性传动假设基础上的,但事实上所有传动件并不是绝对的刚体,因而在起动或制动时由于弹性振动而使动力矩有所增加。可近似认为起动力矩在起动开始时刻瞬间即达平均起动力矩,并在起动时间内保持不变。

如果弹性传动件在起动(或制动)力矩作用开始之前,已受静阻力矩作用,则只要将刚性传动计算式(8-114)中的动力矩项乘以 2,即可计及由于弹性振动而使力矩增加的影响,即

$$M_l = \left[M_j + 2(M_{dq} - M_j) \frac{J_d}{J_g + J_d} \right] i \eta \tag{8-115}$$

假如在起动(或制动)力矩作用开始之前,传动件不受力(如起动即将开始时刻,电动机与制动器之间的轴段上没有力矩作用),则可用下式计及由于弹性振动而使力矩增加的影响,即

$$M'_1 = K_d \left[M_j + (M_{dq} - M_j) \frac{J_d}{J_g + J_d} \right] i \eta' \tag{8-116}$$

式中：η'——计及弹性振动 K_d 时，电动机轴与所要计算的轴之间的传动效率；

　　　　K_d——弹性振动系数。

$$K_d = 1 + \sqrt{1 - \frac{(M_j/M_1^g)^2}{1 + J_d/J_g}} \tag{8-117}$$

8.7　瞬心回转功率法

　　门座起重机变幅机构驱动功率的确定是起重机设计中一个繁复的问题。求出作用在组合臂架系统中各杆件上的力对主臂架下铰点的力矩是计算的关键。传统的方法是用力的平行四边形法求出各个载荷在臂架系统所引起的约束力的合力，然后将其对主臂架下铰点取矩从而求出力矩，继而得出驱动功率。该方法适用于图解法，不仅工作量大，而且精度不高，若用该方法来推导数学算式，则推导过程及最终结果均较繁琐，既不利于学生掌握，也不利于电算和进行优化设计。

　　瞬心回转功率法是一种计算门座起重机变幅机构驱动功率的新方法。特点是过程简单明了，不必再求取不需要的杆件约束力，而且最终结果有相似的表达形式，便于记忆，物理概念也更为清楚。无论是采用电算，还是采用作图求解，均大大减少了工作量。需要特别指出的是：瞬心回转功率法适用性强，对各种形式的臂架系统均适用，尤其对于无对重的平行四边形组合臂架系统，更显出其独特的优越性。

8.7.1　瞬心回转功率法的基本原理

　　图 8-45 所示为一做平面运动的刚体，在 A 点作用有一力 $\boldsymbol{F}$，P 点为刚体平面运动的速度瞬心（简称瞬心），则力 $\boldsymbol{F}$ 的瞬时功率 N 的定义式为

$$N = \boldsymbol{F} \cdot \boldsymbol{v}_A \tag{8-118}$$

根据速度瞬心法有 $\boldsymbol{v}_A = \boldsymbol{\omega}_P \times \boldsymbol{l}_{PA}$，代入式（8-118）可得

$$N = \boldsymbol{F} \cdot (\boldsymbol{\omega}_P \times \boldsymbol{l}_{PA}) = (\boldsymbol{l}_{PA} \times \boldsymbol{F}) \cdot \boldsymbol{\omega}_P = \boldsymbol{M}_{PA} \cdot \boldsymbol{\omega}_P \tag{8-119}$$

式中：$\boldsymbol{v}_A$——力 $\boldsymbol{F}$ 作用点 A 的瞬时绝对速度；

　　　　$\boldsymbol{\omega}_P$——刚体的瞬时绝对角速度；

　　　　$\boldsymbol{M}_{PA}$——力 $\boldsymbol{F}$ 对瞬心 P 的矩，$\boldsymbol{M}_{PA} = \boldsymbol{l}_{PA} \times \boldsymbol{F}$。

　　由上述推导可知：平面运动刚体上作用的力 $\boldsymbol{F}$ 的瞬时功率即为 $\boldsymbol{F}$ 对瞬心 P 的回转功率，等于力 $\boldsymbol{F}$ 对瞬心 P 的矩 $\boldsymbol{M}_{PA}$ 与刚体的瞬时绝对角速度 $\boldsymbol{\omega}_P$ 的点积。

　　这里需要强调，并不是对刚体上任一点的力矩与刚体的瞬时绝对角速度的点积均等于作用在平面运动刚体上的瞬时功率，当且仅当该点为瞬心时才成立。

　　若对刚体上的任一点 B（见图 8-46），其速度不为零，以其为基点求作用在 A 点上的 $\boldsymbol{F}$ 力的瞬时功率。根据刚体平面运动速度分析的基点法，有

$$\boldsymbol{v}_A = \boldsymbol{v}_B + \boldsymbol{v}_{BA} \tag{8-120}$$

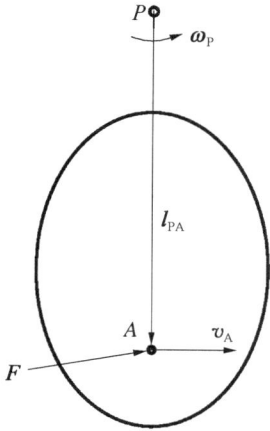

图 8-45 瞬心回转功率计算的原理图

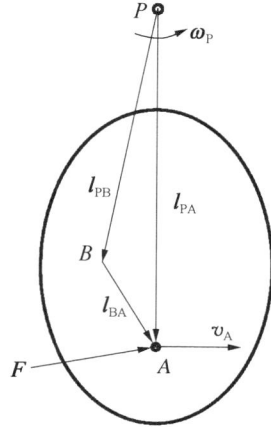

图 8-46 以任一点的瞬时功率原理图

其中 B 点的瞬时绝对速度为 $v_B = \boldsymbol{\omega}_P \times l_{PB}$，相对于 A 点转动的速度为 $v_{BA} = \boldsymbol{\omega}_P \times l_{BA}$，代入上式可得

$$v_A = v_B + \boldsymbol{\omega}_P \times l_{BA} \qquad (8-121)$$

或

$$v_A = \boldsymbol{\omega}_P \times l_{PB} + \boldsymbol{\omega}_P \times l_{BA} \qquad (8-122)$$

将式(8-121)代入式(8-118)得

$$N = \boldsymbol{F} \cdot (v_B + \boldsymbol{\omega}_P \times l_{BA}) = \boldsymbol{F} \cdot v_B + (\boldsymbol{F} \times l_{BA}) \cdot \boldsymbol{\omega}_P$$
$$= \boldsymbol{F} \cdot v_B + \boldsymbol{M}_B \cdot \boldsymbol{\omega}_P \qquad (8-123)$$

式中：$\boldsymbol{M}_B$——力 $\boldsymbol{F}$ 对基点 B 的矩，$\boldsymbol{M}_B = \boldsymbol{F} \times l_{BA}$。

将式(8-122)代入式(8-118)中得

$$N = \boldsymbol{F} \cdot (\boldsymbol{\omega}_P \times l_{PB} + \boldsymbol{\omega}_P \times l_{BA}) = \boldsymbol{F} \times (l_{PB} + l_{BA}) \cdot \boldsymbol{\omega}_P$$
$$= (\boldsymbol{F} \times l_{PA}) \cdot \boldsymbol{\omega}_P = \boldsymbol{M}_{PA} \cdot \boldsymbol{\omega}_P \qquad (8-124)$$

式中：l_{PA}——位矢，$l_{PA} = l_{PB} + l_{BA}$。

由式(8-123)和式(8-124)可以看出：选择瞬心 P 为基点和选择任一点 B 为基点，算得的瞬时回转功率是相等的，但以瞬心 P 为基点时瞬时回转功率的表达式更为简单。

8.7.2 瞬心回转功率法在求解臂架系统各载荷力矩中的应用

门座起重机的臂架系统中存在有做刚体平面运动的构件，则可利用瞬心回转功率法求解各载荷对主臂架铰 O 的力矩。以下将对各种类型的臂架系统进行讨论。

1) 由象鼻架、刚性拉杆组成的组合臂架系统

在该臂架系统中，直线象鼻架做刚体的平面运动，作用在其上的所有载荷的瞬时功率均等于它们对瞬心的回转功率。

(1) 起升载荷 P_Q 对臂架下铰点 O 的力矩。

(A) 起升载荷 P_Q 的瞬时功率 N_Q。

在组合臂架系统中，若起升钢丝绳的方向与主臂架或者刚性拉杆的轴线方向平行，则起升钢丝绳未给予物品以补偿速度，那么起升载荷 P_Q 的速度即为象鼻架端点 A 的速度，则

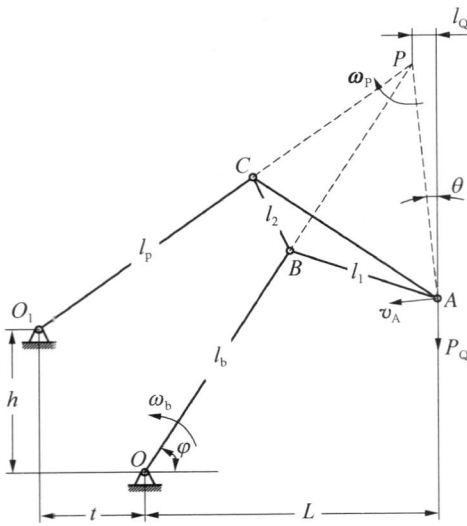

图 8-47 起升载荷的瞬时功率

$$N_Q = \boldsymbol{P}_Q \cdot \boldsymbol{v}_A = P_Q v_A \cos(90° - \theta) \quad (8-125)$$

$$v_A = \omega_P \cdot \overline{PA}, \quad \overline{PA} \sin\theta = l_Q \quad (8-126)$$

式中：v_A——象鼻架端点 A 的绝对速度；

ω_P——象鼻架绕瞬心 P 转动的瞬时角速度；

l_Q——起升载荷 P_Q 对象鼻架瞬心 P 的力臂。

则 $$N_Q = P_Q l_Q \omega_P \quad (8-127)$$

(B) 起升载荷 P_Q 对主臂架下铰点 O 的力矩。若不计损失,由功率平衡条件可得

$$N_{OQ} = N_Q \quad (8-128)$$

其中 $$N_{OQ} = \boldsymbol{M}_{OQ} \cdot \boldsymbol{\omega}_b = M_{OQ} \omega_b \quad (8-129)$$

式中：N_{OQ}——由于起升载荷 P_Q 的作用引起主臂架变幅时的功率,J；

M_{OQ}——起升载荷 P_Q 引起的对主臂架下铰点 O 的力矩,N·m；

ω_b——主臂架变幅的角速度,r/s。

将式(8-127)和式(8-129)代入式(8-128),可得

$$M_{OQ} = \frac{N_{OQ}}{\omega_b} = \frac{N_Q}{\omega_b} = \frac{P_Q \cdot l_Q \cdot \omega_P}{\omega_b} = P_Q \cdot l_Q \cdot \frac{\omega_P}{\omega_b} \quad (8-130)$$

因为主臂架上铰点 B 的速度为 $v_B = \overline{OB} \cdot \omega_b = \overline{PB} \cdot \omega_P$,所以 $\dfrac{\omega_P}{\omega_b} = \dfrac{\overline{OB}}{\overline{PB}}$,代入上式可得

$$M_{OQ} = P_Q \cdot l_Q \cdot \frac{\overline{OB}}{\overline{PB}} = P_Q \cdot l_Q \cdot \frac{l_b}{\overline{PB}} \quad (8-131)$$

因此,只要作出某一幅度时象鼻架的速度瞬心 P,量取长度 $\overline{PB}$,l_Q,由式(8-131)即可求得由 P_Q 引起的对主臂架下铰点 O 的力矩。

公式(8-131)的物理意义是:起升载荷 P_Q 对主臂架下铰点的力矩等于 P_Q 对象鼻架速度瞬心的力矩乘以该构件与主臂架之间的角速度之比。

为了电算与优化设计的需要,下面推导 l_Q 与 $\overline{PB}$ 的数学表达式。

(C) l_Q 与 $\overline{PB}$ 的计算方法。

如图 8-48 所示,已知:主臂架下铰点 O 与大拉杆固定铰点 O_1 之间的水平距离 t 和垂直距离 h,拉杆长为 l_p,主臂架长 l_b,主臂架幅度角为 φ,象鼻架端点 A 至主臂架下铰点 O 的计算幅度为 L,象

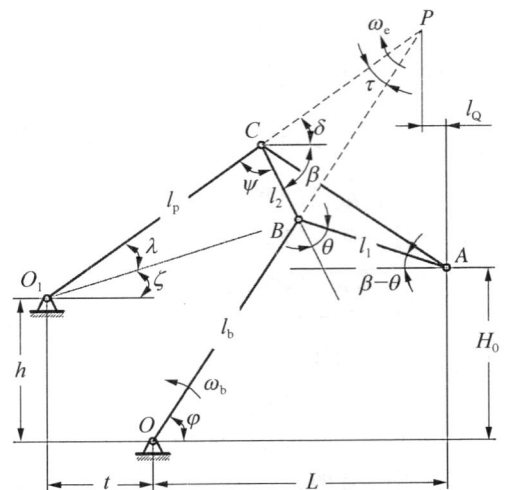

图 8-48 起升载荷的瞬时功率求解原理图

鼻架前端长 $\overline{AB} = l_1$ 和后端长 $\overline{BC} = l_2$;$\overline{AB}$ 与 $\overline{BC}$ 之间夹角为 θ。由几何关系可得

$$\overline{O_1B} = \sqrt{(t + l_b\cos\varphi)^2 + (l_b\sin\varphi - h)^2}, \frac{\overline{PB}}{\sin(\delta + \beta)} = \frac{l_2}{\sin\tau}$$

$$\psi = \arccos\left(\frac{l_2^2 + l_p^2 - \overline{O_1B}^2}{2l_2l_p}\right), \lambda = \arcsin\left[\frac{l_2\sin\psi}{\overline{O_1B}}\right], \zeta = \arctan\left(\frac{l_b\sin\varphi - h}{t + l_b\cos\varphi}\right)$$

$$\delta = \lambda + \zeta, \tau = \varphi - \delta, \beta = 180° - (\psi + \delta)$$

则有

$$\overline{PB} = l_2 \cdot \frac{\sin(\delta + \beta)}{\sin(\varphi - \delta)} \tag{8-132}$$

$$l_Q = l_1 \cdot \cos(\beta - \theta) - \overline{PB}\cos\varphi \tag{8-133}$$

在设计变幅机构时规定:当载荷对主臂架下铰点 O 的力矩有使主臂架向大幅度方向摆动的趋势时记为正值,反之为负值,以便以叠加法计算出各种载荷对主臂架下铰点的合力矩。为了使推出的 M_{OQ} 的符号与规定相符合,特将 l_Q 的计算式改写成

$$l_Q = \overline{PB}\cos\varphi - l_1 \cdot \cos(\beta - \theta) \tag{8-134}$$

利用式(8-131)能得到计算未平衡力矩系数 ξ 的另一种表达形式,亦即

$$\xi = \frac{|M_{OQmax}|}{P_Q \cdot L_{max}} \leqslant 0.1 \tag{8-135}$$

式中:M_{OQmax}——起升载荷 P_Q 对主臂架下铰点 O 的最大力矩;

L_{max}——最大计算幅度,图 8-48 中 L 的最大值。

任一幅度下的未平衡力矩系数:

$$\xi_i = \frac{P_Q \cdot l_Q \cdot \overline{OB}}{P_Q \cdot L_{max} \cdot \overline{PB}} = \frac{l_Q}{L_{max}} \cdot \frac{\overline{OB}}{\overline{PB}} \tag{8-136}$$

所以,在每一幅度获得象鼻架的瞬心 P 后,利用式(8-136)就能很快算出 ξ_i,同时结合式(8-7)考察在变幅过程中象鼻架端点轨迹的高低差是否在允许的范围内,从这两个方面评价臂架系统的尺寸是否合理。

(2)其他载荷对臂架下铰点 O 的力矩。

下面采用瞬心回转功率法来求偏摆载荷、风载荷、自重载荷对主臂架下铰点的力矩。它们的力矩求解公式与起升载荷的力矩的表达形式是相同的,结论如下所述。

(A)偏摆载荷 P_H 对主臂架下铰点 O 的力矩。

偏摆载荷 P_H 的瞬时功率为

$$N_H = P_H \cdot r_H \cdot \omega_P \tag{8-137}$$

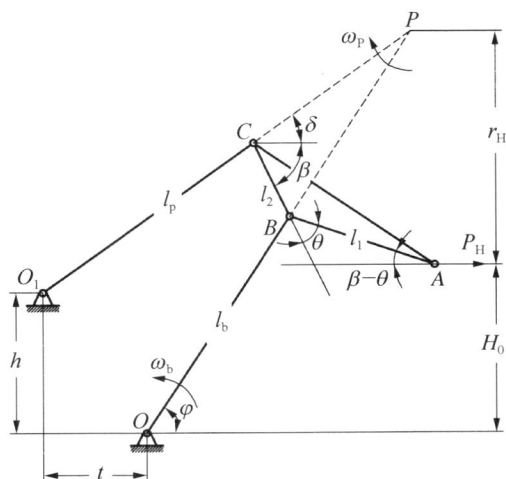

图 8-49 偏摆载荷的瞬时功率求解原理图

其中，
$$r_H = (l_b + \overline{PB})\sin\varphi - H_0, \ H_0 = l_b \cdot \sin\varphi - l_1 \cdot \sin(\beta - \theta) \quad (8-138)$$

式中：r_H——偏摆力 P_H 对瞬心 P 之力臂；

H_0——象鼻架端点 A 到主臂架下铰点 O 的垂直距离。

由于偏摆力 P_H 的作用，主臂架转动时的功率为 $N_{OH} = M_{OH} \cdot \omega_b$，由 $N_{OH} = N_H$ 得

$$N_{OH} = M_{OH} \cdot \omega_b$$

$$M_{OH} = \frac{N_{OH}}{\omega_b} = \frac{N_H}{\omega_b} = \frac{P_H \cdot r_H \cdot \omega_P}{\omega_b} = P_H \cdot r_H \cdot \frac{l_b}{\overline{PB}} \quad (8-139)$$

式中　M_{OH}——偏摆力 P_H 对主臂架下铰点 O 的力矩。

（B）拉杆上的风载荷对主臂架下铰点 O 的力矩。

拉杆上一半风载荷 $P_{Wp}/2$ 作用在固定铰点 O_1 上，另一半 $P_{Wp}/2$ 作用在拉杆与象鼻架的铰点 C 上（见图 8-50），因此拉杆上的风载荷对主臂架下铰点 O 的力矩为

$$M_{OWp} = \frac{P_{Wp}}{2} \cdot h_C \cdot \frac{l_b}{\overline{PB}} \quad (8-140)$$

其中，
$$h_C = (l_b + \overline{PB})\sin\varphi - (h + l_p \cdot \sin\delta) \quad (8-141)$$

式中：h_C——$P_{Wp}/2$ 风载荷对瞬心 P 的力臂。

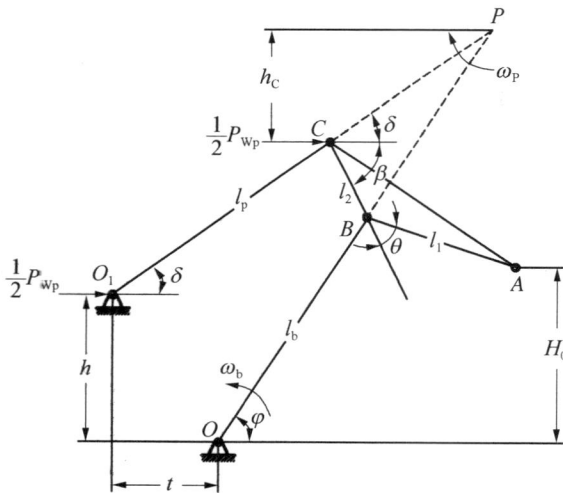

图 8-50　拉杆风载荷的瞬时功率求解原理图　　　　图 8-51　拉杆自重载荷的瞬时功率求解原理图

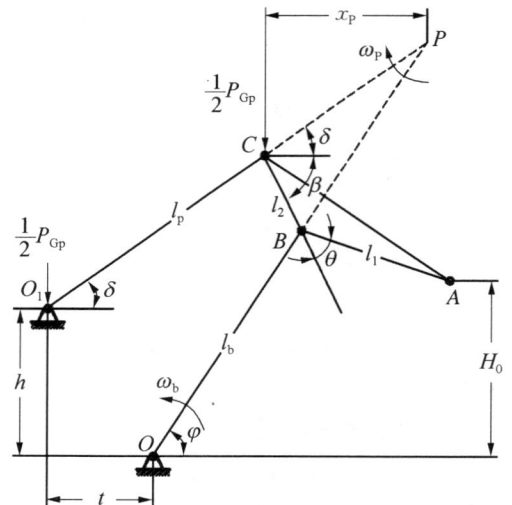

（C）拉杆的自重载荷对主臂架下铰点 O 的力矩。

同样假设拉杆重力的一半 $P_{Gp}/2$ 作用在 O_1 点，另一半 $P_{Gp}/2$ 作用在 C 点（见图 8-51），则其对主臂架下铰点 O 的力矩为

$$M_{OGp} = \frac{P_{Gp}}{2} \cdot x_p \cdot \frac{l_b}{\overline{PB}} \quad (8-142)$$

$$x_p = \overline{PD}\cos\delta = t + (l_b + \overline{PB})\cos\alpha - l_p \cdot \cos\delta \quad (8-143)$$

式中：x_p——$P_{Gp}/2$ 重力对瞬心 P 的力臂。

（D）象鼻架自重载荷对主臂架下铰点 O 的力矩。

假设象鼻架自重载荷 P_{Ge} 作用在象鼻架前段 AB 上，重心位置到 B 点距离为 l_e（见图 8-52），则

$$M_{OGe} = P_{Ge} \cdot x_e \cdot \frac{l_b}{\overline{PB}} \tag{8-144}$$

$$x_e = \overline{PB}\cos\varphi - l_e \cdot \cos(\beta - \theta) \tag{8-145}$$

式中：x_e——P_{Ge} 对瞬心 P 的力臂。

（E）主臂架上的风载荷和自重载荷对其下铰点 O 的力矩。

因为主臂架 OB 的重力以及所受的风力是直接作用在主臂架上，可直接对主臂架下铰点 O 取矩，这里不再列出其算式。象鼻架上所受风力可假设作用在 B 点，亦可直接对 O 点取矩。从瞬心回转功率法的物理意义出发，主臂架的瞬心为 O，因此对其本身的角速度之比为 1，亦可说是对瞬心取矩乘以 1 获得。

以上讨论了直线象鼻架、刚性拉杆臂架系统各构件上的力对主臂架下铰点的力矩，可以清楚地看到采用瞬心回转功率法求解具有迅速简便的优点。

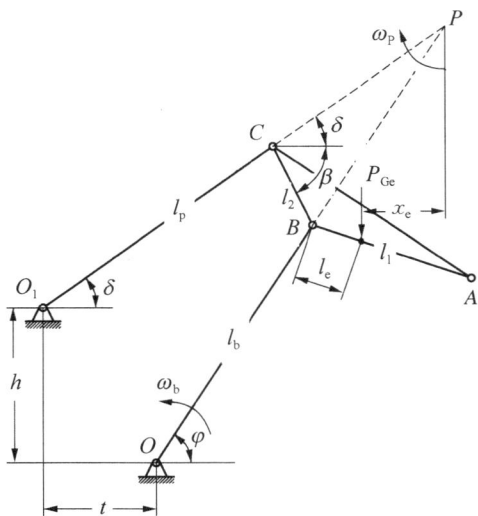

图 8-52　象鼻架自重载荷的瞬时
功率求解原理图

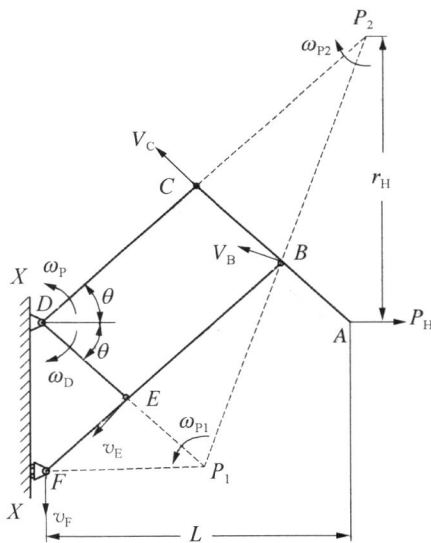

图 8-53　平行四边形组合臂架的瞬时
功率求解原理图

2）无对重的平行四边形组合臂架

（1）各构件的角速度分析。

在该臂架系统中，象鼻架 ABC 及主臂架 BF 均做刚体平面运动。图 8-53 中摆杆 DE 的角速度为 ω_D，拉杆 DC 的角速度为 ω_P，且 $\overline{DE} = \overline{EF}$，$AC \parallel DE$，$DC \parallel BF$，摆杆 DE 与拉杆 DC 铰接于固定点 D，主臂架 BF 的下铰点 F 可沿垂直导轨 X-X 移动，DE 与 BF 铰接于 E 点。现分析各杆件的角速度之间的关系。

首先作出主臂架 BF 的瞬心 P_1 和象鼻架 ABC 的瞬心 P_2，根据瞬心法的作图原理可知 $\triangle DFP_1$ 为直角三角形。

因为在直角 $\triangle DFP_1$ 中，$\overline{DE} = \overline{EF}$　　　所以 $\overline{DE} = \overline{EP_1}$

又因在 $\triangle DP_1P_2$ 中，$DP_2 \parallel BE$，$\overline{DE} = \overline{EP_1}$，$BC \parallel DP_1$

所以 $\overline{P_2B} = \overline{BP_1}$；$\overline{P_2C} = \overline{CD}$

因为 $v_E = \omega_D \cdot \overline{DE} = \omega_{P1} \cdot \overline{EP_1}$　　　所以 $\omega_D = \omega_{P1}$

又因 $v_B = \omega_{P1} \cdot \overline{BP_1} = \omega_{P2} \cdot \overline{P_2B}$　　　所以 $\omega_{P1} = \omega_{P2}$

所以 $v_C = \omega_{P2} \cdot \overline{P_2C} = \omega_P \cdot \overline{CD}$　　　所以 $\omega_{P2} = \omega_P$

由此可见，各构件的角速度均相等：

$$\omega_P = \omega_{P1} = \omega_{P2} = \omega_D \qquad (8-146)$$

（2）构件上的力对摆杆铰点 D 的力矩。

现以偏摆力 P_H 为例，采用瞬心回转功率法，求解其对摆杆铰点 D 的力矩（见图 8-53）。

因为　　　　　　　　$$N_{P2H} = P_H \cdot r_H \cdot \omega_{P2} \qquad (8-147)$$

$$r_H = 2 \cdot \overline{DC} \cdot \sin\theta, \quad \theta = \arccos\frac{L/2}{\overline{DC}} \qquad (8-148)$$

式中：N_{P2H}——偏摆为 P_H 对象鼻架瞬心 P_2 的回转功率；

$\qquad \omega_{P2}$——象鼻架的瞬时角速度；

$\qquad L$——象鼻架端部至主臂架下铰点 F 的水平距离。

根据功率平衡条件 $N_{DH} = N_{P2H}$，由 $N_{DH} = M_{DH} \cdot \omega_D$，所以有

$$M_{DH} = \frac{N_{P2H}}{\omega_D} = P_H \cdot r_H \cdot \frac{\omega_{P2}}{\omega_D} = P_H \cdot r_H \qquad (8-149)$$

式中：N_{DH}——摆杆 DE 摆动时克服偏摆力 P_H 所需的功率；

$\qquad M_{DH}$——偏摆力 P_H 引起对 D 点的力矩。

式（8-149）的物理意义与式（8-131）相同，而且由于该臂架系统各构件的角速度相等，所以载荷对固定铰点 D 的力矩就等于载荷对其作用点所在构件的瞬心的矩。显然其他载荷对摆杆铰点 D 的力矩的表达形式与式（8-149）完全相同，这里不再冗述。

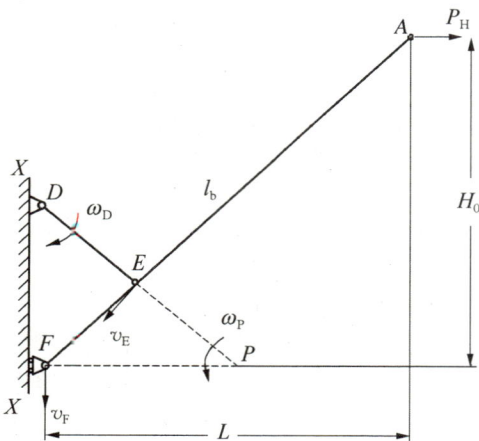

图 8-54　无对重椭圆规单臂架的瞬时
功率求解原理图

3）无对重的椭圆规单臂架

（1）各构件的角速度分析。

亦可证明，无对重的椭圆规单臂架系统中主臂架的角速度与摆杆的角速度大小相同（见图 8-54）。

根据该臂架系统的构造，可知主臂架 AF 的下铰点 F 可沿垂直导轨 $X-X$ 上下移动，摆杆 DE 绕固定铰点 D 转动，AF 与 DE 铰接于 E 点，且 $\overline{DE} = \overline{EF}$，$\overline{EF} = \overline{AF}/4$，$\overline{AF} = l_b$。

首先作出主臂架 AF 的瞬心 P，其瞬时绝对角速度为 ω_P。根据瞬心的作图原理可知，$\triangle DFP$ 为直角三角形。

因为　　$\overline{DE} = \overline{EF}$　　　所以　　$\overline{DE} = \overline{EP}$

因为　　$v_E = \omega_D \cdot \overline{DE} = \omega_P \cdot \overline{EP}$

所以 $\qquad\qquad\qquad\qquad\omega_\mathrm{D}=\omega_\mathrm{P}$ $\qquad\qquad\qquad\qquad(8-150)$

（2）构件上的力对摆杆铰点 D 的力矩。

由瞬心回转功率法可得

$$N_\mathrm{PH}=P_\mathrm{H}\cdot H_0\cdot\omega_\mathrm{P},\ r_\mathrm{H}=\sqrt{l_\mathrm{b}^2-L^2}$$

式中：r_H——P_H 力对 P 点的力臂；

$\quad\quad L$——主臂架端部滑轮轴心至主臂架下铰点 B 的水平距离。

根据功率平衡条件 $N_\mathrm{DH}=N_\mathrm{PH}$，得

$$M_\mathrm{DH}\cdot\omega_\mathrm{D}=P_\mathrm{H}\cdot H_0\cdot\omega_\mathrm{P},\ M_\mathrm{DH}=P_\mathrm{H}\cdot H_0\cdot\frac{\omega_\mathrm{P}}{\omega_\mathrm{D}}$$

$$M_\mathrm{DH}=P_\mathrm{H}\cdot H_0 \qquad\qquad\qquad (8-151)$$

式中：N_DH——摆杆 DC 摆动时克服偏摆力 P_H 所需的功率；

$\quad\quad M_\mathrm{DH}$——偏摆力 P_H 对 D 点的力矩。

即载荷对固定铰点 D 的力矩等于载荷对其作用点所在构件瞬心的力矩。

由于无对重的平行四边形组合臂架以及无对重的椭圆规单臂架系统中，摆杆 DE 及 DC 与驱动构件相连，所以知道了载荷对 D 点的力矩，即能合成出总的载荷力矩，从而计算出驱动功率。

4）起升钢丝绳自由段长度有补偿的臂架系统

若起升钢丝绳不平行于主臂架或者大拉杆的轴线，在变幅过程中起升钢丝绳的自由段长度有补偿作用，即起升载荷 P_Q 的速度不等于所在作用点的速度，而是作用点的速度与起升钢丝绳的补偿速度的合成。

由图 8-55，起升钢丝绳与主臂架轴线之间夹角为 τ，则起升钢丝绳对物品有补偿速度 v_S 为

$$v_\mathrm{S}=v_\mathrm{B}\sin\tau$$

式中：v_B——主臂架上铰点的速度。

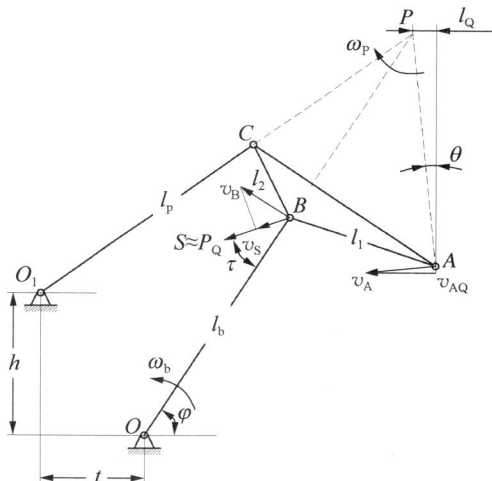

图 8-55　起升钢丝绳长度有补偿时的起升
载荷对主臂架下铰点的力矩

起升载荷 P_Q 在其作用方向上的速度为 $v_\mathrm{Q}=v_\mathrm{AQ}-v_\mathrm{S}$，其中 $v_\mathrm{AQ}=v_\mathrm{A}\sin\theta$，$v_\mathrm{A}=\omega_\mathrm{P}\cdot\overline{PA}$，$\sin\theta=\dfrac{l_\mathrm{Q}}{\overline{PA}}$，则 $v_\mathrm{Q}=\omega_\mathrm{P}\cdot l_\mathrm{Q}-v_\mathrm{B}\sin\tau$。

则起升载荷 P_Q 的瞬时功率为

$$N_\mathrm{Q}=P_\mathrm{Q}\cdot v_\mathrm{Q}=P_\mathrm{Q}\cdot(\omega_\mathrm{P}\cdot l_\mathrm{Q}-v_\mathrm{B}\sin\tau)$$

根据功率平衡条件 $N_\mathrm{OQ}=N_\mathrm{Q}$，得

$$M_\mathrm{OQ}\cdot\omega_\mathrm{b}=P_\mathrm{Q}\cdot(\omega_\mathrm{P}\cdot l_\mathrm{Q}-v_\mathrm{B}\sin\tau)$$

所以
$$M_{OQ} = P_Q \left(\frac{\omega_P}{\omega_b} \cdot l_Q - \frac{v_B}{\omega_b} \sin \tau \right)$$

而 $\dfrac{\omega_P}{\omega_b} = \dfrac{\overline{OB}}{\overline{PB}}$，则

$$M_{OQ} = P_Q \cdot l_Q \cdot \frac{\overline{OB}}{\overline{PB}} - P_Q \cdot \overline{OB} \cdot \sin \tau \tag{8-152}$$

式(8-152)中的第一项即起升钢丝绳无补偿速度时的 M_{OQ} 值，而第二项实际上是起升钢丝绳拉力 $S = P_Q$ 时对主臂架下铰点 O 的力矩。这说明在起升钢丝绳有补偿作用时，仍可利用瞬心回转功率法求出象鼻架端部作用的 P_Q 引起的对铰点 O 的力矩，然后与作用在主臂架端点 B 的起升钢丝绳拉力对 O 点的力矩合成即可。

以上对各种形式的臂架系统进行了探讨，并充分说明瞬心回转功率法求解载荷力矩优点。为了与传统方法进行比较，特以直线象鼻架、刚性拉杆的组合臂架为例，将两种方法计算载荷力矩的数学表达式列于表 8-4～表 8-7 中。

表 8-4　起升载荷 P_Q 引起的 M_{OQ} 计算式

平行四边形法	瞬心的回转功率法
$M_{OC} = -P_Q \cdot l_b \cdot \dfrac{\cos \delta \sin(\varphi - \rho)}{\sin(\rho - \delta)}$ 式中：$\rho = \arctan \dfrac{\overline{PB} \sin \alpha + l_Q \tan \delta}{l_1 \cos(\beta - \theta)}$	$M_{OQ} = P_Q \cdot l_Q \cdot \dfrac{l_b}{\overline{PB}}$ 式中：$l_Q = \overline{PB} \cos \varphi - l_1 \cos(\beta - \theta)$

注：1　δ，β，θ，φ，及 $\overline{PB}$ 均见前"关于 l_Q 与 $\overline{PB}$ 的计算"。
　　2　左图中 P_Q 对 O 点引起负力矩，故在 M_{OQ} 计算式前加负号。

表 8-5 偏摆力 P_H 引起的 M_{OH} 计算式

平行四边形法	瞬心的回转功率法

$$M_{OH} = P_H \cdot l_b \cdot \frac{\sin\delta}{\cos\zeta - \sin\zeta \cot\delta}$$

式中：$H_0 = l_b \sin\varphi - l_1 \cos(\beta - \theta)$

$\zeta = \arctan \dfrac{l_b \sin\varphi - H_0}{t + l_b \cos\varphi - (H_0 - h)\cot\delta}$

$\gamma = \varphi - \zeta$，δ 的计算见前面的推导。

$$M_{OH} = P_H \cdot r_H \cdot \frac{l_b}{\overline{PB}}$$

式中：$r_H = (l_b + \overline{PB})\sin\varphi - H_0$

表 8-6 拉杆风力 P_{Wp} 引起的 M_{OWp} 计算式

平行四边形法	瞬心的回转功率法

$$M_{OWp} = \frac{1}{2} P_{Wp} \cdot l_b \frac{\sin(\alpha + \beta)\sin\delta}{\sin\psi}$$

式中：δ，β，ψ 的计算均见前面推导

$$M_{OWp} = \frac{1}{2} P_{Wp} \cdot h_C \cdot \frac{l_b}{\overline{PB}}$$

式中：$h_C = (l_b + \overline{PB})\sin\varphi - (h + l_p)\sin\delta$

表 8-7 有钢丝绳长度补偿时起升载荷 P_Q 引起的 M_{OQ} 计算式

平行四边形法	瞬心的回转功率法

$$M_{OQ} = -P_Q \cdot l_b \frac{\cos\delta\sin(\varphi-\rho)}{\sin(\rho-\delta)} - P_Q \cdot l_b \sin\tau$$

$$M_{OQ} = P_Q \cdot l_Q \cdot \frac{l_b}{\overline{PB}} - P_Q \cdot l_b \sin\tau$$

采用瞬心回转功率法求解载荷力矩,给优化设计提供了良好的条件,是变幅机构设计的一大改进。以上只对静载荷进行了探讨,通常在计及所有静载荷得出静功率后,再乘上一个系数 $K = 1.2 \sim 1.3$ 来考虑变幅过程中的惯性载荷。

本 章 例 题

【设计参数】

某门座起重机的变幅系统如例图 8-1 所示,其主要设计参数如下:

1. 最大工作幅度:$R_{max} = 35$ m,最小工作幅度:$R_{min} = 10$ m,最小幅度时臂架与转台平面夹角 $\phi_{max} = 79.05°$,最大幅度时 $\phi_{min} = 44.60°$。

2. 变幅驱动方式:齿条传动,如例图 8-2 所示。驱动齿轮模数:25,齿数:13;齿条模数:25,齿条齿数:61。

3. 第 Ⅱ 类载荷情况下的计算风压:$p_Ⅱ = 250$ N/m²,第 Ⅲ 类载荷情况下的计算风压:$p_Ⅲ = 1\,890.625$ N/m²。

4. 变幅速度:$v = 50$ m/min(吊点水平速度),变幅加(减)速度不大于 0.4 m/s²。

5. 回转速度:1.5 r/min。

6. 变幅机构级别:M7(L3,T6)。

已知各变幅部分的自重分别为:臂架自重 $m_{Gb} = 22.60$ t,对重自重 $m_{Gw} = 21.0$ t,象鼻架自重 $m_{Ge} = 12.7$ t,起升重量 $m_Q = 25$ t,拉杆自重 $m_{Gp} = 4.60$ t。

请设计驱动装置并进行校核。

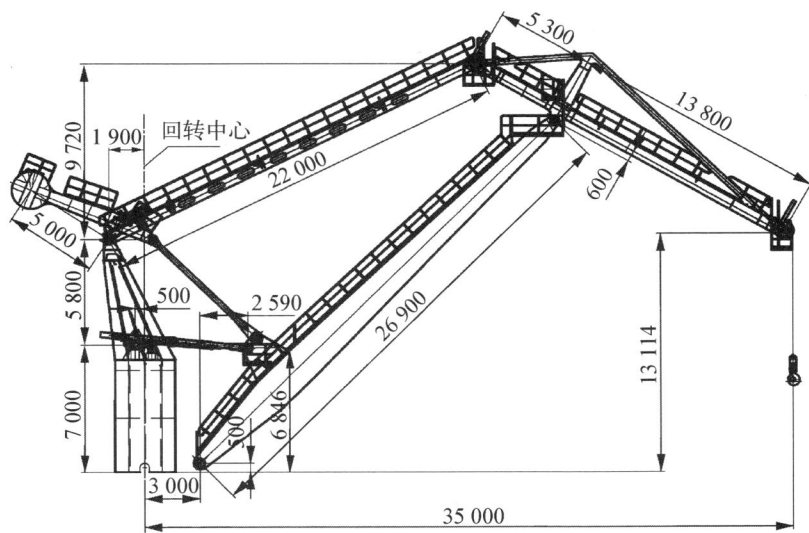

例图 8-1　变幅系统

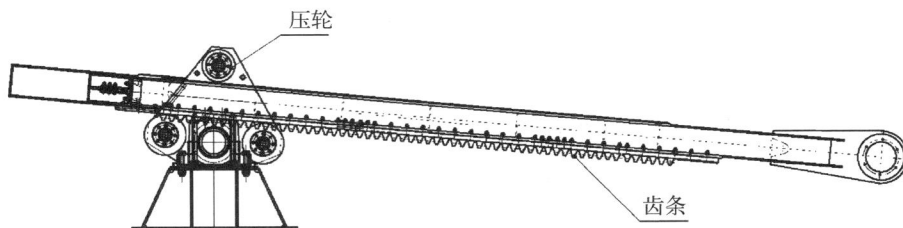

例图 8-2　变幅齿条传动

【求解过程】

1) 变幅等效阻力的计算

由表 2-17,因回转速度小于 2 r/min,则起重钢丝绳最大偏摆角 $\alpha_{II} = 10°$,计算电动机功率时取 $\alpha_I = 0.3\alpha_{II} = 3°$。由表 2-18,第 I 类风压 $p_I = 0.6p_{II} = 150\,\mathrm{N/m^2}$。

按臂架变幅角度分 7 等分计算变幅等效阻力,根据式(8-65)计算各变幅阻力如例表 8-1 所示。

例表 8-1　臂架各角度下的变幅阻力

序号	角度/(°)	齿条力/t								齿条长度变化 Δl/m	变幅时间 t_i/s	吊点速度 v_H/(m/min)	变幅功率/kW
		P_l	P_o	P_w	P_{sh}	P_c	P_e	P_Z	$P_{li}^2 t_i/t$				
1	79.10	−7.859	1.252	3.406	15.079	24.977	1.766	38.619					27.817
2	74.10	−2.602	−5.774	3.274	10.151	11.189	2.112	18.351	121.453	0.609	4.491	71.227	20.572
3	69.10	0.665	−1.667	3.128	8.517	9.163	2.443	22.249	61.026	0.603	4.443	56.396	17.030
4	64.10	3.655	2.662	2.907	7.662	8.103	2.736	27.725	91.805	0.598	4.411	49.810	15.241
5	59.10	6.057	5.509	2.637	7.112	7.798	2.980	32.093	129.877	0.591	4.356	46.010	14.440

| 序号 | 角度/(°) | 齿条力/t | | | | | | | | 齿条长度变化 Δl/m | 变幅时间 t_i/s | 吊点速度 v_H/(m/min) | 变幅功率/kW |
		P_1	P_o	P_w	P_{sh}	P_c	P_e	P_Z	$P_{Ii}^2 t_i/t$				
6	54.10	7.364	5.623	2.329	6.699	7.312	3.162	32.489	149.887	0.585	4.312	43.107	14.242
7	49.10	10.083	0.996	1.987	6.351	6.185	3.276	28.877	132.960	0.575	4.237	41.184	14.438
8	44.60	4.539	−11.355	1.766	6.037	5.854	3.314	10.156	47.624	0.509	3.751	39.214	14.888
合计									734.632	4.070	30.000		15.509

其中，$P_{I,i+1} = (P_{Z,i} + P_{Z,i+1})/2$，$t_i = \Delta l/v_b$。

起重机从最小幅度运行到最大幅度的变幅总时间 $t = \dfrac{R_{max} - R_{min}}{v} = \dfrac{35-10}{50} = 0.5$ min。

根据例表 8-1 可知，在一个变幅过程中齿条长度的变化量为 $l = 4.070$ m，因此齿条运行的线速度 $v_b = \dfrac{l}{t} = \dfrac{4.070}{0.5 \times 60} = 0.136$ m/s。

变幅等效阻力为

$$F_{Id} = \sqrt{\frac{\sum\limits_{i=1}^{n} P_{Ii}^2 t_i}{\sum\limits_{i=1}^{n} t_i}} = \sqrt{734.632} = 27.104 \text{ t}$$

2）电动机的计算与选型

（1）等效变幅功率。

变幅机构电动机的等效变幅功率按下式进行计算：

$$P_e = \frac{F_{Id} \cdot v_b}{1\,000\eta} = \frac{27.104 \times 10^3 \times 9.8 \times 0.136}{1\,000 \times 0.85} = 42.50 \text{ kW}$$

式中，变幅机构的效率 $\eta = 0.85$。

（2）电动机的选择。

选择 1 台电动机，型号：YZP280S-6-M，额定功率：45 kW，额定转速：985 r/min，转动惯量：1.94 kg·m²。

3）减速器的选择

（1）传动比 i 的计算。

驱动齿轮转速：

$$n_z = \frac{60v_b}{\pi d_z} = \frac{60 \times 0.136}{3.14 \times 325/1\,000} = 7.99 \text{ r/min}$$

式中，驱动齿轮的分度圆直径 d_z = 齿数×模数 = 13×25 = 325 mm。

因此齿条传动的总传动比：

$$i = \frac{n}{n_z} = \frac{985}{7.99} = 123.28$$

（2）确定减速箱的输入功率。

平衡变幅机构的减速器应按等效功率选取，即 $P_{\text{减N1}} = P_e = 42.50 \text{ kW}$。

查样本选减速器型号：QJS-D 450-160，其传动比为 $i = 160$，允许传递扭矩 $[T] = 30 \text{ kN} \cdot \text{m}$。

4）制动器的选型和验算

（1）选型。

制动器选型时按照工作状态和非工作状态下所需的制动力之中的较大者进行选择。

由例表 8-1 可得，工作状态下作用在齿条上的最大变幅阻力发生在最小幅度。此时应考虑第 Ⅱ 类风压 $p_{\text{Ⅱ}}$ 和偏摆角 $\alpha_{\text{Ⅱ}}$，则 $P_{\text{wⅡ}} = P_{\text{wⅠ}} p_{\text{Ⅱ}}/p_{\text{Ⅰ}} = 3.406 \times 250/150 = 5.677 \text{ t}$，$P_{\text{sh}}^{\text{Ⅱ}} = P_{\text{sh}}^{\text{Ⅰ}} \dfrac{\tan \alpha_{\text{Ⅱ}}}{\tan \alpha_{\text{Ⅰ}}} = 15.079 \dfrac{\tan 10°}{\tan 3°} = 50.733 \text{ t}$。

则作用在齿条上的最大变幅阻力为

$$P_{\text{ZⅡ max}} = -7.859 + 1.252 + 5.677 + 50.733 + 24.977 + 1.766 = 76.546 \text{ t}。$$

换算到制动轮上的最大静力矩为

$$M_{\text{Ⅱ max}} = \frac{P_{\text{ZⅡ max}} \cdot d_z/2}{i} \eta = \frac{76.546 \times 1\,000 \times 9.8 \times 0.325/2}{160} \times 0.85 = 647.591 \text{ N} \cdot \text{m}$$

非工作状态下（臂架处于最小幅度）的变幅阻力仅考虑自重和风载荷引起的变幅阻力。此时需考虑第 Ⅲ 类风压和高度修正系数（当结构中心位于 30～40 m 高度时，由表 2-20 知 $K_h = 1.46$），即 $P_{\text{wⅢ}} = K_h (p_{\text{Ⅲ}}/p_{\text{Ⅰ}}) P_{\text{wⅠ}}$。根据例表 8-1，非工作状态下作用在齿条上的最大变幅阻力为 $P_{\text{Ⅲ max}} = P_1 + P_{\text{wⅢ}} = 54.818 \text{ t}$。

换算到制动轮上的最大静力矩为

$$M_{\text{Ⅲ max}} = \frac{P_{\text{Ⅲ max}} \cdot d_z/2}{i} \eta = \frac{54.818 \times 1\,000 \times 9.8 \times 0.325/2}{160} \times 0.85 = 463.769 \text{ N} \cdot \text{m}$$

根据式（8-99）和式（8-100）可知，制动器所需的制动力矩为

$$M_Z \geqslant \{1.5 M_{\text{Ⅱ max}}, \ 1.15 M_{\text{Ⅲ max}}\}_{\text{max}} = 971.39 \text{ N} \cdot \text{m}$$

选择的制动器型号为 YP2-500-500×30，推动器型号为 Ed-500-60，最大制动力矩为 1 150 N·m，转动惯量为 1.455 kg·m²。

（2）制动器的验算。

（A）臂架系统的总动能。

由图 8-42，根据设计图纸可获得几何尺寸如下：主臂架长度 $l_b = 26.9 \text{ m}$，臂架位于最大幅度时：$r_g \approx 6.55 \text{ m}$，$(r_1/r_2)_{\text{max}} \approx 4.32 \text{ m}$，$r_w \approx 4.19 \text{ m}$。

根据式（8-61），主臂架上铰点的速度 $v_B = l_b \dfrac{v_b}{r_g} = 26.9 \times 0.136/6.55 = 0.559 \text{ m/s}$。

物品的平均变幅速度 $v_H = 50/60 = 0.833 \text{ m/s}$。

主臂架的动能 $E_b = \dfrac{1}{6} m_{Gb} v_B^2 = 22.6 \times 10^3 \times 0.559^2/6 = 1\,177.012 \text{ kg} \cdot \text{m}^2/\text{s}^2$

对重的动能

$$E_{\mathrm{w}} = \frac{1}{2} m_{\mathrm{Gw}} r_{\mathrm{w}}^2 \frac{r_1^2}{r_2^2} \left(\frac{v_{\mathrm{B}}}{l_{\mathrm{b}}}\right)^2 = \frac{1}{2} \times 21 \times 10^3 \times 4.19^2 \times 4.32^2 \times \left(\frac{0.559}{26.9}\right)^2$$
$$= 1\,485.607\ \mathrm{kg \cdot m^2/s^2}$$

象鼻架的动能 $E_{\mathrm{e}} \approx \frac{1}{2} m_{\mathrm{Ge}} v_{\mathrm{B}}^2 = 12.7 \times 10^3 \times 0.559^2/2 = 1\,984.254\ \mathrm{kg \cdot m^2/s^2}$

拉杆的动能 $E_{\mathrm{p}} \approx \frac{1}{6} \cdot m_{\mathrm{Gp}} v_{\mathrm{B}}^2 = 4.6 \times 10^3 \times 0.559^2/6 = 239.569\ \mathrm{kg \cdot m^2/s^2}$

物品变幅时的动能 $E_{\mathrm{Q}} = \frac{1}{2} m_{\mathrm{Q}} v_{\mathrm{H}}^2 = 25 \times 10^3 \times 0.833^2/2 = 10\,412.5\ \mathrm{kg \cdot m^2/s^2}$

综上所述，臂架系统在稳定运动期的总动能（包括物品）为

$$E = E_{\mathrm{b}} + E_{\mathrm{w}} + E_{\mathrm{e}} + E_{\mathrm{p}} + E_{\mathrm{Q}}$$
$$= 1\,177.012 + 1\,485.607 + 1\,984.254 + 239.569 + 10\,412.5$$
$$= 15\,298.942\ \mathrm{kg \cdot m^2/s^2}$$

不包括物品时，臂架系统在稳定运动期的总动能为

$$E' = E_{\mathrm{b}} + E_{\mathrm{w}} + E_{\mathrm{e}} + E_{\mathrm{p}} = 1\,177.012 + 1\,485.607 + 1\,984.254 + 239.569$$
$$= 4\,886.442\ \mathrm{kg \cdot m^2/s^2}$$

(B) 转动惯量。

制动过程中，臂架系统换算到制动轮轴上等效转动惯量（包括物品）为

$$J_1' = \eta' \frac{2E}{(\pi n/30)^2} = 0.89 \times \frac{2 \times 15\,298.942}{(\pi \times 985/30)^2} = 2.559\ \mathrm{kg \cdot m^2}$$

高速轴上所有旋转质量的转动惯量之和 $J_0 = 1.94 + 1.455 = 3.395\ \mathrm{kg \cdot m^2}$。

传动机构换算到高速轴上的等效转动惯量（由驱动齿条的小齿轮到减速箱高速轴），$J_{\mathrm{c}} = (0.1 \sim 0.2) J_0 = 0.2 \times 3.395 = 0.679\ \mathrm{kg \cdot m^2}$，于是

$$\sum J' = J_0 + J_{\mathrm{c}} + J_1' = 3.395 + 0.679 + 2.559 = 6.633\ \mathrm{kg \cdot m^2}$$

不包括物品时，臂架系统换算到制动轮轴上等效转动惯量为

$$J_1' = \eta \frac{2E'}{(\pi n/30)^2} = 0.89 \times \frac{2 \times 4\,886.442}{(\pi \times 985/30)^2} = 0.817\ \mathrm{kg \cdot m^2}$$

则 $\qquad \sum J' = J_0 + J_{\mathrm{c}} + J_1' = 3.395 + 0.679 + 0.817 = 4.891\ \mathrm{kg \cdot m^2}$。

(C) 制动时间校核。

(a) 最长制动时间。

当作用最大工作力矩时，制动时间不应超过 4~5 s。由式（8-101）计算最长制动时间为

$$t_{\mathrm{Zmax}} = \frac{n \sum J'}{9.55(M_{\mathrm{Z}} - M_{\mathrm{II\ max}})} = \frac{985 \times 6.633}{9.55(1\,150 - 647.591)} = 1.36\ \mathrm{s}$$

其中，$M_{\mathrm{IImax}} = \dfrac{P_{\mathrm{Z II\ max}} \cdot d_{\mathrm{z}}/2}{i} \eta' = \dfrac{76.564 \times 1\,000 \times 9.8 \times 0.325/2}{160} \times 0.89 = 678.225\ \mathrm{N \cdot m}$。

（b）最短制动时间。

最短制动时间不应小于 1.5 s，否则会引起起重机臂架系统的过分振动和物品偏摆。由式（8-103）计算最短制动时间为

$$t_{Z\min} = \frac{n\sum J'}{9.55(M_Z - M_{I\max})} = \frac{985 \times 4.891}{9.55 \times (1\,150 - 240.095)} = 0.48\ \text{s}$$

其中，$M_{I\max} = \frac{F_{Id} \cdot d/2}{i}\eta' = \frac{27.104 \times 1\,000 \times 9.8 \times 0.325/2}{160} \times 0.89 = 240.095\ \text{N} \cdot \text{m}$

由上述计算可知，制动时间过短，因此需采取延长制动时间的措施。

5）变幅速度的校核

臂架变幅过程中，象鼻梁端点水平移动速度不能相差太大，大多数变幅装置的水平变幅速度在最小幅度时最大，而在最大幅度时则最小，尤其是在小幅度范围内，由于速度加快，对装卸和安装工作都很不利，故一般要求控制在 1.2～2.6 的范围内。

根据例表 8-1 知，$v_{\max}/v_{\min} = 71.227/39.214 = 1.82$，在允许的范围内。

本 章 习 题

【简答题】

1. 变幅机构的主要作用是什么？变幅机构的分类方法有几种？其中工作性变幅机构的变幅特点有哪些？

2. 变幅过程中实现载重水平位移与臂架自重平衡有什么意义？

3. 实现载重水平位移的绳索补偿法的原理与特点是什么？

4. 实现载重水平位移的四连杆式组合臂架的原理与特点是什么？

5. 实现臂架自重平衡的方案有哪几种？其中杠杆-摆动对重平衡法的原理与特点是什么？

6. 绳索滑轮组变幅驱动的主要特点是什么？

7. 简述齿条变幅驱动装置的主要结构与特点。

8. 变幅机构的设计计算内容包括哪几项？

9. 门座起重机变幅机构的驱动传动形式有哪些？各有何特点？具有臂架系统自重平衡的结构能否采用绳索滑轮组牵引变幅？为什么？

【计算题】

1. 计算一四连杆臂架在最大、中间和最小 3 个幅度位置的货载不平衡力矩、各构件的角速度、象鼻架端的水平速度及 3 个幅度时臂架系统的转动惯量。

四连杆的各构件的质量如下：臂杆 19 000 kg，象鼻架 10 000 kg；拉杆 4 900 kg，起升质量 16 000 kg；变幅时间：单程 29 s。

2. 某厂生产的 5 t-20 m 门座起重机的变幅机构采用补偿滑轮组进行补偿。其起升载荷为 50 kN；当臂架处于最大幅度 $R_{\max} = 20\,\text{m}$ 时，臂架与水平线的夹角为 29°；当臂架处于最小幅度 $R_{\min} = 7.5\,\text{m}$ 时，臂架与水平线的夹角为 75°；臂架下铰点 O 距起重机回转轴线的水平距离 $c = 2\,\text{m}$；起升机构滑轮组的倍率 $a = 2$，补偿滑轮组的倍率为 $a_f = 3$。用图解法求补偿滑轮组定滑轮的装设位置。

3. 某厂生产的 10 t - 30 m 门座起重机臂架系统采用刚性四连杆结构以保证货物在变幅过程中只做水平移动。已知条件如图 8 - 21 所示，$c = 2.5$ m，$H_0 = 14.1$ m，$R_{max} = 30$ m，$R_{min} = 8.5$ m。用图解法确定臂架系统的主要尺寸(臂架长度 l_b、象鼻梁前臂长度 l_1 和后臂长度 l_2、拉杆长度 l_p)，确定拉杆铰点的位置。

4. 一台门座起重机的设计数据如下所示：起重量 $m_Q = 5\,000$ kg；幅度 $R_{max} = 24$ m，$R_{min} = 7.5$ m；工作类型 JC = 40%；平均变幅速度 $v_b = 50$ m/min。其他各部位尺寸及质量含义如题图 8 - 1 所示：$a = 2.0$ m，$b = 6.5$ m，$c = 0.75$ m，$d = 5.04$ m，$e = 1.8$ m，$f = 3.4$ m，$g = 5.73$ m，$h = 2.6$ m，$i = 0.8$ m，$j = 0.8$ m，$l_{bo} = 8.24$ m，$l'_b = 6.5$ m，$l''_b = 6.5$ m，$l_b = 20.0$ m，$l_p = 17.8$ m，$l_x = 11.2$ m，$l'_x = 2.9$ m，$H_0 = 11.35$ m，$\varphi_1 = 44.5°$，$\varphi_2 = 77.5°$，$\beta_1 = 20°$，臂架质量 $m_b = 6\,000$ kg，象鼻梁质量 $m_x = 2\,860$ kg，拉杆质量 $m_1 = 1\,600$ kg，对重质量 $m_d = 6\,000$ kg。驱动方式：齿轮齿条，小齿轮直径 $d_z = 0.192$ m。

计算变幅驱动机构，忽略风载荷和起重机轨道坡度引起的变幅阻力。

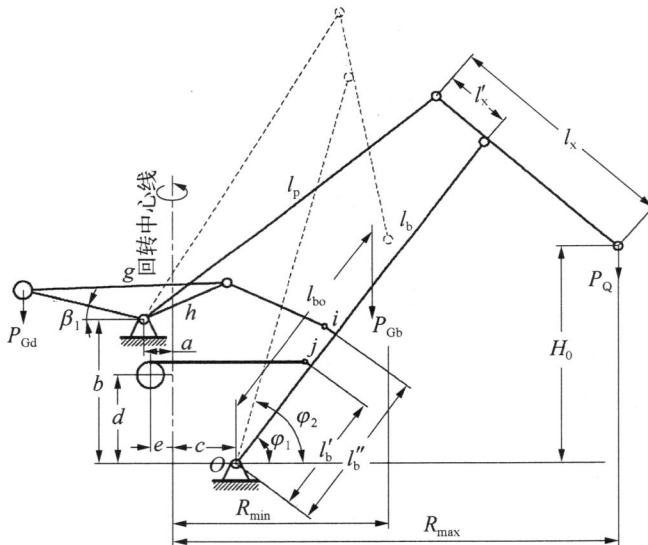

题图 8 - 1　门座起重机计算简图

第9章 回转机构

9.1 概述

起重机的回转运动,是指包含臂架的回转部分相对于不回转部分的运动。要使起重机做回转运动,必须有一套能承受回转部分重量,保证回转部分稳定,并使回转部分相对于不回转部分做回转运动的装置,这套装置称为回转机构。

回转机构的作用是使吊起的物品围绕起重机的铅垂回转轴线在水平面内沿圆弧线运动。当与起升、变幅、运行机构配合动作时,能将物品运送到起重机工作空间范围内的任何地方。

回转机构由回转支承和回转驱动装置组成。回转支承起支承回转部分的重量,防止回转部分倾覆,连接回转部分与不回转部分的作用;回转驱动装置是驱动回转部分,使其相对固定部分回转,并传递动力的驱动传动系统。任何起重机要做回转运动都必须具有这两个部分,所不同的仅仅是结构形式。

目前港口起重机中,带有回转机构的最典型机型就是门座起重机,如图9-1所示。它的回转部分由机器房、转柱、臂架、人字架等组成;不回转部分由门架、运行台车等组成。装在起重机机器房里的立式电动机通过行星齿轮减速器驱动行星小齿轮,小齿轮与固定在支承圆环外侧的大齿圈相啮合,并可以沿大齿圈做行星转动,从而实现回转部分的运动。

回转机构具有转动惯量大、回转速度低的特点。港口装卸用门座起重机的回转速度一般为1.5~2.0 r/min,安装用门座起重机的回转速度一般为0.1~0.5 r/min。

除门座起重机外,一些流动式起重机(如汽车起重机、履带起重机)和能回转的浮式起重机也有回转机构。在有些小型的码头,装卸驳船用的没有运行机构的固定式起重机,往往也带有回转机构。

图9-1 门座式起重机

9.2 回转支承装置的结构形式

由于外载及回转部分重量的作用,在支承处会产生作用力与反作用力。为了做到既安全又经济,必须对支承装置的内部结构进行分析,了解它们的组成、相互连接及作用,以便合理选择或设计支承装置。

常用的回转支承装置分为转盘式和柱式两类,如图 9-2 所示。

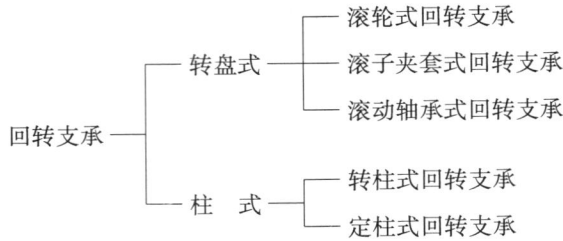

图 9-2　回转支承装置的分类

9.2.1　转盘式回转支承

这种回转支承的特点是回转部分装在一个大转盘上,转盘通过滚动体(滚轮、滚子、滚珠)支承在环形轨道上并与转动部分一起回转。

转盘式回转支承有滚轮式、滚子夹套式和滚动轴承式 3 种形式。门座起重机采用多支点的滚子夹套式和滚动轴承式回转支承装置。

1) 滚轮式回转支承

回转部分支承在 3 个或 4 个由滚轮装置构成的支点上。三支点结构是静定的,滚轮安装要求低,但抗倾覆能力差;四支点结构过去多用于小型门座起重机。

载荷不大时,每个支点可用一个滚轮(见图 9-3(a));载荷较大时,每个支点可采用带均衡梁的滚轮组(见图 9-3(b))。当前后支点的载荷相差悬殊时,其中载荷轻的支点可做成单轮的,载荷重的支点可做成双轮的。滚轮踏面可做成圆锥形、圆柱形或鼓形。

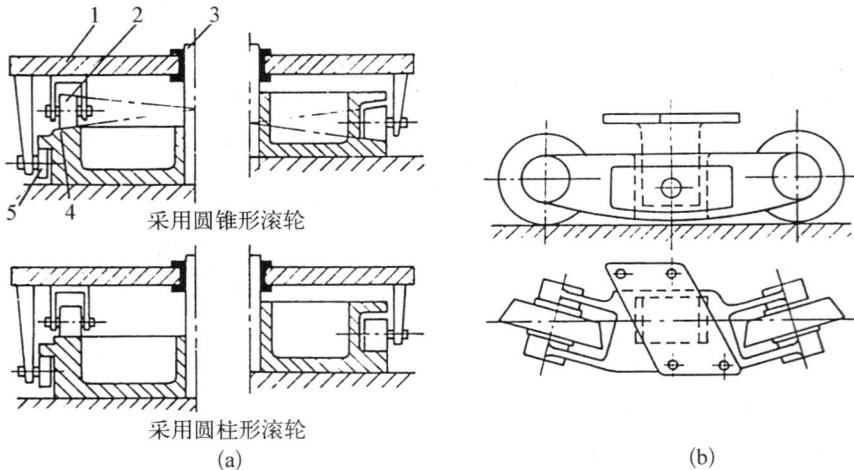

采用圆锥形滚轮

采用圆柱形滚轮

(a)　　　　　　　　　　　　　　　　(b)

图 9-3　滚轮式回转支承构造

(a) 滚轮支承形式;(b) 带均衡梁的滚轮组

1—转盘;2—滚轮;3—中心枢轴;4—轨道;5—反滚轮

中心枢轴(见图 9-4)或水平滚轮(见图 9-5)用于回转运动的对中和承受水平力。

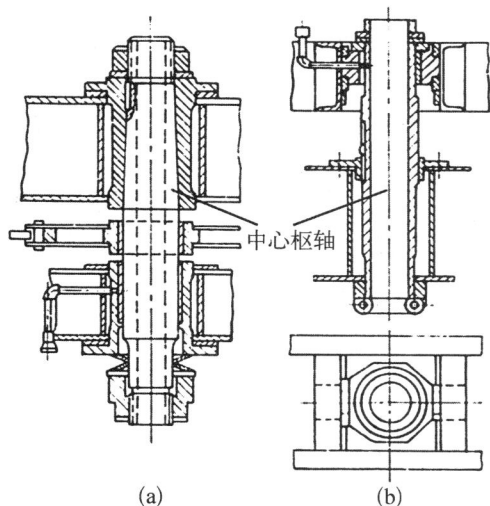

图 9-4　中心枢轴构造

(a) 中心枢轴固定于上方；(b) 中心枢轴固定于下方

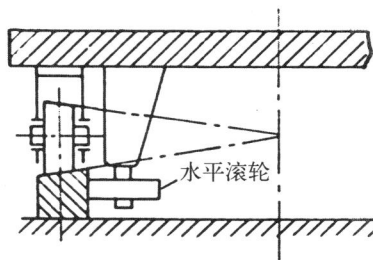

图 9-5　采用水平滚轮对中结构

滚轮式回转支承的轨道直径取决于回转部分的稳定性条件。在非工作状态下，当有暴风袭击时，允许通过中心枢轴加装螺母来承受倾覆而产生的拉力；也可采用反滚轮来防止倾翻（见图 9-6(a)）。在小型起重机中，可将滚轮装在槽形轨道的两翼缘之间，使其同时起正、反滚轮的作用（见图 9-6(b)）。

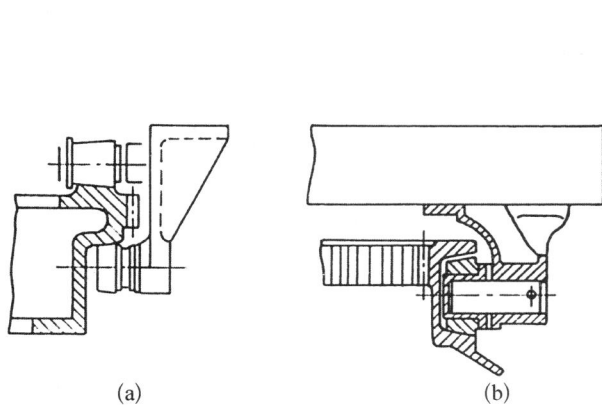

图 9-6　反滚轮与正、反滚轮构造

(a) 反滚轮；(b) 正、反滚轮

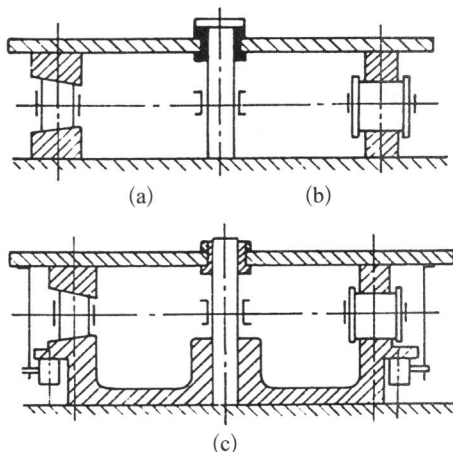

图 9-7　滚子夹套式回转支承构造

(a) 锥形滚子；(b) 圆柱形滚子；(c) 带反滚轮

由于滚轮数目不宜多，若支承装置承载较大时，则滚轮直径需增大，从而使回转部分高度变大、重心升高，这对回转部分的稳定性是不利的。因此，滚轮式回转支承装置是转盘式回转支承装置中承载能力最小的一种，主要用于小起重量的起重机。

2) 滚子夹套式回转支承

滚子夹套式回转支承装置（见图 9-7）实质上是一个大直径的止推滚动轴承，由许多圆锥或圆柱形的滚子以较小的间隔排列在上下两个环形轨道之间。滚子通过心轴组装在隔离夹套的内外环之间，夹套通过辐射状布置的拉杆与中心枢轴的套环相连。为缩小转盘框架的尺寸，转盘下的环形轨道通常做成前后两段圆弧。

在滚子夹套式回转支承装置中，回转部分的垂直压力通过转动的上轨道、滚子传给固定的环形下轨道，滚子的心轴不传递载荷。

由于同时参与传递载荷的滚子数目很多，滚子夹套式回转支承装置的承载能力比滚轮式大。当受到相同的倾覆力矩时，滚子夹套式回转支承装置所需轨道直径较小，因而结构比较紧凑。

滚子夹套式回转支承的对中、承受水平载荷以及防止倾覆的方式与滚轮式支承相同，具体如下：

（1）中心枢轴一般做成空心的，中间可穿导线。中心枢轴上方可固定于转盘，随转盘转动，下方插入固定部分的滑动轴承；也可以是中心枢轴的下方固定于固定部分，上方支承在滑动轴承里。

（2）回转部分的稳定性是靠装在转盘上的对中装置以及专门的稳定装置来达到的。例如在中心枢轴上装压紧螺母或在转盘下装设反滚轮。装有压紧螺母的中心枢轴结构简单，但它只有在非工作状态风载荷作用下起重机不回转时，才可作为稳定装置。也可在圆弧轨道内装设三、四个反滚轮作为稳定装置（见图 9-5 和图 9-7(c)）。

（3）支承装置的滚子和滚轮的踏面可制成圆柱形或圆锥形。圆柱形的滚轮和滚子沿圆弧轨道滚动时，由于踏面内、外侧经过的路线长度有差异，会产生滚动踏面与轨道间的滑动，因此要对滚轮、滚子的踏面进行淬火，使踏面达到足够的硬度，轨道的顶面也须具有抗磨性能，同时还必须对轨面进行有效的润滑。这种滑动将引起附加回转阻力，并加快滚轮、滚子与轨道间的磨损，所以圆柱形滚轮和滚子只适用于大直径的圆弧轨道。

采用圆锥形踏面的滚轮和滚子能消除踏面与轨道间的滑动，但轮子受到轴向力的作用，因此，立装设推力轴承以减少轴向力引起的摩擦。圆锥形的滚轮和滚子的制造和安装要求高，要确保滚轮和滚子的圆锥顶点在起重机的回转中心线上。

在圆锥形滚轮支承装置中，为简化轨道的制造，仍可用平面轨道来代替锥面轨道，但安装在滚轮支承架上的轮轴必须保持倾斜的位置。

3) 滚动轴承式回转支承

（1）滚动轴承式回转支承装置构造和承载。

滚动轴承式回转支承装置构造如图 9-8 所示，它由固定座圈、回转座圈、滚动体、隔离套、调整垫片等组成。门座起重机回转部分固定在回转座圈上，固定座圈与起重机固定部分（门架）固接，由滚动轴承上的齿圈实现回转部分相对固定部分的转动。

滚动轴承式回转支承是一个大型的滚动轴承，能承受垂直力、水平力及倾覆力矩，是国内外广泛采用的一种转盘式回转支承。其优点是：① 大齿圈（内齿或外齿）与回转支承的固定座圈制成一体。与其他转盘式回转支承装置相比，省去了中心轴枢与反滚轮防倾装置，不用考虑回转部分的局部稳定，并且安装、调整方便，维护简单。② 回转摩擦阻力小、工作平稳、寿命长。但缺点是对材料和加工精度要求高、损坏后维修不便，要求固定轴承座圈的机架有一定的刚度，如果机架变形，则滚动体与滚道接触不良，磨损增加，严重时还会使轴承卡死或破坏滚动体与滚道。

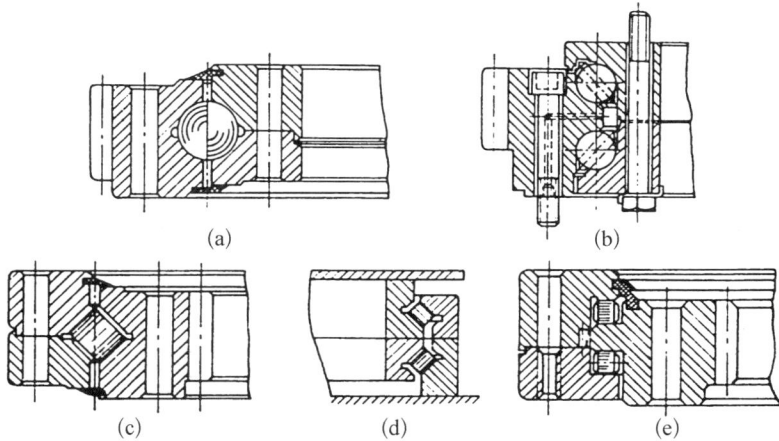

图 9 - 8 滚动轴承式回转支承结构

回转座圈分上、下两部分。装配时可预先将座圈与滚动体装好,用少量螺栓将轴承回转座圈上、下两部分连接起来,使轴承成为一个完整的部件,运到现场安装。为保证滚动体转动灵活及受热膨胀时不致发生与滚道卡死现象,轴承应留有一定的轴向间隙。为调整滚动体与滚道磨损后的间隙,在上下座圈之间放有调整垫片。

为防止杂质、水分等进入滚道,损坏滚道面和滚动体,必须有密封润滑装置,较常见的是采用橡胶密封条。润滑剂采用优质润滑脂或二硫化铝与润滑脂的混合剂。

(2) 滚动轴承式回转支承装置形式。

为适应不同的使用要求,滚动轴承式回转支承装置有多种形式,如图 9 - 8 所示。

(A) 单排四点接触球式回转支承(见图 9 - 8(a))。

该回转支承内外圈滚道是两个对称的圆弧曲面,呈 4 点接触,滚珠的接触压力角一般为 60°~70°,具有结构简单、承载能力较大、高度尺寸小等优点,在中小起重量流动式起重机(汽车起重机、轮胎起重机、履带起重机)中使用较多。

(B) 双排球式回转支承(见图 9 - 8(b))。

该回转支承有上、下两排滚动球体,具有较大的接触压力角,可达 60°~90°,能承受较大的轴向载荷和倾覆力矩。

(C) 单排交叉滚柱式回转支承(见图 9 - 8(c))。

该回转支承相邻滚柱的轴线是交叉排列的,滚柱接触压力角一般为 45°,滚柱与滚道呈线接触,承载能力大于滚珠式。为了保证滚柱与滚道有足够的接触长度,对与座圈相连接的支承构件的刚度要求较高,安装精度要求也较高。

(D) 双排滚柱式回转支承(见图 9 - 8(d))。

该回转支承具有上、下两排柱式滚动体,与双排滚珠轴承式回转支承相比,能承受更大的轴向载荷和倾覆力矩,多用于起重量较大的起重机。

(E) 三排滚柱式回转支承(见图 9 - 8(e))。

该回转支承在水平方向平行排列两排滚柱以承受轴向载荷,另有一排垂直排列的滚柱承受径向载荷。它比上述各类型轴承式回转支承的承载能力都要大,但制造和安装精度要求较高;同时与座圈相连接的支承构件要有更高的刚度。这种回转支承多用在起重量很大、但座圈外径尺寸又受到限制的起重机中。

9.2.2　柱式回转支承

柱式回转支承主要由一个立柱、两个水平支承和一个垂直推力支承组成。根据立柱是回转的还是固定的,可分为转柱式和定柱式两类。

1) 转柱式回转支承

采用转柱式回转支承的门座起重机具有一个与回转部分连成一体的转柱,转柱插入门架,依靠上、下支座支承,并通过驱动装置来实现回转运动。转柱式回转支承有两种构造,如图9-9所示,图中(a)为滚道固定在门架的上支承圆环上,水平滚轮沿滚道做行星运动;图(b)为滚道安装在转柱上,滚道随转柱一起回转,并带动水平滚轮做自转运动。

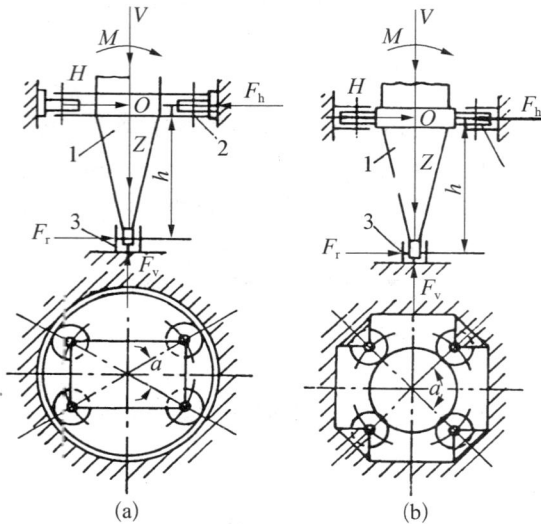

图 9-9　转柱式回转支承构造图
1—转柱;2—上支承;3—下支承

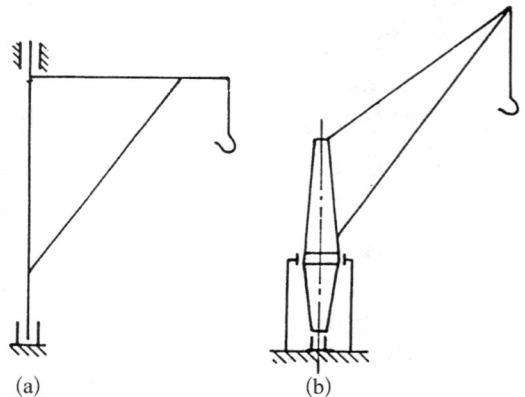

图 9-10　转柱式回转支承的形式
(a) 简支梁式;(b) 伸臂梁式

根据支承情况的不同,有简支梁式和伸臂梁式两种(见图9-10),其共同的特点是转柱和起重机的回转部分连成一体。简支梁式回转支承的上部是一个径向轴承,下部是一个径向轴承和一个推力轴承。当周围无附着结构时,简支梁式回转支承的上支承需要用拉索或拉杆来加以固定,多用于小型桅杆起重机。伸臂梁式回转支承的立柱承受很大的弯矩,截面尺寸较大,上支承大多采用水平滚轮方式,多用于港口门座起重机。

转柱式起重机中,回转部分(包括吊起的物品)的全部重量,通过转柱传给下支承,回转部分的倾覆力矩由上、下支承处的水平支承反力形成的力偶来平衡。因此上支承的作用相当于一个径向轴承,下支承的作用则相当于推力兼径向轴承。

(1) 转柱式回转支承装置的上支座。

上支座相当于一个大的径向轴承,一般采用水平滚动来承受由水平载荷和倾覆力矩所产生的水平力。对于大起重量的门座起重机,由于上支座水平力较大,往往采用如图9-11所示的带平衡梁的滚动组的结构形式,平衡梁通过偏心轴与支承架连在一起,偏心轴主要用来调整水平滚轮与轨道间因安装误差和磨损所出现的间隙。对于中小型门座起重机,由于上支座水平力较小,则不必用平衡梁,水平滚轮直接装在支承架的偏心轴上。水平滚轮的踏面形状有圆柱形和圆弧形两种。圆柱形踏面的水平滚轮须安装调心轴承,以保证踏面与轨道接触良好。

图 9-12 为滚道固定在门架上支承圆环上的转柱式回转支承的上支承,滚轮在圆形轨道里面滚动,能承受较大的水平力。滚轮的数目和布置,根据受力情况而定,滚轮常取 3~8 个。用 3 个滚轮时,臂架方向装两个,后面装一个;用 8 个滚轮时,每个转柱角装 2 个,每 2 个要用均衡梁连接,以保证与滚道接触良好。

(2) 转柱式回转支承装置的下支座。

下支座要承受轴向力 V 与径向力 H,当 $V/H > e$ 时(e 为不同类型轴承的判别系数,见滚动轴承样本),可选用推力向心对称球面滚子轴承来承受轴向力 V 与径向力 H。这种下支座的典型结构如图 9-13(a) 所示。当 $V/H < e$ 时,则必须同时采用向心推力轴承和双列向心球面滚子轴承,其结构简图如图 9-13(b) 所示。这种形式的下支承,在结构处理上必须保证两个轴承的调位中心重合,并使推力轴承只承受轴向力,径向轴承只承受径向力,为此,须使推力轴承外径处的配合比径向轴承处配合松一些。

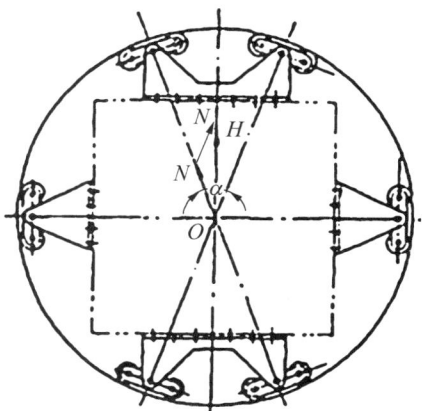

图 9-11　转柱式回转支承装置的上支座结构简图

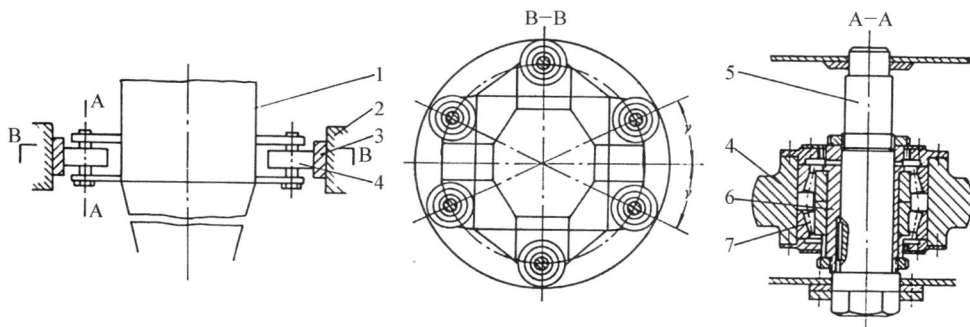

图 9-12　转柱式回转支承的上支承

1—转柱;2—上支座;3—滚轮轨道;4—水平滚轮;5—心轴;6—偏心轴套;7—滚动轴承

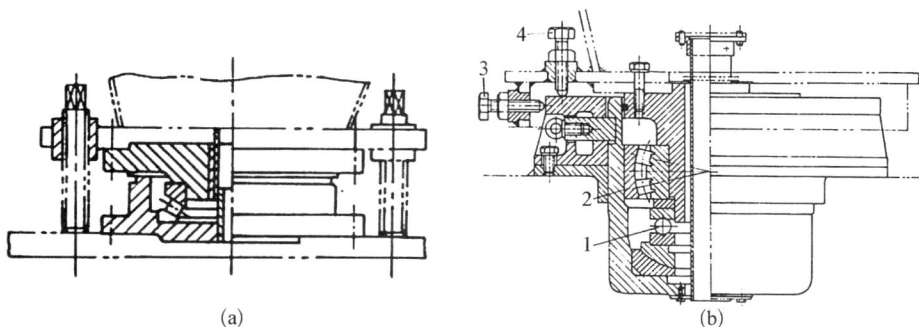

(a)　　　　(b)

图 9-13　转柱式回转支承的下支承

1—向心推力轴承;2—双列向心球面滚子轴承;3,4—调整螺栓

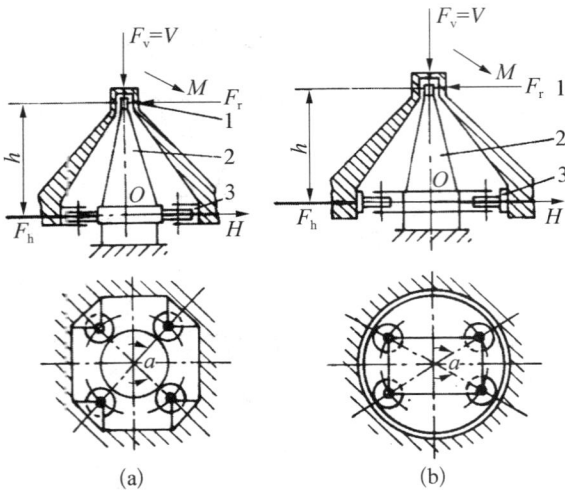

图 9-14　定柱式回转支承

1—上支承；2—定柱；3—下支承

2）定柱式回转支承

定柱式回转支承（见图 9-14）的特点是立柱固定在基础结构上（如门架、浮船和码头结构）。形似"钟罩"的回转部分通过上、下支承支承在立柱上。

定柱式支承的上支承有两种形式。图 9-15(a) 所示的上支承由一个球面推力轴承和一个双列向心球面滚子轴承组成。为了保持自位性能，两个轴承的球面必须同心。图 9-15(b) 所示的上支承采用一个推力向心球面滚子轴承，但这种结构承受的水平力有限制，水平载荷与垂直载荷的比值应小于 $\tan\beta$。定柱式支承的下支承通常做成水平滚轮形式（见图 9-16）。滚轮一般装在回转部分，滚轮的布置应与倾覆力矩方向相适应。当前、后倾覆力矩不相等时，可采用图 9-16(b) 所示的布置方式。

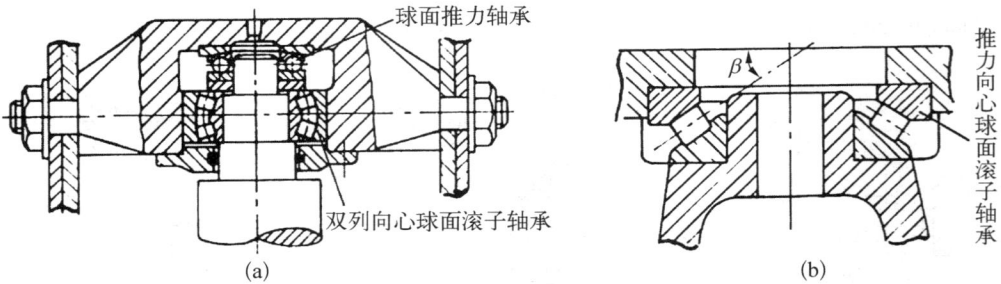

图 9-15　定柱式回转支承的上支承

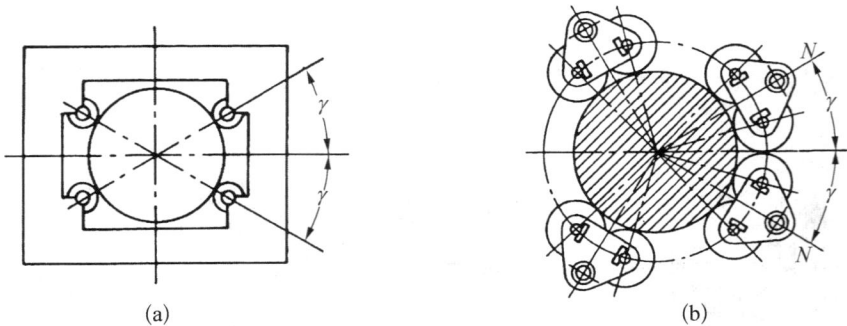

图 9-16　定柱式回转支承的下支承

定柱式回转支承结构较简单，制造方便，回转部分自重轻，转动惯量小，重心比转柱式低。但占用空间大，回转部分平面尺寸大，且上支承维修较困难，常用于浮式起重机和固定式起重机。

9.3　回转支承的设计计算

9.3.1　回转支承设计的载荷和载荷情况

1）载荷情况

回转支承按下列 3 种载荷情况进行计算,详如表 9-1 所示。

(1)工作状态正常载荷情况(Ⅰ类),用来计算疲劳、磨损或发热。

(2)工作状态最大载荷情况(Ⅱ类),用来计算静强度。

(3)非工作状态最大载荷情况(Ⅲ类),用来计算静强度。

表 9-1 中载荷情况 Ⅱ 考虑了可能出现的两种工况:Ⅱ$_a$——起升物品离地起升工况;Ⅱ$_b$——起重机满载时,回转和变幅机构同时起(制)动或者运行和回转机构同时起(制)动的工况。载荷情况Ⅲ考虑了Ⅲ$_a$——非工作状态最大风载荷工况;Ⅲ$_b$——静态或动态试验工况。

表 9-1　回转支承装置计算载荷情况

载　荷　名　称		载　荷　情　况				
		Ⅰ	Ⅱ$_a$	Ⅱ$_b$	Ⅲ$_a$	Ⅲ$_b$
回转部分重力载荷 (包括活动对重、臂架)		P_{Gh}	$\phi_1 P_{Gh}$	P_{Gh}	P_{Gh}	P_{Gh}
额定起升载荷		P_Q	$\phi_2 P_Q$	P_Q	—	—
物品偏摆 水平载荷	臂架变幅平面内	P_A	—	P_A		
	臂架回转平面内					
坡道载荷		$(P_{Gh}+P_Q)\sin\gamma$	$(P_{Gh}+P_Q)\sin\gamma$	$(P_{Gh}+P_Q)\sin\gamma$	$P_{Gh}\sin\gamma$	$\left(P_{Gh}+\dfrac{\phi_6 P_{td}}{P_{ts}}\right)\sin\gamma$
回转部分 的水平惯 性载荷 (不含 物品)	变幅起制动	—	—	P_{Ab}	—	—
	回转起制动	P_{At}	—	P_{At}	—	—
	回转时离心力	P_{An}	—	P_{An}	—	—
	运行起制动	—	—	P_{Ay}	—	—
回转部分风载荷 (不包括物品)		—	$P_{WⅡ}$	$P_{WⅡ}$	$P_{WⅡ}$	
回转机构 最后一级齿轮传动的啮合力		$P_{CⅠ}$	$P_{CⅡ}$	$P_{CⅡ}$	—	—
试验载荷		—	—	—		$\phi_6 P_{td}$或 P_{ts}

注:表中 γ 为坡度角。

2）载荷计算

(1)回转惯性载荷。

P_{At}为回转机构起(制)动时,作用于回转部分质心上的水平切向惯性载荷:

$$P_{At} = \sum \frac{P_{Ghi}}{g} \frac{v_{hi}}{t_h} \tag{9-1}$$

式中：P_{Ghi}——回转部分（包括平衡重）各构件的重力载荷，N；

　　　　v_{hi}——回转部分各构件质心的回转线速度，m/s；

　　　　t_h——回转起（制）动时间，初步计算时，可取 3～10 s；

　　　　g——重力加速度，9.8 m/s²。

P_{An} 为作用在回转部分上的水平法向惯性载荷：

$$P_{An} = \sum \frac{P_{Ghi} l_i}{g} \omega^2 = \sum \frac{P_{Ghi} n_h^2 l_i}{900} \tag{9-2}$$

式中：n_h——起重机回转速度，r/min；

　　　　l_i——回转部分各构件质心到回转中心线的距离，m。

（2）变幅惯性载荷。

P_{Ab} 是变幅机构起（制）动时，作用在臂架系统质心上的水平惯性力：

$$P_{Ab} = \frac{P_{Gb}}{g} \frac{v_C}{t_b} \tag{9-3}$$

式中：P_{Gb}——臂架系统的重力载荷，N；

　　　　v_C——臂架系统质心的水平变幅速度，m/s；

　　　　t_b——变幅机构制动（或起动）时间，s。

（3）运行惯性载荷。

P_{Ay} 是运行机构起（制）动时，作用在回转部分上的水平惯性力：

$$P_{Ay} = \frac{P_{Gh}}{g} \frac{v_y}{t_y} \tag{9-4}$$

式中：P_{Gh}——回转部分的重力载荷，N；

　　　　v_y——起重机运行速度，m/s；

　　　　t_y——起重机运行机构制动（或起动）时间，s。

（4）齿轮传动的啮合力。

P_{CI}，P_{CII} 分别为按工作状态正常载荷和工作状态最大载荷计算的回转驱动装置最后一级齿轮传动的啮合力：

$$P_{CI,II} = \frac{M_{CI,II}}{r_c \cos \alpha} \tag{9-5}$$

式中：r_c——回转驱动装置大齿轮的分度圆半径，m；

　　　　α——齿轮啮合压力角，标准齿形：$\alpha = 20°$；

　　　　$M_{CI,II}$——按工作状态正常载荷和工作状态最大载荷计算的回转阻力矩。初步计算时，可根据初选电动机的性能参数推算，如已知电动机的额定转矩 M_n，最大转矩 M_{dmax}，回转驱动装置总传动比 i_h 和传动效率 η_h，则

$$M_{CI} = M_n i_h \eta_h \tag{9-6}$$

$$M_{CII} = M_{dmax} i_h \eta_h \tag{9-7}$$

9.3.2　回转支承装置的设计计算

1）回转支承装置所承受的载荷

（1）总垂直载荷。

载荷情况Ⅰ：

$$V = (P_{Gh} + P_Q)\gamma'_m \tag{9-8}$$

载荷情况Ⅱ：

$$V = (\phi_1 P_{Gh} + \phi_2 P_Q)\gamma'_m \tag{9-9}$$

载荷情况Ⅲ：

$$V = (P_{Gh} + P_{ts})\gamma'_m \text{ 或 } V = (P_{Gh} + \phi_6 P_{td})\gamma'_m \tag{9-10}$$

式中：γ'_m——增大系数，根据机构的工作级别由表 2-24 选取。

（2）总水平载荷。

$$H = \sqrt{H_x^2 + H_y^2} \tag{9-11}$$

式中：$H_x = \sum H_{xi}$——x 轴方向（垂直于臂架摆动平面的方向）上所有水平力的总和，N；

$H_y = \sum H_{yi}$——y 轴方向（臂架摆动平面方向）上所有水平力的总和，N。

（3）总力矩。

$$M = \sqrt{M_x^2 + M_y^2} \tag{9-12}$$

式中：$M_x = \sum M_{xi}$——在垂直于臂架摆动平面内，各种垂直力和水平力引起的对支承滚子中心所在平面或水平滚轮所在平面与回转中心线交点的倾覆力矩的总和，N·m；

$M_y = \sum M_{yi}$——在臂架摆动平面内，各种垂直力和水平力引起的对支承滚子中心所在平面或水平滚轮所在平面与回转中心线交点的倾覆力矩的总和，N·m。

2）转柱式回转支承

转柱式回转支承大都用于起重量较大的门座起重机和浮式起重机，这些起重机的臂架重量较大，吊货后倾覆力矩较大，作用于上、下支承的水平力也大。为了平衡倾覆力矩，减小上、下支承水平力，使转柱结构紧凑，就必须在机器房的尾部加配重。其次，倾覆力矩在支承处产生的水平力分别由上、下支承的径向轴承承受，垂直力仅由下支承（止推轴承）承受（见图 9-17）。下面分别讨论配重、支承反力的计算原理。

（1）配重的确定。

配重 G_1 计算的原则是：忽略风载荷和货物偏摆的影响，使满载最大幅度时在上支承产

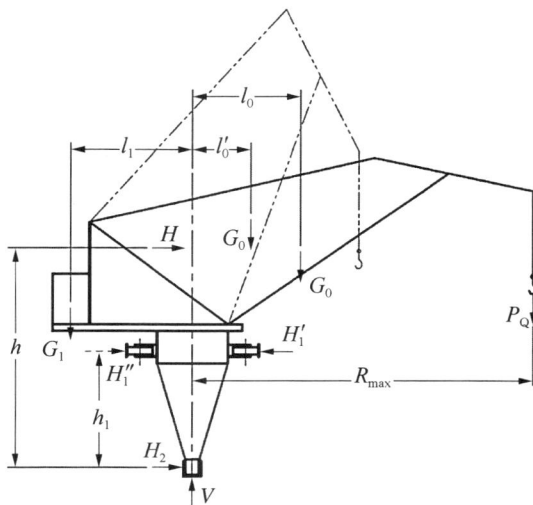

图 9-17　滚柱式回转支承受力分析

生的水平力与空载最小幅度时在上支承产生的水平力相等。

满载最大幅度时，上支承水平力 H_1 主要是由起升载荷 P_Q 和未加配重时回转部分的重量 G_0 产生的倾覆力矩而引起的。为了减小 H_1，在机房尾部加配重 G_1 以平衡由 P_Q 和 G_0 产生的倾覆力矩。但加上配重后，当起重机处于空载最小幅度时（见图 9-17 中双点划线位置），上支承水平力 H_1 主要由配重引起，且方向、大小都改变了（图示虚箭线）。为了充分利用转柱的材料性能，希望在这两种情况下的 H_1 数值相等，通过选择合适的配重 G_1 即可实现。分别计算这两种情况下的上支承水平力 H_1，令它们相等，就可反算出配重 G_1 的大小。

（A）满载最大幅度时上支承水平力 H_1'。

对下支承中心取力矩平衡方程，则有

$$H_1'h_1 + G_1l_1 - P_QR_{max} - G_0l_0 = 0$$

即

$$H_1' = \frac{P_QR_{max} + G_0l_0 - G_1l_1}{h_1} \tag{9-13}$$

式中：h_1——上、下支承中心间距，m；

　　　R_{max}——最大幅度，m；

　　　l_0——回转部分重量的重心至旋转中心的距离，m；

　　　l_1——配重 G_1 的重心至旋转中心的距离，m。

（B）空载最小幅度时上支承水平力 H_1''。

其方向与 H_1' 相反，由平衡条件得

$$H_1''h_1 + G_0l_0' - G_1l_1 = 0$$

即

$$H_1'' = \frac{G_1l_1 - G_0l_0'}{h_1} \tag{9-14}$$

式中：l'——最小幅度时，回转部分重心至回转中心距离，m。

令 $H_1' = H_1'' = H_1$，则有

$$G_1 = \frac{P_QR_{max} + G_0l_0 + G_0l'}{2l_1} \tag{9-15}$$

在上述计算中，回转部分重量 G_0 的确定一般采用类比法，即参考同类型的其他起重机的回转各部分重量，从而定出 G_1，待设计完成后，再进行校核。

滚动轴承直径和转柱滚轮中心的回转直径 D，也可根据类比法初定，或者根据经验公式 $d = 0.028D$，先确定滚子直径 d 再反算出 D。

在初步计算中，由于这些参数是初定的，因此设计完成后需进行验算和修正。

（2）支承反力的计算。

进行强度计算时，支承反力按载荷情况 Ⅱ、Ⅲ 考虑风和水平惯性力等载荷的影响。

（A）上支承反力。

根据回转部分的受力图（见图 9-17），对力矩平衡方程得上支承反力 H_1 值为

$$H_1h_1 + \phi_1(G_1l_1 - G_0l_0) - \phi_2P_QR_{max} - Hh = 0$$

即

$$H_1 = \frac{\phi_2P_QR_{max} + \phi_1(G_0l_0 - G_1l_1) + Hh}{h_1} \cdot \gamma_m' \tag{9-16}$$

式中：h——总水平载荷 H 的作用点到下支承中心的垂直距离，m。

由式（9 - 16）知，欲使上支承水平力 H_1 减小，必须在结构允许的情况下增大 h_1，即使上、下支承距离较大。

根据 H_1 可算得上支承滚轮的受力，进行强度计算。此时水平轮的受力为

$$N = H_1 \qquad\qquad (9 - 17)$$

当 H_1 由两个滚轮来承受（见图 9 - 18）时，每个轮子上所受的力 N 为

$$N = \frac{H_1}{2\cos\gamma} \qquad\qquad (9 - 18)$$

式中：γ——滚轮与臂架平面水平夹角，一般取 $25° \sim 40°$。

（B）下支承反力。

由水平方向平衡的投影式得下支承的水平反力 H_2 为

$$H_2 = H - H_1 \qquad\qquad (9 - 19)$$

下支承垂直反力 V 取式（9 - 9）和式（9 - 10）中最大值。

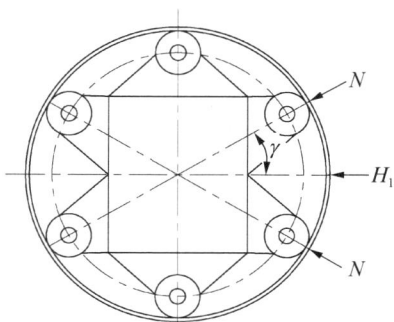

图 9 - 18 滚轮压力

（3）转柱式回转支承的设计与校核。

若转柱式回转支承用一个止推轴承承受垂直力，用上、下两个水平支承承受水平力和力矩，则轴承的受力如下所示。

止推轴承的反力 P_z：

$$P_z = V \qquad\qquad (9 - 20)$$

径向轴承反力 P_j：

$$P_j = \frac{M}{h_1} \qquad\qquad (9 - 21)$$

水平轮的支承反力 H_1：

$$H_1 = P_j + H = \frac{M}{h_1} + H \qquad\qquad (9 - 22)$$

支承反力 N 求出后，水平滚轮的接触强度可按下式计算：

线接触强度

$$\sigma_{x\max} = 190\sqrt{\frac{N_{\max}}{l \times r_h}} < [\sigma_x] \qquad\qquad (9 - 23)$$

点接触强度

$$\sigma_{d\max} = 1\,870\sqrt{\frac{N_{\max}}{r_h^2}} < [\sigma_d] \qquad\qquad (9 - 24)$$

式中：$N_{\max}$——水平轮与滚道的最大正压力，由式（9 - 16）或式（9 - 22）的最大值代入式（9 - 17）或式（9 - 18）算得，N；

　　　l——接触线长度，mm；

　　　r_h——接触处的换算曲率半径，mm，可按表 9 - 2 所列公式换算；

　　　$[\sigma_x]$，$[\sigma_d]$——分别为线接触和点接触时的最大许用接触应力，N/mm^2，$[\sigma_d] = (2 \sim 2.5)[\sigma_x]$。

当表面硬度 HB < 300 时,取$[\sigma_x] = (2 \sim 2.5)$HB,N/mm²;

当表面硬度 HRC > 30 时,取$[\sigma_x] = (20 \sim 25)$HRC,N/mm²;

或按表 9-3 选用。

表 9-2　几种接触情况下的 $1/r_h$

图　　序	$1/r_h$	图　　序	$1/r_h$
	$\dfrac{2}{D_1} + \dfrac{2}{D_2}$		$\dfrac{2}{D_2} - \dfrac{2}{D_1}$
	$\dfrac{2}{D_1} + \dfrac{2}{D_2} + \dfrac{2}{r_3}$		$\dfrac{2}{D_2} - \dfrac{2}{D_1} - \dfrac{2}{r_3}$

表 9-3　许用接触应力(N/mm²)与硬度关系

滚轮踏面硬度	$[\sigma_x]$	$[\sigma_x]_{max}$	$[\sigma_d]$	$[\sigma_d]_{max}$
HB320	640~800	960~1 200	1 600~2 000	2 400~3 000
HB400	800~1 000	1 200~1 500	2 000~2 500	3 000~3 750
HB450	900~1 100	1 350~1 650	2 250~2 750	3 350~4 100
HB500	1 000~1 250	1 500~1 900	2 500~3 100	3 750~4 600

对于用推力向心球面滚子轴承代替止推轴承和径向轴承的结构中(见图 9-13(a)),应根据 P_z 和 P_j 的联合作用来选取轴承。

3) 转盘式回转支承

(1) 滚轮式回转支承。

支点反力和支承滚轮的反力可参照刚性支承计算方法计算,详见 3.3 节。

(2) 滚子夹套式回转支承。

为了简化计算,作如下假定:① 所有滚子直径都相等;② 上下支承结构具有足够的刚度,其由载荷引起的变形可略去不计;③ 支承轨道面绝对平整,且相互平行;④ 滚子变形与载荷呈线性关系。

按表 9-1 所示的载荷情况计算滚子的压力,最大压力一般出现在臂架方向前端的滚子上。若计算工况为:起重机处于工作状态,考虑回转部分的倾覆力矩为最大时的起重量及幅度,且最大风载荷沿臂架平面由后向前吹(见图 9-19),这时的最大轮压发生在前面滚子上,后面的滚子出现最小轮压,分别为

最大轮压
$$N_{\mathrm{max}} = \frac{P_{\mathrm{Q}} + P_{\mathrm{Gh}}}{n} + M\frac{R}{\sum r_i^2} \qquad (9-25)$$

最小轮压
$$N_{\mathrm{min}} = \frac{P_{\mathrm{Q}} + P_{\mathrm{Gh}}}{n} - M\frac{R}{\sum r_i^2} \qquad (9-26)$$

式中: n——位于圆形轨道上的承压滚子数;

　　　R——圆形轨道之半径,m;

　　　$\sum r_i^2$——所有受载滚子的中心到 Ⅱ—Ⅱ 平面的距离平方和;

$$\sum r_i^2 = r_1^2 + r_2^2 + r_3^2 + \cdots + r_i^2$$

　　　M——回转部分的最大倾覆力矩,

$$M = (P_{\mathrm{Q}} + P_{\mathrm{Gh}})e + P_{\mathrm{WⅡ}} y_{\mathrm{W}} \qquad (9-27)$$

其中: e——$(P_{\mathrm{Q}} + P_{\mathrm{Gh}})$ 的重心 E 到回转中心线的距离,m;

　　　$P_{\mathrm{WⅡ}}$——回转部分所受的风载荷,N;

　　　y_{W}——风载荷 $P_{\mathrm{WⅡ}}$ 的作用点到圆形轨道顶的垂直距离,m。

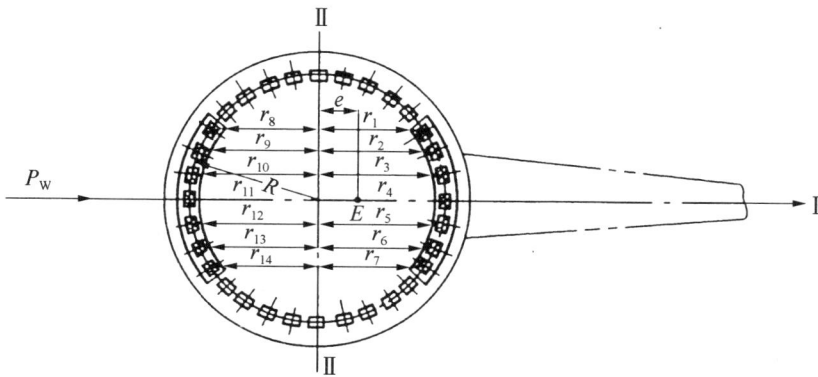

图 9-19　滚轮压力(多支点)计算简图

在工作状态最大载荷情况下,要求 $N_{\mathrm{min}} > 0$,即不允许滚子出现负压力,以免载荷变化时产生冲击。在非工作状态载荷情况下,允许 $N_{\mathrm{min}} < 0$,但此时式(9-25)和式(9-26)不再适用。若非工作状态下回转部分已丧失稳定性,则应验算中心轴枢或反滚轮装置的强度。

根据 N_{max} 与 N_{min},依照车轮强度计算方法计算滚子强度。

(3) 滚动轴承式回转支承。

选型设计时,应先根据起重机的载荷大小、工作条件及总体布置要求,初步选定回转支承形式,然后进行选型计算。

(A) 回转支承的载荷和承载能力曲线。

作用在滚动轴承式回转支承上的载荷有:总轴向力 $F_{\mathrm{a}} = V$(总垂直载荷)、总倾覆力矩 M

（总力矩）、在力矩作用平面内的总径向力 $F_r = H$（总水平载荷），详见式（9-9）～式（9-11）。当3种载荷共同作用时，需换算成轴承的当量载荷，即

$$\begin{cases} F'_a = (K_a F_a + K_r F_r) f_s \\ M' = f_s K_a M \end{cases} 或 \begin{cases} F'_a = (K_a F_a + K_r F_r) f_d \\ M' = f_d K_a M \end{cases} \tag{9-28}$$

式中：K_a，K_r——负载换算系数，按不同轴承形式选取，参见表9-4；

$\quad\quad f_s$——回转支承静态工况下的安全系数，参见表9-5；

$\quad\quad f_d$——回转支承动态工况下的安全系数，参见表9-5。

表9-4　轴承当量载荷的计算方法

轴承形式	负载换算系数		按静态工况选型	按动态工况校核寿命
01	$\alpha = 60°$	$K_a = 1.000$ $K_r = 5.046$	$F'_a = (F_a + 5.046F_r) f_s$ $M' = M f_s$	$F'_a = (F_a + 5.046F_r) f_d$ $M' = M f_d$
	$\alpha = 45°$	$K_a = 1.225$ $K_r = 2.676$	$F'_a = (1.225F_a + 2.676F_r) f_s$ $M' = 1.225 M f_s$	$F'_a = (1.225F_a + 2.676F_r) f_d$ $M' = 1.225 M f_d$
02	$K_a = 1.00$，$K_r = 1.00$		$F'_a = F_a f_s$，$M' = M f_s$	$F'_a = F_a f_d$，$M' = M f_d$
11	$K_a = 1.00$，$K_r = 2.05$		$F'_a = (F_a + 2.05F_r) f_s$，$M' = M f_s$	$F'_a = (F_a + 2.05F_r) f_d$，$M' = M f_d$
13	$K_a = 1.00$，$K_r = 0$		$F'_a = F_a f_s$，$M' = M f_s$ 径向载荷 F_r 由径向滚柱承受	$F'_a = F_a f_d$，$M' = M f_d$

注：F'_a——回转支承当量中心轴向力，kN；

$\quad M'$——回转支承当量倾覆力矩，kN·m；

$\quad \alpha$——承载角，即轴承滚动体上力的方向与水平面的夹角。

表9-5　回转支承安全系数

使 用 设 备	01		02		11,13	
	f_s	f_d	f_s	f_d	f_s	f_d
轮式起重机、堆取料机及各种工作台	1.10	1.36	1.10	1.10	1.10	1.00
悬臂式起重机、港口起重机、各种装卸机械	1.25	1.55	1.25	1.15	1.25	1.13
挖泥船、浮式起重机	1.45	2.50	1.45	1.71	1.25	1.62
冶金用起重机、斗轮挖掘机	2.00	3.50	1.45	1.75	1.75	1.45

根据 JB/T 2300—2011《回转支承》标准中规定了4种滚道形式的承载能力曲线：

（i）单排四点接触球式（01系列）回转支承，其承载能力曲线示例如图9-20(a)所示；

（ii）双排异径球式（02系列）回转支承，其滚动体公称直径为（上排/下排）：25/20，30/25，40/30，50/40，60/50，承载能力曲线示例如图9-20(b)所示；

（iii）单排交叉滚柱式（11系列）回转支承，其滚动体成1∶1、成90°交叉排列，承载能力曲线示例如图9-20(c)所示；

（iv）三排滚柱式（13 系列）回转支承,其滚动体公称直径为上排/下排/径向：25/20/16,32/25/20,40/32/25,45/32/25,50/40/25,承载能力曲线示例如图 9-20(d)所示。

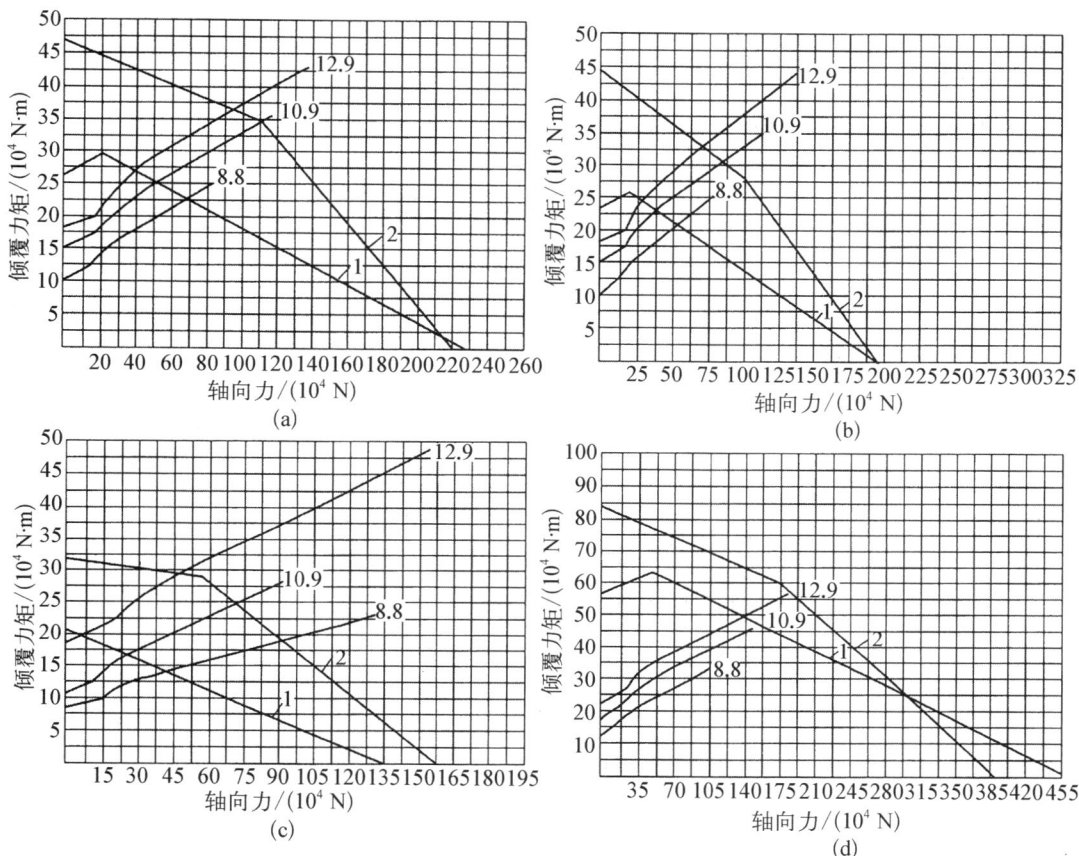

图 9-20　滚动轴承回转支承的承载能力曲线

图注：①（a）～（d）分别为 01 系列、02 系列、11 系列和 13 系列、序号均为 3 的承载能力曲线,曲线 1——静态承载能力曲线;曲线 2——动态承载能力曲线;② 8.8,10.9,12.9 为高强度螺栓级别。

图中,安装螺栓的预紧力应达到螺栓材料屈服强度的 0.7 倍。

（B）静态选型。

所谓静态容量指回转支承保持静止状态,由于负载的作用,滚道的永久变形量达到 $\delta = 3d/10\,000$（d 为滚动体直径）的最大负载。在这种负载作用下,要求回转支承不丧失其功能。根据静态容量进行选型计算时,采用工作状态下最大载荷情况和非工作状态下最大载荷情况。

在承载曲线中,按静态工况计算出的总轴向力 F_a 和总倾覆力矩 M 交点,应落在所选的 8.8 级、10.9 级、12.9 级螺栓承载曲线的下方。

（C）动态寿命校核。

所谓动态容量是指回转支承以 1 r/min 的回转速度转 3 万转而不丧失其功能的最大负载。动态容量通常作为设计选型用的计算值（名义值）。在实际使用中,由于工况、载荷等条件的影响,多数回转支承的动态容量都超过了这个数值,有的甚至超过许多倍。根据回转支承的动态容量进行选型计算时,采用工作状态正常载荷情况。

　　轴承使用寿命 L_f（见表 9-6）的计算：

$$L_f = (f_e)^\varepsilon \times 30\,000 \qquad\qquad (9-29)$$

式中：f_e——轴承寿命载荷系数；

　　　　ε——寿命指数，球轴承 $\varepsilon=3$，滚子轴承 $\varepsilon = 10/3$。

　　寿命载荷系数 f_e 的计算：

$$f_e = F_{a0}/F_a' = M_0/M' \qquad\qquad (9-30)$$

式中：F_{a0}——承载曲线坐标原点与动载荷点连线在动载荷承载曲线上交点对应的轴向载荷，
　　　　kN；

　　　　M_0——承载曲线坐标原点与动载荷点连线在动载荷承载曲线上交点对应的倾覆力矩，
　　　　kN·m。

表 9-6　轴承的使用寿命

使 用 设 备	全回转时的使用寿命 L_f/转
船甪浮吊、汽车起重机、抓斗甲板起重机、回转台（使用时要求连续回转）	30 000
港口门式起重机、船用起重机	150 000
回转式起重机、轮式起重机、桥式起重机	
浮式起重机	
堆取料机	

　　轴承应具有足够的设计预期寿命，可以根据机构的使用等级确定。

9.4　滚动体的设计计算

9.4.1　作用在滚动体上的力

　　大滚动轴承的内外座圈是一个以滚动体为支点的多支点弹性体，所以内外座圈的刚度、滚动体与滚道的加工误差等对载荷的分布均有影响，要在理论上全面考虑各种因素有一定的困难。所以，目前在计算时往往忽略滚动体和滚道加工误差等因素的影响，作出以下假定：内外座圈都是刚体，只能作为一个刚体平面倾斜某一角度；滚道无高低不平，滚道之间相互平行；在同一滚道中的所有滚动体大小均相等；受力后只在滚动体与滚道接触处发生弹性接触变形。

　　1）滚动体上载荷的分布关系

　　由上述假设条件可认为接触变形在轴向平面内为一直线，根据实验和理论，作用于滚动体上的力与其变形的 n 次方成正比。

$$P = \left(\frac{\delta}{C}\right)^n \qquad\qquad (9-31)$$

式中：P——作用在滚动体上的载荷；

　　　　δ——滚动体的变形；

C——滚动体弹性系数；

n——接触弹性变形方程的指数，对线接触的滚柱 $n=1$，对点接触的滚珠 $n=1.5$。

当回转支承同时承受轴向载荷 V 和倾覆力矩 M 时，根据力的平衡条件即可找出载荷在滚动体与滚道上的分布和最大载荷。为了简化计算，仅考虑两排滚动体和滚道之间无轴向间隙的情况。其中组Ⅰ滚动体上排受力，组Ⅱ滚动体下排受力。

在轴向载荷 V 和倾覆力矩 M 的作用下，由于接触变形，座圈作为刚性平面产生的位移如图 9-21 所示。设组Ⅰ、组Ⅱ滚动体在直径上的分布为 $\varepsilon_1 D$ 和 $\varepsilon_2 D$。根据接触变形在轴向平面内呈直线分布的假设条件，组Ⅰ滚动体中与滚道接触载荷最大的滚动体位于 $\phi_1=0$ 处，它的变形为 $\delta_{\max 1}$，其他滚动体（与最大载荷滚动体之间的夹角为 ϕ_1）的变形为

$$\frac{\delta_{\mathrm{I}\varphi}}{\delta_{\max 1}} = \frac{\dfrac{D}{2}\cos\varphi_1 + (\varepsilon_1 D - D/2)}{\varepsilon_1 D} \tag{9-32}$$

其中，$\varepsilon_1 D - D/2 = D/2\cos\varphi_{0\mathrm{I}}$，即 $2\varepsilon_1 - 1 = \cos\varphi_{0\mathrm{I}}$，则令 $K_1 = 1 - 2\varepsilon_1$ 有

$$\delta_{\mathrm{I}\varphi} = \frac{\delta_{\max 1}}{2\varepsilon_1}(\cos\varphi_1 - K_1) \tag{9-33}$$

式中：$\delta_{\max 1}$——承受轴向载荷的一排滚动体的最大变形量；

　　　ε_1——组Ⅰ滚动体载荷区域范围参数；

　　　$\varphi_{0\mathrm{I}}$——组Ⅰ滚动体载荷区域包角的一半。

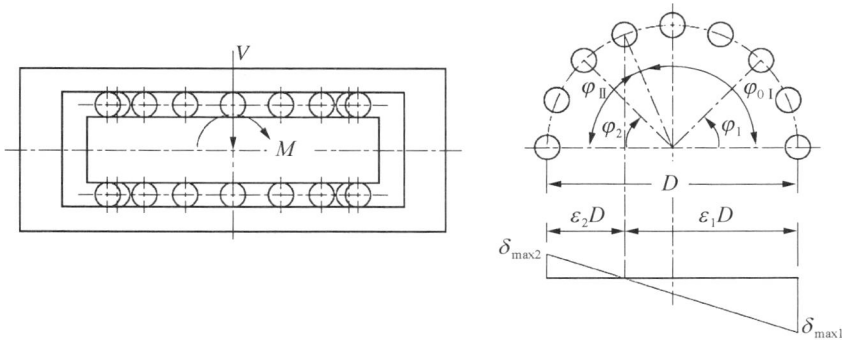

图 9-21　滚动体接触变形关系

对于组Ⅱ滚动体有

$$\frac{\delta_{\mathrm{II}\varphi}}{\delta_{\max 2}} = \frac{\dfrac{D}{2}\cos\varphi_2 - \left(\dfrac{D}{2} - \varepsilon_2 D\right)}{\varepsilon_2 D} \tag{9-34}$$

其中，$\dfrac{D}{2} - \varepsilon_2 D = \dfrac{D}{2}\cos\varphi_{0\mathrm{II}}$，即 $1 - 2\varepsilon_2 = \cos\varphi_{0\mathrm{II}}$，则令 $K_2 = 1 - 2\varepsilon_2$ 有

$$\delta_{\mathrm{II}\varphi} = \frac{\delta_{\max 2}}{2\varepsilon_1}(\cos\varphi_2 - K_2) \tag{9-35}$$

式中：$\delta_{\max 2}$——承受反向轴向载荷的一排滚动体的最大变形量；

ε_2——Ⅱ组滚动体载荷区域范围参数；

$\varphi_{0Ⅱ}$——Ⅱ组滚动体载荷区域包角的一半。

由于上述讨论的是无轴向间隙的情况，则有 $\varepsilon_1 + \varepsilon_2 = 1$，因而

$$K_2 = 1 - 2(1 - \varepsilon_1) = -(1 - 2\varepsilon_1) = -K_1 \qquad (9-36)$$

对照式(9-33)和式(9-35)，并利用式(9-31)，可以写出上、下任一组滚动体中任一滚动体的变形反力为

$$P_\varphi = \left(\frac{\delta_\varphi}{C}\right)^n = \left(\frac{\delta_{\max}}{C}\right)^n \frac{1}{(2\varepsilon)^n} (\cos\varphi - K)^n \qquad (9-37)$$

因 $\left(\dfrac{\delta_{\max}}{C}\right)^n = P_{\max}$，则上式可写成

$$P_\varphi = P_{\max} \frac{1}{(2\varepsilon)^n} (\cos\varphi - K)^n \qquad (9-38)$$

式中：$P_{\max}$——滚动体的最大载荷(或最大接触变形反力)。

大滚动轴承中滚动体个数多，排列得较密，可以把集中反力换算成沿滚道圆周的连续分布载荷，即把 P_φ 换算为单位弧长上的反力：

$$p_\varphi = P_\varphi \cdot \frac{Z}{\pi D} \qquad (9-39)$$

式中：Z——一排滚动体的数目，对单排交叉排列的滚柱轴承为同样排列的滚柱数。

一组滚动体沿轴承轴线变形的总反力 F' 为

$$F' = 2\int_0^{\varphi_0} p_\varphi \cdot \frac{D}{2}\mathrm{d}\varphi = 2\int_0^{\varphi_0} P_\varphi \cdot \frac{Z}{\pi D} \cdot \frac{D}{2}\mathrm{d}\varphi \qquad (9-40)$$

将式(9-38)代入式(9-40)，得

$$F' = 2\frac{Z}{2\pi} \cdot \frac{P_{\max}}{(2\varepsilon)^n} \int_0^{\varphi_0} (\cos\varphi - K)^n \mathrm{d}\varphi \qquad (9-41)$$

令 $J_A = \dfrac{1}{\pi (2\varepsilon)^n} \displaystyle\int_0^{\varphi_0} (\cos\varphi - K)^n \mathrm{d}\varphi$，上式可写成

$$F' = P_{\max} \cdot Z \cdot J_A \qquad (9-42)$$

该组滚动体的变形反力对横向水平中心线的合力矩 M' 为

$$M' = 2\int_0^{\varphi_0} p_\varphi \cdot \frac{D}{2}\mathrm{d}\varphi \cdot \frac{D}{2}\cos\varphi = 2\int_0^{\varphi_0} P_\varphi \cdot \frac{Z}{\pi D} \cdot \frac{D}{2} \cdot \frac{D}{2}\cos\varphi \,\mathrm{d}\varphi$$

$$= 2 \cdot \frac{Z}{2\pi} \cdot \frac{D}{2} \frac{P_{\max}}{(2\varepsilon)^n} \int_0^{\varphi_0} (\cos\varphi - K)^n \cos\varphi \,\mathrm{d}\varphi \qquad (9-43)$$

令 $J_R = \dfrac{1}{\pi (2\varepsilon)^n} \displaystyle\int_0^{\varphi_0} (\cos\varphi - K)^n \cos\varphi \,\mathrm{d}\varphi$，上式可写成

$$M' = P_{\max} \cdot Z \cdot \frac{D}{2} J_R \qquad (9-44)$$

2) 滚动体上的载荷

(1) 轴向载荷 V、倾覆力矩 M 作用下滚动体的最大轴向载荷。

当只有轴向载荷 V 作用在滚盘的中心时,显然只有一排滚动体受力。施加倾覆力矩 M 后,根据力的移轴定理,可看成轴向载荷偏离滚盘的中心轴线,偏心距为 $e = M/V$。随着倾覆力矩逐渐增加,偏心距 e 也随之加大。当偏心距 e 与滚道直径之比 e/D 超过某一比值时(对滚柱轴承,$e/D > 0.25$),致使原主要承受轴向力的一排滚动体中一部分滚动体离开滚道,而另一排滚动体参与承受反向轴向载荷。在无轴向间隙的情况下,一排承受轴向载荷的滚动体载荷区域减少了,同时另一排承受反向轴向载荷的滚动体载荷区域便增大了。由图 9-21 可知,存在如下关系:

$$\frac{\delta_{\text{max1}}}{\delta_{\text{max2}}} = \frac{\varepsilon_1}{\varepsilon_2},\text{且 } \varepsilon_1 + \varepsilon_2 = 1(\text{无轴向间隙}) \tag{9-45}$$

将式(9-31)代入上式得两排滚动体中,滚动体最大载荷反力之比:

$$\frac{P_{\text{max1}}}{P_{\text{max2}}} = \left(\frac{\delta_{\text{max1}}}{\delta_{\text{max2}}}\right)^n = \left(\frac{\varepsilon_1}{\varepsilon_2}\right)^n \tag{9-46}$$

以上只找到变形与反力和反力矩的关系,还要利用力的平衡条件,列出作用在滚盘上轴向力和轴向反力、倾覆力矩与反力矩的关系式,以求取载荷区域范围系数 ε_1 和 ε_2,从而求得滚动体最大载荷反力值。

根据轴力平衡条件,有

$$V = F_1' - F_2' \tag{9-47}$$

其中,$F_1' = P_{\text{max1}} \cdot Z \cdot J_{\text{A1}}$,$F_2' = P_{\text{max2}} \cdot Z \cdot J_{\text{A2}}$,代入上式可得

$$V = P_{\text{max1}} \cdot Z\left(J_{\text{A1}} - \frac{P_{\text{max2}}}{P_{\text{max1}}} \cdot J_{\text{A2}}\right) = P_{\text{max1}} \cdot Z \cdot J_{\text{DA}} \tag{9-48}$$

其中

$$J_{\text{DA}} = J_{\text{A1}} - \left(\frac{\varepsilon_2}{\varepsilon_1}\right)^n \cdot J_{\text{A2}} \tag{9-49}$$

由作用在滚盘上的倾覆力矩 M 与滚动体反力力矩的平衡条件有

$$M = M_1' + M_2' \tag{9-50}$$

其中,$M_1' = P_{\text{max}} \cdot Z \cdot \dfrac{D}{2}J_{\text{R1}}$,$M_2' = P_{\text{max}} \cdot Z \cdot \dfrac{D}{2}J_{\text{R2}}$,可得

$$M = P_{\text{max1}} \cdot Z \cdot \frac{D}{2}\left(J_{\text{R1}} + \frac{P_{\text{max2}}}{P_{\text{max1}}} \cdot J_{\text{R2}}\right) = P_{\text{max1}} \cdot Z \cdot \frac{D}{2} \cdot J_{\text{DR}} \tag{9-51}$$

其中

$$J_{\text{DR}} = J_{\text{R1}} + \left(\frac{\varepsilon_2}{\varepsilon_1}\right)^n \cdot J_{\text{R2}} \tag{9-52}$$

由式(9-48)和式(9-51)得偏心距 e 为

$$e = \frac{M}{V} = \frac{D}{2} \cdot \frac{J_{\text{DR}}}{J_{\text{DA}}} \tag{9-53}$$

即
$$\frac{2e}{D} = \frac{J_{DR}}{J_{DA}} \quad 或 \quad \frac{2e}{D} = \frac{2M}{V \cdot D} \tag{9-54}$$

轴向载荷 V 和倾覆力矩 M 作用下滚动体最大轴向载荷的计算步骤如下：

(i) 将双排滚柱 $(n=1)$ 和双排滚珠 $(n=1.5)$ 在载荷区域的积分关系制成图表，如图 9-22 所示。

(ii) 计算 $\dfrac{2e}{D} = \dfrac{2M}{V \cdot D}$ 之值，利用双排滚柱(或滚珠)在载荷区域的积分关系图，在左边纵坐标上找到 $\dfrac{2e}{D}$ 值的位置，并由该点作横坐标的平行线，交于 $\dfrac{2e}{D} = \dfrac{J_{DR}}{J_{DA}}$ 曲线上的一点，作纵坐标的平行线，从横坐标上读出载荷区域范围参数 ε_1 和 ε_2 值，再向上分别找到与 J_{DR}，J_{DA} 两曲线的交点，读出 J_{DR}，J_{DA} 的值。

(iii) 利用式(9-51)即可求出在 V 和 M 作用下滚柱(或滚珠)最大轴向载荷为
$$P_{max1} = \frac{2M}{Z \cdot D} \cdot \frac{1}{J_{DR}} \tag{9-55}$$

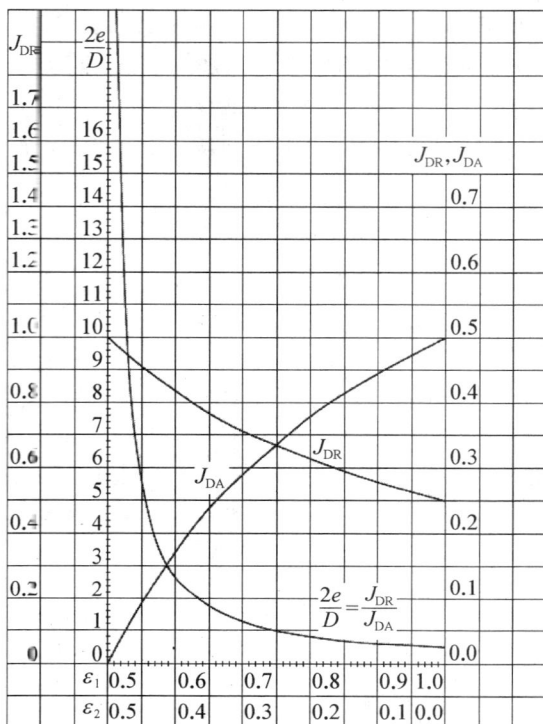

图 9-22　双排滚柱在载荷区域的积分关系图

(2) 水平力 H 作用下滚动体的最大径向载荷。

在一般起重机上，水平力是较小的，通常可忽略不计。但在有些情况下，如满载倾斜工作的浮式起重机、挖掘装卸机械以及作为某些装卸机械悬臂下铰点水平回转支承的滚盘，它们所承受的水平力则不应忽略。

根据一般径向滚动轴承理论，并考虑到存在的径向间隙不大，对于滚柱或滚珠均可采用下式来计算因水平力(即径向力)而产生的滚动体最大径向载荷：
$$P_{Hmax} = \frac{5H}{i \cdot Z} \tag{9-56}$$

式中：H——回转支承上所承受的总水平力；

　　　i——承受水平力的滚动体排数；

　　　Z——一排中的滚动体数目。对于单排交叉排列的滚柱轴承，取滚盘中滚柱总数，即交叉两方向的滚柱皆承受水平力。

(3) 轴向载荷 V、倾覆力矩 M 和水平力 H 共同作用时滚动体所受的最大法向载荷。

如果滚动体与滚道接触法线不与轴承的轴线平行或垂直，而是与轴承轴线构成一个接触角(见图 9-23)，那么一排滚动体就可以同时承受轴向和径向载荷，也就是可以同时承受轴向力 V、倾覆力矩 M 和水平力 H。这时，滚动体所受的最大法向载荷为

$$N_{\max} = \frac{P_{\max1}}{\cos\beta} + \frac{P_{H\max}}{\sin\beta} \qquad (9-57)$$

式中：β——接触角，即滚动体与滚道接触点法线与
轴承轴线的夹角。

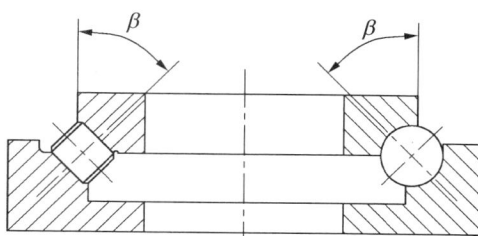

图 9 - 23 接触角

9.4.2 滚动体与滚道的接触强度

滚动体的强度一般大于滚道，所以只需验算滚
道的接触强度。

对于滚柱轴承，其线接触应力为

$$\sigma_x = 86.1\sqrt{\frac{N_{\max}}{d \cdot L}} \qquad (9-58)$$

式中：$N_{\max}$——滚动体所承受的最大法向力；

d——滚柱的直径；

L——滚柱有效工作长度（不计倒角），一般取 $L = 0.85d$。

对于滚珠轴承，其点接触应力为

$$\sigma_d = C_\sigma\sqrt[3]{\frac{N_{\max}}{d_\omega^2}} \qquad (9-59)$$

式中：d_ω——滚珠的直径；

C_σ——系数，按 d_ω/D 取用，参见表 9 - 7。

表 9 - 7 系数 C_σ

d_ω/D	0.98	0.97	0.96	0.95	0.94	0.93
C_σ	175	190	205	214	220	230

如果滚道采用 55 号钢、50Mn 钢制造时，表面淬火硬度 HRC55～60，深度 3～5 mm，滚动
体采用轴承钢制造，硬度为 HRC60～64 时，接触应力的许用值为：

对滚柱轴承，滚道的许用线接触应力 $[\sigma_x] = 1\,700$ MPa；

对滚珠轴承，滚道的许用点接触应力 $[\sigma_d] = 2\,400$ MPa。

考虑到可能存在较小的轴线间隙，接触应力的许用值已作了降低的修正。

以上滚动体最大载荷的计算和滚道接触强度的验算是近似的。首先，它建立在一系列近
似假定的基础上，其次，还忽略了一个对载荷分布影响较大的因素——由于加工和安装误差、
磨损等原因，在滚动体和滚道之间出现的间隙。由于间隙的存在，使部分滚动体不参加受力，
因而加大了受力滚动体的载荷，对间隙较大的滚珠轴承，载荷甚至成倍增加。在上面的计算
中，用适当降低许用接触应力来考虑间隙的影响，但这显然是不够精确的。关于考虑间隙影响
的理论计算方法，必要时参看一些有关资料。考虑到有间隙存在将使滚动体载荷加大，所以在
设计制作大滚动轴承时，应尽量控制间隙的数值，以免因过载而引起损坏。

回转支承滚盘的内外座圈的滚道，一般经淬火后由于变形而产生不圆度，通常不再用磨削
加工，以免磨削到淬硬层，而是通过轴向间隙的调整来补偿，随着滚道直径不同，轴向间隙值也
不同，如表 9 - 8 所示。

表 9-8　滚道和滚动体的间隙

一般精度滚珠支承滚道直径/mm	间隙/mm
500～1 000	0.2～0.4
1 000～1 500	0.3～0.6
1 500～2 000	0.3～0.8
2 000～2 500	0.3～1.0

滚动体应加以选配,以控制各滚动体直径公差,从而保证各滚动体与滚道之间的间隙尽量小。

9.5　回转驱动装置的形式

回转驱动装置是产生回转运动的动力传动装置,并由它来保证起重机回转运动的各种要求,如起重机能否低速回转,能否正、反向回转,能否制动停止以及保证其正常安全地进行回转运动等。驱动装置的形式,主要是根据起重机的用途、工作特点、起重量大小来确定。港口起重机常用的是电力驱动的回转驱动装置;对于流动性较大,不便直接从电网获取电能的汽车起重机或浮式起重机,可采用内燃机驱动的回转驱动装置。

臂架型回转起重机要求低速和正、反向回转。当采用电力驱动和液压驱动时,可直接实现正、反方向回转;当采用内燃机集中驱动时,则需要采用换向装置。

9.5.1　电动机驱动的回转驱动装置

1) 传动形式

回转驱动装置常用的传动形式如图 9-24 所示。

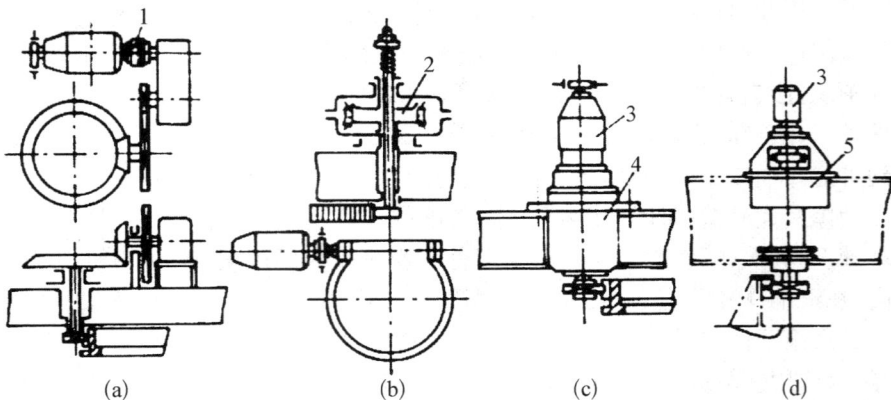

图 9-24　常用的回转驱动装置传动方案
1—极限力矩联轴器;2—带极限力矩联轴器的涡轮减速器;3—立式电动机;4—立式减速器;5—行星减速器

(1) 卧式电动机-圆柱或圆锥齿轮传动(见图 9-24(a))。

传动顺序:卧式电动机—制动器—极限力矩联轴器—圆柱或圆锥齿轮减速器(或采用开

式圆锥齿轮传动)—最后一级小齿轮绕大齿圈(或针齿圈)传动。

优点是可采用标准减速器,传动效率较高;缺点是为获得足够的传动比和实现传动轴由水平轴传动转换为垂直轴传动的改变,需配置开式齿轮传动,平面布置尺寸大,安装要求高。

(2)卧式电动机-蜗轮减速器传动(见图 9-24(b))。

传动顺序:卧式电动机—带制动轮的联轴器—制动器—带极限力矩联轴器的蜗轮减速器—最后一级小齿轮绕大齿圈(或针齿圈)传动。

优点是传动比大、结构紧凑、工作平稳,缺点是传动效率低。

(3)立式电动机-立式圆柱齿轮减速器传动(见图 9-24(c))。

传动顺序:立式电动机—联轴器—水平安置的制动器—轴线垂直布置的立式齿轮减速器(有时带极限力矩联轴器)—最后一级小齿轮绕大齿圈(或外齿圈)传动。

优点是平面尺寸紧凑、传动效率高,在门座起重机中应用很普遍。

(4)立式电动机—行星齿轮减速器传动(见图 9-24(d))。

这种传动形式常采用立式行星齿轮减速器、摆线针轮减速器、少齿差减速器或谐波传动减速器等,其传动比大、结构紧凑、传动效率高,在起重机回转机构中已得到广泛的应用。

(5)绳索牵引的传动方式(见图 9-25)。

这种传动形式由绞车、牵引绳和特种转盘 3 个部分组成。特种转盘上按相反方向绕着两根牵引绳。牵引绳的一端通过压紧器固定在转盘上,另一端按相反方向卷绕在绞车的卷筒上。当绞车改变转向时,通过绳索的牵引,实现转盘的正、反向回转。

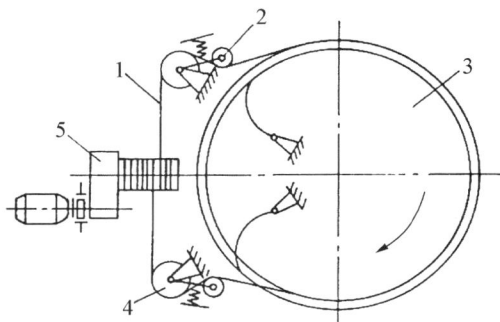

图 9-25 绳索牵引的回转机构
1—牵引绳;2—压紧器;3—特种转盘;
4—导向滑轮;5—绞车

这种传动方式的优点是结构简单、制造和装拆都较方便。缺点是回转角度受到限制,通常不超过 400°,适合于不要求连续回转的起重机,例如桅杆式起重机。

2) 极限力矩联轴器

回转部分受到的惯性载荷和风载荷较大,为了防止回转驱动装置偶尔过载,保护电动机、金属结构及传动零部件免遭损坏,通常在蜗轮或齿轮传动系统中装一个靠摩擦传递载荷的部件,即极限力矩联轴器(见图 9-26)。

极限力矩联轴器是一个圆锥形或圆盘形的摩擦式联轴器,摩擦面间用弹簧压紧,弹簧压紧所产生的摩擦力矩应为所在传动轴的起动力矩的 110%。

图 9-26 中,带蜗轮的圆锥形摩擦盘空套在回转小齿轮低速轴上,而上锥形摩擦盘则用平键连接在回转小齿轮低速轴上。正常工作时,蜗杆的力矩通过蜗轮与上锥形摩擦盘的摩擦力矩传

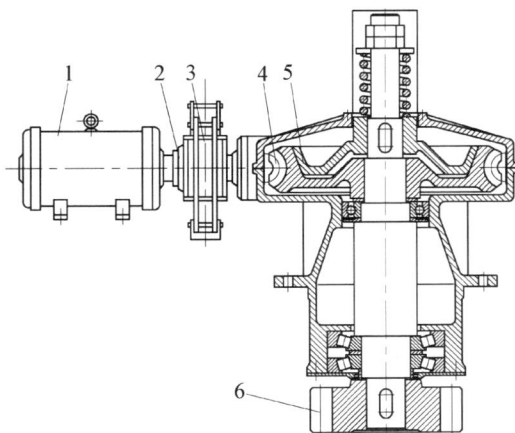

图 9-26 滚轮式回转支承
1—电动机;2—联轴节;3—制动器;4—蜗轮减速;
5—极限力矩连轴器;6—行星齿轮

给小齿轮轴,带动小齿轮转动;当需传递的力矩超过极限力矩联轴器所能传递的力矩时,两个锥形摩擦盘间会打滑,以此来限制所传递的力矩,起到安全保护作用。

为了保持锥形摩擦面间摩擦系数的稳定,应给摩擦面以充分良好的润滑,最好浸在油里,否则应附设一个柱塞泵,由轴上的凸轮带动,对摩擦表面注油润滑。

靠弹簧压力来调节力矩不易准确做到,而且摩擦系数还随着许多因素而变化,所以这种极限力矩联轴器工作不一定可靠,故现在许多电力驱动的起重机用电气保护措施来防止回转机枢过载。

9.5.2 内燃机驱动的回转驱动装置

1) 内燃机-机械传动

由动力分配箱输出轴、联轴器、换向器(由换向轴、离合器、伞齿轮组成)、制动器、减速器、行星齿轮组成。

这种驱动方式结构较复杂,传动件多、操作维修麻烦,但它不需要外界提供能源,因此起重机的机动性好。

2) 内燃机-液压传动

液压驱动的传动方式是利用高压油液来传递能量的一种驱动装置。若采用高速液压马达,还需采用减速器减速;也有采用低速大扭矩液压马达直接驱动与大齿圈相啮合的小齿轮,实现起重机回转运动。

与机械传动相比,具有结构紧凑、工作平稳、自重轻、无级调速等许多优点,但对液压部件的制造与安装精度要求较高,否则会降低工作的可靠性。

采用低速大扭矩液压马达可以省去或减小减速装置,因此机构更紧凑。但低速大扭矩液压马达成本高,使用可靠性不如高速液压马达,并且可以采用结构紧凑、传动比大的行星齿轮传动装置,所以高速液压马达在起重机回转机构中使用广泛。

3) 内燃机-电力传动

内燃机带动直流发电机发电,再供回转机构的直流电动机工作,其传动形式与前面所述的电力驱动相似。

9.6 回转驱动装置的阻力矩

9.6.1 回转阻力矩

起重机回转阻力矩 M 按下式计算

$$M = M_m + M_W + M_\alpha + M_H + M_A \tag{9-60}$$

式中:M_m——回转摩擦阻力矩,主要是回转支承装置的摩擦阻力矩,N·m;

$\quad\quad M_W$——风阻力矩,N·m;

$\quad\quad M_\alpha$——坡道阻力矩,N·m;

$\quad\quad M_H$——由物品偏摆造成的回转阻力矩,N·m;

$\quad\quad M_A$——由回转部分(不含物品)的惯性力造成的回转阻力矩,N·m。

9.6.2　回转阻力矩的计算

1) 回转摩擦阻力矩

(1) 转柱式回转支承装置。

$$M_m = M_s + M_j + M_t \tag{9-61}$$

式中：M_p——水平滚轮的摩擦阻力矩，N·m；

$\quad\quad M_j$——径向轴承的摩擦阻力矩，N·m；

$\quad\quad M_z$——止推轴承的摩擦阻力矩，N·m。

(A) 水平滚轮的摩擦阻力矩。

$$M_s = \frac{1}{2} f D \sum N \tag{9-62}$$

式中：$\sum N$——所有水平滚轮轮压之和，N；

$\quad\quad f$——摩擦阻力系数，见式(9-64)或式(9-66)；

$\quad\quad D$——水平滚轮中心圆直径或滚道直径，m。

D 与 f 的计算按滚道固定或转动两种情况，分别为

(i) 滚道固定，水平滚轮沿轨道做行星运动时(图 9-9(a))。

$$D = \frac{D_g \pm D_p}{2} \tag{9-63}$$

式中：D_g——滚道直径，m；

$\quad\quad D_p$——水平滚轮直径，m。

上式中"+"号用于滚轮在滚道外滚动(外啮合)，"-"号用于滚轮在滚道内滚动(内啮合)。

$$f = \frac{\mu d + 2f_k}{D_p} \tag{9-64}$$

式中：μ——水平滚轮中轴承的摩擦系数，参见表 7-2；

$\quad\quad f_k$——水平滚轮的滚动摩擦系数，参见表 7-1；

$\quad\quad d$——水平滚轮轴的直径，m。

初步设计时，当水平滚轮采用滚动轴承时，$f = 0.005 \sim 0.008$；当水平滚轮采用滑动轴承时，$f = 0.028 \sim 0.032$。

(ii) 滚道回转带动水平轮作自转运动时(见图 9-9(b))

$$D = D_g \tag{9-65}$$

$$f = \mu \frac{d}{D_p} + \frac{2f_k}{D_p}\left(1 + \frac{D_p}{D_g}\right) \tag{9-66}$$

初步设计时，当水平滚轮采用滚动轴承时，$f = 0.006 \sim 0.009$；当水平滚轮采用滑动轴承时，$f = 0.028 \sim 0.035$。

(B) 径向轴承的摩擦阻力矩。

$$M_j = \frac{1}{2}\mu P_j d_j \tag{9-67}$$

式中：P_j——径向轴承所受的水平力，N，见式(9-21)；

　　　d_j——径向轴承内径，m。

(C) 止推轴承的摩擦阻力矩。

$$M_t = \frac{1}{2}P_z\mu_z d_z \qquad (9-68)$$

式中：P_z——止推轴承所受的垂直力，N，见式(9-20)；

　　　μ_z——止推轴承的摩擦系数，可取 $\mu_z = 0.01 \sim 0.015$；

　　　d_z——止推轴承的内径与外径的平均值，m。

(D) 推力向心球面滚子轴承的摩擦阻力矩。

当采用推力向心球面滚子轴承来代替径向轴承和止推轴承时，其摩擦阻力矩（见图9-27）为

$$M_j + M_z = \left(\frac{P_z}{\cos\theta} + \frac{4P_j}{\pi\sin\theta}\right)\mu_z R_{jt} \quad (9-69)$$

其中，$R_{jt} = \frac{1}{4}(D_1 + d_1)$，$\theta = \arctan\left(\frac{R_{jt}}{A+B/2}\right)$。

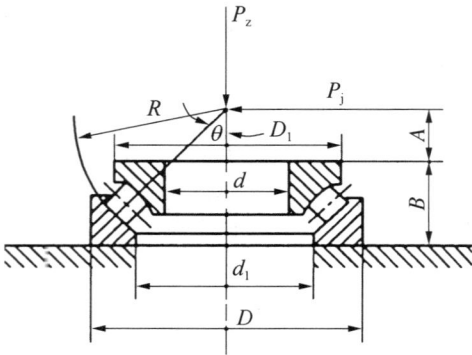

图 9-27　推力向心对称球面轴承摩擦阻力矩计算简图

(2) 滚子夹套式回转支承装置。

(A) 对圆锥形滚子。

$$M_m = \frac{(P_{Gh} + P_Q)R}{r}(f_k + \mu_z r_z \tan\varphi) \qquad (9-70)$$

式中：P_{Gh}——起重机回转部分重力载荷，N；

　　　P_Q——起升载荷，N；

　　　R——支承轨道的平均半径，m；

　　　r——滚子的半径（对圆锥形滚子为平均半径），m；

　　　μ_z——滚子止推轴承中的摩擦系数，可取 $\mu_z = 0.01 \sim 0.015$；

　　　r_z——滚子止推轴承的平均半径，m；

　　　φ——圆锥形滚子对其轴线的斜角（为锥角之半）。

(B) 对圆柱形滚子。

$$M_m = (P_{Gh} + P_Q)\left[\frac{R}{r}\left(C_f f_k + \frac{3\mu\mu_t b r_x}{b_t}\right) + \frac{\mu b}{4}\right] \qquad (9-71)$$

式中：C_f——滚动摩擦的附加系数，可取 $C_f = 1.3$；

　　　μ——滚子在轨道上的滑动摩擦系数，可取 $\mu = 0.10$；

　　　μ_t——滚子轴套中的滑动摩擦系数；

　　　r_x——滚子心轴的半径，m；

　　　b——支承轨道的宽度，m；

　　　b_t——滚子轴套的长度，m。

(C) 对滚动轴承式回转支承装置。

$$M_{\mathrm{m}} = \frac{1}{4}\mu_{\mathrm{h}}D\sum N \tag{9-72}$$

式中：μ_{h}——换算摩擦系数，可取 $\mu_{\mathrm{h}} = 0.01$；

$\quad\quad D$——滚动体中心圆直径，m；

$\quad\quad \sum N$——滚动体法向反力之绝对值总和，N。

$\sum N$ 的取值如下：

（i）单向作用的结构（见图 9-28）。

其滚动体法向反力只能向上：

$$\sum N = \frac{V}{\sin\beta} + \frac{1.25H}{\cos\beta} \tag{9-73}$$

式中：V——回转支承装置所受的总垂直力，N，见式（9-8）～式（9-10）；

$\quad\quad H$——回转支承装置所受的总水平力，N，见式（9-11）；

$\quad\quad \beta$——滚动体的接触角，°。

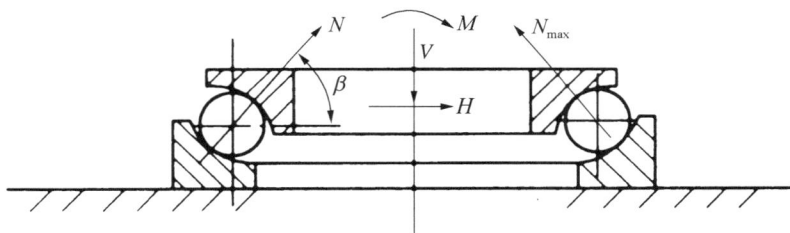

图 9-28 滚动体法向反力单向作用简图

（ii）双向作用的结构（见图 9-9）。

其上排部分滚动体的法向反力向上，但下排部分滚动体的法向反力可以向下。

当上排所有滚动体的法向反力都向上、下排滚动体不受力时，其 $\sum N$ 值仍可按式（9-73）计算。

当上排部分滚动体的法向反力向上；部分滚动体的法向反力向下（如图 9-29 中 ABC 圆弧段上的滚动体反力），其 $\sum N$ 值按下式计算：

$$\sum N = \frac{V}{\sin\beta}\left(1 - \frac{2\varphi_2}{\pi}\right) + \frac{2kM\sin\varphi_2}{2} + \frac{4H}{\pi\cos\beta} \tag{9-74}$$

式中：φ_2——与最小载荷滚动体之间的夹角，$\varphi_2 = \arccos\dfrac{DV}{kM}$；

$\quad\quad k$——与滚动体形状和滚道刚度有关的系数，对于滚柱轴承 $k = 4\sim4.5$；对于滚珠轴承 $k = 4.5\sim5$，滚道刚度小时取值大，刚度大时取小值。

具体的推导见 9.6.3 节。

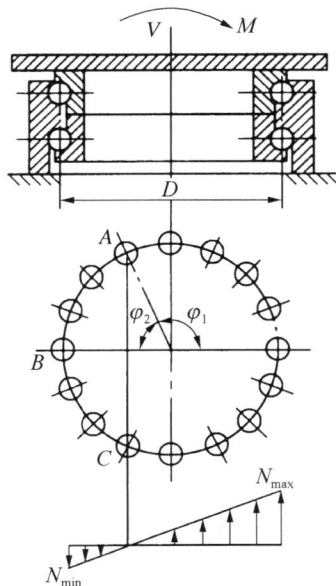

图 9-29 部分滚动体法向反力
向下时的计算简图

2）坡道阻力矩 M_α（见图 9-30）

$$M_\alpha = \Big(\sum_{i=1}^{n} P_{\mathrm{G}hi}l_i + P_{\mathrm{Q}}R\Big)\sin\gamma\sin\varphi \tag{9-75}$$

式中：$P_{\mathrm{G}hi}$——回转部分各构件重力载荷，N；

　　　P_{Q}——物品的重力载荷，N；

　　　l_i——回转部分各构件重力载荷的作用中心到回转轴线的距离，m；

　　　R——幅度，m；

　　　γ——门座起重机的坡度角，°；

　　　φ——门座起重机的回转角，°。

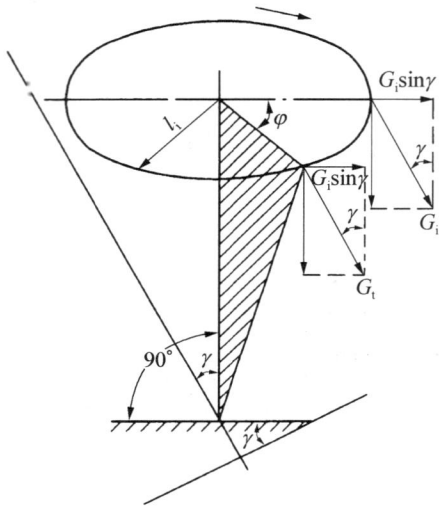

图 9-30　倾斜对于回转阻力矩的影响　　　　　图 9-31　求 M_{W} 的计算简图

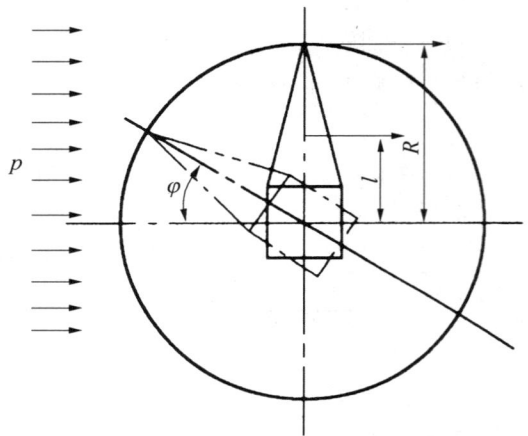

3）风阻力矩 M_{W}

当臂架与风向垂直时，由风力产生的回转阻力矩达到最大值（见图 9-31）：

$$M_{\mathrm{W}\,\mathrm{I},\,\mathrm{II}\,\max} = P_{\mathrm{W}\,\mathrm{I},\,\mathrm{II}} \cdot l \tag{9-76}$$

式中：$P_{\mathrm{W}\,\mathrm{I},\,\mathrm{II}}$——起重机回转部分（不含物品）的风载荷，$P_{\mathrm{W}\,\mathrm{I}}$ 用风压 p_{I} 计算，$P_{\mathrm{W}\,\mathrm{II}}$ 用风压 p_{II} 计算，p_{I}，p_{II} 参见表 2-18；

　　　l——起重机回转部分迎风面积形心到回转轴线的距离，m。

4）由物品偏摆造成的回转阻力矩 M_{H}

$$M_{\mathrm{H}}^{\mathrm{I}\cdot\mathrm{II}} = P_{\mathrm{Q}}\tan\alpha_{\mathrm{I},\,\mathrm{II}}R \tag{9-77}$$

式中：α_{I}，α_{II}——垂直于臂架平面的偏摆角，α_{I}，α_{II} 取值参照表 2-17；

　　　R——幅度，m。

5）由惯性力产生的回转阻力矩 M_{A}

回转惯性力由 3 部分质量引起：物品质量、起重机回转部分质量和驱动装置的回转零部件质量。由物品质量引起的回转惯性力矩已归入由物品偏摆造成的回转阻力矩中，这里不再计及。因此由惯性力产生的回转惯性阻力矩为

$$M_A = M_{A1} + M_{A2} \tag{9-78}$$

（1）由回转部分的质量引起的惯性阻力矩 M_{A1}：

$$M_{A1} = \frac{J_h n_h}{0.1 t_h} \tag{9-79}$$

式中：J_h——起重机回转部分（不含物品）各构件质量对回转轴线的转动惯量：

$$J_h = \sum_{i=1}^{n} m_{Ghi} l_i^2 + \sum_{i=1}^{n} m_{Ghi} r_{Oi}^2 \tag{9-80}$$

　　m_{Ghi}——起重机回转部分各构件质量，kg；

　　l_i——相应于上述各质量的质心到回转轴线的距离，m；

　　r_{Oi}——各构件自身质心到起重机回转中心线的距离，m；

　　t_h——回转机构的起制动时间，s，初步设计时，无风可取 $t_h = 3 \sim 5\,s$，有风可取 $t_h = 4 \sim 10\,s$；

　　n_h——门座起重机的回转速度，r/min。

（2）由驱动装置的回转零部件质量引起的惯性阻力矩 M_{A2}：

$$M_{A2} = \frac{k(J_1 + J_2)}{t_h} \cdot i_h \eta_h \tag{9-81}$$

式中：$J_1 + J_2$——电动机转子与带制动轮联轴器的惯性矩，kg·m²；

　　k——计及其他传动件飞轮矩影响系数，换算到电动机轴，可取 $k = 1.1 \sim 1.2$；

　　n——电动机转速，r/min；

　　i_h，η_h——分别为回转机构的总传动比和效率。

9.6.3　转盘式回转支承摩擦阻力矩计算公式的推导

转盘式回转支承摩擦阻力矩与一般滚动轴承的计算类似，式（9-72）可写为

$$M_m = \frac{1}{2} \mu_h D \left(\sum N_{VM} + \sum N_H \right) \tag{9-82}$$

式中：$\sum N_{VM}$——在轴向力 V 和倾覆力矩 M 共同作用下，所有滚动体法向反力绝对值之和，

　　$\sum N_{VM} = \dfrac{\sum F}{\cos \beta}$；

　　$\sum N_H$——在径向力 H 作用下，所有滚动体法向反力绝对值之和，对于滚柱或滚珠式

　　　　滚动体，皆可取 $\sum N_H = \dfrac{1.25 H}{\sin \beta}$。

即上式可写成

$$M_m = \frac{1}{2} \mu D \left[\frac{\sum F}{\cos \beta} + \frac{1.25 H}{\sin \beta} \right] \tag{9-83}$$

1）$\sum F$ 的取值

对于单向作用的转盘式回转支承，显然有：$\sum F = V$。

对于双向作用的转盘式回转支承,当滚动体载荷区域参数 $\varepsilon_1 < 1$ 时,由计算滚动体轴向载荷反力公式得

$$\sum F = F_1' + F_2' = P_{\text{max1}} \cdot Z[J_{\text{DA1}} + (\varepsilon_2/\varepsilon_1)^n \cdot J_{\text{DA2}}] \qquad (9-84)$$
$$= P_{\text{max1}} \cdot Z \cdot J_{\Sigma A}$$

其中, $F_1' = P_{\text{max1}} \cdot Z \cdot J_{\text{DA1}}$, $F_2' = P_{\text{max2}} \cdot Z \cdot J_{\text{DA2}}$, $J_{\Sigma A} = J_{\text{DA1}} + (\varepsilon_2/\varepsilon_1)^n \cdot J_{\text{DA2}}$。

P_{max1} 由式(9-55)求出的情况下,可用双排滚柱(滚珠)在载荷区域的积分关系图,查出 J_{DA} 和 J_{DR} 的同一个 ε_1 坐标下的 $J_{\Sigma A}$ 值,并将 $J_{\Sigma A}$ 代入式(9-84)即可求出 $\sum F$ 值。

$\sum F$ 值也可将式(9-55)代入式(9-84)得到,即

$$\sum F = P_{\text{max1}} \cdot Z \cdot J_{\Sigma A} = \frac{2M}{D} \cdot \frac{J_{\Sigma A}}{J_{\text{DR}}} \qquad (9-85)$$

2) 证明在径向力 H 作用下,所有滚动体径向载荷绝对值之和为 1.25H

在径向力 H 作用下,假设滚道只在与滚动体接触处产生接触变形,如图 9-32 所示。可以假定受载区各处由于接触变形在沿 H 方向(图上水平面内 x 轴方向)产生的位移 a 是相等的,其数值为受载最大的滚动体与滚道的接触变形之和, $a = \delta_{\text{r max}}$ 而受载半周某点的滚动体与滚道接触变形之和 δ_r(水平面内径向)为

$$\delta_r = a\cos\varphi = \delta_{\text{rmax}}\cos\varphi \qquad (9-86)$$

利用接触弹性变形公式,写成滚动体径向变形时的约束反力为

$$P_r = \left(\frac{\delta_r}{C}\right)^n = \left(\frac{\delta_{\text{rmax}}}{C}\right)^n \cos^n\varphi \qquad (9-87)$$

其中, $\left(\dfrac{\delta_{\text{rmax}}}{C}\right)^n = P_{\text{rmax}}$,为最大径向接触变形反力,因此,上式可写成

$$P_r = P_{\text{rmax}} \cos^n\varphi \qquad (9-88)$$

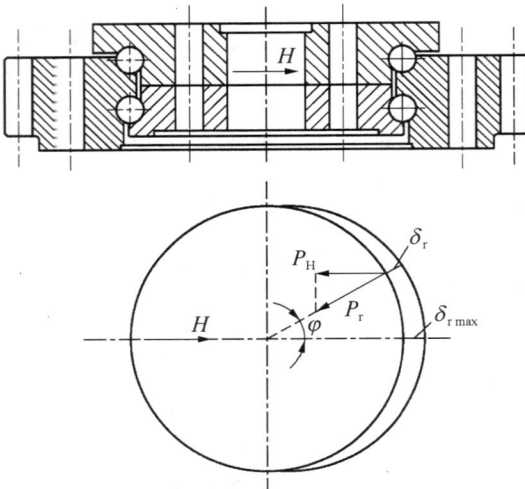

图 9-32　所有滚动体径向载荷

利用受载半圆周上各滚动体径向接触变形反力 P_r 在 x 轴向(H 方向)的投影 P_H 之和与水平力 H 平衡,可求得 P_{rmax}。

$$P_H = P_{\text{rmax}} \cos^{(n+1)}\varphi \qquad (9-89)$$

为了求和,将 P_H 换算成单位弧长上的反力:

$$p_H = \frac{P_H}{\pi D/Z} = P_{\text{rmax}} \cos^{(n+1)}\varphi \cdot \frac{Z}{\pi D} \qquad (9-90)$$

列水平方向的平衡方程式有

$$H = i \cdot 2\int_0^{\frac{\pi}{2}} p_H \frac{D}{2} \mathrm{d}\varphi = i \cdot 2\int_0^{\frac{\pi}{2}} P_{\text{rmax}} \cos^{(n+1)}\varphi \cdot \frac{Z}{\pi D}\frac{D}{2} \mathrm{d}\varphi$$

$$= i \cdot \frac{P_{rmax} Z}{\pi} \int_0^{\frac{\pi}{2}} \cos^{(n+1)} \varphi \, \mathrm{d}\varphi \qquad (9-91)$$

由此得到水平力 H 作用下,最大径向载荷反力:

$$P_{rmax} = \frac{\pi H}{i \cdot Z \int_0^{\frac{\pi}{2}} \cos^{(n+1)} \varphi \, \mathrm{d}\varphi} \qquad (9-92)$$

对于线接触滚柱轴承, $n = 1$,则得

$$P_{rmax} = \frac{\pi H}{i \cdot Z \int_0^{\frac{\pi}{2}} \cos^2 \varphi \, \mathrm{d}\varphi} = \frac{4H}{i \cdot Z} \qquad (9-93)$$

对于点接触滚珠轴承, $n = 1.5$,则得

$$P_{rmax} = \frac{\pi H}{i \cdot Z \int_0^{\frac{\pi}{2}} \cos^{2.5} \varphi \, \mathrm{d}\varphi} = \frac{H}{i \cdot Z \times 0.229} = \frac{4.37H}{i \cdot Z} \qquad (9-94)$$

式中: i——承受水平力的滚动体排数;

　　　Z——排中滚动体数目,对于单排交叉排列的滚柱轴承,取滚盘中滚柱总数,即交叉两方向的滚柱皆承受水平力。

将 P_{rmax} 换算成单位弧长上的径向载荷反力为

$$p_r = \frac{P_r}{\dfrac{\pi D}{Z}} = P_{rmax} \cos^n \varphi \cdot \frac{Z}{\pi D} \qquad (9-95)$$

滚动体径向载荷反力绝对值之和 $\sum P_r$ 为

$$\sum P_r = i \cdot 2 \int_0^{\frac{\pi}{2}} p_r \cdot \frac{D}{2} \mathrm{d}\varphi = i \cdot \frac{P_{rmax} Z}{\pi} \int_0^{\frac{\pi}{2}} \cos^n \varphi \, \mathrm{d}\varphi \qquad (9-96)$$

对于线接触滚柱轴承,有

$$\sum P_r = i \cdot \frac{4H}{i \cdot Z} \cdot \frac{Z}{\pi} \int_0^{\frac{\pi}{2}} \cos \varphi \, \mathrm{d}\varphi = \frac{4H}{\pi} = 1.273H \qquad (9-97)$$

对于点接触滚珠轴承,有

$$\sum P_r = i \cdot \frac{4.37H}{i \cdot Z} \cdot \frac{Z}{\pi} \int_0^{\frac{\pi}{2}} \cos^{1.5} \varphi \, \mathrm{d}\varphi = 4.37H \times \frac{0.87438}{\pi} = 1.216H \qquad (9-98)$$

由于滚柱和滚珠所得 $\sum P_r$ 很接近,所以为了计算简便,式(9-83)中取系数为 1.25。

9.7　回转驱动装置的设计计算

1) 等效回转稳态阻力矩

回转机构稳定运动时的等效回转稳态阻力矩 M_{eq} 按下式计算:

$$M_{eq} = M_m + M_W + M_a \tag{9-99}$$

式中：M_{eq}——等效静回转稳态静阻力矩，N·m；

$\quad\quad M_m$——回转摩擦阻力矩，主要是回转支承装置的摩擦阻力矩，N·m；

$\quad\quad M_W$——正常工作状态下的等效风阻力矩，取按 P_{WI} 风阻力矩的 0.7 倍计算，N·m；

$\quad\quad M_a$——等效坡道阻力矩，按坡道阻力矩的 0.7 倍计算，N·m。

若有起动时间要求时，可考虑惯性力造成的回转阻力矩 M_A，初步计算时，回转起制动时间为 3~8 s。

2）电动机的选择和校验

（1）电动机初选原则。

用式（4-12）计算所得等效功率从电动机样本上初选所需的电动机。当惯性力较大时，应将惯性力与等效阻力相加，以考虑惯性力的影响。

对能提供有关按 CZ 值计算选择电动机资料的绕线转子异步电动机，可按式（4-16）算得所需电动机功率。

对能获得电动机负荷图的回转机构，可根据式（4-17）计算出等效平均阻力矩 M_{med}。详见 4.2 节。

（2）电动机的校验。

回转机构电动机的过载校验见式（4-21）和发热校验见式（4-29）。

电动机使用环境的功率修正见式（6-28）。

（3）起动加速度计算。

对于电动机直接起动的回转机构应计算机构的起动加速度，应使臂架起重机回转臂架头部切向加（减）速度不大于下列数据：对于回转速度较低的安装用起重机，根据起重量大小，此值一般为 0.1~0.3 m/s²；对于回转速度较高的装卸用起重机，根据起重量大小，此值一般为 0.8~1.2 m/s²。起重量大者取小值。

3）减速器的选择

回转机构的减速器用等效功率进行选择，减速器的工作特点和选择原则与运行机构减速器相同。

4）制动器的选择

回转机构宜采用可操纵的常开式制动器，在回转机构最不利工作状态（受工作状态最大风力，臂架处于最不利位置，悬挂的物品有最大偏角）下，其制动器力矩应能使回转部分从运动中停止；对塔式起重机，则是使已停住的回转部分在工作中能保持定位不动。制动减速度不宜超过上述起动加速度值。

制动力矩按下式计算：

$$M_Z = \frac{\sum J \cdot n}{9.55 t_Z} + M_C \tag{9-100}$$

式中：M_Z——回转机构的制动转矩，N·m；

$\quad\quad \sum J$——物品回转制动时，回转机构的旋转质量及含起吊物品在内的回转运动质量换算到电动机轴（制动器轴）上的机构总转动惯量，kg·m²；

$\quad\quad t_Z$——制动时间，s；

M_C——换算到电动机轴上的回转阻力矩,N·m;

$$M_C = \frac{\eta}{i}(M_w + M_a - M_m) \tag{9-101}$$

η——回转机构的总传动效率;

i——由制动器轴到回转支承装置的回转机构总传动比。

在装有极限力矩联轴器的情况下,制动器一般装在电动机与极限力矩联轴器之间。

5) 极限力矩联轴器

对于有自锁可能的传动机构应装设极限力矩联轴器。非自锁机构如果不装设极限力矩联轴器,则应计算传动机构在事故状态下的静强度。

极限力矩联轴器的摩擦力矩,按下式计算:

$$M_{jl} = 1.1\left[M_{max} - \frac{(J_1 + J_2)n}{9.55t}\right]i_c\eta_c \tag{9-102}$$

式中:M_{jl}——极限力矩联轴器的摩擦力矩,N·m;

M_{max}——电动机最大起动转矩或制动器的制动力矩,N·m;

t——起、制动时间,s;

i_c——电动机至极限力矩联轴器的回转机构传动比;

η_c——电动机至极限力矩联轴器的传动效率。

本 章 例 题

【设计参数】

某门座起重机的设计回转驱动装置(见例图9-1)。已知参数:

1. 回转部分质量(除起升重量外):$G = 281.30$ t,其质心到回转中心的水平距离 $y = 0.326$ m,质心到回转支承面的垂直距离为 $h_G = 6.3$ m(最大幅度 $R_{max} = 10$ m);起升重量:$Q = 25$ t,吊点到回转支承面的垂直距离为 $h_Q = 14.7$ m (最大幅度)。

2. 回转支承方式:开式齿轮外啮合。大齿轮选用 13 系列外齿式三排柱式回转支承,如例图9-2所示。

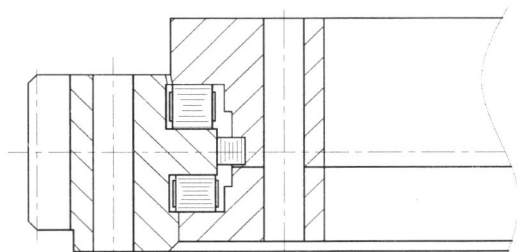

例图9-2　三排柱式回转轴承

3. 回转部分迎风面积在垂直于臂架方向最大。此时货物的迎风面积 $A_1 = 8$ m²,风力系数 $C_{f1} = 1.1$,作用线到回

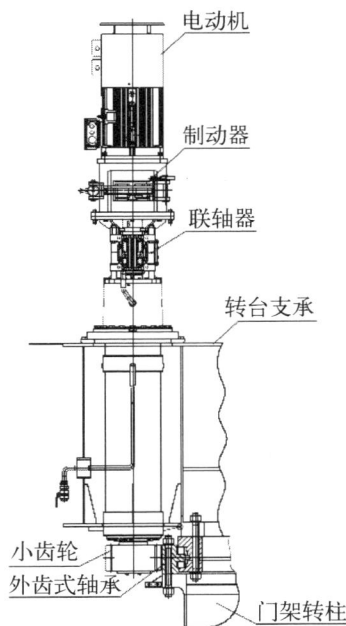

例图9-1　回转驱动装置

支承面的垂直距离为 $h_1 = 6.59$ m；回转部分的迎风面积 $A_2 = 168.40$ m^2，风力系数 $C_{f2} = 1.28$，作用线至回转中心距离 $h_2 = 4.3$ m。

4. 第 II 类载荷情况下的计算风压：$p_{II} = 250$ N/m^2，第 III 类载荷情况下的计算风压：$p_{III} = 1\,890.625$ N/m^2；

5. 轨道坡度角：$\theta = 0°10' = 0.17°$；

6. 起升速度：$v_q = 55$ m/min；回转机构速度：$n_h = 1.5$ r/min；

7. 回转机构级别：M7，L3，T6。

【求解过程】

1）轴承选型和校核

（1）载荷计算。

轴承承受垂直载荷、水平载荷及其引起的力矩，由于臂架变幅或回转可联动运行，因此计算时要考虑各种情况的最不利组合，为了简化计算此处仅考虑臂架垂直于大车轨道（即变幅平面垂直于大车轨道，y 轴）最大幅度、风沿着大车轨道（x 轴）吹的情况。

（A）总垂直载荷。

回转部分自重 $P_{Gh} = 281.30 \times 9.8 = 2\,756.74$ kN

起升载荷 $P_Q = 25 \times 9.8 = 245.0$ kN

根据机构的工作级别 M7，由表 2 - 24 选取增大系数 $\gamma_m' = 1.25$

起升冲击系数 $\phi_1 = 1.10$

根据起升状态 HC2，由表 2 - 12 知 $\phi_{2min} = 1.10$，$\beta_2 = 0.34$，则

起升动载系数 $\phi_2 = \phi_{2min} + \beta_2 v_q = 1.10 + 0.34 \times 55/60 = 1.41$

静态试验载荷 $P_{ts} = 1.25 P_Q = 306.25$ kN

动态试验载荷 $P_{td} = 1.1 P_Q = 269.5$ kN

试验载荷起升动载系数 $\phi_6 = 0.5(1 + \phi_2) = 1.205$

载荷情况 I：

$$V = (P_{Gh} + P_Q)\gamma_m' = (2\,756.74 + 245.0) \times 1.25 = 3\,752.18 \text{ kN}$$

载荷情况 II：

$$V = (\phi_1 P_{Gh} + \phi_2 P_Q)\gamma_m' = (1.10 \times 2\,756.74 + 1.41 \times 245.0) \times 1.25 = 4\,222.33 \text{ kN}$$

载荷情况 III：

$$V = (P_{Gh} + P_{ts})\gamma_m' = (2\,756.74 + 306.25) \times 1.25 = 3\,828.74 \text{ kN}$$

或 $V = (P_{Gh} + \phi_6 P_{td})\gamma_m' = (2\,756.74 + 269.5 \times 1.205) \times 1.25 = 3\,851.86$ kN

（B）总水平载荷。

坡度载荷 $P_\alpha = (P_{Gh} + P_Q)\tan\theta = (2\,756.74 + 245.0)\tan 0.17° = 8.91$ kN

变幅平面内起升载荷的偏摆载荷（根据表 2 - 17，$\alpha_{II} = 12°$，$\alpha_I = 0.25\alpha_{II} = 3°$）

$$P_{AI} = P_Q \tan\alpha_I = 245 \tan 3° = 12.84 \text{ kN}$$

$$P_{AII} = P_Q \tan\alpha_{II} = 245 \tan 12° = 52.08 \text{ kN}$$

回转平面内的货物工作风载荷：

$$P_{\mathrm{W \mathbb{I} 1}} = C_{f1} p_{\mathbb{I}} A_1 = 1.1 \times 250 \times 8 \times 10^{-3} = 2.20 \text{ kN}$$

回转平面内的回转部分工作风载荷：

$$P_{\mathrm{W \mathbb{I} 2}} = C_{f2} p_{\mathbb{I}} A_2 = 1.18 \times 250 \times 168.4 \times 10^{-3} = 49.68 \text{ kN}$$

回转部分构件在 30~40 m 高度范围内,其高度修正系数由表 2-20 知 $K_{\mathrm{h}} = 1.46$,则非工作风载荷：

$$P_{\mathrm{W \mathbb{III} 3}} = K_{\mathrm{h}}(p_{\mathbb{III}} / p_{\mathbb{I}}) P_{\mathrm{W \mathbb{I} 2}} = 1.46 \times (1\,890.625 / 250) \times 49.68 = 548.53 \text{ kN}$$

回转惯性载荷切向分量 $\qquad P_{\mathrm{At}} = \sum m_{\mathrm{Gh}i} \dfrac{\omega l_i}{t_{\mathrm{h}}} = 14.51 \text{ kN}$

式中：$m_{\mathrm{Gh}i}$——回转部分(包括平衡重)各构件的质量,kg；

$\qquad l_i$——回转部分各构件质心到回转中心的距离,m；

$\qquad \omega$——起重机回转角速度,$\omega \approx 0.1 n_{\mathrm{h}} = 0.15$ r/s；

$\qquad t_{\mathrm{h}}$——回转起(制)动时间,初步计算时,可取 3~10 s, 此处为 $t_{\mathrm{h}} = 10$ s。

对回转部分 $\qquad P_{\mathrm{At1}} = 281.30 \times 0.326 \times 0.15 / 10 = 1.38 \text{ kN}$

对货物 $\qquad P_{\mathrm{At2}} = 25 \times 35 \times 0.15 / 10 = 13.13 \text{ kN}$

回转惯性载荷法向分量 $\qquad P_{\mathrm{An}} = \sum m_{\mathrm{Gh}i} l_i \omega^2 = 21.75 \text{ kN}$

对回转部分 $\qquad P_{\mathrm{An1}} = 281.30 \times 0.326 \times 0.15^2 = 2.06 \text{ kN}$

对货物 $\qquad P_{\mathrm{An2}} = 25 \times 35 \times 0.15^2 = 19.69 \text{ kN}$

载荷情况 $\mathbb{I}$：风载荷 $P_{\mathrm{W I}} = 0.6 P_{\mathrm{W \mathbb{I}}}$

x 轴方向(垂直于臂架摆动平面)上所有水平力的总和：

$$\begin{aligned} H_x = \sum H_{xi} &= 0.6 P_{\mathrm{W \mathbb{I} 1}} + 0.6 P_{\mathrm{W \mathbb{I} 2}} + P_{\mathrm{At}} + P_{\alpha} \\ &= (2.20 + 49.68) \times 0.6 + 14.51 + 8.91 = 54.55 \text{ kN} \end{aligned}$$

y 轴方向(臂架摆动平面方向)上所有水平力的总和：

$$H_y = \sum H_{yi} = P_{\mathrm{A I}} + P_{\mathrm{An}} = 12.84 + 7.69 = 20.53 \text{ kN}$$

总的水平载荷为 $\qquad H = \sqrt{H_x^2 + H_y^2} = 58.29 \text{ kN}$

载荷情况 $\mathbb{II}$：

$$H_x = \sum H_{xi} = P_{\mathrm{W \mathbb{I} 1}} + P_{\mathrm{W \mathbb{I} 2}} + P_{\mathrm{At}} + P_{\alpha} = 2.20 + 49.68 + 14.51 + 8.91 = 75.30 \text{ kN}$$

$$H_y = \sum H_{yi} = P_{\mathrm{A \mathbb{II}}} + P_{\mathrm{An}} = 52.08 + 7.69 = 59.77 \text{ kN}$$

总的水平载荷为 $\qquad H = \sqrt{H_x^2 + H_y^2} = 96.14 \text{ kN}$

载荷情况 $\mathbb{III}$：

总的水平载荷为 $\qquad H = P_{\mathrm{W \mathbb{III} 3}} = 548.53 \text{ kN}$

(C) 总力矩。

载荷情况 $\mathbb{I}$：

$$M_x = P_{\mathrm{Gh}} y + P_{\mathrm{Q}} R_{\max} + P_{\mathrm{A I}} h_{\mathrm{G}} - P_{\mathrm{An1}} h_{\mathrm{G}} - P_{\mathrm{An2}} h_{\mathrm{Q}}$$

$$=2\,756.74\times0.326+245\times35+12.84\times6.3-2.06\times6.3-19.69\times14.7$$
$$=9\,252.17\ \text{kN}\cdot\text{m}$$

$$M_y=P_{\text{W}\text{I}1}h_1+P_{\text{W}\text{I}2}h_2+(P_{\text{Gh}}h_\text{G}+P_\text{Q}h_\text{Q})\tan\theta+P_{\text{At1}}h_\text{G}+P_{\text{At2}}h_\text{Q}$$
$$=0.6\times(2.20\times6.59+49.68\times4.3)+$$
$$(2\,756.75\times6.3+245\times14.7)\tan0.17°+1.38\times6.3+13.13\times14.7$$
$$=400.80\ \text{kN}\cdot\text{m}$$

总力矩 $\quad M=\sqrt{M_x^2+M_y^2}=9\,260.85\ \text{kN}\cdot\text{m}$

载荷情况Ⅱ：

$$M_x=\phi_1 P_{\text{Gh}}y+\phi_2 P_\text{Q}R_{\max}+P_{\text{A}\text{I}}h_\text{G}-P_{\text{An1}}h_\text{G}-P_{\text{An2}}h_\text{Q}$$
$$=1.1\times2\,756.74\times0.326+1.41\times245\times35+12.84\times6.3-2.06\times6.3-19.69\times14.7$$
$$=12\,857.79\ \text{kN}\cdot\text{m}$$

$$M_y=P_{\text{W}\text{II}1}h_1+P_{\text{W}\text{II}2}h_2+(P_{\text{Gh}}h_\text{G}+P_\text{Q}h_\text{Q})\tan\theta+P_{\text{At1}}h_\text{G}+P_{\text{At2}}h_\text{Q}$$
$$=2.20\times6.59+49.68\times4.3+(2\,756.75\times6.3+245\times14.7)\tan0.17°+$$
$$1.38\times6.3+13.13\times14.7$$
$$=492.04\ \text{kN}\cdot\text{m}$$

总力矩 $\quad M=\sqrt{M_x^2+M_y^2}=12\,867.20\ \text{kN}\cdot\text{m}$

载荷情况Ⅲ：

$$M_x=P_{\text{Gh}}y+\phi_6 P_{\text{td}}R_{\max}=2\,756.74\times0.326+1.205\times269.5\times35=12\,264.86\ \text{kN}\cdot\text{m}$$
$$M_y=P_{\text{W}\text{III}2}h_2=548.53\times4.3=2\,358.68\ \text{kN}\cdot\text{m}$$

总力矩 $\quad M=\sqrt{M_x^2+M_y^2}=12\,489.60\ \text{kN}\cdot\text{m}$

（2）轴承计算。

（A）按静态工况选型。

由表 9-5 知，13 系列轴承的系数 $f_s=1.25$，$f_d=1.13$。

三排滚柱式回转支承中，径向力 F_r 由径向滚柱承受，仅对轴向力和倾覆力矩进行计算。

根据载荷情况Ⅰ，回转支承装置承受的总垂直力为 $F_a=V=3\,752.18\ \text{kN}$，倾覆力矩 $M=9\,260.85\ \text{kN}\cdot\text{m}$，则

$$F_a'=f_s F_a=1.25\times3\,752.18=4\,690.23\ \text{kN}$$

$$M'=f_s M=1.25\times9\,260.85=11\,576.06\ \text{kN}\cdot\text{m}$$

根据 13 系列轴承的承载曲线和 8.8 级螺栓连接（JB/T2300—1999），选择轴承型号 132.50.3550，模数 22，齿数 176，轴承直径 $D=3\,550\ \text{mm}$，其承载曲线如例图 9-3 所示。

（B）动态工况校核。

根据载荷情况Ⅱ，回转支承装置承受的总垂直力为 $F_a=V=4\,222.33\ \text{kN}$，倾覆力矩 $M=12\,867.20\ \text{kN}\cdot\text{m}$，则

$$F_a'=f_d F_a=1.13\times4\,222.33=4\,771.23\ \text{kN}$$

$$M'=f_d M=1.13\times12\,867.20=14\,540.0\ \text{kN}\cdot\text{m}$$

因此,该外齿式轴承满足使用要求。

2) 电动机选型

(1) 等效回转阻力计算。

当惯性力较大时,应将惯性力与等效阻力相加,以考虑惯性力的影响。

(A) 回转摩擦阻力矩 M_m 的计算。

滚动体压力由两部分水平力 H 和垂直力 V 组成。按载荷情况 I,回转摩擦阻力矩为

$$M_m = fN \cdot D/2$$
$$= 0.015 \times (3\,752.18 + 67.41) \times 3.55/2$$
$$= 101.70 \text{ kN} \cdot \text{m}$$

式中,f——摩擦阻力系数,取为 0.015。

(B) 等效风阻力矩 M_{Weq} 的计算。

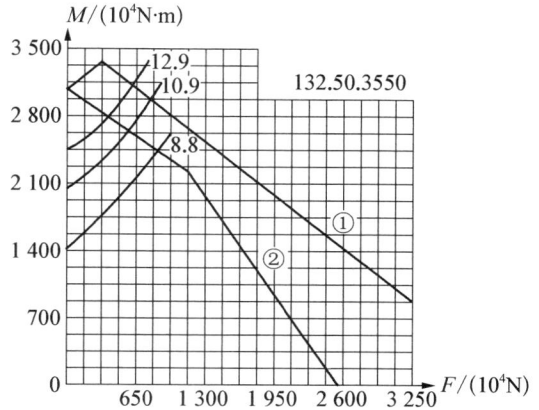

例图 9-3　载荷曲线
① 静态承载曲线;② 动态承载曲线

回转机构的等效风阻力矩按第 I 类载荷风阻力矩的 0.7 倍计算。风垂直于臂架方向时,风阻力矩达到最大值。起重机正常工作时,货物产生的等效风阻力矩为

$$M_{Weq} = 0.7 \times M_{WI} = 0.7 \times 0.6 \times (2.2 \times 6.59 + 49.68 \times 4.3) = 95.81 \text{ kN} \cdot \text{m}$$

(C) 等效坡道阻力矩 $M_{\alpha eq}$ 的计算。

坡道阻力矩为

$$M_\alpha = P_Q \tan\theta R_{max} + P_{Gh}\tan\theta y$$
$$= (2\,756.74 \times 0.326 + 245 \times 35)\tan 0.17° = 28.11 \text{ kN} \cdot \text{m}$$

等效坡道阻力矩按坡道阻力矩的 0.7 倍计算,即

$$M_{\alpha eq} = 0.7 M_\alpha = 0.7 \times 28.11 = 19.68 \text{ kN} \cdot \text{m}$$

(D) 惯性阻力矩 M_A 的计算。

$$M_A = P_{At1} y + P_{At2} R_{max} = 1.38 \times 0.326 + 13.13 \times 35 = 460.0 \text{ kN} \cdot \text{m}$$

综上所述,等效回转阻力矩为

$$M_{eq} = M_m + M_{Weq} + M_{\alpha eq} + M_A = 101.70 + 95.81 + 19.68 + 460.0 = 677.19 \text{ kN} \cdot \text{m}$$

(2) 稳态功率的计算。

回转机构的等效功率按下式进行计算:

$$P_e = \frac{M_{eq} \cdot n}{9\,550\eta} = \frac{677.19 \times 10^3 \times 1.5}{9\,550 \times 1} = 106.36 \text{ kW}$$

式中,η——回转机构的效率,取为 1。

则稳态功率为

$$P_n = GP_e = 0.7 \times 106.36 = 74.45 \text{ kW}$$

式中,G——稳态负载平均系数,对于门座式起重机回转机构,由 G3 取 $G = 0.7$。

(3) 电动机的选择。

选择 2 台电动机,型号:YZP250M1 - 4,额定功率: $P_N = 45$ kW,额定转速: 1 480 r/min,额定转矩 290 kN · m,转动惯量: $J_1 = 0.789$ kg · m^2。

3) 减速器的选择

$$i_0 = \frac{n_{电机}}{n} = \frac{1\ 480}{1.5} = 986.7$$

由于传动比较大,选用减速器和开式齿轮相结合的方式进行调速。回转机构的减速器用等效功率进行选择,减速器的工作特点和选择原则与运行机构减速器相同。

选择螺旋伞齿行星齿轮减速器,型号为 NGW - S103 - 80,传动比 83.215。回转支承的齿数为 176,小齿轮齿数为 15。于是,实际总传动比为 $i = 83.215 \times 176/15 = 976.39$。

4) 电动机校核

(1) 过载验算。

回转机构电动机的过载验算按式(4 - 21)进行,即

$$P_N \geqslant \frac{H}{m \cdot \lambda_m} \cdot \frac{[(M_m + M_{\alpha max} + M_{WII} + M_{\alpha I})/\eta i + M_A]n}{9\ 550}$$

式中,对绕线式异步电机,系数 $H = 1.55$;电动机最大转矩倍数 $\lambda_m = 2.8$。

$$M_{\alpha I} = P_Q \tan \alpha_I R_{max} = 245 \times \tan 3° \times 35 = 449.40\ \text{kN · m}$$

$$M_{WII} = 2.20 \times 6.59 + 49.68 \times 4.3 = 228.12\ \text{kN · m}$$

回转机构及货物在内的全部回转运动质量换算到电动机轴上的机构总转动惯量为

$$\sum J = \frac{m_G y^2 + m_Q R_{max}^2}{i^2 \eta} + J_1 = \frac{281.3 \times 10^3 \times 0.326^2 + 25 \times 10^3 \times 35^2}{976.39^2 \times 1} + 0.789$$
$$= 32.94\ \text{kg · m}^2$$

$$M_A = \frac{\sum J \cdot n}{9\ 550 t_Z} = \frac{32.94 \times 1\ 480}{9\ 550 \times 10} = 0.51\ \text{kN · m}$$

于是 $\dfrac{H}{m \cdot \lambda_m} \cdot \dfrac{[(M_m + M_{\alpha max} + M_{WII} + M_{\alpha I})/\eta i + M_A]n}{9\ 550}$

$$= \frac{1.55}{2 \times 2.8} \times \frac{[(101.70 + 28.11 + 228.12 + 449.4)/(976.39 \times 1) + 0.51] \times 10^3 \times 1\ 480}{9\ 550}$$

$$= 42.85\ \text{kW} < P_N$$

故过载满足要求。

(2) 发热验算。

按式(4 - 29)计算稳态平均功率 P_S 进行回转机构电动机的发热验算,即

$$P_S = G \cdot \frac{[(M_m + M_{\alpha eq} + M_{Weq})/i\eta + M_A] \cdot n}{9\ 550m}$$

$$= 0.7 \times \frac{[(101.70 + 19.69 + 95.81)/(976.39 \times 1) + 0.51] \times 10^3 \times 1\ 480}{9\ 550 \times 2}$$

$$= 39.73\ \text{kW} << P_N$$

故满足发热验算。

5）制动器的选择

在回转机构最不利工作状态下，其制动器应能使回转部分从运动中停止。其制动转矩按下式进行计算：

$$M_z = \frac{\sum J \cdot n}{9.55 t_z} + M_C = \frac{32.94 \times 1\,480}{9.55 \times 10} + 14.12 = 524.60\,\text{N} \cdot \text{m}$$

换算到电动机轴上的等效回转力矩 M_C 为

$$M_C = \frac{\eta}{i}(M_{\text{wⅠeq}} + M_{aeq} - M_m) = \frac{1}{976.39} \times (95.81 + 19.68 - 101.70) \times 10^3 = 14.12\,\text{N} \cdot \text{m}$$

选择脚踏式液压制动器型号为：RKW400，制动力矩为 $400 \sim 800\,\text{N} \cdot \text{m}$。

本 章 习 题

【简答题】

1. 回转机构起什么作用？其主要由哪几部分组成？

2. 滚动轴承式回转支承装置有什么特点？

3. 转柱式回转支承装置由哪几部分组成？比较转盘式与转柱回转支承装置的结构特点和适用场合。

4. 转柱式回转支承装置中如何保证转柱中心的垂直度？

5. 极限力矩限制器的作用与工作原理是什么？

6. 为什么回转机构制动使用常开式制动器？

7. 为什么回转机构常采用两套回转驱动装置？

8. 滚动轴承式回转支承装置省去了中心轴枢和反滚轮，它是如何来承受双向的倾覆力矩的？

9. 滚轮式回转支承装置当采用圆锥形踏面的滚轮配斜面轨道时，滚轮与轨道的磨损为何比采用圆柱形踏面的滚轮配平面轨道的要小？

10. 简述回转驱动机构的设计计算步骤。

【计算题】

1. 计算题图 9-1 柱式回转支承装置的下列参数：① 止推轴承的支承力；② 径向轴承的支承力；③ 水平滚轮的轮压。已知条件：z 方向各垂直力的总和 P_V，回转支承装置的计算力矩 M，水平方向力的总和 P_H，上下水平支承间的距离 h，两水平滚轮间夹角的一半为 γ。

2. 一台门座式起重机的数据如下：起重量 $m_Q = 5\,000\,\text{kg}$；取物装置质量 $m_0 = 250\,\text{kg}$；幅度 $R_{max} = 24\,\text{m}$，$R_{min} = 7.5\,\text{m}$；回转支承装置的结构尺寸如题图

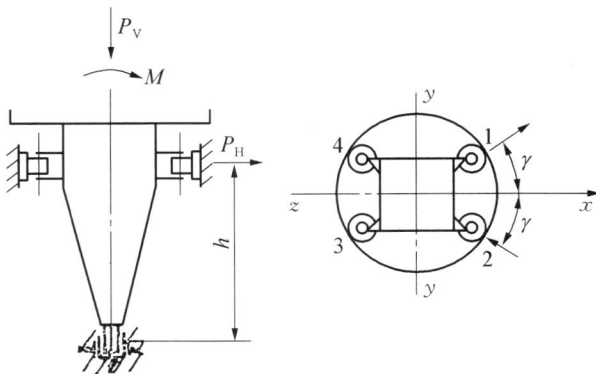

题图 9-1　柱式回转支承装置简图

9-2所示。回转速度 $n_h = 1.82$ r/min；回转机构工作制度，S3，$JC = 40\%$。计算回转支承装置和回转驱动装置。

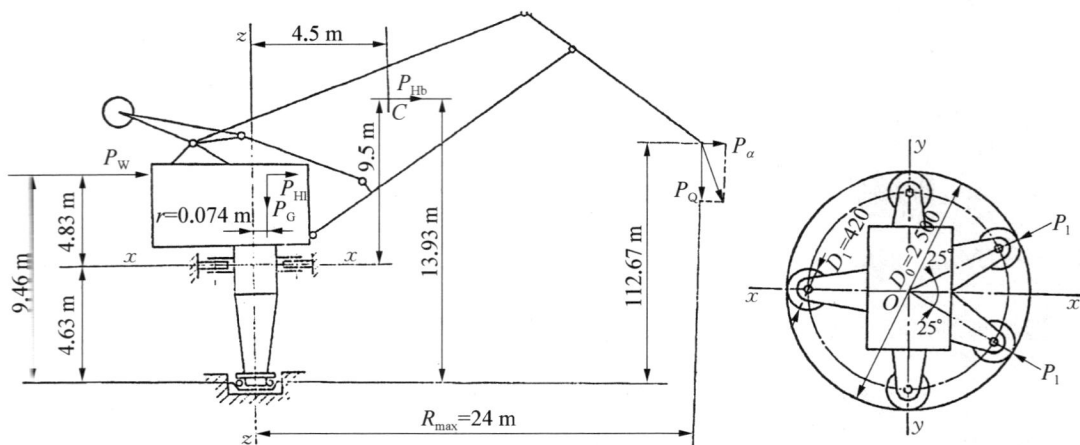

题图9-2　门座起重机简图

第 10 章　典型港口起重机介绍

10.1　门座起重机

10.1.1　概述

1) 门座起重机的构造

现代门座起重机广泛应用于港口、码头货物的机械化装卸,造船厂船舶的施工安装以及大型水电站工地的建坝工程中,是实现生产过程机械化不可缺少的重要设备。

门座起重机的构造大体可分为两大部分,即上部回转部分与下部非回转部分,上部回转部分包括臂架系统、人字架、回转平台以及起升机构、回转机构、变幅机构、机房、司机室等;下部非回转部分主要由门架、均衡梁、运行台车、夹轨装置、防风抗倾覆装置等组成。

门座起重机根据其构造又可分为金属结构、机构与电气系统三大部分,金属结构主要指臂架系统、平衡重系统、回转平台、人字架、门架、均衡梁、机房、司机室等;机构有起升、变幅、回转与运行机构;电气系统包括供电、电器与电气控制等,如图 10-1 所示。

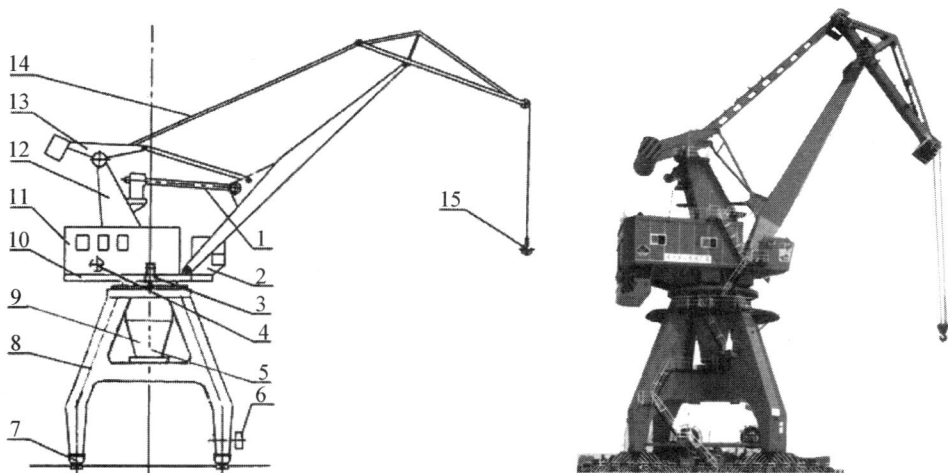

图 10-1　港口门座起重机

1—变幅机构;2—司机室;3—回转机构;4—起升机构;5—电气系统;
6—电缆卷筒;7—行走机构;8—门架;9—转柱;10—回转平台;
11—机器房;12—人字架;13—平衡系统;14—臂架系统;15—吊钩

2) 门座起重机的分类

根据臂架结构形式的不同,可分为四连杆组合臂架门座起重机(见图 10-1)和单臂架门座起重机(见图 10-2)。根据使用场合的不同,可分为港口用门座起重机、造船用门座起重机和建筑用门座起重机,它们的工作特点和具体要求各有不同。

图 10-2 单臂架门座起重机

(1) 港口用门座起重机。

港口用门座起重机用于港口(码头)船舶和车辆的机械化装卸、转载。提高装卸生产率、加快船/车的周转是这种起重机的特点。对它的主要要求如下:

(i) 充分利用港口(码头)前沿场地,适应船舶的满载、空载作业以及地面车辆的通行要求。门座起重机设计力求外形尺寸小、司机室视野开阔,门架的净空尺寸应允许车辆顺利通行,此外还要考虑多台门座起重机在同一舱口进行装卸作业(见图 10-3)的可能性。

图 10-3 多台起重机同时作业

(ii) 装卸要高效灵活、安全可靠。门座起重机的设计应当选用适当的起重量、较高的工作速度,并配备可靠的安全装置。起重量一般在整个工作幅度范围内保持不变的,同时针对散装货物和件杂货物的装卸需要,还要考虑既能使用吊钩又能使用抓斗或集装箱吊具进行作业。

(iii) 特殊要求。如为了满足跨船装卸的需要,幅度要求能达 40 m 以上;为了减少码头的建设费用,轮压要求控制在某一个较小值的范围内等。

港口门座起重机按其用途和工作特点还可分为:

(i) 通用门座起重机(见图 10 - 4(a))。

一般的港口门座起重机即指通用门座起重机,采用吊钩进行重大件和件杂货装卸。

(ii) 带斗门座起重机(见图 10 - 4(b))。

带斗门座起重机虽然很多地方和通用门座起重机相同,但由于其主要用抓斗装卸散货,在构造方面有些配有其特殊的装置,如漏斗接料系统、物料输送系统、除尘系统等,所以在具体的设计中也有所不同。

(iii) 多用途门座起重机(见图 10 - 4(c))。

多用途门座起重机是通用门座起重机的一种变型。按其作业需要配装不同的装卸属具(集装箱专用吊具、吊钩、抓斗),设置相应的附加装置,可进行集装箱、件杂货、散货的装卸作业;也可装设电磁吸盘,用来装卸废钢铁。这种门座起重机较适合在利用原有的通用码头改建或新建的多用途码头上,可在同一泊位对混装船舶高效率地装卸货物。

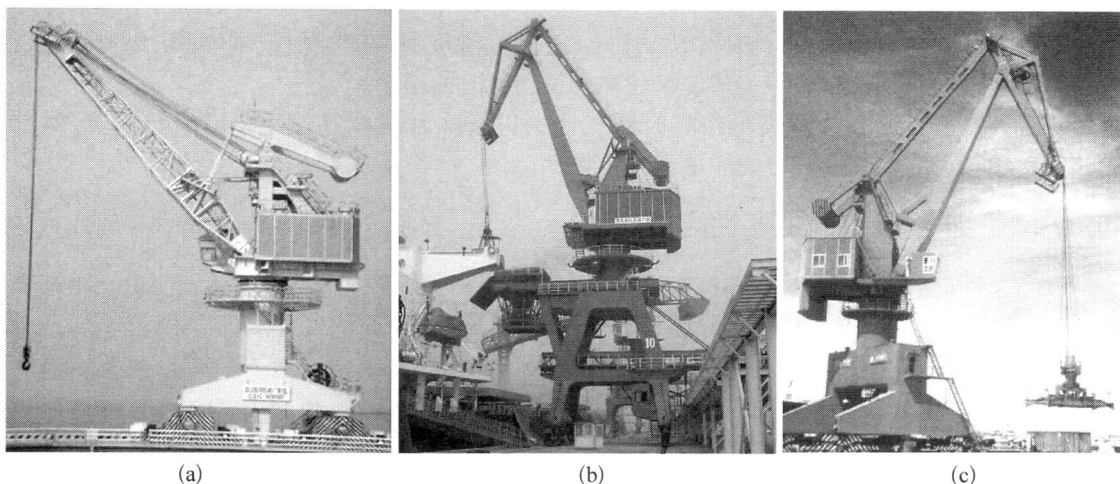

图 10 - 4　港口门座起重机
(a) 通用门座起重机;(b) 带斗门座起重机;(c) 多用途门座起重机

(2) 造船用门座起重机。

这种门座起重机用于船厂、船坞在修、造船时大型结构分段的拼装和机电设备的安装中,其工作特点是吊重吨位大、吊装准确可靠,如图 10 - 5 所示。对它的要求如下:

(i) 类似港口门座起重机,设计时应力求外形尺寸小,为满足修造大型船舶的需要,应充分利用起重机的幅度,保证司机的视野开阔,因此门架应有更大的高度。

(ii) 其吊重对象为单个工件或设备,且重量大小不一,在设计时应在考虑具有最大起重能力主钩的同时,还要设有起重能力较小的副钩。此外在保持重力矩(起重量×工作幅度)不变的条件下,主钩的起重量随工作幅度的变化而不同。

(iii) 安装准确可靠。该起重机的工作速度比港口用门座起重机低,并要考虑安装时的微速升降要求,正常速度一般取为 2~45 m/min,安装速度 0.1~5 m/min。

(iv) 特殊的要求。如为了满足工件翻身作业的要求,设计时要考虑到主、副钩协同工作

图 10-5　造船用门座起重机

的可能性;跨船作业的大幅度要求;安装在浮船坞上的门座起重机还应考虑小轨距要求以及抗风浪颠簸的稳定性要求等。

（3）建筑用门座起重机。

这种门座起重机一般用于水电站工地,进行大坝的混凝土浇筑、钢筋安装、模块装拆以及闸门、机电设备吊装等。装卸、安装并重是这种门座起重机的工作特点,对其相应的要求为:

（i）外形尺寸小、重量轻、司机视野开阔。

（ii）大起升高度、大幅度。根据大坝建筑高度与宽度的需要,起升高度在轨面以上一般可达 30～70 m,在轨面以下可达 100 m 以上;工作幅度可达 50 m 以上。

（iii）考虑到装卸效率,其起重量、工作速度的取值范围一般类似于港口用门座起重机;但变幅、回转速度较低,以减小大长度钢丝绳悬吊物品时的摆动。

（iv）特殊要求。如为了满足在临时性工地上进行临时性作业的需要,在构造上容易装拆,搬运方便;可多台起重机协同起吊大吨位物件。

10.1.2　门座起重机的主要性能参数

门座起重机的主要性能参数有起重量、起升高度、下降深度、最大与最小幅度、最大尾部半径、轨距、基距、工作速度、轮压、工作级别等。

港口门座起重机的轨距 L 根据起重机所跨越的轨道数目而定。对于只跨越两条轨道的门座起重机,轨距 L 取为 6.5 m;对于跨越 3 条轨道的门座起重机,轨距 L 取为 10.5 m;而当起重机的门架跨越 4 条轨道时,轨距 L 取为 16 m。

港口门座起重机的基距 B 取决于回转支承装置的外形尺寸、运行台车的长度以及起重机的起重量和最大工作幅度。通常,基距 B 之值在 9～14 m 之间。

对于港口门座起重机,货物自轨面向上的起升高度一般在 10～30 m 的范围内取值,轨面以下的下降深度可以达到 15～20 m。对于造船门座起重机,货物自轨面以上的起升高度可以增大到 50 m,轨面以下的下降深度可以达到 15～20 m。

港口门座起重机的最小幅度尽可能取得越小越好,以增大起重机的工作范围。通常,最小幅度约为最大幅度的 1/4～1/3。

门座起重机的工作速度根据工作需要而定。港口装卸用门座起重机要求尽可能高的速度;安装用门座起重机要求较低的工作速度,还备有专门的微速装置。

起升、变幅与运行机构的工作速度的确定,还需考虑其行程的长短;短行程取较低的速度,长行程取较高的速度。当行程不长时,由于起、制动过程的限制,真正高速运行的时间较短,用提高速度来缩短工作时间的效果不大。

回转机构速度与幅度大小有关,最大圆周线速度通常限于 300～360 m/min 以下,或者回转速度限于 $n \approx 10/\sqrt{R}$ （R 为幅度,m）。

对于港口装卸用门座起重机各类机构的工作速度范围一般为：

起升机构（主钩）　　　　　15～90 m/min

变幅机构　　　　　　　　　20～60 m/min

回转机构　　　　　　　　　0.5～3 r/min

运行机构　　　　　　　　　15～35 m/min

10.1.3　门座起重机和机构的工作级别

门座起重机的工作级别是用于表征门座起重机的工作繁忙程度和载荷特性的参数。门座起重机工作繁重程度影响着起重机金属结构、机构的零部件、电动机与电气设备的强度、磨损与发热等。为保证门座起重机的经济与耐用，在设计计算时必须明确起重机的繁忙程度（即使用等级）和满载程度（即起升载荷状态），从而确定门座起重机的工作级别，参见表 2-4。

门座起重机金属结构的工作级别，主要参考起升机构来确定。机构工作级别的划分主要取决于该机构所受的载荷大小与运转时间的长短。对一台门座起重机而言，各个机构可以属于不同的工作级别；就某一个机构而言，并不表示该机构中所有的零部件都受有相同的载荷及运转情况。门座起重机各机构的工作级别、机构使用等级与机构载荷状态参见表 2-8。

10.1.4　金属结构

门座起重机的金属结构大体上可以分成两大部分：

（1）上部回转部分包括臂架系统——单臂架（见图 10-4(a)）或刚性拉杆组合臂架（见图 10-4(c)）、象鼻架（见图 10-6(a)）、人字架（见图 10-6(b) 和(c)）、回转平台、转柱。

(a)　　　　　　　　　　(b)　　　　　　　　　　(c)

图 10-6　门座起重机结构形式

(a) 实腹式象鼻架；(b) 桁架式人字架；(c) 刚架式人字架

（2）下部门架结构和台车部分。通常门架结构分为箱形刚架式门架、桁架式门架、交叉式门架、八杆式门架和圆筒形门架等，如图 10-7 所示。

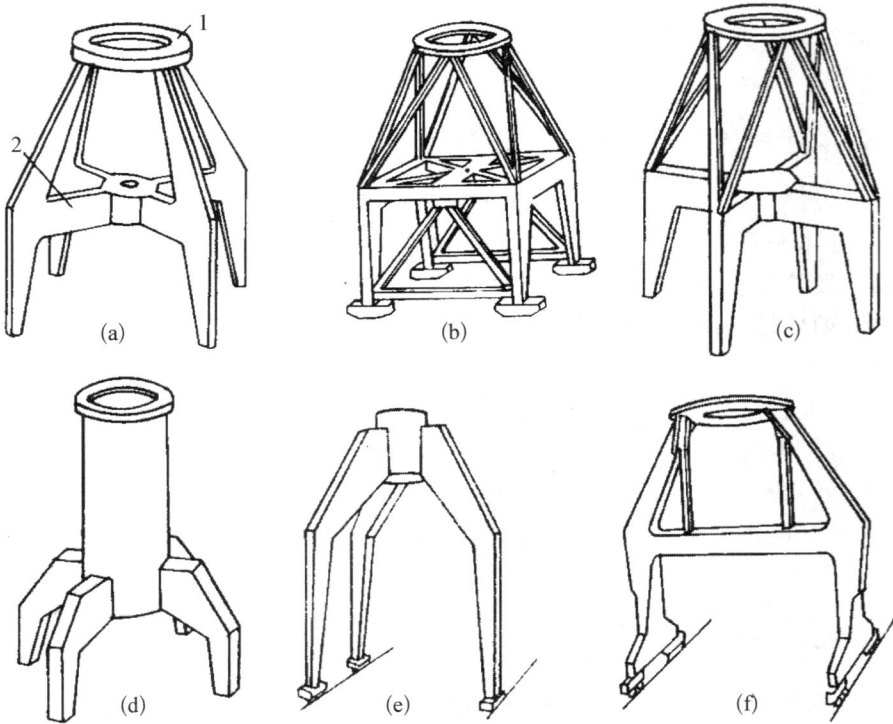

1—支承圆环；2—十字梁

图 10-7　门架结构形式

（a）箱形刚架式；（b）桁架板梁混合结构式；（c）八撑杆门架；（d）圆筒式门架；（e）三腿门架；（f）两腿门架

10.1.5　门座起重机主要机构

1）运行机构

门座起重机的运行机构是有轨运行机构的典型形式。门座起重机大多数不是长期地固定工作于某一地点，故而有轨运行机构能充分地发挥其技术经济效果。为了避免起重机轨道对地面交通带来不便，港口和造船门座起重机轨道的轨面总是铺设得与地面一样平齐。

对于装有侧面下横梁的门架，运行机构的车轮或台车总是装设于下横梁的两端。如果门架没有下横梁，则运行机构的车轮或台车就布置在支腿下端。在上述两种情形下，如果起重机需要沿弧线轨道运行或者台车的长度太大，则应该使车轮或台车具有绕垂直轴线自由转动的可能性。

通常，全部车轮中只有 1/2 车轮是主动车轮，其余为从动车轮。但是当轨道坡度较大时（例如浮船坞用的门座起重机）或起、制动时间较短时，也把全部车轮设计成主动车轮。因此，主动车轮的具体数目一般需要通过起重机的打滑验算后才能最终确定。初步设计时，主动车轮可以取为全部车轮的 l/2。

在设计门座起重机运行机构时，对于轨道铺设在混凝土基础上或钢梁上的四支点门架而言,门架的最大和最小垂直支承反力(腿压)可参照 3.3 节的计算方法。对于采用柱式回转支承装置的门座起重机,按刚性车架假定计算垂直支承反力。对于采用滚盘式回转支承装置的门座起重机,则应按铰接车架的假定确定垂直支承反力。

2) 回转机构

门座起重机在露天工作,承受着风载荷的作用,回转机构工作较频繁。为了提高工作效率,港口门座起重机甚至在臂架位于最大幅度时,回转转速也较大。立式电动机—行星齿轮减速器传动系统传动效率较高,结构紧凑,目前是港口门座起重机回转机构传动的主要方案,即大齿轮固定在门架上,行星小齿轮及其驱动机构则装在起重机的回转部分上。

为了避免回转机构起、制动过猛或者由于臂架触及到障碍物而可能出现的机构过载、起重机和货物剧烈振动等现象,一般都装有摩擦式极限力矩联轴器。为了保证工作可靠,极限力矩联轴器大都装设在传动系统末级的行星小齿轮轴上。设计时,应考虑摩擦面能够得到充分的润滑,以便保持摩擦副间的摩擦系数尽可能地不变。如果在结构布置上有困难,也可变通地把极限力矩联轴器布置在高速轴上或传动减速器的中间轴上。这时,极限力矩联轴器的外形尺寸有可能减小,但是可靠性将降低。

3) 起升机构

门座起重机起升机构通常由驱动装置、钢丝绳卷绕系统、取物装置和安全保护装置等组成。驱动装置包括电动机、联轴器、制动器、减速器、卷筒等部件。钢丝绳卷绕系统包括钢丝绳、卷筒、定滑轮组和动滑轮组等部件,取物装置有吊钩、吊环、抓斗、电磁吸盘、吊具、挂梁等多种形式。安全保护装置有超负荷限制器、起升高度限位器、下降深度限位器、超速保护装置等,根据需要选配。

4) 变幅机构

门座起重机总是依靠臂架摆动实现变幅。变幅机构大多数情况下是工作性机构,即要求起重机在取物装置带载的情况下实现变幅。

采用非平衡式变幅系统方案变幅时,会引起臂架重心和取物装置升降的现象。如果这种变幅是工作性的,由于货物随着取物装置升、降,推动臂架变幅所需要的驱动力矩将显著增大,因此该方案仅适用于非工作性变幅机构。

对于工作性变幅机构,为了避免上述缺点,一般采用具有臂架平衡系统和货物升降补偿装置的平衡式变幅系统。虽然该系统构造比较复杂,但采用这种方案后得到的技术经济效益将足以抵偿相应的缺点,而且有余。

平衡式变幅系统的原理和类型、设计方法、传动形式等,请参阅第 8 章相应的内容。

10.2 岸边集装箱起重机

10.2.1 集装箱运输概述

集装箱运输能够大大提高装卸效率,降低货运成本,简化货运手续,有利于提高运输质量,具有高效、便捷、安全等特点,已成为现代交通运输工具的重要组成部分,在世界范围内得到了推广和普及。近年来,我国集装箱运输业发展非常迅速,目前我国集装箱运输量约占世界集装箱运输总量的 20%~25%。2012 年统计数据显示:我国规模以上港口完成货物吞吐量 97.4

亿 t,其中集装箱吞吐量为 17 651 万标准箱(TEU),增长 8.1%;上海集装箱吞吐量 3 252.9 万 TEU,继续保持世界第一位置。

我国集装箱运输始于 20 世纪 50 年代,虽然起步较晚,但发展速度是最快的。自 1973 年天津装卸了第一个国际集装箱,20 世纪历经了 70 年代的起步,80 年代的稳定发展,90 年代的迅速扩大,集装箱运输已经进入高速发展时期。至此,我国已拥有一支现代化的集装箱船队,建成了一批集装箱专用深水泊位,如表 10 - 1 所示。

表 10 - 1　主要集装箱枢纽港的航道、泊位水深与潮差

港 口 名 称	航道水深/m	泊位水深/m	最大潮差/m
基隆港	-15.0	-11.5~-12.0	1.12
高雄港	-14.0	-10.5;-12.0;-14.0	0.38
香港	-20.0	-12.2;-14.5;-15.0	2.19
上海外高桥港	-7.0	-9.4~-12.0	3.96
上海洋山港	-15.0	-17.0	
天津港	-17.4	-16.0	4.25
宁波港(北仑四期)	-30.0	-17.0	1.74

10.2.2　集装箱船舶和集装箱起重机

1) 集装箱船舶

(1) 巴拿马运河。

巴拿马运河位于连接南北美洲的低峡最窄处,是一条设有三级闸的运河,各船闸闸室长 305 m,宽 33.5 m,因而只能允许小于以下尺寸的集装箱船舶通过:长 294.2 m(965 ft)、宽 32.31 m(106 ft),一般吃水 11.3 m,最大吃水 12 m。同时,又由于运河航道上架有桥,桥下一般允许通过高度为 57.91 m,在最低水位期可通过 62.48 m。自 1914 年,每年约有 1.4 万艘船舶通过巴拿马运河,货运量约占世界海运的 5%,仅次于苏伊士运河,成为沟通太平洋和大西洋的重要航道。

(2) 超巴拿马集装箱船。

国际航运界习惯用巴拿马运河允许通过的船宽来定义船舶,凡船宽在 32 m 左右,能通过巴拿马运河限宽的船称为巴拿马型船,而超过此值的称为超巴拿马型船。

由于国际集装箱的标准宽度为 8 ft(2 438 mm,近似为 2.5 m),当船甲板上放置 13 排集装箱时,船宽近似为 32.2 m,因此凡宽度超过 13 排集装箱的船,即为超巴拿马型船。对于一条有 13 排集装箱的集装箱船,在装箱时为了保证捆扎牢固,其甲板上的堆层只能是 4~6 层;考虑到船舶经济航速,其长宽比限为 7~8 倍,如此计算,该量级的船舶装箱量应不超过 4 000 箱。因此,超过 4 000 箱的第四代集装箱船舶已是超巴拿马型船。要继续增加载箱量,只有同时加大船宽、船长。典型超巴拿马型船的基本参数如表 10 - 2 所示。

表 10-2　典型的超巴拿马型船的基本参数

船　名	第四代	第五代			第六代			第七代	
	杜鲁门总统号	C-11	America	鲁河	Sovereign Maersk	COSCO Asia		CMA GM Marco Polo	美杰 3E
航运公司	总统轮船	总统轮船	东方货柜	中远	铁行	马士基	中远	马士基	马士基
总长/m	275.3	276.3	276.0	280.0	299.9	346.7	349	396	400
型宽/m	39.4	40.0	40.0	39.8	42.8	43.0	45.6	54	59
吃水/m	12.5	14.0	14.03	14.0	13.5	14.5	14.5	16.0	16.0
甲板上集装箱列数	16	16	16	16	17	17	18	21	23
箱位量/TEU	4 340	4 832	4 960	5 250	6 674	8 736	10 000	16 000	18 000
主机最大功率/kW	41 880	48 820	48 620	43 100	65 910	56 000	68 640	80 080	64 130
航速/kn (1 kn = 0.514 m/s)	24.2	24.5	24.5	24.7	24.5	24.7	25.8	25.1	23.0

随着全球经济和贸易的增长,在强大的集装箱运输需求和良好的技术经济效益的推进下,船舶大型化的发展十分迅速。集装箱船舶从最初的载箱量仅为 750 TEU 的第一代集装箱船,发展到今天最大载箱量达到 18 000 TEU 的第七代集装箱船舶,载箱量高达 22 000 TEU 或者更大的集装箱船舶也在设计中。

2) 集装箱装卸工艺与码头装卸设备

大型集装箱船舶的蓬勃发展,特别是第五、第六代超巴拿马集装箱船的快速发展,大大提高了集装箱运输在航运市场上的主导地位,并对世界集装箱港口的建设和发展产生了深刻的影响,搬运集装箱所必备的码头装卸设备也在不断发生变革。

目前世界上在码头前沿装卸集装箱的主要设备为岸边集装箱起重机(后简称岸桥),其外伸距大多都在 55 m 左右,一般都可满足甲板上装载 20 排集装箱船舶的装卸要求。但是,随着第六、第七代船型的出现,甲板上装载的集装箱达到 22,23 排,甚至更大。为此,世界各大港口正积极定购外伸距在 63~70 m 的超巴拿马型集装箱岸桥,以适应更大的集装箱船舶的出现。

为适应集装箱船的大型化发展,必须提高港口企业的集疏运能力,有的船运公司规定,载箱量在 8 000 TEU 以上的船舶停靠港的卸船效率必须达到 330 TEU/h。而现役普通岸桥的台时效率约为 40~70 TEU/h,如果要想满足如此高的装卸效率,每个泊位上至少需要配置 9 台岸桥。由于受岸桥本身的宽度和作业范围的限制,一般沿码头前沿每隔 40~80 m 配置 1 台岸桥,即使接纳载箱量 8 000 TEU 以上船舶的集装箱泊位,至多能配置 8 台岸桥。所以,岸桥的工作效率成为港口亟待解决的问题。

传统的集装箱装卸工艺有:① 岸桥—集卡—轮胎吊方式、② 岸桥—集卡—轨道吊方式、③ 多用途门机—场桥(正面吊)方式、④ 岸桥—跨运车方式。其中③,④两种工艺正逐渐被淘汰。这些装卸工艺虽都已将效率提高到了自身的极限,但还是满足不了船舶大型化的需求,于是一些崭新的科学技术应运而生,集装箱装卸设备也在不断地进行技术变革。

岸桥(见图 10-8)是技术成熟、稳定的产品。随着集装箱运输船舶的大型化、特别是超巴拿马船型的发展,对岸桥提出了更新、更高的要求。一是提高起重机的技术参数:速度参数高速化,外伸距、起升高度增大,吊具下额定起重量提高,岸桥的自重已从常规巴拿马型的 $600 \sim 800\ t$,增大到现在超巴拿马型的 $1\ 200 \sim 2\ 000\ t$;二是开发设计高效率的岸边集装箱装卸系统,以满足船舶大型化对起重机生产率的要求。下面介绍几种特殊的岸桥类型。

图 10 - 8　典型岸边集装箱起重机

图 10 - 9　双小车岸边集装箱起重机

(1) 双小车岸边集装箱起重机。

双小车岸桥(见图 10 - 9)理论上每小时可达 $55 \sim 60$ 个工作循环,折合 $80 \sim 100\ TEU/h$,与典型岸桥相比,生产率提高 $30\% \sim 50\%$。其特点如下:

(i) 有前、后两辆小车。前小车将集装箱卸在海侧中转平台上后返身去吊新的集装箱(前小车的生产率就是起重机的生产率)。由平台上的工人将集装箱下的转销取下,后小车迅速将平台上的箱吊到集装箱卡车上,后小车速度大于前小车。

(ii) 双小车位于不同高度以适应高(装卸船时需要高达 40 m)与矮(装卸集卡时高度只需用 $12 \sim 13$ m)两种需要,既有利卸(装)船又有利装(卸)集装箱卡车。这是其优于单小车起重机的重要特性。

(2) 双 40 ft 岸边集装箱起重机。

双 40 ft 岸桥(见图 10 - 10)是制造商为适应船舶大型化要求快装快卸而最新开发的产品。如具码头装卸工艺作出相应改进,生产率将提高 50%。主要特点如下:

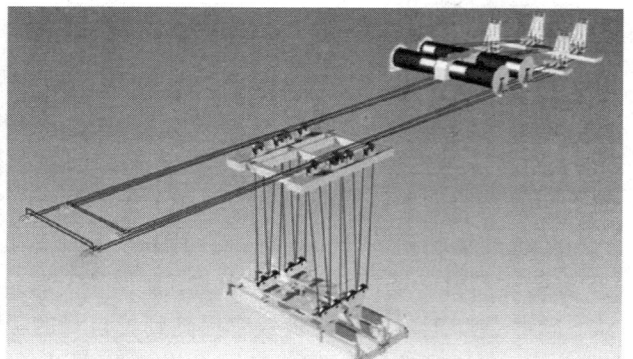

图 10 - 10　双 40 ft 岸桥

（i）机器房内有两套独立的起升机构，它们通过小车上的滑轮分别与两个标准的可伸缩吊具相连；通过油缸装置，两套吊具可改变相对位置即分离、合拢、呈八字形等，最多可进行双 40 ft 箱或 4 个 20 ft 箱的装卸作业。

（ii）两套起升机构并不是简单的合拢或分离，而是利用专用的差动型起升齿轮减速箱实现功率的分解和叠加，即它可以将两个电动机的输出功率同时供给两套吊具，又可叠加在一起只供给一套吊具，使起重机实现高速、高效。

目前，还有三 40 ft 岸桥（见图 10-11）。在双 40 ft 岸桥和双小车岸桥的基础上，为适应大型船舶快速装卸的要求，又开发出双小车、双 40 ft 的岸桥（见图 10-12）。由于船和中转平台上的两个并排 40 ft 箱是规则排放的，因此前小车的两套吊具可以十分方便地进行对位和装卸，有利于实现半自动化装卸。

图 10-11　三吊具岸桥

图 10-12　双小车、双 40 ft 的岸桥

（3）大梁升降式岸边集装箱起重机。

大梁升降式岸桥也称 UPA 型起重机（见图 10-13）。传统的机械式防摇系统在超巴拿马型岸桥上难以取得满意的防摇效果；而电子防摇装置因加速度冲击，司机多不适应。大梁升降既可以改善视距，又可减轻司机的疲劳。其可根据装卸作业需要升降大梁：装卸高箱位时，主梁升起；装卸低箱位或小船时，主梁下降至较低的作业位置，从而提高生产率和防摇。

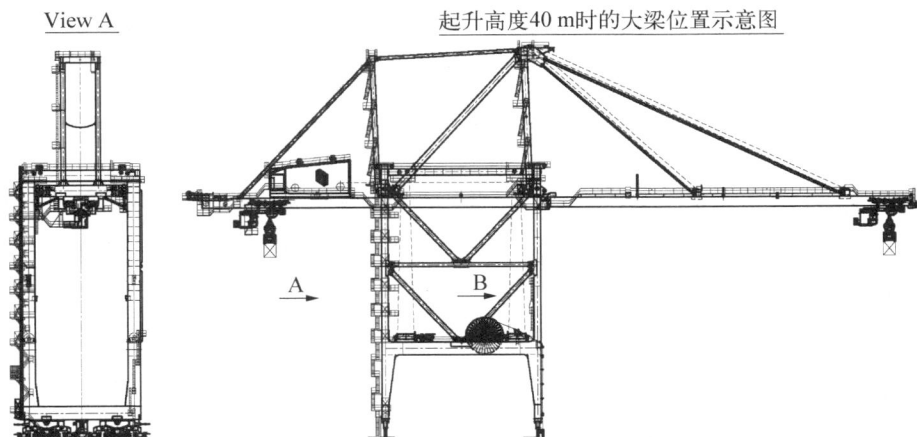

View A　　　起升高度40 m时的大梁位置示意图

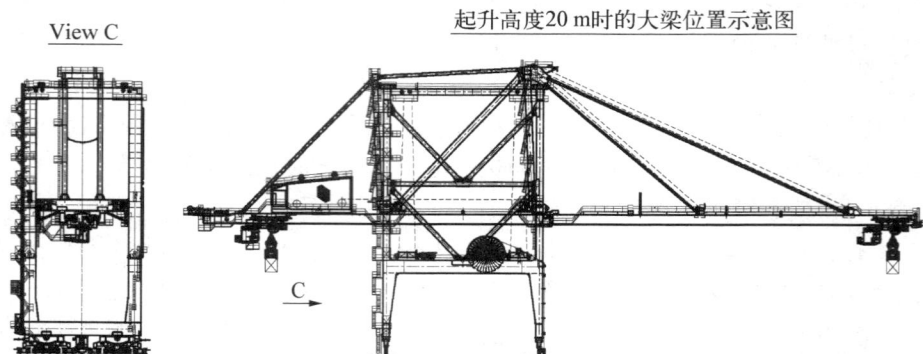

View C　　　　　　起升高度20 m时的大梁位置示意图

图 10 - 13　大梁升降式岸桥

（4）低姿态岸边集装箱起重机。

大梁滑移式岸桥（见图 10 - 14）是低姿态岸桥的一种特殊形式，该型岸桥的大梁采用桁架结构，将其在特殊的支撑装置上，前后伸缩滑移。在相同起升高度下，低姿态岸桥的整机高度约为鹅颈式岸桥（见图 10 - 15）的 70%，是常规俯仰直臂式的 50% 左右，为码头有效解决航空限高难题。

图 10 - 14　低姿态大梁滑移式岸桥

图 10 - 15　鹅颈式岸桥

10.2.3　岸桥的设计参数和理论生产率

1）主要设计参数

几何尺寸参数是表示岸桥作业范围和外形尺寸大小及限制空间的技术数据，如图 10 - 16 所示。

通常在岸桥性能参数表中，列出的主要几何尺寸参数有：外伸距 l_1、轨距 S、后伸距 l_2、基距 B、轨上/轨下起升高度 h_1/h_2、联系横梁下净空高度 C_{hp}、门框内净宽 C_{wp}、岸桥（大车缓冲器端部之间）总宽 W_b 等 8 个参数。

其他几何尺寸参数还有：门框下横梁上表面离地高度 h_s、门框外档宽度 W_p、前大梁宽度 B_b 或小车总宽 B_t、梯形架顶点高度 H_0、前大梁仰起后岸桥总高 H_s、前大梁前端点离海侧轨道中心线的距离 L_0、后大梁尾端离陆侧轨道中心线的距离 L_b、前大梁下表面离轨面高度 h、缓冲器安装高 S_b、岸桥与船干涉限制尺寸 S_f，S_h，β 以及岸桥与码头固定设施或流动设备干涉的

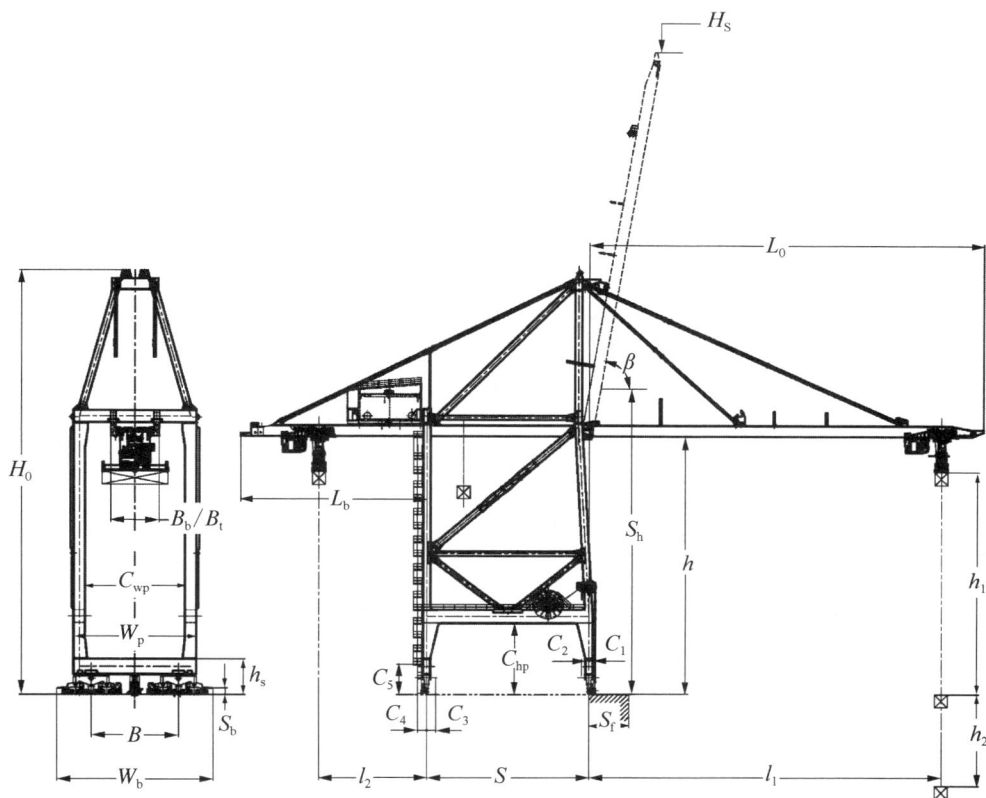

图 10 - 16　岸桥几何尺寸参数示意图

限制尺寸 C_1，C_2，C_3，C_4，C_5 等。

（1）外伸距 l_1。

小车带载沿着海侧运行到正常终点位置时，吊具中心线离码头海侧轨道中心线之间的距离称为外伸距。通常用 l_1 表示。

外伸距是表示岸桥大小的最主要参数。它是由对象船宽、甲板上集装箱排数和层数、船的横倾角、码头前沿（岸壁至海侧轨中心线之间）的距离以及码头护舷尺寸等因素决定。在考虑船倾斜的情况下，要求能装卸甲板上最外一排的集装箱。

（2）后伸距 l_2。

小车带载向陆侧运行到终点位置时，吊具中心线离码头陆侧轨道中心线之间的距离，称为后伸距，用 l_2 表示。

后伸距是按需搬运、存放的集箱船舱盖板尺寸以及轨外车道数量来确定的，一般为 10～30 m。如果考虑集装箱从船上卸下堆放到前方堆场，则后伸距应尽可能大。

（3）轨距 S。

轨距是码头海、陆侧轨道中心线之间的水平距离。轨距越大，对起重机的稳定性越有利，轮压也可以降低，但加大了码头前沿区域的面积从而增加了投资。一般情况下，较大规模的专业化集装箱码头宜发展大轨距，可以开辟多车道以提高装卸效率；而中、小码头，尤其是老码头，不能盲目加大轨距，而应经技术经济分析比较后确定。

目前,世界各国或地区已经形成了一些岸桥轨距系列。中国大陆、日本和苏联主要有 16,20,30,35,42 m 等。中国香港和美、英联邦(如新加坡、澳大利亚、南非、欧洲大多数国家)主要有 50 ft(15.24 m),80 ft(24.384 m),100 ft(30.48 m)等;南美部分国家及北非大多数国家,西班牙及葡萄牙有 15,18,20,22,27,31 m 等。目前轨距尚无国际标准,各国、各地区,甚至各码头,轨距也不统一。

(4) 起升高度 H。

起升高度 H 包括轨面以上起升高度 h_1 和轨面以下起升高度 h_2。

轨上起升高度是指吊具被提升到正常终点位置时,吊具转锁下顶点离码头海侧轨顶面的距离。轨下起升高度是指吊具被下降到正常终点位置时,吊具转锁下顶点离海侧轨顶面的距离。H 一般应圆整到 0.5 m 的整数倍。

轨上起升高度 h_1 应满足在下列条件下能搬运最高层箱子到陆侧区域:对象船处于高水位(标高值 W_H),轻载吃水 D_m,甲板上堆箱层数(视不同船型为 4～7 层),船舶横倾到允许值 $[\alpha]$,并预留安全过箱高度 H_a。

应该指出:轨上起升高度越大,岸桥适应能力越强。但不能认为轨上起升高度越高越好,因为不适当地增加轨上起升高度,不仅增加了起重机的整机高度和重心高度、降低了稳定性、增加了轮压,而且更不利的是由于吊具和集装箱的悬吊高度增加了,使防摇能力大大降低,从而影响作业效率。因此,必须合理确定轨上起升高度。

轨下起升高度 h_2 受码头标高、潮差、码头前沿水深、对象船的装载特性等诸多因素的影响,一般在 12～15 m 之间。

(5) 基距 B。

门框下同一横梁上左右两侧行走台车大平衡梁支点之间的中心距离,称为岸桥基距,用符号 B 来表示。

基距越小,岸桥受侧向风或角度风作用下的轮压越大,侧向稳定性也越差。因此,只要岸桥总宽 W_b 允许,基距 B 尽可能布置得大一些,大平衡梁支点越靠近门腿立柱中心越好。

2) 理论生产率计算

岸桥的生产率是以每小时装卸箱数(TEU)来计算的。由于实际生产率与司机的熟练程度以及码头装卸工艺、码头条件、船舶装载情况、船型等有很大关系。因此,这里讨论的生产率计算是不涉及这些因素的理论生产率。

一个工作循环在单程操作模式和双程操作模式中有不同的含义。

(1) 单程操作模式。

在一个工作循环中,半个循环是吊箱作业,半个循环是空吊具作业,这种作业模式就是单程操作,这是较普遍的作业方式。这种作业模式分装船作业模式和卸船作业模式。

装船作业指岸桥从码头轨距范围内海侧第一条车道(一般均用这车道,这样小车运行距离为最小)的集卡上取得集装箱,起升到某一安全高度后小车向海侧运行至船上需要装箱的位置上方,下降集装箱至船上相应的箱位上,打开锁销,空吊具起升到某一安全高度后,小车向陆侧运行至原来车道上方,空吊具下降对准集装箱,使吊具落到集装箱上并锁好锁销,这就是装船单程操作模式。卸船作业是装船作业的反过程。典型循环路线图,如图 10-17 所示。

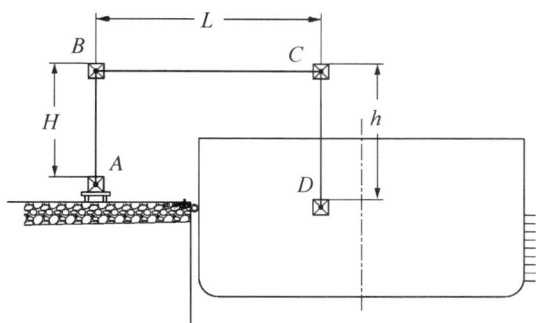

图 10-17　典型循环路线图

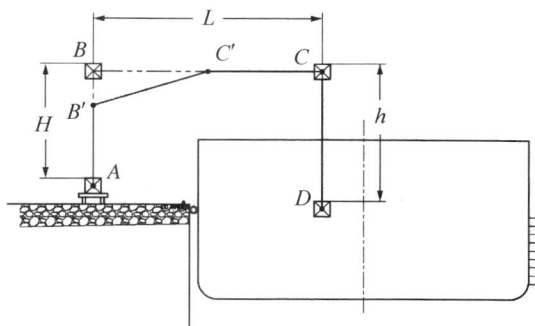

图 10-18　实际单行程操作循环图

单程操作模式时生产率 A_n 为

$$A_n = \frac{3\ 600}{t} \times n \qquad\qquad (10-1)$$

式中：t——一个循环的平均时间，s；

　　　A_n——生产率，TEU/h；

　　　n——每个循环所起吊的标准集装箱箱数。

实际操作不完全是一个起升动作结束后，才进行小车运行（或小车运行结束后进行起升）。通常也可根据实际情况允许起升和小车运行联动，如图 10-18 所示，由 A 点起升到超过门框横梁的一个安全高度 B' 时，起升和小车同时运行，小车经 C' 至 C，返程时，当小车到达 C' 点时，同时吊具下降。

（2）双程操作循环模式。

在一个工作循环全过程中，岸桥均吊箱作业，也就是说没有空吊具操作情况，此时称这种作业模式为双程操作循环模式。

这种作业模式一般在较发达、管理水平较高的港口使用。卸船同时装船，装卸船作业模式结合一起，充分发挥了岸桥的效率。

图 10-19 是一个典型的双程操作循环模式的循环路线图。由船上某一箱位 A 吊起集装箱，出舱至一定安全高度后，小车向陆侧运行至第一条车道上方 C 点，然后下降、对位卡车，在 D 处将箱卸到卡车上（松开锁销）。随后在 D 处空吊具起升至安全高度 E 点后，小车向后移动至另一车道 F 点，对准大车 G 处的集装箱，下降至 G 并锁住锁销，将集装箱吊起至安全高度 H 点，小车向海侧运行将集装箱送至 I 处，下降、对位、进

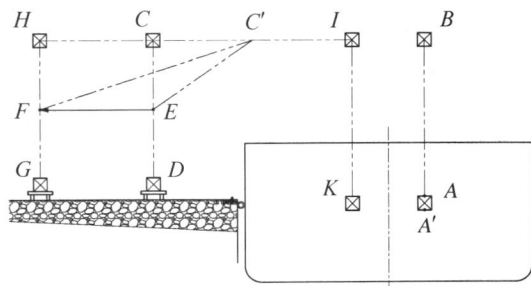

图 10-19　双程操作循环

舱，直至将箱卸到船的 K 箱位上，之后空吊具再次提升出舱口至 I，再由 I 运行至 B，对准导轨下降至舱内 A 箱位，对准 A' 锁住锁销，至此完成了一个双程操作循环。同样的，起升和小车运行机构也可以联合动作。

10.2.4　机构设计

岸桥主要包括四大机构：起升机构、小车运行机构、大车运行机构和前大梁俯仰机构。

钢丝绳牵引小车式岸桥，其起升机构、小车牵引机构一般均设置在机器房内，如图 10 - 20 所示。起升绳、小车牵引绳通过缠绕系统和张紧装置，与小车架和小车架上的起升滑轮组连接，起升钢丝绳通过小车架上滑轮组下垂并绕过吊具上架滑轮组以悬挂吊具装置。

图 10 - 20　钢丝绳牵引小车式岸桥的机器房

自行小车式岸桥，其小车运行机构设在小车架上。

载重小车式岸桥，其起升机构、小车运行机构均设置在小车架上。小车架上的起升钢丝绳直接与吊具上架滑轮连接。

1）起升机构

起升机构是实现集装箱、吊具或吊梁升降运动的工作机构。起升机构除了采用专用集装箱吊具起吊集装箱外，还可以通过吊梁进行重件、件杂货的装卸作业。

起升机构目前都采用交流变频调速系统，由交流变频电动机、盘式或块式制动器、梅花联轴器、硬齿面减速器、用钢板卷制加工的钢丝绳卷筒及支撑轴承座组成。

（1）起升机构驱动装置的布置方案。

因集装箱吊具均采取 4 点悬挂，所以岸桥起升机构一般用两个双联卷筒缠绕起升钢丝绳，并采取双电动机驱动，以选用较小功率和较小外形尺寸的电动机。

当采用两组对称布置的起升驱动装置时，为了保持同步运行，须在高速轴（电动机端轴）或低速轴（卷筒轴）之间装设同步装置。起升机构一般采用刚性同步。

其布置形式有以下几种：

（A）一套减速器居中，两侧分布电机和卷筒（见图 10 - 21）。

该布置形式结构紧凑，占机器房空间小。但减速器体积和重量较大，要求维修行车起重量大。设计时应注意在各部件之间留出维修和调整空间。

（B）两套减速器居中，两侧分布电机和卷筒（见图 10 - 22）。

这种布置形式中两卷筒中心距离较大，有利于减小钢丝绳对卷筒的偏角和大梁尾部滑轮

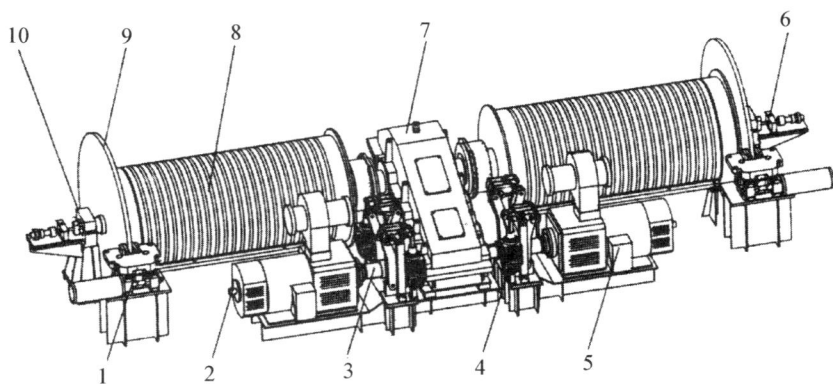

图 10-21　起升机构典型布置

1—低速级制动器;2—测速开关;3—制动盘联轴器;4—高速级制动器;5—电动机;
6—凸轮限位开关/超速开关;7—减速器;8—卷筒;9—低速制动盘;10—卷筒支座

组的布置;减速器易于制造、重量轻,可降低维修行车的起重量,但占用空间较大。设计时除应注意在各部件之间留出检测和维修空间外,还需配置同步联轴器。

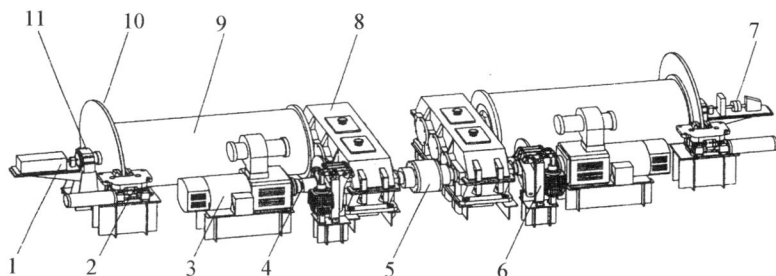

图 10-22　起升机构典型布置

1—脉冲编码器/凸轮限位开关;2—低速级制动器;3—电动机;4—高速级联轴器;
5—同步联轴器;6—高速级制动器;7—测速/超速开关;
8—减速器;9—卷筒;10—低速级制动盘;11—卷筒支座

(C) 两套减速器外置,卷筒和电机居中(见图 10-23)。

该布置形式省掉了卷筒支承和同步联轴器,结构较为紧凑,采用两套减速器可减小机房维修行车的起重量。缺点是卷筒的长度尺寸大,卷筒长度可达 7~8 m;一旦卷筒与联轴器出现偏角,必须同时调整减速器、电机和制动器,调整困难、工作量大,不推荐使用该类型。

(D) 载重小车式起升机构(见图 10-24)。

起升驱动装置布置在小车机器房内,结构应尽量紧凑。两套驱动可在减速器高速轴用传动轴连接,也可用离合器连接,后者根据需要可使两套驱动装置独立运行,以完成左右倾转的动作。在设计中应加装同步联轴器或用电气控制保持两个电机动作的同步。

(2) 缠绕系统。

(A) 牵引小车式和自行式岸桥的起升钢丝绳缠绕系统。

牵引小车式岸桥起升钢丝绳缠绕系统如图 10-25 所示,一般由尾部滑轮组、小车滑轮组、头部滑轮组、吊具上架滑轮组以及钢丝绳挡块、抗磨块、托辊、调整接头等组成。

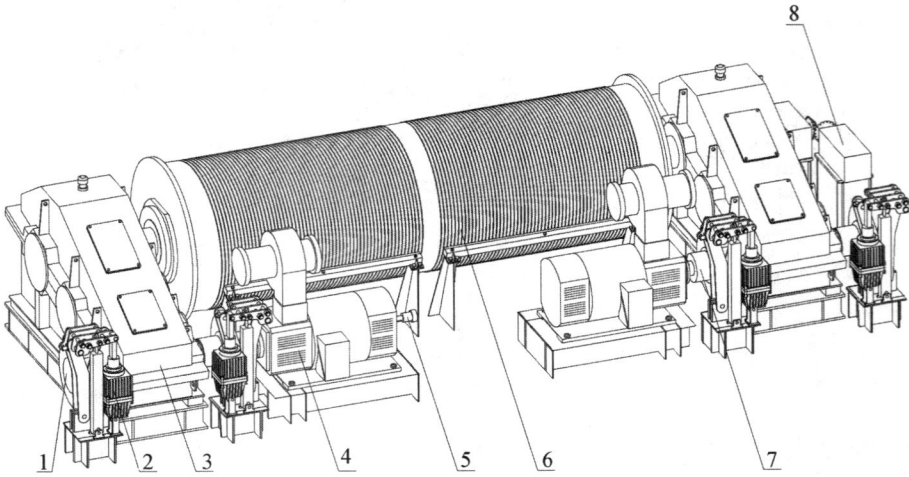

图 10 - 23　起升机构典型布置

1—制动盘；2—高速级制动器；3—减速器；4—电动机；
5—测速/超速开关；6—卷筒；7—高速级联轴器；8—脉冲编码器/凸轮限位开关

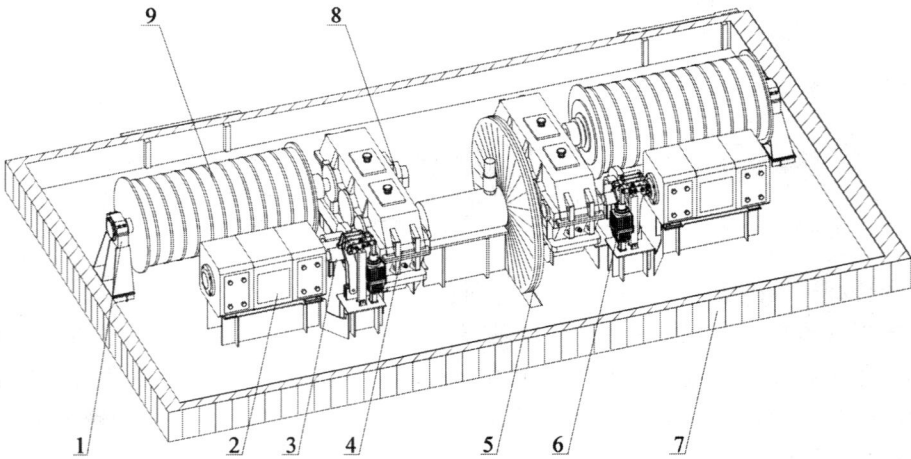

图 10 - 24　载重小车式起升机构

1—卷筒支座；2—电动机；3—制动盘联轴器；4—减速器；
5—电缆卷筒；6—制动器；7—机器房围棚；8—脉冲编码器/凸轮限位开关；9—卷筒

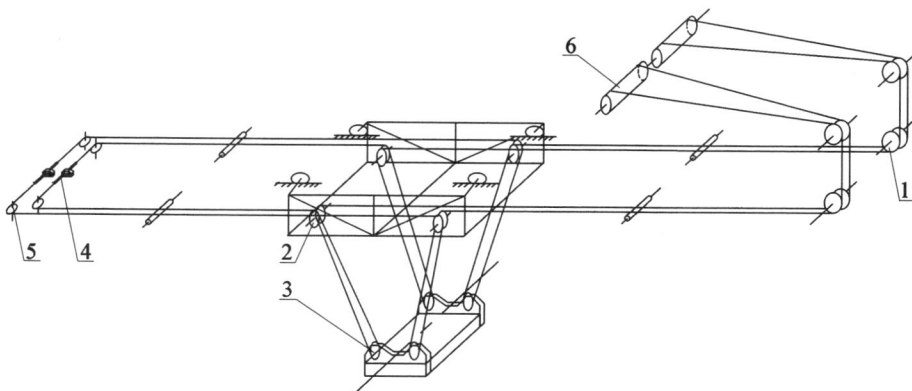

图 10-25　起升钢丝绳缠绕系统
1—尾部滑轮组；2—小车滑轮组；3—吊具上架滑轮组；
4—头部倾转装置；5—头部滑轮组；6—起升卷筒

（B）载重小车式岸桥的起升钢丝绳缠绕系统。

对于载重小车式岸桥，其钢丝绳缠绕系统如图 10-26 所示。这种钢丝绳缠绕系统的组成很简单，钢丝绳从起升卷筒出来后，经吊具上架滑轮组，再回到载重小车机器房下端的钢丝绳固接处。

（3）钢丝绳缠绕系统与倾转功能的关系。

为了有利于岸桥在不同工况下的集装箱装卸作业，通常集装箱吊具应具有前后倾转、左右倾转和平面内回转 3 个运动，统称为吊具的倾转运动，前后倾和回转角度一般为±5°，左右倾转±3°。

（A）牵引小车式起升机构。

图 10-25 所示钢丝绳缠绕系统，头部若只布置两套独立的倾转装置，则吊具只能完成左右倾和平面回转两个动作，吊具的前后倾只能放置在吊具上架来完成；如果在头部设置 3 套或 4 套独立的倾转装置（见图 10-27），则可完全实现吊具的 3 个运动；如果吊具的 3 个运动的

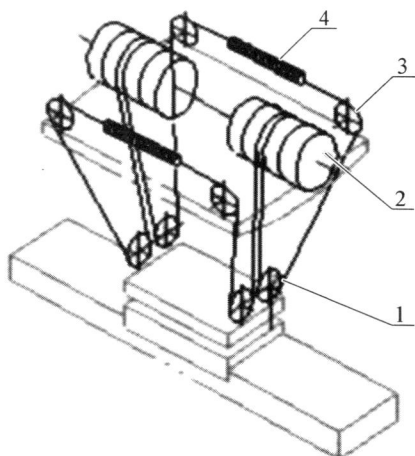

图 10-26　载重小车式钢丝绳缠绕系统
1—吊具上架滑轮组；2—起升卷筒；
3—改向滑轮；4—吊具倾转装置

机构设置在尾部，多采用多功能油缸与挂舱保护相结合、共用油缸来实现。

由于吊具多数位于前大梁端部和中部工作，为了减小钢丝绳下垂对倾转动作的影响，吊具倾转装置设在前大梁上较好。

（B）载重小车式起升机构。

图 10-26 所示钢丝绳缠绕系统通过倾转装置通过钢丝绳微量伸缩，实现吊具前后倾、左右倾和平面回转运动。

（C）自行小车式起升机构。

对自行小车式起升机构也可通过机构的不同布置形式实现一个或两个倾转动作，如图 10-28 所示，在两个起升电动机尾端之间设置电磁离合器，同时将两个双联起升卷筒分离。

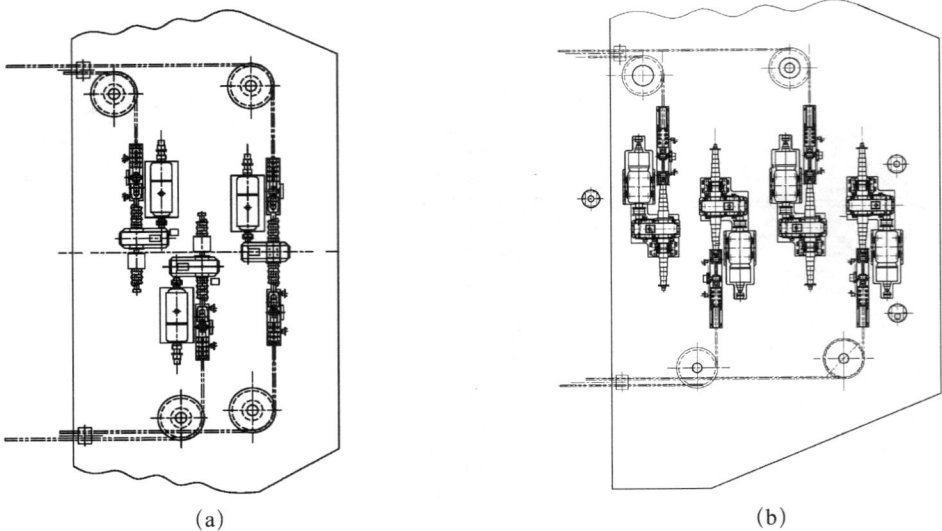

(a) (b)

图 10-27 倾转装置的布置形式
(a) 3 套倾转装置;(b) 4 套倾转装置

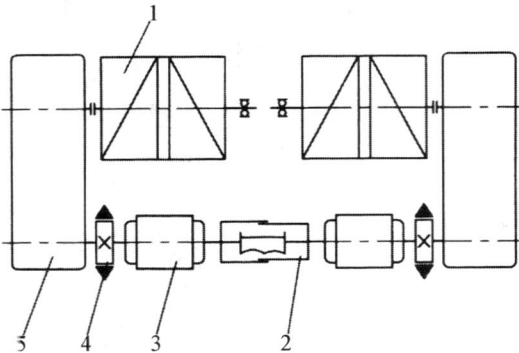

图 10-28 具有倾转动作的起升机构
1—双联卷筒;2—电磁离合器;
3—电动机;4—制动器;5—减速器

当正常起升时,离合器闭合实现刚性同步,当须倾转时,离合器打开,起升电动机驱动两组卷筒实现相对旋转。

2) 前大梁俯仰机构

岸桥上实现前大梁绕大梁铰作俯仰运动的机构称之为俯仰机构。俯仰机构由电动机驱动,通过联轴器、减速器等传动装置驱动钢丝绳卷筒进行卷绕动作实现前大梁的俯仰运动。

俯仰机构与起升机构类似。前者是通过钢丝绳实现前大梁的俯仰运动,后者通过钢丝绳实现货物的升降运动,但是俯仰机构的俯仰速度比起升机构的升降速度低,是非经常性工作机构。此外,与起升机构相比,俯仰机构还有以下特点:

(1) 须设置均衡滑轮(见图 10-29),除可保证钢丝绳两端受力均衡外,还可起到断绳保护作用。

(2) 应设置应急机构,以备系统电控发生故障时,将前大梁抬起。

(3) 应设安全钩,当前大梁仰起到极限位置时可将大梁钩住,以增加安全裕度。

(4) 应设置限位和超速保护,保证其安全可靠地工作。通常不设过载保护装置。

(5) 俯仰钢丝绳卷绕系统通常用两根独立的钢丝绳,通过均衡装置连接,前大梁滑轮组可一字形排开放置在一根梁(见图 10-30(a))或前、后两根梁(见图 10-30(b))上。

3) 小车运行机构

岸桥上实现集装箱、吊具、吊钩梁作水平往复运动的机构总成称为小车运行系统,包括运行小车总成、小车运行机构、小车钢丝绳卷绕和安全保护装置。

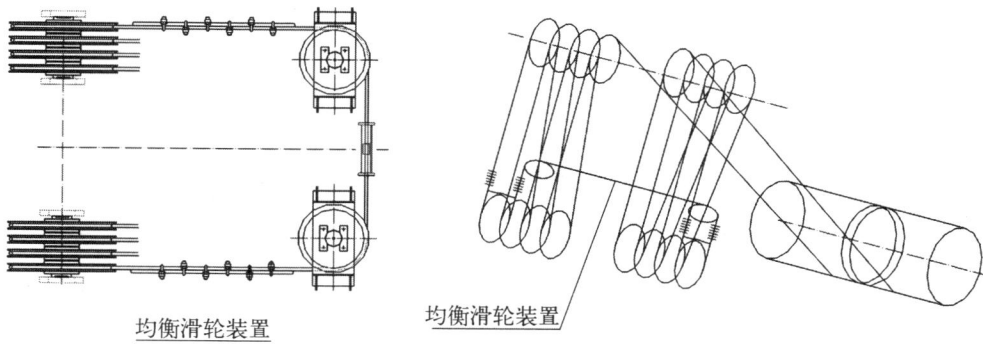

均衡滑轮装置　　　　均衡滑轮装置

图 10 - 29　钢丝绳卷绕的均衡装置

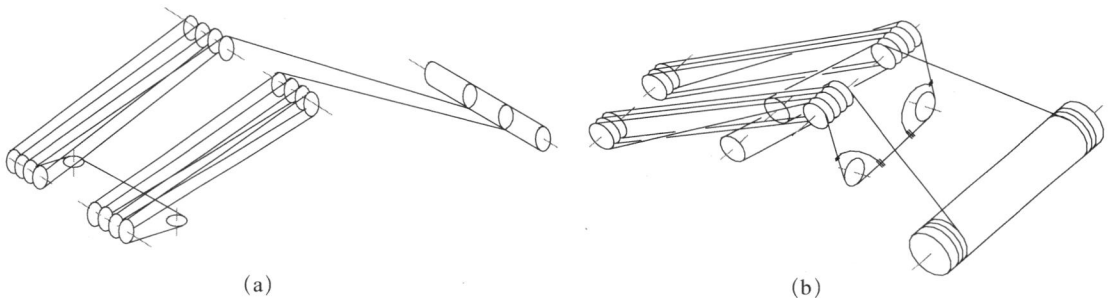

(a)　　　　　　　　　　　(b)

图 10 - 30　俯仰钢丝绳卷绕系统
(a) 滑轮组在一个梁上；(b) 滑轮组在两根梁上

（1）运行小车的分类。

（A）自行式运行小车。

运行小车的驱动机构直接布置在小车架上。一般采用交流变频电机驱动，经减速器减速后，直接传到车轮轴上来驱动车轮转动，从而实现小车的横移运动。

自行小车运行机构可以垂直于小车轨道居中或沿小车轨道两侧布置、两轮集中驱动（见图 10 - 31(a)），或由 4 个电动机分别驱动（见图 10 - 31(b)）。

自行式运行小车包括驱动机构、车轮组、滑轮组、小车架、司机室、缓冲器、水平轮、锚定装置、顶升和防坠装置、安全限位装置等组成，有的还包括小车防摇分离装置。分离装置实际上是将运行小车上的起升滑轮做成可移动的，当分离时悬吊钢丝绳呈倒三角形，由于提高了悬挂系统的刚度，从而达到减缓吊具摇摆的目的；当吊具下到舱内作业时，滑轮可以收拢，从而防止钢丝绳磨舱口或集装箱边缘棱角。

（B）钢丝绳牵引式运行小车。

与自行式小车相比，牵引式小车的驱动机构位于机器房内，通过电机、联轴器、减速箱、卷筒、钢丝绳牵引小车实现小车运行。一般在小车架前、后均设两根牵引钢丝绳，从前、后绕入驱动卷筒并分别固定在卷筒上，如图 10 - 32 所示。由于牵引绳要从电机座底部通过，机座的刚性要好。

（C）载重式运行小车。

载重式运行小车的特点是在小车下悬挂有带起升机构的机房（见图 10 - 33），小车总成的

(a)

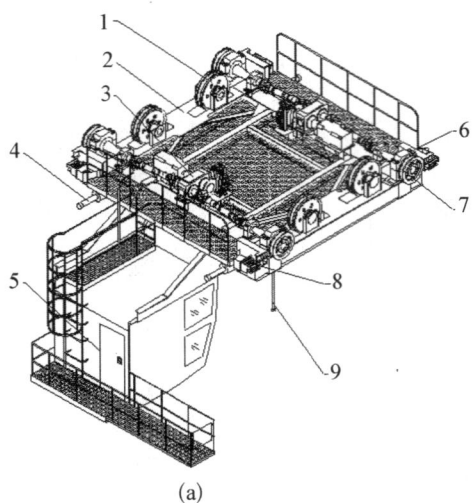

1—小车滑轮组；2—小车架；3—小车驱动；
4—缓冲器；5—操作室；6—钢丝绳托辊；
7—车轮组；8—水平轮

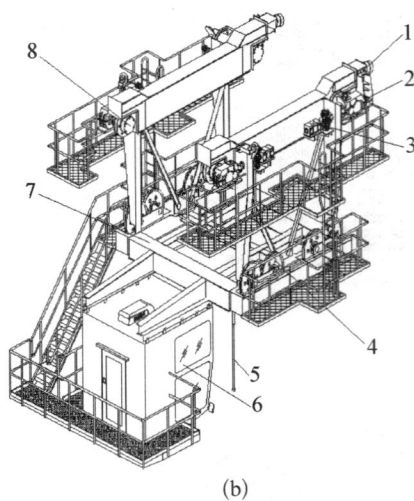

(b)

1—缓冲器；2—水平轮；3—小车驱动；
4—起升滑轮组；5—安全限位装置；6—操作室；
7—小车架；8—车轮组；9—限位装置

图 10-31　自行小车运行机构
（a）双箱梁运行小车；（b）单箱梁运行小车

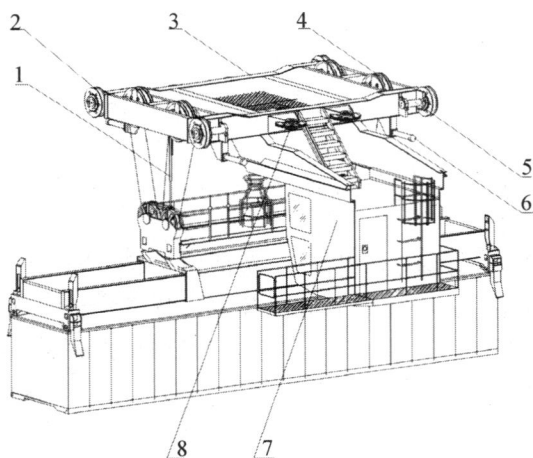

图 10-32　钢丝绳牵引式运行小车
1—安全限位开关；2—车轮组；3—小车架；
4—起升滑轮组；5—钢丝绳托辊；6—缓冲器；
7—操作室；8—小车牵引滑轮组

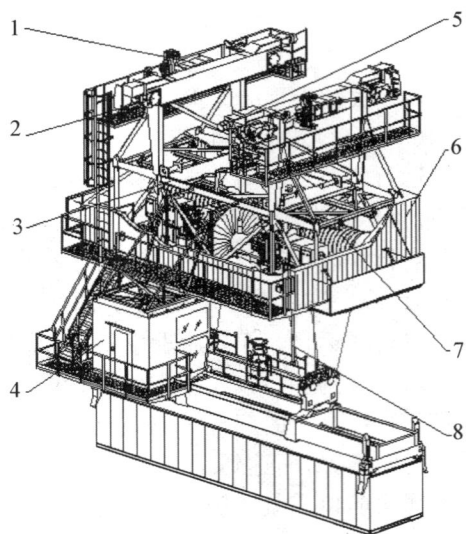

图 10-33　载重式运行小车
1—小车驱动；2—车轮组；3—小车架；
4—操纵室；5—缓冲器；6—小车机房总成；
7—起升机构；8—限位装置

重量大,一般为 70～90 t。因此,小车的运行速度也不宜取得过高。小车起、制动时能耗大,同时,对码头的承载能力也有较高的要求。

(2) 牵引式运行小车钢丝绳缠绕系统。

为保持小车运行起、制动的平稳,牵引式运行小车钢丝绳缠绕系统须设张紧装置。张紧装置一般采用液压驱动方式,可以有效调节钢丝绳的伸长和缩短,吸收小车运行的冲击和振动,还可在大梁俯仰动作过程中起到调整钢丝绳绳长变化的作用,如图 10－34 所示。

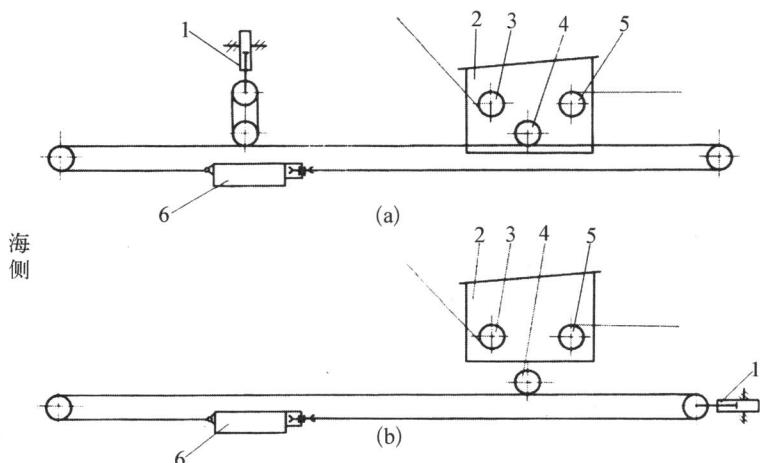

图 10－34　小车运行机构位置及钢丝绳张紧装置
1—液压张紧装置;2—机器房;3—俯仰卷筒;4—小车运行卷筒;5—起升卷筒;6—小车

图 10－34 中根据张紧油缸的布置形式和位置不同,可分为立式安装和卧式安装两种形式。立式安装的液压式张紧装置,一般布置在海侧上横梁的陆侧边,如图 10－35 所示;卧式安装的液压式张紧装置,一般布置在后大梁的尾部,如图 10－36 所示。

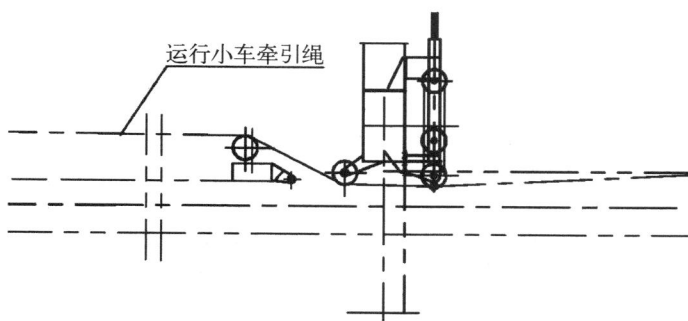

图 10－35　立式安装的液压张紧装置

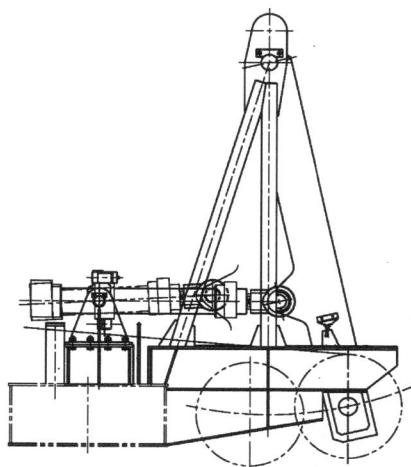

图 10－36　卧式安装的张紧装置

4) 大车运行机构

在岸边集装箱起重机上,用来实现起重机整机沿着码头前沿轨道做水平运动的机构称之为大车行走机构。

大车行走机构由设在门框下的4组行走台车组成。为使每个行走轮受力均匀,装有多个车轮的行走台车与平衡梁、平衡梁与门框下横梁都通过铰接连接。每个大车行走台车组,由一套或多套驱动装置驱动。电动机经减速器直接驱动或开式齿轮传动驱动,从而实现起重机沿轨道的行驶。

驱动布置形式有立式驱动(见图10-37)、平行轴减速器驱动(见图10-38)、卧式驱动(见图10-39)、单轮驱动(无开式齿轮)(见图10-40)、蜗轮蜗杆驱动(见图10-41)和全轮制动(见图10-42)。

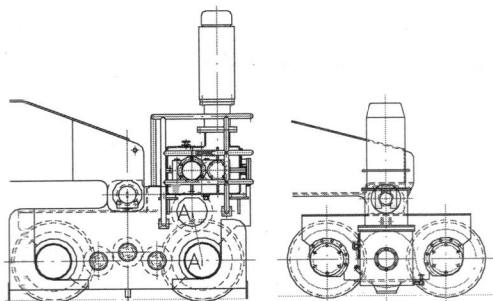

图 10-37　立式驱动

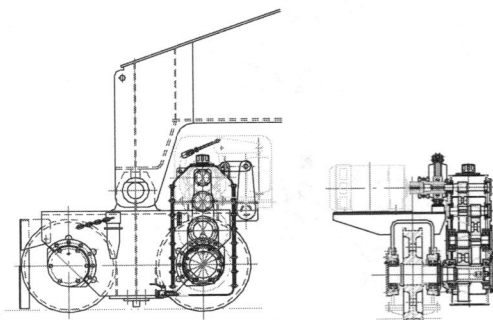

图 10-38　平行轴减速器驱动

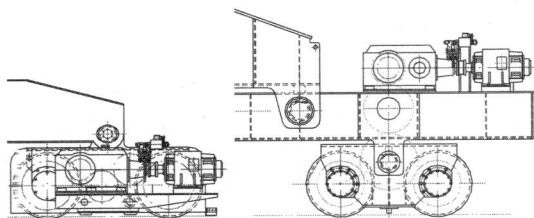

图 10-39　卧式驱动

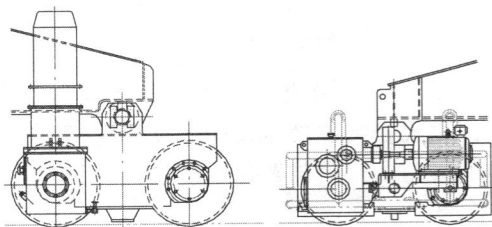

图 10-40　单轮驱动

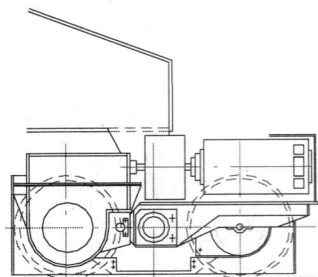

图 10-41　蜗轮蜗杆驱动

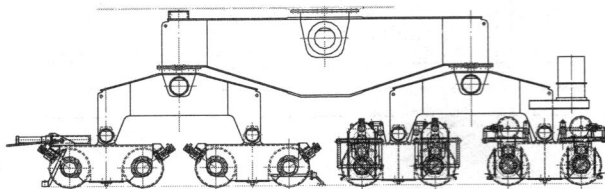

图 10-42　全轮制动

10.2.5　金属结构

金属结构是起重机的主要组成部分,起支承载荷的骨架作用,并构造作业空间。它将载荷从作用点传递到支承点,最后传到地面或基础结构上,因此必须具备足够的强度、刚度和稳定性。岸边集装箱起重机金属结构(简称岸桥结构)的形式虽然各式各样,但常见的岸桥结构主要由以下几个部分组成(见图 10 - 43):

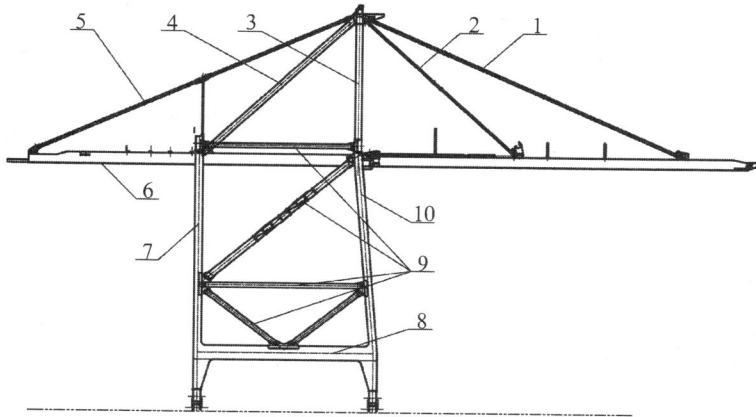

图 10 - 43　岸桥金属结构组成

1—前大拉杆;2—前中拉杆;3—海侧梯形架;4—后撑杆;5—尾拉杆;6—后大梁;
7—陆侧立柱;8—门架联系横梁;9—门架撑杆组;10—海侧立柱;11—前大梁

1) 大梁系统

大梁系统包括前大梁、后大梁和大梁铰。大梁是小车移动的载体,是实现作业空间的保证。大梁的形式主要有:桁架式(见图 10 - 44(a)和(b))、板梁式(见图 10 - 44(c))、双箱梁式(见图 10 - 44(d)和(e))和单箱梁式(见图 10 - 44(f)和(g))等。

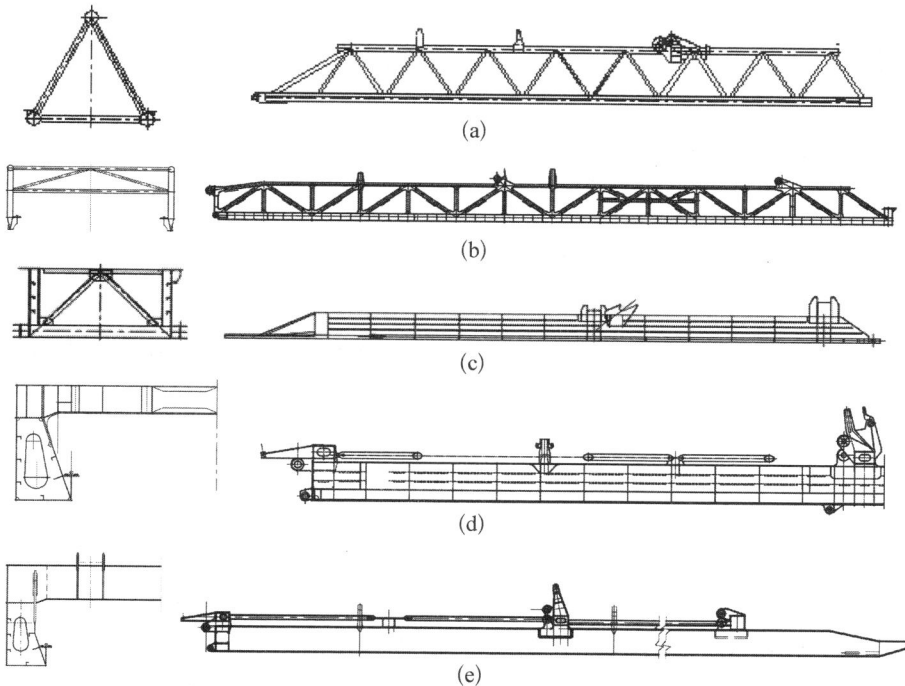

(a)

(b)

(c)

(d)

(e)

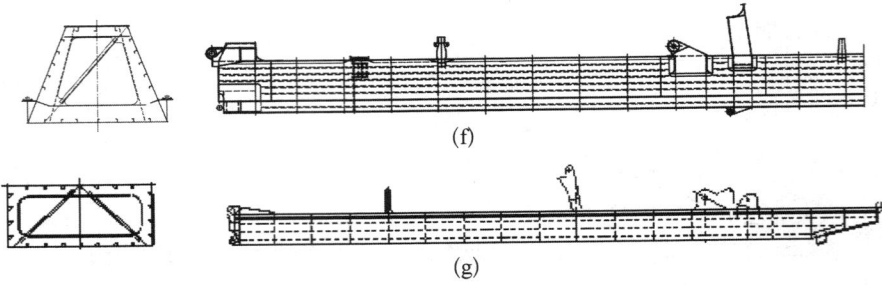

图 10 - 44   大梁结构形式

2）门架系统

门架系统是岸边集装箱起重机的主要构件，岸桥大梁支承在门架上。门架系统由立柱、上横梁、下横梁、梯形架、联系横梁、撑杆组和后撑杆等几部分组成。其中，梯形架包括海侧梯形架、陆侧梯形架，也可无陆侧梯形架。撑杆组由斜撑杆、水平撑杆和 V 形撑杆组成。图 10 - 45 为常见的门架形式。

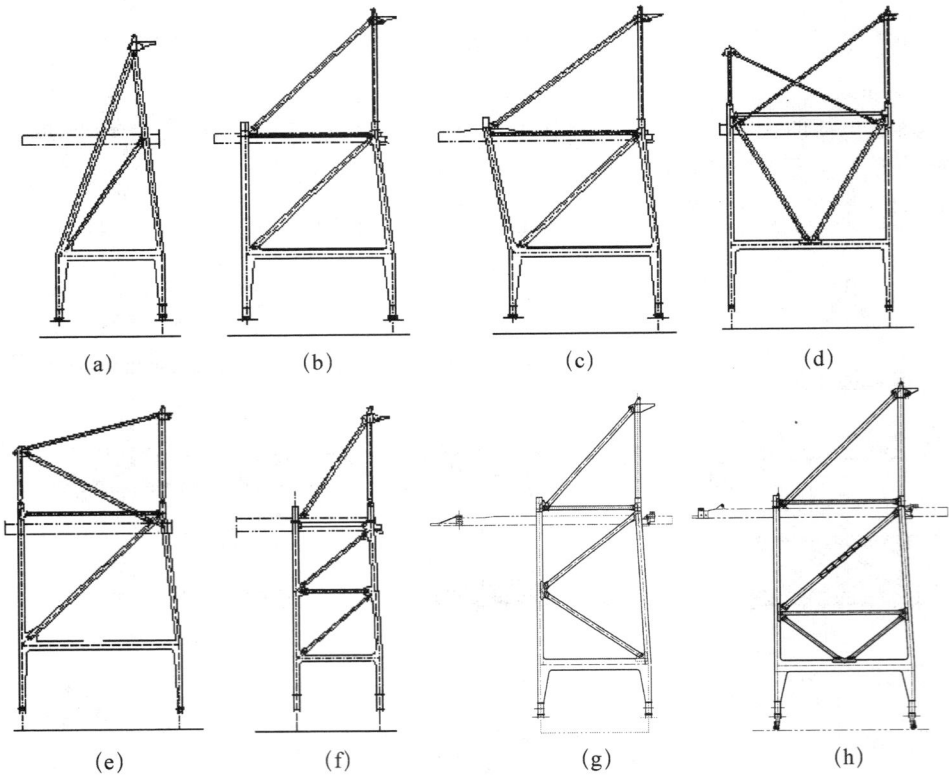

图 10 - 45   门架结构形式

3）拉杆系统

拉杆系统包括前大拉杆、前中拉杆、尾拉杆和拉杆铰系统。前拉杆为适应前大梁俯仰采用铰接方式，采用圆管、箱形或 H 形结构，为多杆件串联式，如图 10 - 46 所示。

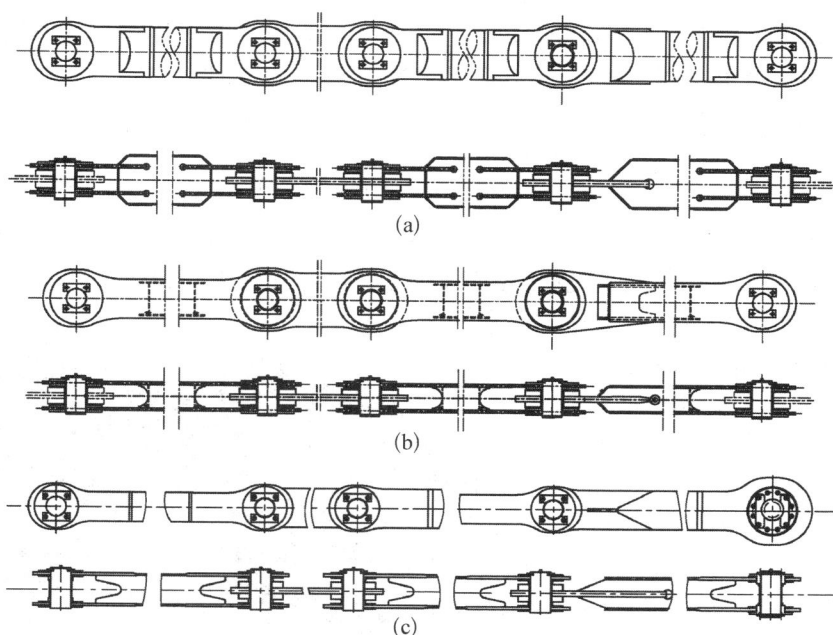

图 10 - 46　前拉杆结构
(a) 圆管结构拉杆；(b) 箱形结构拉杆；(c) H 形结构拉杆

10.3　集装箱门式起重机

10.3.1　集装箱门式起重机的类型

集装箱运量的日益增长对集装箱堆场的装卸效率要求越来越高,这就要求装卸工艺系统能合理使用堆场和提高装卸车装卸效率,扩大堆场的通过能力。轮胎式集装箱门式起重机(简称轮胎吊,RTG)和轨道式集装箱门式起重机(简称轨道吊,RMG)是当前大型集装箱码头堆场采用的两种主要机型。

1) 轮胎式集装箱门式起重机

轮胎式集装箱门式起重机(见图 10 - 47)的优点是:可有效利用堆场,堆场建设费用相对较低,设备操作相对简单,设备维修和管理技术成熟。可采用直线行走自动控制装置实现行走轨迹自动控制,较易实现堆场作业自动化。其缺点是:采用内燃机动力系统,设备维修量及能源消耗较大,对环境的污染较大。通过市政供电代替柴油发电机组(油改电),是现阶段大型集装箱码头节能减排的重要措施之一。

图 10 - 47　轮胎式集装箱门式起重机

其典型参数如下：跨距为 23.47 m 或 26.5 m，分别适应 6 列或 7 列集装箱加 l 车道的堆场布置方式；起升高度为 15.24 m，18.14 m 或 21.04 m，分别适应"堆 4 过 5"、"堆 5 过 6"或"堆 6 过 7"的作业要求；吊具下额定起重量通常为 40.5 t，也有 50 t 或 60 t；空载起升速度为 40～55 m/min，满载起升速度为 20～26 m/min；小车运行速度为 70 m/min；大车运行速度满载时为 30～50 m/min，空载时为 90～150 m/min。

车架支承在 4 轮、8 轮或 16 轮的大型无内胎轮胎上。为防止场桥之间以及场桥与集装箱之间的相互碰撞，设有手动纠偏系统以及大车四角防碰装置。安全设施方面，设有超负荷保护、柴油机超速保护、水温过高和机油压力过低等讯号装置、风速指示仪、防台风锚定装置、紧停按钮以及各机构限位开关和信号指示等。

2）轨道式集装箱门式起重机

轨道式集装箱门式起重机（见图 10-48）的优点是：机械结构相对简单、较易维修、作业可靠，电力驱动、污染小，易于实现作业自动化。其缺点是：由于只能沿轨道运行，作业范围受限制，机动性差。图 10-49 为高效集装箱全自动化码头装卸系统，装卸集卡与堆存箱分别由高型轨道吊（DRMG）和矮型轨道吊（CRMG）通过地面固定台座进行中转接力完成。

图 10-48　轨道式集装箱门式起重机

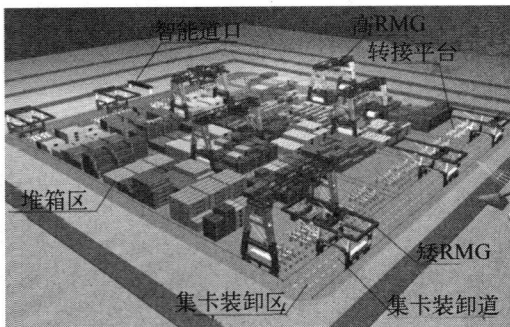

图 10-49　高效集装箱全自动化码头装卸系统

其典型参数如下：轨距大多在 25～50 m 之间，工作外伸距一般不超过 10 m；吊具下额定起重量多为 30.5～42 t；满载起升速度为 23～40 m/min，空载起升速度为 46～80 m/min；小车运行速度为 60～100 m/min；大车运行速度为 50～120 m/min。

3）RTG 与 RMG 作业方式的选择

堆场作业工艺方式和设备的选择须根据码头通过能力、集疏运方式、码头陆域面积、工艺布置形式、技术先进性、环境保护性、安全可靠性、投资成本和营运成本等因素综合考虑。RTG 与 RMG 虽然各有优缺点，但随着技术的进步，这些缺点在不断改善。港口在选择作业方式时，既不能盲目求新，也不可过于追求节省初期投资而忽略了整个码头的长远发展，而应综合考虑各码头的现状，秉承实事求是的态度合理选择。

10.3.2　设计参数和理论生产率

1) 主要设计参数

通常在门式起重机性能参数表中列出的主要参数有：起升高度、额定起重量、跨距、基距、大车轮数、大车轮跨、大车运行速度(满载/空载)、起升速度(满载/空载)、小车速度、装机总功率等。

(1) 起升高度 H。集装箱吊具旋锁底平面离地的最大垂直距离。它取决于起重机门架下所堆放的集装箱的层数和高度。

(2) 堆垛集装箱层数。起重机能堆垛的集装箱最高层数。

(3) 通过集装箱层数。起重机吊具下吊有集装箱时，能通过的集装箱最高层数。

(4) 跨距 L。指起重机两侧门腿的支承行走轮中心线之间的距离。对轮胎式门式起重机，为两门腿支承轮胎宽度中心线之间的水平距离。

(5) 基距 B。是指门式起重机一侧门腿大车平衡梁销轴之间的距离。它由鞍梁上机构的布置及整机稳定性等因素决定。

2) 理论生产率的计算

理论生产率计算的典型作业过程为：从集卡上取得集装箱，满载上升到堆箱高度；小车运行到落箱位置，满载下降到落箱高度，落箱；吊具空载上升，小车回到取箱位置；空载下降到取箱高度。若对集卡进行装卸作业，考虑底盘的高度为 1.5 m。必须注意，对于不同的作业层，吊具上升、下降的距离是不同的。

在计算典型工况的作业循环时间时，通常认为：每一动作的加速、运行和减速，都是以其机构设计允许的最大值进行的；忽略只要集装箱一让开障碍物，起升和小车就能联动的事实；还须考虑一些细节所消耗的作业时间，如：

(1) 集装箱下降到距落箱面 1 m 左右停止对位，再下降到落箱面。

(2) 锁紧或松开旋锁时允许 2 s 的停机时间。

(3) 大车位置的调整等因素。

综合考虑后，获得集装箱门式起重机作业过程中吊具、小车不同作业过程的平均移动距离。其工作循环路线如图 10-50 所示。

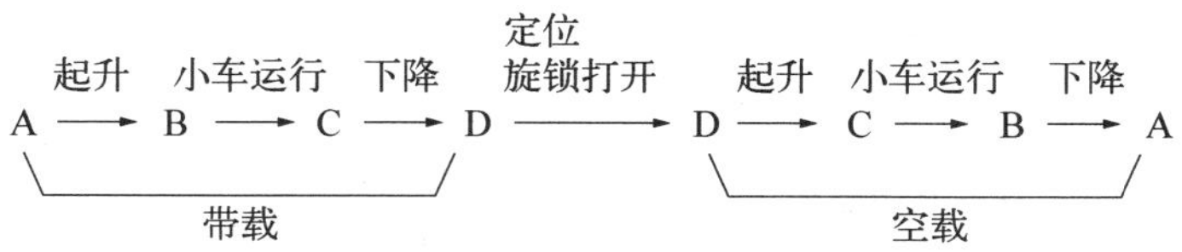

图 10-50　工作循环图

理论生产率 A_n 是以每小时的起吊箱量计，见式(10-1)。决定 A_n 的因素很多，除了与各机构的起、制动加速度，运行速度有关外，还与装卸位置、司机视线条件和司机操作水平有关。

10.3.3　机构设计

1) 起升机构

轨道式、轮胎式集装箱门式起重机的起升机构是相同的。一般为钢丝绳单卷筒形式(见图 10-51)，亦可根据需要设计成钢丝绳双卷筒形式(见图 10-52)。

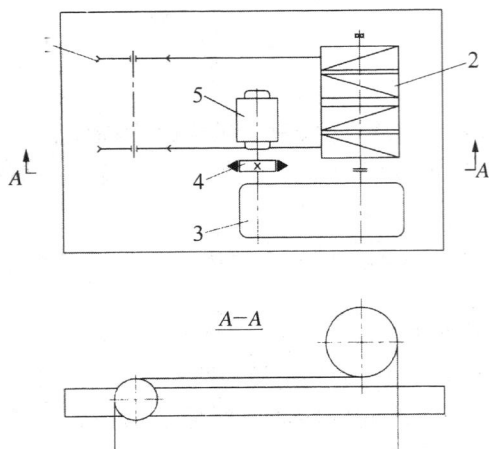

图 10-51　单卷筒式起升机构
1—滑轮；2—卷筒；3—减速器；4—制动器；5—电动机

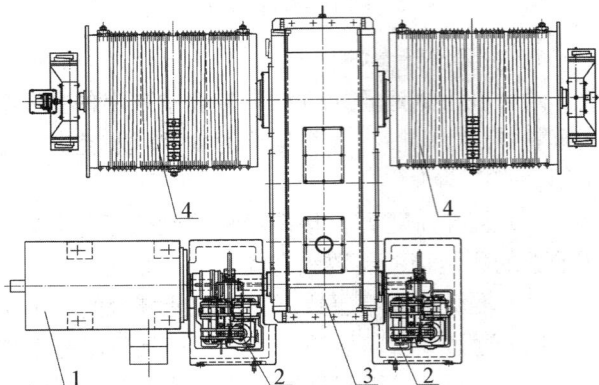

图 10-52　双卷筒式起升机构
1—电动机；2—制动器；3—减速器；4—双联卷筒

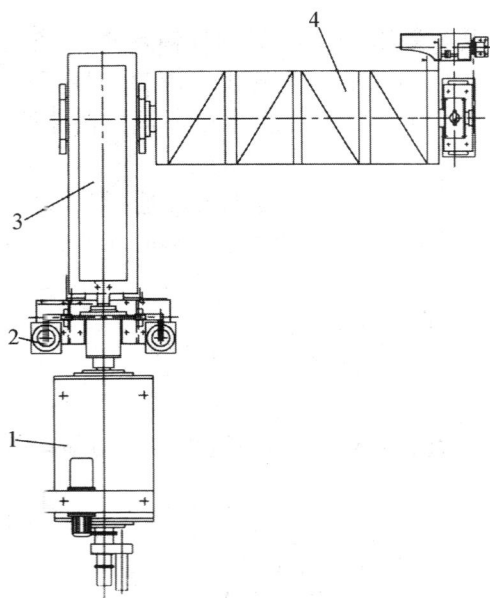

图 10-53　起升机构垂直式布置方式
1—电动机；2—制动器；3—减速器；4—卷筒

起升机构的布置形式有平行式（见图 10-51 和图 10-52）和垂直式（见图 10-53）两种。目前较多使用平行式布置方式，若制动器布置在电动机侧，结构紧凑，但调整较为困难；若制动器设在减速器另一侧，则调整维护较方便。

起升机构的钢丝绳有交叉式和非交叉式两种绕绳方式，其中交叉式绕绳因绕绳复杂且不利于吊具防摇，不再使用。下面介绍 3 种非交叉式绕绳方式。

（1）水平滑轮式（见图 10-54(a)）。

水平滑轮式布置使钢丝绳对卷筒以及下引钢丝绳与吊具上架滑轮之间的钢丝绳偏角很小，钢丝绳不易脱槽。但由于下引滑轮间距较小，使钢丝绳下引斜度小，不利于吊具防摇。

（2）摆动滑轮式（见图 10-54(b)）。

将下引滑轮做成摆动滑轮的方式，可以减少下引绳与滑轮的偏角，同时也减少了卷筒与滑轮间的偏角，对加大下引绳斜度非常有利。

（3）固定滑轮式。

前引绳采用卷筒中部两绳，卷筒下部滑轮移到中部，该种布置结构紧凑，但下引绳斜度较小，不利于防摇。

2）小车运行机构

小车驱动分为齿条驱动式和车轮驱动式两种。

（1）车轮驱动式（见图 10-55）。

小车运行机构为车轮驱动式，车轮借摩擦力驱动，传动平稳，但在起、制动过猛或雨天时会

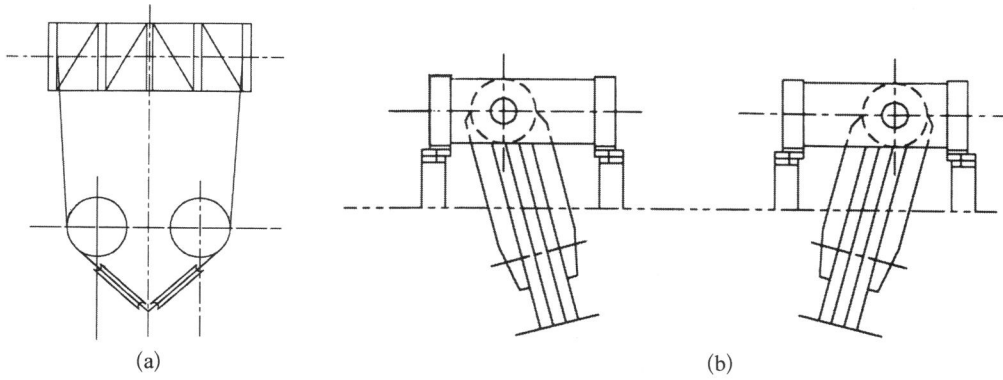

图 10 - 54　钢丝绳绕绳方式

（a）水平滑轮式；（b）摆动滑轮式

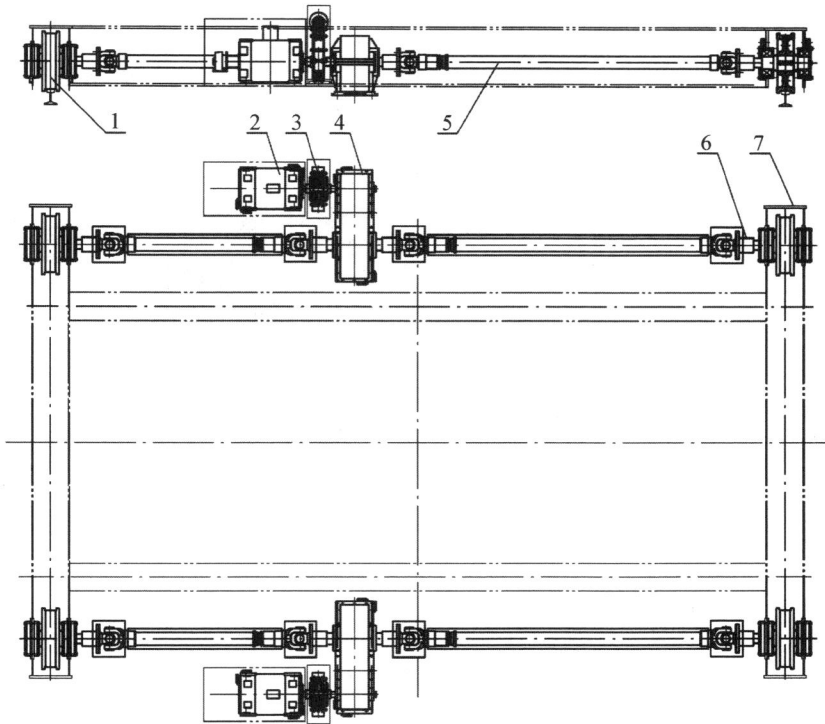

图 10 - 55　车轮驱动式小车运行机构

1—车轮；2—电动机；3—齿式联轴器；4—减速器；5—万向联轴器；6—半齿联轴器；7—车架

出现打滑现象,采用四轮全驱动的小车,基本消除了打滑现象。传动系统为电动机带动减速器,减速器输出端经过浮动轴驱动两端车轮。

根据所用车轮类型的不同,小车导向方式分两种,一种为双轮缘导向(见图 10 - 56(a));另一种为一侧轨道的两侧布置水平轮(见图 10 - 56(b)),水平轮导向可防止产生啃轨现象,提高工作可靠性。

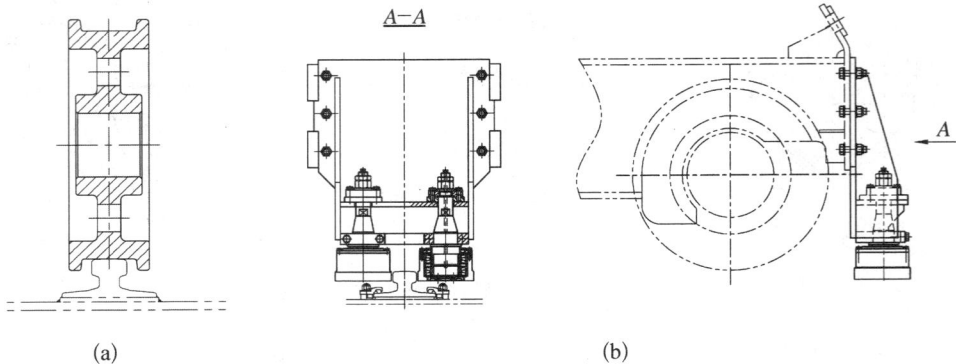

(a)　　　　　　　　　　　　　　　　　　(b)

图 10 - 56　导向装置的形式
(a) 双轮缘导向方式;(b) 两侧布置水平轮的导向方式

(2) 齿条驱动式(见图 10 - 57)。

电动机通过减速器带动左、右两根长轴。长轴上悬臂齿轮与两侧齿条啮合转动。每段齿条通过垫块焊于大梁上(见图 10 - 58)。齿条转动可靠,不会打滑,行走定位准确。但起、制动有些冲击,且齿条安装要求较高,须保证全行程啮合良好。

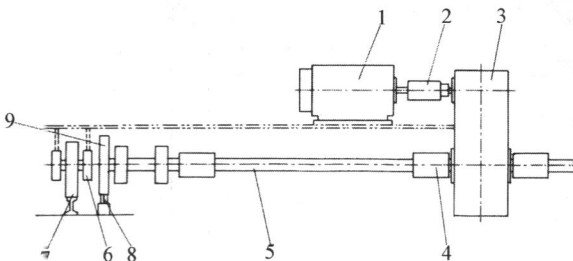

图 10 - 57　齿条驱动式小车运行机构
1—电动机;2—联轴器;3—减速器;4—联轴器;
5—浮动轴;6—轴承座;7—车轮;8—齿条;9—齿轮

图 10 - 58　齿条在门式起重机大梁上的安装

3) 有轨式大车运行机构

有轨式大车运行机构的构造和形式与其他各类起重机相似。如采用开式齿轮驱动台车,则由直流或交流电动机、齿轮联轴器、制动器、中硬齿面减速器、开式齿轮、车轮和车轮支承组成;如采用封闭性传动,则将减速器输出轴直接与车轮轴连接,直接传动,但减速器传动比将稍大。由于大车运行速度较快,为防止起、制动时车轮打滑,除尽可能选用调速性能好的晶闸管直流调压调速、交流变频调速、交流定子调速等电气控制系统外,还须对驱动车轮的黏着力及起、制动时间作适当的计算和选择。

由于受安装场地或自然条件的限制或由于使用、维修和管理的需要,有轨运行机构有时需要转向或在曲线弯道上运行。

若起重机在直线轨道上须由纵向运行改为横向运行,可采用地面转盘结构方案,或采用台车组能绕支点中心的垂直轴线回转且在转向处 4 个支点的地面上设有轨道转盘的结构方案(见图 10 - 59)。利用该方案进行转向时,亦可采用 4 个大型千斤顶来替代地面转盘,用千斤顶将整机抬起后,将台车组回转 90°。

起重机也可通过直线与圆弧过渡段的拐弯运行(见图 10 - 60)。拐弯半径受圆柱双轮缘车轮与轨顶侧面相接触的极限条件及同侧两支点顺利通过圆弧轨道的条件限制。为防止脱轨,应合理设计圆弧轨道的最小曲率半径 R。

4) 无轨式大车运行机构

采用柴油机-电动驱动方式的轮胎吊,大车运行机构一般由两台电动机分别通过减速器、小链轮、滚子链条和大链轮驱动起重机两侧车轮中的一个车轮行走。

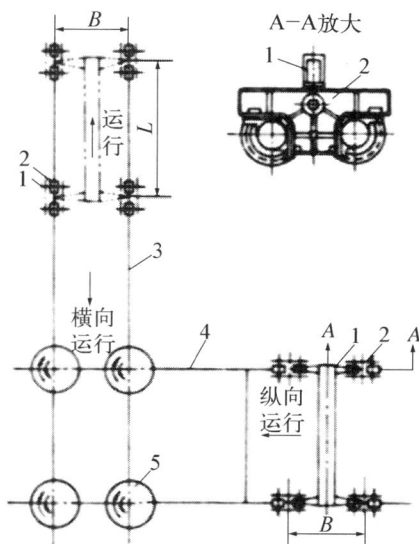

图 10 - 59 有轨运行台车组的垂直转向简图(4 转盘)
1—垂直轴;2—台车架;3—横向运行轨道;4—纵向运行轨道;5—转盘

大链轮固定在车轮轴上,车轮随大链轮一同转动。轮胎吊的行走方向随电动机的回转方向而变化。此外,在大车运行机构中还装有保证起重机直线行走、90°直角转向和定轴转向的装置,详见第 7 章无轨运行机构的相关内容。

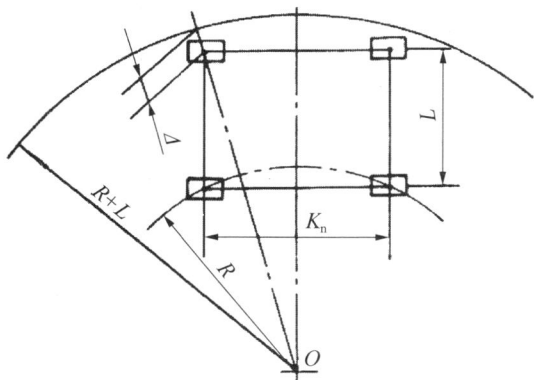

图 10 - 60 有轨运行的曲线弯道示意图

5) 回转和防摇装置

(1) 回转装置。

集装箱卡车在运行停车时有可能偏斜,所以须设置平面回转装置。对于钢丝绳卷筒式起升机构,平面回转装置可由钢丝绳、滑轮组、钢丝绳连接接头和铰点、摇臂及支座、推杆等组成。推杆有螺杆和油缸两种类型。当采用油缸作为推杆时,还须配置液压控制系统。

常用的平面回转绕绳方法有两种,如图 10 - 61 所示。图 10 - 61(a)中,由于吊具一侧两根钢丝绳绕经滑轮后连接在摇杆的同一接点上,钢丝绳作用力相互平衡,因此做回转运动时推杆(或油缸)功率较小,但回转时对角线上绳的长度不一样,吊具回转时将会出现不均衡。图 10 - 61(b)中,因吊具对角线两根绳绕经滑轮后连接在推杆铰点的上下接点上,推杆推动时,对角线滑轮将提升和下降,所以推杆(或油缸)所需功率较大。

(2) 防摇装置。

起重机常用的防摇装置分为机械式、液压式和电子式 3 类。机械式是指利用机械原理防

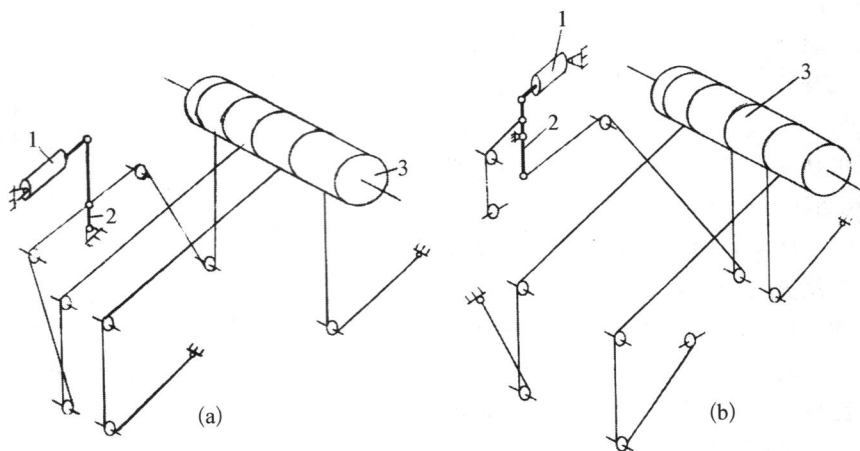

图 10-61 吊具平面回转绕绳图
1—推杆；2—摇杆；3—起升卷筒

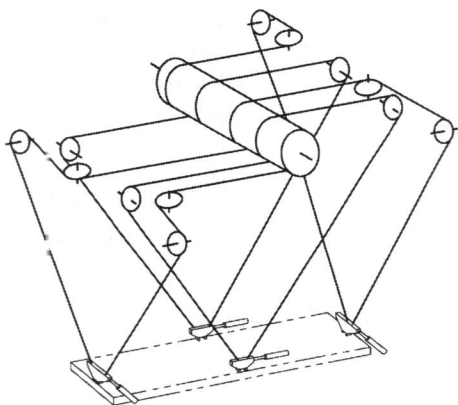

图 10-62 八绳防摇装置

摇或减摇，分刚性和挠性两大类，有刚性导筒制动（刚性）、分离小车（挠性）和八字绳系（挠性）3 种；液压式是指用液压油缸推动滑轮组的防摇系统；电子式是指完全依靠电气自动控制原理的防摇系统。

（A）八绳防摇系统。

机械式的八绳防摇系统由起升卷筒、滑轮和 8 根起升钢丝绳组成。8 根钢丝绳的 8 个绳头分别用钢丝绳压板和螺丝连接固定在卷筒上，钢丝绳的另 8 个绳头各自绕过小车上的滑轮后，每 2 个绳头一组，用花篮螺丝斜向相交连接在特制的吊具上架四边的中点处，分别组成 4 个相等的等腰三角形（倒三角），如图 10-62 所示。由于该防摇系统能同时在大车、小车方向双向防摇，且其钢丝绳张力中心接近载荷中心，防摇效果可靠有效，在集装箱门式起重机上得到了广泛的应用。

（B）液压缸式防摇装置。

液压缸式防摇装置主要由液压泵站、防摇液压缸、防摇钢丝绳及钢丝绳缠绕卷筒等组成，如图 10-63 所示。

防摇钢丝绳交叉绕过小车上的滑轮、吊具上的滑轮和防摇液压缸头部的滑轮后固定在吊具上，防摇卷筒通过链传动与起升卷筒同步旋转。当吊具摆动时，由交叉连接的防摇钢丝绳及液压系统的作用，使得吊具摆动衰减。

当吊具初始向右方摆动时，绳 a 和绳 b 的拉力增大，而绳 c 和绳 d 松弛。此时，A，B 两液压缸的活塞杆向有杆腔侧伸出，使得有杆腔压力升高；当压力达到溢流阀的规定压力时，溢流阀打开，压力油经溢流阀回到油箱。C，D 两液压缸在液压系统油压的作用下，活塞杆向无杆腔侧回缩，使绳 c、绳 d 张紧。在吊具摆动过程中，不断有压力油从溢流阀溢出，从而将吊具摆动的能量转化为液压油的热能，达到防摇的目的。

（C）电子防摇装置。

电子防摇装置是一种主动防摇方式,它能将防摇和小车的运行控制结合起来考虑,不单纯依赖于司机的操作经验,能够有效地抑制集装箱的偏摆,大大提高集装箱起重机运输及装卸效率,同时作业安全可靠性也得到了更好的保证。

目前所采用的电子防摇控制方法可概括为两种。一种是通过附加安装各种光电或角度传感器,即在起重机运行小车架下安装一个发射装置(有的用激光发射器,有的用一摄像头)和一个接收装置,同时在吊具上架安装一个反射器。当吊具前后摆动时,接收装置可检测到吊具前后摆动的角度,将反馈信息传送至计算机,经处理后发送控制信息控制小车的运行方向和速度大小,将吊重偏摆竖直方向的角度限制到最小,达到防摇的目的。另一种是全电子防摇,它把小车的加速分成两个阶段,第一阶段加速到一般速度后,保持这个速度匀速运行一段时间,为的是等吊具的摆动跟上这个速度,然后再进行第二阶段加速,直至达到最高转速,此时吊具也能跟上这个速度了。停止也分为两个阶段,先减到一般速度,保持一段时间让吊具的速度也慢下来,然后再进行第二阶段的减速,跟着吊具的摆动直至速度为零。这种方法的突出特点是不需要任

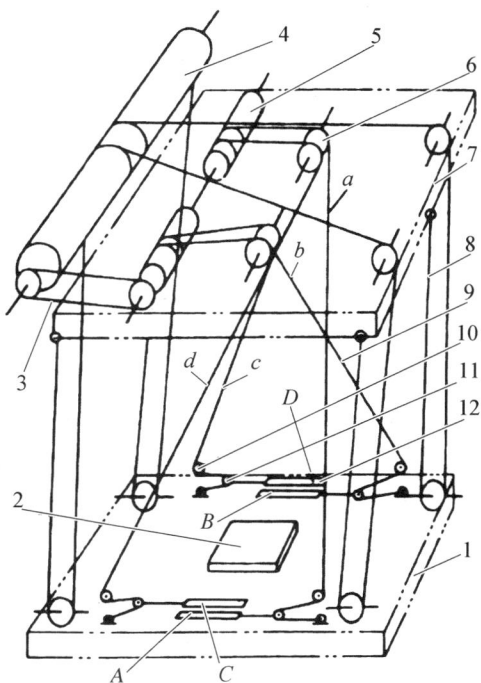

图 10 - 63　液压缸式防摇装置

1—吊具;2—液压泵站;3—链传动装置;4—起升卷筒;
5—防摇钢丝绳缠绕卷筒;6,10—定滑轮;7—小车架;
8—起升钢丝绳;9—防摇钢丝绳;
11—动滑轮;12—防摇液压缸

何附加硬件设备就能实现吊重偏摆的控制,且故障率很低。但是它需要建立一个复杂的数学模型,实现起来有较大的难度而且对运行过程中发生的突发事件(主要是外界干扰的影响,如港口风力、风向等)并不能有很好的应对措施。

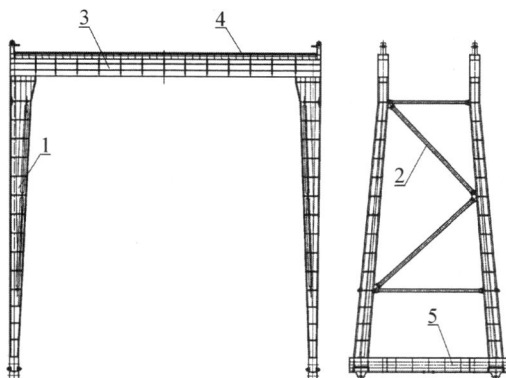

图 10 - 64　门式起重机金属结构组成

1—门腿;2—撑杆;3—大梁;4—轨道;5—鞍梁

10.3.4　金属结构

常见的门式集装箱起重机结构如图 10 - 64 所示,由大梁和门架系统组成。

1) 大梁

大梁用以支承载重小车,其上铺设小车运行轨道,并且通过门腿将移动载荷的作用力传递到基础。就总体结构而言,大梁的形式主要有桁架式、梁式两种。按截面形式分为三角形桁架截面(见图 10 - 65(a))、双三角形桁架截面(见图 10 - 65(b))和双箱型梁截面(见图 10 - 65(d)和(c))等。对不同形式的大梁,载重小车的两根轨道可铺设在两个主桁架的上/下弦杆或两个箱型梁的主腹板上。

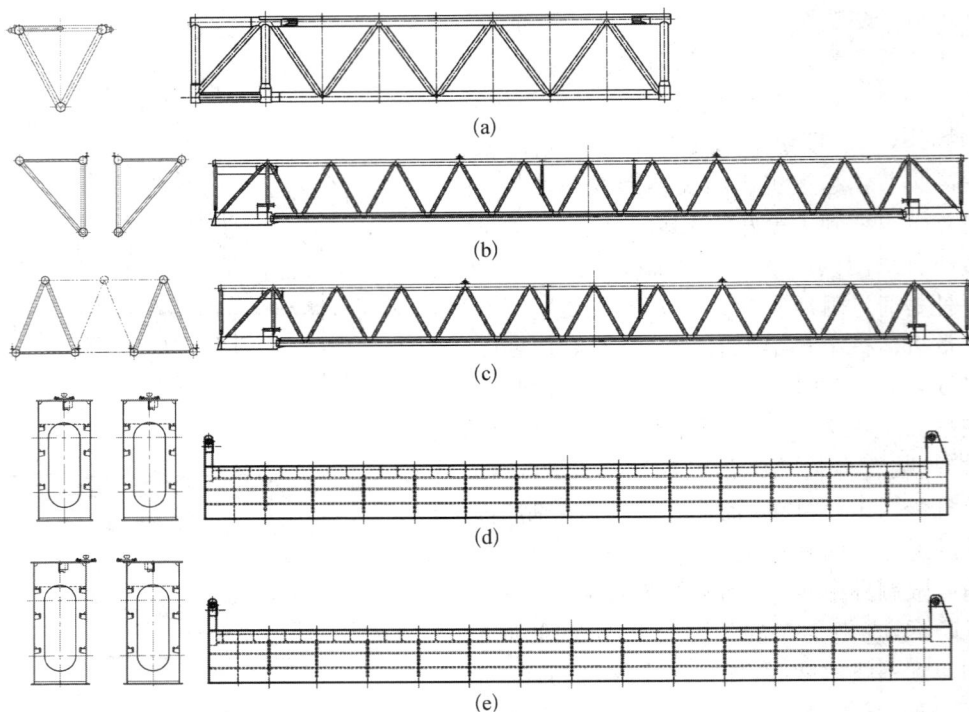

图 10-65 大梁结构形式

2) 门架系统

门架系统是门式集装箱起重机的主要构件。门架系统包括门腿、门架撑杆组（斜撑杆和水平撑杆）和鞍梁。常见的门架形式如图 10-66 所示。

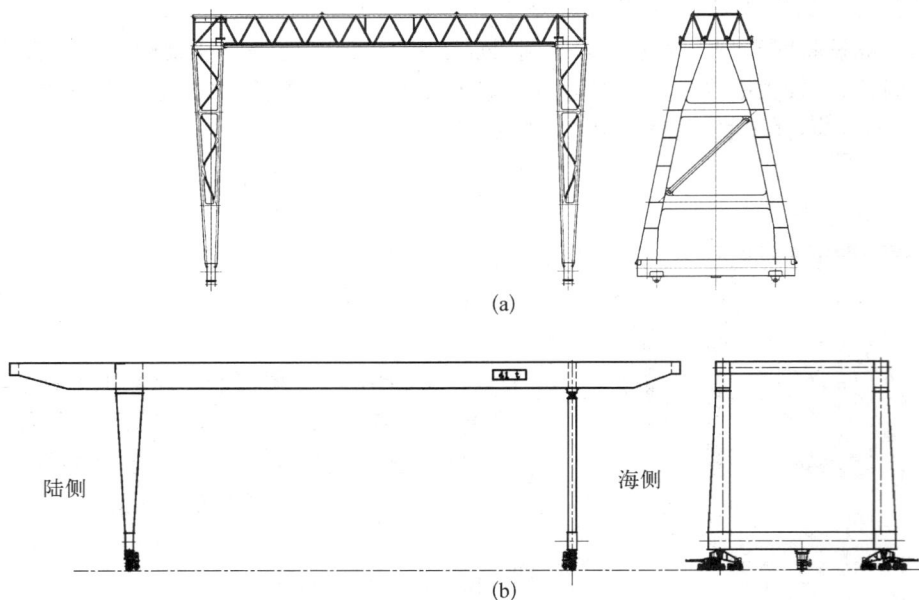

(a)

陆侧　　　　海侧

(b)

图 10-66　板梁式带有悬臂端的门架形式
（a）桁架式；（b）门架形式

门腿与大梁的连接方式可分为两个刚性门腿(见图
10-66(a))、一个刚性门腿与一个柔性门腿(见图 10-
66(b)和图 10-67)两种结构形式。前者整体刚性较
好,结构对称;既能承受起重机横向水平载荷,又能承受
起重机的纵向水平载荷;主要用于无轨运行或跨度较小
的有轨运行门式起重机。后者自重较轻;可补偿跨度误
差,以防因温度变化或偏斜运行而产生卡轨现象;主要
用于有轨运行的门式起重机。

10.4　桥式抓斗卸船机

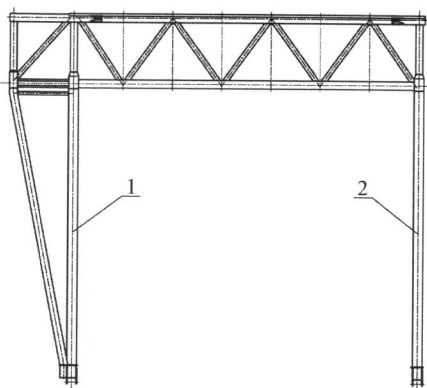

图 10-67　一个刚性与一个柔性
门腿连接方式
1—刚性门腿;2—柔性门腿

10.4.1　概述

桥式抓斗卸船机(见图 10-68)是一种用于港口散货船装卸的专用设备,具有技术成熟可
靠、机动灵活、作业受波浪影响小等特点,是目前世界上应用最普遍的散货卸船机械之一。

图 10-68　桥式抓斗卸船机

在外形上,桥式抓斗卸船机与岸边集装
箱起重机相似,但其索具为抓斗。抓斗由起
升绳(或称支持绳)和闭合绳悬挂于运行小车
的下方,运行小车沿大梁上的轨道往复运行,
实现抓斗的水平移动。与臂架型的门座起重
机相比,抓斗以平面运动取代了空间运动,在
运动简化的基础上大大提高了抓斗起升与闭
合的工作速度,有利于设备向大型化、高效化
的方向发展。

2009 年 4 月大连重工·起重集团为日本
新日铁钢铁公司大分制造所制造的 3 000 t/h
的抓斗自行式卸船机,机架高度 70 m、最大外
伸距 70 m、自重 2 700 t,是目前世界上最大的抓斗自行式卸船机;2011 年上海振华重工有限
公司为青岛港董家口制造的 3 500 t/h 桥式抓斗卸船机正式投入使用,其最大外伸距 53 m,最
大后伸距 31 m,轨上起升高度 28 m,轨下起升高度 32 m,抓斗起重量 80 t,是目前世界上卸船
能力最大的机械差动四卷筒桥式抓斗卸船机。

10.4.2　类型

根据不同的作业条件和环境要求,目前港口出现了多种形式的桥式抓斗卸船机。从总体
上看,按小车的运行方式可分为自行式和牵引式两种类型。

自行小车式桥式抓斗卸船机的优点是起升绳磨损小、小车运行平稳、安全可靠、便于维修
保养。其缺点是自重大、轮压大,码头的投资也相应增加,在这种情况下出现了牵引小车式桥
式卸船机。

牵引小车式桥式抓斗卸船机的运行小车的驱动装置安装在固定的机房内,把自行式小车

中移动质量的大部分转变为固定质量,减轻了小车运行部分的质量,对整机性能有很大的改善。小车运行钢丝绳的缠绕方式如图 10 - 69 所示。

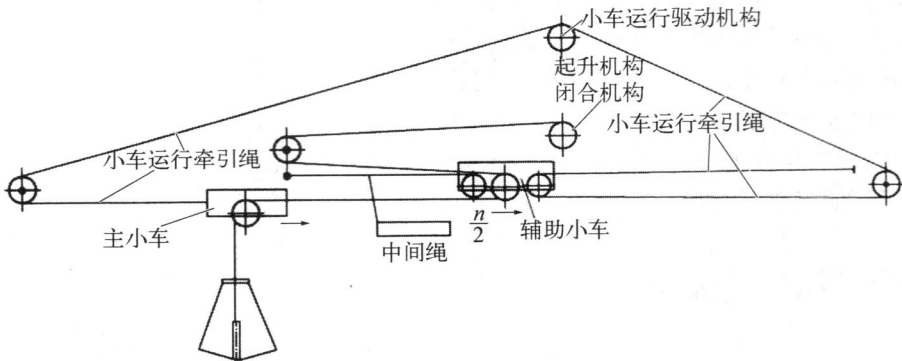

图 10 - 69　牵引小车式的起升绳卷绕系统

图 10 - 69 中牵引式小车系统由一个主小车和一个中间辅助小车组成。在小车运行过程中,当主小车移动一段距离 S 后,中间辅助小车向主小车的移动方向运行 S/2 距离,这样就保证了在抓斗起升机构不工作时,抓斗在小车水平运行过程中保持在同一高度,即抓斗不因小车的水平运行而升降。

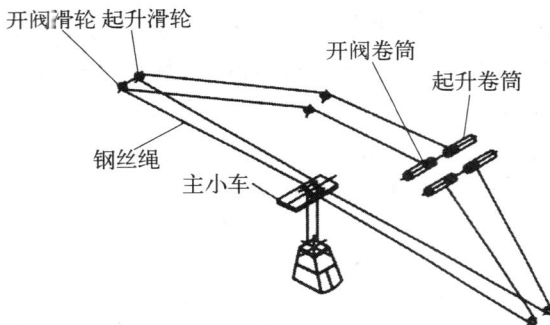

图 10 - 70　四卷筒牵引小车钢丝绳缠绕系统

目前,在许多桥式抓斗卸船机上采用四卷筒牵引小车形式,即在差动行星减速器的差动作用下,将抓斗开闭、起升和小车运行机构结合到一起,取消了钢丝绳的张紧装置,使钢丝绳缠绕系统更加简单,减少了维护保养工作量。四卷筒牵引小车钢丝绳的缠绕方式如图 10 - 70 所示。其工作原理是:当两个开闭卷筒反向旋转而两个起升卷筒不动时,实现抓斗开闭;当开闭卷筒与起升卷筒同时反方向旋转时,实现抓斗升降;当开闭卷筒与起升卷筒均向同方向旋转时,小车左右运行。

由于卸船作业中桥式抓斗卸船机的抓斗只能沿垂直于岸壁的小车轨道运行,无法抓取船舱甲板下的物料,使清舱工作量大为增加,因此要求抓斗能回转 90°。这种形式的小车与前述的小车并无本质区别,仅钢丝绳的缠绕方法有所变化(见图 10 - 71)。主小车上的起升及开闭钢丝绳的支承滑轮可相对移动,抓斗的回转依靠滑轮支承架的相对移动来实现。

桥式抓斗卸船机与带斗门座起重机一样,有接卸、输送和回收物料以及防尘和除铁等系统,有的还设有计量系统。在设计桥式抓斗卸船机时还应注意配备用于吊运清舱机械的装置,并且要充分考虑放置清舱机的机下码头面位置以及足以吊运清舱机下舱的空间高度和更换抓斗的机下码头面的作业空间。

在突堤式码头上,根据装卸工艺需要,在码头上除设有多条水平输送机外,往往在卸船机尾部还设有装船机。这是一种直卸直装的系统,有利于卸船码头及其设备的综合利用,是一种特殊的工艺流程。

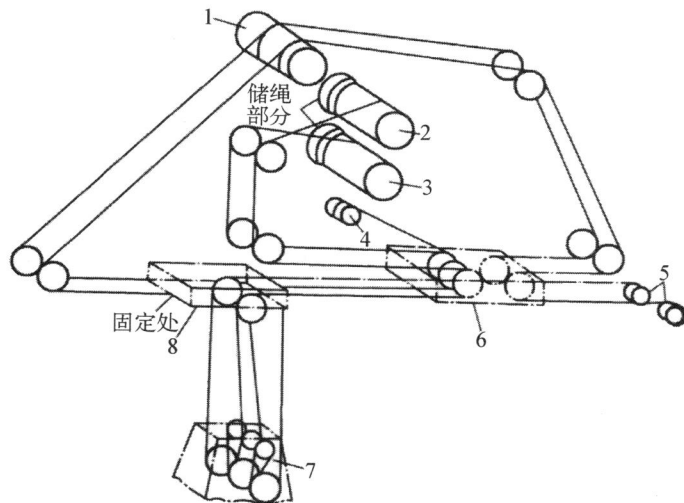

图 10-71　抓斗能回转 90°的牵引小车式起升绳卷绕系统
1—小车移动卷筒；2—支持绳卷筒；3—开闭绳卷筒；
4，5—张紧卷筒；6—移动小车；7—抓斗；8—主小车

10.4.3　机构设计

桥式抓斗卸船机的小车运行机构、大车运行机构和前大梁俯仰机构与岸边集装箱起重机相同，下面简单介绍特殊的机构和装置。

1) 起升机构

桥式抓斗卸船机的取物装置——抓斗的升降和开闭由抓斗的起升机构和开闭机构来实现，它是桥式抓斗卸船机的主要工作机构之一。

图 10-72(a)为自行小车式桥式抓斗卸船机抓斗起升与开闭机构的典型布置方案图；图 10-72(b)为牵引小车式桥式抓斗卸船机抓斗起升与开闭机构典型布置方案简图。

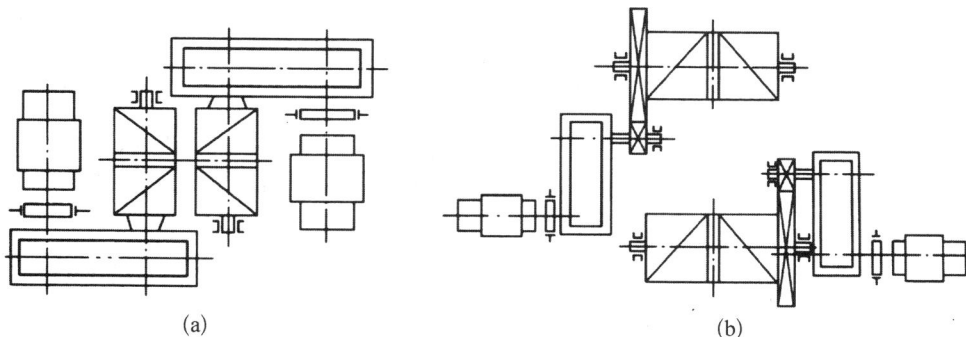

(a)　　　　　　　　　　　　(b)

图 10-72　电力分别驱动的抓斗起升机构传动简图

2) 物料输送系统

桥式抓斗卸船机在机上漏斗与后方地面固定式胶带输送机之间须安装一台或几台长度较短的胶带输送机，把抓斗卸入漏斗的物料均匀地输送到后方。胶带输送机固定在桥架上，随整机一起移动，以满足在不同作业地点卸料的要求。

胶带输送机的基本布置形式有 3 种：水平形式(见图 10-73)、倾斜形式(见图 10-74)和带弧段形式(见图 10-75)。

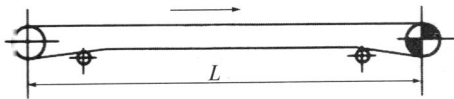

图 10-73 水平输送机

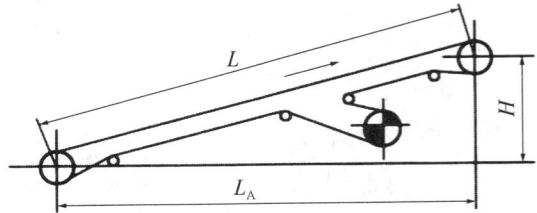

图 10-74 倾斜输送机

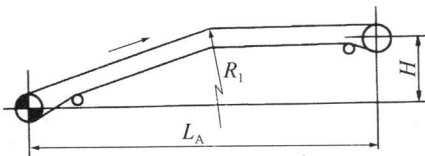

(a)

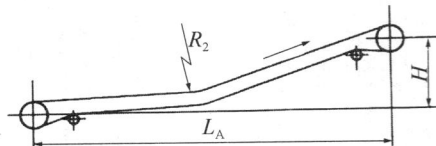

(b)

图 10-75 带弧输送机

(a) 带凸弧段；(b) 带凹弧段

机上胶带输送机布置形式与漏斗位置有很大关系。当漏斗安放在靠近前侧的支架上时，在丙侧桥架中间应留出一定空间，便于不工作时抓斗着地和小车上设备维修。图 10-76 为漏斗与接料输送机部分的放大示意图，从图中可看到：从漏斗卸下的物料先通过一条横向胶带输送机 4 输送到侧边支架处，再由安装在侧边的倾斜输送机 5 把物料输送到后方。当漏斗安放在桥架后侧时(见图 10-77)，可用一条倾斜式胶带输送机直接把物料从漏斗输送到后方输送机上。为了保证物料在胶带上不下滑，输送机倾角须限制在某一范围内；当地面输送机较高时，若输送机倾角选得过小，势必会提高漏斗位置，从而增加了抓斗的起升高度，影响

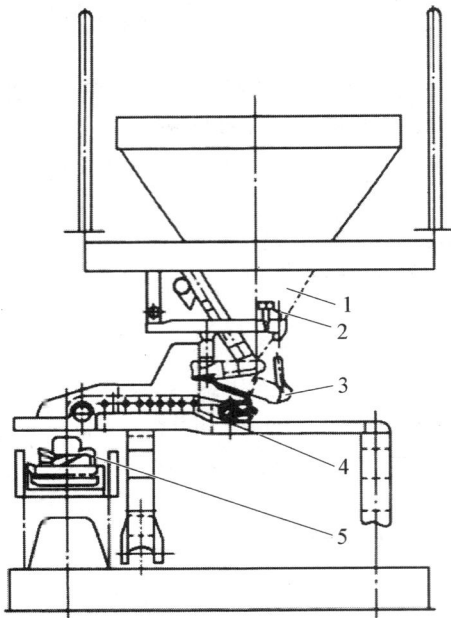

图 10-76 漏斗及胶带输送机

1—漏斗；2—负荷传感器；3—喂料器；
4—横向胶带输送机；5—倾斜胶带输送机

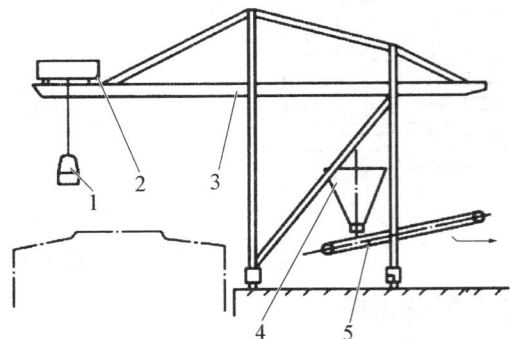

图 10-77 抓斗卸船机外形简图

1—抓斗；2—小车；3—主梁；4—漏斗；
5—倾斜胶带输送机

抓斗卸船机总体布置和起升机构电动机功率消耗增大等。因此要根据总体要求,合理确定胶带输送机倾角。

为减轻物料对胶带的磨损,提高生产率,便于布置装料及卸料装置,装料点和卸料点最好布置在输送机水平区段内。

中小型抓斗卸船机的机上胶带输送机主要采用普通织物芯胶带。这类输送机国内已形成标准,即 TD - 75 型。

3) 保护装置

(1) 永磁除铁器与金属探测器。

(A) 永磁除铁器。

永磁除铁器用来消除被输送物料中的铁件,保护整个输送机械化系统的安全运行。常用类型如图 10 - 78 所示。

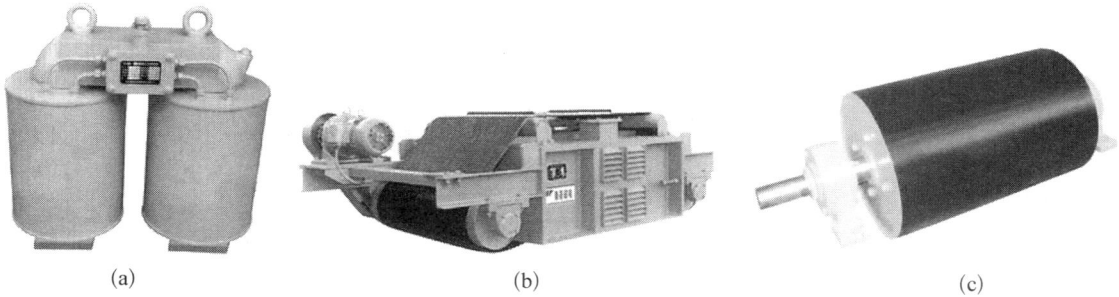

图 10 - 78 永磁除铁器

(a) 悬挂式 CF 系列(CF - 90 型);(b) 悬挂式 HCD 系列;(c) 滚筒式永磁除铁器

悬挂式电磁除铁器一般用钢丝绳悬挂在梁上,或悬挂在单轨小车上,待胶带输送机停止运行后,将悬挂着的吸满铁件的电磁除铁器移至堆放磁性杂件的料斗上方,断电后磁性杂件落入料斗中以便集中处理。安装方式可分为倾斜、水平两种,布置在胶带输送机的头部或其他任何位置,如图 10 - 79 所示。

图 10 - 79 悬挂式电磁除铁器的安装方式

(a) 倾斜安装;(b) 水平安装

悬挂式永磁除铁器不易吸出胶带上物料底层的磁性杂件,而滚筒式电磁分离器则可较有效地吸出这部分铁件。因此在生产实践中常将这两种分离器配合使用,以求得更好的保护效果。图10-80(a)为滚筒式永磁除铁器的结构图,它作为胶带输送机的传动滚筒使用。滚筒式永磁除铁器容易把磁性杂件吸入输送带与滚筒的接触表面,顶穿胶带而造成故障,如图10-80(b)所示。

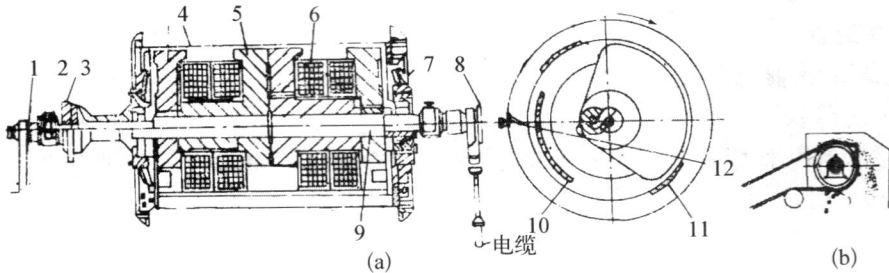

图10-80　滚筒式永磁除铁器

1—手柄;2—轴承;3—链轮;4—圆筒体;5—扇形磁极;6—绕组;7—滚筒端盖;8—出线盒;
9—固定轴;10—磁分离器;11—卸料板;12—非磁性不锈钢清扫器

(B) 金属探测器。

金属探测器用来检测被输送的物料中是否有磁性材料,与电磁分离器配套使用。

当金属探测器检测出输送的物料中混杂有磁性杂件时,能即时加大电磁分离器的瞬时电流,吸出磁性杂件,或发出信号以便用机械装置截取含有磁性铁件的物料段。或者当输送带上有大块磁性铁件、电磁分离器无法吸出时,使胶带输送机停止运行,由人力拣出,以免铁件继续混杂在散装物料中而损伤设备。

(2) 输送胶带的纵向撕裂监测装置。

抓斗卸船机所卸的散货多为煤炭、矿石及砂等。它们从产地输出到码头待卸,经多次装卸,难免混杂矸石、钢板、木棍、金属条等物,有可能砸穿或刺穿抓斗卸船机上或后方地面输送机系统的胶带,进而造成胶带的纵向撕裂故障。

若胶带的撕裂部位距带边的最短距离小于带宽的1/10,称为胶带的边缘性撕裂。这种撕裂故障尽管会减少胶带的有效承载宽度,降低输送能力,有时还会出现胶带跑偏、带芯外露,加速胶带腐蚀,但还不至于即刻中断整个抓斗卸船机的输送线。

若胶带的撕裂部位距带边的最短距离大于带宽的1/10,则称为输送胶带的中间性撕裂。显然这种中间撕裂故障必将导致整个抓斗卸船机机械化输送系统的不正常运行,须停机更换新带,损失巨大。因此在抓斗卸船机卸船机械化输送系统中,必须在胶带输送机系统上,设置可靠的防胶带纵向撕裂的保护装置及监测装置。

监测装置的设计应遵循以下两个原则:一旦发生胶带撕裂,无论有无物料均应立即停机;应易于监测和维修,运行安全可靠,费用低廉。

近年来,随着胶带输送技术的迅速发展,国外已研制出了一些较为可靠的监测装置,其中包括:异物已刺穿胶带或物料堵塞溜槽内的装料区段的监测装置;装料区段以外监测已发生胶带撕裂的外部(相对于胶带而言)的监测装置;作为胶带组成部分的内部监测装置。

（A）用于装料区段的监测装置。

当物料中的夹杂物在装料区段刺穿胶带时,胶带的运行将带着夹杂物尖端碰撞最临近的托辊,借此就可得到胶带已被刺穿的信息,借此作为监测装置的监控信息。根据这种设计思想,其具体的结构有棒型、金属丝(或尼龙线)型、条状压力开关型、摆动缓冲托辊型和悬挂摆动框架型。其中,金属丝型优于棒型和条状压力开关型,它不但价廉、简单、易于检修,而且灵敏度高。但它对胶带的表面要求较高,表面上凹凸不平或有钢丝断头等物外露,都会影响其工作的可靠性。条状压力开关型可用于装料区段胶带虽未被杂物刺穿,但被大块物料堵塞的部位。

（B）装料区段以外的外部监测装置。

大致可分为机械式和电子式两种。

机械式如托架式撕裂监测装置(见图 10 - 81)。当胶带被撕破时,物料从胶带上落入盘状托架,压下托架的同时使托架下的开关装置动作,实现即时停机。该装置价格低廉,结构简单、维修方便。不足之处在于:胶带上必须有物料且胶带已破裂时才起作用,当托盘上有尘埃等异物时,可能有误动作。

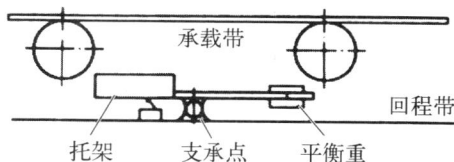

图 10 - 81　托架式撕裂监测装置

电子式如带宽监测装置。带宽的监测信号可通过与胶带边缘始终保持接触的托辊来提取,也可利用超声测距仪等来提取。该装置的局限性是:只有撕裂的胶带发生重叠、有效带宽减小时才能起作用。

上述两种监测装置联合使用,可大大提高监测系统的工作可靠性。超声波脉冲监测装置尚处于研制阶段。其设计思想是通过声脉冲信号来监测胶带在带宽的方向上是否连续。这是一种具有一定发展前途的装置。

（C）作为胶带组成部分的内部监测装置。

这种监测系统的一部分装置埋制在胶带的内部(见图 10 - 82),即按一定间距在胶带的横向预埋有特殊的横向金属芯。金属芯起导电或导磁的作用,并与发射传感器、接收传感器等联用,构成一个完整的监测系统。这种装置的可靠性和有效性取决于预埋金属芯质量的好坏以及预埋的间隔距离,目前一般每隔 $20 \sim 50$ m 布置一个金属芯。主要有金属线圈式和导电(导磁)橡胶芯材料两种。

4）防尘装置

抓斗卸船机作业中,当抓斗在漏斗上方开斗卸料时,不可避免地会产生粉状物料的飞扬,造成货损和周围环境、大气的严重污染。如何使公害减小到最低程度,已成为衡量设备是否达到现代化水平的重要标志之一。防尘抓斗以及在漏斗上方设置专门的除尘室(见图 10 - 83)的方法,在国外的抓斗卸船机上已有应用。除尘室直接装在卸船机的机上漏斗上方,有足够大的空间让抓斗开闭,并且允许抓斗在除尘室内作一定范围

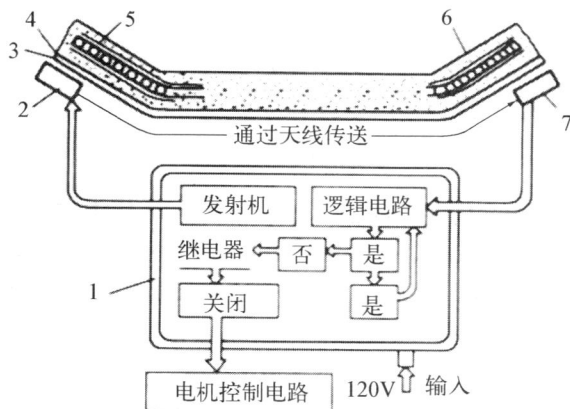

图 10 - 82　BF GoodricL 公司的线圈式检测器

1—控制箱;2—发送传感器;3—下胶带覆盖层;4—传导天线;
5—上胶带覆盖层;6—钢绳织物;7—接收传感器

的摆动。除尘室顶部有一条供绳索通过的长槽,在抓斗进出的侧面(即前侧)有两扇用液压装置快速开闭的移动式大门。采用这种防尘设施,抓斗卸船机的生产效率会受到影响,而且由于其结构复杂,对控制系统要求高,成本也较高,因而尚未得到广泛的应用。

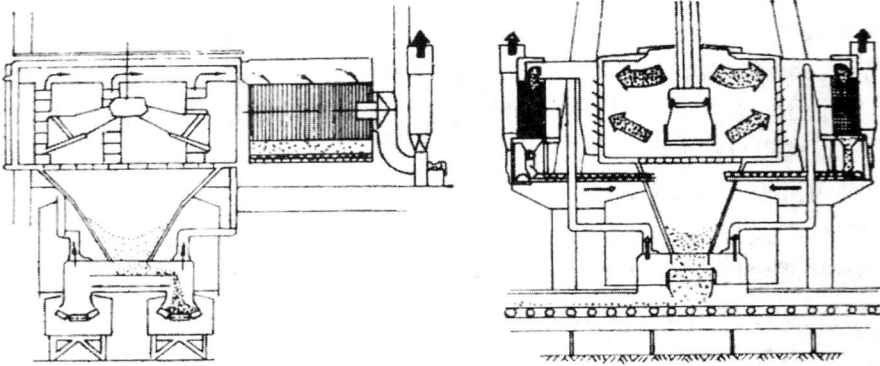

图 10 - 83　漏斗除尘装置

从目前国内外对抓斗卸船机的种种防尘设施来看,洒水喷雾除尘最为普遍,且行之有效。按其供水方式的不同可分为水槽式、水箱式和水管卷盘式 3 种。其中以水管卷盘式防尘形式为最好,应优先选用。它具有重量轻、运行可靠、使用寿命长、不影响码头前沿通过能力等一系列优点,是一种具有很大发展前途的防尘装置。

10.4.4　金属结构

桥式抓斗卸船机金属结构形式多种多样,其组成如图 10 - 84 所示。根据臂架的形式,其总体结构有以下 3 种形式:

1) 固定悬臂式

在内河中小港口码头上对驳船进行卸载作业的桥式抓斗卸船机,因拖轮和作业驳船的上层建筑等构件均低于卸船机悬臂下的净空高度,所以它们均可安全地在悬臂下通行。其总体结构为固定悬臂式"H"型结构(见图 10 - 84)。

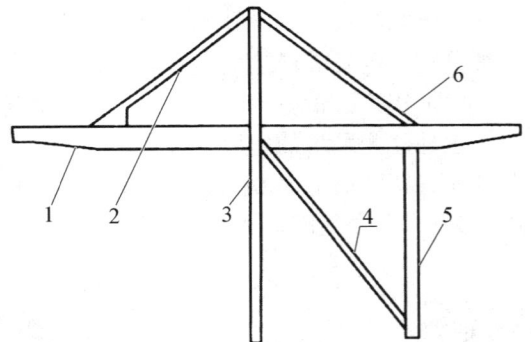

图 10 - 84　金属结构总图
1—臂架梁;2—前拉杆;3—前门框;
4—斜撑杆;5—后门框;6—后拉杆

2) 俯仰悬臂式

对海轮进行卸载(800 t/h 以上)作业的桥式抓斗卸船机,从整机稳定性和经济性考虑,应尽量减少悬臂下的净空高度,但不能满足有较高上层建筑的大型海轮从悬臂下安全通行。为避免悬臂与作业船或通行船的上层建筑和起吊设备碰撞,需将这类卸船机设计成俯仰悬臂式(见图 10 - 85)。

3) 双伸(俯仰)悬臂式

对于突堤式码头,为有效利用泊位,减少船舶的停港时间,降低装卸成本,提高经济效益,码头前方(主航道方向)停靠大型散货船舶,后方可停泊其他吨位的散货船舶。因此,要求桥式抓斗卸船机不仅能从前方,也能从后方进行卸船作业。这类卸船机具有双伸臂,前侧悬臂(主航道方向一侧)在非工作时可以仰起,工作时放置在水平位置上(见图 10 - 86)。

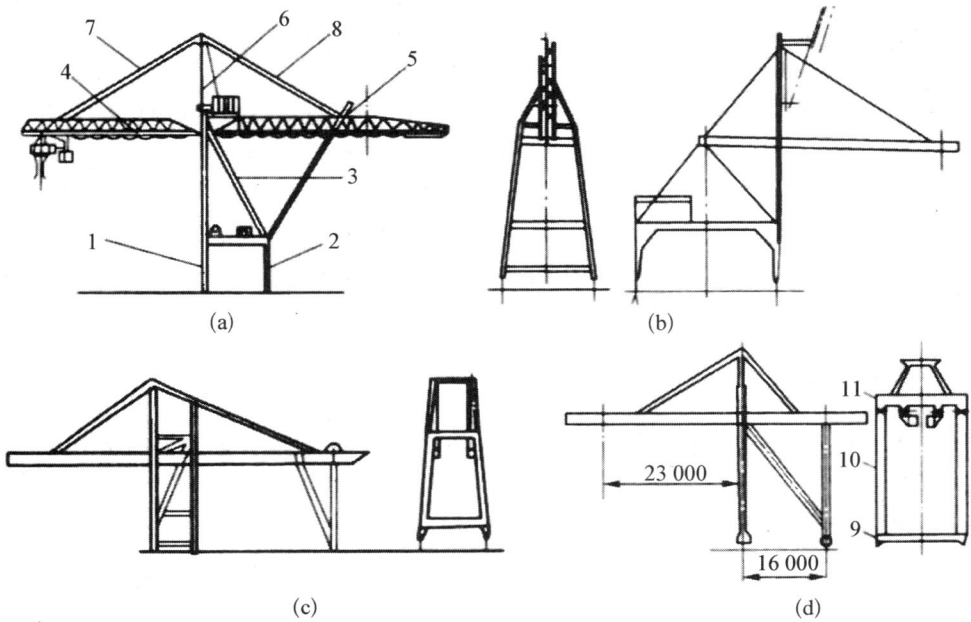

图 10-85　几种俯仰悬臂式卸船机

（a）桁架结构；（b）轻型结构俯仰悬臂式；（c）大跨距俯仰悬臂式；（d）俯仰悬臂式
1—前侧门框；2—后侧门框；3—斜撑杆；4—前侧悬臂（前大梁）；5—后侧悬臂（后大梁）；
6—梯形架；7—前拉杆；8—后拉杆；9—下横梁；10—立柱；11—上横梁

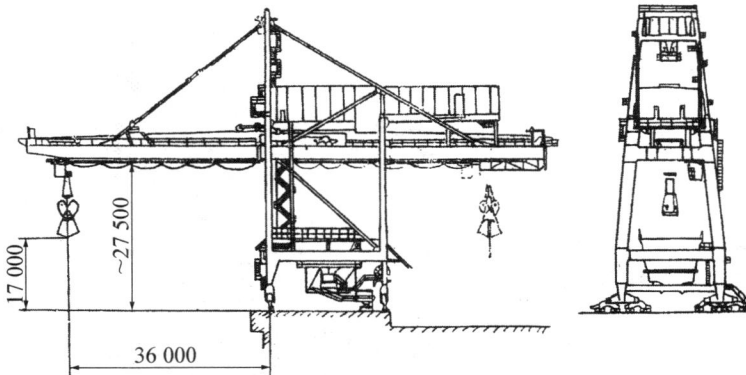

图 10-86　双伸（俯仰）悬臂式卸船机

10.5　浮式起重机

10.5.1　概述

浮式起重机（又称起重船、浮吊）是一种专门在水上从事起重作业的工程船舶。其应用广泛，如在港口用它来完成货物的装卸工作；在海难事故中完成打捞救助；在各类港湾和近海水工工程中完成筑港、造桥、设备的安装;在船厂完成设备舾装和修理;近年来随着海上石油开发,依靠特大型浮式起重机,完成钻井平台的建设与安装。可见,凡在水上有起重作业需要的场合,都离不开浮式起重机。

　　浮式起重机一般由下部浮船和装在浮船甲板上的上部建筑两大部分组成。其中浮船用来支持起重机的自重和起吊的重量,再通过自身的船壳把它们传递给水面,使得浮式起重机能够独立地浮在水面上工作。此外,浮船还可以使起重机沿着水道从一个工作地点航行到另外一个工作地点,或者在同一个工作地点内做水平移动,以满足起重机对准装卸点或完成货物水平移动的要求等。上部建筑是浮式起重机的起重装置部分,用来装卸或吊装货物。

10.5.2　浮式起重机的分类

　　由于使用场合的条件不同,工作任务的差异,浮式起重机的形式、种类、参数和构造形式各异,现归纳如下:

1) 按用途分类

　　可分为装卸型和吊装型。装卸型浮吊主要用于内河港口,完成散货如件货、煤、砂等货物的装卸。这类起重船的起重量不大,为满足生产率要求,各机构的工作速度较高,臂架系统构造复杂,可 360°回转,放置起重机的趸船一般采用无动力长方形平底船。

　　吊装型浮吊主要用于完成重件、大件、起升高度大或起吊物件水下深度大等特殊工况下的起吊工作。这类浮吊的生产率要求是次要的,因此主要机构的速度参数很低,但其他非速度参数值变得很高,图 10 - 87 和图 10 - 88 为这一类浮吊的例子。

图 10 - 87　4 000 t 全回转浮吊"华天龙"号　　　　图 10 - 88　7 500 t 全回转浮吊"蓝鲸"号

2) 按工作航区分类

　　可分为内河、沿海、近海和远洋 4 类。一般浮式起重机的工作水域在内河、港区和沿海遮蔽水域,平时风浪较小,不会长距离航行。随着建设发展,在海上无遮蔽近海作业的浮式起重机数量逐渐增加,其作业工况比港内作业时要恶劣得多,所以在设计浮式起重机时必须规定其工作的海域、工作风浪大小、稳性要求及长距离移泊航行时的海况,从而选择相应的船舶设计规范和设计载荷。

3）按船舶有无航行能力分类

可分为自航式和非自航式两类。

自航式依靠船舶自身配备的推进装置，具备前进和转弯的技术性能。图 10-87 为自航式浮吊。

非自航式浮吊在装卸工作时仍需船能做短距离的移位，实现吊具作业位置的改变，完成幅度调整。移位时，若起升绳与水面不垂直，物品离开水面之后，船体会发生摆动，这是不允许出现的，所以要在未起吊前预先移船，保证绳与水面垂直。实际移位时须预先下锚，用移位绞车和锚的相互配合收放钢索，实现船舶的多方位移动（见图 10-89）。对于狭窄的航道，锚索会妨碍其他船舶的航行，造成航道堵塞。对于长距离的移位，还必须配备其他拖船，所以工作机动性差。2010 年出口韩国的"三星 5"8 000 t 起重船属于非自航非旋转双臂架浮吊，它是我国自主研制的目前世界上最大的浮吊。

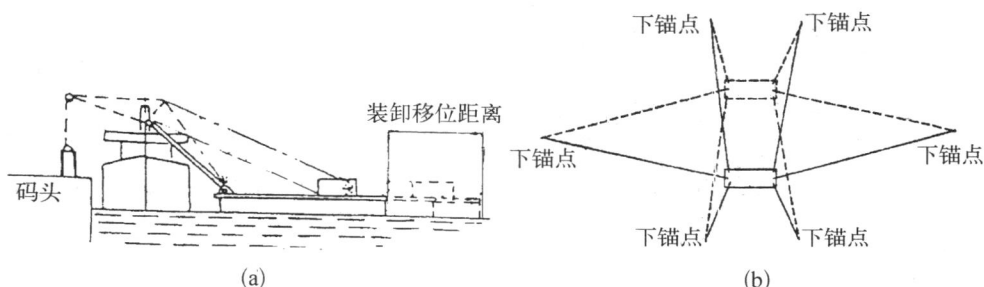

图 10-89 非自航式浮吊移位
（a）移位示意图；（b）用锚绞车移位示意图

4）按起重机与船体间能否相对转动分类

分为回转式和固定式两种。

回转式浮吊上的起重机能够绕垂直于船的纵横平面的回转轴线转动，且这条轴线离船舷的距离常取为船宽的一半，使吊钩的有效幅度处处保持为定值。因此，回转型浮式起重机臂架能相对船体做 360°转动（见图 10-90(b)，(c)）。

固定式浮吊上的起重机相对船体不能回转，臂架平面（臂架可摆动或不摆动）总是与船舶纵向中心平面重合（见图 10-90(a)）。其船和机的结构均简单、造价低、故障少、维修费用低，臂架人字架和所吊重物的重心常落在船体纵向中心线附近，只产生纵向倾斜及少许横向倾斜，故船宽可设计得窄一些，因而船体尺度亦小，船体重量较轻，这是这类船型的优点。

图 10-90 浮式起重机的基本形式
（a）非回转式；（b）回转式单臂架；（c）回转式组合臂架

对于顺着航道型的码头,待卸货船必须顺着码头停靠,若采用固定型浮式起重机(见图 10-91),为了对船舱内货物进行卸货,起重船的纵向必须顶着货船,两者成 T 字形,如果再加上卸货时移动船所需的移位距离,其装卸所需占用的航道尺寸很大。对于繁忙的港口,长期占用有限宽度的航道,造成水上交通堵塞是不容许的,因此宜选择回转式浮式起重机(见图 10-92)。这样在装卸时,回转型浮吊的纵向与货船纵向一致,并列排列,占用航道宽度相对较少,对航运影响较小。所以,目前新建的中小吨位乃至大吨位的浮吊大都选用这种形式。

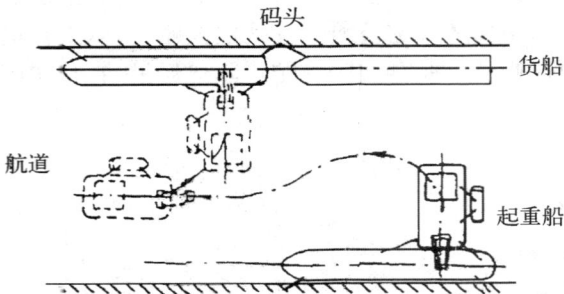

图 10-91　固定型浮式起重机装卸示意图　　　　图 10-92　回转型浮式起重机装卸示意图

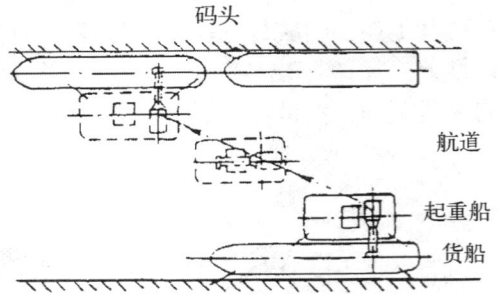

5) 按配置的动力分类

可分为电动机驱动、柴油机驱动、柴油机-电力驱动和柴油机-液压驱动 4 种。目前,大型浮吊大多采用柴油机-电力驱动或柴油机-液压驱动方式,电站和泵站都设在船体上,由柴油机驱动,再通过电路或管路给起重机各部分供电或供油,实现对各个机构分别驱动和调速。随着交流调速技术的发展,尤其是变频调速技术和其他调速技术的成熟,采用柴油-交流供电方式已成为首选方案。

当柴油机-电力驱动方式达不到诸如界限尺寸、调速性能、自重和船机液压一体化等技术要求时,应优先考虑柴油机-液压驱动方式,依靠液压定量马达和变量泵的组合,通过改变泵的流量来调速,达到无级变速特性。相对柴油机-电力驱动方式,柴油机-液压驱动系统价格昂贵,设备在各类自然气候环境下工作的自适应性差,因此在日常使用中须精心保养。

6) 按主钩额定起重量分类

(1) 小型浮式起重机,起重量小于 16 t。

(2) 中型浮式起重机,起重量在 16~63 t 之间。

(3) 大型浮式起重机,起重量在 63 t 以上。

目前我国已经制造出 8 000 t 级巨型浮式起重机。国际上正在进行万吨级浮式起重机的设计和制造,并且完成了用于海况十分恶劣的北海油田开发使用的半潜式和其他各类特种大吨位自航船型的浮式起重机的设计制造。

10.5.3　船体主要技术参数

浮式起重机是由起重机和船(包括船、船舶动力装置、船舶辅机、船电与舾装等)两大部分组成,整船的设计涉及船、机和电诸多专业和专业知识,只有通力各专业人员的协作才能完成浮式起重机的设计工作。下面将简要介绍有关船体的知识。

1）船型

对浮吊来说,航行并非其第一重要功能,其首要功能是实现货物起吊。在给定的设计条件下,船体须达到规定的稳性值而不翻船,以保证安全可靠地工作。

早期,船体都采用方箱驳船(见图 10-93),方箱形驳船体由直线构成,易于加工。有些船体为减少航行或拖船的阻力,往往把首尾两头底部削成斜面,船体侧面四角做小圆角处理。回转型起重机一般都装在船首一端,而船舶动力装置和机构、生活楼等尽量装在船尾一端,以使两端载荷均衡。当船舶纵向稳性指标达不到要求时,可在尾部设置压载舱,放置固体压载于舱内,或把船尾处设计成倾斜形船底。

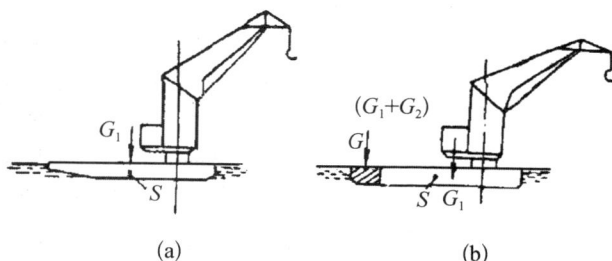

图 10-93　浮船类型
(a) 具有倾斜船底;(b) 船尾加压重的方驳型船体

目前为了适应长距离外海航行,浮吊船体相对较宽,设计时为了减小运行阻力,船体多采用倾斜壁结构,从而减小了航行吃水时的水线面,同时也最大化了其升举吃水时的水线面宽。浮吊上的起重机装在船尾,以保证臂架在各个方向的作业幅度相同。

有时还须在船体中部甲板上划出一块区域,作为暂时存放中转货物的堆场,因此该处受载特别大,应根据所给定的单位面积载荷加强甲板结构,并敷设枕木保护甲板。

船体上除了按规范设置锚机和锚之外,在非自航船体上还须设置移船绞车。初步设计时,移船绞车台数可按主钩额定起重量选定:50 t 以下可选 4 台,50～100 t 可选 5 台,100 t 以上可选 6 台以上,而最终台数按船体设计完成后受风风力和水阻力的大小确定。

2）船体主尺度

由稳性计算得出船的横倾角和纵倾角是起重机部分设计人员最关心的参数,因为它们决定了起重机结构所受的波浪载荷的大小。下面以此为出发点,介绍船体的主要尺度。

为了描述船体的几何要素——大小和形状,对坐标系作如下规定(见图 10-94)。

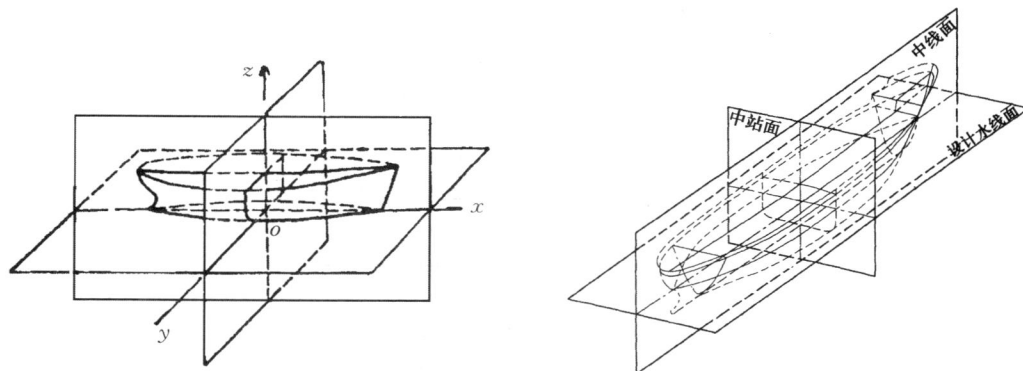

图 10-94　主坐标平面和三个基准投影面

中线面——通过船宽中央的纵向垂直平面(xOz 面),它把船体分为左右舷对称的两部分,是量度船舶首尾长度方向尺度的基准面。

中站面——是通过船长中点的横向垂直平面（yOz 面），它把船体分为前体和后体两部分，是量度船体横向宽度方向尺度的基准面。

基平面——是通过中站面与龙骨线的交点或船体型表面的最低点处（如为弧形龙骨时），且平行于设计水线面的平面（xOy 面）。它是量度船体垂直方向尺度的基准面。

上述 3 个平面组成主坐标平面，以 3 个面交点 O 为原点，3 平面中两平面交线分别为 x，y，z 轴，x 正向为船首，y 正向为右舷。

船体型表面是指不包括船舶附体在内的船体外形的设计表面，对金属船体，型表面系指船壳外板和上甲板的内表面。将船体型表面投影到主坐标平面上可得到 3 个剖面：中纵剖面、中横剖面和设计水线面和相应的 3 个船体型线图（见图 10-94）。型线图（见图 10-95）是船舶设计、计算和建造放样的重要依据。从船各剖面上量取的尺寸称为型尺度或计算尺度，可用于诸如航行性能、浮性和稳性等理论计算。

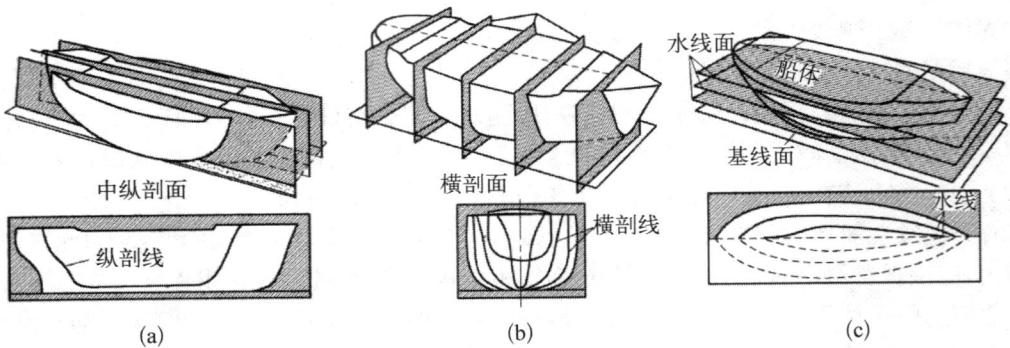

图 10-95　船体型线图
(a) 纵剖面和纵剖线图；(b) 横剖面和横剖线图；(c) 水线面和水线图

图 10-96 中所示船体的主要尺度（简称主尺度）有：

(1) 船长（L）。船首尾垂线之间的水平长度，m。

(2) 型宽（B）。船体垂直于中纵剖面方向的最大水平距离，m。

(3) 型深（D）。在船中横剖面处，沿船舷自龙骨线量至上甲板边线（即下表面）的垂直距离，m。

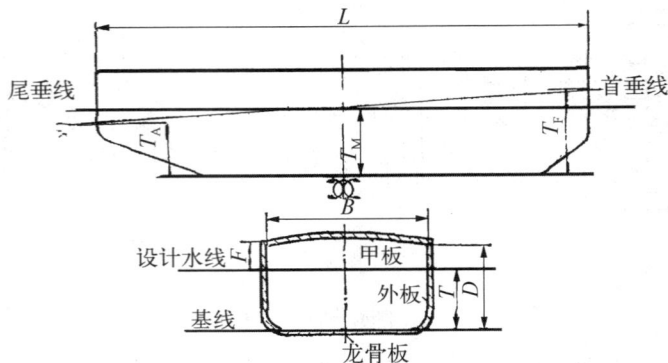

图 10-96　船体主尺寸

（4）吃水（T）。船体在水面以下的深度，通常指在中横剖面上自龙骨线量至设计水线的垂直高度。纵倾时首尾吃水不同，取其平均值，即

$$T_M = \frac{1}{2}(T_F + T_A) \tag{10-2}$$

式中，T_M——平均吃水，m；

　　　T_F——沿首垂线，自设计水线量至龙骨线延长线的垂直距离，m；

　　　T_A——沿尾垂线，自设计水线量至龙骨线延长线的垂直距离，m。

（5）干舷（F）。自设计水线至上甲板边板上表面最低点的垂直距离，m。

各主尺度之间还存在着联系，相互间比值还影响着船的各种性能，所以在决定主尺度时，还要考虑主尺度比：

（1）长宽比（L/B）——与航速有关，比值愈大，船愈瘦长，船的阻力愈小。对于浮式起重机，航速不高，为获得良好的稳性和起吊能力，所以采用长宽比比较大。

（2）宽度吃水比（B/T）——比值影响船的稳性、快速性、耐波性。一般情况下，该值大，稳性较好，但阻力大，耐波性能变差，设计中要根据具体要求而定。

（3）型深吃水比（D/T）——对船的抗沉性影响较大，比值大，则干舷高，储备浮力大，抗沉性好，约取为 2。

（4）长度吃水比（L/T）——影响船的操纵性，比值愈小，船愈短小，回转愈灵活。

（5）长度型深比（L/D）——对船体结构强度有关，比值小，船短而高，强度好。

10.5.4　浮式起重机的稳性计算

1）浮态

漂浮在水中的船舶作用有两个外力：重力和浮力。重力是船各部分重量（包括吊重）的合力，垂直水面向下，并作用在船的重心上。重力和重心分别用 W 和 G 表示（见图 10-97）。船体湿表面（浸入水下表面）上受到静压力（压强），大小与船体浸水深度成正比，方向垂直于船体表面。由于船体水下部分的形状左右对称，所以静压力形成一个方向向上的合力，称为浮力，该合力支持船舶漂浮在水面上，合力的作用点称为浮心。浮力和浮心分别用 Δ 和 C 表示。根据力的平衡原理，重力和浮力的大小相等，而方向相反，重心 G 和浮心 C 应位于同一铅垂线上。

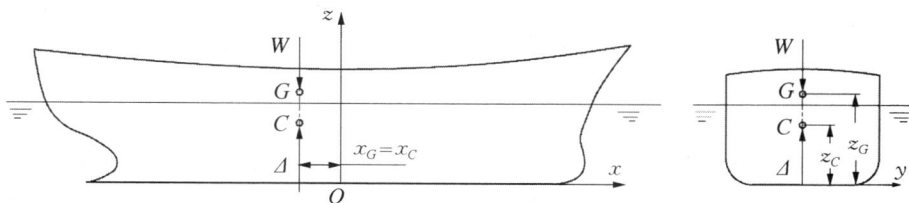

图 10-97　正浮状态

根据阿基米德定律，船体在水中所受到的浮力等于该物体所排开水的重量，即俗称的排水量，可写为

$$\begin{cases} \Delta = \rho V \\ V = \gamma L B T \\ W = \Delta \end{cases} \tag{10-2}$$

式中：V——船舶排水体积，m^3；

ρ——水的密度，kg/m^3；

γ——充满系数，$\gamma \leqslant 1$，随船型而定。对长方体型，$\gamma = 1$。

船舶浮于静水中的平衡状态有以下 4 种：

（1）正浮状态：船浮于静水面时，船的中纵剖面、中横剖面均与水面垂直，此时重力、浮力、重心和浮心关系如图 10-97 所示。

$$\begin{cases} \Delta = W \\ x_G = x_C \\ y_G = y_C = 0 \end{cases} \tag{10-3}$$

（2）纵倾状态：船舶自正浮状态向船首或船尾倾斜（见图 10-98）。如起重机臂架轴线位于纵中剖面内吊载时，正浮时的水线面与纵倾后的水线面产生的倾角称为纵倾角，用 θ_t 表示。向船首倾称为前倾，取正值；向船尾倾称为后倾，取负值。此时：

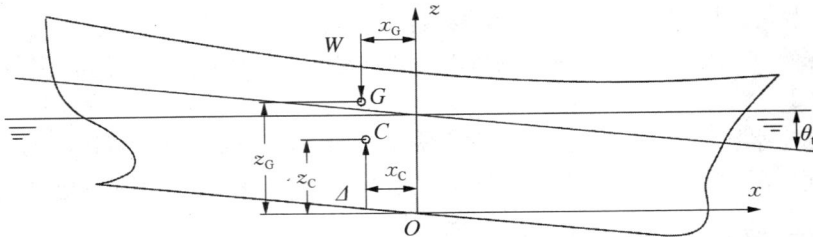

图 10-98　纵倾状态

$$\begin{cases} \Delta = W \\ \tan\theta_t = \dfrac{x_C - x_G}{z_G - z_C} \\ y_G = y_C = 0 \end{cases} \tag{10-4}$$

（3）横倾状态：船舶自正浮状态向右舷或左舷倾斜。如起重臂轴线垂直于中纵剖面吊载时，横倾产生的倾角称为横倾角，用 θ_l 表示。向右舷横倾取正，向左舷横倾取负。

（4）横倾加纵倾状态：船舶在纵、横两个平面内都存在倾角。如浮式起重机带载回转，臂架处于中纵平面和中横平面之间，此时船舶既有纵倾又有横倾，总倾角值分别由纵横倾角几何合成而得。

下面具体介绍船倾角的计算方法。

2）横向初稳性计算和横倾角的求取

船舶受到外力矩作用如风力矩、吊重力矩或船舶重心位置的改变，都会引起船舶倾斜，倾斜又引起船舶漂浮位置的变化。位置变化后是否能保证船舶自身的安全而不发生倾覆，或当引起倾斜的外力矩去除之后能否回到原始状态等，这就是船舶稳性研究的重点。通过稳性算得各种浮态下的倾斜角度，即可看出船舶的稳性性能，也为起重机部分因倾斜而产生的水平力计算提供了原始基础数据。

为方便讨论，先研究一种称为初稳性的状态，此时船倾角应小于 $10°\sim15°$。

如图 10-99 所示，正浮状态水线用 WL 表示。当船舶在外倾斜力矩 M_h 的作用下，船缓慢

倾斜一角度 θ_1，水线变成 W_1L_1，船的重量在倾斜前后没有改变，故其排水体积无变化，船上的载荷位置没有变动，因而船的重心坐标值仍为原值。虽然船在倾斜过程中排水体积不变，但其水下体积形状改变，故浮心 C 的位置移到 C' 点。此时浮心和重心不再位于同一垂线上，因而浮力和重力形成一个力偶，力偶矩方向与外力矩的方向相反，使浮船处于一个新的平衡位置上。一旦外力矩消除，浮力所产生的力矩又促使船回复到原来的初始位置，这个力矩就是稳性力矩（或称稳性力矩）M_S，即

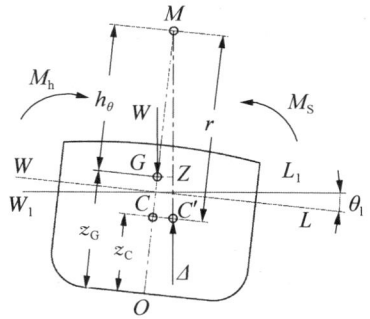

图 10-99　横向微倾斜

$$M_S = \Delta \times \overline{GZ} \qquad (10-5)$$

式中，Δ——排水量，$\Delta = W$；

$\overline{GZ}$——复原力臂，或称为静稳定力臂。

从图中看出，$\overline{GZ}$ 大小与重力线和浮力线有关，即与重心和浮心的位置有关，为表达 $\overline{GZ}$ 与两者的内在关系，变换一下初稳性公式，求取初稳心高度。

图中点 M 称为稳心，它是船舶在正浮状态下浮力作用线和船舶倾斜一个小角度后的浮力作用线的交点。M 点与 C 点间的距离称为横稳性半径。以 M 点为圆心，以此半径画弧 $\overset{\frown}{CC'}$ 得 C' 点，于是有

$$M_S = \Delta \times \overline{GZ} = \Delta \times \overline{GM} \times \sin\theta_1 = \Delta \times h_\theta \times \sin\theta_1 \qquad (10-6)$$

式中，θ_1——横倾角（弧度）；

$\overline{GM}$——横初稳心高度，用 h_θ 表示。

$$h_\theta = \overline{OC} + \overline{CM} - \overline{OG} = z_C + r - z_G \qquad (10-7)$$

式中，$\overline{OC}$，$\overline{OG}$ 是船的浮心和重心坐标，用 z_C，z_G 表示；$\overline{CM}$ 是 $\overset{\frown}{CC'}$ 圆弧的半径，称为横稳心半径，用 r 表示。当 r 值求出后，就能得到横倾角 θ_1 值。

因为有小倾角假定，横倾后稳心 M 点位置不变；浮心 C 在以 M 为圆心的圆弧上移动；水线 W_1L_1 为等体积水线，W_1L_1 仍通过原水线 WL 面的漂心（水线面的形心），保证倾斜入水三角楔形体积等于脱水三角楔形体积，通过运算可得

$$\overline{CM} = r = \frac{I_x}{V} \qquad (10-8)$$

式中：I_x——水线面对通过漂心的纵轴的惯性矩，对于方驳船型：

$$I_x = \frac{LB^3}{12} \qquad (10-9)$$

V——排水体积。

当船舶处于稳态时，$M_S = M_h$，$\Delta = W$，则横倾角 θ_1 为

$$\sin\theta_1 = \frac{M_S}{\Delta h_\theta} = \frac{M_h}{W h_\theta} \approx \theta_1 \qquad (10-10)$$

$$h_\theta = z_C + \frac{I_x}{V} - z_G \qquad (10-11)$$

从安全角度分析,船舶的初稳性高度 $\overline{GM}$ 必须为正值,并应留有安全余量,计算结果必须满足稳性规范中的规定。

为保证船的稳性,设计时应考虑:

(1) 降低重心高度。对于浮式起重机而言,应从方案、构造及材料选择等诸多方面入手,降低重心高度。

(2) 提高横稳心点 M 的高度。该高度值与型宽、型宽与吃水比值 B/T 和水线面面积有关,一般增加型宽 B 是有效的。

3) 纵向初稳性计算和纵倾角的求取

当在船的中纵剖面作用外力矩 M_Q 后,船会在纵中面内发生纵向倾斜,简称纵倾。纵倾角求取的假定(见图 10-100)、方法和步骤与横倾角求取完全一样,当中纵平面内作用纵倾力矩 M_Q 时,则此时产生纵倾角 θ_t。

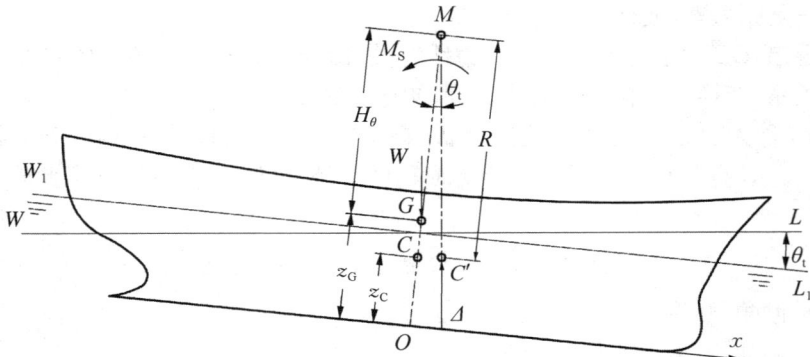

图 10-100 纵向微倾斜

$$\sin \theta_t = \frac{M_S}{\Delta H_\theta} = \frac{M_Q}{W H_\theta} \approx \theta_t \qquad (10-12)$$

式中:θ_t——纵倾角(弧度);

H_θ——纵初稳心高度。

其中

$$H_\theta = z_C + R - z_G = z_C + \frac{I_y}{V} - z_G \qquad (10-13)$$

式中:R——纵稳心半径;

I_y——水线面对通过漂心的横轴的惯性矩,对于方驳船型:

$$I_y = \frac{BL^3}{12} \qquad (10-14)$$

从上式不难看出,其中 I_y/V 项,由于船长大于型宽尺寸较多,因此当吊着同一物品回转时,臂架轴线从中纵剖面内转到横剖面时,倾角从最小逐渐增大至最大。另外,当船长较长时,倾角虽小,但头部和尾部吃水变化大,因此两种工况都应验算。

当纵倾角不能达到规范所要求的角度时,经常在船尾部分设置固定对重,以调整重心位置。在一些浮式起重机中也采用自动稳性调节装置,用压舱水来调整船舶的稳性。

4) 船舶稳性

(1) 静稳性曲线和静稳性。

判断船舶稳性是否足够时,或者判断船舶能抵抗多大的风浪而不至于倾覆,必须利用稳性曲线(GZ 曲线)图。静稳性曲线的形状及大小、初稳性高度 GM、最大静稳性力臂 GZ_m 及其对应的横倾角 θ_m、稳性消失角 θ_v 等参数,对船舶稳性有着重要的意义。图 10 - 101 和图 10 - 102 给出了稳心轨迹曲线和静稳性曲线的实例。

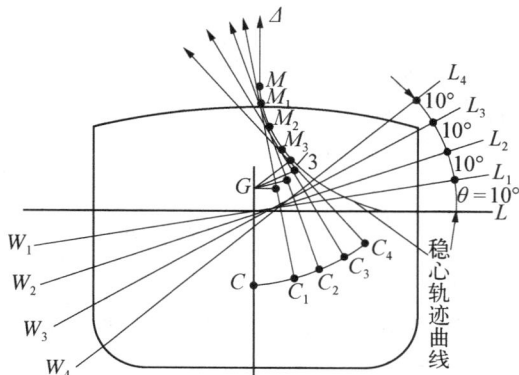

图 10 - 101 稳心轨迹曲线

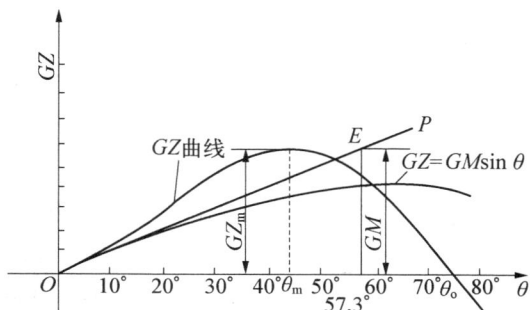

图 10 - 102 静稳性曲线

由图可知,静稳性曲线有如下特性:① 静稳性曲线是在一定的吃水和重心高度画出的,即每一个船舶装载状态,就对应一条静稳性曲线 GZ 曲线。② 当横倾角 $\theta < 10°$ 时,$GZ = GM \cdot \sin\theta$。③ 当吃水一定时,排水量 Δ 是常数,稳心 M 点可视作固定不动,则由式(10 - 6)知,GZ,M_s 都为 θ 的函数。④ 静稳性力臂 GZ 是随着横倾角 θ 的增大而增大,当达到 θ_m 时,$GZ = GZ_m$。若船舶继续倾斜,则 GZ 将逐渐减小,直到 $\theta = \theta_v$ 时,$GZ = 0$。

船舶在横倾力矩的作用下,假定在倾斜过程中不会产生角加速度(理想过程)时,则该横倾力矩称为静态横倾力矩,即船舶在倾斜过程中,当 $M_h = M_S$ 时,船舶就停止倾斜,处于静平衡状态。其对应的横倾平衡角 θ_S 称为静横倾角,由图 10 - 103 可知,船舶在静态横倾力矩作用下,稳性应满足的条件为:$M_h \leqslant M_{SM}$。

因此,船舶最大静稳性力矩 M_{SM} 的大小是衡量船舶静稳性的重要标志,它是表示船舶抗静态横倾力矩作用的能力。但是,在实际中船舶所受的横倾力矩均为动态横倾力矩,故必须用动态横倾力矩衡量船舶稳性。

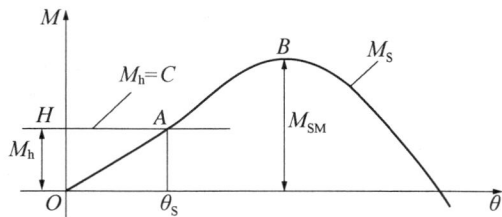

图 10 - 103 静平衡

(2) 动稳性。

如果突发阵风,或重物全速起吊,或所吊重物突然脱钩,或起升钢绳突然断裂,此时外载荷的作用方式已不是前述的假定状态,变成突然加载或卸载的动态方式。当 $M_h = M_S$ 时,由于惯性作用船舶不会立即停止而将继续倾斜,直至动态横倾力矩对船舶所做的功 W_h 被稳性力矩所做的功 W_S 全部抵消,船舶不再继续倾斜。所以动平衡条件为 $W_h = W_S$,故船舶的动平衡(见图 10 - 104)是功的平衡,其所对应的横倾角 θ_d 为动横倾角。

在同样大小的 M_h 作用下，θ_d 比 θ_S 大许多。当船舶倾斜至 θ_d 时，不会再继续倾斜，但此时 $M_S > M_h$，船舶在 $M_X = M_S - M_h$ 的作用下将向回摇，摇至某一个角度 $M_h > M_S$ 时，又向外摇，经过反复左右摇摆，由于水的阻尼作用摆幅逐渐减小，最后停止在 $M_h = M_S$ 所对应的 θ_S 角处。

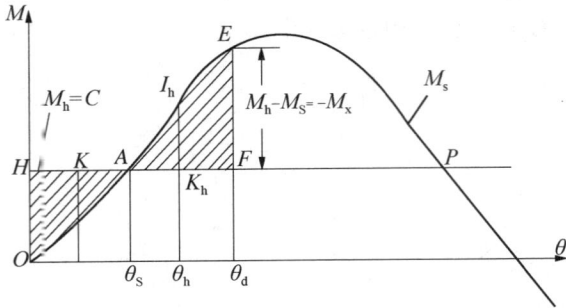

图 10 - 104 动平衡

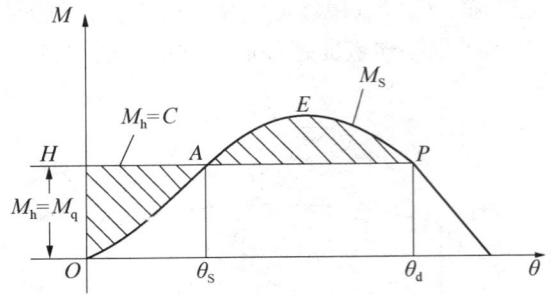

图 10 - 105 最小倾覆力矩

当横倾力矩增大到图 10 - 105 的情况时，此时面积 OHA 等于面积 AEP。若 M_h 再增大，$W_h > W_S$，船舶不会有动平衡而将倾覆。在此极限条件下横倾力矩 $M_h = OH$，是使船舶倾覆的最小动态横倾力矩，称为最小倾覆力矩，通常以符号 M_q 表示。

最小倾覆力矩 M_q 的大小是表示船舶抵抗动态横倾力矩的能力。因此，船舶在动态横倾力矩作用下，衡量稳性应满足的条件为：$M_h \leqslant M_q$。

产生动倾角之后，不允许甲板入水或船舭（即船底和船舷连接处）发生离水现象，应留有一定的干舷高度作为储备，详见稳性规范。

5) 浮式起重机的稳性验算

结合浮式起重机的 3 种载荷工况，稳性计算分别如下所示。

（1）工作状态下的稳性。

对回转式浮式起重机，起重机回转时船体倾斜的方向也随之变化。当起重机臂架垂直于船体纵中剖面时，船体横倾角最大；当臂架平行于船体纵中剖面时，船体纵倾角最大。验算稳性时要分别验算横倾角和纵倾角，并使它们小于规定的允许值。

对非回转式浮式起重机，只须验算纵倾角，使其小于规定的允许值。

为保证浮式起重机安全平稳地工作，必须验算起重机在自重载荷、起升载荷和最大工作状态风载荷作用下船舶的静倾角。

中国船舶检验局的稳性规范规定：海上作业的起重船极限横倾角对回转式起重船不超过 5°，非回转式起重船不超过 3°，内河作业的起重船极限横倾角不超过 6°。静倾角计算公式为

$$\theta = \frac{M_G + M_Q + M_{wⅡ}}{0.017\,5(P_Q + P_G)h} < [\theta_1] \tag{10-15}$$

式中：M_G——起重机自重载荷产生的倾覆力矩，N·m；

$\quad\quad M_Q$——起升载荷产生的倾覆力矩，N·m；

$\quad\quad M_{wⅡ}$——工作状态下，作用在起重机、货物、船体上的工作风力产生的倾覆力矩，N·m；

$\quad\quad P_Q$——起重机的起升载荷，N；

P_G——起重机及船体的总重力载荷,N;

$[\theta_1]$——规范规定的极限横倾角,°;

h——工作状态时船体初稳心高度,m。

式中系数 0.017 5 是将"弧度"转化为"度"而引进的常数。

（2）非工作状态下的稳性。

非工作状态下的稳性验算是为了保证在非工作状态最大风载荷作用下,在避风或水上调遣时的安全。

（A）避风状态下的稳性。

中国船舶检验局的稳性规范规定:极限横倾角$[\theta_c]$应为 4/5 上甲板边缘入水角、4/5 舷部出水角或横倾至剩余干舷仅 0.3 m 时的横倾角,三者中最小者;且在避风状态下不得超过 8°。故验算时,应同时满足:

$$\theta = \frac{M_G + M_{W\mathrm{III}}}{0.017\,5 P_G \cdot h} < [\theta_c] \tag{10-16}$$

$$\frac{M_q}{(M_G + M_{W\mathrm{III}})} \geqslant 1 \tag{10-17}$$

式中:$M_{W\mathrm{III}}$——作用在起重机和船体上,非工作状态下最大风力所产生的倾覆力矩;

M_q——由图 10-105 确定的最小稳性力矩。

（B）调遣状态下的稳性。

中国船舶检验局的稳性规范规定:图 10-105 确定的复原力臂不小于 1.5 m,其对应的横倾角不小于 15°。初稳性高度 h 不小于船宽的 0.16 倍。还须验算:

$$\frac{M_q}{M_{W\mathrm{III}}} \geqslant 1 \tag{10-18}$$

（C）货物脱落时的稳性验算。

货物脱钩或其他原因使载荷坠落时,相当于臂架端部受到向上的弹性力作用,这时船体将产生较大的动倾角。验算的最不利工况是臂架处于最高位置,工作状态最大工作风载荷向后作用。

图 10-106 所示为浮式起重机货物脱落时浮船的摆动情况,图中水线的转动代表浮船摆动,θ_0 表示空载情况下船体的静倾角。

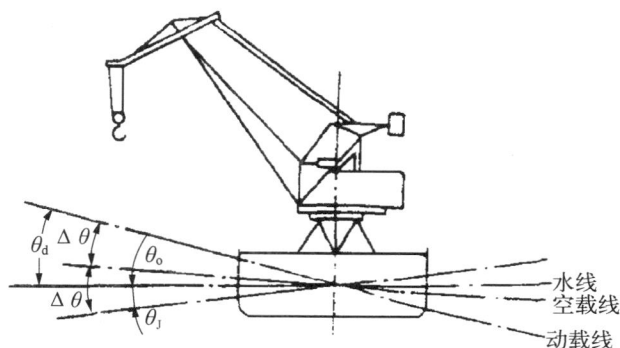

图 10-106　浮式起重机货物脱落时浮船的摆动

　　货物脱落后,船体将绕空载静平衡位置摆动,摆动的角振幅 $\Delta\theta = \theta_J + \theta_0$。因此脱钩时的最大动倾角为

$$\theta_d = \theta_J + \theta_0 \qquad\qquad (10-19)$$

式中:θ_J——货物的重力矩引起的静倾角,°。

　　为避免在这种情况下发生船体倾翻,应使由式(10-19)计算出的动倾角 θ_d 小于规范允许的极限横倾角 $[\theta_d]$。

参 考 文 献

［1］萧乾信，畅启仁. 港口起重机［M］. 上海海事大学校内教材.

［2］蒋国仁. 港口起重机械［M］. 大连：大连海事出版社，1995.

［3］中华人民共和国国家标准. GB/T 3811—2008 起重机设计规范［S］. 北京：中国标准出版社，2008.

［4］Federation European Manufacturer, FEM 1.001：European Crane Design Specification ［S］. 1998.

［5］上海港机重工有限公司. 港口起重运输机械设计手册［M］. 北京：人民交通出版社，2007.

［6］张质文，虞和谦. 起重机设计手册［M］. 北京：中国铁道出版社，1998.

［7］交通部水运司. 港口起重运输机械设计手册［M］. 北京：人民交通出版社，2001.

［8］中华人民共和国行业标准. JTJ 280—2002 港口设备工程技术规范［S］. 北京：人民交通出版社，2002.

［9］中国重型机械工业协会，北京起重运输机械研究所. 起重机运输机械产品样本（第二版）（配套件卷）［M］. 北京：机械工业出版社，2004.

［10］陆国贤，倪庆兴，张荣康，等. 门座起重机设计［M］. 北京：人民交通出版社，1985.

［11］杨长骙. 起重机械［M］. 北京：机械工业出版社，1982.

［12］陈国璋. 起重机计算实例［M］. 北京：中国铁道出版社，1985.

［13］胡宗武，汪西应，汪春生. 起重机设计与实例［M］. 北京：机械工业出版社，2009.

［14］唐风. 起重机械习题集［M］. 北京：机械工业出版社，1992.

［15］罗文新. 起重运输机械［M］. 北京：冶金工业出版社，1991.

［16］李谷音. 港口起重机械（第二版）［M］，北京：人民交通出版社，2009.

［17］余洲生. 港口装卸机械［M］. 北京：人民交通出版社，1984.

［18］纪宏. 起重与运输机械［M］. 北京：冶金工业出版社，2012.

［19］陈道南，盛汉中. 起重机课程设计［M］. 北京：冶金工业出版社，2000.

［20］石用铎. 起重运输机械概论［M］. 大连：大连理工大学出版社，1995.

［21］Ing. J. Verschoof. 起重机设计、使用和养护［M］. 刘宝静，译. 上海：上海科学技术出版社，2002.

［22］董达善. 起重机械金属结构［M］. 上海：上海交通大学出版社，2011.

［23］倪庆兴，王焕勇. 起重机械［M］. 上海：上海交通大学出版社，1990.

［24］顾迪民. 工程起重机［M］. 北京：中国建筑工业出版社，1988.

［25］胡宗武，顾迪民. 起重机设计计算［M］. 北京：北京科技出版社，1989.

［26］符敦鉴. 岸边集装箱起重机［M］. 武汉：湖北科学技术出版社，2007.

［27］顾敏童. 船舶设计原理［M］. 上海：上海交通大学出版社，2001.

［28］黄大巍，李风，等. 现代起重运输机械［M］. 北京：化学工业出版社，2006.

［29］中国船级社. 船舶与海上设施起重设备规范［S］. 北京：人民交通出版社，2007.